Panoramas literarios
América Hispana

Teresa Méndez-Faith
St. Anselm College

HOUGHTON MIFFLIN COMPANY Boston New York

A Ray, piedra angular de mi vida,
por todo su amor, por su constancia y apoyo,
por su inagotable paciencia . . .

Director, Modern Language Programs: E. Kristina Baer
Senior Development Editor: Sharon Alexander
Project Editor: Julie Lane
Senior Production/Design Coordinator: Jill Haber
Senior Manufacturing Coordinator: Sally Culler
Marketing Manager: Elaine Leary

Cover Design: Harold Burch, Harold Burch Design, New York City

Credits for texts and photos begin on page 546, which is hereby considered an extension of this copyright page.

Printed in the U.S.A.

Student Edition ISBN: 0-669-21805-7

Library of Congress Catalog Card Number:

23456789-CS-01 00 99 98

Contents

Preface

Designed for upper level courses, ***Panoramas literarios: América Hispana*** introduces students to the study of Spanish American literature through representative works by major literary figures from the pre-Columbian period to the present. Up-to-date, this basic anthology places a strong emphasis on literature of the twentieth century and includes some of the most influential writers active today. Women authors are represented in every section after the early colonial period. The text also features a unique selection of writings by Hispanics in the United States. Carefully chosen, the readings exemplify the genres of narrative, drama, and poetry, and the most important literary currents of the period under study. For the most part, short stories, poems, and plays appear in their entirety. For reasons of length, the novel is not included, although short stories illustrating various novelists' work are featured. In a few instances, a segment of another longer text has been selected when it can be appreciated apart from the complete work. In the case of texts from the earlier periods, modernized versions have been used when available, or the originals have been heavily glossed to facilitate the task of reading.

In addition to a unique and valuable collection of literary readings, ***Panoramas literarios*** provides extensive support materials to help students achieve greater understanding of the individual selections and their place within the context of major literary movements. The activities are designed to develop students' critical reading skills as they progress from comprehension to literary analysis and interpretation.

Text Features

Introduction: Reading and Interpreting Literature

To help students make the transition from reading for comprehension to reading for interpretation, this introductory chapter addresses the reading process as related to literature and literary criticism. It includes a description of local and global reading strategies; a discussion of the three genres—narrative, drama, and poetry; definitions of fundamental literary terms; and guidelines for analyzing each genre. The chapter concludes with a brief overview of trends in modern literary criticism and how they relate to the approaches to literature taken in ***Panoramas literarios.***

Sinopsis histórico-literaria

To provide students with the necessary background information for their study of literature, each of the text's seven sections begins with a general overview describing important literary currents and the historical context for the period covered in that section.

Nota biográfica

A brief biographical sketch of the author precedes each selection and includes titles of major works published and their dates. This section also explains the historical context and significance of the author's work.

Guía y actividades de pre-lectura

This section serves as an advance organizer and prepares students to read. It supplies information on the specific work to be studied, highlights major themes, and discusses the author's writing techniques and style. The pre-reading activities focus students' attention on important concepts or motifs, identify objectives and elements to be kept in mind while reading, and develop reading skills in general. In some cases, students are asked to research specific information in order to comprehend the full meaning of a work. Many activities reinforce reading strategies, asking students to scan a passage to identify the genre, the setting, the principal characters, or the voice. Others incorporate skimming, that is, reading quickly to get the gist of a passage and to anticipate its content. Similarly, students may be asked to infer from a work's title what the content will involve, or to read the first paragraphs of a text to determine the author's point of view or the tone.

Comprensión y expansión

Each reading selection is followed by a series of comprehension questions and by two or three additional activities that prepare students to advance to analytical and interpretive topics. The comprehension questions check for details that are important for the development of the story, play, or poem, and for describing and comprehending the characters, themes, structure, and language. The other exercises build students' vocabulary and develop critical-thinking skills by asking them to explain the significance of details, key passages, images or motifs; to establish the chronology of events; to trace the expression of the poetic voice; or to differentiate character traits.

Temas de discusión o análisis

This section provides a range of topics for class discussion or written analysis, and it emphasizes the cognitive dimension of reading, looking for consistent patterns of meaning. Many topics entail critical analysis and interpretation, for example, identifying cause and effect relationships; discerning the development of themes and motifs; analyzing figurative language; uncovering the author's purpose in writing; tracing the threads of the plot and the structure of the work; determining how the setting influences the characters and the events; analyzing how one episode, scene, or image contributes to the theme of the work; or studying the interrelationships of characters and events.

Temas de proyección personal

This section emphasizes the affective dimension of reading, concerned with an emotional reaction that allows the reader to make use of the reading experience in real life. This affective interaction between the reader and the text has in recent years been termed "reader-response criticism." To develop this type of response and an individual engagement with the text, this section presents topics that encourage students to give personal reactions to particular aspects of the text and to express opinions about issues that the readings raise. It also includes topics for creative writing, such as supplying a different ending to a work, visualizing or creating mental and visual images based on words in the text, or writing a poem or a story using the literary work as a model.

Temas intertextuales

These topics relate to more than one work of literature presented in the section under study or to works introduced in other text sections. They foster critical-thinking skills through intertextual analysis of themes, voice, characterization, and other literary techniques or devices. These topics may be used for class discussion or assigned as compositions.

Glosses and Footnotes

To facilitate comprehension, each selection has marginal glosses that define difficult words or phrases in English, or when possible, in simple Spanish. Footnotes explain literary allusions or other unfamiliar cultural and historical references in Spanish.

Glosario de términos literarios y culturales

For students' reference, this glossary defines key literary and cultural terms in English. Each term in the glossary is marked with an asterisk (*) the first time it appears in a text section.

Vocabulario español-inglés

An extensive Spanish-English vocabulary at the end of the book includes those words glossed in the text margins.

Internet Connection

A link to a special site on the World Wide Web developed specifically for *Panoramas literarios: España* and *Panoramas literarios: América Hispana* can be found via Modern Languages at http://www.hmco.com/college. This site provides links to other Web sites dedicated to Peninsular and Spanish-American literature or to major authors featured in these volumes. The links are reviewed frequently to ensure that the listings are up-to-date.

Acknowledgments

I wish to express my thanks to the many people who have contributed to the development and production of *Panoramas literarios: América Hispana.* Sharon Alexander, senior development editor at Houghton Mifflin, deserves special thanks: she has worked extremely hard, helping to shape and guide every phase of the text's planning and writing. I am also grateful to Julie Lane, production editor, Jill Haber, production/design coordinator; Steven Patterson, copy editor; and Kathy Carcia, photo researcher. Ray and Edward Faith provided expert technical assistance and set up the Web sites for the text. Elisabeth Heinicke helped in preparing the text glosses. Tracey Paulauskas, Diane Birginal, and Ray Faith collaborated on the preparation of the Spanish-English vocabulary.

I would also like to express my appreciation to the following reviewers whose input was very valuable in developing this textbook:

Ian Adams, University of Wyoming
Ana María Alfaro-Alexander, Castleton State College
Daniel Anderson, University of Kansas
Melvin Arrington, University of Mississippi
Aristófanes Cedeño, Marquette University
Kay García, Oregon State University
Eduardo Gonzalez, John Hopkins University
Ed Hood, Northern Arizona University
Naomi Lindstrom, University of Texas at Austin
Claire E. Martin, California State University—Long Beach
Corina Mathieu, University of Nevada—Las Vegas
Nina Molinaro, University of Colorado at Boulder
Walter Oliver, California State University—San Bernardino
Joanne Saltz, St. Cloud University
Patricia Santoro, Curry College

Finally, I wish to thank my family for their unfailing support of my work: Ray and Edward Faith.

Teresa Méndez-Faith

Introduction: Reading and Interpreting Literature

The activities in **Panoramas literarios** are designed to facilitate the transition from reading for comprehension to reading for interpretation. As your knowledge of Spanish increases, the strategies you use to understand literary texts in Spanish should approximate more and more those that native speakers employ automatically when they read their own language. Once you have mastered the necessary skills for ascertaining the meaning of a text, you need to develop critical reading and interpretive skills. Understanding and employing various strategies for interpretation will help to make your study of literature much more meaningful and interesting.

Reading as a Process

Reading is a process. It involves various strategies, and it can be broken down into activities corresponding to three phases of reading a text: before reading, while reading, and after reading. Every work in **Panoramas literarios** is accompanied by pre- and post-reading activities. These exercises will aid you in achieving greater understanding of the individual selections and their place within the context of major literary movements.

Local and Global Reading Strategies

All readers use a combination of local and global (or general) reading strategies, but native or near-native readers employ global strategies more often than local strategies. Local reading strategies focus on small units of the text: words, phrases, and sentences that may be difficult to understand. Global strategies focus on concepts and patterns of discourse. The goal of **Panoramas literarios** is to assist you with local reading strategies, in order to emphasize the development of the general strategies, which will allow you to devote more time to analyzing, reacting to, and interpreting the texts.

Local comprehension strategies include skipping over unknown words in order to supply their meaning later, pausing to question and perhaps translate a word or phrase, inferring the meaning of a word from context, paraphrasing a difficult sentence in simple Spanish, and rereading a phrase or sentence when its meaning is not clear. As you read, you should circle or otherwise mark the words and phrases you do not understand. Try to keep reading if possible and supply the meaning of these words and phrases later. In addition, many words or phrases are glossed in the margins of your textbook. When possible, their meaning is given in simple Spanish. To find the definitions of some words, you will need to consult a dictionary because not all the words in the selections are included in the vocabulary at the end of the book.

Utilizing global comprehension techniques, you learn to distinguish between main points and supporting details, to anticipate the content of a reading selection, to read for the gist of a passage and infer its meaning, to integrate information from other sources or other places in the selection, and to recognize the structure of a text as an aid to understanding it.

Scanning and skimming are two global comprehension techniques that you use when reading your native language, but you may not even be aware that you do this. Many activities in *Panoramas literarios* will ask you to utilize these techniques in order to develop your facility in reading Spanish.

SCANNING

Scanning is a reading comprehension technique that involves reading quickly to find specific pieces of information. You may be asked to scan a text for names of places, adjectives describing a certain character, dates, and so on. Exercises incorporating scanning facilitate anticipating content and getting the main idea of a passage. They also help you to distinguish the main points from the supporting details, to discern who the principal characters are, to discover the text's setting, or to identify the text's genre. Many literary genres have predictable structures and even content, so that identifying the genre aids in comprehending the text.

SKIMMING

Skimming is a technique for reading comprehension that entails reading very quickly to get the general idea or gist of a passage. Skimming allows you to make inferences about the content of a particular passage, to identify the author's point of view, or to form an impression of the author's tone (happy, sad, ironic, foreboding, and so on) in order to anticipate the content in a general way.

Reading Tips

Remember that scanning and skimming are different but related steps in the reading process. In addition to scanning and skimming, you will need to read a selection more than once. This is true even in your native language, but all the more so when you are reading texts in a foreign language and when those texts are literary works. Important works of literature need to be read with care: they affect readers differently each time they are read and they can convey distinct messages to readers at various stages of life and in diverse societies and eras. Always allow time for each phase of the reading process and for rereading and reflection once you grasp the meaning of the text.

As you read, keep a pencil or pen in hand and make notes in the book if you own it or on a separate sheet of paper if you don't. Find your own system of notation, whether circling, underlining, or writing key words and ideas in the margins of the text or at the top or bottom of the pages. Mark indications of the setting, the chronology, the first appearance of a major character, words often repeated, and so on—anything that may be an important clue to the text's meaning. In long texts, make notes on the top of the page to indicate critical passages—events, allusions, symbols, changes in setting or time, speeches, lines—so that they can be located more easily. Think of your notations as directions leading you to the meaning of the text. Also mark passages that you don't understand, so that you may find them quickly—to return to them yourself or to ask your professor questions in class.

Interpreting Literature

In this anthology, the term "literature" refers to written works that have artistic value and that have been judged as worthy of being preserved in print. The words *literature* in English and **literatura** in Spanish derive from the Latin word *littera,* which in its singular form designated a letter of the alphabet and in the plural, a composite of individual letters, that is, a text or a group of texts.

Students and critics of literature wrestle with the difficult question of what determines the artistic or aesthetic quality and worth of any given text. The following techniques and the various features of ***Panoramas literarios*** will assist you in becoming a skilled reader, a reader who not only comprehends the meaning of a text, but also knows how to analyze it and determine what makes it a valued piece of literature.

The **Sinopsis histórico-literaria** sections of your text provide information about trends and historical events that influence the literature during a specific time period. For example, underground theater may experience a creative upsurge during times of political repression, such as Spain in the 1950s and 1960s or Argentina in the late 1970s and early 1980s, when traditional theater was susceptible to censorship because of its public performance. The novel is apt to flourish in a time when ideas about society are changing or when regionalism is important, as in the nineteenth-century literature of Spain and Spanish America. In the twentieth century, the horrors of two world wars led some intellectuals to despair or to foster literary themes and styles that conveyed senselessness and absurdity, while others demanded that writers reach a new level of commitment and espouse political or social goals through their works. This tension between detachment, as in the movement of "art for art's sake," and involvement in social and political causes often surfaces in modern literature.

Once you understand the background of a literary work, the basic procedure for analysis begins with asking simple questions, which are then modified according to the work being studied. The questions to be asked of any text are: "Who?" "What?" "To whom?" "Why?" "How?" "When?" and "Where?" These questions may concern both the text and its background. For example, the question "Who?" asks about the author of the text and about the voice of the speaker in the text. "To whom?" inquires about the text's audience, both its reading public and the recipient or addressee of the message within the text. "Why?" seeks to discover the author's motives, which may be ascertained from the text, the background, or both. "What?" and "How?" concern the text's content and form, which in turn may be influenced by its background.

Asking "When?" and "Where?" seeks information not only about the circumstances of writing the text, but also about its setting.

Comprehending the notion of genre is fundamental for interpreting literature. The term "genre" refers to a category of written or oral work that employs common conventions, which allow it to be recognized and distinguished from other kinds of literature. Genre may be defined according to the most basic types of literary expression—narrative, drama, and poetry—or in accordance with more specialized categories determined by the formal structure (the picaresque novel, the fable, or the sonnet) or by the length of the work (the short story vs. the novella, the one-act play vs. the traditional three-act play, and the ballad vs. the epic). Within those specialized categories, some genres like the sonnet have very specific conventions for subject, style, or form, while others like the novel have few or no rules, but they contain subcategories such as the novel of customs or the novel of the "boom."

While the **Guía y actividades de pre-lectura** sections provide information about specialized categories and subcategories, it is also necessary to have some general guidelines for analyzing each genre in its broadest definition. To simplify what can become a highly complex discussion, narrative here generally designates prose compositions. Also, keep in mind that any given text may not conform entirely to the conventions of one genre alone. Genres are frequently mixed, as in the short prose poem, the long narrative poem, or dramas and novels written in verse. Moreover, one genre may encompass other subgenres: a novel, for example, may include poetry or dialogue similar to that of a play. In spite of such variations, established notions of genre are not difficult to recognize and are crucial to interpreting literature.

Narrative

The term narrative (**narrativa**) refers to the telling of a set of events, either true or fictitious, by a narrator. The events generally are related in prose. In the process of narration called the discourse (**discurso**), the events recounted are arranged in some sequence called the plot (**argumento**). Narrative genres are usually differentiated by length: the short story (**cuento**), the novella (**novela corta**), and the novel (**novela**), but essays, diaries, and certain types of poetry also incorporate narrative elements. In addition, narratives can include poems (**poemas**), dialogue (**diálogo**), interior monologue (**monólogo interior**), or passages written in stream of consciousness (**libre asociación**).

Adapting the questions presented earlier ("Who?" "What?" "To whom?" "Why?" "How?" "When?" and "Where?"), the following are the most important points to consider when analyzing a narrative.

"Who?" The narrator [**narrador(a)**] is the voice of the person who recounts the events in the story. An omniscient narrator [**narrador(a) omnisciente**] knows everything, even the characters' thoughts and the course of events taking place in different locations. Narrators may or may not include themselves as characters, and they may be reliable (**fidedigno**) or unreliable (**no digno de confianza**), that is, poorly informed, biased, or misleading.

"To whom?" The narratee [**narratario(a)**] is the person addressed by the narrator within the text. The narratee is not the same as the reader outside the text, who represents the audience (**auditorio**).

"What?" The theme (**tema**) is the main or central abstract idea of the work, such as love, fate, or revenge. It is distinct from the subject or content (**contenido**) of the work, which is usually described according to the principal actions, such as the events of a particular war or the romance between two characters. The plot refers to the sequence and development of the events, as selected and arranged by the author.

"Where?" and *"When?"* The setting of the work, the location where the actions take place, and the historical circumstances of the events may have a strong impact on the characters, what happens to them, what they think, and what they do. It may also have a symbolic aspect.

"How?" This question applies to more than one dimension of interpretation, including identifying the point of view, the characterization, and the language used, which in turn determines the tone of the work. These are all chosen carefully by the author who constructs and combines them to create a work of literary art.

The point of view refers to the vantage point or perspective from which the events are recounted. The narrator may tell the story in the first person (**primera persona**), speaking as "I," or in the third person (**tercera persona**), speaking outside the events and referring to the characters as "he," "she," or "they."

Characterization is the process of creating literary characters (**personajes**) through their speech, moral and physical traits, actions, and interactions with other characters. Characters can be grouped into primary (**personajes principales**), those most involved with the events and unfolding of the story, and secondary (**personajes secundarios**), those less implicated in the story. The characters may be analyzed in terms of their effect on the events or the events' effect on them: they may be agents or victims, or both. When conflict is involved in the story, the protagonist (**protagonista**), the character favored by the author and the audience and the one with whom the audience probably identifies the most, is distinguished from the antagonist (**antagonista**), the one who opposes the preferred character. Some characters are referred to as "stock characters" (**personajes tipos**) and play conventional roles, displaying predictable behavior, such as a villain or a clown. Others may embody moral qualities, such as the characters in early drama or morality plays. Complex character development, however, can be one of the most interesting aspects of literary analysis; characters may change substantially as the story unfolds, or they may remain the same in spite of all that occurs.

The language (**lenguaje**) used by the author, that is, the author's choice of words, contributes to the characterization and also to other aspects of the work such as the tone (**tono**). The way characters speak tells much about their personalities, development, and moral and intellectual viewpoint and background. The words the author chooses may also reflect a positive or negative view towards the characters or the events. The tone describes the attitude that the narrator's voice assumes in the face of the events recounted. It may be happy or sad, ironic or light-hearted, critical or sympathetic, or may express any number of other moods and emotions.

The fundamental questions ("Who?" "What?" "To whom?" "Why?" "How?" "When?" and "Where?") apply to drama and poetry as well. Think about how to adapt them to these two genres as you read the following general guidelines. Keep in mind that "How?" questions concerning characterization are very important in the analysis of drama, and "How?" questions involving the use of language are essential in the interpretation of poetry.

Drama

The term "drama" refers to the literary genre that involves actors who play the roles of characters (**personajes**): fictional characters, historical figures, or personifications of nonhuman entities. Drama as genre encompasses a written text (**drama**), in prose or in verse, and the art of its representation (**teatro**), but drama may also refer to mime, a representation without a text and without speech. Drama encompasses several categories and subcategories, including tragedy (**tragedia**), which involves the death or downfall of the protagonist; comedy (**comedia**), which ends well for the protagonist; tragicomedy (**tragicomedia**), which combines elements of tragedy and comedy; farce (**farsa** or **sainete**), a short comic work that originated as a comic interlude in a serious drama; and melodrama (**melodrama**), a work of exaggerated or sensational emotion and suspense that originated in a mixture of drama and song.

Analyzing drama as literature requires focusing on the written text at hand, but never forgetting that the text is only part of what constitutes the work of dramatic art. Drama is written to be performed. Seeing the actual representation of the play or a movie of it is an integral element to be considered in appreciating any dramatic work. You must imagine the total effect of not only the words, but also the visual interpretation on stage. Therefore, it is crucial to read the stage directions (**acotaciones**) of any drama, and it is important to read the characters' words aloud, even to yourself.

Generally in drama the action is not viewed through the eyes of only one character since the characters interact through dialogue, which becomes the primary means for characterization. For example, the characters may address the audience, one or more other characters, all the people on stage, or only the audience with asides (**apartes**), which other characters on stage are not meant to hear. Although dialogue is the fundamental element of drama, monologue (**monólogo**) or soliloquy (**soliloquio**), a discourse spoken by an actor alone on stage, occurs often, and some modern dramatists have created entire plays using only monologue. In addition, some playwrights incorporate a narrator who comments on the action.

A play usually follows a certain pattern for the development of its plot. This pattern, also applied to narrative, consist of four parts:

- the exposition (**exposición**), which presents the information necessary for understanding the play
- the conflict (**conflicto**), which produces the conflict to be resolved during the drama
- the climax (**clímax**), the point of highest tension, which constitutes a turning point in the action
- the denouement (**desenlace**), the resolution of the conflict and the consequences that follow from the time of the climax until the conclusion

Poetry

The term "poetry" generally describes texts written according to rhyme (**rima**), rhythm (**ritmo**), or meter (**metro**), repetitive patterns that relate words by their sound as well as by their meaning. There are many particular schemes for rhyme and meter; these are explained in the **Guía y actividades de pre-lectura** or in the **Glosario de términos literarios y culturales.** Modern poetry, however, is often written in free verse (**versos libres**), without rhyme or meter. It usually retains a certain rhythm, but what really distinguishes it and other forms of poetry is the nature of its language, syntax, and imagery. Poetic discourse tends to differ substantially from the expected patterns of vocabulary and speech. It employs variations in syntax or the usual order of words. It also incorporates figures of speech (**figuras retóricas**) to a far greater degree than does prose. These include comparisons like the simile (**símil**) and the metaphor (**metáfora**), deliberate modifications to sounds as in alliteration (**aliteración**) or onomatopoeia (**onomatopeya**), and the creation of opposing ideas and words through syntax or sound as in antithesis (**antítesis**).

There are many types of poetry dealing with virtually every subject imaginable, and the connection between poetry and song is notable throughout the history of literature. Epic poetry (**poesía épica**), for example, generally presents heroes and great events associated with the early history of a nation. Epics, usually very long poems, originated as songs performed by minstrels in public, as did their shorter counterparts, the ballads (**romances**). Lyric poetry (**poesía lírica**) conveys emotions, frequently joy or disappointment in love, and it was initially written to be sung.

The analysis of poetry usually focuses on what differentiates it most obviously from prose: rhyme, meter, and especially the frequent use of figurative language or imagery. The figurative language of poetry conveys meaning in a different and more intense or concentrated way than do narrative and drama. It evokes the imagination, sometimes calling together sensory images, intuitive feelings, and rationality all at once. Although the same interpretive approaches and questions apply to poetry and prose, the "How?" question focuses more closely on the interrelationship of words through sounds and images. Poetry should be read aloud, so that sounds and metrical patterns can be appreciated fully. Therefore, the analysis of poetry requires rereading even more frequently than does the analysis of either drama or narrative.

Modern Literary Criticism and Critical Interpretation

Many activities in *Panoramas literarios* incorporate in a general way some of the contributions of literary criticism during the last thirty years or so. These new views of reading and interpreting literature belong to what is called "postmodernism," referring to trends in philosophical thought and literary criticism (not to the specific literary movement in Spanish America or the artistic and architectural current in Spain).

Modern literary critics have followed the lead of philosophers who challenge the way people read and interpret and thus the way they look at the world. They have emphasized the relativity and subjectivity of human knowledge and the importance of testing all assumptions. The search for truth must be tolerant of ambiguity and pluralism. It must also continually revise itself, since reality is not absolute but constantly undergoes transformations. The literary critics known as "deconstructionists" have emphasized that linguistic meaning is not stable, and therefore that an apparently coherent text may hide several meanings that are incompatible. What people understand is a function of how they interpret something, and no one interpretation is definitive. In essence, there is no true or absolute meaning to language and consequently none to any text.

This awareness of a plurality of meanings, gained from the deconstructionists, allows for widening interpretive horizons to include some points of view that have been ignored or suppressed in the past. The topics for discussion or composition in *Panoramas literarios* sometimes encourage you as reader to ask questions about the texts that have never been asked before, to consider the story from different points of view, or to reflect on which perspective is left out of the story or omitted from the author's own point of view.

As the concept of the relativity or plurality of human knowledge has developed, so too has the awareness that Western thought is "Eurocentric" and that it often incorporates biases, even prejudices, based on race, ethnic background, or social location. The topics for discussion or composition in *Panoramas literarios* sometimes ask you to examine those biases and to determine whether the author of a given work sees the world from the perspective of the society or the characters in power, or if the author presents or advocates the point of view of the oppressed or marginalized characters.

Finally, feminist thought and literary criticism have demonstrated that gender has played a crucial role over the centuries in establishing and constraining what has been considered as "truth." In many cases, the voices of women writers have been ignored, and at times their works were not edited or printed. In other instances, they were published, but their works were relegated to obscurity by hostile male critics. Awareness of the marginalization of female voices sharpens sensitivity to other groups who have been ignored or suppressed in the interpretation of cultural and literary history. Both volumes of *Panoramas literarios* contain significant works by women writers. Some of these authors were ignored until the feminist movement brought them to light, just as other writers were nearly forgotten because of their racial or ethnic background or their political beliefs. The topics for discussion and composition in *Panoramas literarios* often ask you to consider these issues.

In line with the recognition that literature conveys a plurality of meanings, recent literary criticism advocates an increased awareness of the value of affective, individual reactions to the text. A relatively new way of looking at the interaction between the reader and the text is called "reader-response criticism." This trend recognizes and emphasizes that literature has more than a cognitive dimension aimed at finding consistent patterns of meaning: it also has an affective dimension concerned with a subjective or emotional reaction that varies from reader to reader and allows the reader to make use of the reading experience in real life. The topics in the **Temas de proyección per-**

sonal sections of *Panoramas literarios* focus on this affective aspect of reading and interpreting literature.

Postmodern literary criticism and reader-response criticism challenge you to take responsibility for creating a broader and more inclusive view of literature and of the world. To assist you in this endeavor, *Panoramas literarios* incorporates diverse and creative activities that will facilitate the process of becoming a critical reader and responding to that challenge.

Panoramas literarios
América Hispana

De la pre-Conquista a princip-ios de la Colonia

Alegoría de México, *mural pintado por Francisco Eppens en una de las paredes de la Facultad de Medicina de la UNAM (Universidad Nacional Autónoma de México).*

✦✦✦

Sinopsis histórico-literaria

Cuando los españoles llegaron al Nuevo Mundo, éste estaba muy lejos de ser «nuevo». Tal denominación era producto de la errónea perspectiva egocéntrica europea: quienes se creían «descubridores» eran realmente «invasores» de tierras habitadas desde hacía miles de años. En efecto, allí se había forjado una de las civilizaciones más brillantes, la de los mayas, ya en total decadencia en la época de la conquista. De las numerosas sociedades indígenas que poblaban el vasto territorio americano, las tres que alcanzaron mayor grado de civilización fueron la maya, la azteca y la incaica. Todas lograron conservar parte de su historia, mitos y leyendas gracias a la tradición oral que mantuvo viva la memoria del pasado a través de los siglos. Dos de ellas, las culturas maya y azteca, desarrollaron sus propios sistemas de escritura, diferentes del alfabeto latino, y dejaron pruebas concretas: los mayas, en sus libros con mezcla de signos ideográficos y símbolos de valor fonético, y los aztecas, en sus códices*[1] pictográficos. Los incas no tenían caracteres escritos de ninguna clase pero perfeccionaron el uso de los «quipus» o nudos —cuyo valor y significación dependía de su posición en cuerdas de diferentes colores— que se usaban, especialmente, para hacer cuentas y para anotar datos estadísticos diversos.

Para esas civilizaciones indígenas, la conquista, la colonización y la empresa «civilizadora» españolas significaron caos y la pérdida de su identidad cultural pues tanto conquistadores como misioneros, en general, se empeñaron en destruir todo lo que era indígena —su religión, sus dioses, sus creencias, sus templos, sus tradiciones, sus leyes...— para imponer su propia religión (la católica), sus ideas y otros valores europeos. Afortunadamente, hubo excepciones importantes: misioneros y colonizadores interesados en defender a los indígenas, en conocer mejor sus ritos y costumbres, y en preservarlos para el futuro. Gracias a ellos se conservan hoy día cantos, mitos, leyendas y tradiciones de esas culturas indígenas precolombinas. En realidad, las llamadas «literaturas indígenas» o «precolombinas» son transcripciones indirectas a caracteres latinos de códices o textos ideográficos antiguos. Por lo general, dichas transcripciones fueron hechas después de la conquista, durante la época colonial, por indios educados que sabían español o por cronistas que se basaban en testimonios de indígenas familiarizados con el contenido de los textos originales.

Según datos de la arqueología y de otras fuentes relacionadas, la civilización maya fue probablemente la más avanzada en conocimientos matemáticos y astronómicos, en particular y, sin lugar a dudas, la más antigua de las tres grandes civilizaciones indígenas de América. Sus orígenes son tema de conjeturas aunque se piensa que su período de formación se inicia unos

---

[1]Las palabras con asterisco (*) identifican conceptos y términos definidos en el **Glosario de términos literarios y culturales.**

1.500 años antes de Cristo. En general, los estudiosos de la cultura maya coinciden en que ésta alcanzó su apogeo durante el período llamado «clásico», entre los años 300 y 900 después de Cristo. También en esa época los mayas desarrollaron el primer sistema de escritura que existió en América. Sin embargo, su civilización empezó a declinar a partir del siglo X, en el período «posclásico», cuyo fin se puede ubicar alrededor de 1542, año de la fundación de Mérida, capital de Yucatán. Los mayas llegaron a ocupar un vasto territorio que incluía, de norte a sur: la península de Yucatán, los estados de Tabasco y Chiapas al sureste de México, Guatemala, Belice, parte de Honduras y parte de El Salvador. De las muchas tribus y lenguas —algunas relativamente similares, otras muy diferentes— que integraban dicha civilización, la tribu y lengua de los indios quichés estaban entre las más poderosas e importantes de la región. Alrededor del año 900 d. C. los mayas abandonaron misteriosamente sus centros rituales y urbanos más importantes, entonces situados en la parte central de su territorio, e iniciaron una larga migración hacia el norte de Yucatán, que a la llegada de los españoles era el centro de lo que quedaba de esa gran civilización indígena.

Los mayas dejaron algunos testimonios escritos de su historia y sus creencias, aunque la mayoría de sus códices fueron destruidos durante los primeros años de la conquista y colonia para facilitar la conversión al cristianismo de los nativos. Afortunadamente, ciertos indios alfabetizados empezaron a escribir sobre el pasado, a recopilar poemas y canciones y a transcribir, usando letras del alfabeto latino, mitos y leyendas recogidos de la tradición oral. Es gracias a esos esfuerzos que todavía se conservan en la actualidad algunos documentos y textos mayas importantes como el *Popol Vuh*, especie de Biblia de los quichés y los *Libros de Chilam Balam*, recopilación de historias de varios pueblos de Yucatán. Otra obra similar en contenido es el *Memorial de Sololá* sobre la tribu cakchiquel, también rica en tradición escrita como la de los quichés.

A la llegada de los españoles en 1519, el imperio azteca se extendía desde el centro de lo que es hoy México hasta Guatemala y tenía unos doscientos años de existencia. Los aztecas o mexicas habían dominado la meseta central mexicana desde el siglo XIV. En 1325 fundaron su capital, Tenochtitlán, sobre la cual está construida la actual Ciudad de México. La belleza y riqueza de la capital azteca causó el asombro y la admiración de los españoles, y en especial del conquistador Hernán Cortés que dejó constancia de ello en sus *Cartas de relación* al rey Carlos I de España, más conocido como Carlos V, emperador del Sacro Imperio Romano. Como sucedió con los códices mayas, la mayoría de los códices aztecas fueron destruidos por razones similares. Se sabe, sin embargo, que los aztecas produjeron una literatura rica en imágenes y contenido filosófico, similar a la europea, gracias a la labor de gente como el misionero franciscano Bernardino de Sahagún. Este fundó el Colegio de Santa Cruz de Tlatelolco donde enseñó latín y castellano a los indígenas, quienes después recopilaron poemas, relatos, leyendas, cantares e historias en náhuatl, la lengua de los aztecas, para conservarlos en forma de libro, como es el caso, por ejemplo, de la *Colección de cantares mexicanos*.

Con respecto al imperio de los incas, se calcula que Cuzco, su capital, data del siglo XII. A la llegada de los españoles, dicho imperio abarcaba gran parte

Vista parcial de Machu Picchu, la ciudad perdida de los incas, en Perú.

de la región andina, comprendiendo los actuales territorios de Ecuador, Perú, Bolivia, el noroeste de Argentina y la zona norte y central de Chile. Los incas tenían conocimientos avanzados de ingeniería, arquitectura y, aparentemente, también de medicina, ya que se cree que realizaban operaciones delicadas del cráneo. En lo artístico, se destacaron en poesía, música, danza, escultura y cerámica. Aunque tenían muchas leyendas, gran cantidad de ellas se han perdido porque el sistema de los «quipus» —en contraste con los sistemas de escritura maya y azteca— servía más para anotar años, fechas y números en general que para expresar ideas y conceptos. Los relatos y leyendas que han llegado hasta el presente provienen, casi todos, de la tradición oral. Son muy pocos los que se conservan en forma escrita. Uno de éstos es *Dioses y hombres de Huarochirí* (1608), obra sobre los ritos, mitología y religión de la zona andina, escrita en quechua, la lengua de los incas. En realidad, dicho texto es una transcripción indirecta de antiguos relatos, hecha durante el período colonial.

A pesar de que son pocos los códices que se han salvado del fuego y la destrucción, varios son los textos indígenas que como el *Popol Vuh*, representado en esta primera sección, han llegado hasta el presente gracias al interés y esfuerzo de algunos monjes misioneros. Se deben mencionar, por ejemplo, los relatos y testimonios indígenas que aparecieron a lo largo de la época colonial en crónicas de la conquista escritas por españoles primero, y por indios y mestizos después. Estos últimos crearon sus propias obras inspirados, especialmente, en historias y leyendas conservadas por la tradición oral.

El proceso de retención de textos implícito en la transmisión oral tuvo una triple consecuencia: la valoración de la palabra; la práctica de la representación dramática por medio de gestos, movimiento y expresión corporal; y el uso de técnicas poéticas como el ritmo y la rima. Estos tres elementos dieron como resultado formas literarias indígenas comparables a categorías occidentales como la épica,* la poesía lírica* y el género dramático.* Sin embargo, el aporte de esas civilizaciones indígenas a la literatura hispanoamericana no se debe ni puede medir sólo en términos del testimonio recopilado en los textos que han sobrevivido hasta hoy. La persistencia de la herencia india a través de sus mitos, relatos, cantos y leyendas, incorporados en la obra de escritores de ayer y de hoy, marca de manera única y distinta tanto la cultura como la literatura de toda la América Hispana.

En cuanto a la literatura hispanoamericana propiamente dicha —por definición, posterior a la llegada de los españoles—, ésta se inicia en 1492 con los primeros textos y documentos escritos, generalmente en prosa, por conquistadores, exploradores y monjes misioneros: cartas, informes, historias y crónicas.* De dicha producción, se incluyen en esta sección obras representativas del primer período literario hispanoamericano, producidas aproximadamente entre 1492 y 1600 porque comparten dos características fundamentales que las diferencian, en general, del resto de la producción colonial. En primer lugar, fueron escritas por españoles nacidos y educados en España. En segundo término, son, en su mayoría, textos derivativos: reflejan ideas, estilos y géneros practicados en la España de la época, aunque a menudo adaptados o modificados para incorporar la nueva y diferente realidad americana.

El primer género literario practicado en el Nuevo Mundo es el representado por las crónicas. Aunque derivativas y relacionadas con la historiografía medieval,* adquieren características que las diferencian de sus modelos europeos. En efecto, las crónicas americanas expresan una visión claramente diferente. En vez de dar sólo datos históricos o de limitarse a describir lo que ven, sus autores, conscientes de su papel de intérpretes de una realidad totalmente nueva, tratan de pintar para los lectores europeos la exuberancia y belleza de estas tierras tan exóticas. Estas primeras crónicas y otras obras que tratan del descubrimiento y exploración de América constituyen lo que se conoce como «literatura de Indias». Y el primer gran cronista de esa época fue el propio Cristóbal Colón quien tanto en su *Diario de la navegación* como en su *Carta del descubrimiento* describió con admiración y sorpresa las bellezas de estas tierras. Creyendo haber llegado al Asia, escribe en su *Carta* que la isla donde se encuentra en ese momento (Cuba) y «todas las otras son fertilísimas [...]; en ella hay muchos puestos [...] y hartos ríos [...]; sierras y montañas [...] todas hermosísimas [...]». En este ejemplo, el uso de los superlativos denota la exuberancia de la realidad que quiere captar por medio de la palabra.

Las cinco *Cartas de relación* de Hernán Cortés contienen algunas de las descripciones más vívidas y dramáticas de la conquista de México. Aquéllas fueron escritas entre 1519 y 1526 por el protagonista principal de dicha hazaña y enviadas al rey Carlos I de España para informarle sobre sus actividades y el progreso de la conquista. Se pueden encontrar otras descripciones de la conquista en dos obras de Francisco López de Gómara, secretario de Cortés e historiador oficial de la corte. Tanto su *Historia de las Indias y conquista de México* (1552) como su *Crónica de la Nueva España* (1553), ambas escritas con un estilo elegante y clásico, son obras muy halagadoras de Cortés, verdaderas apologías del conquistador de México.

Frente al abuso de muchos conquistadores, alzaron su voz en pro de los indígenas algunas personas interesadas en defenderlos y en conservar lo que restaba de su cultura y sus costumbres. Entre estos pioneros defensores de la causa indígena sobresale la figura del padre dominico Fray Bartolomé de Las Casas, cuyos escritos inician una tendencia recurrente en las letras hispanoamericanas: la protesta social o lucha contra las injusticias a través de la escritura. En sus dos obras principales, *Brevísima relación de la destrucción de las Indias* (1552) e *Historia de las Indias* (1527–1561), este «protector de indios» critica severamente la conquista. Más aún, el éxito de dichas obras en Europa (especialmente en Francia, Holanda e Inglaterra) originó y ayudó a la divulgación de la «leyenda negra»* sobre los abusos de los conquistadores y la victimización de los indígenas.

El caso de Alvar Núñez Cabeza de Vaca, el primer europeo en recorrer el sur de lo que es hoy Estados Unidos, es realmente increíble. En *Naufragios* (1542), relata sus propias experiencias y la tragedia en que terminó la expedición de Narváez y su gente por Florida. De los seiscientos expedicionarios, sólo sobrevivieron cinco. Con Cabeza de Vaca como guía y líder, el pequeño grupo viajó, en barco y a pie, de Florida a Texas primero, y de Texas a México después. Durante el largo y difícil viaje, descubrieron, entre otras cosas, el río Misisipí y una gran cantidad de lugares y animales extraños que él describió, con lujo de detalles, en sus *Naufragios*.

Si Cortés describió la conquista de México desde su perspectiva personal de conquistador con varios años de educación universitaria, Bernal Díaz del Castillo escribió sobre el mismo hecho desde su punto de vista de soldado común, con muy poca educación formal. En su *Historia verdadera de la conquista de la Nueva España* (escrita c. 1568) reaccionó contra lo que él consideraba graves errores e inexactitudes en la obra de López de Gómara, secretario de Cortés, y contra la tendencia de éste de presentar la conquista de México como si fuera hazaña exclusiva de Cortés. Díaz del Castillo sostenía que una empresa de ese tipo era el resultado de un esfuerzo colectivo que incluía a Cortés, lógicamente, pero también a todos los soldados que lucharon con él. Algunos críticos han puesto en duda la autenticidad del contenido de su *Historia verdadera* por tratarse de una obra escrita más de treinta años después de haber sucedido los hechos allí narrados y por estar basada en los recuerdos de un hombre que ya tenía más de setenta años cuando comenzó a escribirla. Sin embargo, nadie duda que es una obra valiosa por su contenido informativo y porque abunda en datos relacionados con la conquista. Allí se describen, con muchos detalles, las experiencias y participación de algunas figuras importantes de la conquista como Cortés, Moctezuma, doña Marina y el mismo autor-testigo Díaz del Castillo.

En el campo de la poesía, el ejemplo más representativo de la época es *La Araucana* (1569, 1578, 1589), primer poema épico escrito en el Nuevo

Mundo. Su autor, el poeta y soldado Alonso de Ercilla y Zúñiga, impresionado por la lucha de los indios araucanos por defender su tierra y su cultura, decidió describir la historia de ese pueblo indígena, habitantes originarios de lo que hoy es Chile. Inspirados por *La Araucana*, diversos poetas escribieron después otros poemas épicos, pero la obra de Ercilla y Zúñiga continúa siendo el primer y mejor ejemplo del género épico concebido y escrito en tierras americanas.

La producción literaria hispanoamericana de todo el período colonial, y la del período cubierto en esta sección en particular, es realmente muy escasa, más aún si se la compara con la gran cantidad de obras y autores de los últimos dos siglos. Por eso, se ha sugerido la idea, interesante y apropiada, de que se podría visualizar la literatura hispanoamericana como si estuviera contenida en una pirámide invertida, donde el ápice representaría la producción colonial y la base reflejaría la explosión textual de las últimas décadas, en especial desde los años 60 asociados con el «boom»* de la narrativa hispanoamericana. Sin embargo, es importante reconocer el papel fundacional de dicho ápice. En efecto, sea por medio de la poesía o de la prosa, un conjunto de voces del pasado colonial americano —poetas indígenas, soldados españoles, conquistadores, misioneros y colonizadores— fue creando y delineando las características de la literatura hispanoamericana a través de los siglos. Debido justamente a su naturaleza mixta, mitad española y mitad indígena, esta literatura es continuadora de la tradición europea en algunos aspectos, y diferente y única en otros, al combinar e incorporar los mitos y leyendas indígenas en su producción literaria y cultural. Parafraseando el título de una obra del conocido historiador mexicano O'Gorman, los textos que se conservan de esos primeros siglos de coexistencia de dos mundos —tanto los antiguos códices indígenas como los documentos y primeras crónicas de Indias— logran producir «la invención de América» y ayudan a definir la identidad literaria de la América hispanoindígena.

POPOL VUH

Nota introductoria

El *Popol Vuh* o *Libro del Consejo* es la obra más importante de los mayas. Se lo conoce también como la «Biblia maya» por ser el libro sagrado de los maya-quichés, tribus que habitaban lo que es hoy Guatemala. Basada en la tradición oral, la primera versión conocida del *Popol Vuh* es una transcripción escrita en quiché pero con caracteres latinos que data del siglo XVI. Aunque ese manuscrito original se ha perdido, la copia que se conserva es la traducción de dicho texto al español hecha por el misionero español Francisco Ximénez a principios del siglo XVIII. Como en Génesis de la Biblia judeocristiana, el *Popol Vuh* describe la creación del mundo y de los hombres según la mitología maya. Incluye también las aventuras y acciones de sus dioses, varios poemas y leyendas, y un recuento del origen e historia del pueblo quiché. Se trata, pues, de un texto maya muy importante que combina mito, poesía e historia. El compilador original del *Popol Vuh* fue, probablemente, uno de los primeros indígenas que aprendió de los monjes misioneros a escribir su lengua usando el alfabeto latino. Además de la traducción al español que hiciera el Padre Ximénez hace más de dos siglos y medio, existen otras posteriores, en particular una más moderna en cuya preparación colaboró el escritor guatemalteco Miguel Angel Asturias, ganador del Premio Nóbel de Literatura en 1967. Desde su publicación en 1927, dicha traducción ha inspirado la obra de importantes narradores y poetas hispanoamericanos, entre los que se cuentan el mismo Asturias, José María Arguedas, Pablo Neruda, Rosario Castellanos y Carlos Fuentes.

✦ Guía y actividades de pre-lectura

La primera traducción al español del *Popol Vuh* hecha por el Padre Ximénez en el siglo XVIII permaneció olvidada durante más de cien años. Sin embargo, en 1854, un viajero austriaco, el Dr. Carl Scherzer, la descubrió en la biblioteca de la Universidad de Guatemala. Al darse cuenta de su valor, el Dr. Scherzer decidió llevar una copia de dicha traducción a Viena, donde la publicó en 1857 con el título original (del Padre Ximénez) de *Las historias del origen de los indios de esta provincia de Guatemala*. Desde entonces han aparecido varias traducciones del libro sagrado de los maya-quichés, tanto al español como a otras lenguas, entre ellas, al francés, al alemán y al inglés. En el *Popol Vuh* se pueden distinguir tres partes. En la primera se describe detalladamente la creación y el origen de los seres humanos. En la segunda, especie de drama mitológico-poético, se cuentan las aventuras de dos jóvenes semidioses, Hunahpú e Ixbalanqué, y de sus respectivos padres. La tercera y última parte relata la historia de los pueblos indígenas de Guatemala —sus orígenes, sus emigraciones, sus guerras, sus mitos y leyendas— y el predominio de la raza quiché hasta poco antes de la conquista española. En esta sección se reproducen varios fragmentos significativos de la primera parte que narran la historia de la creación desde la perspectiva mítico-religiosa de los quichés. Incluyen la creación y el origen de los primeros hombres y mujeres que, después de varias tentativas y fracasos, finalmente fueron hechos de maíz, grano de importancia fundamental en la alimentación de los habitantes de México y Centroamérica.

1. ¿Qué diferencias o semejanzas con la versión bíblica piensa usted que va a encontrar en la versión maya-quiché de la creación del mundo? Explique por qué.

2. Lea rápidamente los primeros siete párrafos. Según esta sección, ¿qué había y qué no había antes de la creación? ¿Cómo estaba todo lo que existía? ¿Quién(es) sería(n) responsable(s) de la creación? ¿Dónde estaba(n) dicho(s) creador(es) o progenitor(es)? Según su opinión, ¿en qué se parecen o diferencian los dioses mayas del Dios de los misioneros españoles? Comente.

3. ¿Cómo visualiza usted el mundo antes de la creación? Si fuera Dios o tuviera la capacidad de crear un mundo nuevo, ¿qué o a quién(es) crearía primero? ¿y después? ¿Por qué?

4. ¿Qué sabe usted de la religión y de los dioses mayas? Si la respuesta es «muy poco» o «nada», busque información en algún libro de referencia (como la *Enciclopedia Británica*, por ejemplo) para compartir luego la información con la clase.

Esta es la relación[1] de cómo todo estaba en suspenso, todo en calma, en silencio; todo inmóvil, callado, y vacía[2] la extensión del cielo.

Esta es la primera relación, el primer discurso. No había todavía un hombre, ni un animal, pájaros, peces, congrejos,[3] árboles, piedras,
5 cuevas,[4] barrancas,[5] hierbas ni bosques:[6] sólo el cielo existía.

No se manifestaba la faz de la tierra.[7] Sólo estaban el mar en calma y el cielo en toda su extensión.

No había nada junto, que hiciera ruido, ni cosa alguna que se moviera, ni se agitara, ni hiciera ruido en el cielo.

10 No había nada que estuviera en pie;[8] solo el agua en reposo, el mar apacible,[9] solo y tranquilo. No había nada dotado de existencia.[10]

Solamente había inmovilidad y silencio en la oscuridad, en la noche. Sólo el Creador, el Formador, Tepeu, Gucumatz, los progenitores, estaban en el agua rodeados de claridad. Estaban ocultos bajo plumas[11]
15 verdes y azules, por eso se les llama Gucumatz. De grandes sabios,[12] de grandes pensadores es su naturaleza. De esta manera existía el cielo y también el Corazón del Cielo, que éste es el nombre de Dios. Así contaban.

Llegó aquí entonces la palabra, vinieron juntos Tepeu y Gucumatz, en la oscuridad, en la noche, y hablaron entre sí Tepeu y Gucumatz.
20 Hablaron, pues, consultando entre sí y meditando; se pusieron de acuerdo, juntaron sus palabras y su pensamiento.

[...]

Primero se formaron la tierra, las montañas y los valles; se dividieron las corrientes de agua, los arroyos[13] se fueron corriendo libremente entre los cerros,[14] y las aguas quedaron separadas cuando aparecieron las altas
25 montañas.

Así fue la creación de la tierra, cuando fue formada por el Corazón del Cielo, el Corazón de la Tierra, que así son llamados los que primero la fecundaron,[15] cuando el cielo estaba en suspenso y la tierra se hallaba[16] sumergida dentro del agua.

30 De esta manera se perfeccionó la obra, cuando la ejecutaron después de pensar y meditar sobre su feliz terminación.

Luego hicieron a los animales pequeños del monte, los guardianes de todos los bosques, los genios[17] de la montaña, los venados,[18] los pájaros, leones, tigres, serpientes, culebras,[19] cantiles [víboras],[20] guardianes de
35 los bejucos.[21]

[...]

Y estando terminada la creación de todos los cuadrúpedos y las aves,[22] les fue dicho a los cuadrúpedos y pájaros por el Creador y el Formador y

1 historia, narración
2 *empty*
3 *crabs*
4 *caves*
5 *ravines, cliffs*
6 *forests*
7 **faz...** *face of the earth*
8 **en...** *standing*
9 tranquilo
10 **dotado...** con vida
11 *feathers*
12 *wise men*
13 *streams*
14 *hills*
15 hicieron fértil
16 se encontraba
17 espíritus
18 *deers*
19 *snakes*
20 *large snakes* (Guatemala)
21 *reeds*
22 *fowls*

los Progenitores: —Hablad, gritad,[23] gorjead,[24] llamad, hablad cada uno según vuestra especie, según la variedad de cada uno. Así les fue dicho a
40 los venados, los pájaros, leones, tigres y serpientes.

—Decid, pues, nuestros nombres, alabadnos[25] a nosotros, vuestra madre, vuestro padre. ¡Invocad, pues, a Huracán, Chipi-Caculhá, Raxa-Caculhá, el Corazón del Cielo, el Corazón de la Tierra, el Creador, el Formador, los Progenitores; hablad, invocadnos, adoradnos!, les
45 dijeron.

Pero no se pudo conseguir que hablaran como los hombres; sólo chillaban,[26] cacareaban[27] y graznaban;[28] no se manifestó la forma de su lenguaje, y cada uno gritaba de manera diferente.

Cuando el Creador y el Formador vieron que no era posible que
50 hablaran, se dijeron entre sí: —No ha sido posible que ellos digan nuestro nombre, el de nosotros, sus creadores y formadores. Esto no está bien, dijeron entre sí los Progenitores.

Entonces se les dijo: —Seréis cambiados porque no se ha conseguido que habléis. Hemos cambiado de parecer:[29] vuestro alimento, vuestra pas-
55 tura, vuestra habitación y vuestros nidos[30] los tendréis, serán los barrancos y los bosques, porque no se ha podido lograr[31] que nos adoréis ni nos invoquéis. Todavía hay quienes nos adoren, haremos otros [seres] que sean obedientes. Vosotros, aceptad vuestro destino: vuestras carnes[32] serán trituradas.[33] Así será. Esta será vuestra suerte. Así dijeron cuando hicieron
60 saber su voluntad a los animales pequeños y grandes que hay sobre la faz de la tierra.

Luego quisieron probar[34] suerte nuevamente, quisieron hacer otra tentativa y quisieron probar de nuevo a que los adoraran.

Pero no pudieron entender su lenguaje entre ellos mismos, nada
65 pudieron conseguir y nada pudieron hacer. Por esta razón fueron inmoladas sus carnes y fueron condenados a ser comidos y matados los animales que existen sobre la faz de la tierra.

Así, pues, hubo que hacer una nueva tentativa de crear y formar al hombre por el Creador, el Formador y los Progenitores.

70 —¡A probar otra vez! Ya se acercan el amanecer y la aurora:[35] ¡hagamos al que nos sustentará[36] y alimentará![37] ¿Cómo haremos para ser invocados, para ser recordados sobre la tierra? Ya hemos probado con nuestras primeras obras, nuestras primeras criaturas, pero no se pudo lograr que fuésemos alabados y venerados por ellos. Probemos ahora a
75 hacer unos seres obedientes, respetuosos, que nos sustenten y alimenten. Así dijeron.

Entonces fue la creación y la formación. De tierra, de lodo[38] hicieron la carne [del hombre]. Pero vieron que no estaba bien, porque se deshacía,[39] estaba blando,[40] no tenía movimiento, no tenía fuerza, se caía,
80 estaba aguado,[41] no movía la cabeza, la cara se le iba para un lado, tenía velada la vista,[42] no podía ver hacia atrás. Al principio hablaba, pero no tenía entendimiento.[43] Rápidamente se humedeció[44] dentro del agua y no se pudo sostener.

Y dijeron el Creador y el Formador. Bien se ve que no puede andar ni
85 multiplicarse. Que se haga una consulta acerca de esto, dijeron.

23 *shout*
24 *warble, chirp*
25 *praise us*
26 *screeched*
27 *cackled*
28 *cawed, croaked*
29 *opinión, idea*
30 *nests*
31 *conseguir*
32 *flesh*
33 *ground, crushed*
34 *to try*
35 **amanecer...** *daybreak and dawn*
36 *will sustain*
37 *will feed*
38 *mud*
39 *it fell to pieces*
40 *soft*
41 *watery*
42 **tenía...** *his sight was veiled (blurred)*
43 inteligencia
44 *became damp*

Entonces desbarataron[45] y deshicieron[46] su obra y su creación. Y en seguida dijeron: —¿Cómo haremos para perfeccionar, para que salgan bien nuestros adoradores, nuestros invocadores?

Así dijeron cuando de nuevo consultaron entre sí: —Digámosles a Ix-
90 piyacoc, Ixmucané, Hunahpú-Vuch, Hunahpú-Utiú: ¡Probad suerte otra vez! ¡Probad a hacer la creación! Así dijeron entre sí el Creador y el For-mador cuando hablaron a Ixpiyacoc e Ixmucané.

En seguida les hablaron a aquellos adivinos,[47] la abuela del día, la abuela del alba,[48] que así eran llamados por el Creador y el Formador, y
95 cuyos nombres eran Ixpiyacoc e Ixmucané.

[...]

Entonces hablaron [Ixpiyacoc e Ixmucané] y dijeron la verdad: —Buenos saldrán vuestros muñecos[49] hechos de madera; hablarán y con-versarán sobre la faz de la tierra.

—¡Así sea!, contestaron, cuando hablaron.
100 Y al instante fueron hechos los muñecos labrados[50] en madera. Se parecían al hombre, hablaban como el hombre y poblaron[51] la superficie de la tierra.

Existieron y se multiplicaron; tuvieron hijas, tuvieron hijos los muñecos de palo;[52] pero no tenían alma, ni entendimiento; no se acordaban de[53] su
105 Creador, de su Formador; caminaban sin rumbo[54] y andaban a gatas.[55]

Ya no se acordaban del Corazón del Cielo y por eso cayeron en des-gracia. Fue solamente un ensayo,[56] un intento de hacer hombres. Habla-ban al principio, pero su cara estaba enjuta;[57] sus pies y sus manos no tenían consistencia; no tenían sangre, ni sustancia, ni humedad, ni gor-
110 dura;[58] sus mejillas[59] estaban secas,[60] secos sus pies y sus manos, y amari-llas sus carnes.

Por esta razón ya no pensaban en el Creador ni en el Formador, en los que les daban el ser y cuidaban de ellos.

Estos fueron los primeros hombres que en gran número existieron so-
115 bre la faz de la tierra.

[...]

Pero no pensaban, no hablaban con su Creador y su Formador, que los habían hecho, que los habían creado. Y por esta razón fueron muer-tos, fueron anegados.[61] Una resina abundante vino del cielo. [...]

Y esto fue para castigarlos[62] porque no habían pensado en su madre,
120 ni en su padre, el Corazón del Cielo, llamado Huracán. Y por este motivo se oscureció la faz de la tierra y comenzó una lluvia negra, una lluvia de día, una lluvia de noche.

[...]

Así fue la ruina de los hombres que habían sido creados y formados, de los hombres hechos para ser destruidos y aniquilados: a todos les
125 fueron destrozadas[63] las bocas y las caras.

45 *wrecked*
46 *destruyeron*
47 *prophets, seers*
48 *dawn*
49 *dolls, puppets*
50 *carved*
51 *populated*
52 *madera*
53 **se...** *recordaban a*
54 *dirección*
55 **a...** *on all fours*
56 *trial, test*
57 *dry*
58 *fat*
59 *cheeks*
60 *dry*
61 *drowned*
62 *punish them*
63 *broken into pieces*

Y dicen que la descendencia de aquéllos son los monos que existen ahora en los bosques; éstos son la muestra[64] de aquéllos, porque sólo de palo fue hecha su carne por el Creador y el Formador.

Y por esta razón el mono se parece al hombre, es la muestra de una 130 generación de hombres creados, de hombres formados que eran solamente muñecos y hechos solamente de madera.

[...]

Y dijeron los Progenitores, los Creadores y Formadores, que se llaman Tepeu y Gucumatz: «Ha llegado el tiempo del amanecer, de que se termine la obra y que aparezcan los que nos han de sustentar y nutrir, los hi-135 jos esclarecidos,[65] los vasallos civilizados; que aparezca el hombre, la humanidad, sobre la superficie de la tierra.» Así dijeron.

Se juntaron, llegaron y celebraron consejo[66] en la oscuridad y en la noche; luego buscaron y discutieron, y aquí reflexionaron y pensaron. De esta manera salieron a luz claramente sus decisiones y encontraron y des-140 cubrieron lo que debía entrar en la carne del hombre.

Poco faltaba para que el sol, la luna y las estrellas aparecieran sobre los Creadores y Formadores.

De *Paxil*, de *Cayalá*, así llamados, vinieron las mazorcas[67] amarillas y las mazorcas blancas.

145 Estos son los nombres de los animales que trajeron la comida: *Yac* [el gato de monte], *Utiú* [el coyote], *Quel* [una cotorra[68] vulgarmente[69] llamada chocoyo] y *Hoh* [el cuervo].[70] Estos cuatro animales les dieron la noticia de las mazorcas amarillas y las mazorcas blancas, les dijeron que fueran a Paxil y les enseñaron el camino de Paxil.

150 Y así encontraron la comida y ésta fue la que entró en la carne del hombre creado, del hombre formado; ésta fue su sangre, de ésta se hizo la sangre del hombre. Así entró el maíz [en la formación del hombre] por obra de los Progenitores.

[...]

Y moliendo[71] entonces las mazorcas amarillas y las mazorcas blancas, 155 hizo Ixmucané nueve bebidas, y de este alimento provinieron[72] la fuerza y la gordura y con él crearon los músculos y el vigor del hombre. Esto hicieron los Progenitores, Tepeu y Gucumatz, así llamados.

A continuación entraron en pláticas[73] acerca de la creación y la formación de nuestra primera madre y padre.

64 *sample, model*
65 ilustres, distinguidos
66 **celebraron...** *held council*
67 *corn cobs*
68 *parrot*
69 *comúnmente*
70 *raven*
71 *grinding*
72 se originaron
73 conversaciones

✦ **Comprensión y expansión**

A. Conteste las siguientes preguntas según el texto.

1. Según el *Popol Vuh*, ¿dónde estaban los dioses progenitores antes de la creación? ¿Cómo estaban ellos?

2. ¿Es Gucumatz el nombre de uno o de varios dioses? Explique.
3. Antes de la creación, ¿dónde estaban el cielo y la tierra? ¿Qué se creó primero?
4. ¿Qué animales se crearon después?
5. ¿Qué les dijeron los dioses a los pájaros y animales que habían creado?
6. ¿Pudieron obedecer estas criaturas a sus dioses? ¿Por qué?
7. ¿Qué castigo recibieron los animales y pájaros por no poder invocar y alabar a sus creadores y progenitores?
8. ¿De qué materiales trataron los dioses de hacer otras criaturas después? ¿Qué problemas tuvieron?
9. ¿Pudieron multiplicarse y tener hijos los hombres de madera?
10. ¿Cómo y por qué les castigó el Corazón del Cielo a los hombres de madera?
11. Según el *Popol Vuh*, ¿de quiénes descienden los monos? ¿Y por qué éstos se parecen a los hombres?
12. ¿Qué sustancia usaron finalmente los dioses para crear a los primeros hombres y mujeres, nuestros primeros padres y madres?

B. Explique la importancia o el significado de los siguientes personajes o elementos.

1. el mar y el cielo
2. los primeros animales y pájaros creados
3. Tepeu y Gucumatz
4. los viejos adivinos
5. el lodo y el palo
6. la resina y la lluvia negra
7. los monos y los muñecos de palo
8. Paxil y Cayalá
9. la abuela Ixmucané

C. Complete las siguientes afirmaciones, marcando con un círculo la letra de la respuesta más apropiada.

1. Antes de la creación todo estaba inmóvil y silencioso en...
   a. la tierra.   b. el universo.
   c. la oscuridad.
2. No había nadie excepto...
   a. los adivinos.   b. Gucumatz y el Corazón del Cielo.
   c. los genios de las montañas.
3. Los dioses creadores y progenitores estaban en...
   a. el agua.   b. el cielo.
   c. la tierra.
4. Ellos estaban rodeados de...
   a. claridad.   b. oscuridad.
   c. genios y adivinos.
5. Dos tipos de animales o aves creados al principio son...
   a. las víboras y los perros.   b. los pájaros y los tigres.
   c. los leones y las cebras.

6. Después de crear los animales y pájaros, éstos...
   a. empezaron a hablar como los hombres.
   b. invocaron y adoraron a sus dioses.
   c. sólo lograron chillar, cacarear y graznar.

7. Por eso dichos animales y pájaros fueron...
   a. condenados a vivir en los barrancos y en los bosques.
   b. convertidos en hombres de madera.
   c. triturados y comidos por sus creadores.

8. El primer hombre de lodo que crearon los dioses...
   a. hablaba pero no tenía entendimiento.
   b. tenía un vocabulario muy limitado.
   c. sólo podía chillar y gritar.

9. Ixpiyacoc e Ixmucané eran dos...
   a. dioses quichés.
   b. jóvenes guerreros.
   c. viejos adivinos.

10. Los hijos de los hombres de palo salieron...
    a. sin alma ni entendimiento.
    b. con pies y manos muy grandes.
    c. inteligentes pero perezosos.

11. Según el *Popol Vuh*, los monos descienden de los hombres de...
    a. lodo.
    b. madera.
    c. maíz.

12. Tanto las mazorcas amarillas como las blancas vinieron de...
    a. los bosques y montes de Guatemala.
    b. un lugar llamado Paxil.
    c. la región asociada con Gucumatz.

13. Tres de los cuatro animales que dieron la noticia de la existencia de las mazorcas son Yac, Hoh y...
    a. Raxa-Caculhá.
    b. Tepeu.
    c. Utiú.

14. Según el *Popol Vuh*, el primer hombre de maíz fue creado de una sustancia preparada por...
    a. los Progenitores, Creadores y Formadores.
    b. la abuela y adivina Ixmucané.
    c. el Corazón del Cielo.

✦ Temas de discusión o análisis

1. Según la Biblia, Dios creó al hombre «a su imagen y semejanza». ¿Diría usted que también los dioses mayas tenían intención de crear hombres y mujeres a imagen y semejanza de ellos? ¿Por qué sí o por qué no? Explique.

2. La Biblia habla de un Dios creador de todo lo creado que solo, sin ayuda de nadie, también crea al primer hombre y a la primera mujer. Compare y contraste la imagen y las acciones del Dios bíblico con las de los dioses progenitores del *Popol Vuh*.

3. En la Biblia, lea los dos primeros capítulos de Génesis donde se describe cómo y en qué orden Dios creó el universo y todo lo que existe. Compare y contraste la versión bíblica de la creación con la del *Popol Vuh*.
4. Tanto en la Biblia como en el *Popol Vuh* se describen algunos castigos importantes (por ejemplo, ¿cómo y por qué castiga Dios a Adán y Eva? y ¿cómo y por qué castiga Corazón del Cielo a los animales primero y a los hombres de madera después?). Compare y contraste algunos de esos castigos en ambos textos.
5. ¿Cómo explica usted las muchas semejanzas con respecto a la creación del mundo y de los seres humanos que hay entre la versión bíblica en Génesis y estas secciones del *Popol Vuh*? Teniendo en cuenta que se trata de dos textos que reflejan culturas y épocas tan diferentes, dé su interpretación personal al respecto, explicando y documentando, en lo posible, sus comentarios.
6. Según la Biblia, la mujer fue creada de una costilla del hombre mientras que según el *Popol Vuh*, tanto el hombre como la mujer fueron creados ambos de la misma sustancia. Comente las consecuencias culturales que pueden tener para las mujeres su forma de creación en cada uno de esos textos sagrados.

✦ Temas de proyección personal

1. Según su opinión, ¿por qué en la versión maya «nuestra primera madre y padre» fueron creados de maíz? ¿Por qué no de papas o de frijoles o de algún otro grano o vegetal? Si usted fuera uno de los dioses creadores, ¿qué material elegiría o les sugeriría a los otros dioses que usaran para crear al primer hombre o a la primera mujer? ¿Por qué? ¿Crearía primero al hombre o a la mujer? ¿Por qué?
2. Imagine que usted está en un debate y que quiere apoyar su posición en defensa de la igualdad de los sexos usando la autoridad de un texto sagrado. ¿Citaría pasajes de la Biblia o del *Popol Vuh*? ¿Por qué? Explique.
3. Imagine que usted está en el mismo debate pero ahora tiene que defender la posición antifeminista, es decir, tiene que argumentar en favor de la superioridad masculina y desigualdad básica de los sexos. ¿Citaría de la Biblia o del *Popol Vuh*? ¿Por qué? Explique.

HERNAN CORTES

Nota biográfica

Hernán Cortés (1485–1547), soldado español, conquistador y el primer cronista de su propia hazaña —la conquista de México—, nació en Medellín, al suroeste de España, y murió cerca de Sevilla, después de haber ganado para España vastos territorios en el Nuevo Mundo y el imperio más grande y poderoso de América. Antes de iniciar su vida de aventuras a los diecinueve años, estudió letras en la Universidad de Salamanca, hecho que más tarde se verá reflejado en el estilo de sus cartas y escritos. En 1504 llegó a la isla La Española, hoy República Dominicana y Haití. Siete años después intervino en la conquista de Cuba junto con Diego Velázquez (gobernador de Cuba y fundador de La Habana, entre otras ciudades), quien en 1519 le comisionó la exploración de México pero sin darle permiso de conquista. Llegó primero a Cozumel, donde rescató a Jerónimo de Aguilar (soldado español prisionero de los mayas y su futuro intérprete) y fundó después la ciudad de Veracruz. Decidido ya a desobedecer las órdenes de Velázquez y a empezar su propia carrera de conquistador, Cortés mandó hundir sus naves. De esa forma imposibilitaba el regreso a Cuba a los que no reconocían su autoridad. Inició entonces su marcha hacia Tenochtitlán, capital del imperio azteca. Hizo alianzas con varios pueblos enemigos de Moctezuma, emperador de los aztecas, y llegó a Tenochtitlán a fines de 1519, acompañado de sus soldados, indios que se le habían aliado, varios caballos —animal desconocido en el Nuevo Mundo— y algunas piezas de artillería. Moctezuma los recibió en su palacio y los trató con todos los honores, aunque no se sabe si por temor o por cortesía indígena natural. Tal vez al ver a Cortés con su barba rubia, montado a caballo y rodeado de tanta gente, aquél creyó que éste era el dios Quetzalcóatl, antiguo dios de los toltecas que, según una leyenda, había prometido volver para destruir a los aztecas. De todas maneras, Cortés no fue tan cortés con su anfitrión. Tomando como pretexto el asesinato de algunos españoles en Veracruz, el conquistador hizo arrestar al emperador. Aprovechando la ausencia de Cortés, quien tuvo que dejar la ciudad temporalmente para hacer frente a una expedición que Velázquez había mandado contra él, los aztecas se sublevaron en Tenochtitlán. Cuando regresó le fue imposible apaciguar a los indígenas y, después de resultar herido Moctezuma, decidió abandonar la ciudad. Esta desastrosa retirada de los españoles se conoce como la «Noche Triste» (1520). Más tarde, Cortés reorganizó sus fuerzas y pudo reconquistar el imperio azteca después de sitiar la capital durante setenta y cinco días y después de meter en la cárcel al emperador Cuauhtémoc en 1521. En octubre de 1522 Cortés finalmente recibió la carta del emperador Carlos V que lo confirmaba como conquistador de México, luego de haberle escrito tres de sus cinco conocidas *Cartas de relación sobre el descubrimiento y la conquista de la Nueva España*. Nombrado después gobernador y capitán general de Nueva España (actual México) por su rey y emperador, organizó varias expediciones a Honduras y California. Acusado por enemigos poderosos y rodeado de problemas legales, regresó a España en 1540 y allí murió decepcionado y triste siete años después, ya retirado de la vida guerrera y política que en su juventud le dieran tanta fama y gloria.

✦ Guía y actividades de pre-lectura

Las *Cartas de relación* inician un nuevo género literario: el de las «crónicas de Indias». Se conocen cinco de estos reportes o informes oficiales que Cortés

Hernán Cortés recibiendo un collar de los aztecas, según una ilustración de un antiguo códice.

escribió en forma de cartas (1519, 1520, 1522, 1524 y 1526) dirigidas a Carlos I, rey de España —entonces también Carlos V, emperador del Sacro Imperio Romano— dándole cuenta de la conquista de México y describiéndole detalladamente los hechos relacionados con dicha empresa. En esos documentos escritos con una prosa formal y objetiva y un lenguaje descriptivo muy directo, Cortés señala la importancia de la conquista y el potencial económico de las tierras descubiertas, dando además información sobre diversos aspectos de la cultura de los aztecas como su vida y costumbres, sus productos, sus riquezas minerales, su clima y sus recursos naturales. Se incluye aquí parte de su segunda carta —de fecha 30 de octubre de 1520— donde él describe sus primeras impresiones al llegar a Temixtitán (o Tenochtitlán).

1. Teniendo en cuenta que Tenochtitlán era una ciudad-isla, fundada en medio de un lago y rodeada de puentes que la conectaban con tierra firme, ¿cuáles serían, según su opinión, las características de la capital del imperio azteca? Describa el tipo de edificios, medios de transporte, diversiones y actividades cotidianas que esperaría encontrar en la ciudad de Moctezuma.

2. Se sabe que Cortés llegó a México con unos 500 soldados, 18 caballos y algunas piezas de artillería. Se calcula que en esa época el imperio azteca contaba con más de 10 millones de habitantes y que sólo en Tenochtitlán vivían alrededor de 200.000 personas. Suponiendo que estos datos sean correctos, ¿cómo se explica usted la derrota del imperio de los aztecas?

3. Busque información adicional en algún libro de referencia sobre tres de los lugares o personas de la lista que sigue y prepare un breve informe oral con los resultados de su investigación.

a. Diego Velázquez   e. Cuba
b. Veracruz   f. Moctezuma
c. Cuauhtémoc   g. Cozumel
d. Carlos V   h. Jerónimo de Aguilar

Carta al rey Carlos I de España

[...] Esta gran ciudad de Temixtitán está fundada en esta laguna salada,[1] y desde la Tierra-Firme hasta el cuerpo de la dicha ciudad, por cualquiera parte que quisieren entrar a ella, hay dos leguas.[2] Tiene cuatro entradas, todas de calzada hecha a mano,[3] tan ancha como dos lanzas
5 jinetas.[4] Es tan grande la ciudad como Sevilla y Córdoba. Son las calles de ella, digo las principales, muy anchas y muy derechas, y algunas de éstas y todas las demás son la mitad de tierra, y por la otra mitad es agua, por la cual andan en sus canoas. Todas las calles de trecho en trecho[5] están abiertas por donde atraviesa el agua de las unas a las otras, y en todas
10 estas aberturas, que algunas son muy anchas, hay sus puentes de muy anchas y muy grandes vigas[6] juntas y recias[7] y bien labradas;[8] y tales, que por muchas de ellas pueden pasar diez de caballo juntos a la par[9] [...] Tiene esta ciudad muchas plazas, donde hay continuos mercados y trato[10] de comprar y vender. Tiene otra plaza tan grande como dos veces la de la
15 ciudad de Salamanca, toda cercada de portales alrededor,[11] donde hay cotidianamente[12] arriba de 60.000 ánimas[13] comprando y vendiendo; donde hay todos los géneros[14] de mercaderías[15] que en todas las tierras se hallan, así de mantenimientos como de vituallas,[16] joyas de oro y de plata, de plomo, de latón, de cobre, de estaño,[17] de piedras, de huesos,
20 de conchas, de caracoles y de plumas.[18] Véndese tal piedra labrada y por labrar, adobes, ladrillos, madera labrada y por labrar de diversas maneras. Hay calles de caza[19] donde venden todo linaje[20] de aves que hay en la tierra [...] Venden conejos, liebres, venados y perros pequeños, que crían para comer. Hay calles de herbolarios,[21] donde hay todas las raíces
25 y yerbas[22] medicinales que en esta tierra se hallan. Hay casas como de boticarios[23] donde se venden las medicinas hechas, así potables como ungüentos y emplastos.[24] Hay casas como de barberos, donde lavan y rapan[25] las cabezas. Hay casas donde dan de comer y beber por precio [...] Finalmente, que en los dichos mercados se venden todas cuantas cosas se
30 hallan en la tierra, que demás de las que he dicho, son tantas y de tantas calidades, que por la prolijidad[26] y por no me ocurrir tantas a la memoria,[27] y aun por no saber poner los nombres, no las expreso [...]

En lo del servicio[28] de Moctezuma y de las cosas de admiración que tenía por grandeza y estado, hay tanto que escribir, que certifico a vuestra
35 alteza[29] que yo no sé por dónde pueda acabar de decir alguna parte de

1 **laguna...** *salt-water lagoon*
2 *leagues (1 league = approx. 5½ km.)*
3 **todas...** *all roads built by hand*
4 **dos...** *two short lances put together*
5 **de...** *a intervalos*
6 *beams*
7 *fuertes*
8 *hechas, trabajadas*
9 **a...** *a la vez*
10 *business, dealings*
11 **cercada...** *surrounded by porticos*
12 *todos los días*
13 *personas*
14 *tipos, clases*
15 *goods*
16 **así...** *both everyday subsistence items as well as (food) provisions*
17 **de plomo...** *(made) of lead, brass, copper, tin*
18 **de conchas...** *(made) of shells, snails, and feathers*
19 *game*
20 *tipo, clase*
21 *herbalists' shops*
22 **raíces...** *roots and herbs*
23 *druggists*
24 **así...** *both drinkable ones as well as ointments and poultices*
25 *they shave*
26 **por...** *por la cantidad*
27 **por no...** *for not being able to remember so many*
28 **En...** *As for the*
29 **vuestra...** *Your Highness*

El gran Tenochtitlán, *detalle de un mural pintado por Diego Rivera en una de las paredes del Palacio Nacional, Ciudad de México, México.*

ellas.[30] Porque, como ya he dicho, ¿qué más grandeza puede ser que un señor bárbaro como éste tuviese contrahechas[31] de oro y plata y piedras y plumas todas las cosas que debajo del cielo hay en su señorío, tan al natural[32] lo de oro y plata, que no hay platero en el mundo que mejor lo hiciese; y lo de las piedras, que no baste juicio[33] comprender con qué instrumentos se hiciese tan perfecto; y lo de pluma, que ni de cera ni en ningún broslado[34] se podría hacer tan maravillosamente? [...] Tenía, así fuera de la ciudad como dentro, muchas casas de placer, y cada una de su manera de pasatiempo, tan bien labradas cuanto se podría decir, y cuales requerían ser[35] para un gran príncipe y señor. Tenía dentro de la ciudad sus casas de aposentamiento,[36] tales y tan maravillosas que me parecería casi imposible poder decir la bondad y grandeza de ellas [...] Tenía una casa poco menos buena que ésta, donde tenía un muy hermoso jardín con ciertos miradores[37] que salían sobre él, y los mármoles[38] y losas[39] de ellos eran de jaspe,[40] muy bien obradas. Había en esta casa aposentamientos para se aposentar[41] dos muy grandes príncipes con todo su servicio. En esta casa tenía diez estanques[42] de agua, donde tenía todos los linajes de aves de agua que en estas partes se hallan, que son muchos y diversos, todas domésticas; y para las aves que se crían en la mar eran los estanques de agua salada, y para las de ríos, lagunas de agua dulce; la cual agua vaciaban[43] de cierto a cierto tiempo por la limpieza, y la tornaban a henchir[44] por sus caños.[45] A cada género de aves se daba aquel mantenimiento que era propio a su natural[46] y con que ellas en el campo se

30 **dónde...** *how I can mention even some part of them*
31 copiadas (en)
32 **tan...** tan naturalmente
33 **que no...** *there is no understanding great enough*
34 *embroidery*
35 **cuales...** como deberían ser
36 *lodging*
37 balcones
38 *marbles*
39 *tiles*
40 *mottled marble*
41 **para...** *for lodging*
42 *ponds*
43 *they emptied*
44 **la tornaban...** *they would refill it again*
45 *pipes*
46 **propio...** *suitable for its kind*

mantenían. De forma que a las que comían pescado se lo daban, y las que
60 gusanos,[47] gusanos, y las que maíz, maíz, y las que otras semillas[48] más
menudas,[49] por consiguiente se las daban.[50] [...] Había para tener cargo
de[51] estas aves trescientos hombres, que en ninguna otra cosa entendían.[52] Había otros hombres que solamente entendían en curar las
aves que adolecían.[53] Sobre cada alberca[54] y estanque de estas aves había
65 sus corredores y miradores muy gentilmente labrados, donde el dicho
Moctezuma se venía a recrear y a las ver. Tenía en esta casa un cuarto en
que tenía hombres, mujeres y niños, blancos de su nacimiento en el rostro y cuerpo y cabellos y cejas y pestañas. Tenía otra casa muy hermosa,
donde tenía un gran patio losado[55] de muy gentiles losas, todo él hecho a
70 manera de un juego de ajedrez. [...] Había en esta casa ciertas salas
grandes, bajas, todas llenas de jaulas[56] grandes, de muy gruesos
maderos,[57] muy bien labrados y encajados,[58] y en todas o en las más había
leones, tigres, lobos, zorras[59] y gatos de diversas maneras, y de todos en
cantidad; a los cuales daban de comer gallinas cuantas les bastaban.[60] Para
75 estos animales y aves había otros trescientos hombres, que tenían cargo
de ellos. Tenía otra casa donde tenía muchos hombres y mujeres monstruos, en que había enanos, corcovados y contrahechos,[61] y otros con
otras deformidades, y cada manera de monstruos en su cuarto por sí;[62] y
también había para éstos personas dedicadas a tener cargo de ellos. Las
80 otras casas de placer que tenía en su ciudad dejo de decir,[63] por ser
muchas y de muchas calidades. [...]

47 *worms*
48 *seeds*
49 pequeñas
50 **por...** *(here:) was therefore given to them as appropriate*
51 **tener...** cuidar a
52 **que en...** *who were responsible for nothing else*
53 estaban enfermas
54 *tank, pond*
55 *tiled*
56 *cages*
57 **gruesos...** *thick logs*
58 *fitted*
59 **lobos...** *wolves, foxes*
60 **daban...** *they fed them all the hens they wanted*
61 **enanos...** *dwarfs, hunchbacks, and deformed people*
62 **en su...** *in their own room*
63 **dejo...** *I don't mention, I omit*

✦ Comprensión y expansión

A. Conteste las siguientes preguntas según el texto.

1. ¿Dónde está situada Temixtitán (o Tenochtitlán)?

2. Según Cortés, ¿es grande o pequeña esa ciudad? ¿Con qué ciudades de España la compara él?

3. ¿Cómo son sus calles principales? Descríbalas.

4. ¿Son muchas o pocas las personas que compran y venden cosas en el mercado todos los días? ¿Aproximadamente cuántas?

5. ¿Es grande o pequeña la plaza donde está el mercado? ¿Qué plaza española podría caber allí dos veces?

6. ¿Qué se puede encontrar en ese mercado? Mencione cuatro o cinco cosas.

7. Según la carta, ¿qué eran las «casas de placer»? ¿Cómo eran esas casas? ¿Qué se podía encontrar allí?

8. ¿Qué propósito tenían los diez estanques de agua de una de las casas?

9. ¿Qué tipo de cuidado recibían los «habitantes» de esos estanques?

10. ¿Qué propósito tenían las jaulas de otra de las casas? ¿Qué comían esos animales?

11. ¿Qué otras cosas o personas había en otras casas?

12. ¿Quiénes cuidaban a los «habitantes» de esas casas o salas especiales? Explique.

B. Todas las frases de la columna izquierda provienen de la carta de Cortés. Busque las frases sinónimas en la lista de la columna derecha y escriba las letras correspondientes en los espacios apropiados.

____	1. de trecho en trecho	a. de manera que
____	2. a la par	b. cuidar a
____	3. de diversas maneras	c. por consiguiente
____	4. todo linaje de	d. más de
____	5. de forma que	e. a la vez
____	6. tener cargo de	f. a intervalos
____	7. arriba de	g. de diferentes clases
		h. toda clase de
		i. de igual a igual

C. Indique si los comentarios que siguen reflejan correctamente o no el contenido de la carta de Cortés. Escriba **V** (verdadero) o **F** (falso) en los espacios correspondientes. Si lo que lee es falso, corríjalo.

____ 1. Según Cortés, Tenochtitlán estaba conectada con tierra firme por medio de cuatro puentes de dos kilómetros cada uno.

____ 2. Las canoas eran un medio de transporte muy común allí.

____ 3. En los mercados había perros pequeños que los aztecas criaban para comer.

____ 4. Los aztecas no comían conejos ni liebres porque los consideraban animales sagrados.

____ 5. Según Cortés, todas las copias de lo que tenía Moctezuma en su reino estaban hechas de oro, plata, piedras y plumas.

____ 6. En las casas de boticarios se podía encontrar una gran variedad de medicinas.

____ 7. En Tenochtitlán no había restaurantes ni lugares donde se pudiera pagar para comer.

____ 8. Tampoco había hoteles ni lugares donde se pudiera pagar para pasar la noche.

____ 9. En general el cuidado de las aves y de los animales era un trabajo que sólo se asignaba a las mujeres.

✦ Temas de discusión o análisis

1. Describa con sus propias palabras la ciudad de Tenochtitlán a la llegada de Cortés y la impresión, positiva o negativa, que le causó la capital azteca. Identifique y comente dos o tres aspectos que le llamaron la atención por ser diferentes a las costumbres españolas.

2. Si en 1519 usted (y no Cortés) hubiera llegado a Tenochtitlán y visto exactamente lo mismo que él vio, ¿qué cosas le hubieran llamado mucho la atención y por qué? Explique.

3. En su carta al rey de España, Cortés se refiere a Moctezuma describiéndolo como «un señor bárbaro». Después de leer la carta, ¿está usted de acuerdo con él? ¿En qué sentido es o no es «bárbaro» el emperador azteca? Explique.

4. Según su opinión, ¿admira o critica Cortés el que Moctezuma tenga tantas personas dedicadas exclusivamente a cuidar los animales y las aves de las distintas casas de placer? Justifique su respuesta.

5. Después de leer la carta de Cortés, ¿dónde y cómo se da cuenta uno de su gran interés por las riquezas de Moctezuma? Explique y dé ejemplos concretos.

6. En su carta Cortés no menciona a Marina (Malinche), la india maya que le sirvió de intérprete en sus comunicaciones con Moctezuma y otros líderes aztecas. Además de intérprete, Marina fue también amante de Cortés y tuvo un hijo con él (Martín Cortés). En una sección de esta carta no incluida aquí, el conquistador transcribe directamente un diálogo con Moctezuma como si ellos estuvieran solos y hablando la misma lengua, sin aludir a la presencia ni a la traducción de Marina. Según su opinión, ¿por qué será que Cortés no menciona para nada el papel de su intérprete? ¿Qué se puede deducir de esta omisión o silencio con respecto al papel de la mujer en la época de la conquista? Comente.

✦ Temas de proyección personal

1. Piense en la primera vez que usted visitó otro país o alguna ciudad diferente a la suya. Describa el lugar y diga lo que más le llamó la atención, o escríbale una carta a un(a) amigo(a) comentándole sus impresiones de esa visita.

2. Con ayuda de una enciclopedia o guía turística, planee un viaje a México y haga una lista de cuatro o cinco lugares que le gustaría visitar. Descríbalos y explique por qué escogió esos lugares y no otros.

3. Basándose en la descripción que hace Cortés del reino de Moctezuma y agregando algo de su propia imaginación, invente y describa un día típico en la vida del emperador azteca.

4. Imagine que gracias a los avances tecnológicos actuales usted tiene un auto-tiempo y puede viajar del presente al pasado y viceversa sin ningún problema. Decide hacer un viaje al Tenochtitlán de 1519 para traer a Cortés al México actual por unos días. Describa y comente cuatro o cinco grandes cambios que indudablemente van a sorprender mucho a su invitado histórico.

BARTOLOME DE LAS CASAS

Nota biográfica

Fray Bartolomé de Las Casas (1474–1566), humanista, historiador y el primer religioso ordenado en el Nuevo Mundo, nació en Sevilla y se educó en la Universidad de Salamanca. Conocido como «Apóstol de las Indias» o «Protector de los indios» por su incansable actuación en defensa de los nativos del Nuevo Mundo, Las Casas sostenía la idea de que la evangelización, para ser legítima, debía hacerse por medios pacíficos. Desde su llegada a la isla Española (hoy República Dominicana y Haití) en 1502, combatió sin descanso los abusos de los conquistadores, protestando y denunciándolos una y otra vez ante el rey y las demás autoridades españolas. Una década después, cuando ya tenía treinta y ocho años, comenzó sus estudios de sacerdocio, y en 1523 ingresó a la orden de los dominicos. En 1527 empezó a escribir su *Historia general de las Indias*, una de las grandes síntesis históricas de América. Desde Santo Domingo, su centro de acción, hizo varios viajes a España para tratar de obtener medidas favorables a los indios e influyó en la reforma del sistema de «repartimientos» —concesiones de tierras e indios a conquistadores y colonos españoles—, más comúnmente conocido como sistema de encomiendas.* Entre sus esfuerzos por mejorar la vida de la población indígena, Las Casas preparó un plan, que fracasó, para trasladar a los esclavos indios a islas inhabitadas y sustituirlos con esclavos negros importados de Africa. Sin embargo, su persistencia logró la proclamación de las Leyes Nuevas (1542) que eliminaban, entre otras cosas, la esclavitud indígena permitida y practicada bajo el sistema de encomiendas. En 1544 regresó al Nuevo Mundo con el título de obispo de Chiapas y escribió una de sus obras más famosas y polémicas, su *Brevísima relación de la destrucción de las Indias* (publicada en 1552), cuya rápida traducción a otras lenguas ayudó a propagar una visión muy negativa de la conquista española conocida como la «leyenda negra» y en la que se acusaba a los españoles de haber practicado una violencia sistemática y prolongada que llegó a alcanzar un nivel de verdadero genocidio. En 1551 participó en una famosa polémica con Juan Ginés de Sepúlveda, conocido teólogo español que estaba a favor de la esclavitud indígena. En dicha polémica el «protector de los indios» refutó la tesis de Sepúlveda, quien afirmaba que la guerra contra los indios era lícita y justa, basándose en el principio de superioridad de los europeos.

◆ Guía y actividades de pre-lectura

El texto aquí incluido forma parte del capítulo XXV de *Historia general de las Indias*, redactada a lo largo de muchos años y una de las obras más importantes de Las Casas. En esta historia se describen, con gran cantidad de detalles, tres décadas muy problemáticas de la conquista y colonización españolas. Entre los grandes problemas que se discutían en la época estaba el de la situación de los indígenas y, como consecuencia, la manera en que se les debía tratar. Se debatía, por ejemplo, si los nativos eran seres racionales, si tenían alma, si los conquistadores tenían o no derecho a esclavizarlos y otras cuestiones similares. El ataque de Las Casas contra los abusos de los conquistadores y su continua defensa de los derechos indígenas proyectan en su obra una imagen algo idealizada de éstos en donde se los presenta como naturalmente ingenuos y virtuosos, como los «buenos salvajes» que dos siglos más tarde serán incorporados en los textos y debates de la Ilustración* europea. En esta selección, Las Casas describe y comenta el tratamiento injusto e inhumano que recibió el cacique Hatuey cuando él y su gente trataron de escapar de la esclavitud que Diego Velázquez (conquistador y gobernador de Cuba) les quería imponer. El tono de indignación, denuncia y crítica de este texto ya anuncia una tendencia recurrente en las letras hispanoamericanas posteriores: la de la literatura de contenido críticosocial, una de cuyas manifestaciones más significativas es la llamada literatura indigenista.* Aunque el estilo de Las Casas es en general claro, directo y conversacional, sus frases tienden a ser muy largas y están llenas de digresiones, lo que a menudo dificulta la lectura de su obra.

1. Según una frase muy conocida, los españoles trajeron a América «el microbio, la cruz y la espada». ¿Cómo interpreta usted dicha frase? ¿Qué representará «el microbio»? ¿Y «la cruz»? ¿Y «la espada»? ¿Diría usted que se podría aplicar la misma frase a la conquista y colonización de Nueva Inglaterra? ¿Por qué sí o por qué no? Explique.

2. Según su opinión, ¿eran seres racionales los indígenas? ¿Cree usted que los conquistadores tenían derecho a esclavizarlos? ¿Por qué?

3. Con ayuda de algún libro de referencia, busque información sobre los siguientes temas para poder comprender mejor la situación de los indígenas en el siglo XVI.

   a. las encomiendas
   b. la población indígena de Cuba y de la isla Española a la llegada de los españoles
   c. las armas indígenas y europeas en el siglo XVI
   d. la definición geográfica de Nueva España y de la isla Española
   e. Diego Velázquez
   f. Carlos V y Felipe II

Historia general de las Indias

QUE TRATA DE LA PASADA[1] DE LOS ESPAÑOLES A LA ISLA DE CUBA

Explanado queda lo que tuvimos entendido de la isla de Cuba y de lo que en ella hallamos[2] y de las gentes que la moraban[3] o habitaban; resta ya referir de la pasada que a ella hicimos los cristianos (puesto que[4] yo no pasé con él, sino después, desde a cuatro o cinco meses, en otro viaje).

5   Partió, pues, Diego Velázquez con sus trescientos hombres de la villa de la Zabana, desta[5] isla Española, en fin, a lo que creo, del año de mil y quinientos y once, y creo que fue, si no me he olvidado, a desembarcar a un puerto llamado de Palmas, que era en la tierra o cerca della, donde reinaba[6] el señor que dije haberse huído de esta isla y llamarse Hatuey, y

10 que había juntado a su gente y mostrádoles[7] lo que amaban los cristianos como a señor proprio, que era el oro, como pareció[8] en el cap. 21.

    Sabida la llegada de los nuestros, y entendido que de su venida no podía resultarles sino la servidumbre[9] y tormentos y perdición,[10] que en

1 *passage*
2 encontramos
3 vivían
4 **puesto... ** *since*
5 de esta
6 *ruled*
7 les había mostrado
8 apareció, se mencionó
9 *servitude*
10 *(eternal) damnation*

Soldados españoles y guerreros aztecas, según una ilustración del Códice Duran.

11 decidieron, resolvieron

12 **que...** *which reason itself tells men that they ought to take*

13 *destroys*

14 vida, existencia

15 defensa

16 **barrigas...** *naked bellies*

17 **arcos...** *children's hoops*

18 *poisonous*

19 **lo...** *which they very seldom have the opportunity to do*

20 *flee*

21 **conviéneles...** *it is always to their advantage not to fight them at close range*

22 *caught up with*

23 **no...** *there was no need to encourage them*

24 *mostrarles*

25 Les servió de refugio

26 *mountain ranges*

27 **cara...** *they appear yelling loudly*

28 *injured, wounded*

29 **peor...** *more so when (they) used their blunderbusses*

30 desaparecer

31 **tiradas...** *shooting their arrows without effect*

32 *wounded*

33 **acordaron...** *they agreed to hide*

esta Española habían ya muchos dellos visto y experimentado, acordaron[11] de tomar el remedio, que la misma razón dicta en los hombres
que deben tomar;[12] y la Naturaleza aun a los animales y a las cosas insensi-
bles que no tienen conocimiento alguno enseña, que, contra lo que co-
rrompe y deshace[13] su ser,[14] deban tomar, y éste es la defensión.[15]
Pusiéronse, pues, en defensa con sus barrigas desnudas[16] y pocas y débiles
armas, que eran los arcos y flechas, que poco más son que arcos de
niños,[17] donde no hay hierba ponzoñosa[18] como allí no la hay, o no las
tiran de cerca, a cincuenta o sesenta pasos, lo que pocas veces se les ofrece
hacer,[19] sino de lejos, porque la mayor arma que ellos tienen es huir[20] de
los españoles, y así conviéneles siempre no pelear de cerca con ellos.[21] Los
españoles, los que alcanzaban,[22] no era menester animallos[23] ni
mostralles[24] lo que habían de hacer.

Guarecióles[25] mucho a los indios ser toda la provincia montes y por
allí sierras,[26] donde no podían servirse de los caballos, y porque luego que
los indios hacen una vez cara con una gran grita[27] y son de los españoles
lastimados[28] con las espadas y peor cuando de los arcabuces,[29] y alcanza-
dos de los caballos, su remedio no está sino en huir y desparcirse[30] por
los montes donde se pueden esconder, así lo hicieron éstos, los cuales,
hecha cara en algunos pasos malos, esperando a los españoles algunas veces, y tiradas sus flechas sin fruto,[31] porque ni mataron ni creo que
hirieron[32] jamás alguno, pasados en esto dos o tres meses, acordaron de
se esconder.[33] Siguióse luego, como siempre se suele seguir, andar los es-

pañoles a cazallos[34] por los montes, que llaman ellos ranchear,[35] vocablo muy famoso y entre ellos muy usado y celebrado; y dondequiera que hallaban manada[36] de indios, luego como daban en ellos,[37] mataban hombres y mujeres y aun niños a estocadas[38] y cuchilladas,[39] lo que se les antojaba,[40] y los demás ataban,[41] y llevados ante Diego Velázquez, repartíaselos a uno tantos y a otro tantos, según él juzgaba, no por esclavos, sino para que le sirviesen perpetuamente como esclavos y aun peor que esclavos; sólo era que no los podían vender, al menos a la clara,[42] que de secreto y con sus cambalaches[43] hartas veces se ha en estas tierras usado. Estos indios así dados, llamaban piezas por común vocablo, diciendo: «Yo no tengo sino tantas piezas, y he menester para que me sirvan tantas», de la misma manera que si fueran ganado.

    Viendo el cacique Hatuey que pelear contra los españoles era en vano,[44] como ya tenía larga experiencia en esta isla por sus pecados,[45] acordó de ponerse en recaudo[46] huyendo y escondiéndose por las breñas,[47] con hartas angustias y hambres, como las suelen padecer los indios cuando de aquella manera andan, si pudiera escaparse. Y sabido de los indios que tomaban quién era (porque lo primero que se pregunta es por los señores y principales para despachallos,[48] porque, aquéllos muertos, fácil cosa es a los demás sojuzgallos[49]), dándose cuanta priesa y diligencia pudieron en andar tras él muchas cuadrillas para tomallo,[50] por mandado de Diego Velázquez, anduvieron muchos días en esta demanda, y a cuantos indios tomaban a vida interrogaban con amenazas[51] y tormentos,[52] que dijesen del cacique Hatuey dónde estaba; dellos, decían que no sabían; dellos, sufriendo los tormentos, negaban; dellos, finalmente, descubrieron por dónde andaba, y al cabo lo hallaron.

    El cual, preso[53] como a hombre que había cometido crimen *lesae maiestatis*,[54] yéndose huyendo desta isla a aquélla por salvar la vida de muerte y persecución tan horrible, cruel y tiránica, siendo rey y señor en su tierra sin ofender a nadie, despojado de su señorío, dignidad y estado, y de sus súbditos[55] y vasallos, sentenciáronlo a que vivo lo quemasen.[56] Y para que su injusta muerte la divina justicia no vengase sino que la olvidase,[57] acaeció[58] en ella una señalada[59] y lamentable circunstancia: cuando lo querían quemar, estando atado[60] al palo,[61] un religioso de San Francisco le dijo, como mejor pudo, que muriese cristiano y se baptizase; respondió que «para qué había de ser como los cristianos, que eran malos». Replicó el padre: «Porque los que mueren cristianos van al cielo y allí están viendo siempre a Dios y holgándose[62]». Tornó[63] a preguntar si iban al cielo cristianos; dijo el padre que sí iban los que eran buenos; concluyó diciendo que no quería ir allá, pues ellos allá iban y estaban. Esto acaeció al tiempo que lo querían quemar, y así luego pusieron a la leña[64] fuego y lo quemaron.

    Esta fue la justicia que hicieron de quien tanta contra los españoles tenía para destruíllos y matallos como a injustísimos y crueles enemigos capitales, no por más de porque huía de sus inicuas e inhumanas crueldades.[65] Y ésta fue también la honra que a Dios se dio y la estima[66] de su bienaventuranza[67] que tiene para sus predestinados,[68] que con su sangre redimió, que sembraron en aquel infiel, que pudiera quizá salvarse, los

---

34 **a...** *to hunt for them*
35 *looting*
36 *crowd, mob*
37 **luego...** *as soon as they found them*
38 *sword thrusts, stabs*
39 *stabs, slashes*
40 **lo...** *whatever they felt like doing*
41 *they tied up*
42 **al...** *at least openly*
43 *swaps, exchanges*
44 **en...** *useless*
45 *sins*
46 **ponerse...** *protegerse*
47 *bushes*
48 *eliminarlos*
49 *to subjugate them*
50 **cuadrillas...** *troops to seize him*
51 *threats*
52 *tortures*
53 *prisoner*
54 *lèse majesté: in defiance of the King*
55 *subjects*
56 **sentenciáronlo...** *they sentenced him to be burned alive*
57 **Y...** *And so that divine justice would not avenge but rather forget this unjust death*
58 *ocurrió, pasó*
59 *prearranged*
60 *tied*
61 *pole, post*
62 *divirtiéndose*
63 *Volvió*
64 *firewood*
65 **no...** *for no reason other than that he tried to escape from their unjust and inhuman cruelties*
66 *respect, esteem*
67 *blessings*
68 *chosen people*

que se llamaban y arreaban de llamarse cristianos. ¿Qué otra cosa fue decir que no quería ir al cielo, pues allá iban cristianos, sino argüir que no podía ser buen lugar, pues a tan malos hombres se les daba por eterna morada.[69] En esto paró el Hatuey, que, cuando supo que para pasar desta isla a aquélla los españoles se aparejaban,[70] juntó su gente para la avisar por qué causa les eran tan crueles y malos, conviene a saber, por haber oro, que era el Dios que mucho amaban y adoraban. Bien parece que los conocía, y que con prudencia y buena razón de hombre temía venir a sus manos, y que no le podía venir dellos otra utilidad,[71] otro bien, ni otro consuelo, al cabo, sino el que le vino.

✦ Comprensión y expansión

A. Conteste las siguientes preguntas según el texto.

1. ¿Quién era Hatuey? ¿De qué isla era él?
2. Según él, ¿era muy importante el oro para los españoles? Explique.
3. Cuando supieron de la llegada de los españoles, ¿qué decidieron hacer el cacique y su gente? ¿Por qué?
4. ¿Dónde se escondieron los indios? ¿Y con qué armas se defendieron?
5. ¿Con qué armas peleaban los españoles? ¿Podían usar allí sus caballos? ¿Por qué?
6. ¿Mataron los indios a muchos españoles? ¿Por qué?
7. ¿Qué significaba «ranchear» para los españoles? ¿En qué consistía esa práctica? Explique.
8. ¿Mataron los españoles a muchos indios? ¿Cómo los mataban?
9. ¿Qué hacían los españoles con los indios que no mataban?
10. Según Las Casas, ¿cómo trataban los españoles a los indios capturados?
11. ¿Les fue fácil o difícil a los españoles averiguar dónde estaba escondido el cacique Hatuey? ¿Por qué?
12. Según Las Casas, ¿cuál fue el único crimen de Hatuey?
13. Momentos antes de que mataran a Hatuey, ¿qué le sugirió a éste un padre franciscano? ¿Por qué?
14. ¿Cómo murió el cacique Hatuey? ¿Fue justa o injusta esa muerte, según Las Casas? Explique.

B. Todas las palabras de la columna izquierda provienen de *Historia general de las Indias*. Busque los antónimos en la lista de la columna derecha y escriba las letras correspondientes en los espacios apropiados.

____ 1. defensa	a. injusticia
____ 2. vida	b. nacimiento
____ 3. mayor	c. amigo
____ 4. peor	d. cerca
____ 5. justicia	e. muerto
____ 6. enemigo	f. ataque
____ 7. lejos	g. menor
	h. muerte
	i. mejor

C. Los siguientes sustantivos denotan personas, cosas o lugares mencionados en el texto. En cada grupo hay un elemento que está fuera de lugar. Identifíquelo y márquelo con un círculo, explicando brevemente por qué no pertenece al grupo.

1. Zabana   Palmas   Velázquez
2. arcos   espadas   flechas
3. piezas   cristianos   españoles
4. rey   esclavo   señor
5. Cuba   Hatuey   Española
6. montes   sierras   arcabuces

D. Indique si los comentarios que siguen reflejan correctamente o no el contenido del texto. Escriba **V** (verdadero) o **F** (falso) en los espacios correspondientes. Si lo que lee es falso, corríjalo.

_____ 1. Según Las Casas, este episodio tiene lugar en 1511.
_____ 2. El cacique Hatuey era amigo de Diego Velázquez.
_____ 3. Los indios usaron caballos para huir de los españoles.
_____ 4. Los españoles no mataban a los niños indígenas.
_____ 5. Un padre jesuita bautizó a Hatuey antes de que lo mataran.
_____ 6. Hatuey se hizo cristiano porque admiraba al padre Las Casas.
_____ 7. En este texto Las Casas está denunciando la crueldad de los indios de la isla Española.

✦ Temas de discusión o análisis

1. Analice la caracterización de los indígenas reflejada en esta selección de *Historia general de las Indias*. Dé ejemplos específicos para apoyar sus comentarios.
2. Analice la caracterización de los españoles reflejada en este texto. Dé ejemplos específicos para apoyar sus comentarios.
3. Compare y contraste la imagen de Diego Velázquez con la del cacique Hatuey.
4. La divulgación de los abusos españoles en América a través de las obras de Las Casas ayudó a crear «la leyenda negra». Discuta de qué manera esta selección contribuye a confirmar dicha leyenda.
5. Una obra de Las Casas anterior a *Historia general de las Indias* es su *Brevísima relación de la destrucción de las Indias*. Discuta y comente de qué manera la idea de la conquista como «destrucción» está también presente en la selección aquí incluida. Dé ejemplos específicos.
6. Teniendo en cuenta la gran influencia de las obras de Las Casas en su época, reflejada en la divulgación de «la leyenda negra», analice el estilo y las técnicas narrativas que él usa en este texto para convencer y ganar el apoyo de sus lectores. Comente algunos de los aspectos que siguen y agregue otros de su propio interés.
   a. el punto de vista narrativo
   b. el uso del suspenso
   c. el uso de la ironía
   d. el estilo conversacional

e. la proliferación de detalles

f. los comentarios y juicios de valor del propio autor incluidos en la narración de los hechos

7. Quinientos años después de los eventos de 1492–1493, lo que pasó en esos primeros años de contacto entre europeos e indígenas americanos ha sido calificado de diferentes maneras, desde «conquista» o «descubrimiento» hasta «destrucción» y «pillaje». ¿Cuál es su opinión? Comente.

✦ Temas de proyección personal

1. Las Casas acusa a los españoles de tratar a los indios «de la misma manera que si fueran ganado». Según su opinión, ¿todavía existe hoy día algún tipo de discriminación contra los indígenas? ¿Qué tipo de discriminación? Explique.

2. Durante la época de Carlos V, el padre Las Casas elaboró un plan en el que se proponía eliminar la esclavitud indígena, trasladando a los indios esclavos a islas inhabitadas. Sin embargo, su plan consistía en reemplazar una esclavitud por otra ya que sugería sustituir a los esclavos indios por esclavos negros importados de Africa. ¿Qué piensa usted de dicho plan? Según su opinión, ¿qué se puede deducir de esto con respecto a las actitudes y valores europeos en relación a los indígenas y a los negros?

3. Imagine que el rey de España, respondiendo a las denuncias del padre Las Casas, acaba de condenar a muerte a Diego Velázquez por abuso de autoridad y crueldad excesiva hacia los indios. A usted lo acaban de nombrar abogado(a) defensor(a) del conquistador español. Prepare una lista de seis a ocho puntos sólidos para argumentar en favor de su cliente por una conmutación de la sentencia.

4. Alquile de su tienda de videos una de las siguientes películas: *The Mission* (sobre las misiones jesuíticas en Sudamérica), *Black Robe* (sobre los problemas de los misioneros en Canadá) o *Dances with Wolves* (una visión épica de la vida y costumbres de los indios Sioux durante la guerra civil americana). Mírela y prepare una breve descripción comentada de dicha película para presentarla en clase.

BERNAL DIAZ DEL CASTILLO

Nota biográfica

Bernal Díaz del Castillo (1492–1581), soldado, historiador, cronista-testigo y autor de una de las crónicas más detalladas y completas de la época, nació en Medina del Campo (España) y murió en Guatemala, donde tenía una encomienda recibida como premio por su participación en todas las campañas de la conquista del imperio azteca. Había formado parte de dos expediciones a las costas de México antes de alistarse en la expedición de Hernán Cortés y entrar con él y los demás españoles a Tenochtitlán, la capital de los aztecas. Sirvió al lado de Cortés hasta retirarse a Guatemala donde se radicó con los derechos y prerrogativas de que gozaron los primeros conquistadores. Allí leyó la *Historia de las Indias y conquista de México* (1552) del humanista español Francisco López de Gómara, cronista oficial de la corte y secretario de Cortés, y le causaron gran indignación los errores de información y las inexactitudes que encontró en dicha versión de la conquista. Además, le parecía injusto y exagerado el papel de héroe máximo que López de Gómara le asignaba a Cortés al atribuirle sólo a él el triunfo sobre los aztecas, sin tener en cuenta las acciones colectivas de los soldados que lucharon con él y que hicieron posible el éxito de esa conquista. Decidió entonces contar su propia versión de los hechos como participante activo de ellos, describiendo su historia como «verdadera» para poner énfasis en su intención de corregir las demás historias equivocadas o inexactas. A diferencia de las crónicas y otras versiones de la conquista hechas por gente con preparación universitaria como Cortés o por humanistas como López de Gómara, la obra de Díaz del Castillo está escrita desde la perspectiva de lo que fue él: un simple soldado sin estudios formales, pero protagonista y testigo de la historia y eventos narrados. Hay que señalar, sin embargo, que este cronista tenía más de setenta años cuando comenzó a escribir su famosa *Historia verdadera de la conquista de la Nueva España* a la que le dedicó los últimos doce o trece años de su vida, aunque su obra permaneció inédita hasta 1632. (Se debe recordar que «Nueva España» fue el nombre que le dieron los españoles a México en tiempos de la conquista y colonización.) En su larga y detallada historia, Díaz del Castillo describe los hechos que vivió, pero también los sentimientos experimentados por él y por el resto de la tropa frente a esos hechos vividos. De los dos cronistas-testigos que han participado en la conquista y escrito sobre ella, Cortés y Díaz del Castillo, este último ha gozado de mayor popularidad debido, sin duda, a su estilo directo y a su lenguaje natural. Caracterizado por la abundancia de descripciones y detalles, su lenguaje refleja de manera muy realista la espontaneidad, sencillez y frescura de la lengua hablada.

✦ Guía y actividades de pre-lectura

El texto aquí incluido («Doña Marina») está tomado del capítulo 37 de la *Historia verdadera de la conquista de la Nueva España*, obra que aparentemente Díaz del Castillo empezó a escribir alrededor de 1568 y en la que siguió trabajando hasta el fin de sus días. En este capítulo en particular, su autor da algunos datos biográficos importantes sobre la vida de Marina o «la Malinche» (su nombre indígena) y su participación como intérprete de Cortés en la conquista de México. El resto del libro describe las dos expediciones exploratorias a lo largo de la costa mexicana, la marcha hacia Tenochtitlán, la huida de los españoles durante la «Noche Triste» (el 30 de junio de 1520) en que Cortés y sus soldados fueron derrotados en la capital azteca, y su victoria final sobre Cuauhtémoc, último emperador de los aztecas. También narra las repercusiones de la conquista de México en España, Cuba y La Española (hoy Haití y República Dominicana), la marcha sobre la jungla hondureña y el triunfo final de Cortés.

El capítulo 37, sin embargo, está totalmente dedicado a la intérprete indígena de Cortés, bautizada como Marina, hecho que refleja la importancia que a ella le asigna Díaz del Castillo en su libro. En efecto, sin buenos intérpretes, bastante o totalmente diferente podría haber sido la historia de los éxitos de Cortés en la conquista. El tuvo suerte y contó con la ayuda de dos excelentes intérpretes que se complementaban muy bien: Marina y Jerónimo de Aguilar, un soldado español a quien Cortés había rescatado después de haber vivido durante ocho años como prisionero de los mayas a consecuencia de un naufragio. Como Marina era de origen maya pero también comprendía y hablaba náhuatl (la lengua de los aztecas), a Cortés le resultó relativamente fácil comunicarse con los aztecas a través de Marina y de Aguilar, quien le expresaba en español lo que aquélla le traducía del náhuatl al maya, la lengua en que ambos se entendían.

1. ¿Qué piensa usted del papel de los traductores? ¿Cree que es o puede ser una ocupación de mucha responsabilidad? ¿En qué circunstancias? ¿Cree usted que Marina podría haber ayudado a los aztecas a derrotar a Cortés y a los españoles usando la posición de privilegio que tenía? ¿Cómo o en qué forma? Recuerde que entre la gente de Cortés, ella era la única que sabía náhuatl.

2. Hay una expresión italiana que dice «*Traduttore, traditore*»; la misma frase traducida al español sería «Traductor, traidor». ¿Está usted de acuerdo con la idea expresada en dicha frase? ¿Por qué sí o por qué no? Según su opinión, ¿es siempre posible o no hacer una traducción perfecta de algo como, por ejemplo, un poema, un cuento, una frase, un concepto o una idea? Explique.

3. Con ayuda de algún libro de referencia, busque más información sobre los siguientes lugares, personas o eventos y prepare un breve informe sobre dos de ellos.

   a. Marina o Malinche (o Malintzin, otra forma de escribir su nombre indígena)
   b. Cuauhtémoc
   c. Tenochtitlán
   d. Francisco López de Gómara
   e. Nueva España
   f. La Española
   g. la «Noche Triste»
   h. Jerónimo de Aguilar
   i. la conquista de México

Doña Marina

Antes que más yo meta la mano en lo del gran Moctezuma[1] y su gran Méjico y mejicanos, quiero decir lo de doña Marina y como, desde su niñez, fue gran señora de pueblos y vasallos, y es de esta manera:

[1] **Antes...** *Before I involve myself further in the story of the great Moctezuma*

Su padre y su madre eran señores y caciques[2] de un pueblo que se
5 llama Painala, y tenía otros pueblos sujetos a él, cosa de ocho leguas de la
villa de Coatzacoalcos. Murió el padre, quedando doña Marina muy niña,[3]
y la madre se casó con otro cacique mancebo[4] y tuvieron un hijo. Según
pareció, querían bien al hijo que habían tenido y entre el padre y la
madre acordaron de darle al hijo el cargo después de sus días.[5] Para que
10 no hubiese estorbo[6] en ello, dieron de noche la niña a unos indios de Xicalango para que no fuese vista, y echaron fama[7] de que se había muerto.
En aquella sazón[8] murió una hija de una india esclava suya y publicaron[9]
que era la heredera, de manera que los indios de Xicalango la dieron a
los de Tabasco y los de Tabasco a Cortés.

15 Yo conocí a su madre y a su hermano de madre, hijo de la vieja, que
ya era hombre y mandaba juntamente con la madre a su pueblo, porque
el marido postrero[10] de la vieja ya era fallecido.[11] Después de vueltos cristianos[12] la vieja se llamó Marta y el hijo, Lázaro. Esto lo sé muy bien
porque, en el año de 1523 después de ganado Méjico y otras provincias y
20 se había alzado[13] Cristóbal de Olid en las Higueras, fue Cortés allá y pasó
por Coatzacoalcos. Fuimos con él a aquel viaje toda la mayor parte de los
vecinos de aquella villa,[14] como diré en su tiempo y lugar.

Como doña Marina en todas las guerras de la Nueva España, Tlascala
y Méjico, fue tan excelente mujer y buena intérprete, como adelante[15]
25 diré, que la traía siempre Cortés consigo. En aquella sazón y viaje se casó
con ella un hidalgo[16] que se llamaba Juan Jaramillo en un pueblo llamado
Orizaba delante de varios testigos. Uno de ellos se llamaba Aranda, vecino
que fue de Tabasco, y aquél contaba el casamiento, y no como lo dice el
cronista, Gómara.[a] Doña Marina tenía mucho ser[17] y mandaba absoluta-
30 mente entre los indios en toda la Nueva España. Estando Cortés en la villa
de Coatzacoalcos, envió a llamar a todos los caciques de aquella provincia
para hacerles un parlamento acerca de la santa doctrina y sobre su buen
tratamiento,[18] y entonces vino la madre de doña Marina y su hermano de
madre, Lázaro, con otros caciques. Días hacía que me había dicho doña
35 Marina que era de aquella provincia y señora de vasallos.[19] Bien lo sabía
Cortés, y Aguilar,[b] el intérprete, de manera que cuando vinieron la
madre, su hija y el hermano, conocieron claramente que era su hija
porque se le parecía mucho. Ellos tuvieron miedo de ella porque
creyeron que los enviaba a llamar para matarlos, y lloraban. Cuando doña
40 Marina los vio llorar así, los consoló y dijo que no tuviesen miedo, porque

2 *chiefs*
3 *joven*
4 joven, soltero
5 **sus...** su muerte
6 *hindrance, obstacle*
7 **echaron...** *had word go out*
8 tiempo, época
9 dijeron (de modo público)
10 último
11 muerto
12 **Después...** *After converting to Christianity*
13 rebelado
14 **vecinos...** habitantes de aquel lugar
15 después, más tarde
16 *nobleman*
17 **mucho...** mucha importancia
18 **para...** *to talk to them about the holy doctrine (Christianity) and about how well they would be treated*
19 *vassals*

---

[a]Francisco López de Gómara (1511–¿1566?), humanista español, cronista e historiador oficial de
la corte, fue también secretario de Hernán Cortés. Aunque nunca fue al Nuevo Mundo, escribió dos libros sobre el tema: *Historia de las Indias y conquista de México* (1552), donde concibe
a Cortés como el héroe protagonista de la conquista y eleva su figura a un nivel épico, y *Crónica
de la Nueva España* (1553).
[b] Jerónimo de Aguilar (1489–1531), soldado español, prisionero de los mayas a la llegada de
Cortés a esa región, fue rescatado por éste después de ocho años de haber vivido con los indígenas. Conocedor de la lengua maya, Aguilar le sirvió de intérprete a Cortés y lo acompañó en
sus campañas, convirtiéndose así en un ayudante muy valioso durante la conquista del imperio
azteca.

cuando la entregaron a los indios de Xicalango, no supieron lo que se hacían, y se lo perdonaba. Les dio muchas joyas[20] de oro y de ropa y les dijo que se volviesen a su pueblo, y que Dios le había hecho a ella mucha merced[21] en quitarla de adorar ídolos ahora, en ser cristiana, y en ser
45 casada con un caballero, pues era su marido Juan Jaramillo. Dijo que, aunque la hiciesen cacica de todas cuantas provincias había en la Nueva España, no lo sería, porque tenía en más estima servir a su marido y a Cortés que cuanto hay en el mundo. Todo esto que digo, se lo oí muy certificadamente, y se lo juro,[22] amen.

50   Esto me parece que quiere remedar[23] a lo que le acaeció[24] a Josef con sus hermanos en Egipto, que vinieron a su poder cuando lo del trigo.[c] Esto es lo que pasó y no como en la relación que dieron a Gómara. También él dice otras cosas que dejo por alto.[25]

     Volviendo a nuestra materia, doña Marina sabía la lengua de Gua-
55 cacualco, que es la propia de Méjico, y sabía la de Tabasco, como Jerónimo de Aguilar sabía la de Yucatán y Tabasco, que es toda una.[26] Se entendían bien y Aguilar lo declaraba en castellano a Cortés. Fue gran principio[27] para nuestra conquista, y así se nos hacían las cosas, loado sea Dios,[28] muy prósperamente. He querido declarar esto porque, sin doña
60 Marina, no podíamos entender la lengua de Nueva España y Méjico. [...]

[20] *gems, jewels*
[21] **Dios...** *God had shown her great mercy*
[22] *I swear*
[23] imitar, copiar
[24] pasó, ocurrió
[25] **que...** que no voy a mencionar
[26] **que...** que es la misma
[27] **Fue...** *It was a great start*
[28] **loado...** *God be praised*

✦ Comprensión y expansión

A. Conteste las siguientes preguntas según el texto.

1. ¿Qué dice Díaz del Castillo sobre la posición social de la familia de Marina? ¿Qué era su padre? ¿Y su madre?
2. ¿Qué le pasó a su padre? ¿Y qué hizo su madre después?
3. ¿Cómo llegó Marina a convertirse en intérprete de Cortés? Explique.
4. ¿Cuál era el nombre cristiano de su mamá? ¿Y el de su hermano?
5. ¿Se hizo cristiana Marina? ¿Estaba ella contenta o descontenta con su nueva religión?
6. ¿Por qué Cortés siempre llevaba a Marina adonde él iba?
7. ¿Con quién se casó ella? ¿Cómo era él?
8. Cuando Marina volvió a ver a doña Marta y a Lázaro, ¿por qué tuvieron ellos miedo de ella?
9. ¿Qué les dio Marina a su mamá y a su hermano? ¿Y qué les dijo?
10. Según Díaz del Castillo, ¿tuvo Marina un papel importante en la conquista? ¿Por qué?

B. Identifique y explique la importancia o significación de los siguientes lugares o personas.

1. Painala
2. los indios de Tabasco
3. los indios de Xicalango

---

[c]Aquí Díaz del Castillo alude a un pasaje bíblico contenido en *Génesis*, capítulo XLV, donde se narra la historia de Josef y sus hermanos en Egipto.

4. Coatzacoalcos
5. Marta
6. Orizaba
7. Lázaro
8. Gómara

C. Lea las definiciones de la columna izquierda y busque en el texto de Bernal Díaz del Castillo las palabras definidas. Luego escríbalas en los espacios correspondientes.

1. antónimo de **vejez** _____
2. jefe indígena _____
3. hombre joven y/o soltero _____
4. en inglés se dice *witness* _____
5. persona que traduce de una lengua a otra en forma oral y directa _____
6. sinónimo de **morir** _____
7. acción de conquistar (sustantivo) _____
8. sinónimo de **español** (lengua) _____

D. Las frases que siguen describen a algunas de las personas incluidas en «Doña Marina». Lea cada una de ellas y marque **M** (Marina), **BD** (Bernal Díaz del Castillo), **A** (Aguilar) o **L** (Lázaro) en los espacios correspondientes.

____ 1. Se hizo cacique y gobernó con su madre después de que murió su padre.
____ 2. Cuenta la historia de Marina y de su familia.
____ 3. Era intérprete de Cortés y le hacía las traducciones al castellano.
____ 4. Estuvo con Cortés y dice que conoció a doña Marta y a Lázaro.
____ 5. Quedó huérfana de padre cuando era muy niña.
____ 6. Era hermano de madre de Marina y era menor que ésta.
____ 7. Era español pero hablaba algunas lenguas indígenas.
____ 8. Dice que Marina fue una excelente mujer y buena intérprete.

✦ Temas de discusión o análisis

1. Describa con sus propias palabras la vida de Marina según la información contenida en esta selección. Según su opinión, ¿se trata de una presentación biográfica positiva o negativa, subjetiva u objetiva? ¿Por qué? Justifique su respuesta con citas del texto.

2. Teniendo en cuenta los datos sobre Marina contenidos en esta selección y otros que usted debe averiguar por su cuenta, identifíquese por un par de horas con la intérprete de Cortés y escriba, desde su nueva perspectiva de «doble» de Marina, una breve autobiografía titulada «Yo, Malinche y Marina: Historia 'verdadera' de mi vida».

3. ¿De qué manera apoya o justifica este fragmento de *Historia verdadera de la conquista de la Nueva España* el uso del adjetivo «verdadera» en el título? ¿Qué técnicas narrativas emplea el autor para dar veracidad a su historia? Considere, por ejemplo, cómo ayudan a dar credibilidad a este relato los siguientes elementos: el uso de la narración en primera

persona; la perspectiva de protagonista y testigo del narrador; la mención de nombres, lugares, datos y detalles específicos; etc.

4. Deduciendo de la información contenida en esta selección, ¿cuál parece ser la situación y el papel de la mujer en la sociedad indígena en la época de la conquista? Comente y apoye sus ideas con citas del texto.

5. En su descripción de Marina, Díaz del Castillo incluye el siguiente pasaje: «Cuando doña Marina los vio llorar así [a su madre y a su hermano], los consoló y dijo que no tuviesen miedo, *porque cuando la entregaron a los indios de Xicalango, no supieron lo que se hacían, y se lo perdonaba*». Según su opinión, ¿por qué o para qué incluye Díaz del Castillo esta escena? ¿Cree que la similitud de las frases en itálicas con la famosa escena bíblica de Cristo en la cruz es pura coincidencia o sirve algún otro propósito? Explique.

6. Tanto la historia como la literatura en general, especialmente europeas, a menudo han calificado de «bárbaros» o «incivilizados» a los indígenas del Nuevo Mundo. Según su opinión, ¿cómo se puede explicar esa actitud de superioridad con respecto a los nativos de América? ¿Justifica o rechaza usted dicha caracterización? ¿Por qué? Comente.

✦ Temas de proyección personal

1. Según este texto, Marina creció con padres adoptivos porque su madre la rechazó y se la entregó a unos indios de otro pueblo para que Lázaro, su medio hermano menor, ocupara el lugar de cacique que le correspondería a Marina al morir el segundo esposo de su madre. ¿Cree usted que su condición de niña adoptada y el hecho de saber que fue rechazada por su propia madre influyeron de alguna manera en ella? Por ejemplo, algunos piensan que Marina traicionó a su propio pueblo al convertirse en intérprete de Cortés. ¿Se explicaría esa traición por el hecho de que también ella fue traicionada y abandonada por su propia familia? En general, ¿qué opina usted con respecto a la idea de que en vez de practicar el aborto es mejor dar el hijo o la hija en adopción? ¿En qué circunstancias cree usted que adoptar podría ser mejor que abortar y viceversa? Explique.

2. Imagine que Marina logra, por alguna razón inexplicable, visitar brevemente el México actual. Póngase en su lugar y en su nuevo papel de Marina escriba una «carta abierta» titulada «A mi querido pueblo mexicano». En dicha carta que será publicada en un periódico mexicano de mucha circulación, usted debe describir sus impresiones acerca de lo que ve y debe reaccionar a lo que se ha dicho y escrito sobre usted antes y ahora.

3. ¿Ha visto alguna vez la película titulada *The Ballad of Gregorio Cortez*? Alquile el video de dicha película y prepare un informe sobre cómo un simple malentendido, un error de traducción, causa la tragedia humana reflejada en esa obra.

✦ *Temas intertextuales* ✦

1. Compare y contraste la actitud hacia la cultura indígena reflejada en el texto de Fray Bartolomé de Las Casas y en la carta de Cortés a Carlos V.
2. Ampliación del tema 1: Incluya también el texto de Bernal Díaz del Castillo («Doña Marina») en su análisis comparativo.
3. Compare la caracterización de los indígenas en las siguientes obras: Hatuey (en el texto de Las Casas), Marina (en la descripción de Díaz del Castillo) y Moctezuma (en la carta de Cortés).
4. Compare y contraste la visión de vencidos y vencedores (es decir, de indios y españoles) reflejada en «Doña Marina», en «Carta al Rey Carlos I de España» y en *Historia general de las Indias*.
5. Basándose en la descripción del papel de Marina y de su madre en «Doña Marina» y en el papel que parecen tener las mujeres en el *Popol Vuh*, dé sus propias conclusiones con respecto al posible papel y/o importancia de las mujeres en la antigua sociedad maya.
6. Compare y contraste el papel y/o la importancia de la mujer en la cultura indígena y en la española, respectivamente, basándose en datos extraídos de las selecciones de esta primera sección, ya sea por inclusión (como en el caso del *Popol Vuh*, por ejemplo) o por exclusión (ni Cortés ni Las Casas mencionan a ninguna mujer en estos textos).
7. El resultado de los eventos que se iniciaron en 1492 con la llegada de los españoles a América ha sido calificado de diversas maneras, desde conquista, descubrimiento y encuentro, hasta destrucción, cataclismo y choque, para mencionar los más comunes. Según su opinión, ¿cuáles de estos conceptos traducirían mejor la visión proyectada en dos de los siguientes textos: «Carta al Rey Carlos I de España», «Doña Marina» y/o *Historia general de las Indias*? Explique.
8. Compare y contraste las maneras en que el motivo o tema de la verdad u honestidad se ven reflejados en dos de los textos incluidos en esta sección.

De la Colonia a la Independencia

Mapa de las Américas, incluido en Theatrum Orbis Terrarum *(1570) de Abraham Ortelius.*

✦✦✦

Sinopsis histórico-literaria

El período comprendido en esta sección abarca más de dos siglos y produce los primeros textos literarios realmente hispanoamericanos, es decir, de escritores autóctonos, nacidos y formados en tierras americanas. Este largo espacio temporal se ha dividido tradicionalmente en dos subperíodos igualmente importantes: la época colonial (1600–1750) y el período de la Ilustración*[1] y de los movimientos de independencia (1750–1825). En cuanto a producción literaria, en las primeras décadas del período colonial se siguen escribiendo crónicas, historias y otros documentos similares. Sin embargo, en el resto de dicho período se cultiva más la poesía y, en particular, la de tendencia barroca,* muy influenciada por dos corrientes importantes: el conceptismo* y el culturanismo,* asociados, respectivamente, con las obras de Francisco de Quevedo y Villegas y Luis de Góngora y Argote, los dos grandes maestros del barroco español. Por otra parte, durante el siglo XVIII y principios del XIX predomina la prosa de carácter didáctico que refleja y ejemplifica el espíritu racional y pragmático del neoclasicismo* europeo.

Hacia principios del siglo XVII prácticamente ya había terminado el período inicial de conquista y exploración de nuevas tierras. De una época de conquistas territoriales caracterizada por el uso de las armas se pasó a otra de expansión y logros culturales marcada por el desarrollo de la creación artística y literaria. Se fundaron nuevas universidades y antes de finalizar el siglo ya habían surgido algunas figuras claves en la historia de las letras hispanoamericanas. Probablemente los dos escritores más conocidos de ese período son el Inca Garcilaso de la Vega, primer historiador y cronista nacido en América, y Sor Juana Inés de la Cruz, la poeta mexicana más famosa de su tiempo.

Prohibida en esa época la importación de novelas y otras obras de ficción a tierras americanas por sus posibles influencias negativas en las costumbres y en la moralidad colonial, prosperó entonces la poesía, tanto la tradicional como la culta y refinada. Eran muy populares los romances,* breves poemas en general narrativos, traídos de España por los primeros conquistadores y muy pronto adaptados para reflejar la nueva épica americana y para incorporar en sus versos la historia y la realidad de la colonia. Se multiplicaron también los poemas eruditos que imitaban el lenguaje metafórico, el estilo ornamentado y complejo, el uso de neologismos* y los juegos de palabras característicos del barroco español. La poesía se convirtió así, con muy pocas excepciones, en el género por excelencia del período.

Una de las pocas excepciones en esa época de predominio poético es la extensa obra en prosa del Inca Garcilaso de la Vega, mestizo peruano considerado como el primer gran escritor hispanoamericano. En las páginas de sus

---

[1] Las palabras con asterisco (*) identifican conceptos y términos definidos en el **Glosario de términos literarios y culturales**.

famosos *Comentarios reales* (1609, 1616), recuenta la historia del imperio incaico e interpreta, desde una perspectiva muy personal, la conquista de dicho imperio y la colonización española. Otro notable representante de la prosa, contemporáneo del Inca Garcilaso, es también un peruano, Felipe Guamán Poma de Ayala, en cuya *Nueva corónica y buen gobierno* (c. 1612) reconstruye con palabras y dibujos el pasado indígena y defiende fervorosamente los derechos de sus antepasados incas.

Indudablemente, la figura literaria más prominente del siglo XVII hispanoamericano es la monja Sor Juana Inés de la Cruz, cuya obra sintetiza lo mejor de la producción poética del barroco colonial. Para comprender el porqué de la enorme influencia de poetas españoles como don Luis de Góngora y Francisco de Quevedo en tierras americanas, es necesario recordar que ambos renovaron sustancialmente el lenguaje literario, tanto el poético como el de la prosa. En efecto, sus obras dieron gran importancia a las palabras, enfatizando el cuidado de la forma y cargando dicho lenguaje de riqueza metafórica para recrear lo viejo y conocido de manera nueva y sorprendente. Aunque Sor Juana cultivó varios géneros literarios con igual maestría, su fuerte fue la poesía, y *Primero sueño* (1692), un largo poema alegórico de construcción barroca, es, para muchos, su obra maestra. En los últimos años se le ha adjudicado también el papel de «primera feminista hispanoamericana» por considerársele tenaz defensora y vocero de los derechos de la mujer en textos como el conocido poema «Hombres necios que acusáis» y su famosa *Carta al Obispo de Puebla* o *Respuesta a Sor Filotea de la Cruz*.

Si bien es verdad que en estilo y actitud los textos de este período, en particular los del siglo XVII, imitaban o se inspiraban en la poesía barroca peninsular, en contenido se caracterizaban por su gran interés en el pasado cultural indígena y por reflejar la nueva realidad americana. Además de las obras de Sor Juana, otros dos ejemplos representativos de la época son la «Grandeza mexicana» (1604) de Bernardo de Balbuena, un largo poema descriptivo y laudatorio de la actual capital mexicana en tiempos del virreinato de la Nueva España, y los *Infortunios de Alonso Ramírez* (1690) del mexicano Carlos de Sigüenza y Góngora, narración picaresca* que cuenta las aventuras de un joven puertorriqueño en sus andanzas por México y las Filipinas.

En general, hasta mediados del siglo XVIII gran parte de la literatura colonial era, estilística e intelectualmente, derivativa o imitativa de la española y reflejaba las ideas y movimientos predominantes en la madre patria. Sin embargo, hacia fines del mismo siglo, Francia empezó a reemplazar a España como fuente de inspiración literaria. Se publicaron en París los numerosos volúmenes de la *Encyclopédie ou Dictionnaire raisonné des sciences, des arts et des métiers* (1751–1780) que supuestamente reunían todos los conocimientos humanos y empezó así a surgir un nuevo énfasis en el papel de la razón y de la ciencia en las artes en general. Las ideas de los enciclopedistas* franceses coincidían con el nuevo espíritu intelectual que se manifestaba también en España durante el reinado de los Borbones (casa real francesa que comenzó a regir en España en 1700). Los reyes Borbones inauguraron la política del «despotismo ilustrado», según la cual una minoría selecta gobernaba y decidía «racionalmente», las reformas y los cambios administrativos necesarios sin participación popular. De ese período es la famosa frase adjudicada al rey Carlos

III de «todo por el pueblo pero sin el pueblo». Entonces, de acuerdo con el espíritu de dicha política reformista, la razón, la moderación y el buen gusto reemplazaron a la exageración, la complejidad sintáctica y la excesiva ornamentación lingüística que habían caracterizado al barroco.

Esta tendencia literaria y artística dominante durante las últimas décadas del siglo XVIII y las primeras del XIX, conocida como el neoclasicismo, en literatura fomentó la imitación de modelos clásicos, el predominio de la razón y el orden, la simplicidad estilística y la exactitud lingüística. Se escribieron obras con propósito didáctico; la idea de «enseñar divirtiendo» se convirtió en regla y práctica recurrentes. Los escritores trataban de corregir los vicios y problemas sociales, combatir el error y la superstición, y proponer cambios y reformas a través de un lenguaje fácil de entender y de un estilo directo y sencillo. Por su carácter esencialmente didáctico, se cultivó mucho el género de la fábula* y se adaptaron e imitaron las fábulas de Félix María de Samaniego y de Tomás de Iriarte, dos prolíficos fabulistas españoles. También se cultivaron la sátira y la poesía descriptiva, y se escribieron libros de viajes, ensayos, tratados y discursos.

En Hispanoamérica, el mejor y uno de los fabulistas más prolíficos fue el ecuatoriano Rafael García Goyena cuyas *Fábulas y poesías varias* (1825) fueron publicadas después de su muerte. Otra figura importante fue el limeño Esteban de Terralla y Landa, quien influenciado por Quevedo escribió sátiras atacando a médicos, a abogados y a muchos otros tipos sociales. Además de la fábula y la sátira, son también representativas de la literatura neoclásica las narraciones de carácter picaresco como la novela de José Joaquín Fernández de Lizardi, *El Periquillo Sarniento* (1816), conocida por su propósito didáctico y por las ideas de reforma y crítica social generalmente contenidas en esas obras.

Entre 1810 y 1825 tuvieron lugar la mayoría de los movimientos independentistas de Hispanoamérica y, con excepción de Cuba, los demás países adquirieron su independencia política de España durante ese período. Tal vez una característica específica y única de la literatura hispanoamericana sea el hecho de que un gran número de textos de alto valor literario e histórico fueron escritos por los mismos participantes de las luchas de independencia. Tres figuras representativas, para dar sólo algunos ejemplos, son Simón Bolívar, héroe y «libertador de América»; José Joaquín Olmedo, patriota y poeta ecuatoriano; y Andrés Bello, político y escritor venezolano. Bolívar, que practicó con igual éxito las «armas» y las «letras», escribió varias cartas y ensayos sobre el presente y el futuro de América. Olmedo celebró el triunfo del «libertador de América» en la batalla de Junín en su largo poema titulado «La Victoria de Junín» que es, además, un ejemplo típico de la poesía patriótica de la época. Y Bello, maestro y amigo de Bolívar, compuso su conocida oda «A la agricultura de la zona tórrida», donde describe con gran ternura y espíritu didáctico la belleza y la riqueza de la naturaleza americana. Bello escribió también una famosa *Gramática de la lengua castellana*, todavía vigente hoy día, y varios ensayos sobre la educación y los problemas generales de la lengua.

Aunque el neoclasicismo continuó predominando hasta algunos años después de las guerras de independencia, ya empezaban a verse indicios del romanticismo* en algunos textos de escritores considerados generalmente neoclásicos. Tal es el caso, por ejemplo, de algunas obras de Olmedo y de Bello, dos autores que sirven de puente entre el neoclasicismo y el romanticismo. Tanto «La Victoria de Junín» como la oda «A la agricultura de la zona tórrida» reflejan ciertos temas —amor a la patria, admiración y cariño por la tierra, respeto a la libertad— que ya anuncian un nuevo tipo de sensibilidad y anticipan, de esa manera, el romanticismo que luego florece en Hispanoamérica durante la segunda mitad del siglo XIX.

ROMANCES

Nota introductoria

Los romances tienen una larga tradición en la literatura española. Por definición, son poemas narrativos relativamente breves, de tono épico-lírico y de estructura fragmentaria. Aunque hay excepciones, generalmente están compuestos en versos octosílabos y tienen rima asonante en los versos pares. Son originalmente composiciones anónimas, viejas canciones que derivaron de los poemas épicos o que se inspiraron en las historias allí narradas, hecho que explica su popularidad y algunas de sus características tanto de forma como de contenido. En efecto, los romances nacieron como consecuencia de la fragmentación de los cantares de gesta* o poemas épicos* a finales de la Edad Media. El primer romance conservado («La dama y el pastor») data de principios del siglo XV, pero los primeros indicios de romances se remontan ya al primer tercio del siglo XIV. Al principio los romances se transmitían oralmente y se cantaban o recitaban en lugares públicos. Después empezaron a ser escritos y tomaron el lugar de las canciones épicas cantadas por los juglares y trovadores. Las primeras colecciones de romances, conocidas como «cancioneros» o «romanceros», se imprimieron en la primera mitad del siglo XVI. En cuanto a su contenido o temática, en general se distinguen tres tipos de romances: los históricos, que derivan directamente de un hecho histórico fechable; los literarios, que incluyen los épicos y que derivan indirectamente de los hechos a través de una crónica o de un cantar épico; y los novelescos o de aventuras, que cuentan historias de amor, de venganza o de aventura, sin conexión histórica conocida. La popularidad de estos últimos en particular muestra el gusto de la gente de esa época por lo lírico y lo novelesco. Los romances se caracterizan por tener un estilo conciso y directo, y por usar un lenguaje extremadamente sencillo, sin muchas metáforas, símiles o recursos retóricos complejos. Aunque algunos son muy cortos y se concentran en algún evento o asunto específico, otros son más largos y narran una serie de escenas o episodios relacionados. Los primeros romances llegaron a América con los conquistadores y allí circularon en forma original o adaptada. También se crearon otros nuevos que narraban hechos e historias de la vida, la realidad y la experiencia en el Nuevo Mundo. Es de notar que la tradición de los romances ha tenido gran influencia en el desarrollo de algunas formas populares del folklore hispanoamericano actual. Géneros como los «corridos» de México, los «compuestos» de Paraguay o las «coplas» de Argentina, por ejemplo, reflejan y mantienen viva dicha tradición que tiene ya más de quinientos años.

✦ Guía y actividades de pre-lectura

Aquí se incluyen dos romances de Argentina: uno histórico, «El rescate de Atahualpa», y otro novelesco, «Las señas del esposo». «El rescate de Atahualpa» está inspirado en hechos relacionados con la conquista del imperio incaico iniciada en 1532 cuando Francisco Pizarro invadió la región por los Andes. Posteriormente, éste mandó apresar a Atahualpa o Atabaliba, el último emperador inca, y lo mandó matar poco tiempo después. Según la historia, Atahualpa trató de comprar su libertad ofreciéndole a Pizarro llenar su celda de oro y plata. Aparentemente éste aceptó la oferta, Atahualpa cumplió su promesa, pero igual fue ejecutado por orden del conquistador español en 1533. El otro romance, «Las señas del esposo», no tiene ninguna conexión histórica conocida. Es un romance totalmente novelesco y narra una historia ficticia, pero verosímil, de amor y fidelidad en tiempos de guerra.

Escena que recrea la muerte del último emperador inca, Atahualpa, por orden de Francisco Pizarro en 1533.

1. El género de los romances tiene muchas similitudes con el de las *ballads* de la tradición anglosajona. ¿Conoce usted algunas baladas? ¿Cuál o cuáles? ¿Qué características similares tienen las baladas y los romances? Comente.

2. Lea rápidamente la primera estrofa de «El rescate de Atahualpa» y trate de visualizar el escenario. ¿Dónde está Atahualpa? ¿Qué está haciendo? ¿Cuenta él con números como los españoles? ¿Cómo interpreta usted estos versos: «El algodón se le acaba, / pero los tesoros, no»?

3. Un tema importante del segundo romance es el de la fidelidad matrimonial y un personaje de la literatura clásica que ejemplifica ese tema es Penélope. Explique quién fue ella y dé ejemplos de otras mujeres históricas o ficticias que se hayan mantenido fiel a su marido durante mucho tiempo.

4. Consulte algún libro de referencia para informarse más acerca de Atahualpa, Francisco Pizarro y la conquista del imperio incaico.

El rescate[1] de Atahualpa[a]

Atabaliba está preso,[2]
está preso en su prisión;
juntando[3] está los tesoros
que ha de[4] dar al español.
5 No cuenta como el cristiano,[5]
sino en cuentas de algodón.[6]
El algodón se le acaba,
pero los tesoros, no.
Los indios que se los traen
10 le hacen la relación.[7]
—«Este metal es la plata[8]
que al Potosí[b] se arrancó.[9]
Este metal es el oro
del santo templo del sol.
15 Estas las perlas que el mar
en la playa vomitó.
Estas las piedras, esmeraldas
que el reino de Quito dió.
Estos bermejos[10] rubíes... »
20 —«Estos no los quiero yo,
que son las gotas[11] de sangre
que mi hermano derramó».[12]

[1] *ransom*
[2] *prisoner*
[3] *assembling*
[4] **ha...** tiene que, debe
[5] europeo
[6] **en...** *using (bales of) cotton to keep count*
[7] **le...** le cuentan, le relatan
[8] *silver*
[9] **al...** *was extracted (here: stolen) from Potosí*
[10] muy rojos
[11] *drops*
[12] *spilled*

[a]Atahualpa (también Atahuallpa o Atabaliba) fue el último Inca o emperador del Perú (1500–1533). Hijo bastardo de Huayna Cápac, luchó y venció a Huáscar, su hermano y rival. Fue apresado y ejecutado por orden de Francisco Pizarro en Cajamarca.

[b]Potosí alude aquí al Cerro Potosí (situado en lo que hoy es Bolivia), célebre por sus riquezas minerales, especialmente plata y estaño.

✦ Comprensión

Conteste las siguientes preguntas según el poema.

1. ¿Dónde está Atahualpa? ¿Por qué está él allí?
2. ¿Qué le traen los indios? ¿Para qué y para quién se los traen?
3. ¿Qué le cuentan los indios?
4. ¿De dónde le traen ellos el oro y la plata?
5. ¿Qué le traen del reino de Quito?
6. ¿Qué piedras no acepta Atahualpa? ¿Por qué?

Las señas[1] del esposo

Estaba Catalinita
sentada bajo un laurel,
con los pies en la frescura[2]
viendo las aguas correr.
5 En eso[3] pasó un soldado.
y lo hizo detener;[4]
—Deténgase mi soldado
que una pregunta le haré.

—¿Qué mandáis, gentil señora?
10 ¿Qué me manda su merced?[5]
Para España es mi partida[6]
¿Qué encargo[7] le llevaré?
—Dígame, mi soldadito,
¿de la guerra viene usted?
15 ¿No lo ha visto a mi marido
en la guerra alguna vez?

—Si lo he visto no me acuerdo,
déme usted las señas de él.
—Mi marido es alto y rubio
20 y buen mozo igual que usted.
Tiene un hablar muy ligero[8]
y un ademán muy cortés.[9]
En el puño de su espada[10]
tiene señas de marqués.[11]
25 —Por sus señales,[12] señora,
su marido muerto es;
en la mesa de los dados[13]
lo ha matado un genovés.[14]
por encargo me ha dejado[15]
30 que me case con usted,

1 *personal description, features*
2 *cool (water)*
3 **En...** En ese momento
4 **lo...** *she made him stop*
5 **su...** *your grace*
6 **Para...** Me voy para España
7 *assignment, mission, errand*
8 *clever, swift*
9 **un...** *a courtly manner*
10 **En...** *On the hilt of his sword*
11 **señas...** *the marks of a marquis*
12 descripciones, señas
13 **en...** *at the gambling table* (**dados** = *dice*)
14 (hombre) de Génova, Italia
15 **me...** *he bade me*

que le cuide[16] sus hijitos
conforme[17] los cuidaba él.

—¡No me lo permita Dios!
¡Eso sí que no lo haré!
Siete años lo he esperado
y siete lo esperaré.
Si a los catorce no vuelve
de monja[18] yo me entraré.
A mis tres hijos varones[19]
los mandaré para el rey,
que le siervan de vasallos
y que mueran por la fe;[20]
a mis tres hijas mujeres
conmigo las llevaré.
—¡Calla, calla, Catalina!
¡Cállate infeliz[21] mujer!
Hablando con tu marido
sin poderlo conocer.[22]

35
40
45

16 **que...** *that I may look after*
17 como, igual como
18 **de...** *as a nun*
19 *male*
20 religión (católica)
21 *unhappy* (*here: poor*)
22 **Hablando...** Estás
  hablando con tu marido y
  no lo puedes reconocer.

✦ Comprensión

Conteste las siguientes preguntas según el poema.

1. Según el romance, ¿adónde va a viajar el soldado muy pronto?
2. ¿Qué le pregunta Catalinita? ¿Y qué le responde él?
3. ¿Cómo es el marido de Catalinita? Descríbalo.
4. Aparentemente, ¿conoció el soldado al marido de la señora?
5. Según el soldado, ¿cómo y dónde murió el marido de ella?
6. ¿Qué le pidió el marido al soldado antes de morir?
7. ¿Cómo reacciona Catalinita a la propuesta que le hace el soldado? ¿Por qué?
8. ¿Cuánto tiempo hace que ella espera a su esposo? ¿Y cuánto más lo va a esperar?
9. ¿Qué va a hacer ella si él no vuelve después de catorce años? ¿Y qué planes tiene para sus hijos e hijas?
10. ¿De qué se enteran los lectores en los últimos cuatro versos del poema? ¿Le causó sorpresa este final? ¿Por qué?

✦ Expansión

A. Lea las definiciones que siguen y escriba las palabras definidas en los espacios correspondientes.

1. piedras preciosas de color rojo   _____
2. sinónimo de **marcas** o **características**   _____
3. sinónimo de **narración** o **relato**   _____
4. conflicto o lucha entre dos o más
   naciones   _____

5. metal muy valioso de color amarillo   _____

6. mujer religiosa que vive en un convento   _____

7. dinero o cosa que uno paga a cambio
de la liberación de algo o de alguien   _____

B. Identifique y explique la importancia o la significación de los siguientes elementos.

1. las cuentas de algodón
2. la función del soldado
3. el Potosí
4. la mentira sobre la muerte del esposo
5. el templo del sol
6. los rubíes rechazados por Atahualpa
7. el «no» de Catalinita a casarse con el soldado

✦ Temas de discusión o análisis

1. Describa con sus propias palabras el argumento de uno de los romances y comente los versos finales correspondientes.
2. Analice la imagen de Atahualpa que se ve reflejada en el primer romance.
3. Analice la imagen de Catalinita que se ve reflejada en el segundo romance.
4. Compare y contraste la visión implícita o explícita de los vencidos (los incas) y vencedores (los españoles) en «El rescate de Atahualpa».
5. Los dos romances concluyen con la intervención directa de uno de sus personajes. Compare y contraste ambos finales.
6. Discuta el tema del amor y la fidelidad en «Las señas del esposo».

✦ Temas de proyección personal

1. Según el segundo romance, Catalinita va a esperar unos catorce años a su marido y no va a volver a casarse si él no vuelve. Según su opinión, ¿reaccionarían de manera similar las mujeres/los hombres de su generación? Si usted hubiera estado casada(o) o de novia(o) durante la guerra de Vietnam o el conflicto del Golfo, ¿habría esperado o no a su esposo(a) o novio(a)? Comente.
2. En «El rescate de Atahualpa» está implícita la idea de que los tesoros mencionados son el precio de la libertad del emperador inca. En general, ¿qué piensa usted del método del secuestro con fines políticos y/o económicos? Explique. Comente algunos casos famosos —recientes o no muy recientes— de secuestros y rescates.
3. Imagine que usted es una de las diez personas más ricas del mundo; hace dos días secuestraron a su único nieto que mañana cumple dos años. Le piden veinte millones de dólares de rescate y le amenazan con matar al niño si avisa a la policía. ¿Qué va a hacer? Explique y justifique su decisión.

✦✧✦

INCA GARCILASO DE LA VEGA

Nota biográfica

Inca Garcilaso de la Vega, también conocido como Garcilaso de la Vega, el Inca (1539–1616), historiador, cronista y el primer gran escritor mestizo hispanoamericano, nació en Cuzco, capital del imperio incaico, durante los años de la conquista. Era hijo natural del conquistador Sebastián Garcilaso de la Vega y de la princesa inca Isabel Chimpu Ocllo. Descendía de la nobleza incaica y castellana. Su padre provenía de una familia aristocrática que incluía hombres de letras de la importancia del Marqués de Santillana, Jorge Manrique y Garcilaso de la Vega, conocido poeta del Renacimiento* español. Su madre era sobrina del emperador Huayna Cápac y prima de Atahualpa, último emperador de los incas. Vivió y creció al lado de su madre, en Cuzco, donde se educó tanto en la cultura indígena como en la española y donde aprendió los idiomas de sus padres: el español y el quechua, la lengua de los incas. De fundamental significación futura sería para el Inca Garcilaso su experiencia bicultural-bilingüe durante su niñez y juventud. En efecto, las raíces de su vida de escritor probablemente están contenidas en esos años de fusión y asimilación de diversos mundos raciales y culturales. En 1560 murió su padre y el futuro cronista peruano decidió ir a España para reclamar, sin éxito, la herencia de su padre. Tenía entonces veintiún años y seguramente no sospechaba que ese viaje sería a la vez su primer y último viaje a España. Murió en Córdoba sin jamás volver a su Cuzco natal. En 1564 ingresó en el ejército español y peleó en varias batallas, pero luego decidió abandonar la carrera militar para dedicarse a sus estudios y, en particular, para escribir y publicar sus propias obras. En 1590 salió su primer libro, *Diálogos de amor*, una traducción al español de los *Dialoghi d'amore* de León Hebreo, obra maestra del neoplatonismo* renacentista. Quince años después publicó *La Florida del Inca* (1605) donde narra las tribulaciones de la expedición de Hernando de Soto durante su exploración de la península de Florida y otros territorios (1539–1542). Pero la obra que estableció la reputación del Inca Garcilaso como primer gran figura literaria de las letras hispanoamericanas fue su crónica en dos tomos sobre la prehistoria e historia de su Perú natal. La primera parte, publicada con el título de *Comentarios reales de los Incas* (1609), narra la historia de los incas desde sus orígenes hasta la época del último emperador Atahualpa. La segunda, titulada *Historia general del Perú*, salió póstumamente en 1617 y cuenta detalles de la conquista del Perú, de las luchas civiles y de los problemas de gobierno surgidos después de la conquista y durante la colonia.

✦ Guía y actividades de pre-lectura

El texto aquí incluido sobre el correo inca («Postas y correos y los despachos que llevaban») proviene de *Comentarios reales*, la parte más interesante y original de la crónica del Inca Garcilaso, tanto por su carácter informativo y por su perspectiva personal como por sus valores históricos y literarios. Aunque escritos más de medio siglo después de haberse ido a España, gran parte de estos «comentarios» están basados en sus recuerdos de niñez y juventud, así como en las historias contadas por sus abuelos y parientes indígenas y en lo que vio y oyó durante su vida en Cuzco. Sin lugar a dudas, una de las contribuciones más importantes del Inca Garcilaso a la historia y a las letras del Nuevo Mundo es el haber dado forma escrita al desarrollo histórico del pueblo incaico, preservando en sus *Comentarios reales* lo que había llegado hasta él por medio de la tradición oral. En efecto, los incas no tenían lengua escrita. Por eso, guardaban en la memoria toda su historia y la transmitían oralmente, con ayuda del «quipu», artículo mnemónico hecho con cuerdas y nudos de varios colores que servían, en especial, para recordar fechas y cifras numéricas en general. Las páginas de este volumen de su obra maestra describen la vida y costumbres de los incas e incluyen, entre otras cosas, sus orígenes, su religión, sus mitos y leyendas, su organización y gobierno, su educación y sus actividades cotidianas antes de la llegada de los españoles. «Postas y correos y los despachos que llevaban» relata detalladamente el sistema de correos practicado en los tiempos del imperio incaico, anteriores a la conquista. Dicha narración está hecha con un lenguaje descriptivo y preciso y un vocabulario rico en términos quechuas que reflejan las raíces incaicas de su autor.

1. ¿Cómo se imagina usted que funcionaría el sistema de correos de los incas? ¿Qué medios de transporte usarían en esa época? ¿Por qué?

2. Con ayuda de algún libro de referencia, infórmese más acerca de la cultura de los incas. Por ejemplo, trate de averiguar, entre otras cosas, quiénes eran los incas, qué tipo de organización social tuvieron, en qué aspectos se destacaron, qué lenguas hablaban y otros aspectos de dicha civilización indígena. Luego comparta la información con su clase.

Postas y correos y los despachos que llevaban

Chasqui llamaban a los correos que había puestos por los caminos para llevar con brevedad los mandatos[1] del rey y traer las nuevas y avisos[2] que por sus reinos y provincias, lejos o cerca, hubiese de importancia. Para lo cual tenían a cada cuarto de legua[3] cuatro o seis indios mozos y ligeros,[4] los
5   cuales estaban en dos chozas[5] para repararse[6] de las inclemencias del cielo. Llevaban los recaudos[7] por su vez, ya los de una choza, ya los de la otra; los unos miraban a la una parte del camino, y los otros a la otra, para descubrir los mensajeros antes que llegasen a ellos, y apercibirse[8] para tomar el recaudo, porque no se perdiese tiempo alguno. Y para esto
10 ponían siempre las chozas en alto, y también las ponían de manera que se viesen las unas a las otras. Estaban a cuarto de legua, porque decían que aquello era lo que un indio podía correr con ligereza[9] y aliento[10] sin cansarse.

[1] órdenes
[2] **nuevas...** noticias e informaciones
[3] **a...** *every quarter of a league (one league = approximately five kilometers)*
[4] **mozos...** jóvenes y rápidos
[5] *huts*
[6] guardarse, protegerse
[7] *orders, messages, remittances*
[8] prepararse
[9] rapidez
[10] respiración

Llamáronlos *chasqui*, que quiere decir trocar,[11] o dar y tomar, que es lo
15 mismo, porque trocaban, daban y tomaban de uno en otro, y de otro en
otro, los recaudos que llevaban. No les llamaron *cacha*, que quiere decir
mensajeros, porque este nombre lo daban al embajador o mensajero propio que personalmente iba de un príncipe al otro, o del señor al súbdito. El
recaudo o mensaje que los chasquis llevaban era de palabra,[12] porque los
20 indios del Perú no supieron escribir. Las palabras eran pocas, y muy con-
certadas y corrientes,[13] por que no se trocasen, y por ser muchas no se olvi-
dasen. El que venía con el mensaje daba voces,[14] llegando a la vista de la
choza, para que se apercibiese[15] el que había de ir, como hace el correo en
tocar su bocina,[16] para que le tengan ensillada la posta;[17] y en llegando[18]
25 donde le podían entender,[19] daba su recaudo, repitiéndolo dos y tres, y cuatro veces, hasta que lo entendía el que lo había de llevar; y si no lo entendía, aguardaba[20] a que llegase y diese muy en forma su recaudo; y de
esta manera pasaba de uno en otro hasta donde había de llegar.

Otros recaudos llevaban, no de palabra, sino por escrito,[21] digámoslo
30 así, aunque hemos dicho que no tuvieron letras, las cuales eran *ñudos*, dados en diferentes hilos de diversos colores,[22] que iban puestos por su orden, mas no siempre de una misma manera, sino unas veces antepuesto
el un color al otro,[23] y otras veces trocados al revés;[24] y esta manera de recaudos eran cifras,[25] por las cuales se entendían[26] el Inca y sus gober-
35 nadores, para lo que había de hacer, y los *ñudos* y las colores de los hilos
significaban el número de gente, armas, o vestidos, o bastimento,[27] o
cualquiera otra cosa que se hubiese de hacer, enviar o aprestar.[28] A estos
hilos añudados[29] llamaban los indios *quipu* (que quiere decir añudar, y
ñudo, que sirve de nombre y verbo), por los cuales se entendían en sus
40 cuentas. En otra parte, capítulo de por sí, diremos largamente cómo eran
y de qué servían. Cuando había priesa[30] de mensajes, añadían[31] correos, y
ponían en cada posta[32] ocho, y diez, y doce indios chasquis. Tenían otra
manera de dar aviso[33] por estos correos, y era haciendo ahumadas[34] de
día de uno en otro, y llamaradas[35] de noche. Para lo cual tenían siempre
45 los chasquis apercibido el fuego y los hachos,[36] y velaban[37] perpetuamente
de noche y de día por su rueda,[38] para estar apercibidos para cualquier
suceso[39] que se ofreciese. Esta manera de aviso por los fuegos era solamente cuando había algún levantamiento[40] y rebelión de reino o provincia grande, y hacíase para que el Inca lo supiese dentro de dos o tres horas
50 cuando mucho[41] (aunque fuese de quinientas o seiscientas leguas de la
corte), y mandase apercibir lo necesario para cuando llegase la nueva
cierta de cuál provincia o reino era el levantamiento. Este era el oficio[42]
de los chasquis y los recaudos que llevaban.

11 cambiar
12 **de...** *spoken, word of mouth*
13 **muy...** *well known and simple*
14 **daba...** *shouted*
15 **para...** *so that he would get ready*
16 **tocar...** *blowing his (postal) horn*
17 **para...** *so that the post horses (brought by the Spaniards) would be saddled*
18 **en...** *al llegar*
19 escuchar
20 esperaba
21 **por...** *in writing*
22 **ñudos...** *knots, made of various types of threads in different colors*
23 **antepuesto...** *one color put before another*
24 **al...** *in the opposite way*
25 *figures, numbers*
26 **se...** *se comprendían, se comunicaban*
27 *supplies*
28 preparar
29 *knotted*
30 prisa
31 *they added*
32 puesto, choza (del correo)
33 **dar...** *notifying, passing messages*
34 *smoke signals*
35 *flame signals*
36 **apercibido...** *fire and torches ready*
37 *kept watch*
38 *area, surroundings*
39 *evento, hecho*
40 *uprising*
41 **cuando...** *at most*
42 *trabajo*

✦ Comprensión y expansión

A. Conteste las siguientes preguntas según el texto.

1. ¿Qué eran los «chasquis»?
2. ¿Cómo llevaban ellos la correspondencia de un lugar a otro? Explique.
3. ¿Qué quieren decir «chasqui» y «cacha»?

4. ¿Qué diferencia había entre los chasquis y los cachas?
5. En general, ¿qué clase de mensajes llevaban los chasquis? ¿Por qué?
6. ¿Tenían los incas algún tipo de escritura? ¿Qué eran los «ñudos» y los «quipus»?
7. ¿Cómo se lograba acelerar el servicio de los chasquis cuando había prisa en los mensajes?
8. ¿Qué otros métodos usaban los incas para comunicarse? ¿Para qué y cuándo se usaban esos métodos?

B. Lea las definiciones que siguen y escriba las palabras definidas en los espacios correspondientes.
1. sinónimo de **órdenes** _____
2. casas pequeñas y rústicas _____
3. sinónimo de **aviso** _____
4. sinónimo de **rapidez** _____
5. signos que se hacen con humo _____
6. sinónimo de **hecho** o **evento** _____
7. nombre de los puestos de correo _____
8. sinónimo de **recaudo** _____

C. Complete las siguientes afirmaciones, marcando con un círculo la letra de la respuesta más apropiada.
1. La palabra «chasqui» quiere decir...
   a. ensillar.   b. trocar.
   c. llamar.
2. En general, las chozas que estaban situadas a cada cuarto de legua eran para...
   a. guardar la correspondencia.   b. servir de hotel a los reyes incas.
   c. descanso y protección de los indios chasquis.
3. Estaban a cuarto de legua entre sí porque era lo que un indio podía...
   a. correr en un día.   b. correr en un cuarto de hora.
   c. correr sin cansarse.
4. Las chozas de correo estaban puestas siempre...
   a. en lugares estratégicos.   b. en alto.
   c. cerca de algún río.
5. La mayoría de los mensajes eran...
   a. de palabra.   b. en verso.
   c. por escrito.
6. Algunos mensajes se transmitían por medio de...
   a. dibujos y números.   b. signos jeroglíficos.
   c. nudos e hilos de colores.
7. Cuando había mensajes urgentes, el número de mensajeros por cada puesto chasqui...
   a. podía llegar a doce.   b. nunca pasaba de diez.
   c. aumentaba a veinte.
8. Los avisos con fuegos sólo se usaban para anunciar...
   a. bodas y celebraciones.   b. levantamientos y rebeliones.
   c. nacimientos y muertes.

✦ Temas de discusión o análisis

1. Describa y comente las ventajas y desventajas del correo inca.
2. Discuta el tema de la privacidad de información en el sistema inca de correos.
3. ¿Cómo se distribuían los mensajes y otras correspondencias entre los indígenas de Estados Unidos o Canadá antes de la llegada de los ingleses y/o franceses? Compare y contraste esos métodos con los del correo incaico.
4. Según su opinión, ¿por qué incluye el autor varias palabras quechuas en su texto? ¿Qué efecto tiene esto en los lectores? Comente.
5. En general se describe el lenguaje de los *Comentarios reales* como preciso y directo, aunque detallado y descriptivo. ¿Se ven reflejadas dichas características en este texto? Explique y dé ejemplos concretos.
6. Según el Inca Garcilaso, él escribía para indios y españoles «porque de ambas naciones tengo prendas». ¿De qué manera refleja este texto ese propósito explícito de querer escribir tanto para indios como para españoles? Comente.
7. En este texto se mencionan los «ñudos» y «quipus» como una especie de sistema alternativo de escritura. Investigue el tema en más detalle y prepare un informe escrito sobre dicho sistema inca de comunicación.

✦ Temas de proyección personal

1. Según su opinión, ¿cuáles son las diferencias más importantes entre el sistema de correos que tenían los incas y el que tenemos ahora? ¿Cree usted que en algunos aspectos el correo inca era mejor o peor que el actual? ¿En qué aspectos? Comente.
2. Entre los incas, los «chasquis» y los «cachas» cumplían funciones o servicios algo diferentes. Si uno tratara de establecer paralelos con el presente, ¿quiénes o qué tipos de servicios postales serían los equivalentes de los chasquis? ¿Y de los cachas? ¿Por qué?
3. ¿Qué opinión tiene usted del sistema actual de correos? ¿Cree que el servicio mejoraría o empeoraría de manera significativa si el correo se privatizara? Comente.

SOR JUANA INES DE LA CRUZ

Nota biográfica

Juana Inés de Asbaje y Ramírez de Santillana, más conocida como Sor Juana Inés de la Cruz (1651–1695), intelectual mexicana, prosista, dramaturga y la poeta lírica más importante del período colonial, nació en San Miguel Nepantla, muy cerca de la Ciudad de México. Hija natural de un militar español y de una criolla mexicana, desde muy niña demostró interés por la vida intelectual.

Según ella misma lo cuenta, aprendió a leer a los tres años y a los seis o siete le pidió a su madre que la dejara ir a la universidad vestida de muchacho porque en esa época las mujeres no podían asistir a la universidad. A los diez años ya eran conocidas sus composiciones poéticas y a los catorce la marquesa de Mancera, virreina de México, la invitó a vivir en la corte, admirada de sus conocimientos y de sus grandes dotes poéticos. Dama de honor de dicha virreina durante dos años, optó luego por la vida religiosa. Ingresó primero a la orden de las Carmelitas Descalzas donde por razones de salud sólo estuvo unos meses. Volvió a la corte y dos años después, en 1669, entró al convento de San Jerónimo donde llevó una vida intelectual muy activa hasta poco tiempo antes de su muerte. Conocida como «La Décima Musa» y «El Fénix de México» por sus vastos conocimientos y actividades literarias, por su belleza física y por su gran curiosidad intelectual, recibió también, por estos mismos atributos, muchos ataques y críticas de sus superiores y de los líderes más importantes de su época. Aparentemente la tensión producida por toda esa crítica hizo que decidiera vender los cuatro mil volúmenes de su biblioteca (la mejor del México de su época) más todos los instrumentos musicales y científicos que poseía. El dinero lo empleó en obras de caridad y desde ese momento se consagró únicamente a la vida religiosa. Murió durante una epidemia en 1695, mientras atendía a las religiosas enfermas de su convento. Sor Juana cultivó con éxito todos los géneros literarios de su época —poesía, prosa y teatro— pero su fuerte estaba, indudablemente, en la poesía y, en particular, en la poesía lírica. Comenta ella en *Respuesta a Sor Filotea de la Cruz* (1691), uno de sus textos más leídos, acerca de la facilidad con que desde muy joven componía versos. En cuanto a temática, su obra refleja una gran variedad de tópicos. Recurren allí, entre otros, los temas amorosos, filosóficos, religiosos, profanos, satíricos y personales. Sin embargo, predominan, tanto en poesía como en teatro, los temas típicos del barroco: el desengaño, la desilusión, el pesimismo, la angustia, la brevedad de la belleza y lo inútil de la vanidad humana. Su estilo se vio muy influenciado por el culteranismo del poeta español Luis de Góngora. Como en la obra de éste, en la de Sor Juana también hay una gran complejidad sintáctica y abundan los neologismos, los efectos pictóricos y musicales, las figuras retóricas y las alusiones mitológicas. En efecto, su composición poética más ambiciosa y, para muchos críticos, su obra maestra, es *Primero sueño* (1692), un largo poema filosófico muy influenciado por las *Soledades* de Góngora. En prosa, sus obras más importantes son *Carta Atenagórica* (1690) y la ya mencionada *Respuesta a Sor Filotea de la Cruz* (también conocida como *Carta al Obispo de Puebla*), dos agudos y polémicos ensayos que reflejan perspicacia y madurez de pensamiento. Su producción teatral incluye sainetes,* entremeses,* comedias, villancicos* dramáticos y autos sacramentales.* De estas obras, las dos generalmente consideradas mejores son una comedia (*Los empeños de una casa*, 1683) y un auto sacramental (*El divino Narciso*, 1689), ambas inspiradas en el teatro de Calderón de la Barca, uno de los grandes dramaturgos del Siglo de Oro.*

✦ Guía y actividades de pre-lectura

Además del *Primero sueño* y de sus obras de tendencia gongorista, el resto de la producción poética de Sor Juana incluye una serie de textos escritos por encargo (a petición de virreyes, prelados o amistades para ocasiones especiales), varios sonetos y poemas de tipo más tradicional. De sus composiciones poéticas se destacan particularmente los sonetos amorosos, las canciones, los villancicos y los romances que escribió en su juventud. Se incluye aquí «Hombres necios que acusáis» (1689), uno de sus poemas más conocidos, escrito en redondillas,* forma muy común de la métrica española. En este poema, como en otras obras suyas, ella explora, con un lenguaje satírico lleno de ironía, el tema del doble standard sexual y protesta contra el criterio injusto con que los hombres de su tiempo juzgaban a las mujeres. El otro ejemplo aquí incluido son fragmentos de su famosa *Respuesta a Sor Filotea de la Cruz* o *Carta al Obispo de Puebla*, documento de gran valor autobiográfico y probablemente uno de los ensayos feministas más tempranos del mundo hispánico. En efecto, los dos textos aquí representados, entre otros que también expresan críticas similares con respecto al doble standard de la época, le han ganado a su autora hoy día el título de ser «la primera feminista» de las letras hispanoamericanas. Las circunstancias en torno a esta conocida carta son las siguientes. A petición del obispo de Puebla (Manuel Fernández de Santa Cruz), Sor Juana había hecho una crítica rigurosa de un sermón escrito por un famoso jesuita portugués. Impresionado por los comentarios y la gran erudición reflejados en dicho estudio, el obispo decidió publicarlo con el título de *Carta Atenagórica*. Cuando luego él le envió a Sor Juana copia de dicho documento, le incluyó también una carta firmada con el seudónimo de «Sor Filotea de la Cruz». Allí elogiaba sus profundos conocimientos teológicos pero le reprochaba que dedicara tanto tiempo a actividades intelectuales más propias de hombres que de mujeres. Le aconsejaba, además, que en adelante usara su talento en labores estrictamente monásticas. Sor Juana le contestó con su *Respuesta a Sor Filotea de la Cruz* que es a la vez respuesta a la carta del obispo y defensa de su vida intelectual. En este documento ella narra su vida y defiende su derecho —y por extensión el de todas las mujeres— al estudio, al aprendizaje y al ejercicio de la crítica. Se debe mencionar también que en vida Sor Juana conoció el éxito y el reconocimiento de su labor intelectual. Su fama traspasó fronteras geográficas locales y llegó hasta España. En efecto, los únicos dos volúmenes de sus obras aparecidos antes de su muerte fueron publicados en España. La primera edición del volumen I apareció en Madrid bajo el título de *Inundación castálida* en 1689. El volumen II fue publicado en Sevilla en 1692.

1. Lea el título y los cuatro primeros versos del poema. ¿A quiénes se dirige el poema? ¿Qué adjetivo se usa para calificar a los hombres? ¿Cómo tratan los hombres a las mujeres? Deduciendo de esta primera estrofa, ¿qué piensa encontrar en el resto del poema?

2. Según su opinión, ¿qué es el feminismo? ¿Se considera usted una persona feminista? Explique. ¿Ha leído alguna obra feminista? ¿Cuál o cuáles? ¿Diría que «Hombres necios que acusáis» (por el título y por los primeros versos) es un poema feminista? Comente.

3. Mire el retrato de Sor Juana que aparece en la página 57. ¿Qué elementos de la foto corroboran los datos contenidos en la nota biográfica de esta sección? Explique.

4. En el siglo XVII la educación universitaria era privilegio exclusivo de los hombres en todo el mundo hispánico. Busque información con respecto a quiénes tenían acceso a la educación universitaria en las colonias inglesas en el mismo siglo. Luego compare y contraste la educación de las mujeres, sus privilegios y responsabilidades en ambos territorios: en las colonias españolas y en las colonias inglesas. ¿Cree usted que en general la situación de las mujeres con respecto a la educación ha cambiado mucho en los tres últimos siglos? ¿En qué sentido? Comente.

Hombres necios[1] que acusáis

Arguye de inconsecuentes el gusto y la censura de los hombres,
que en las mujeres acusan lo que causan.[2]

Hombres necios que acusáis
a la mujer sin razón,
sin ver que sois la ocasión
de lo mismo que culpáis:[3]

si con ansia sin igual[4]
solicitáis su desdén,[5]
¿por qué queréis que obren bien[6]
si las incitáis al mal?

Combatís su resistencia
y luego, con gravedad,[7]
decís que fue liviandad[8]
lo que hizo la diligencia.[9]

Parecer quiere el denuedo
de vuestro parecer loco,
al niño que pone el coco
y luego le tiene miedo.[10]

Queréis, con presunción necia,
hallar a la que buscáis
para pretendida, Thais,
y en la posesión, Lucrecia.[11]

¿Qué humor puede ser más raro
que el que, falto de consejo,[12]
él mismo empaña el espejo,[13]
y siente que no esté claro?

1 *foolish, injudicious*
2 *She shows the contradictions between what men like and what they censure (in women), since they accuse women of that which they themselves have caused.*
3 *you accuse*
4 **si...** *if with unmatchable yearning*
5 *scorn*
6 **que...** *that they do the right thing*
7 **con...** con solemnidad
8 *frivolity*
9 **lo...** *what patience achieved*
10 **Parecer...** *The bravery of your crazy behavior is like that of the child who makes ugly faces and then gets frightened by them.*
11 **para...** *for a lover you want Thais[a] and for a wife you want Lucrecia[b]*
12 **falto...** *lacking good advice*
13 **empaña...** *clouds (with his own breath) the mirror*

---

[a]Thais era una famosa cortesana de Atenas.
[b]Lucrecia era una virtuosa romana, considerada prototipo de fidelidad matrimonial.

Con el favor y el desdén
tenéis condición igual,[14]
quejándoos, si os tratan mal,
burlándoos, si os quieren bien.

Opinión, ninguna gana;
pues la que más se recata,[15]
si no os admite,[16] es ingrata,[17]
y si os admite, es liviana.[18]

Siempre tan necios andáis
que, con desigual nivel,[19]
a una culpáis por crüel
y a otra por fácil culpáis.

¿Pues cómo ha de estar templada[20]
la que vuestro amor pretende,
si la que es ingrata, ofende,
y la que es fácil, enfada?[21]

Mas, entre el enfado y pena
que vuestro gusto refiere,
bien haya la que no os quiere
y quejaos en hora buena.[22]

Dan vuestras amantes penas
a sus libertades alas,[23]
y después de hacerlas malas
las queréis hallar muy buenas.[24]

¿Cuál mayor culpa[25] ha tenido
en una pasión errada:[26]
la que cae de rogada,
o el que ruega de caído?[27]

¿O cuál es más de culpar,
aunque cualquiera mal haga:
la que peca por la paga,
o el que paga por pecar?[28]

Pues ¿para qué os espantáis[29]
de la culpa que tenéis?
Queredlas cual las hacéis
o hacedlas cual las buscáis.[30]

Dejad de solicitar,
y después, con más razón,

14 **tenéis...** respondéis de la misma manera
15 **la...** la más modesta
16 **si...** *if she does not consent to love you*
17 *ungrateful*
18 *a loose woman*
19 **con...** *with double standard*
20 **¿Pues...** *What kind of person does she have to be . . .? (lit.: How must she be tuned . . .?)*
21 *angers (you)*
22 **Mas...** *But, caught between the anger and pain that your taste determines, there may well be one (woman) who does not want you and you may well complain about it when it happens.*
23 **a...** *wings to their freedom*
24 **muy...** *very virtuous*
25 *blame, fault*
26 *errónea, equivocada*
27 **la...** *she who falls (i.e., into sin) after being begged, or he who begs after having fallen*
28 **la...** *she who sins for pay, or he who pays to sin*
29 *sorprendéis*
30 **Queredlas...** *(Either) love them as you make them or make them as you want them.*

65 acusaréis la afición
de la que os fuere a rogar.[31]

Bien con muchas armas fundo
que lidia vuestra arrogancia,[32]
pues en promesa e instancia[33]
70 juntáis diablo, carne y mundo.[34]

[31] **acusaréis...** *you will be able to condemn the affection of the one who might possibly beg you.*
[32] **Bien...** *Yet I feel that your arrogance is well-armored*
[33] persistencia
[34] **juntáis...** *you bring together the devil, the flesh, and the world.*[c]

✦ Comprensión

Conteste las siguientes preguntas según el poema.

1. ¿A quién se dirige la voz poética?
2. ¿De qué se acusa a los hombres en las tres primeras estrofas?
3. Según el poema, ¿qué tipo de mujeres prefieren los hombres como amantes? ¿Y como esposas?
4. Según su opinión, ¿cree que sería posible encontrar alguna mujer que tuviera las cualidades de Thais y de Lucrecia a la vez? ¿Por qué sí o por qué no?
5. ¿Qué reacciones masculinas contradictorias se señalan en las estrofas números 7, 8 y 9, respectivamente?
6. Según la voz lírica, ¿quién parece ser más culpable: «la que cae de rogada, / o el que ruega de caído»? ¿Y qué opina usted?
7. Y según la voz poética, ¿quién será más culpable: «la que peca por la paga, / o el que paga por pecar»? ¿Qué piensa usted? Comente.
8. ¿Cómo interpreta usted los cuatro últimos versos del poema?

Respuesta a Sor Filotea de la Cruz

CARTA AL OBISPO[1] DE PUEBLA

[...] Prosiguiendo[2] en la narración de mi inclinación (de que os quiero dar entera noticia[3]), digo que no había cumplido los tres años de mi edad cuando, enviando mi madre a una hermana mía, mayor que yo, a que se enseñase[4] a leer en una de las que llaman *Amigas*,[5] me llevó a 5 mí tras ella el cariño[6] y la travesura.[7] Viendo que le daban lecciones, me encendí yo de manera[8] en el deseo de saber leer que, engañando,[9] a mi parecer, a la maestra, le dije: «Que mi madre ordenaba me diese lección».

Ella no lo creyó, porque no era creíble; pero, por complacer al do-
10 naire,[10] me la dio. Proseguí yo en ir y ella prosiguió en enseñarme, ya no de burlas,[11] porque la desengañó la experiencia,[12] y supe leer en tan breve tiempo, que ya sabía, cuando lo supo mi madre, a quien la maestra lo

[1] *bishop*
[2] Continuando
[3] **entera...** información completa
[4] **a...** para que aprenda
[5] escuelas primarias para niños
[6] amor
[7] *mischief*
[8] **me...** yo me entusiasmé mucho
[9] *deceiving*
[10] **por...** *to please my fancy*
[11] **de...** en bromas
[12] **la...** *experience opened her eyes*

[c]Estos son los tres enemigos del alma de acuerdo con la doctrina católica.

Sor Juana Inés de la Cruz, según uno de sus retratos más conocidos, pintado en México en el siglo XVIII.

ocultó,[13] por darle el gusto por entero, y recibir el galardón[14] por junto.[15] Yo lo callé, creyendo que me azotarían[16] por haberlo hecho sin orden.
15 Aún vive la que me enseñó, Dios la guarde, y puede testificarlo. Acuérdome que, en estos tiempos, siendo mi golosina[17] la que es ordinaria en aquella edad, me abstenía de comer queso, porque oí decir que hacía rudos[18] y podía conmigo más el deseo de saber que el de comer, siendo éste tan poderoso en los niños.

20 Teniendo yo después como seis o siete años, y sabiendo ya leer y escribir, con todas las otras habilidades de labores y costuras[19] que aprenden las mujeres, oí decir que había Universidad y Escuelas, en que se estudiaban las ciencias, en México. Apenas oído, cuando empecé a matar a mi madre con instantes e importunos ruegos[20] sobre que, mudándome
25 el traje,[21] me enviase a México, en casa de unos deudos[22] que tenía, para estudiar, y cursar[23] la universidad. Ella no lo quiso hacer (e hizo muy bien), pero yo despiqué[24] el deseo en leer muchos libros varios, que tenía mi abuelo, sin que bastasen castigos, ni reprehensiones a estorbarlo;[25] de manera que, cuando vine a México, se admiraban, no tanto del ingenio
30 cuanto de la memoria y noticias,[26] que tenía en edad que parecía que apenas había tenido tiempo para aprender a hablar.

13 **lo...** *concealed it from her*
14 *reward*
15 **por...** *all together*
16 **me...** *they would spank me*
17 *gluttony, greediness*
18 **oí...** *I heard it said that it made one dumb*
19 **habilidades...** *work and sewing skills*
20 **con...** *with insistent and annoying begging*
21 **mudándome...** *changing my clothes (here: dressing me as a boy)*
22 parientes
23 seguir cursos en
24 di satisfacción a
25 **sin...** *no punishments or admonishments could get in the way*
26 conocimientos

Empecé a aprender Gramática,[27] en que creo no llegaron a veinte las lecciones que tomé; y era tan intenso mi cuidado[28] que, siendo así que en las mujeres (y más en tan florida juventud) es tan apreciable el adorno natural del cabello, yo me cortaba de él cuatro o seis dedos, midiendo[29] hasta dónde llegaba antes, e imponiéndome ley[30] de que, si cuando volviese a crecer hasta allí, no sabía tal o tal cosa que me había propuesto aprender, en tanto que crecía,[31] me lo había de volver a cortar en pena de la rudeza.[32] Sucedía[33] así que él crecía y yo no sabía lo propuesto, porque el pelo crecía aprisa[34] y yo aprendía despacio,[35] y con efecto le cortaba, en pena de la rudeza; porque no me parecía razón[36] que estuviese vestida de cabellos cabeza que estaba tan desnuda de noticias,[37] que era más apetecible[38] adorno.

Entréme religiosa[39] porque, aunque conocía que tenía el estado[40] cosas (de las accesorias hablo, no de las formales) muchas repugnantes a mi genio,[41] con todo,[42] para la total negación que tenía al matrimonio,[43] era lo menos desproporcionado y lo más decente que podía elegir, en materia de la seguridad que deseaba de mi salvación: a cuyo primer respeto (como, al fin, más importante) cedieron y sujetaron la cerviz todas las impertinencillas de mi genio,[44] que eran: de querer vivir sola; de no querer tener ocupación obligatoria que embarazase[45] la libertad de mi estudio, ni rumor de comunidad que impidiese el sosegado silencio[46] de mis libros. Esto me hizo vacilar[47] algo[48] en la determinación hasta que, alumbrándome personas doctas,[49] de que era tentación, la vencí[50] con el favor divino, y tomé el estado que tan indignamente[51] tengo. Pensé yo que huía[52] de mí misma; pero ¡miserable de mí! trájeme a mí conmigo y traje mi mayor enemigo en esta inclinación, porque no sé determinar si, por prenda o castigo,[53] me dio el Cielo, pues de apagarse, o embarazarse con tanto ejercicio que la Religión tiene, reventaba, como pólvora, y se verificaba en mí el *privatio est causa appetitus*.[54]

***

Yo confieso que me hallo muy distante de los términos de la sabiduría[55] y que la he deseado seguir, aunque a *longe*.[56] Pero todo ha sido acercarme más al fuego de la persecución, al crisol[57] del tormento; y ha sido con tal extremo que han llegado a solicitar que se me prohiba el estudio. Una vez lo consiguieron[58] con una Prelada[59] muy santa y muy cándida que creyó que el estudio era cosa de Inquisición,[60] y me mandó que no estudiase; yo la obedecí (unos tres meses que duró el poder ella mandar), en cuanto a no tomar libro, que en cuanto a no estudiar absolutamente, como no cae debajo de mi potestad[61] no lo pude hacer porque, aunque no estudiaba en los libros, estudiaba en todas las cosas que Dios crió,[62] sirviéndome ellas de letras, y de libro toda esta máquina universal. Nada veía sin refleja,[63] nada oía sin consideración, aun en las cosas más menudas[64] y materiales.***

---

[a]La Inquisición era la institución de la Iglesia católica que perseguía y castigaba a los heréticos en la época medieval y moderna inmediata posterior.

27 *Latin*
28 deseo (de aprender)
29 *measuring*
30 **imponiéndome...** *making a rule for myself*
31 **en...** mientras crecía (el cabello)
32 **en...** *as a punishment for my laxness*
33 Pasaba
34 rápidamente
35 lentamente
36 correcto, lógico
37 **tan...** *so bare of knowledge*
38 atractivo
39 **Entréme...** *I entered the convent*
40 *the life (of a nun)*
41 carácter, personalidad
42 **con...** *all in all*
43 **para...** *as I was totally against marriage*
44 **cedieron...** *all the little impertinences of my nature made me headstrong in that regard*
45 limitase, pusiera límites a
46 **que...** *that would interfere with the soothing silence*
47 *hesitate*
48 un poco
49 **alumbrándome...** *being enlightened by learned persons*
50 *I conquered*
51 *unworthily*
52 escapaba
53 **por...** *as a gift or a punishment*
54 **pues...** *rather than being extinguished or hampered by all the duties involved in convent life, it exploded like gunpowder, and it proved to me the saying "deprivation causes appetite"*
55 *wisdom, knowledge*
56 **a...** *at a distance*
57 *crucible, hearth*
58 *achieved*
59 *Mother Superior*
60 **cosa...** *a matter for the Inquisition*[a]
61 poder
62 hizo
63 **Nada...** *I saw nothing without reflecting on it*
64 pequeñas

✦ Comprensión

Conteste las siguientes preguntas según el texto.

1. ¿Para quién es la carta que escribe Sor Juana? ¿Y cuál es la verdadera identidad de Sor Filotea de la Cruz?
2. Según la carta, ¿dónde, cómo y cuándo aprendió ella a leer?
3. ¿De qué se enteró Sor Juana cuando tenía seis o siete años? ¿Y por qué le pidió a su madre que la enviara a México vestida con ropa de muchacho?
4. Cuando finalmente fue a México, ¿qué empezó a aprender ella?
5. ¿Se cortaba ella el pelo con frecuencia? ¿Por qué? Explique.
6. Según esta carta, ¿se hizo ella monja por vocación religiosa o por alguna otra razón? Comente.
7. En el siglo XVII, ¿qué le podía ofrecer la vida religiosa a alguien con los intereses de Sor Juana? Mencione dos o tres ventajas.
8. Después de entrar en el convento, ¿por qué dice Sor Juana que se verificó en ella aquello de que el *privatio est causa appetitus*? Explique.
9. Según ella, ¿por qué le prohibieron que estudiara? ¿Pudo o no pudo ella obedecer la orden? Explique.

✦ Expansión

A. Reconstruya dos estrofas de «Hombres necios... » llenando los espacios correspondientes con los sinónimos apropiados de las palabras subrayadas.

Combatís su <u>oposición</u>   _____
y luego, con <u>solemnidad</u>,   _____
decís que fue <u>frivolidad</u>   _____
lo que hizo la <u>paciencia</u>.   _____

Queréis, con presunción <u>tonta</u>,   _____
<u>encontrar</u> a la que buscáis   _____
para <u>amante</u>, Thais,   _____
y en <u>el matrimonio</u>, Lucrecia.   _____

B. Identifique y explique la importancia o el significado de los siguientes elementos.

«Hombres necios que acusáis»
1. la comparación con el «niño que pone el coco»
2. la analogía con el espejo empañado
3. el problema de la culpabilidad relativa «en una pasión errada»
4. la mención de «diablo, carne y mundo» en el último verso

«Respuesta a Sor Filotea de la Cruz»
5. la referencia a *Amigas*
6. el abstenerse de comer queso
7. los libros de su abuelo
8. el papel de la Prelada
9. la Inquisición

C. Basándose en el contenido de *Respuesta a Sor Filotea de la Cruz*, indique si los comentarios que siguen reflejan correctamente o no el autorretrato de Sor Juana. Escriba **V** (verdadero) o **F** (falso) en los espacios correspondientes. Si lo que lee es falso, corríjalo.

_____ 1. A los seis o siete años, Sor Juana ya sabía leer y escribir.

_____ 2. En su familia, Sor Juana era la mayor de las hermanas.

_____ 3. En el siglo XVII, sólo las mujeres solteras podían asistir a la universidad.

_____ 4. A Sor Juana le interesaron los libros y los estudios desde muy joven.

_____ 5. Ella aprendió latín en menos de veinte lecciones.

_____ 6. Sor Juana nunca tuvo ningún interés en casarse.

_____ 7. Según ella, aunque le habían prohibido los libros, igual seguía estudiando y aprendiendo de la naturaleza.

✦ Temas de discusión o análisis

1. En el poema, ¿por qué se califica de «necios» a los hombres? Enumere y discuta los ejemplos de conducta masculina criticados en este poema.

2. En los últimos años, a menudo la crítica le ha asignado a Sor Juana el título de «primera feminista» de Hispanoamérica. Basándose en «Hombres necios... », defienda o refute usted dicha distinción.

3. Teniendo como guía la información que da la propia Sor Juana en su *Respuesta a Sor Filotea de la Cruz*, escriba una biografía comentada de la vida de esta famosa monja-poeta mexicana.

4. Deduciendo del contenido de estas dos obras, desarrolle el tema de «El papel de los libros y/o la naturaleza en la educación de Sor Juana».

5. Discuta el papel o la importancia de la religión en la vida de Sor Juana.

✦ Temas de proyección personal

1. Compare y contraste el problema del machismo y del doble standard en la época de Sor Juana y en la sociedad actual.

2. En su famosa «Carta Atenagórica» Sor Juana critica un sermón de un jesuita portugués y es por eso muy criticada en su época, incluso por sus propios amigos, como el Obispo de Puebla, por ejemplo. ¿Cree usted que el papel y la situación de la mujer en la jerarquía religiosa ha cambiado mucho en este siglo? ¿En qué religiones? Según su opinión, ¿por qué se debe o no se debe permitir que las mujeres con vocación religiosa lleguen a tener todos los privilegios de los sacerdotes, pastores, rabinos, etc.? Comente.

3. Discuta las diferencias de actitud hacia la mujer en la actualidad y en la época de Sor Juana.

4. Compare y contraste la educación tanto formal como familiar de los hombres y de las mujeres en la época de Sor Juana y en la época actual.

RAFAEL GARCIA GOYENA

Nota biográfica

Rafael García Goyena (1766–1823), poeta ecuatoriano y notable autor de fábulas, nació en Guayaquil pero vivió la mayor parte de su vida en Guatemala, donde se trasladó con su familia cuando sólo tenía doce años. Considerado el mejor fabulista de Hispanoamérica, García Goyena escribió unas treinta fábulas en las que se vislumbran ciertas influencias e ideas nuevas provenientes del Viejo Mundo, aunque puestas en boca de personajes típicos de la fauna y de tierras del Nuevo Mundo. Escritas a principios del siglo XIX durante los años de la independencia política de los países hispanoamericanos, y en particular de la de Guatemala, estas obras reflejan los intereses, luchas, problemas y preocupaciones de la época. Las fábulas de García Goyena aparecieron primero en periódicos y posteriormente fueron incluidas en *Fábulas y poesías varias*, título del volumen de sus obras completas, publicado póstumamente en 1825.

✦ Guía y actividades de pre-lectura

En el siglo XVIII, período asociado con la Ilustración y el neoclasicismo, la fábula se convirtió en un género muy popular en Europa debido, sin duda, a su carácter moralizador y didáctico. Los dos fabulistas españoles más importantes de ese período fueron Félix María de Samaniego, autor de *Fábulas morales* (1781), y Tomás de Iriarte, autor de *Fábulas literarias* (1782), dos obras de sentido y contenido muy distinto como se puede deducir de sus respectivos títulos. Mientras las fábulas de Samaniego satirizan algunas debilidades humanas, las de Iriarte ilustran doctinas artísticas de la preceptiva neoclásica. No obstante, las obras de ambos autores se conocieron muy pronto en Hispanoamérica y sirvieron de modelo e inspiración a varios escritores y, en particular, a García Goyena. En sus fábulas, éste mantuvo la estructura poética y características generales de esos modelos. Como sus maestros, escribe en verso y a través del diálogo, generalmente entre animales de la región tropical americana, critica aspectos negativos de la conducta humana, deduciendo al final una moraleja o lección moral edificante. La ironía y el humor son elementos recurrentes en las fábulas de García Goyena. Reflejan el espíritu moralizador y práctico del neoclasicismo, corriente de pensamiento que cree que es posible mejorar la vida humana por medio de la educación y de los buenos ejemplos. Aunque muchas de sus obras critican la realidad social y política de su época, la fábula aquí incluida tiene un contenido más universal. Se cuenta en ella la anécdota de unas golondrinas cuya arrogancia e imprudencia reciben su merecido y ejemplar castigo al final. Como la mayoría de las fábulas del período neoclásico, ésta está escrita en verso. En particular, esta fábula está dividida en estrofas de cuatro versos de seis sílabas cada uno y tiene rima asonante en los versos pares: abcb.

1. Las fábulas son muy populares en el mundo hispano y los niños españoles e hispanoamericanos conocen desde muy pequeños las obras de Iriarte y Samaniego. ¿Qué fábulas conocen los niños de este país? ¿Las fábulas de Esopo? ¿de La Fontaine? ¿de Iriarte o Samaniego? ¿de algún otro escritor? Según su opinión, ¿por qué son o por qué no son tan populares las fábulas en este país?

2. Mencione el título de dos o tres fábulas que usted conozca. ¿Qué tienen en común los títulos que usted recuerda con el de la fábula aquí incluida? Según usted, ¿será eso pura coincidencia o no? Comente.

3. En general, los personajes típicos de las fábulas son animales pero lo que se critica son vicios y defectos humanos. Según su opinión, ¿qué ventajas tiene para un(a) escritor(a) usar personajes que sean animales para describir o criticar vicios o defectos personales o sociales? Explique.

Fábula XXX

Las golondrinas[1] y los barqueros[2]

Unas golondrinas
desde Guatemala,
quisieron hacer
un viaje a La Habana.

5 Y dando principio
a su caminata[3]
volaron[4] diez días
haciendo mil pausas.

Llegan a Trujillo,[a]
10 y estando en la playa
en vez de temer
resuelven la marcha.

Una de prudencia
entre ellas estaba,
15 y les dijo: —Amigas,
mirad tantas aguas.

No nos expongamos
a morir ahogadas,[5]

[1] *swallows*
[2] *boatmen*
[3] *journey*
[4] *they flew*
[5] **No...** *Let's not risk death by drowning*

---

[a] Ciudad y puerto de Honduras; capital del departamento de Colón. Trujillo está al norte, en la costa del Caribe hondureño.

si a medio camino
las fuerzas nos faltan.[6]

Mejor es pedir
en aquella barca[7]
un lugar pequeño
que tal vez no falta[8] —.

Apenas había
dicho estas palabras,
cuando respondieron
con gran petulancia:[9]

—Barca no queremos,
pues con nuestras alas[10]
tenemos de sobra[11]
para ir hasta España—.

Los barqueros todos
oyendo esto estaban
y también reían
de tal petulancia.

Pasada la noche,
en la madrugada,[12]
alzaron el vuelo[13]
con gran algazara.[14]

También los barqueros
hicieron su marcha
con la ligereza[15]
que andan los piratas.

Y apenas dos leguas[16]
llevaban andadas,
cuando ven llegar
las aves cansadas.

Con súplicas mil[17]
todas desmayadas,[18]
amparo[19] pedían
a los de las barcas.

Mas ellos entonces
riendo a carcajadas,[20]
sólo les decían:
—¿Pues no tenéis alas?—

20

25

30

35

40

45

50

55

6 **las...** *our strength fails*
7 barco pequeño
8 **no...** hay
9 *arrogancia*
10 *wings*
11 **tenemos...** *we have more than we need*
12 *dawn*
13 **alzaron...** empezaron a volar
14 ruido, clamor
15 rapidez
16 **Y...** Y sólo habían andado dos leguas (aprox. once kilómetros)
17 **súplicas...** *a thousand pleas*
18 *disheartened, exhausted*
19 protección, refugio
20 **riendo...** *laughing uproariously*

Al fin perecieron[21]
nuestras camaradas,[22]
y así los barqueros
tomaron venganza.[23]

Esta fabulilla
se llama la capa,[24]
vístala el lector
si acaso le entalla.[25]

x

[21] murieron
[22] compañeras
[23] **tomaron...** se vengaron
[24] *cloak*
[25] **vístala...** *have the reader wear it if perhaps by chance it fits*

✦ Comprensión y expansión

A. Conteste las siguientes preguntas según el texto.

1. ¿Dónde estaban las golondrinas de esta fábula? ¿Y adónde querían ir?
2. Después de volar diez días, ¿adónde llegaron ellas?
3. ¿Qué aconsejó una de las golondrinas? ¿Y qué respondieron las otras?
4. Al oír la respuesta tan arrogante de esas golondrinas, ¿cómo reaccionaron los barqueros?
5. ¿Qué pasó unas dos leguas después que las golondrinas y los barqueros habían dejado Trujillo?
6. ¿Cómo respondieron los barqueros al pedido de ayuda de las golondrinas? ¿Por qué?
7. ¿Qué les pasó a las golondrinas?
8. ¿Cómo interpreta usted los cuatro últimos versos de esta fábula? Explique.

B. Identifique y explique la importancia o el significado de los siguientes elementos.

1. los barqueros
2. las golondrinas
3. España
4. «Amigas, mirad tantas aguas.»
5. los barqueros comparados con los piratas
6. las barcas comparadas con las alas de las golondrinas

C. Reconstruya la fábula numerando del uno al doce, en orden cronológico, las oraciones que siguen.

_____ 1. Llegan a Trujillo, un puerto en el Caribe hondureño.
_____ 2. Pero las demás dicen que no necesitan viajar en barca.
_____ 3. Allí una golondrina sugiere viajar con los barqueros.
_____ 4. Vuelan durante diez días, haciendo varias pausas.
_____ 5. Las golondrinas mueren, pagando muy caro su arrogancia.
_____ 6. Un día, unas golondrinas deciden viajar a La Habana.
_____ 7. Creen que con sus alas ¡pueden llegar hasta España!
_____ 8. Piden ayuda a los barqueros.
_____ 9. A dos leguas de Trujillo, las aves están muy cansadas.
_____ 10. Pero éstos sólo responden: «¿Pues no tenéis alas?»
_____ 11. Empiezan su viaje en Guatemala.
_____ 12. Los barqueros se ríen de tanta arrogancia.

✦ Temas de discusión o análisis

1. Describa en forma narrativa o dramática tanto el argumento como la moraleja de «Las golondrinas y los barqueros».
2. Analice y discuta las técnicas de personificación usadas por García Goyena en su fábula y su relativo éxito o fracaso en esta obra.
3. Discuta la progresión dramática de la fábula. Identifique las técnicas o elementos relacionados con el suspenso y que contribuyen al final, imprevisto o esperado, de la acción.
4. Compare y contraste los elementos realistas y los fantásticos de esta fábula. Luego explique si dicha mezcla de realidad y fantasía es o no es una buena fórmula para escribir fábulas.
5. En esta fábula las golondrinas pagan muy caro su arrogancia. Según su opinión, ¿es el castigo que reciben equiparable con el crimen que cometen? Explique.

✦ Temas de proyección personal

1. Cuando era niño(a), ¿le gustaban las fábulas? ¿Qué fábulas recuerda? Piense en cuál era su fábula favorita y compártala con sus compañeros de clase.
2. En muchas fábulas se critica un vicio o un defecto moral como, por ejemplo, el egoísmo, la vanidad, la envidia o la glotonería. En «Las golondrinas y los barqueros» se castiga severamente la arrogancia. ¿Qué vicios o defectos morales tratan de corregir las fábulas que usted conoce? Comente.

JOSE JOAQUIN FERNANDEZ DE LIZARDI

Nota biográfica

José Joaquín Fernández de Lizardi (1776–1827), periodista, novelista, poeta, fabulista y dramaturgo mexicano, nació en la capital del virreinato de la Nueva España (hoy México) y murió seis años después de que su país obtuvo su independencia de España. Considerado «padre» de la novela hispanoamericana y uno de los escritores más influyentes del siglo XIX, Fernández de Lizardi inauguró el género novelesco en Hispanoamérica con la publicación en 1816 de *El Periquillo Sarniento*, una obra de carácter picaresco. Autodidacta y discípulo ferviente de los enciclopedistas y de los autores de la Ilustración, se lo conoce especialmente por sus actividades periodísticas y por sus ideas independentistas, liberales y reformistas que lo llevaron a la cárcel en más de una ocasión. Fundó varios periódicos pero el primero y más famoso fue *El Pensador Mexicano* (1812–1814), título que también usó como seudónimo para firmar la mayoría de sus trabajos y comentarios críticos. En cuanto a su carrera literaria, empezó como poeta, satirizando a la Iglesia y al gobierno y defendiendo a los indios y a los negros contra la explotación. Aunque también escribió *Fábulas* (1817) y algunas obras teatrales, son sus novelas las que le han ganado el lugar de importancia que ocupa en la historia de la literatura hispanoamericana. Hay que señalar, sin embargo, que este gran defensor de la libertad de expresión se inició en la narrativa más por razones pragmáticas que literarias. En efecto, al suspenderse la libertad de prensa entre 1815 y 1820, el Pensador Mexicano tuvo que abandonar el periodismo y refugiarse en la novela. Este género le daba la posibilidad de evitar la censura a la prensa y de seguir defendiendo y propagando sus ideas reformistas. Fue así como nació *El Periquillo Sarniento,* ya que en esa época las novelas no eran sometidas a la censura oficial. Además de esa primera obra narrativa, entre 1816 y 1820 Lizardi escribió tres novelas más. Su segunda novela, *Noches tristes y día alegre* (1818), es una imitación de *Noches lúgubres* de José Cadalso, obra y escritor español del siglo XVIII. En *La Quijotita y su prima* (1818–1819) el autor ataca las ideas convencionales referentes a la educación de la mujer en aquella época. Su última novela, *Vida y hechos del famoso caballero Don Catrín de la Fachenda* (publicada póstumamente en 1832), pertenece también a la vena picaresca y es la mejor y más artísticamente lograda de sus obras.

✦ Guía y actividades de pre-lectura

El episodio aquí incluido proviene del capítulo IV de la Segunda Parte de *El Periquillo Sarniento*. Esta obra sigue la tradición de la novela picaresca española iniciada en el siglo XVI con la aparición del *Lazarillo de Tormes*, relato en prosa publicado en 1554 con el título de *Vida de Lazarillo de Tormes y de sus fortunas y adversidades*. La novela de Lizardi es una larga narración donde se describe con gran realismo la vida y costumbres de diversos estratos sociales del México de aquella época. Su estructura sigue la fórmula picaresca. Como en el *Lazarillo, El Periquillo* narra en primera persona y en forma episódica la historia de un pícaro que, luego de servir a varios amos y de degradarse hasta llegar a la delincuencia, logra finalmente regenerarse, casarse y tener hijos. También como en el caso del *Lazarillo, El Periquillo* son las memorias del protagonista-narrador, aquí Pedro Sarmiento, convertido en «Periquillo Sarniento» por sus compañeros de escuela. Con la deformación del nombre, éstos se burlan de los colores —amarillo y verde— predominantes en la ropa de Pedrito y la distorsión de su apellido es una cruel alusión a la sarna o enfermedad de la piel que había contraído. Según Periquillo, él escribe sus memorias para que sirvan de lección a sus descendientes. El argumento episódico del relato le sirve a Lizardi para describir y criticar diversos vicios y problemas de la sociedad de entonces con el propósito didáctico de «enseñar divirtiendo», objetivo fundamental de la corriente neoclásica entonces vigente. En efecto, a diferencia del *Lazarillo* y más al estilo de otro ejemplo posterior de la picaresca española —el *Guzmán de Alfarache* (1599) de Mateo Alemán—, en *El Periquillo* hay extensas digresiones morales insertadas a lo largo de la obra. Estas disertaciones moralizantes tienen la función de llamar la atención sobre dichos problemas sociales y sobre el sistema educativo de la época y de proponer, al mismo tiempo, las reformas necesarias y apropiadas. También reflejan y ponen en evidencia la filiación literaria de Lizardi con el neoclasicismo del siglo XVIII. En este episodio se narran algunas aventuras de Periquillo durante los meses que estuvo como ayudante de barbero en casa de don Agustín, donde en ausencia del amo practicó su nuevo oficio de barbero con un perro, un indio y una vieja en tres escenas muy cómicas, aunque más bien trágicas para los mencionados clientes. Dichas escenas y personajes están descritos de manera muy realista, con un estilo natural y con un tono irónico y divertido. Como en otros episodios, su lenguaje está salpicado de expresiones, dichos y giros locales propios de los representantes humanos reflejados en la novela. Esta predilección por la descripción de escenas y personajes típicos y por el uso de frases locales populares ya anuncia, por otra parte, la corriente costumbrista, una manifestación importante del romanticismo hispanoamericano posterior. En ese sentido, se puede afirmar que *El Periquillo Sarniento* es también una obra precursora del costumbrismo* romántico en Hispanoamérica.

1. En español, «perico» es sinónimo de «loro», pero el diminutivo «periquillo» se puede usar también como diminutivo del nombre «Pedro». Por lo tanto, «Periquillo» puede significar tanto «Pedrito» como «lorito» o «pequeño loro». Teniendo en cuenta las definiciones de «sarna» y «sarniento», comente los posibles significados y connotaciones del título de la novela.

2. Sabiendo que esta obra refleja la vida y costumbres de principios del siglo XIX y que en este episodio Periquillo relata sus aventuras durante los meses que estuvo al servicio de don Agustín, aprendiendo y practicando el oficio de barbero, ¿qué imagen mental tiene usted de este muchacho? ¿Cómo visualiza un día típico en su vida? Como ayudante de barbero, ¿qué clase de tareas debería hacer él? ¿Qué tipo de servicios asocia usted con las barberías del siglo pasado? ¿Y con las de hoy día? Según su opinión, ¿qué haría antes una mujer en una barbería? ¿Y qué haría ahora? Explique.

3. ¿Ha leído usted alguna obra de estructura episódica similar a *El Periquillo Sarniento* en donde el (la) protagonista-narrador(a) cuente sus aventuras en primera persona, desde su propia perspectiva? ¿Qué obra(s)? Comente.

4. *El Periquillo Sarniento* refleja de manera muy realista y detallada los vicios y problemas sociales más graves de la sociedad mexicana de aquella época. Busque información sobre la vida y la sociedad en México a principios del siglo XIX. Luego prepare un informe sobre eso.

El periquillo sarniento[a]

[...] Tal me sucedió[1] cuando sentado a la orilla de una zanja,[2] apoyado[3] mi brazo izquierdo sobre una rodilla,[4] teniéndome con la misma mano la cabeza y con la derecha rascando[5] la tierra con un palito, consideraba mi

[1] **Tal...** Eso me pasó
[2] *ditch, ravine*
[3] *leaning*
[4] *knee*
[5] *scraping*

---

[a]El título completo de esta obra es *Vida y hechos de Periquillo Sarniento, escrita por él para sus hijos.* La novela está dividida en tres partes: la primera tiene veintiún capítulos, la segunda quince y la tercera dieciséis.

triste situación. «¿Qué haré ahora? —me preguntaba a mí mismo—. Es
5 harto[6] infeliz el estado presente en que me hallo. Solo, casi desnudo, roto
de cabeza, muerto de hambre, sin abrigo ni conocimiento, y después de
todo, con un enemigo poderoso como Chanfaina,[b] que se desvelará[7] por
saber de mí para tomar venganza de mi infidelidad y de la de Luisa,[c]
¿adónde iré? ¿Dónde me quedaré esta noche? ¿Quién se ha de doler[8] de
10 mí, ni quién me hospedará[9] si mi pelaje[10] es demasiado sospechoso?
Quedarme aquí no puede ser, porque me echarán los guardas de la
Alameda; andar toda la noche en la calle es arrojo,[11] porque me expongo
a que me encuentre una ronda[12] y me despache más presto[13] a poder de
Chanfaina; irme a dormir a un cementerio retirado como el de San
15 Cosme, será lo más seguro... pero ¿y los muertos y los fantasmas son acaso
poco respetables y temibles[14]? Ni por un pienso.[15] ¿Qué haré, pues, y qué
comeré en esta noche?»

Embebido[16] estaba en tan melancólicos pensamientos sin poder dar
con el hilo que me sacara de tan confuso laberinto, cuando Dios, que no
20 desampara[17] a los mismos que le ofenden, hizo que pasara junto a mí un
venerable viejo, que con un muchacho se entretenía en sacar sanguijue-
las[18] con un *chiquihuite*[19] en aquellas zanjitas; y estando en esta diligencia[20]
me saludó y yo le respondí cortésmente.[21]

El viejo, al oír mi voz, me miró con atención, y después de haberse de-
25 tenido un momento, salta[22] la zanja, me echa los brazos al cuello con la
mayor expresión, y me dice: —¡Pedrito de mi alma! ¿Es posible que te
vuelva a ver? ¿Qué es esto? ¿Qué traje, qué sangre es ésa? ¿Cómo está tu
madre? ¿Dónde vives?

A tantas preguntas, yo no respondía palabra, sorprendido al ver a un
30 hombre a quien no conocía que me hablaba por mi nombre y con una
confianza no esperada;[23] mas él, advirtiendo[24] la causa de mi turbación,[25]
me dijo:

—¿Qué, no me conoces?

—No, señor, la verdad —le respondí—, si no es para servirle.

35 —Pues yo sí te conozco, y conocí a tus padres y les debí mil favores. Yo
me llamo Agustín Rapamentas; afeité al difunto[26] señor don Manuel
Sarmiento, tu padrecito, muchos años, sí, muchos sobre que te conocí
tamañito,[27] hijo, tamañito; puedo decir que te vi nacer; y no pienses que
no; te quería mucho y jugaba contigo mientras que tu señor padre salía a
40 afeitarse.

—Pues, señor don Agustín —le dije—, ahora voy recordando es-
pecies,[28] y en efecto, es así como usted lo dice.

—¿Pues, qué haces aquí, hijo, y en este estado? —me preguntó.

—¡Ay, señor! —le respondí remedando[29] el llanto de las viudas[30]—.
45 Mi suerte es la más desgraciada;[31] mi madre murió dos años hace; los
acreedores[32] de mi padre me echaron a la calle y embargaron[33] cuanto[34]

[b]Nombre del escribano que fue amo de Periquillo (Pedrito) en el capítulo anterior.
[c]Nombre de la esposa del escribano Chanfaina.

6 muy
7 se... no va a dormir, no va a descansar
8 se... me va a tener lás-tima
9 me... *will give me lodging*
10 apariencia
11 *boldness, daring*
12 *patrol*
13 me... me envíe más rápido
14 *frightening*
15 Ni... Ni por un mo-mento.
16 *Absorbed*
17 abandona
18 se... *was passing the time collecting leeches*
19 *basket*
20 en... haciendo esto
21 *politely*
22 *he jumps*
23 con... *with unexpected fa-miliarity*
24 *noticing*
25 confusión
26 *deceased*
27 muy pequeño
28 detalles
29 *imitating*
30 *widows*
31 más... *most unfortunate*
32 *creditors*
33 *seized*
34 todo lo que
35 yo... *I have supported my-self serving one (master) af-ter another*
36 *master, boss*
37 la... *the cook served cold soup*
38 enojo, ira, furia
39 *he grabbed*
40 a... *if I had not been ahead of him*
41 *misfortune*
42 me... *it was my turn to talk of*
43 no... *I didn't take advan-tage*
44 produjo
45 condolido... *who felt sorry for me*

había en casa; yo me he mantenido sirviendo a este y al otro,[35] y hoy el amo[36] que tenía, porque la cocinera echó el caldo frío[37] y yo lo llevé así a la mesa, me tiró con él y con el plato me rompió la cabeza y, no parando
50 en esto su cólera,[38] agarró[39] el cuchillo y corrió tras de mí, que a no tomarle yo la delantera[40] no le cuento a usted mi desgracia.[41]

[...] Esta vez me tocó hablar[42] lo que tenía en mi corazón, pero no me aproveché[43] de tales verdades; sin embargo, me surtió[44] un buen efecto temporal, y fue que el barbero, condolido de mí,[45] me llevó a su casa, y su
55 familia, que se componía de una buena vieja llamada tía Casilda y del muchacho aprendiz,[46] me recibió con el extremo más dulce de hospitalidad.

Cené aquella noche mejor de lo que pensaba, y al día siguiente me dijo el maestro:
60 —Hijo, aunque ya eres grande para aprendiz (tendría yo diecinueve o veinte años; decía bien), si quieres, puedes aprender mi oficio,[47] que si no es de los muy aventajados,[48] a lo menos[49] da qué comer; y así, aplícate que yo te daré la casa y el bocadito,[50] que es lo que puedo.

Yo le dije que sí, porque por entonces me pareció conveniente; y
65 según esto, me comedía a limpiar los paños, a tener la bacía[51] y a hacer algo de lo que veía hacer al aprendiz.

Una ocasión[52] que el maestro no estaba en casa, por ver si estaba algo adelantado,[53] cogí[54] un perro, a cuya fajina[55] me ayudó el aprendiz, y atándole los pies, las manos y el hocico,[56] lo sentamos en la silla ama-
70 rrado en ella,[57] le pusimos un trapito[58] para limpiar las navajas[59] y comencé la operación de la rasura.[60] El miserable perro oponía sus gemidos[61] en el cielo. ¡Tales eran las cuchilladas que solía llevar[62] de cuando en cuando!

Por fin se acabó la operación y quedó el pobre animal retratable,[63] y
75 luego que se vio libre, salió para la calle como alma que se llevan los demonios,[64] y yo, engreído[65] con esta primera prueba, me determiné a hacer otra con un pobre indio que se fue a rasurar de a medio.[66] Con mucho garbo[67] le puse los paños, hice al aprendiz trajera la bacía con la agua caliente, asenté[68] las navajas y le di una zurra de raspadas y tajos,[69] que el
80 infeliz, no pudiendo sufrir mi áspera mano, se levantó diciendo:
—Amoquale, quistiano,[70] amoquale.
Que fue como decirme en castellano:
—No me cuadra tu modo,[71] señor, no me cuadra.
Ello es que él dio el medio real[72] y se fue también medio rapado.[73]
85 Todavía no contento con estas malas pruebas, me atreví a sacarle una muela[74] a una vieja que entró a la tienda rabiando de un fuerte dolor[75] y en solicitud de[76] mi maestro; pero como era resuelto, la hice sentar y que entregara la cabeza al aprendiz para que se la tuviera.[77]

Hizo éste muy bien su oficio; abrió la cuitada[78] vieja su desierta boca
90 después de haberme mostrado la muela que le dolía, tomé el descarnador[79] y comencé a cortarla trozos de encía[80] alegremente.

La miserable, al verse tasajear tan seguido[81] y con una porcelana[82] de sangre delante, me decía:

46 *apprentice*
47 *trade, craft*
48 *well paying*
49 **a...** por lo menos
50 **la...** *room and board*
51 **me...** *I gladly helped with the tasks of washing the cloths (i.e., towels), holding the barber's basin (under the client's chin)*
52 *vez*
53 **por...** *just to see if I had learned anything*
54 *I seized, I grabbed*
55 trabajo, tarea
56 *muzzle*
57 **amarrado...** *tied to it*
58 *little piece of cloth*
59 *straight razors*
60 *shaving*
61 *howls*
62 *recibir*
63 *ready to have his portrait painted*
64 **salió...** *lit., he ran to the street like a soul possessed by demons*
65 *conceited, vain*
66 **que...** *who had come to be shaved for half a "real" (Spanish silver coin)*
67 *gracia*
68 *I sharpened*
69 **una...** *a veritable punishment of scrapes and cuts*
70 *cristiano*
71 **No...** *No me gusta tu forma (de trabajar)*
72 *Spanish silver coin*
73 **medio...** *half-shaved*
74 *molar, tooth*
75 **rabiando...** *raving from a severe pain*
76 **en...** buscando a
77 **para...** *so that he might hold it*
78 *distressed*
79 *dentist's utensil for removing the gum from the tooth*
80 *gum*
81 **al...** *upon seeing herself cut up so quickly*
82 *porcelain basin*

—Maestrito, por Dios, ¿hasta cuándo acaba usted de descarnar?

95 —No tenga usted cuidado,[83] señora —le decía yo—; haga[84] una poca de paciencia, ya le falta poco de la quijada.[85]

En fin, así que le corté tanta carne cuanta bastó[86] para que almorzara el gato de casa; le afiancé el hueso[87] con el respectivo instrumento, y le di un estirón tan fuerte y mal dado,[88] que le quebré[89] la muela, lastimándole 100 terriblemente la quijada.

—¡Ay, Jesús! —exclamó la triste vieja—. Ya me arrancó[90] usted las quijadas, maestro del diablo.

—No hable usted, señora —le dije—, que se le meterá el aire y le corromperá la mandíbula.[91]

105 —¡Que *malíbula* ni qué demonios! —decía la pobre—. ¡Ay, Jesús!, ¡ay!, ¡ay!, ¡ay!

—Ya está, señora —decía yo—; abra usted la boca, acabaremos de sacar el raigón,[92] ¿no ve que es muela matriculada?[93]

—Matriculado esté usted en el infierno,[94] *chambón*,[95] indigno, conde-110 nado —decía la pobre.

Yo, sin hacer caso de sus injurias,[96] le decía:

—Ande, nanita,[97] siéntese y abra la boca, acabaremos de sacar ese hueso maldito; vea usted que un dolor quita muchos. Ande usted, aunque no me pague.

115 —Vaya usted mucho, noramala[98] —dijo la anciana—, y sáquele otra muela o cuantas tenga a la grandísima borracha que lo parió. No tienen la culpa estos raspadores cochinos,[99] sino quien se pone en sus manos.

Prosiguiendo en estos elogios[100] se salió para la calle, sin querer ni volver a ver el lugar del sacrificio.

120 Yo algo me compadecí[101] de su dolor, y el muchacho no dejó de reprenderme[102] mi determinación atolondrada,[103] porque cada rato decía:

—¡Pobre señora! ¡Qué dolor tendría! Y lo peor que si se lo dice al maestro ¿qué dirá?

—Diga lo que dijere —le respondí—, yo lo hago por ayudarle a buscar 125 el pan; fuera de que[104] así se aprende, haciendo pruebas y ensayándose.[105]

A la maestra le dije que habían sido monadas[106] de la vieja, que tenía la muela matriculada y no se la pude arrancar al primer tirón, cosa que al mejor le sucede.

Con esto se dieron todos por satisfechos,[107] y yo seguí haciendo mis 130 diabluras,[108] las que me pagaban o con dinero o con desvergüenzas.

Cuatro meses y medio permanecí[109] con don Agustín, y fue mucho, según lo variable de mi genio.[110] Es verdad que en esta dilación[111] tuvo parte el miedo que tenía a Chanfaina, y el no encontrar mejor asilo, pues en aquella casa comía, bebía y era tratado con una estimación respetuosa 135 de parte del maestro. De suerte que yo ni hacía mandados[112] ni cosa más útil que estar cuidando la barbería[113] y haciendo mis fechorías[114] cada vez que tenía proporción; porque yo era un aprendiz de honor, y tan consentido y hobachón[115] que, aunque sin camisa, no me faltaba quien envidiara mi fortuna. Este era Andrés, el aprendiz, quien un día que estábamos los 140 dos conversando en espera de marchante[116] que quisiera ensayarse a mártir, me dijo:

—Señor, ¡quién fuera como usted!

—¿Por qué, Andrés? —le pregunté.

—Porque ya usted es hombre grande, dueño[117] de su voluntad y no
tiene quien le mande; y no yo que tengo tantos que me regañen,[118] y no
sé lo que es tener medio en la bolsa.[119]

—Pero así que acabes[120] de aprender el oficio —le dije—, tendrás
dinero y serás dueño de tu voluntad.

—¡Qué verde[121] está eso! —decía Andrés—. Ya llevo aquí dos años de
aprendiz y no sé nada.

—¿Cómo nada, hombre? —le pregunté muy admirado.

—Así, nada —me contestó—. Ahora que está usted en casa he aprendido algo.

—¿Y qué has aprendido? —le pregunté.

—He aprendido —respondió el gran bellaco[122] a afeitar perros, desollar indios y desquijarar viejas,[123] que no es poco. Dios se lo pague a usted
que me lo ha enseñado.

117 *master*
118 **tantos...** *so many people who can scold me*
119 **medio...** *money in the pocket*
120 **así...** tan pronto como termines
121 lejos, remoto
122 *rascal, rogue*
123 **a...** *how to shave dogs, skin Indians, and break old women's jaws*

✦ Comprensión y expansión

A. Conteste las siguientes preguntas según el texto.

1. ¿Quién es el «yo» que narra esta historia? ¿Cómo se sabe desde las primeras líneas que ese «yo» es hombre y no mujer?

2. ¿Dónde se encuentra Pedrito al principio de este episodio?

3. ¿Qué preguntas se hace él a sí mismo? ¿Por qué?

4. Según Pedrito, ¿por qué no se puede quedar donde está? ¿Y por qué no puede pasar la noche en la calle?

5. ¿Quién es el viejo que lo reconoce al oír su voz? ¿Se acordaba de él Pedrito?

6. ¿Qué le pregunta y qué le cuenta Agustín Rapamentas a Pedrito? ¿Y qué le cuenta éste a aquél?

7. Según don Agustín, ¿qué edad aproximada tenía Pedrito cuando él lo conoció? ¿Qué le hacía él al padre de Pedrito en esa época?

8. Después del reencuentro con Pedrito, ¿adónde lo lleva don Agustín? ¿Por qué? ¿Y cómo lo ayuda durante algún tiempo?

9. ¿Quién es Andrés? ¿Qué hace él?

10. ¿Qué «clientes» le sirven de práctica a Pedrito un día que el maestro don Agustín está ausente?

11. ¿Qué hace Pedrito con el perro? ¿Quién lo ayuda en esa tarea? ¿Cómo reacciona el pobre animal después de la operación?

12. ¿Para qué entra el indio a la barbería? ¿Recibe éste el servicio que espera? ¿Sale él contento con el trabajo de Pedrito?

13. ¿Qué le duele a la vieja que entra después? ¿Qué le hace Pedrito? ¿Queda ella contenta con su trabajo? ¿Por qué?

14. ¿Cuánto tiempo estuvo Pedrito como aprendiz de don Agustín? ¿Por qué se quedó él allí tanto tiempo?

15. Según Andrés, ¿qué había aprendido él en los dos años como aprendiz de don Agustín? ¿Y en los pocos meses con Pedrito?

B. Identifique y explique la importancia o el significado de los siguientes personajes y cosas.

1. Chanfaina
2. Luisa
3. Periquillo
4. los paños y las navajas
5. la cocinera y el caldo frío
6. la madre de Pedrito
7. don Manuel Sarmiento
8. la tía Casilda
9. la quijada de la vieja

C. Complete las siguientes afirmaciones, marcando con un círculo la letra de la respuesta más apropiada.

1. Al principio de este relato, Pedrito estaba solo, casi desnudo y muerto de...
   a. sueño.
   b. hambre.
   c. cansancio.

2. El no quería dormir en el cementerio porque tenía miedo de...
   a. la ronda.
   b. los guardas.
   c. los fantasmas.

3. Según Pedrito, al morir su madre los acreedores de su padre...
   a. vendieron todo lo que había en su casa.
   b. se quedaron con todo lo que había en su casa.
   c. echaron a la calle todo lo que había en su casa.

4. Para sobrevivir, él tuvo que trabajar...
   a. y vivir en la calle.
   b. para los acreedores de su padre.
   c. sirviendo a varias personas.

5. Su último amo le rompió la cabeza con...
   a. un plato.
   b. una piedra.
   c. un cuchillo.

6. Según el comentario de don Agustín, Pedrito...
   a. tenía la edad apropiada para ser aprendiz.
   b. era mayor que la mayoría de los aprendices.
   c. era menor que la mayoría de los aprendices.

7. Durante su estadía con don Agustín, Pedrito tenía unos...
   a. catorce o quince años.
   b. diecinueve o veinte años.
   c. nueve o diez años.

8. Según el diálogo entre Andrés y Pedrito, es obvio que...
   a. éste era mayor que aquél.
   b. los dos tenían más o menos la misma edad.
   c. éste era menor que aquél.

9. Según la costumbre, los amos pagaban la ayuda y el trabajo de sus aprendices enseñándoles su oficio y dándoles además...
   a. un pequeño salario mensual.
   b. la posibilidad de practicar el oficio con los clientes pobres.
   c. casa y comida durante el tiempo que eran sus aprendices.

10. Al final, cuando Pedrito le dijo a Andrés que él también alguna vez tendría dinero y libertad, éste le respondió: «¡Qué verde está eso!», que quiere decir:...
    a. «¡Qué linda es esa idea!»
    b. «¡Qué lejos está eso!»
    c. «¡Qué bien está eso!»

✦ Temas de discusión o análisis

1. Describa y comente las características más importantes de la personalidad de Pedrito.
2. Compare y contraste dos o tres aspectos de las respectivas personalidades de Andrés y Pedrito, los dos aprendices de este episodio.
3. Como otras novelas picarescas, *El Periquillo Sarniento* está narrado en primera persona, desde la perspectiva de Pedrito. Discuta la manera en que esta forma autobiográfica y otros elementos de estilo o contenido ayudan a lograr el realismo que caracteriza a la novela.
4. Usando el texto de Lizardi como documento sociológico, describa, en primer lugar, la sociedad y los tipos humanos allí reflejados. Después, deduzca y comente los posibles problemas enfrentados por la sociedad mexicana a principios del siglo XIX.
5. Según su opinión, ¿qué aspectos de la vida o costumbres de la época parece criticar Lizardi en este episodio? Explique.
6. Con respecto a la creación literaria, los escritores neoclásicos creían que la literatura debía «enseñar divirtiendo». Deduciendo del episodio aquí incluido, ¿diría usted que *El Periquillo Sarniento* cumple o no con dicho requisito literario? Comente.

✦ Temas de proyección personal

1. En la época de Lizardi los barberos cumplían otras funciones además de cortar pelo y barba. Compare y contraste las tareas y responsabilidades de los barberos en el pasado con las de los barberos en la sociedad actual.
2. Según su opinión, ¿cuáles son las ventajas y desventajas relacionadas con la proliferación de especialidades médicas durante las últimas décadas? Compare y contraste dichas ventajas y desventajas con la situación del cuidado de la salud en el pasado donde una o dos personas cumplían todas las funciones hoy día divididas entre muchos especialistas.
3. En la novela de Lizardi, Pedrito no recibe una educación formal apropiada. Sin embargo, logra sobrevivir sirviendo a varios amos o tra-

bajando de aprendiz en diversos oficios. ¿Diría usted que la situación y las opciones de trabajo que tienen los jóvenes hoy día son similares o diferentes a las que refleja esta obra? Explique.

ANDRES BELLO

Nota biográfica

Andrés Bello (1781–1865), filólogo, educador, poeta venezolano y el más grande de los humanistas hispanoamericanos del siglo XIX, nació en Caracas y murió en Santiago de Chile luego de una fecunda y activa vida política, literaria y académica. Fue maestro de Simón Bolívar con quien, al llegar la hora de la emancipación venezolana, viajó a Inglaterra para solicitar la colaboración de dicho país en la causa independentista americana. Nunca más regresó a su patria. Vivió muchos años en Londres, dedicado a la poesía y a los estudios filológicos y jurídicos. Su etapa londinense fue muy importante para su vocación literaria ya que en esa época conoció a destacados escritores ingleses y durante su estadía aparecieron algunas obras claves del romanticismo inglés. Aunque por temperamento y formación era más neoclásico que romántico, sus ideales independentistas de emancipación americana lo asociaban al mismo tiempo con el romanticismo. También en Londres conoció e hizo amistad con un grupo numeroso de emigrados y exiliados españoles, muchos de ellos escritores y precursores del romanticismo español. Con éstos editó algunos periódicos en cuyas páginas difundió las ideas de la causa liberal y de la independencia hispanoamericana. Después de casi dos décadas de ausencia, regresó a América. En 1829 el gobierno de Chile le pidió que se ocupara de la reforma educativa en dicho país y a esa empresa dedicó Bello el resto de su vida (1829–1865). Fundó la Universidad de Santiago de Chile. A través de su *Filosofía del entendimiento* (1843) hizo conocer en Hispanoamérica las ideas de John Locke, John Stuart Mill y George Berkeley. Entre otras cosas, su obra poética incluye la «Alocución a la poesía» (1823) y la «Silva a la agricultura de la zona tórrida» (1826), ambas publicadas en Londres con el título genérico de *Silvas americanas*. En ellas Bello se muestra neoclásico por el tema y la estructura, pero la emoción y el sentimiento con que describe la naturaleza americana anticipan y reflejan ya aspectos prerrománticos, más visibles aún en otros poemas posteriores, como «La oración por todos» (1843). Bello escribió también leyendas, críticas eruditas y varias otras obras, pero su contribución mayor a la filología fue su famosa *Gramática de la lengua castellana* (1847), una de las mejores existentes que, con las adiciones y anotaciones del filólogo colombiano Rufino José Cuervo, todavía se sigue utilizando hoy día. En el campo de la historia literaria, Andrés Bello representa el período de transición entre el neoclasicismo y el romanticismo y tanto su obra como su vida reflejan dicha encrucijada ideológica y cultural. En una famosa polémica mantenida con el escritor y político argentino Domingo Faustino Sarmiento, Bello defendió el neoclasicismo frente al romanticismo, pero fue al mismo tiempo traductor de Lord Byron y Víctor Hugo, dos maestros del romanticismo europeo.

✦ Guía y actividades de pre-lectura

Se incluyen aquí fragmentos de «El castellano en América», ensayo de carácter didáctico que sirve de prólogo a la *Gramática de la lengua castellana*. En este prólogo Bello defiende la unidad y pureza de la lengua castellana y, al mismo tiempo, critica la costumbre de explicar la gramática española usando términos del latín. Expresa la idea de que una gramática de la lengua castellana tiene que describir el español tal como lo habla la gente. Según él, las reglas gramaticales deben reflejar la práctica o el uso del idioma. Agrega también que los vocablos y expresiones de las diversas regiones americanas deben ser aceptados e incorporados al idioma, y no deben ser calificados de erróneos o incorrectos por el sólo hecho de que no se usan en España.

1. ¿Cómo define usted el concepto de «lengua» o «idioma»? ¿Qué diferencias hay entre un «idioma» y un «dialecto»? Dé algunos ejemplos. Según su opinión, ¿hay diferencias entre el inglés de Inglaterra y el inglés de Estados Unidos? ¿Y entre el inglés de Nueva York y el de Texas, por ejemplo? ¿Son todas esas variedades dialectos diferentes del inglés? ¿Por qué sí o por qué no? ¿Hay diferencias entre el español que se habla en Puerto Rico, en México, en Nicaragua, en Argentina y en España, por ejemplo? Explique.

2. ¿En qué países de América, incluyendo los del Caribe, se habla español? ¿Cuántos son en total? ¿Se habla español en Africa? ¿En qué partes? Con ayuda de un atlas y/o de algún libro de referencia, nombre los países o regiones de habla hispana y averigüe la cantidad aproximada de personas que hablan español en el mundo. Hoy día, ¿cuál es la lengua más hablada mundialmente? ¿Qué lugar ocupa el español en el mundo? ¿El inglés? ¿El francés? ¿El chino? ¿El japonés? ¿El alemán?

El castellano[1] en América

[...] El habla[2] de un pueblo es un sistema artificial de signos, que bajo muchos respectos se diferencia de los otros sistemas de la misma especie[3]: de que se sigue[4] que cada lengua tiene su teoría particular, su gramática. No debemos, pues, aplicar indistintamente a un idioma los
5 principios, los términos, las analogías en que se resumen[5] bien o mal las prácticas de otro. Esta misma palabra *idioma* (en griego *peculiaridad, naturaleza propia, índole[6] característica*) está diciendo que cada lengua tiene su genio,[7] su fisonomía, sus giros,[8] y mal desempeñaría[9] su oficio[10] el gramático que explicando la suya se limitara a lo que ella tuviese de
10 común con otra, o (todavía peor) que supusiera semejanzas[11] donde no hubiese más que diferencias, y diferencias importantes, radicales. Una cosa es la gramática general, y otra la gramática de un idioma dado: una cosa comparar entre sí dos idiomas, y otra considerar un idioma como es

1 español
2 lengua, idioma
3 clase, categoría
4 **de...** de lo que se deduce
5 **se...** *are summarized*
6 condición
7 carácter
8 estructuras gramaticales o lingüísticas peculiares
9 haría, desarrollaría
10 trabajo, función, tarea
11 similitudes

en sí mismo. ¿Se trata, por ejemplo, de la conjugación del verbo caste-
15 llano? Es preciso enumerar las formas que toma, y los significados y usos
de cada forma como si no hubiese en el mundo otra lengua que la castellana; posición forzada respecto del niño, a quien se exponen las reglas
de la sola[12] lengua que está a su alcance,[13] la lengua nativa. Este es el
punto de vista en que he procurado colocarme,[14] y en el que ruego[15] a
20 las personas inteligentes, a cuyo juicio someto[16] mi trabajo, que procuren
también colocarse, descartando,[17] sobre todo, las reminiscencias del
idioma latino.

En España, como en otros países de Europa, una admiración excesiva
a la lengua y literatura de los romanos dió un tipo latino a casi todas las
25 producciones del ingenio.[18] Era ésta una tendencia natural de los espíritus en la época de la restauración de las letras. La mitología pagana siguió
suministrando[19] imágenes y símbolos al poeta; y el período ciceroniano[a]
fue la norma de la elocución para los escritores elegantes. No era, pues,
de extrañar[20] que se sacasen del latín la nomenclatura y los cánones[21] gra-
30 maticales de nuestro romance[22] [...]

No tengo la pretensión de escribir para los castellanos. Mis lecciones
se dirigen a mis hermanos los habitantes de Hispano-América. Juzgo importante la conservación de la lengua de nuestros padres en su posible
pureza, como un medio providencial de comunicación y un vínculo[23] de
35 fraternidad entre las varias naciones de origen español derramadas[24] sobre los dos continentes.

Pero no es un purismo supersticioso lo que me atrevo[25] a recomen-
darles. El adelantamiento[26] prodigioso de todas las ciencias y las artes, la
difusión de la cultura intelectual, y las revoluciones políticas, piden cada
40 día nuevos signos[27] para expresar ideas nuevas; y la introducción de vocablos flamantes,[28] tomados de las lenguas antiguas y extranjeras, ha dejado
ya de ofendernos, cuando no es manifiestamente innecesaria, o cuando
no descubre la afectación y mal gusto de los que piensan engalanar[29] así
lo que escriben.

45 Hay otro vicio peor, que es el prestar acepciones[30] nuevas a las palabras y frases conocidas, multiplicando las anfibologías[31] de que, por la
variedad de significados de cada palabra, adolecen[32] más o menos las
lenguas todas, y acaso[33] en mayor proporción las que más se cultivan, por
el casi infinito número de ideas a que es preciso acomodar un número
50 necesariamente limitado de signos.

Pero el mayor mal de todos, y el que —si no se ataja[34]— va a privarnos
de las inapreciables ventajas[35] de un lenguaje común, es la avenida de neologismos de construcción, que inunda y enturbia[36] mucha parte de lo
que se escribe en América, y alterando la estructura del idioma, tiende a
55 convertirlo en una multitud de dialectos irregulares, licenciosos, bárbaros, embriones de idiomas futuros, que durante una larga elaboración

12 única
13 **a...** *within his reach*
14 **he...** he tratado de si-
tuarme
15 pido, imploro
16 pongo, dejo
17 *discarding*
18 *creative mind*
19 dando, proveyendo
20 **No...** *It was therefore not
surprising*
21 reglas
22 lengua romance (i.e.,
lengua castellana)
23 *bond*
24 *spread*
25 **me...** *I dare*
26 progreso
27 *(here)* palabras, frases
28 **vocablos...** palabras muy
nuevas
29 adornar
30 **prestar...** dar significados
31 ambigüedades
32 sufren
33 tal vez
34 **se...** se para, se controla
35 **va...** *it's going to deprive us
of the invaluable advan-
tages*
36 confunde, obscurece

---

[a]Cicerón (106–43 a. de J. C.) fue célebre político, pensador y orador romano.

reproducirían en América lo que fue la Europa en el tenebroso período de la corrupción del latín. Chile, el Perú, Buenos Aires, México, hablarían cada uno su lengua, o por mejor decir, varias lenguas, como sucede en España, Italia y Francia, donde dominan ciertos idiomas provinciales, pero viven a su lado otros varios, oponiendo estorbos[37] a la difusión de las luces,[38] a la ejecución de las leyes, a la administración del Estado, a la unidad nacional. Una lengua es como un cuerpo viviente: su vitalidad no consiste en la constante identidad de elementos, sino en la regular uniformidad de las funciones que éstos ejercen, y de que proceden la forma y la índole que distinguen al todo[39] [...]

No se crea que, recomendando la conservación del castellano, sea mi ánimo tachar de vicioso y espurio[40] todo lo que es peculiar de los americanos. Hay locuciones castizas[41] que en la Península pasan hoy por anticuadas,[42] y que subsisten tradicionalmente en Hispano-América: ¿por qué proscribirlas? Si según la práctica general de los americanos es más analógica la conjugación de algún verbo, ¿por qué razón hemos de preferir la que caprichosamente haya prevalecido en Castilla? Si de raíces castellanas hemos formado vocablos nuevos según los procederes ordinarios[43] de derivación que el castellano reconoce, y de que se ha servido y se sirve continuamente para aumentar su caudal,[44] ¿qué motivos hay para que nos avergoncemos[45] de usarlos? Chile y Venezuela tienen tanto derecho como Aragón y Andalucía para que se toleren sus accidentales divergencias, cuando las patrocina[46] la costumbre uniforme y auténtica de la gente educada. En ellas se peca[47] mucho menos contra la pureza y corrección del lenguaje, que en las locuciones afrancesadas, de que no dejan de estar salpicadas[48] hoy día aun las obras más estimadas de los escritores peninsulares.

37 obstáculos
38 *information, knowledge*
39 **distinguen...** caracterizan a toda la lengua
40 **sea...** *it might be my intention to condemn as defective or false*
41 **locuciones...** *linguistically pure expressions*
42 *old-fashioned*
43 **procederes...** *normal procedures*
44 riqueza
45 **para...** *for us to be ashamed*
46 *supports, patronizes*
47 **se...** *one sins, is at fault*
48 *sprinkled, interspersed*

✦ Comprensión y expansión

A. Conteste las siguientes preguntas según el texto.

1. ¿A quién se dirige Bello en este ensayo: a los españoles o a los hispanoamericanos?
2. ¿Cuál es la definición de «habla» que él da aquí?
3. ¿Qué significa «idioma» en griego?
4. Según Bello, ¿qué consecuencias tuvo en España la admiración excesiva a la lengua y literatura de los romanos?
5. ¿Por qué cree él que es importante que los hispanoamericanos conserven el español en su posible pureza?
6. ¿Diría usted que con relación a la lengua española Bello era un purista fanático? ¿Por qué?
7. Según él, ¿cuál era otro vicio peor de su tiempo?
8. ¿Por qué creía él que el mayor mal de todos era la gran cantidad de neologismos de construcción? Explique.
9. ¿Está usted de acuerdo con la analogía entre «lengua» y «cuerpo viviente» que Bello establece aquí? ¿Por qué?
10. ¿Sugiere o no Bello que se proscriban todos los neologismos? Explique.

B. Para cada una de las palabras de la columna izquierda hay dos sinónimos que provienen de «El castellano en América» en la lista de las dos columnas de la derecha. Busque dichos sinónimos y escriba las letras correspondientes en los espacios apropiados.

_____ _____   1. uso
_____ _____   2. idioma
_____ _____   3. normas
_____ _____   4. vocablos
_____ _____   5. similitudes
_____ _____   6. expresiones
_____ _____   7. tiempo
_____ _____   8. normal

a. frases
b. términos
c. cánones
d. costumbre
e. época
f. habla
g. semejanzas
h. reglas

i. ordinario
j. período
k. palabras
l. común
m. lengua
n. analogías
o. práctica
p. locuciones

C. Lea las definiciones que siguen y escriba las palabras definidas en los espacios correspondientes.

1. antónimo de **semejanzas**   _____
2. ciencia o estudio de los mitos   _____
3. sinónimo de **significado**   _____
4. antónimo de **particular** o **peculiar** _____
5. adjetivo que significa «muy nuevo»   _____
6. palabra o frase nueva en un idioma   _____
7. variedad regional de una lengua   _____
8. sinónimo de **pueblo** o **nación** _____

✦ Temas de discusión o análisis

1. Resuma y comente las ideas principales de Bello sobre el español americano expresadas en «El castellano en América».
2. ¿Qué elementos o aspectos de la prosa neoclásica se encuentran en este ensayo? Dé ejemplos específicos.
3. Teniendo en cuenta la información de la «Nota biográfica» con respecto a Bello como figura de transición entre el neoclasicismo y el romanticismo, ¿qué elementos románticos detecta usted en este texto? Explique.
4. En otro artículo titulado «Autonomía cultural de América», Bello aconseja a la juventud hispanoamericana que no se deje llevar «más allá de lo justo por la influencia de Europa» y que su civilización no copie «servilmente a la europea». ¿Qué ecos del mismo pensamiento se ven reflejados en «El castellano en América»? Comente.

✦ Temas de proyección personal

1. Según su opinión, ¿son similares o diferentes las relaciones culturales existentes —ahora y en la época colonial— entre Inglaterra y Estados Unidos por un lado y España y los países hispanoamericanos por otro? Explique su respuesta.

2. ¿Qué piensa usted del estudio de la gramática? ¿Está o no está de acuerdo con quienes opinan que conocer a fondo la gramática de la lengua nativa facilita enormemente el aprendizaje de otras lenguas extranjeras? ¿Por qué sí o por qué no?

3. En su opinión, ¿se debe permitir, limitar o prohibir la incorporación de neologismos en la lengua? ¿Por qué? ¿Cuáles son algunos de los neologismos más recientes en el inglés? ¿Los usa usted? Comente.

✦ *Temas intertextuales* ✦

1. Compare y contraste la actitud hacia la cultura indígena reflejada en el romance «El rescate de Atahualpa» y en «Postas y correos y los despachos que llevaban» del Inca Garcilaso.

2. Ampliación del tema #1: Incluya los textos «Carta al Rey Carlos I de España» (Sección I) y la selección de *Historia de las Indias* (Sección I) en su análisis comparativo.

3. Discuta la caracterización, implícita o explícita, de los indígenas en tres de los siguientes textos: «El rescate de Atahualpa», «Postas y correos y los despachos que llevaban», *Historia de las Indias* (Sección I) y «Doña Marina» (Sección I).

4. Compare y contraste la visión de los vencidos y vencedores reflejada en «El rescate de Atahualpa», «Doña Marina» y «Carta al Rey Carlos I de España».

5. Tanto la *Respuesta a Sor Filotea* como *El Periquillo Sarniento* son textos narrados en primera persona. Discuta las similitudes y diferencias de contenido y forma entre ambas selecciones y la relación que cada uno de dichos textos establece con sus lectores.

6. Basándose en los datos autobiográficos que Sor Juana incluye en su *Respuesta a Sor Filotea* y en la descripción que da Bernal Díaz del Castillo de la traductora de Cortés en «Doña Marina» (Sección I), analice y comente la situación de las mujeres en los siglos XVI y XVII.

7. Describa las actitudes u opiniones de Sor Juana y de Díaz del Castillo con respecto a la condición femenina en tiempos de la conquista y de la colonia.

8. Discuta el papel o la situación de la mujer en la familia y en la sociedad según se puede deducir de «Señas del esposo», «Hombres necios que acusáis» y *Respuesta a Sor Filotea*.

9. Durante el neoclasicismo predomina la idea de que la literatura debe «enseñar divirtiendo». Comente la manera en que «Las golondrinas y los barqueros» y *El Periquillo Sarniento* cumplen o no con dicho objetivo.

10. Compare y contraste la caracterización, implícita o explícita, de los personajes femeninos en dos de los siguientes textos: «Las señas del esposo», «Hombres necios que acusáis» y «Doña Marina» (Sección I).

11. Se han usado diversos términos para describir el evento iniciado en 1492 con la llegada de los españoles a América: conquista, descubri-

miento, encuentro, destrucción y choque, para mencionar los más comunes. Según su opinión, ¿cuál(es) de estos conceptos traduciría(n) mejor la visión proyectada en tres de los siguientes textos: «El rescate de Atahualpa», «Carta al Rey Carlos I de España» (Sección I), *Historia de las Indias* (Sección I) y «Doña Marina» (Sección I)?

12. Discuta el tema de la dignidad y/o la fidelidad en «El rescate de Atahualpa» y en «Carta al Rey Carlos I de España» (Sección I).

13. Compare y contraste la niñez y la educación de Sor Juana y de Pedrito según *Respuesta a Sor Filotea* y *El Periquillo Sarniento*, respectivamente.

14. Tanto «El castellano en América» como *El Periquillo Sarniento* son obras de carácter didáctico. Describa el tono, los aspectos de estilo y los elementos técnicos usados por Bello y Lizardi para convencer a sus lectores acerca de sus ideas. Dé ejemplos específicos.

De la Independencia al posmodernismo

Declaración de la Independencia de Venezuela el 5 de julio de 1811.

Sinopsis histórico-literaria

El período comprendido en esta sección abarca casi un siglo: desde fines de la era independentista (1820–1825) hasta principios del posmodernismo*[1] (1910–1920). Coincide esta época con los esfuerzos de la América Hispana por consolidar o completar su soberanía política de España y por lograr, al mismo tiempo, su autonomía cultural. En efecto, si bien la mayoría de los países hispanoamericanos se independizaron entre 1810 y 1825, el resto de las colonias españolas —Cuba y Puerto Rico en particular— siguieron luchando por su emancipación hasta 1898 cuando estalló la guerra entre España y Estados Unidos. Al perder dicha guerra, España se vio obligada a firmar el Tratado de París (diciembre de 1898), por el cual reconocía la independencia de Cuba y cedía a Estados Unidos Puerto Rico y el archipiélago de las Filipinas.

Los acontecimientos histórico-políticos de este centenar de años influyeron de manera significativa en la producción literaria del período. El efecto fue directo en el caso de aquellos escritores que, como José Martí, por ejemplo, escribían al mismo tiempo que participaban activamente en la política de sus respectivos países. La influencia, por otra parte, fue indirecta en quienes, sin ser políticos, se vieron no obstante afectados por los eventos del contexto histórico en que vivían. Un ejemplo representativo de este último grupo es el poeta nicaragüense Rubén Darío, cuya obra posterior a la guerra hispano-estadounidense y a la política intervencionista de Estados Unidos —iniciada en la región del Caribe con la llamada «diplomacia del garrote» del presidente Theodore Roosevelt— se vio profundamente marcada por esos acontecimientos, como se observa en su conocido poema «A Roosevelt».

Con las excepciones ya indicadas, para 1825 prácticamente toda Hispanoamérica se había emancipado de España. Sin embargo, la nueva situación y libertad ganadas no lograron, en general, las consecuencias esperadas: mejores condiciones sociales, más armonía, igualdad y justicia para y entre las repúblicas recién formadas. Esto se debió, en parte, al hecho de que las estructuras económicas y sociales básicas establecidas durante la época colonial permanecieron intactas después de la independencia. Para muchas de las jóvenes naciones el período de transición fue muy difícil. A los años de luchas independentistas siguieron décadas de violencia e inestabilidad política, a menudo alternando entre dictaduras, revoluciones y hasta guerras internacionales. En particular, en dichas naciones la dictadura se convirtió en la forma de gobierno predominante y recurrente en el resto del siglo XIX y, en algunas de ellas, también durante gran parte del siglo XX. En Paraguay, por

---

[1]Las palabras con asterisco(*) identifican conceptos y términos definidos en el **Glosario de términos literarios y culturales.**

ejemplo, el Dr. José Gaspar Rodríguez de Francia se hizo proclamar «dictador perpetuo de la República» en 1814 —tres años después de que ese país se independizara de España— y estuvo en el poder hasta su muerte en 1840. Otras largas y duras dictaduras del siglo pasado incluyen: la de Juan Manuel Rosas en Argentina (1835–1852), la de Gabriel García Moreno en Ecuador (1861–1875) y la de Porfirio Díaz en México (1876–1911), cuyo régimen dictatorial y arbitrario fue la causa directa de la Revolución Mexicana (c. 1910–1920), primera revolución del siglo XX en tierras americanas. También hubo guerras entre las nuevas repúblicas y enfrentamientos armados entre éstas y algunas potencias europeas que querían reemplazar el lugar dejado por España. Entre dichos conflictos internacionales se deben mencionar: las dos guerras de Chile contra Perú y Bolivia (1836 y 1879–1883), la de México contra la ocupación francesa del emperador Maximiliano de Hapsburgo (1864–1867) y la de Paraguay contra Argentina, Brasil y Uruguay, conocida como Guerra Grande o Guerra de la Triple Alianza (1865–1870).

En medio de esa turbulencia política y social generalizada fueron llegando a Hispanoamérica —aunque en forma tardía y a veces simultánea— las tres grandes corrientes literarias europeas del siglo XIX: el romanticismo,* el realismo* y el naturalismo.* Mientras el romanticismo significó una ruptura con el neoclasicismo* precedente, tanto el realismo como el naturalismo surgieron de elementos ya presentes en el movimiento anterior respectivo. Si los escritores neoclásicos se guiaban por la razón, predicaban conformidad con las normas del buen gusto y practicaban un arte elegante y sobrio siguiendo modelos clásicos, los románticos, inspirados en la naturaleza y en el paisaje, exaltaban los sentimientos, rompían las reglas convencionales, experimentaban con nuevas formas métricas y combinaban lo hermoso y lo horrible para crear un arte diferente, espontáneo, más auténtico y más personal. El realismo, por otra parte, cuyo objetivo era lograr un retrato fiel de los diversos aspectos de la realidad, ya tenía antecedentes en el costumbrismo,* género originado durante el romanticismo y asociado con la descripción de escenas y costumbres típicas regionales o nacionales. Similar relación de continuidad a la establecida entre el costumbrismo y el realismo existe también entre el realismo y el naturalismo. En este caso, si los realistas querían retratar fielmente la realidad, los naturalistas intentaban hacer lo mismo pero «de manera científica». Para ellos, las leyes de la herencia biológica y ciertos factores del medio ambiente determinaban las posibilidades de desarrollo del ser humano. De ahí que se pueda describir el naturalismo como un realismo exagerado y a menudo concentrado en los aspectos más sórdidos de la realidad.

El romanticismo surgió en Europa a fines del siglo XVIII. Empezó primero en Alemania (Friederich Schiller, Johann Wolfang Goethe y J. G. von Herder) e Inglaterra (William Wordsworth, Samuel Taylor Coleridge, Lord Byron, Walter Scott, Percy B. Shelly y John Keats) y se extendió después a Francia (François-René, vizconde de Chateaubriand; Víctor Hugo; Bernardin de Saint-Pierre; Alphonse de Lamartine; Alfred, conde de Vigny, y Alfred de Musset) y a los demás países europeos. A España llegó la influencia del romanticismo inglés con el retorno de los exiliados liberales que se habían refugiado en Inglaterra durante el período absolutista del rey Fernando VII

(1808–1833). Estos introdujeron en su país la modalidad romántica inglesa con su énfasis en los sentimientos y en la libertad creadora del artista, la valoración del lenguaje popular y el interés, compartido con los alemanes, por el pasado medieval, y las ideas del liberalismo político que culminaron en la formación de la Primera República española en 1873. Los temas y motivos típicos del romanticismo son el amor, a menudo trágico; la muerte; el destino; la naturaleza como reflejo de los sentimientos del artista, y el interés en lo popular, lo típico y lo pintoresco. Sus personajes recurrentes tienden a ser los marginados y rebeldes sociales: criminales, mendigos, prostitutas o piratas; y el espacio histórico, idealizado, de evasión al pasado: la Edad Media.*

Como se señaló en la sección II, en el caso de Hispanoamérica ya se notan elementos románticos en la obra de algunos escritores de principios del siglo pasado (José Joaquín Olmedo y Andrés Bello), aunque realmente sólo a partir de 1830 se puede hablar de una producción literaria romántica hispanoamericana. En general, la crítica divide en dos etapas el desarrollo del romanticismo en Hispanoamérica. La primera, muy influida por los franceses (Víctor Hugo en particular) e ingleses, va de 1830 a 1860 y se caracteriza por la exaltación política, el ansia de libertad y la función cívica del escritor. Esta época se distingue, además, por la gran movilidad hacia el exterior de muchos intelectuales y escritores que, por la inestabilidad política imperante en sus respectivos países, tuvieron que vivir como exiliados o refugiados políticos parte o gran parte de su vida. Tal es el caso, especialmente, del exilio de los liberales argentinos (Domingo Faustino Sarmiento, José Mármol y Esteban Echeverría) que huían de la dictadura del general Rosas, situación que ayudó a difundir el romanticismo al resto de América Hispana. La segunda etapa va de 1860 a 1880 y las obras de este período se destacan por reflejar la influencia de los románticos españoles (Gustavo Adolfo Bécquer, José de Espronceda, Ramón de Campoamor, José Zorrilla y Mariano José de Larra) y por expresar en general una actitud autorial más íntima y personal. El romanticismo hispanoamericano agregó o expandió temas como la política, la historia, la libertad y el patriotismo; nuevos personajes como el indio, el mulato, el mestizo y el gaucho, casi siempre idealizados; y una serie de escenarios propios de la rica y variada geografía americana. Además, sustituyó la Edad Media por otros pasados igualmente idealizados aunque más auténticamente americanos como, por ejemplo, la era prehispánica de las grandes civilizaciones indígenas o los diversos períodos de la época colonial.

La introducción del romanticismo a Hispanoamérica alrededor de 1830 se debió, en la parte norte de México, Centroamérica y el Caribe, a las tempranas traducciones que el cubano José María Heredia hizo de las obras de algunos románticos franceses como Chateaubriand, e ingleses como Byron y Scott. En la parte sur, y particularmente en Argentina, Chile, Bolivia y Uruguay, dicho inicio se debe relacionar con el argentino Esteban Echeverría, figura fundamental del romanticismo hispanoamericano, quien en 1830 volvió a Buenos Aires después de cinco años de permanencia en Francia. En contacto allí con algunas figuras clave del pensamiento romántico francés, difundió sus ideas e impulsó un movimiento de renovación que encontró eco inmediato entre los jóvenes argentinos y sudamericanos en general.

Para los hispanoamericanos, las características explícitas y los valores implícitos en el romanticismo literario coincidían totalmente con su plataforma política: independencia, libertad y soberanía nacionales. De ahí que algunas de las obras románticas más conocidas hayan sido escritas por políticos-poetas como, por ejemplo, «Elvira o la novia del Plata» (1832) y «La cautiva» (1837) del argentino Esteban Echeverría —considerado «padre» del romanticismo hispanoamericano— o *Tabaré* (1888), célebre poema épico del uruguayo Juan Zorrilla de San Martín. La poesía gauchesca* que refleja la situación social y política del gaucho o vaquero de las pampas argentinas y llanuras uruguayas es también producto del romanticismo hispanoamericano. El mejor ejemplo de esta tendencia gauchesca es la obra épica en dos partes del argentino José Hernández: *Martín Fierro* (1872) y *La vuelta de Martín Fierro* (1879). Aunque predominó el género poético durante el romanticismo, también aparecieron obras en prosa como las novelas *Amalia* (1852) del argentino José Mármol y *María* (1867) del colombiano Jorge Isaacs.

El interés en las costumbres y el folklore regionales característico del romanticismo se ve expresado en *Facundo o Civilización y barbarie. Vida de Juan Facundo Quiroga* (1845), importante libro del argentino Domingo Faustino Sarmiento, donde éste ataca la barbarie y la violencia de caudillos gauchos como el Facundo Quiroga del título o como el dictador Juan Manuel Rosas, contra quien va dirigida la obra. La modalidad costumbrista se desarrolló con éxito durante todo el período romántico aunque tuvo más auge en la segunda mitad del siglo. De esta época son las «tradiciones» aparecidas en *Tradiciones peruanas* (1872–1910) del peruano Ricardo Palma, breves anécdotas o relatos históricos inspirados en leyendas y dichos populares del Perú que describen de manera muy realista la sociedad y las costumbres locales de la época. Algunas novelas importantes del movimiento romántico son *La peregrinación de Bayoán* (1863) del puertorriqueño Eugenio María de Hostos, alegoría sobre la libertad de Puerto Rico; *Enriquillo* (1879–1882) del dominicano Manuel de Jesús Galván, narración histórica inspirada en tiempos de la conquista, y *Sab* (1841), novela antiesclavista de la cubana Gertrudis Gómez de Avellaneda, también poeta y dramaturga de honda inspiración romántica.

Tanto el movimiento realista como el naturalista comenzaron en Francia a mediados y fines del siglo XIX, respectivamente. Afectaron principalmente el género narrativo y en especial la novela. Si bien el realismo surgió como reacción al romanticismo, tuvo sus raíces en el costumbrismo romántico. Los escritores realistas aprovecharon los temas y técnicas de descripción de paisajes, costumbres, ropas, comidas y dialectos regionales típicos de los «cuadros de costumbres» pero los adaptaron y ampliaron para incluir también otros aspectos de la realidad social e histórica. Al costumbrismo le interesaba captar el color local; al realismo, retratar lo ordinario, describir detallada y fielmente la vida de todos los días, concentrándose en particular en la de las clases media y baja. La invención de la fotografía propició el cambio de enfoque de lo romántico abstracto, soñado y subjetivo, a lo realista cotidiano, común y objetivo.

Los escritores claves del realismo francés y modelos más importantes de la manifestación hispanoamericana fueron Honoré de Balzac, cuyas novelas de la serie titulada *Comédie humaine* dan un retrato fiel de la burguesía de su tiempo, y Gustave Flaubert, gran creador de personajes y ambientes en obras como *Madame Bovary* (1856) y *L'Education sentimentale* (1870). En España, el representante máximo y más prolífico del romanticismo fue Benito Pérez Galdós, especie de «Balzac hispano», pues en novelas como *Doña Perfecta* (1876) y *La de Bringas* (1884), entre otras, también describió con gran fidelidad diversos personajes de la comedia humana española de la época. Además de los ya mencionados, se conocía y leía en Hispanoamérica al inglés Charles Dickens y a los rusos Dostoievsky y Tolstoy.

El interés costumbrista del romanticismo facilitó la irrupción de la novela realista, cuyo primer representante hispanoamericano destacado fue el chileno Alberto Blest Gana. Sus obras reflejan una fuerte influencia del realismo francés y de Balzac en particular. En *Una escena social* (1853), por ejemplo, hace un retrato detallado de la aristocracia chilena siguiendo los principios del realismo balzaquiano, y en *Martín Rivas* (1862), como en *Comédie humaine*, recrea el lenguaje particular, maneras de actuar y valores de las distintas clases sociales, dando un testimonio excepcional de la historia chilena y de la vida social de su época. Como Blest Gana, otros autores —el uruguayo Eduardo Acevedo Díaz, el argentino Roberto J. Payró y el mexicano José López Portillo y Rojas— trataron de ofrecer en sus novelas un minucioso mosaico de sus países y de su tiempo. Con el realismo también surge el descubrimiento del indio real en los países andinos y *Aves sin nido* (1889) de la peruana Clorinda Matto de Turner es la mejor manifestación novelística de ese tema.

En Europa, al realismo siguió el naturalismo, movimiento literario fuertemente influenciado por las corrientes filosóficas y cientificistas del siglo pasado: el positivismo de Auguste Comte, el determinismo de Hippolyte Taine y las teorías evolucionistas de Charles Darwin y Herbert Spencer. Según *La novela experimental* (1880) del francés Emile Zola, iniciador y máximo exponente de la escuela naturalista, el escritor debía aplicar el método científico a sus novelas: tener en cuenta las condiciones de vida de sus personajes, su fisiología y las circunstancias derivadas del medio ambiente y de la posición social de cada uno de ellos. El objetivo de la literatura naturalista era retratar al ser humano y sus circunstancias con una fidelidad científica. Por eso, y creyendo que factores como la herencia y el medio ambiente determinaban la vida individual de cada uno, los escritores naturalistas tendían a exagerar los aspectos negativos y bestiales del ser humano, y a explorar en sus obras temas como la injusticia social, el crimen, la enfermedad, el alcoholismo, el adulterio e incluso la prostitución. En España, el naturalismo está representado por las obras de José María de Pereda, Emilia Pardo Bazán y Leopoldo Alas o «Clarín», autor de *La Regenta* (1884–1885) y uno de los escritores españoles más importantes del siglo XIX.

Aunque el realismo y el naturalismo llegaron a Hispanoamérica con bastante atraso, ya se pueden detectar rasgos naturalistas en las descripciones de violencia y deshumanización de algunas obras románticas, en particular en las de tema político del romanticismo argentino. Es probable que debido a su tardía llegada, el realismo y el naturalismo hispanoamericanos a menudo se mezclan en la misma obra, enfatizando unas veces el objetivo realista de dar un retrato fiel de la realidad, y otras, los principios naturalistas de documentar, de manera científica, la influencia de la herencia y del medio ambiente en dicha realidad. Paradójicamente, el mismo escritor considerado líder del romanticismo hispanoamericano, Esteban Echeverría, es también autor del conocido cuento «El matadero» (1838), a menudo señalado como primer ejemplo del realismo-naturalismo hispanoamericano y obra que incorpora al mismo tiempo elementos románticos, realistas y naturalistas. Esto se explica en parte porque el texto combina características del cuento y del artículo de costumbres. «El matadero» está dirigido contra el régimen de Rosas y fue escrito cuando Echeverría padecía personalmente la represión de la dictadura rosista. Este relato y otras actividades dedicadas a luchar contra la tiranía determinaron su exilio en 1840.

Si bien es difícil encontrar obras exclusivamente realistas o naturalistas en la literatura de Hispanoamérica, hay gran cantidad de autores representativos de la corriente realista-naturalista. De los escritores franceses que más influyeron en la producción literaria de este período, Zola fue el de mayor impacto, sin duda porque el naturalismo facilitaba la descripción de la pobreza, el abuso, el crimen y los demás males que aquejaban la sociedad hispanoamericana de fines de siglo. El argentino Eugenio Cambaceres es tal vez el mejor representante del movimiento naturalista en Hispanoamérica. En su novela *Sin rumbo* (1885) retrata escenas de una brutalidad bestial con gran objetividad científica, típica de la narrativa naturalista. De Argentina también son Manuel Gálvez, cuya novela *Nacha Regules* (1918) explora el tema de la prostitución, y José Miró, autor de *La Bolsa* (1890), en donde se describe la crisis financiera de 1890 en Buenos Aires. Otros escritores importantes del género son el chileno Baldomero Lillo por sus cuentos reunidos en *Sub terra* (1904), donde denuncia las condiciones inhumanas de trabajo de los mineros de su país; el mexicano Federico Gamboa por sus novelas *Suprema ley* (1896), *Santa* (1903) y *La llaga* (1910), y el puertorriqueño Manuel Zeno Gandía por sus «crónicas de un mundo enfermo», ciclo de novelas entre las que se destaca especialmente *La charca* (1894).

El último cuarto de siglo significó también el primer momento brillante del teatro hispanoamericano. Su tardía aparición se debió, seguramente, a la inestabilidad política y a los escasos recursos económicos de la época, circunstancias que en general afectan más el género dramático que el poético o narrativo. Dramaturgos realista-naturalistas aparecieron en países muy diversos, pero fue en el Río de la Plata donde, a partir de la tradición gauchesca, se alcanzaron las mejores manifestaciones de un teatro atento a los problemas contemporáneos del campo y de la ciudad. El uruguayo Florencio Sánchez fue el dramaturgo más destacado de su época y su preocupación por temas sociales y psicológicos revela la influencia del noruego Henrik Ibsen. Sus obras más conocidas —*M'hijo el dotor* (1903), *La gringa* (1904), *Barranca abajo* (1905) y *Los derechos de la salud* (1907)— giran en torno a personajes humildes atrapados en un mundo dominado por la pobreza, la frustración y la desesperanza.

En el mismo período en que se desarrollaban en Hispanoamérica el realismo y el naturalismo europeos (c. 1880–1920), se iniciaba y maduraba en estas tierras el primer movimiento netamente hispanoamericano: el modernismo.* Estéticamente opuesto a las otras dos corrientes y, sin lugar a dudas, el movimiento literario más importante de dicho período en el mundo hispano, el modernismo fue una corriente de renovación en todos los géneros, aunque afectó en forma directa más a la poesía que a la narrativa. Surgió, por lo menos en parte, como reacción contra el excesivo cientificismo y las preocupaciones de carácter político y social del realismo y del naturalismo. Conservó algunos aspectos del romanticismo y se vio influenciado, parcialmente, por las innovaciones poéticas del parnasianismo* y del simbolismo,* dos corrientes de origen francés. Del romanticismo heredó el individualismo, el culto a la muerte, la evasión al pasado, los sentimientos de nostalgia, insatisfacción y profunda tristeza. De los parnasianos (Théophile Gautier y Charles Leconte de Lisle) adoptó y practicó el lema del «arte por el arte», el cuidado de la forma, el culto a la belleza, el uso de palabras sugerentes de colores, joyas y piedras preciosas, y la incorporación de leyendas, mitos griegos y exóticos objetos decorativos. De los simbolistas (Paul Verlaine, Stéphane Mallarmé y Charles Baudelaire), los modernistas aprendieron el cultivo de la metáfora,* el uso de sinestesia* o correspondencia entre sensaciones, la atención al ritmo y al sonido, y el énfasis en la musicalidad de sus versos, según el conocido principio verlainiano: «*de la musique avant toute chose*» (la música ante todo).

Los modernistas se propusieron renovar el lenguaje poético y crear una poesía elegante, musical, antiprosaica y sensual, llena de imágenes sugestivas, metáforas brillantes y alusiones cultas. Su meta fue la belleza y su símbolo el cisne, figura que conjuga en sí el ideal modernista. Buscaron la perfección formal para convertir el poema en un verdadero objeto de arte, y lo lograron. El modernismo tuvo grandes alcances: influyó entonces y su influencia continuó por mucho tiempo, no sólo en los escritores hispanoamericanos sino que llegó y se extendió a España a través de las obras del poeta nicaragüense Rubén Darío primero y de su propia presencia allí después. En efecto, éste constituye el primer ejemplo de la madre patria (España) influida por la literatura de sus ex colonias.

Los críticos literarios generalmente hablan de dos etapas modernistas. La primera generación —representada, entre otros, por el cubano José Martí, poeta y líder de la independencia de su país, el mexicano Manuel Gutiérrez Nájera, el colombiano José Asunción Silva y el peruano Manuel González Prada— produce sus primeros textos, en su mayoría, antes de la publicación de *Azul...* (1888), libro de poesía y prosa de Darío. Considerado fundador del movimiento, Darío fue también quien acuñó el término «modernismo». La segunda generación de escritores modernistas, cuyas obras empiezan a aparecer a fines del siglo pasado y continúan a principios del presente, constituye la etapa madura del movimiento. No hay duda que la figura más importante de este grupo es Darío y sus poemas de *Prosas profanas* (1896) los más representativos de la producción modernista de Hispanoamérica. Otros escritores muy conocidos de esta generación son el argentino Leopoldo Lugones, el mexicano Amado Nervo, el uruguayo Julio Herrera y Reissig y el peruano José Santos Chocano.

Es de notar que hacia fines del modernismo surgió en el Río de la Plata un singular grupo poético femenino que produjo una lírica de refinada musicalidad e introspección. Entre las figuras más destacadas están la argentina Alfonsina Storni y las uruguayas María Eugenia Vaz Ferreira y Delmira Agustini, cuyas obras se caracterizan por una gran sinceridad emocional, una alta dosis de rebeldía frente a los papeles sexuales establecidos por la sociedad patriarcal, una conciencia feminista muy desarrollada y un sentimiento de profunda frustración e impotencia. Estos elementos confieren un pesimismo esencial, una gran melancolía, un fuerte tono confesional e intimista y una honda tristeza vital a los versos de estas poetas rioplatenses.

Si bien el modernismo encontró su máxima expresión en la poesía, también se manifestó en la prosa. En realidad, las primeras innovaciones de Darío no aparecieron en sus versos sino en los cuentos incluidos en su famoso *Azul...,* cuyo año de publicación (1888) es a menudo citado como fecha inicial del período modernista. Es indudable, sin embargo, que la renovación estética asociada con el modernismo afectó en primer lugar al género poético, pero su influencia se extendió simultánea y posteriormente a otros géneros y, en particular, a la narrativa. No está demás señalar que aunque la mayoría de los modernistas eran poetas, muchos eran también periodistas y narradores. Durante sus años de residencia en Buenos Aires (1893–1898), el propio Darío publicó en *La Nación* unos treinta cuentos de horror, al estilo de Edgar Allan Poe, mientras escribía también los versos de *Prosas profanas,* obra cumbre del modernismo. En esa misma época, Horacio Quiroga, un joven uruguayo aproximadamente diez años menor que Darío, se iniciaba en el mundo de las letras y empezaba a escribir sus primeros poemas bajo la influencia de la estética modernista. En 1900 Quiroga logró realizar el sueño de su vida y viajó a París donde conoció personalmente a Darío. De regreso a su país publicó *Los arrecifes de coral* (1901), colección de poemas y prosas de estilo modernista, y libro de estructura similar a *Azul...* .

En contraste con Darío, Quiroga abandonó muy pronto la poesía y se dedicó totalmente a la narrativa y en particular al relato breve. Influenciado por los modernistas y por algunos grandes maestros del cuento como Poe y Rudyard Kipling, el escritor uruguayo incorporó a su prosa las innovaciones estilísticas de los primeros y los preceptos normativos y formales de los últimos. De ahí que si Darío es el «padre» del modernismo y quien logró elevar la poesía a nivel de objeto de arte, a Quiroga le corresponde la paternidad del cuento artístico en Hispanoamérica por su papel fundamental en la renovación estética de dicho género. Ambos constituyen figuras de transición entre el modernismo y el posmodernismo debido a que sus obras abarcan y reflejan los elementos y características de ambas corrientes. Aunque a Darío se lo identifica más con el modernismo, ya se perciben algunos rasgos posmodernistas en la sencillez del lenguaje y el tono personal de los poemas incluidos en *Cantos de vida y esperanza* (1905) y otros poemarios posteriores. Relativamente similar es la situación de Quiroga, quien empezó escribiendo cuentos modernistas pero publicó la mayoría de sus libros durante el posmodernismo. Tanto Darío como Quiroga dejaron huellas profundas en la literatura hispanoamericana. Piedra angular en la poesía el uno y en el cuento el otro, sus obras dividen el desarrollo de los géneros que representan en un «antes» y un «después»: de Darío para la poesía y de Quiroga para el cuento.

GERTRUDIS GOMEZ DE AVELLANEDA

Nota biográfica

Gertrudis Gómez de Avellaneda (1814–1873), poeta, novelista, dramaturga y destacada representante del romanticismo hispanoamericano, nació en Puerto Príncipe (hoy Camagüey), Cuba, y murió en Madrid, España, en época en que su isla natal todavía era colonia española, aunque ya se habían iniciado allí las luchas de independencia. A los veintidós años se marchó a España, donde escribió la mayor parte de su obra que incluye cuentos, novelas, poesía, teatro y un gran número de cartas, y donde muy pronto llegó a adquirir gran fama literaria. En 1839 conoció en Sevilla al poeta Ignacio Cepeda y Alcalde, el gran amor de su vida, quien inspiró y a quien dedicó varios poemas y cartas. A Cuba sólo regresó una vez, en 1859, por un breve período de cuatro años. Sin embargo, en ese corto tiempo, «La Avellaneda» —como la llamaban en los círculos literarios españoles— se convirtió en una de las figuras más importantes del mundo de las letras de su tierra natal. Justo es señalar que aunque pasó la mayor parte de su vida en España, en su poesía y en su prosa están siempre presentes su patria en particular e Hispanoamérica en general. Sus mentores literarios fueron, entre otros: su maestro y compatriota José María Heredia, uno de los primeros poetas románticos de estas tierras; Meléndez Valdés y Manuel José Quintana, importantes figuras del neoclasicismo español; y Víctor Hugo, Chateaubriand, George Sand, Sir Walter Scott, Lord Byron, Alphonse de Lamartine, José de Espronceda y José Zorrilla, conocidos representantes del romanticismo europeo. En cuanto a su producción literaria, se la recuerda especialmente por sus finas composiciones poéticas y por su novela abolicionista *Sab* (1841) aparecida diez años antes que *Uncle Tom's Cabin* (1851), la famosa obra de Harriet Beecher Stowe. Este hecho sitúa a la escritora cubana en el lugar privilegiado de ser la primera en publicar, en tierras americanas, una novela que trata el problema de la esclavitud. Del resto de sus obras, son de especial interés su extenso *Epistolario; Munio Alfonso* (1844) y *El príncipe de Viana* (1844), dramas históricos; *Saúl* (1849) y *Baltasar* (1858), piezas teatrales de tema bíblico, y *Guatimozín, último emperador de Méjico* (1846), una novela que recrea la época de la conquista y la caída del imperio azteca.

✦ Guía y actividades de pre-lectura

De temperamento apasionado y de naturaleza romántica y rebelde, desde muy joven Gertrudis Gómez de Avellaneda sufrió una serie de desgracias que afectaron profundamente tanto su vida como su obra posteriores. La muerte de su padre cuando apenas tenía nueve años y el casamiento apresurado de su madre sólo diez meses después fueron los dos primeros golpes duros que la vida le tenía reservados. A ésas siguieron otras tragedias e infortunios personales: su salida de Cuba, la muerte de dos maridos y varias relaciones amorosas desventuradas. Entre éstas, la más famosa, literariamente hablando, fue la que mantuvo con el poeta Ignacio de Cepeda y Alcalde. Dicha relación, difícil y tormentosa, no llegó al matrimonio pero duró varios años e inspiró algunos poemas —incluyendo dos con el mismo título de «A él»— y mucha correspondencia. Entre 1839 y 1854 los dos intercambiaron unas cincuenta cartas y las de ella fueron incorporadas más tarde en su *Epistolario* bajo el título de «Cartas a Cepeda». De esa sección proviene «Una carta de amor» aquí incluida. La importancia del *Epistolario* radica en que es una especie de autobiografía íntima de la escritora que permite reconstruir su problemática vida sentimental por la que pasaron varios amores: unos breves, otros largos, tranquilos algunos y tempestuosos muchos. En general, su poesía refleja su mundo interior, su intimidad, sus amores personales y su amor por Cuba. Aunque su temática es muy diversa y tiene poemas de contenido religioso y filosófico, algunos inspirados en eventos públicos y otros dedicados a ciertos personajes específicos, gran parte de sus temas son de inspiración romántica e incluyen, entre otros, motivos típicos del romanticismo como la soledad, el destino, la muerte y la exaltación de la naturaleza. En cuanto a forma y estructura, su producción poética revela influencias estilísticas tanto del clasicismo como del romanticismo. Sus varios sonetos* de rima y versificación rígidas, versos equilibrados y lenguaje medido como «Al partir» —uno de sus sonetos más famosos, compuesto en abril de 1836, al salir para España— siguen la tradición clásica. Por otra parte, algunos romances* y otras formas poéticas híbridas, la práctica de innovaciones métricas, de exclamaciones y de un lenguaje en general más expresivo revelan la influencia de la tradición romántica. Una de sus innovaciones métricas está ejemplificada en «La noche de insomnio y el alba» con el uso de la polimetría o versificación que tiene de dos a dieciséis sílabas. El poema «A él» aquí reproducido está compuesto de siete cuartetos de versos endecasílabos con rima consonante ABAB y parece ser cronológicamente posterior al otro poema del mismo nombre. En efecto, mientras en el «A él» que se supone anterior se refleja un amor intenso y apasionado, joven y lleno de esperanzas, en el «A él» aquí incluido se revela una profunda tristeza y un sentimiento de gran dolor y resignación. Es de notar que el «él» invocado en el título de ambos poemas es el mismo Ignacio de Cepeda y Alcalde a quien va dirigida «Una carta de amor».

1. Dé su definición del amor y diga cuáles son las cualidades que usted considera importantes en su pareja para tener una relación satisfactoria y feliz.

2. Teniendo en cuenta que «Una carta de amor» fue escrita a mediados del siglo pasado, ¿qué tipo de ideas o sentimientos piensa encontrar allí? ¿Cree usted que el contenido sería diferente si se la hubiera escrito un hombre a su amada? ¿Por qué?

3. Lea los dos párrafos iniciales de la carta.
   a. Según su opinión, ¿por qué Ignacio y Gertrudis se comunican por carta si viven en la misma ciudad? ¿Cómo se comunica usted con su pareja, novio o novia? ¿Se escriben? ¿Cuándo?
   b. ¿Por qué usaría ella un nombre falso para recibir las cartas de Ignacio? ¿Por qué no adoptaría él también otro nombre para recibir las cartas de ella? ¿En qué situación o situaciones adoptaría usted otro nombre para escribirse con otra persona? Comente.

4. Lea el primer verso de «A él» que sintetiza el tema del poema.
   a. ¿Cómo expresaría usted la idea de que «No existe lazo ya; todo está roto» usando palabras más simples?
   b. Deduciendo de ese verso inicial, ¿cuál será el tono y el contenido del resto del poema? Explique.

Una carta de amor

[*A Ignacio de Cepeda y Alcalde.*]

[Sin fecha]

Hasta hoy, que vino el correo general, no se me ha traído tu carta, y para que ésta no duerma hasta el miércoles en la estafeta,[1] determino[2] enviarla directamente a tu casa.

Cuando antes de anoche[3] me dijiste que mandase al correo, porque me habías escrito, te olvidaste advertirme[4] que la carta venía a mi nombre y no al adoptado en nuestra correspondencia. Así, aunque ayer mandé no me la trajeron, porque la persona encargada[5] buscó doña Amadora de Almonte y no mi nombre. En fin[6] ya está en mis manos esta querida carta.

¡Una vez por semana! … ¡Solamente te veré una vez por semana! … Bien; yo suscribo[7] pues, así lo deseas y lo exigen[8] tus actuales ocupaciones. Una vez por semana te veré únicamente;[9] pues señálame,[10] por Dios, ese día tan feliz entre siete para separarle de los otros días de la larga y enojosa[11] semana. Si no determinases ese día, ¿no comprendes tú la agitación que darías a todos los otros? En cada uno de ellos creería ver al amanecer[12] *un día feliz* y después de muchas horas de agitación y expectativa[13] pasaría el día, pasaría la noche, llevándose una esperanza a cada momento renovada y desvanecida,[14] y sólo me dejaría el disgusto del desengaño.[15] Dime, pues, para evitarme tan repetidos tormentos, qué día es ese que debo desear: ¿será el viernes? En ese caso comenzaremos por hoy; si no, será el sábado: ¿qué te parece? elige[16] tú: si hoy, lo conoceré viéndote venir; si mañana, avísamelo,[17] para que no padezca[18] esta noche esperándote. En las restantes[19] semanas ya sabré el día de ella, que tendrá para mí luz y alegría.

Ya lo ves… ; me arrastra[20] mi corazón. No sé usar contigo el lenguaje *moderado* que deseas y empleas; pero en todo lo demás soy dócil[21] a tu voz, como lo es un niño a la de su madre. Ya ves que suscribo a no verte sino semanalmente. Pero, ¿no irás al Liceo?,[a] ¿ni al baile? Para decidirte, ¿no será bastante que yo te asegure que no habrá placer para mí en estas diversiones si tú no asistes?

No debes tener en casa menos *confianza*[22] que en la de Concha, y puedes venir con capa[23] o como mejor te parezca; pero si absolutamente no

1 oficina de correos
2 decido
3 **antes...** *the night before last*
4 decirme
5 *in charge of*
6 **En...** *In short*
7 consiento
8 requieren
9 solamente
10 indícame
11 desagradable
12 **al...** *at daybreak*
13 espera
14 *vanished*
15 **el...** *the pain of disappointment*
16 escoge
17 dímelo
18 sufra
19 *remaining*
20 *drags, pulls*
21 obediente
22 **No...** *You should not feel less at home in my house*
23 *cloak*

[a]Probablemente se alude aquí al Teatro del Liceo de Barcelona, dedicado a la ópera e inaugurado en 1840.

puedes tener esa confianza en casa, dime dónde quieres que te vea; en casa
35 de Concha o donde tú designes[24] y no me sea imposible, allí me hallarás.[25]

Debes gozarte[26] y estar orgulloso, porque este poder absoluto que
ejerces en mi voluntad debe envanecerte.[27] ¿Quién eres? ¿Qué poder es
ése? ¿Quién te lo ha dado? Tú no eres un hombre, no, a mis ojos. Eres el
Angel de mi destino, y pienso muchas veces al verte que te ha dado el
40 mismo Dios el poder supremo de dispensarme[28] los bienes y los males
que debo gozar y sufrir en este suelo. Te lo juro por ese Dios que adoro,
y por tu honor y el mío; te juro que mortal ninguno ha tenido la influencia que tú sobre mi corazón. Tú eres mi amigo, mi hermano, mi confi-
dente, y, como si tan dulces nombres aún no bastasen[29] a mi corazón, él te
45 da el de su Dios sobre la tierra. ¿No está ya en tu mano dispensarme un
día de ventura[30] entre siete? Así pudieras también señalarme uno de tormento y desesperación y yo le recibiría, sin que estuviese en mi mano evi-
tarlo. Ese día, querido hermano mío, ese día sería aquel en que dejases
de quererme; pero yo lo aceptaría de ti sin quejarme, como aceptamos de
50 Dios los infortunios[31] inevitables con que nos agobia.[32]

No me hagas caso;[33] tuve jaqueca[34] a medianoche y creo que me ha
dejado algo de calentura.[35] Mi cabeza no está en su ser natural.

Hay días en que está uno no sé cómo; días en que el corazón se
rompería si no se desahogase.[36] Yo tenía necesidad de decirte todo lo que
55 te he dicho; ahora ya estoy más tranquila. ¡No me censures,[37] por Dios!

24 indiques
25 encontrarás
26 *enjoy yourself*
27 *make you conceited*
28 darme
29 **aún...** *were still not enough*
30 alegría, felicidad
31 *misfortunes*
32 *burdens*
33 **No...** *Don't pay attention to me*
34 dolor de cabeza
35 fiebre
36 **si...** *if it didn't unburden itself*
37 critiques

✦ Comprensión

Conteste las siguientes preguntas según el texto.

1. ¿Para quién es la carta? ¿Quién la escribe?
2. ¿Quién es realmente Amadora de Almonte? ¿Le parece apropiada la elección del nombre «Amadora» para este caso en particular? ¿Por qué?
3. Según la carta, ¿cuántas veces por semana se van a ver ella e Ignacio? ¿Por qué?
4. ¿Se sabe qué día o días de la semana se verán ellos? ¿De quién parece depender la decisión, de él o de ella?
5. ¿Se sabe dónde se van a ver ellos? ¿Quién va a escoger el lugar, él o ella?
6. Según su opinión, ¿quién parece querer más a quién, él a ella o ella a él? ¿Por qué?
7. Según la escritora, ¿por qué debe él estar orgulloso y sentirse envanecido? Explique.
8. ¿Qué día sería para la autora «uno de tormento y desesperación»? ¿Cómo lo recibiría ella? ¿Por qué?
9. Según su opinión, ¿por qué le cuenta ella a Ignacio que había tenido «jaqueca a medianoche»? Comente.
10. Según esta carta, además de amante y amigo, ¿qué otros roles tiene él en la vida de ella? ¿Qué refleja esto con respecto a los sentimientos de la autora?
11. Según su opinión, ¿por qué lo llama ella «Angel de mi destino»?

12. ¿Cómo interpreta usted el último párrafo de la carta? ¿Por qué está ella «más tranquila» ahora? ¿Y por qué le dice a Ignacio: «¡No me censures, por Dios!»?

A él

No existe lazo[1] ya; todo está roto;
plúgole[2] al cielo así. ¡Bendito sea![3]
Amargo cáliz con placer agoto;[4]
mi alma reposa al fin: nada desea.

5 Te amé, no te amo ya; piénsolo al menos:
¡nunca, si fuere error, la verdad mire![5]
¡Que tantos años de amargura llenos
trague el olvido,[6] el corazón respire!

Lo has destrozado[7] sin piedad; mi orgullo
10 una vez y otra vez pisaste[8] insano...
Más nunca el labio exhalará[9] un murmullo[10]
para acusar tu proceder tirano.[11]

De graves faltas vengador[12] terrible
dócil llenaste[13] tu misión; ¿lo ignoras?[14]
15 No era tuyo el poder que irresistible
postró ante ti mis fuerzas vencedoras.[15]

Quísolo Dios y fue; gloria a su nombre
todo se terminó; recobro aliento.[16]
¡Angel de las venganzas!, ya eres hombre
20 ni amor ni miedo al contemplarte siento.

Cayó tu cetro,[17] se embotó tu espada[18] ...
Mas[19] ¡ay! ¡Cuán triste libertad respiro!
Hice un mundo de ti, que hoy se anonada[20]
y en honda[21] y vasta soledad me miro.

25 ¡Vive dichoso[22] tú! Si en algún día
ves este adiós que te dirijo[23] eterno,
sabe que aún tienes en el alma mía
generoso perdón, cariño tierno.[24]

1 *bond*
2 *it pleased*
3 **¡Bendito... !** *Blessed be!*
4 **Amargo...** *I take pleasure in draining the bitter chalice*
5 **¡nunca... !** *may I never see the truth, if (what I think to be true) were wrong!*
6 **Que...** *May so many years filled with bitterness be swallowed by oblivion*
7 *broken into pieces*
8 *you trampled*
9 *pronunciará, dirá*
10 *murmur*
11 **proceder...** conducta dictatorial
12 *avenger*
13 **dócil...** *you obediently fulfilled*
14 **¿lo... ?** *don't you know that?*
15 **que...** *that which made it irresistible for my conquering forces to surrender to you*
16 **recobro...** *I can breathe again*
17 *sceptre*
18 **se...** *your sword has become dull*
19 Pero
20 **se...** se destruye
21 profunda
22 feliz
23 envío
24 **cariño...** *tender affection*

◆ Comprensión

Conteste las siguientes preguntas según el poema.

1. Según las dos primeras estrofas, ¿cómo fue la relación amorosa entre la poeta y su amante? ¿Cuáles son los versos en donde ella califica esa relación?

2. ¿Qué dice ella de su amor por él? ¿Ya no lo ama o lo sigue amando? ¿Está ella segura de sus propios sentimientos? Explique.
3. Según la voz poética, ¿abusó él del amor que ella sentía por él? ¿Cómo? ¿Qué confiesa ella en la tercera estrofa?
4. ¿Cómo explica la poeta el poder irresistible que él antes tenía sobre ella y que ahora ya no tiene? En la cuarta y quinta estrofas, ¿a quién o a qué le atribuye ese poder?
5. ¿Cómo interpreta usted los tres versos que siguen: «¡Angel de las venganzas!, ya eres hombre / ni amor ni miedo al contemplarte siento. / Cayó tu cetro, se embotó tu espada... »?
6. Basándose en los versos de la penúltima estrofa, ¿cómo se siente ella después de esta larga confesión poética? ¿Por qué?
7. Según su opinión, ¿es «A él» un poema de amor, de amistad, de despedida, de felicidad, de tristeza, de perdón, o combina varios de estos sentimientos? ¿Cuáles? Apoye su respuesta con algunos versos significativos.

✦ Expansión

A. Lea las definiciones que siguen. Luego busque las palabras definidas en el poema «A él» y escríbalas en los espacios correspondientes.
   1. elemento que da unidad a algo   _____
   2. parte de la boca   _____
   3. lugar asociado con las estrellas   _____
   4. sinónimo de **obediente**   _____
   5. copa o vaso que se usa en la misa   _____
   6. sinónimo de **dictatorial**   _____
   7. algo imposible de resistir   _____
   8. sinónimo de **profunda**   _____
   9. ruido muy suave, apenas perceptible   _____
   10. palabra de despedida   _____

B. Basándose en el contenido de «Una carta de amor», indique si los comentarios que siguen reflejan correctamente o no los sentimientos de la autora. Escriba **V** (verdadero) o **F** (falso) en los espacios correspondientes. Si lo que lee es falso, corríjalo.
   _____ 1. La escritora dice que la carta que acaba de recibir vino dirigida a Amadora de Almonte.
   _____ 2. Parece que Ignacio de Cepeda y Alcalde está actualmente muy ocupado.
   _____ 3. El y ella se ven todos los días en casa de Concha.
   _____ 4. El enseña literatura en un liceo y ella es una de sus estudiantes.
   _____ 5. Es obvio que Ignacio tiene mucha influencia sobre la autora.
   _____ 6. Las cartas de él usan un lenguaje más moderado que las de ella.
   _____ 7. Parece que la escritora no cree en Dios.
   _____ 8. Ella dice que va a terminar de escribir la carta porque le está causando una jaqueca terrible.

C. Identifique y explique la importancia o el significado de las siguientes ideas o frases dentro del contexto de «A él».

1. la inexistencia del lazo
2. el «amargo cáliz»
3. el reposo final del alma
4. el estado del corazón
5. el silencio del labio
6. la voluntad de Dios
7. la presencia del cetro y de la espada
8. el «generoso perdón» y el «cariño tierno»

✦ Temas de discusión o análisis

1. Resuma con sus propias palabras la historia de amor evocada en el poema «A él». Recuéntela en orden cronológico, de pasado a presente.
2. Describa y analice los aspectos de forma y contenido del poema. ¿Diría usted que «A él» es un poema romántico, neoclásico o romántico y neoclásico a la vez? ¿Por qué? ¿Qué elementos románticos y/o neoclásicos detecta en el poema? ¿Hay alguna relación entre forma y contenido en este poema? Explique.
3. Discuta las ideas sobre el amor y la relación amorosa reflejadas en «Una carta de amor». Luego compare y contraste esas ideas con las que usted tiene con respecto a esos temas.
4. Lea «Una carta de amor» con ojos de sociólogo(a) y deduzca de su contenido el papel, las limitaciones y responsabilidades que la sociedad del siglo XIX parece asignar al hombre y a la mujer en la relación amorosa. Luego compare y contraste esas actitudes del siglo pasado con actitudes contemporáneas sobre el noviazgo y las relaciones amorosas en general.
5. Discuta y analice «Una carta de amor» como texto romántico. ¿Qué elementos típicos del romanticismo detecta usted en dicha carta? Comente.
6. Compare y contraste al Ignacio reflejado en la carta con el Ignacio reflejado en el poema. ¿Son similares o diferentes esas dos visiones o versiones de la misma persona? Comente. En particular, compare las líneas 38–43 del sexto párrafo de la carta con los versos 17–20 del poema.
7. Imagine que usted es la autora y que quiere reescribir «A él» en forma de prosa. Siguiendo el modelo de «Una carta de amor», escríbale ahora a Ignacio una última «Carta de adiós» con el contenido del poema y los comentarios o reacciones que probablemente habría incluido la propia Gertrudis si en vez de componer ese poema hubiera escrito una carta.
8. Luego de analizar tanto el tono como el contenido de «Una carta de amor» y de «A él», respectivamente, ¿cuál de las dos obras cree usted que se escribió antes: la carta o el poema? ¿Por qué? Comente.

✦ Temas de proyección personal

1. Imagine que usted es Ignacio y que acaba de recibir la carta de Gertrudis. Decide contestársela inmediatamente. ¿Qué le dirá? ¿Qué tipo de lenguaje va a usar? ¿Hará lo posible por ir al (Teatro) Liceo o al baile? ¿Por qué?

2. Invente una relación ficticia entre usted y una persona del sexo opuesto. Usted está perdidamente enamorado(a) de esa persona y no está muy seguro(a) de los sentimientos de su amada(o). Decide escribirle una carta. ¿Qué le va a decir?

3. ¡Usted también es poeta! Hoy está inspirado(a) y decide dedicarle un poema a su amada(o). El título de su poema será «A él» o «A ella», según corresponda. Su poema puede ser de amor, de sufrimiento, de despedida, de celos o de cualquier otro tema relacionado.

4. Dé sus opiniones con respecto a la influencia de la tecnología en las relaciones amorosas hoy día. Por ejemplo, teniendo teléfono, ¿para qué escribir cartas? ¿Cree usted que las cartas pueden descubrir o describir dimensiones difíciles de transmitir oralmente, conversando? ¿Por qué? Explique.

5. Comparando el amor «en tiempos del fax» con el amor «en tiempos del (Teatro) Liceo», ¿cuál le parece más romántico? ¿Más práctico? ¿Más deseable? ¿Mejor? Comente.

RICARDO PALMA

Nota biográfica

Ricardo Palma (1833–1919), poeta, crítico, historiador, periodista, dramaturgo y eminente prosista, nació y se educó en Lima, Perú. A los quince años comenzó a escribir versos de inspiración romántica y su producción poética incluye *Poesías* (1855), *Armonías* (1865), *Lira americana* (1865), *Pasionarias* (1870) y *Poesías completas* (1911). También es autor de algunos dramas como *Rodil* (1851) y *La muerte o la libertad* (1851). Desde muy joven se interesó por la política y en 1860 fue desterrado a Chile a causa de sus ideas liberales. Allí realizó investigaciones históricas que resultaron en sus *Anales de la Inquisición de Lima* (1863). Luego de viajar por Francia, Inglaterra e Italia, regresó a su país donde ocupó puestos de cierta importancia y llegó a la cima de su carrera política en 1868, al convertirse en secretario del presidente de la República. Un año después de la guerra del Pacífico (1879–1883), declarada por Chile contra Perú y Bolivia, Palma fue nombrado director de la Biblioteca Nacional de Lima, que los chilenos habían saqueado. En tal capacidad, ayudó a recuperar varios manuscritos que se salvaron del fuego y del saqueo de las tropas chilenas, y a conservar así el pasado histórico y cultural de su país. Por su labor como director de la Biblioteca Nacional, pidiendo a todas las instituciones del mundo que le enviaran libros, fue conocido como «el bibliotecario mendigo». En 1912 tuvo que renunciar a su cargo de director por problemas políticos. A Ricardo Palma se lo recuerda especialmente como creador de un nuevo género literario conocido con el nombre de «tradición». Inspirado e influenciado por las ideas románticas de su época y en particular por las novelas históricas de Sir Walter Scott, se dedicó primero a estudiar el pasado de su país y después a recrearlo literariamente. Así nacieron las seis series de *Tradiciones peruanas,* escritas entre 1872 y 1883. La «tradición» es un tipo de relato breve, una anécdota histórica generalmente relacionada con la vida en Lima, o la explicación de un dicho o refrán popular donde se mezcla un poco de historia y un poco de ficción. Según palabras del propio autor, la fórmula para escribir «tradiciones» incluye: «Algo, y aun algos, de mentira, y tal cual dosis de verdad, por infinitesimal [...] que ella sea, muchísimo de esmero [...] en el lenguaje, y cata la receta para escribir Tradiciones... » En estas narraciones dominan el humor, la sátira y la ironía, y abundan los vocablos arcaicos, americanos y populares. Aunque reconocido mundialmente por sus *Tradiciones peruanas,* Palma publicó también otras obras de interés, entre ellas *Recuerdos de España* (1897), sobre su viaje a España en 1892 para participar en las fiestas conmemorativas del Cuarto Centenario del Descubrimiento de América; *La bohemia de mi tiempo* (1899), en la que recuerda a personajes y acontecimientos importantes del romanticismo peruano; y *Papeletas lexicográficas* (1903), donde documenta 2.700 palabras que no están en el diccionario.

✦ Guía y actividades de pre-lectura

Las «tradiciones» de Ricardo Palma reflejan leyendas y anécdotas de la rica historia colonial de Perú y muy especialmente de la sociedad virreinal de la Lima del siglo XVIII. Son verdaderos tratados de sicología tanto criolla como española y representan una manera alegre y fresca de ver la historia, la vida, las costumbres y los caracteres sociales de la época. En ellas se encuentra una gran variedad temática y cubre toda la historia peruana, desde los días de los incas hasta principios del siglo XX. Presentan escenas realistas y tipos humanos representativos de aquellos tiempos. Sus fuentes son numerosas y variadas: crónicas,* historias, diarios, cartas, libros de viajes, mapas, pinturas, edificios antiguos, relatos de misioneros, refranes, dichos populares, romances, supersticiones, leyendas, documentos diversos y anécdotas de la tradición oral. En general, estos relatos se caracterizan por tener un estilo relativamente simple, una estructura muy flexible y una prosa rica en giros y palabras nuevas propias de Hispanoamérica. «La camisa de Margarita» aquí incluida proviene de *Tradiciones peruanas* y describe la sociedad y costumbres limeñas del siglo XVIII con mucho humor e ironía. Con respecto a su contenido, el mismo autor guía a los lectores y da sus fuentes en los dos primeros párrafos de dicha tradición.

1. Si alguien le dijera que cierta cosa es «más cara que la camisa de Margarita Pareja», ¿en qué tipo de camisa pensaría? ¿Cómo visualizaría esa camisa tan cara? Descríbala con algunos detalles.

2. Lea los dos párrafos iniciales.
   a. ¿En cuál de las fuentes antes mencionadas está inspirada «La camisa de Margarita»?
   b. ¿Qué encontró el autor en el artículo de *La América* y cuál será el tema de lo que él va a contar en esta tradición?

3. Piense en uno o dos refranes o dichos populares y trate de averiguar cómo, dónde y cuándo se originaron. Puede consultar algún libro de referencia o preguntárselo a sus padres, abuelos o amigos de ellos. Luego comparta la información con sus compañeros de clase.

La camisa[1] de Margarita

Probable es que algunos de mis lectores hayan oído decir a las viejas de Lima, cuando quieren ponderar[2] lo subido de precio[3] de un artículo:

—¡Qué! Si esto es más caro que la camisa de Margarita Pareja.

Habríame[4] quedado con la curiosidad de saber quién fue esa Mar-
5 garita, cuya camisa anda en lenguas,[5] si en *La América,* de Madrid, no hubiera tropezado con[6] un artículo firmado por don Ildefonso Antonio Bermejo (autor de un notable libro sobre el Paraguay), quien, aunque muy a la ligera,[7] habla de la niña y de su camisa, me puso en vía de desenredar el ovillo,[8] alcanzando a sacar en limpio[9] la historia que van us-
10 tedes a leer.

I

Margarita Pareja era (por los años de 1765) la hija más mimada[10] de don Raimundo Pareja, caballero de Santiago y colector general del Callao.[a]

La muchacha era una de esas limeñitas[11] que, por su belleza, cautivan al mismo diablo y lo hacen persignarse[12] y tirar piedras. Lucía[13] un par de
15 ojos negros que eran como dos torpedos cargados con dinamita y que hacían explosión sobre las entretelas del alma[14] de los galanes[15] limeños.

Llegó por entonces de España un arrogante mancebo,[16] hijo de la coronada villa del oso y del madroño,[b] llamado don Luis Alcázar. Tenía éste en Lima un tío solterón y acaudalado,[17] aragonés,[18] rancio[19] y lina-
20 judo,[20] y que gastaba[21] más orgullo que los hijos del rey Fruela.[c]

Por supuesto que, mientras le llegaba la ocasión de heredar[22] al tío, vivía nuestro don Luis tan pelado[23] como una rata y pasando la pena negra. Con decir que hasta sus trapicheos[24] eran al fiado[25] y para pagar cuando mejorase de fortuna, creo que digo lo preciso.
25 En la procesión de Santa Rosa conoció Alcázar a la linda Margarita. La muchacha le llenó el ojo y le flechó[26] el corazón. La echó flores,[27] y aunque ella no le contestó ni sí ni no, dio a entender con sonrisitas y

1 *petticoat, nightgown*
2 admirar con exageración
3 **subido...** caro
4 Me habría
5 **anda...** *is the talk of the town*
6 **tropezado...** *found by chance*
7 **a...** superficialmente
8 **de...** *of untangling the puzzle*
9 **sacar...** *to get a clear idea of*
10 *spoiled*
11 *jovencitas de Lima, Perú*
12 *make the sign of the cross*
13 Tenía
14 **entretelas...** *middle of the heart*
15 *muchachos jóvenes*
16 *hombre joven*
17 **un...** *a rich, unmarried uncle*
18 *de Aragón, España*
19 *old-fashioned*
20 *noble*
21 *tenía*
22 *inheriting*
23 *broke*
24 *shady dealings, schemes*
25 **al...** *on credit*
26 *pierced with an arrow*
27 **La...** *He complimented her*

[a]Callao es un puerto principal situado al este de Lima.
[b]Se alude aquí a Madrid, descrita como la «coronada *(crowned)* villa del oso y del madroño *(madrone tree)*». La referencia tiene que ver con el escudo de armas *(shield)* de Madrid que incluye una corona, un oso y un madroño.
[c]Rey medieval (siglo VIII) de Asturias, región española del norte, tradicionalmente caracterizada por el orgullo de su gente.

demás armas del arsenal femenino que el galán era plato muy de su gusto.[28] La verdad, como si me estuviera confesando, es que se ena-
30 moraron hasta la raíz del pelo.[29]

Como los amantes olvidan que existe la aritmética, creyó don Luis que para el logro[30] de sus amores no sería obstáculo su presente pobreza, y fue al padre de Margarita y, sin muchos perfiles,[31] le pidió la mano de su hija.

35 A don Raimundo no le cayó en gracia[32] la petición, y cortésmente[33] despidió al postulante,[34] diciéndole que Margarita era aún muy niña para tomar marido, pues, a pesar de sus diez y ocho mayos,[35] todavía jugaba a las muñecas.[36]

Pero no era ésta la verdadera madre del ternero.[37] La negativa nacía
40 de que don Raimundo no quería ser suegro de un pobretón; y así hubo de decirlo en confianza a sus amigos, uno de los que fue con el chisme[38] a don Honorato, que así se llamaba el tío aragonés. Este, que era más al-tivo[39] que el Cid,[d] trinó de rabia[40] y dijo:

—¡Cómo se entiende! ¡Desairar[41] a mi sobrino! Muchos se darían con
45 un canto en el pecho[42] por emparentar con el[43] muchacho, que no le hay más gallardo en todo Lima. ¡Habráse visto insolencia de la laya![44] Pero ¿adónde ha de ir conmigo ese colectorcito de mala muerte?

Margarita, que se anticipaba a su siglo, pues era nerviosa como una damisela[45] de hoy, gimoteó,[46] y se arrancó[47] el pelo, y tuvo pataleta,[48] y si
50 no amenazó con envenenarse[49] fue porque todavía no se habían inven-tado los fósforos.[50]

Margarita perdía colores y carnes, se desmejoraba a vista de ojos,[51] hablaba de meterse monja[52] y no hacía nada en concierto.

—¡O de Luis o de Dios! —gritaba cada vez que los nervios se le
55 sulevaban, lo que acontecía una hora sí y otra también.

Alarmóse el caballero santiagués,[53] llamó físicos y curanderas,[54] y to-dos declararon que la niña tiraba a tísica[55] y que la única melecina[56] sal-vadora no se vendía en la botica.[57]

O casarla con el varón[58] de su gusto, o encerrarla en el cajón de
60 palma y corona.[59] Tal fue el *ultimátum* médico.

Don Raimundo (¡al fin padre!), olvidándose de coger capa y bastón,[60] se encaminó[61] como loco a casa de don Honorato, y le dijo:

—Vengo a que consienta usted en que mañana mismo se case su so-brino con Margarita, porque si no la muchacha se nos va por la posta.[62]

65 —No puede ser —contestó con desabrimiento[63] el tío—. Mi sobrino es un *pobretón,* y lo que usted debe buscar para su hija es un hombre que varee la plata.[64]

El diálogo fue borrascoso.[65] Mientras más rogaba don Raimundo, más se subía el aragonés a la parra,[66] y ya aquél iba a retirarse desahuciado,[67]
70 cuando don Luis, terciando[68] en la cuestión, dijo:

[28] *liking*
[29] **hasta...** completamente
[30] *attainment*
[31] **sin...** *without much ado*
[32] **no...** no le gustó
[33] *politely*
[34] candidato
[35] **diez...** 18 años
[36] *dolls*
[37] **madre...** razón de la de-cisión
[38] *piece of gossip*
[39] orgulloso
[40] **trinó...** *became furious*
[41] *To snub, To reject*
[42] **se...** *would do anything*
[43] **por...** por hacerse pa-riente del
[44] **de...** como ésa
[45] *damsel*
[46] *whined*
[47] **se...** *tore out*
[48] *tantrum*
[49] *poisoning herself*
[50] *matches*
[51] **se...** *she became visibly ill*
[52] **de...** *of becoming a nun*
[53] de la orden militar de Santiago
[54] **físicos...** *doctors and healers*
[55] **tiraba...** estaba a punto de contraer tuberculosis
[56] medicina
[57] farmacia
[58] hombre
[59] **cajón...** *coffin*
[60] **de...** *to take his cloak or walking stick*
[61] **se...** se fue
[62] **por...** a morir
[63] *rudeness*
[64] **que...** *who is very rich (lit. who would measure money by the yard)*
[65] *stormy*
[66] **se...** se enojaba el aragonés
[67] **retirarse...** irse sin espe-ranza
[68] interviniendo

---

[d]Título de respeto y sobrenombre popular dado a Rodrigo Díaz de Vivar, héroe nacional de la España del siglo XI y famoso personaje legendario del *Cantar de Mío Cid*, poema épico español.

—Pero, tío, no es de cristianos que matemos a quien no tiene la culpa.

—¿Tú te das por satisfecho?

—De todo corazón, tío y señor.

—Pues bien, muchacho, consiento en darte gusto; pero con una condición, y es ésta: don Raimundo me ha de jurar[69] ante la Hostia[70] consagrada que no regalará un ochavo[71] a su hija ni la dejará un real[72] en la herencia.

Aquí se entabló[73] nuevo y más agitado litigio.[74]

—Pero, hombre —arguyó don Raimundo—, mi hija tiene veinte mil duros[75] de dote.[76]

—Renunciamos a la dote. La niña vendrá a casa de su marido nada más que con lo encapillado.[77]

—Concédame usted entonces obsequiarla los muebles y el ajuar[78] de novia.

—Ni un alfiler.[79] Si no acomoda,[80] dejarlo y que se muera la chica.

—Sea usted razonable, don Honorato. Mi hija necesita llevar siquiera[81] una camisa para reemplazar la puesta.[82]

—Bien; paso por esa funda[83] para que no me acuse de obstinado. Consiento en que le regale la camisa de novia, y san se acabó.[84]

Al día siguiente don Raimundo y don Honorato se dirigieron muy de mañana a San Francisco, arrodillándose[85] para oír misa, y, según lo pactado, en el momento en que el sacerdote elevaba la Hostia divina, dijo el padre de Margarita:

—Juro no dar a mi hija más que la camisa de novia. Así Dios me condene si perjurare.[86]

II

Y don Raimundo Pareja cumplió *ad pedem litterae* [87] su juramento,[88] porque ni en vida ni en muerte dio después a su hija cosa que valiera un maravedí.[89]

Los encajes[90] de Flandes que adornaban la camisa de la novia costaron dos mil setecientos duros, según lo afirma Bermejo, quien parece copió este dato[91] de las *Relaciones secretas* de Ulloa y don Jorge Juan.[e]

Item,[92] el cordoncillo que ajustaba al cuello era una cadeneta de brillantes,[93] valorizada en treinta mil morlacos.[94]

Los recién casados[95] hicieron creer al tío aragonés que la camisa a lo más valdría una onza;[96] porque don Honorato era tan testarudo,[97] que, a saber lo cierto,[98] habría forzado al sobrino a divorciarse.

Convengamos en que fue muy merecida[99] la fama que alcanzó la camisa nupcial de Margarita Pareja.

[e]Antonio de Ulloa, explorador y científico español del siglo XVIII que, junto con don Jorge Juan, participó en una comisión para medir en Ecuador un grado del meridiano terrestre. En sus *Relaciones secretas* describen la América de su época.

69 **ha...** *has to swear*
70 *Host (bread for communion)*
71 *old Spanish copper coin of little value*
72 *old Spanish coin equivalent to one fourth of a peseta*
73 **se...** *empezó*
74 *disputa*
75 *Spanish coin, equivalent to five pesetas*
76 *dowry*
77 **lo...** *la ropa que lleva puesta*
78 *trousseau*
79 *pin*
80 **Si...** *Si no está de acuerdo*
81 *por lo menos*
82 **la...** *la que tiene puesta*
83 **paso...** *I'll agree to that*
84 **san...** *that's the end of it*
85 *kneeling*
86 **si...** *if I swear falsely*
87 **ad...** *(Latin) to the letter*
88 *oath*
89 *old coin of very little value (one half of an ochavo)*
90 *lace*
91 *información*
92 *Por ejemplo*
93 **el...** *the pull string at the neck was a chain of diamonds*
94 *silver coins*
95 **Los...** *The newlyweds*
96 *old coin of little value*
97 *stubborn*
98 **lo...** *la verdad*
99 **muy...** *well deserved*

✦ Comprensión y expansión

A. Conteste las siguientes preguntas según el texto.

1. ¿Quién era Margarita Pareja? ¿Cómo era ella?
2. ¿Quién era don Luis Alcázar? ¿Qué se sabe de él?
3. ¿Qué pasó en la procesión de Santa Rosa?
4. ¿Para qué fue don Luis a la casa de Margarita?
5. ¿Cómo respondió don Raimundo a la petición de don Luis? ¿Cuál fue su pretexto?
6. En realidad, ¿por qué había rechazado él a don Luis?
7. ¿Cómo reaccionó don Honorato cuando supo lo que pasó con su sobrino?
8. ¿Y cómo reaccionó Margarita? ¿Qué le pasó a ella?
9. ¿Por qué llamó don Raimundo a varios doctores y curanderas?
10. ¿Cuál fue el ultimátum médico?
11. ¿Qué hizo don Raimundo? Y esta vez, ¿cómo reaccionó don Honorato?
12. ¿Qué condiciones le impuso a don Raimundo el tío de don Luis?
13. ¿Qué juró don Raimundo? ¿Cumplió él su juramento? Explique.
14. ¿Cómo se enteró Bermejo del valor de la camisa de la novia?
15. ¿Por qué adquirió tanta fama la camisa de Margarita? Explique.

B. Complete las siguientes oraciones con un antónimo apropiado de la palabra subrayada.

1. Ernesto es humilde pero su papá es muy _____ .
2. ¿Quién ganó y quién _____ anoche?
3. Te pregunté si necesitabas algo pero tú no me _____ .
4. Se casaron en enero y _____ en noviembre.
5. ¡La niña es un ángel pero los niños son dos _____ !
6. ¿Quieres una camisa más _____ o más barata?
7. ¡Claro que prefiero la riqueza a la _____ !
   ¿Quién no... ?
8. Mi amigo no va a _____ de sus abuelos porque éstos se enojaron con él y lo desheredaron.

C. Las frases que siguen describen a algunas de las personas incluidas en «La camisa de Margarita». Lea cada una de ellas y marque **M** (Margarita), **DR** (don Raimundo), **DL** (don Luis) o **DH** (don Honorato) en los espacios correspondientes.

_____ 1. Era un caballero santiagués.
_____ 2. A los dieciocho años todavía jugaba a las muñecas.
_____ 3. Creía que en el amor no importaba el dinero.
_____ 4. Era un orgulloso caballero aragonés.
_____ 5. Quería casarse con Margarita.
_____ 6. Renunció a la dote.
_____ 7. Se enfermó de tristeza.
_____ 8. Intervino en la discusión entre don Raimundo y don Honorato.
_____ 9. Creía que la camisa no valdría más de una onza.
_____ 10. Tenía una camisa nupcial muy cara.

✦ Temas de discusión o análisis

1. Resuma con sus propias palabras el argumento de «La camisa de Margarita».
2. Basándose en el contenido de este relato, discuta la estructura de la sociedad limeña en el siglo XVIII.
3. Analice el tema del honor según se ve reflejado en la personalidad y el comportamiento de don Honorato.
4. Discuta la temática «amor-orgullo».
5. Comente la caracterización de los personajes como reflejo de los valores de la época.
6. Tomando al personaje Margarita como espejo de su tiempo, discuta la situación de la mujer hispana en el siglo XVIII.
7. Describa y analice la estructura formal de esta tradición.
8. Analice y discuta los elementos románticos del relato.
9. Basándose en el contenido y forma de «La camisa de Margarita», pruebe que la «tradición» es un género que combina elementos de otros dos géneros: del «cuento» y del «cuadro de costumbres». Dé ejemplos específicos.

✦ Temas de proyección personal

1. Piense en algún proverbio o dicho popular cuyo origen usted no conoce e invéntele una explicación más o menos lógica como lo hace Palma en «La camisa de Margarita».
2. Siguiendo la fórmula del autor peruano para escribir «tradiciones» —es decir, combinando un poco de verdad (historia o datos reales) y un poco de mentira (imaginación o invención)—, escriba una tradición contemporánea usando su imaginación e inspirándose en alguna noticia periodística o en algún evento reciente.
3. ¿Qué costumbres relacionadas con el noviazgo y el matrimonio en el pasado se ven reflejadas en esta tradición de Palma? Según su opinión, ¿han cambiado mucho esas costumbres durante el siglo XX? Explique.

JOSE MARTI

Nota biográfica

José Martí (1853–1895), poeta, ensayista, periodista, político y revolucionario cubano, nació en La Habana y participó, desde muy joven, en los movimientos de independencia de su país. Por razones políticas, fue deportado de Cuba en más de una ocasión. Vivió y estudió unos años en España. Estuvo en París, donde visitó a Víctor Hugo. Después pasó a México y residió un tiempo en Guatemala, donde se dedicó a la enseñanza y al periodismo. En 1878 regresó a su patria para volver a expatriarse un año después. Fue primero a Nueva York y luego a Venezuela, donde jugó un papel importante en la vida literaria y educativa venezolana. Se estableció finalmente en Nueva York, donde vivió hasta sus últimos tiempos, ganándose la vida como representante diplomático ante Estados Unidos de Argentina, Paraguay y Uruguay. También desde Nueva York colaboró en varios periódicos hispanoamericanos (incluyendo *La Nación* de Buenos Aires) y fundó, en 1892, el Partido Revolucionario Cubano. Como escritor, produjo obras innovadoras tanto en verso como en prosa y es por eso considerado como uno de los precursores del movimiento modernista. Aunque escribió también piezas de teatro, cartas, ensayos, crónicas e incluso una novela, a Martí se lo conoce más como poeta y se lo recuerda especialmente como apóstol de la independencia de su país. Como poeta, inició la renovación a fondo que se completaría después en el apogeo del modernismo. Como patriota, dedicó su vida al servicio de la independencia de su país y murió luchando por ella, fusilado por soldados españoles en mayo de 1895. En cuanto a su producción poética, sus mejores obras están incluidas en *Ismaelillo* (1882), *Versos sencillos* (1891), colección de quince poemas dedicados a su hijo, y en dos volúmenes publicados póstumamente: *Versos libres* (1878–1882) en 1913 y *Flores del destierro* (1885–1895) en 1932. Hay que señalar que para muchos críticos, *Ismaelillo* inaugura el modernismo en poesía por lo novedoso de sus imágenes y por la sinceridad emotiva, el ritmo poético y la simplicidad expresiva de los versos contenidos en ese poemario.

Estatua ecuestre de José Martí, situada en Central Park, Nueva York; obra de la escultora norteamericana Anna Hyatt Huntington.

✦ Guía y actividades de pre-lectura

Los tres poemas aquí incluidos provienen de *Versos sencillos,* obra que reúne las poesías más conocidas y famosas de José Martí. En su introducción a dicha colección poética, Martí explica cómo y dónde nacieron esos textos: «Mis amigos saben cómo se me salieron estos versos del corazón. Fue aquel invierno de angustia, en que por ignorancia, o por fe fanática, o por miedo, o por cortesía, se reunieron en Washington, bajo el águila temible, los pueblos hispanoamericanos». Martí alude aquí a la Conferencia Internacional Americana reunida en Washington donde había surgido la idea de apartar a Cuba de España y de anexarla a Estados Unidos. Indica un poco después, en la misma introducción, que escribió esos versos durante su estadía en las montañas Catskills, cerca de Nueva York, adonde había ido por razones de salud y por recomendación médica. En *Versos sencillos* Martí emplea el octosílabo,* metro tradicional y popular de la lírica española, para expresar una variedad temática que refleja el drama interior y exterior de su propia vida. Motivos recurrentes en dicha obra son el amor en todas sus manifestaciones y en particular el amor al hijo, a la mujer, a la naturaleza, a la patria y por extensión a toda América. Otros temas martinianos esenciales son la importancia de la amistad, la libertad y la dignidad como valores humanos supremos, la preocupación por los humildes y la necesidad de justicia social para toda la humanidad. La renovación poética iniciada por Martí no hay que buscarla en la forma sino en el contenido de sus versos. En efecto, en una época en que todavía persisten los elementos románticos, detectables en su propia obra, lo nuevo de su poesía está en el uso de metáforas y símbolos novedosos, en la naturalidad del lenguaje, en el empleo del color, en la sinceridad expresiva y en las imágenes que sorprenden por su gran modernidad.

1. Se cree que el poema IX, más conocido como «La niña de Guatemala», está inspirado en un episodio real en la vida de José Martí. Aparentemente, mientras éste enseñaba en Guatemala, una de sus estudiantes, María García Granados, se enamoró de él y sufrió mucho cuando el poeta fue a México para casarse con Carmen Zayas Bazán, su prometida cubana. La joven guatemalteca, a quien Martí le dedicó otro poema titulado «María», murió poco tiempo después de la boda de Martí. Ahora lea los cuatro primeros versos de este poema.
   a. ¿Cuál va a ser el tema del poema?
   b. ¿Quién parece ser el «yo» que va a contar la historia?
   c. ¿Contará una historia cómica o trágica? Explique.

2. En general, en *Versos sencillos* abundan las alusiones a elementos naturales y cromáticos como, por ejemplo, la inclusión de flores, lugares y colores. En particular, Martí menciona tres colores en los poemas XXV y XXXIX: el amarillo, el negro y el blanco que, en sus respectivos contextos, adquieren valor simbólico. ¿Qué sentimientos, ideas o valores particulares asocia usted con los colores rojo, blanco, negro, verde, amarillo y azul? ¿Cuáles de estos colores tienen cierto simbolismo universal o más general? Comente.

Poema IX

Quiero, a la sombra de un ala,[1]
contar este cuento en flor:
la niña de Guatemala,
la que se murió de amor.

Eran de lirios los ramos,[2]
y las orlas de reseda
y de jazmín;[3] la enterramos[4]
en una caja de seda.[5]

... Ella dio al desmemoriado[6]
una almohadilla de olor;[7]
él volvió, volvió casado;
ella se murió de amor.

Iban cargándola[8] en andas[9]
obispos y embajadores;
detrás iba el pueblo en tandas,[10]
todo cargado de flores.

... Ella, por volverlo a ver,
salió a verlo al mirador:[11]
él volvió con su mujer:
ella se murió de amor.

Como de bronce candente[12]
al beso de despedida,
era su frente: ¡la frente
que más he amado en mi vida!

... Se entró de tarde en el río,
la sacó muerta el doctor:
dicen que murió de frío:
yo sé que murió de amor.

Allí, en la bóveda helada,[13]
la pusieron en dos bancos:
besé su mano afilada,[14]
besé sus zapatos blancos.

Callado,[15] al oscurecer,[16]
me llamó el enterrador:[17]
¡nunca más he vuelto a ver
a la que murió de amor!

1 **a...** *in the shadow of a (protecting) wing*
2 **Eran...** *The bouquets were lilies*
3 **las...** *the edgings were reseda (a type of fragrant flower) and jasmine*
4 *we buried*
5 *silk*
6 *forgetful man*
7 **almohadilla...** *small perfumed bag (for handkerchiefs or gloves)*
8 llevándola
9 **en...** en procesión a pie
10 **en...** en grupos
11 balcón
12 **Como...** *Like burning bronze*
13 **en...** *in the icy crypt*
14 *slender*
15 Silencioso
16 **al...** *at nightfall*
17 *gravedigger*

Conteste las siguientes preguntas según el poema.

1. ¿Cuál es la historia que el «yo» poético quiere contar?
2. Según el cuarto verso, ¿de qué murió la niña de Guatemala?
3. Aparentemente, ¿de quién estaba enamorada ella? ¿Por qué no se casó con él?
4. ¿Adónde la llevan en andas tantas personas con tantas flores?
5. ¿Quiénes «iban cargándola en andas»? ¿Qué indica esto con respecto a la posición social y familiar de la joven muerta?
6. ¿Cómo interpreta usted la séptima estrofa? ¿Se suicidó ella o tal vez se ahogó accidentalmente? Explique.
7. ¿Dónde se encuentran el verso «la que se murió de amor» y los otros versos de contenido similar? Según su opinión, ¿qué efecto produce la repetición regular de esa frase y sus variantes en el poema? Comente.

Poema XXV

Yo pienso, cuando me alegro
Como un escolar sencillo,[1]
En el canario amarillo,—
Que tiene el ojo tan negro.

5
Yo quiero, cuando me muera,
Sin patria, pero sin amo,[2]
Tener en mi losa[3] un ramo
De flores,—y una bandera.[4]

[1] **escolar...** simple estudiante
[2] *master*
[3] *gravestone*
[4] *flag*

♦ **Comprensión**

Conteste las siguientes preguntas según el poema.

1. ¿En qué piensa el poeta cuando está alegre?
2. ¿Con quién se compara él? ¿Cómo explica usted esa comparación?
3. ¿Qué quiere tener él en su losa cuando se muera?
4. Según su opinión, ¿en qué situación política se encuentra el poeta cuando escribe estos versos? Explique.

Poema XXXIX

Cultivo una rosa blanca,
en julio como en enero,
para el amigo sincero
que me da su mano franca.[1]

[1] *sincera*

Y para el cruel que me arranca[2]
el corazón con que vivo,
cardo[3] ni ortiga[4] cultivo:
cultivo la rosa blanca.

2 *tears out*
3 *thistle*
4 *nettle*

✦ Comprensión

Conteste las siguientes preguntas según el poema.

1. ¿Qué cultiva el poeta? ¿En qué época del año?
2. ¿Para quién(es) cultiva él la rosa blanca?
3. ¿Trata él de manera diferente a sus amigos y a sus enemigos? Explique.

✦ Expansión

A. En los tres poemas aquí incluidos, hay muchas alusiones a flores, lugares y colores. Las palabras que siguen provienen de dichos poemas. Identifique la categoría a la que pertenecen escribiendo **F** (flor), **L** (lugar) o **C** (color) en los espacios correspondientes.

____	1. río	____	7. reseda
____	2. amarillo	____	8. blanco
____	3. patria	____	9. jazmín
____	4. mirador	____	10. negro
____	5. caja	____	11. bóveda
____	6. ramo	____	12. lirio

B. Complete las siguientes afirmaciones marcando con un círculo la letra de la respuesta más apropiada.

1. La niña de Guatemala fue enterrada en una caja de...
   a. flores.   b. seda.
   c. madera.

2. Ella le había dado al poeta una almohadilla...
   a. de olor.   b. de jazmín.
   c. de amor.

3. El poeta regresó a Guatemala...
   a. solo.   b. enfermo.
   c. casado.

4. Aparentemente la joven guatemalteca...
   a. murió de un ataque al corazón.   b. murió de fiebre.
   c. murió ahogada.

5. El canario mencionado en el poema XXV tiene los ojos...
   a. amarillos.   b. negros.
   c. claros.

6. Al «yo» de ese poema no le interesa...
   a. la naturaleza.   b. el dinero.
   c. la patria.

7. El «yo» del poema XXXIX no cultiva...
    a. rosas.   b. cardos.
    c. flores.
8. El tema central de ese poema es...
    a. la amistad.   b. la muerte.
    c. el amor.

✦ Temas de discusión o análisis

1. Resuma con sus propias palabras, en prosa y en orden cronológico, la historia de la niña de Guatemala.
2. Comente el uso de las flores y su posible simbolismo en el poema IX.
3. Haga una lista de las imágenes funerarias incluidas en el poema IX y discuta su importancia temática y/o estructural.
4. Describa y analice los elementos románticos y modernistas del poema IX.
5. En la poesía de Martí abundan las alusiones directas e indirectas a ciertos colores. Discuta el posible simbolismo del amarillo y del negro en el poema XXV y del blanco en el poema XXXIX.
6. Analice las posibles interpretaciones simbólicas del canario amarillo, del ramo de flores y de la bandera en el poema XXV.
7. El poema XXXIX sugiere como guía de vida la idea de ser generoso hasta con los enemigos, de devolver bien por mal. En un conocido pasaje bíblico se encuentra un concepto similar: «... si alguno te abofetea en la mejilla derecha, dale también la otra; [...] Amad a vuestros enemigos y orad por los que os persiguen, para que seáis hijos de vuestro Padre, [...] que hace salir el sol sobre malos y buenos y llueve sobre justos e injustos... » (Mateo, V, 38–48). Compare, contraste y comente ambos textos.

✦ Temas de proyección personal

1. ¡Usted es poeta! Escriba su propio poema tomando como modelo la estructura del poema IX o la del poema XXV. Por ejemplo, inspirado(a) en el primer poema, podría empezar con una de estas frases:

    Quiero, al ritmo de este baile...
    Quiero, en esta noche triste...
    Quiero, al tomar este vino...
    Quiero, al recordar tus besos...

    O siguiendo el modelo del poema XXV, podría incluir en su poema a su gato, a su perro, a su novio(a) o a cualquier otra cosa, animal o persona. Y podría empezar así:

    Yo pienso, cuando me alegro / ... / En el gatito negrito / Que tiene...
    Yo pienso, cuando me enojo / ... / En el padre de mi novio(a) / Que tiene...

2. Describa el recuerdo de algo que le causó mucha alegría o algún momento de su pasado en que usted se sintió muy feliz.
3. El autor del poema XXXIX le asigna un valor muy alto a la amistad. ¿Está usted de acuerdo con él en que la amistad es algo muy valioso e importante? Comente.

RUBEN DARIO

Nota biográfica

Rubén Darío (1867–1916), seudónimo de Félix Rubén García Sarmiento y uno de los grandes genios de la poesía hispánica de todos los tiempos, nació y murió en Nicaragua, aunque vivió fuera de su país gran parte de su vida. Su vocación poética se manifestó en su adolescencia, durante su época de formación escolar en un colegio jesuita. Apenas tenía trece años cuando ya lo conocían como «el poeta niño». Su interés literario también se inició muy temprano. Terminados sus estudios, trabajó en la Biblioteca Nacional, en Managua, y allí tuvo la oportunidad de leer a los clásicos de la literatura española y universal. Prolífico poeta, prosista y periodista, Darío es, sin lugar a dudas, la figura más representativa del modernismo hispanoamericano. En efecto, fue él quien acuñó el término «modernismo» para referirse al movimiento de renovación literaria que, a través de sus obras, él llevaría a su máximo esplendor. Como diplomático y periodista, pasó muchos años en el extranjero, haciendo vida de bohemio y viajando por casi toda América y Europa. En 1886, cuando apenas tenía diecinueve años, fue a Chile para trabajar en *La Epoca,* un periódico de Santiago. En la capital chilena se dedicó a leer a escritores franceses contemporáneos, familiarizándose con la obra del romántico Víctor Hugo y, en particular, con la de algunos prosistas y poetas parnasianos (Théophile Gautier y Charles Leconte de Lisle) y simbolistas (Stéphane Mallarmé y Paul Verlaine). Allí también apareció su primer libro importante, *Azul...* (1888), considerado por muchos críticos como piedra angular del modernismo. En efecto, su fecha de publicación es a menudo citada como año que marca el principio del período modernista. Dicha obra, mezcla de poemas y cuentos, fue muy elogiada por el escritor español Juan Valera, cuya carta de octubre de 1888 a Darío, llena de comentarios laudatorios, sirvió de prólogo a la segunda edición del libro, aparecida dos años después. En 1891 Darío se casó en Guatemala con Rafaela Contreras y al año siguiente viajó a España como delegado de su país para asistir a los eventos relacionados con el Cuarto Centenario del Descubrimiento de América. En Europa hizo amistad con conocidos escritores españoles (Valera, Emilia Pardo Bazán y otros) y franceses (Verlaine, Jean Moréas, Remy de Gourmont y algunos más) de entonces y fomentó el interés de éstos en la literatura hispánica. Regresó a Nicaragua a principios de 1893 y allí se enteró de la reciente muerte de su esposa. Sin embargo, dos meses más tarde se casó en segundas nupcias con Rosario Murillo, aparentemente contra su voluntad, obligado por un hermano de la mujer. Este matrimonio no duró mucho y terminó en separación. Ese mismo año fue nombrado cónsul de Colombia en Argentina y viajó a Buenos Aires donde permaneció hasta 1898, año de la derrota española en la guerra entre España y Estados Unidos. En la capital argentina desarrolló una intensa actividad literaria; escribió para el diario *La Nación* —del cual había sido nombrado corresponsal en 1890— y dio a conocer sus propios ideales modernistas, acogidos con entusiasmo en el ambiente artístico bonaerense. Allí también publicó *Prosas profanas* (1896), libro de poemas y obra cumbre del modernismo en su etapa de madurez, y conoció a grandes figuras de la época: al argentino Leopoldo Lugones, al uruguayo Julio Herrera y Reissig y al boliviano Ricardo Jaimes Freyre, entre otros. Como consecuencia de los acontecimientos de 1898 y en su calidad de corresponsal de *La Nación*, Darío fue enviado a Madrid para informar a los lectores argentinos de la situación de España después de la pérdida de sus últimas colonias. Darío regresaba a España en momentos en que allí surgía una generación de escritores («la generación del 98») que tenía mucho en común con el movimiento literario que él lideraba. Fue en ese viaje que conoció a su tercera y última esposa, Francisca Sánchez, con quien viviría el resto de su vida. Permaneció en Europa varios años, fijando residencia primero en París, donde fue cónsul de su país entre 1903 y 1907, y luego en Madrid, donde ocupó el cargo de Ministro de Nicaragua entre 1908 y 1910, cuando fue a México para las festividades del centenario de su independencia. Aprovechó su larga estadía europea para seguir viajando y visitó Francia, Inglaterra, Italia, Bélgica, Austria y Alemania. En 1905 publicó en Madrid *Cantos de vida y esperanza,* su mejor obra y probablemente la más personal. Al hablar de este libro en un artículo aparecido en *La Nación* en 1913 e incluido después en su *Historia de mis libros* (publicado póstumamente), escribe Darío que «el mérito principal de mi obra, si alguno tiene, es el de una gran sinceridad, el de haber puesto mi corazón al desnudo, el de haber abierto de par en par las puertas y ventanas de mi castillo interior para enseñar a mis hermanos el habitáculo de mis más íntimas ideas y de mis más caros ensueños... » Aunque sus comentarios expresen cierto grado de humildad, para entonces él ya era un triunfador y estaba muy consciente de su éxito en ambos lados del Atlántico. Así lo confirman sus propias palabras cuando afirma lo siguiente en su prefacio a *Cantos de vida y esperanza:* «El movimiento de libertad que me tocó iniciar en América se propagó hasta España, y tanto aquí como allá el triunfo está logrado». El tono de introspección personal inaugurado en este último poemario, reflejo tal vez de la desilusión del autor con la esterilidad formal del arte por el arte, es el que predomina en sus obras poéticas posteriores, especialmente en *El canto errante* (1907), *Poema del otoño y otros poemas* (1910) y *Canto a la Argentina y otros poemas* (1914).

✦ Guía y actividades de pre-lectura

En general, los poemas de Darío reflejan las características comúnmente asociadas con la poesía modernista: actitud de evasión de la realidad, cuidado de la forma, culto de lo bello y lo aristocrático, lenguaje refinado, cromático, sensorial, metafórico y musical. En particular, *Azul...*, *Prosas profanas* y *Cantos de vida y esperanza,* las tres colecciones preferidas de Darío, reúnen y resumen los elementos más importantes del modernismo en sus diferentes etapas. Son éstos: la búsqueda de una nueva estética, el énfasis en la perfección formal, la práctica del «arte por el arte» y, en general, la adaptación y combinación de ciertos aspectos del romanticismo y de lo mejor del parnasianismo y simbolismo franceses, respectivamente. Sus páginas están llenas de princesas, cisnes y pavos reales, seres mitológicos, flores de lis y lotos, joyas de lujo y objetos de arte situados en lugares y tiempos pasados: castillos medievales, suntuosos palacios (como el de Versalles de París en la Francia del siglo XVIII), lagos en jardines encantados y otros escenarios igualmente lejanos o irreales. Si en los cuentos y versos de *Azul...* (especialmente en los agregados en la segunda edición de 1900) ya se pueden detectar prácticamente todas las características asociadas con el modernismo, en los poemas de *Prosas profanas* la belleza formal y el esteticismo modernista llegan a su máxima expresión. De ahí que dicho libro sea considerado de importancia fundamental en el mundo de las letras. Para algunos críticos —como Enrique Anderson Imbert, por ejemplo— *Prosas profanas* es la primera obra latinoamericana que llega a influenciar la literatura española. Sin embargo, en *Cantos de vida y esperanza,* volumen que contiene los poemas más famosos y universales de Darío, se notan algunos cambios en su poesía. Sin romper con las preocupaciones formales de sus libros anteriores, en los poemas de esta colección disminuye el énfasis en lo puramente estético. Se impone la presencia personal de Darío que aquí tiende a reflexionar sobre su propia existencia, sobre el amor, la vida, el arte, la religión, y en sus versos se percibe un tono más íntimo, filosófico, casi religioso a veces. En su *Historia de mis libros* Darío sintetiza de la siguiente manera la significación personal que para él tienen sus tres libros más importantes: «Si *Azul...* simboliza el comienzo de mi primavera, y *Prosas profanas* mi primavera plena, *Cantos de vida y esperanza* encierra las esencias y savias de mi otoño».

Los tres poemas aquí incluidos provienen de los últimos dos libros mencionados: «El cisne» de *Prosas profanas* y tanto «Canción de otoño en primavera» como «A Roosevelt» de *Cantos de vida y esperanza. Prosas profanas* es una colección de poemas y no de prosas como el título parecería indicar. Aquí el término «prosas» significa «poesías» porque está usado en su acepción musical de «canto litúrgico», similar al uso de «*prose*» en el poema «*Prose pour des Esseintes* » de Stéphane Mallarmé, por ejemplo. Como en los otros poemas de esta obra, «El cisne» refleja una gran preocupación por la forma, emplea un lenguaje refinado y musical, evoca un mundo artístico de gran belleza y abunda en alusiones mitológicas y legendarias. También como en los otros poemas, en los que predomina la versificación regular, «El cisne» está escrito en forma de soneto* alejandrino tradicional: versos de catorce sílabas divididos en dos partes de siete cada uno. En efecto, en el aspecto formal, lo nuevo o modernista aquí no está en la versificación sino en el ritmo musical de sus versos, en sus disonancias, en sus asimetrías, en sus ritmos internos y en su lenguaje lleno de extranjerismos y de exotismo. *Cantos de vida y esperanza* se publica en 1905, después de la guerra de 1898 entre Estados Unidos y España y después de la cesión en arriendo casi centenario de la zona del canal de Panamá a Estados Unidos en 1903. Como lo sugiere el vocablo «cantos» del título, los poemas de esta colección se caracterizan por su musicalidad rítmica. Prevalece en esta obra la inquietud metafísica y sus versos se vuelven más íntimos, más profundos y más trascendentes. Su lenguaje se hace más sencillo y directo, y ya no se encuentran aquí los objetos de lujo, figuras mitológicas, palacios imponentes y transposiciones artísticas recurrentes en *Prosas profanas.* Todos estos elementos están presentes en «Canción de otoño en primavera», poema aquí incluido y escrito en estrofas de cuatro versos de nueve sílabas cada uno, con rima consonante ABAB. Sin duda la derrota española en 1898 y la nueva política del presidente Theodore Roosevelt de interferencia e intervención en los asuntos latinoamericanos influyeron decisivamente en que Darío abandonara los castillos medievales y palacios versallescos y volviera a encontrar inspiración en sus raíces hispánicas. El propio autor se encarga de justificar esta nueva temática en *Cantos de vida y esperanza* cuando en el último párrafo de su prólogo a dicho poemario declara: «Si en estos cantos hay política, es porque aparece universal. Y si encontráis versos a un presidente, es porque son un clamor continental. Mañana podremos ser yanquis (y es lo más probable); de todas maneras, mi protesta queda escrita sobre las alas de los inmaculados cisnes, tan ilustres como Júpiter.» Esos hechos histórico-políticos que le tocaron vivir explican entonces, racional y lógicamente, que el mismo Darío de «El cisne» llegara a escribir también «A Roosevelt». Este poema tiene forma polimétrica ya que combina estrofas de diferente número de versos y versos de diferente número de sílabas, respectivamente.

1. Convertir a la poesía en un objeto bello y elegante es una de las metas principales de los modernistas. Mire la foto de la página 114 y trate de adivinar por qué éstos hicieron del cisne su símbolo favorito. Según su opinión, ¿hay algún otro objeto o elemento de la naturaleza —estatua, monumento, palacio, flor, animal, planta o estrella en particular— que los modernistas podrían haber tomado como símbolo en vez del cisne? Compare y contraste sus sugerencias con la elección del cisne. ¿Por qué cree usted que ellos prefirieron el cisne?

2. ¿Conoce usted la leyenda asociada con el canto del cisne? ¿Qué dice esa leyenda? ¿A qué se alude cuando se habla del «canto del cisne» o *swan song* de alguien? Explique.

3. ¿Qué le sugiere el título «Canción de otoño en primavera»? ¿Será triste o alegre este poema? Según su opinión, ¿sería más triste o más alegre si el título fuera «Canción de primavera en otoño»? ¿Por qué?

4. ¿Qué significados simbólicos tienen a veces las estaciones del año? En particular, ¿con qué época de la vida humana asocia usted la primavera, el verano, el otoño y el invierno? Comente.

5. Para comprender mejor algunas de las alusiones referentes al presidente Theodore Roosevelt en «A Roosevelt», infórmese en algún libro de referencia sobre
   a. sus datos biográficos;
   b. su política exterior con respecto a Latinoamérica;
   c. la situación de la zona del canal de Panamá desde 1903 hasta el presente;
   d. la política exterior de Estados Unidos con respecto a los países hispánicos del Caribe entre 1898 y 1915.

6. En estos tres poemas va a encontrar alusiones de carácter musical, literario, artístico, histórico, bíblico, mitológico y legendario. Para facilitar su comprensión, busque información en algún libro de referencia sobre **cinco** de los siguientes personajes que no han sido incluidos en las notas al pie de

los poemas donde aparecen. Luego prepare un breve informe oral con los resultados de su investigación.

a. Richard Wagner
b. Thor
c. Herodías
d. Salomé
e. Walt Whitman
f. Washington
g. Leo Tolstoy
h. Hércules
i. Mammón
j. Platón
k. Moctezuma
l. el Inca
m. Cristóbal Colón

El cisne[1]

Dos hermosos cisnes, síntesis de perfección y belleza para los poetas modernistas.

Fue en una hora divina para el género humano.[2]
El cisne antes cantaba sólo para morir.
Cuando se oyó el acento[3] del Cisne wagneriano[a]
fue en medio de una aurora,[4] fue para revivir.

[1] *swan*
[2] **el...** la raza humana
[3] sonido
[4] *dawn*

[a]Aquí se hace referencia al simbolismo del cisne en la ópera *Lohengrin* del famoso compositor alemán Richard Wagner (1813–1883), donde el cisne es realmente una joven encantada.

Sobre las tempestades[5] del humano océano
se oye el canto del Cisne; no se cesa de oír,
dominando el martillo del viejo Thor germano[6]
o las trompas que cantan la espada[7] de Argantir.[b]

¡Oh Cisne! ¡Oh sacro[8] pájaro! Si antes la blanca Helena[c]
del huevo azul de Leda brotó de gracia llena,[9]
siendo de la Hermosura la princesa inmortal,

bajo tus blancas alas la nueva Poesía
concibe en una gloria de luz y de armonía
la Helena eterna y pura que encarna[10] el ideal.

5 *tempests*
6 **dominando...** *overpower-ing the hammer of the an-cient Germanic Thor*
7 **las...** *the trumpets that praise the sword*
8 *sagrado*
9 **la...** *fair Helen emerged, full of grace, from Leda's blue egg*
10 *embodies*

✦ Comprensión

Conteste las siguientes preguntas según el poema.

1. Según el segundo verso del poema, ¿qué se asociaba antes con el canto del cisne?
2. En el primer cuarteto, ¿qué transformación se nota en el cisne? Explique.
3. Según su opinión, ¿por qué se menciona aquí a Thor y a Argantir? ¿Qué representan esas figuras mitológicas y legendarias?
4. ¿Quién fue Helena de Troya? ¿Qué simboliza ella en este poema?
5. Teniendo en cuenta el último terceto, ¿cómo será la «nueva Poesía», es decir, la poesía modernista? Comente.

Canción de otoño en primavera

Juventud, divino tesoro,[1]
¡ya te vas para no volver!
Cuando quiero llorar, no lloro,
y a veces lloro sin querer...

Plural ha sido la celeste[2]
historia de mi corazón.
Era una dulce niña, en este
mundo de duelo[3] y aflicción.

1 *treasure*
2 **Plural...** *Varied has been the heavenly*
3 *dolor*

---

[b]En la mitología teutónica, el héroe Argantir tenía una espada centelleante de gran poder, heredada de padres a hijos.

[c]Según la mitología griega, Helena de Troya era hija de Leda, a quien había enamorado Zeus en forma de cisne. De ahí que se considerara a Helena como de origen divino y que su gran belleza fuera tomada, especialmente entre los modernistas, como modelo de perfección y hermosura.

Miraba como el alba[4] pura;
sonreía como una flor.
Era su cabellera[5] oscura
hecha de noche y de dolor.

Yo era tímido como un niño.
Ella, naturalmente, fue,
para mi amor hecho de armiño,[6]
Herodías y Salomé...

Juventud, divino tesoro,
¡ya te vas para no volver!
Cuando quiero llorar, no lloro,
y a veces lloro sin querer...

La otra fue más sensitiva
y más consoladora[7] y más
halagadora[8] y expresiva,
cual no pensé encontrar jamás.

Pues a su continua ternura[9]
una pasión violenta unía.[10]
En un peplo[11] de gasa[12] pura
una bacante[a] se envolvía[13] ...

En brazos tomó mi ensueño[14]
y lo arrulló[15] como a un bebé...
y lo mató, triste y pequeño,
falto de[16] luz, falto de fe[17] ...

Juventud, divino tesoro,
¡te fuiste para no volver!
Cuando quiero llorar, no lloro,
y a veces lloro sin querer...

Otra juzgó[18] que era mi boca
el estuche[19] de su pasión;
y que me roería,[20] loca,
con sus dientes el corazón,

poniendo en un amor de exceso
la mira de su voluntad,[21]
mientras eran abrazo y beso
síntesis de la eternidad;

[4]	*dawn*
[5]	cabello, pelo
[6]	*ermine*
[7]	*comforting*
[8]	*flattering*
[9]	*tenderness*
[10]	*she added*
[11]	*sleeveless tunic worn in ancient Greece and Rome*
[12]	*gauze*
[13]	**se...** *was wrapped*
[14]	fantasía
[15]	**lo...** *sang it to sleep*
[16]	**falto...** sin
[17]	*faith*
[18]	decidió, resolvió
[19]	*repository*
[20]	*she would gnaw*
[21]	**la...** *the aim of her desire*

---

[a]Las bacantes eran las sacerdotisas de Baco, dios griego del vino. Aquí se usa el término «bacante» de manera figurativa, para aludir a una mujer de vida alegre.

45   y de nuestra carne ligera[22]

            imaginar siempre un Edén,[23]

            sin pensar que la Primavera

            y la carne acaban también...

               Juventud, divino tesoro,

50   ¡ya te vas para no volver!

            Cuando quiero llorar, no lloro,

            y a veces lloro sin querer.

             ¡Y las demás! En tantos climas,

            en tantas tierras siempre son,

55   si no pretextos de mis rimas[24]

            fantasmas[25] de mi corazón.

             En vano busqué a la princesa

            que estaba triste de esperar.[b]

            La vida es dura. Amarga[26] y pesa.

60   ¡Ya no hay princesa que cantar!

             Mas a pesar del tiempo terco,[27]

            mi sed de amor no tiene fin;

            con el cabello gris, me acerco

            a los rosales del jardín...

65   Juventud, divino tesoro,

            ¡ya te vas para no volver! ...

            Cuando quiero llorar, no lloro,

            y a veces lloro sin querer ...

             ¡Mas es mía el Alba de oro!

Margin glosses:

[22] **carne...** *weak flesh*
[23] *garden of Eden (Paradise)*
[24] poemas
[25] *phantoms*
[26] *Bitter*
[27] obstinado

✦ Comprensión

Conteste las siguientes preguntas según el poema.

1. Según este poema, ¿qué pasa cuando se va la juventud? ¿Vuelve algún día o no?
2. ¿Qué significan los versos «Plural ha sido la celeste / historia de mi corazón»? Explique.
3. ¿Cómo era el primer amor del poeta? ¿Por qué la compara él con Herodías y Salomé? Comente.
4. ¿Cómo era el segundo amor del poeta en comparación con su primer amor?

---

[b]Aquí hay una alusión autoreferencial de Darío a su famosa «Sonatina» de *Prosas profanas,* en cuyo primer verso se lee: «La princesa está triste... ¿Qué tendrá la princesa?»

5. ¿Qué dice el poeta de su tercer amor? ¿Cómo se compara esta mujer con las dos anteriores? Explique.
6. ¿Tuvo él otros amores? ¿Muchos o pocos? ¿Todos en el mismo lugar o en varios? Indique qué versos apoyan su respuesta.
7. ¿Encontró el poeta a la princesa ideal que buscaba?
8. ¿Cómo interpreta usted los versos 61–64?
9. ¿Qué interpretación tiene usted para el último verso: «¡Mas es mía el Alba de oro!»?

A Roosevelt[a]

Es con voz de la Biblia, o verso de Walt Whitman,
que habría de llegar hasta ti, Cazador,[1]
primitivo y moderno, sencillo y complicado,
con un algo de Washington y cuatro de Nemrod.[2][b]

5   Eres los Estados Unidos,
eres el futuro invasor[3]
de la América ingenua que tiene sangre indígena,
que aún reza[4] a Jesucristo y aún habla español.

    Eres soberbio[5] y fuerte ejemplar[6] de tu raza;
10   eres culto,[7] eres hábil;[8] te opones a[9] Tolstoy.
Y domando[10] caballos, o asesinando tigres,
eres un Alejandro–Nabucodonosor.[c]
(Eres un profesor de Energía
como dicen los locos de hoy.)

15   Crees que la vida es incendio,[11]
que el progreso es erupción,
que en donde pones la bala[12]
el porvenir[13] pones.
                No.

20   Los Estados Unidos son potentes y grandes.
Cuando ellos se estremecen[14] hay un hondo temblor[15]

1 *Hunter*
2 **con...** *one part Washington and four parts Nimrod*
3 *invader*
4 *prays*
5 orgulloso
6 modelo
7 *cultured*
8 *skillful, clever*
9 **te...** *you are against*
10 *taming*
11 *fire*
12 *bullet*
13 futuro
14 **se...** *quiver, shake*
15 *tremor*

---

[a]El título de este poema se refiere a Theodore Roosevelt, presidente de los Estados Unidos de 1901 a 1909.
[b]Según la Biblia, Nemrod o Nimrod era uno de los reyes de Caldea, «robusto cazador ante Yavé» (Génesis X: 8–9) y «potente sobre la tierra» (Crónicas I:10).
[c]Nombre que combina el de dos grandes guerreros y conquistadores de la historia: el de Alejandro Magno (*Alexander the Great*), rey de Macedonia (356–323 a. de J. C.), y el de Nabucodonosor (*Nebuchadnezzar*), rey de Babilonia (604–561 a. de J. C.).

que pasa por las vértebras[16] enormes de los Andes.
Si clamáis,[17] se oye como el rugir[18] del león.
Ya Hugo a Grant[d] lo dijo: Las estrellas son vuestras.[19]
25 (Apenas brilla, alzándose,[20] el argentino sol
y la estrella chilena se levanta...) Sois ricos.
Juntáis al culto de Hércules el culto de Mammón,
y alumbrando[21] el camino de la fácil conquista,
la Libertad levanta su antorcha[22] en Nueva York.

30   Mas la América nuestra, que tenía poetas
desde los viejos tiempos de Netzahualcoyotl,[e]
que ha guardado las huellas de los pies del gran Baco,[23]
que el alfabeto pánico[f] en un tiempo aprendió;
que consultó los astros, que conoció la Atlántida[g]
35 cuyo nombre nos llega resonando en Platón,
que desde los remotos momentos de su vida
vive de luz, de fuego, de perfume, de amor,
la América del grande Moctezuma, del Inca,
la América fragante de Cristóbal Colón,
40 la América católica, la América española,
la América en que dijo el noble Guatemoc:[h]
«Yo no estoy en un lecho[24] de rosas»; esa América
que tiembla de huracanes y que vive de amor,
hombres de ojos sajones[25] y alma bárbara, vive.
45 Y sueña. Y ama, y vibra, y es la hija del Sol.
Tened cuidado. ¡Vive la América española!
Hay mil cachorros[26] sueltos[27] del León Español.
Se necesitaría, Roosevelt, ser, por Dios mismo,
el Riflero[28] terrible y el fuerte Cazador,
50 para poder tenernos en vuestras férreas garras.[29]

    Y, pues contáis con todo,[30] falta una cosa: ¡Dios!

---

[16] *vertebrae; the chain of mountains*
[17] *gritáis*
[18] *roar*
[19] **Ya...** *As Hugo told Grant: the stars are yours.*
[20] *levantándose*
[21] *lighting*
[22] *torch*
[23] **que...** *who guarded the footprints of the great Bacchus*
[24] *cama*
[25] *Anglo-Saxon*
[26] *lion cubs*
[27] *loose*
[28] *Rifleman*
[29] **en...** *in your iron claws*
[30] **contáis...** *lo tenéis todo*

---

[d]El presidente Ulysses S. Grant visitó París en 1877 y es probable que el escritor francés Víctor Hugo, autor de varios artículos en contra de Grant, haya pronunciado en esa ocasión las palabras citadas en el poema y que tal vez aludan a la bandera de Estados Unidos.

[e]Netzahualcoyotl, llamado «el rey-filósofo», fue un rey chichimeca de Texcoco, México, filósofo y notable poeta del siglo XV.

[f]Se creía que las musas le habían enseñado el alfabeto del dios Pan a Baco, dios griego del vino.

[g]Atlántida es el nombre de una isla legendaria que, según la leyenda griega, había existido en el Atlántico y estaba situada al oeste de Gibraltar. Dicha isla está mencionada en dos de los diálogos de Platón (428–c. 347 a. de J. C.).

[h]Guatemoc o Cuauhtémoc fue sobrino de Moctezuma y el último emperador azteca de México. Se dice que pronunció las palabras citadas en el poema cuando cayó prisionero de los españoles y éstos lo torturaban, aplicándole fuego a los pies, para forzarle a confesar dónde tenía escondido su tesoro.

✦ Comprensión

Conteste las siguientes preguntas según el poema.

1. ¿Por qué se compara a Roosevelt con Washington y con Nemrod? ¿Y por qué tiene él más de Nemrod que de Washington? Explique.
2. ¿Cómo interpreta usted los versos: «eres el futuro invasor / de la América ingenua que tiene sangre indígena, / que aún reza a Jesucristo y aún habla español»?
3. ¿Por qué le dirá el poeta a Roosevelt: «te opones a Tolstoy»?
4. ¿Qué comparación se establece entre Theodore Roosevelt y Alejandro–Nebucodonosor? Explique.
5. Según el poema, ¿qué le dijo Víctor Hugo al presidente Grant? Comente.
6. ¿Quién fue Netzhualcoyotl? ¿Y Moctezuma? ¿Y Guatemoc? ¿Qué tienen en común estas tres figuras y qué representan, tal vez, en este poema?
7. ¿Cómo interpreta usted los versos: «Tened cuidado. ¡Vive la América española! / Hay mil cachorros sueltos del León Español»?
8. Según el poeta, ¿qué es lo que no tiene Estados Unidos? ¿Es esto importante? ¿Por qué?

✦ Expansión

A. Lea las definiciones que siguen y escriba las palabras definidas en los espacios correspondientes.

1. gran extensión de agua _____
2. sinónimo de **cabello** o **pelo** _____
3. ave asociada con el modernismo _____
4. sinónimo de **ensueño** _____
5. sinónimo de **poemas** _____
6. sinónimo de **obstinado** _____
7. lugar donde se plantan flores _____
8. hija de una reina _____
9. estación del año asociada con la vejez _____
10. parte del día antes de salir el sol _____

B. Identifique y explique la importancia o significación de los siguientes personajes o elementos.

«El cisne»
1. el cisne
2. el Cisne wagneriano
3. el canto del cisne y el del Cisne

«Canción de otoño en primavera»
4. el significado del título del poema
5. la alusión a un Edén
6. el divino tesoro

«A Roosevelt»

7. la alusión a Walt Whitman
8. el «No» del verso 19
9. las alusiones a Hércules y a Mammón
10. «Yo no estoy en un lecho de rosas.»

✦ Temas de discusión o análisis

1. Resuma con sus propias palabras «Canción de otoño en primavera» o «A Roosevelt».

2. Identifique y analice el tema (o los temas) de uno de los tres poemas aquí incluidos.

3. Escoja uno de estos poemas de Darío y analice la relación temática, estructural y/o lingüística que se establece entre su título y el resto del poema.

4. Teniendo en cuenta que el modernismo adapta y sintetiza influencias del romanticismo, del parnasianismo y del simbolismo europeos, discuta y analice «El cisne» como obra típica del modernismo. ¿Qué elementos o aspectos románticos, parnasianos y simbolistas encuentra usted en dicho poema? Dé ejemplos específicos del texto para apoyar sus comentarios.

5. «Canción de otoño en primavera» es un poema de tono melancólico donde se dice adiós a muchas cosas: a la juventud, a la belleza y al amor, por ejemplo. Parece ser un poema autobiográfico, donde Darío está contando su propia historia y, en particular, la de su vida sentimental. Basándose en este poema, escriba, en prosa, una biografía comentada del poeta nicaragüense.

6. Discuta el papel del leitmotiv* o repetición de los versos «Juventud, divino tesoro, / ¡ya te vas para no volver!» y su variante en el verso 34: «¡te fuiste para no volver!» en la estructura de «Canción de otoño en primavera».

7. Prepare una presentación oral o escrita de la opinión que expresa Darío sobre las dos Américas en su poema «A Roosevelt».

8. Se dice que Darío escribió «A Roosevelt» como respuesta a una declaración del presidente Roosevelt en que éste supuestamente dijo: « *I took Panama* », poco después de que Panamá pasara a ser protectorado de Estados Unidos en 1903. Sea verdadera o falsa dicha anécdota, discuta la estructura lingüística y formal del poema como respuesta directa de Darío a Roosevelt, en primer lugar, y como respuesta colectiva de Latinoamérica a Estados Unidos, en segundo término.

9. Compare y contraste los títulos *Prosas profanas* y *Cantos de vida y esperanza*. Discuta cómo los cambios temáticos, estilísticos y lingüísticos que se notan en ambos libros ya están reflejados en sus títulos respectivos.

10. Discuta el uso de las alusiones en la obra de Darío. Compare y contraste, en particular, el tipo de alusiones que predominan en «El cisne» y en «A Roosevelt». ¿Qué similitudes y qué diferencias encuentra? Comente.

1. En general, ¿prefiere usted leer poemas líricos como «El cisne», poemas narrativos como «Canción de otoño en primavera» o poemas de protesta como «A Roosevelt»? Explique por qué.
2. Siguiendo el ejemplo de «Canción de otoño en primavera», escriba su propia «historia sentimental» en verso. Podría empezar variando el título, por ejemplo: «Canción de ——— en ———».
3. Escriba un poema dedicado a alguien siguiendo el modelo de «A Roosevelt». Si prefiere evitar los personajes históricos o políticos, dedique su poema a un(a) amigo(a) en particular o a algún miembro de su familia. También en este caso podría empezar variando el título: «A ———».

ALFONSINA STORNI

Nota biográfica

Alfonsina Storni (1892–1938), poeta, profesora, periodista y una de las figuras más representativas de la poesía femenina modernista en el Río de la Plata, nació en Sala Capriasca (Suiza), donde sus padres residían temporalmente, y se suicidó ahogándose en Mar del Plata (Argentina) luego de enterarse de que tenía cáncer. Más conocida por sus versos amorosos y por sus fuertes ideas feministas, Storni ganó fama inmediata en los círculos artísticos argentinos por ser la primera escritora en frecuentar reuniones y tertulias literarias. Entre 1930 y 1934 viajó por Europa y su obra posterior refleja la influencia del vanguardismo* europeo. Su producción poética incluye *El dulce daño* (1918), *Irremediablemente* (1919) y *Languidez* (1920), libros en los que se queja de la dominación física y falta de sensibilidad de los hombres frente a las mujeres; *Ocre* (1925), donde resulta más evidente su erotismo frustrado; y *Mundo de siete pozos* (1934) y *Mascarilla y trébol* (1938), sus últimos poemarios y obras en las que desarrolla una poesía más hermética, fría, abstracta e intelectual.

♦ Guía y actividades de pre-lectura

En general, los poemas de Alfonsina Storni reflejan una actitud de rebeldía hacia los papeles sexuales tradicionales, en los que las mujeres son consideradas criaturas pasivas y sumisas, inferiores a los hombres y en muchos aspectos dependientes de ellos. Temas frecuentes en su poesía son el amor, la desilusión y la muerte. En particular, un motivo recurrente relacionado con el tema amoroso y a menudo expresado por la voz poética femenina es el de la atracción de tipo «amor-odio» hacia los hombres. Esta actitud contradictoria de rechazo y amor simultáneos hacia el sexo opuesto, unida a una defensa incondicional de la igualdad y de los derechos de las mujeres, son constantes y permean casi toda la producción poética de Storni. Tal es el caso, por ejemplo, de los tres poemas aquí incluidos. En efecto, tanto «Hombre pequeñito» (de *Irremediablemente*) como «El ruego» y «La que comprende» (ambos de *Languidez*), reflejan dichas modalidades temáticas recurrentes en gran parte de su obra. El tono melancólico y quejumbroso de estos versos expresa tal vez el drama personal, las desilusiones amorosas y el profundo pesimismo vital de la propia autora. Su estilo y lenguaje son aquí relativamente sencillos y típicos de otros poemas contenidos en esos dos volúmenes. Frases en serie, ideas repetidas, estructuras simétricas y paralelas caracterizan tanto los versos de doce (dodecasílabos) y seis sílabas de «Hombre pequeñito» como los de once (endecasílabos) del soneto «El ruego» y los versos alejandrinos* de «La que comprende».

1. En general, ¿qué se puede expresar por medio de los diminutivos? Según su opinión, ¿qué podría reflejar el uso del diminutivo «pequeñito» en el título del poema «Hombre pequeñito»? Explique.

2. Luego de leer los cuatro primeros versos de «El ruego», ¿qué piensa usted que podría estar rogando la voz poética de ese poema? ¿Por qué?

3. Deduciendo del título de «La que comprende» que el sujeto del poema es una mujer, ¿cuáles podrían ser algunas de las cosas que ella comprende? Comente.

Hombre pequeñito

Hombre pequeñito, hombre pequeñito,
suelta[1] a tu canario que quiere volar...
yo soy el canario, hombre pequeñito,
déjame saltar.

5 Estuve en tu jaula,[2] hombre pequeñito,
hombre pequeñito que jaula me das.
Digo pequeñito porque no me entiendes,
ni me entenderás.

Tampoco te entiendo, pero mientras tanto
10 ábreme la jaula, que quiero escapar;
hombre pequeñito, te amé media hora,
no me pidas más.

[1] *set free*
[2] *cage*

✦ Comprensión

Conteste las siguientes preguntas según el poema.

1. ¿Quién es el «canario» de este poema? ¿Y el «hombre pequeñito»?
2. ¿Cree usted que el «yo» poético le está hablando aquí a algún hombre en particular? Explique.
3. En su opinión, ¿cómo es la jaula de la que quiere escapar ese «yo»? Comente.

4. ¿Qué le confiesa la voz lírica al hombre en los dos últimos versos? ¿Cree usted que la afirmación es sincera? ¿Por qué?
5. Según su opinión, ¿cuál es el tema de este poema?

El ruego[1]

Señor,[2] Señor, hace ya tiempo, un día
soñé un amor como jamás pudiera
soñarlo nadie,[3] algún amor que fuera
la vida toda, toda la poesía.

5 Y pasaba el invierno y no venía,
y pasaba también la primavera,
y el verano de nuevo persistía,
y el otoño me hallaba con mi espera.

Señor, Señor: mi espalda está desnuda.[4]
10 ¡Haz restallar[5] allí con mano ruda,[6]
el látigo[7] que sangra a los perversos!

Que está la tarde ya sobre mi vida,
y esta pasión ardiente y desmedida[8]
la he perdido, Señor, ¡haciendo versos!

[1] *request, plea*
[2] *Lord*
[3] **como...** *like no one could ever dream*
[4] *naked*
[5] *crack*
[6] dura
[7] *whip*
[8] excesiva

✦ Comprensión

Conteste las siguientes preguntas según el poema.
1. ¿Qué soñó un día el «yo» de este poema?
2. ¿Es ese «yo» hombre o mujer? Comente.
3. ¿Se hizo realidad el sueño de amor del «yo» poético? ¿Cómo se sabe?
4. ¿Qué pasó con la gran pasión que tuvo hace mucho tiempo? Explique.
5. ¿Cómo resumiría usted el tema de este poema?

La que[1] comprende

Con la cabeza negra caída hacia adelante[2]
está la mujer bella, la de mediana edad,
postrada de rodillas,[3] y un Cristo agonizante[4]
desde su duro leño[5] la mira con piedad.

5 En los ojos la carga[6] de una enorme tristeza,
en el seno[7] la carga del hijo por nacer,
al pie del blanco Cristo que está sangrando reza:
—¡Señor: el hijo mío que no nazca mujer!

[1] **La...** *The one who*
[2] **hacia...** *forwards*
[3] **postrada...** *prostrate on her knees*
[4] *dying*
[5] *cross*
[6] *burden*
[7] *womb*

Cristo *(1982), cuadro de la pintora nicaragüense Gloria Guevara.*

✦ Comprensión

Conteste las siguientes preguntas según el poema.

1. ¿Cómo es la mujer de este poema? Descríbala.
2. ¿Dónde cree usted que está ella? ¿Por qué?
3. ¿Qué está haciendo allí la mujer? Explique.
4. Según su opinión, ¿por qué no quiere ella que su bebé sea una niña?
5. En una o dos frases, ¿cómo expresaría usted el tema de este poema?

✦ Expansión

A. Explique el significado literal y el valor simbólico de los siguientes elementos.

«Hombre pequeñito»

1. el canario
2. la jaula

«El ruego» .

3. el amor y la poesía
4. la espalda y el látigo

«La que comprende»

5. la mujer y el Cristo
6. el leño
7. los ojos de la mujer y la mirada del Cristo

B. Indique si los comentarios que siguen reflejan correctamente o no el contenido de los poemas. Escriba **V** (verdadero) o **F** (falso) en los espacios correspondientes. Si lo que lee es falso, corríjalo.

«Hombre pequeñito»

____ 1. El «hombre pequeñito» tiene un canario en su casa.
____ 2. Al canario le gusta mucho su jaula.
____ 3. Es obvio que el hombre y el «yo» poético no se entienden.
____ 4. Parece que ellos nunca se quisieron.

«El ruego»

____ 5. El «yo» del poema soñó una noche que se casaría con un poeta.
____ 6. Ese «yo» pasó mucho tiempo esperando un amor inmenso y apasionado.
____ 7. Una tarde en que ella escribía versos se dio cuenta que su verdadera y única pasión era la poesía.

«La que comprende»

____ 8. La mujer del poema está sentada en un banco de una iglesia.
____ 9. Ella está embarazada.
____ 10. Parece que está muy feliz con su bebé.

✦ Temas de discusión o análisis

1. En «Hombre pequeñito», el título se repite seis veces en el poema. Según su opinión, ¿qué efecto produce leer tantas veces esa misma frase en el poema? Comente.

2. Discuta y comente las posibles interpretaciones de la relación que se establece entre la voz poética y el «Señor» en «El ruego».

3. Discuta y comente las posibles interpretaciones de la relación reflejada entre la mujer y el «Señor» en «La que comprende».

4. Analice el uso metafórico y el posible simbolismo del canario, de la jaula y de otros elementos lingüísticos relacionados como «volar», «saltar» y «escapar» en «Hombre pequeñito».

5. Reconstruya con sus propias palabras, en prosa y en orden cronológico, el problema del «yo» lírico en «El ruego» o el drama personal de la protagonista en «La que comprende».

6. Compare y contraste la percepción que se tiene del personaje masculino y del personaje femenino en los poemas «Hombre pequeñito» y «La que comprende».

7. Compare y contraste la importancia temática y/o estructural de la «oración» y de otros elementos religiosos en los poemas «El ruego» y «La que comprende».

✦ Temas de proyección personal

1. Varios poemas de Storni reflejan un gran resentimiento hacia los hombres. Según estas obras los hombres están llenos de cualidades negativas, tratan mal a las mujeres, se creen superiores, etc. ¿Está usted de acuerdo con esta visión de los hombres? ¿Por qué sí o por qué no? Según su opinión, ¿cómo debería ser la relación «hombre-mujer» en la sociedad actual?

2. Describa algo con que usted sueña frecuentemente o un deseo que en este momento es el más importante de su vida.

ROBERTO J. PAYRO

Nota biográfica

Roberto J. Payró (1867–1928), periodista, dramaturgo y narrador argentino, nació en Mercedes y murió en Buenos Aires. Su trabajo periodístico le dio la oportunidad de viajar y conocer muchos lugares. Desde 1894 formó parte del equipo de redactores de *La Nación*, uno de los grandes periódicos de su país, y en tal capacidad visitó Chile en 1895, la Patagonia en 1898 y el norte argentino en 1899. Siempre defendió los principios de la justicia social, criticó los abusos del poder político y luchó por mejorar la suerte de los menos privilegiados. Fue uno de los fundadores del socialismo porteño en 1896. Viajó a Europa en 1907 y allí vivió casi quince años: dos en Barcelona y el resto en Bruselas. Estando en la capital belga fue testigo presencial de la invasión alemana durante la Primera Guerra Mundial. In 1922 regresó a Argentina donde continuó su triple labor en el periodismo, el teatro y la ficción. Su extensa labor literaria incluye crónicas, novelas, cuentos y piezas teatrales. En general, todas sus obras tienden a ser realistas y a reflejar la realidad social y humana de su época, a menudo valiéndose del humor, la ironía o el sarcasmo. De sus títulos de teatro se destacan *Canción trágica* (1900), *Sobre las ruinas* (1904), *Marco Severi* (1905) y *Vivir quiero conmigo* (1923). También es autor de algunas novelas históricas como *El falso Inca* (1905), *El capitán Vergara* (1925) y *El mar dulce* (1927). Pero lo más importante e influyente de la producción de Payró son sus narraciones de tono costumbrista. Entre ellas, las más conocidas son las novelas *El casamiento de Laucha* (1906) y *Divertidas aventuras del nieto de Juan Moreira* (1910), y los cuentos de *Pago Chico* (1908) y *Nuevos cuentos de Pago Chico* (1929).

✦ Guía y actividades de pre-lectura

Los relatos de *Pago Chico* (1908) se destacan por su realismo, ambiente picaresco, costumbrismo local y tono a menudo humorístico o irónico. «Celos» forma parte de dicho libro y es un texto extremadamente breve y compacto. A primera vista parece más bien un bosquejo o proyecto que un cuento terminado. Sin embargo, se trata de una mininarración muy ingeniosa cuyo argumento* se desarrolla episódicamente en tres espacios y tiempos diferentes. A pesar de su brevedad, logra reflejar el estado sicológico-mental de su protagonista Crispín y mantiene el suspenso y la tensión narrativa hasta el final del relato. En general, las novelas y cuentos de Payró se caracterizan por su lenguaje simple, sin adjetivaciones, adornos lingüísticos ni estructuras formales complejas. Aunque el periodismo consumió gran parte de su tiempo y energía, allí están las raíces de su estilo narrativo: natural y directo, casi periodístico.

1. Basándose en el título «Celos», ¿qué imágenes le vienen a la mente con respecto al posible contenido de este cuento? Por ejemplo, ¿piensa que los personajes van a ser jóvenes o viejos? ¿Se imagina que los celos son de un hombre o de una mujer? ¿Espera un desenlace cómico o trágico? Explique sus respuestas.

2. ¿Qué piensa usted de los celos? Por ejemplo, ¿cree que en una relación amorosa los celos reflejan inseguridad y falta de confianza? ¿O piensa que donde hay amor siempre hay celos? En su caso personal, ¿preferiría que su novio(a) fuera o no una persona celosa? ¿Por qué?

3. Según su opinión, ¿qué tipo de personas son más capaces de cometer un crimen pasional? Comente.

Celos

I

Crispín era un pobre hombre; su mujer lo había hecho cornudo[1] y sus congéneres[2] desgraciado. Humilde, en su oficio[3] de zapatero, doblado sobre el banquillo,[4] trabajaba desde el amanecer hasta la noche para reunir centavos. Y reunía centavos; pocos centavos, naturalmente... Tres hijos tenía, los tres de diferentes pelajes,[5] y no le daban sus hormas espacio[6] para acariciar[7] al primero, el auténtico... Sonreía a los tres, por encima de sus anteojos,[8] y se daba dos minutos para abrazar a su mujer, cuando ya no podía más de fatiga,[9] después de la cena y del gran vaso de vino carlón[10]... En torno[11] se burlaban porque Ernesta era bonita, de largos cabellos rubios, presumida[12] y relativamente joven. La vecindad,[13] dada a[14] los escándalos, escarnecía[15] aquella candidez[16] y le confiaba sus zapatos viejos para que les pusiese medias suelas.[17] Y corrían los meses iguales; el manso claveteaba y cosía y engrudaba,[18] con los ojos tristes tras de los anteojos turbios.[19]

Y pasó el tiempo. Pasó...

II

—Ahora que somos viejos, y que ya nada puede importarme, ¿has sido infiel[20] alguna vez?

Ernesta, bajo su copa de algodón, rió con la boca desdentada.[21] Hubiera reído, sarcástica, largo rato.

—Don Pedro fue uno... el que más... —dijo él.

—¡Aaaah! —contestó confiada y burlona[22] la boca vieja.

—Y Luisito...

—¡Ooooh! —carcajearon los labios sobre el hueco sonoro.[23]

1 **lo...** *had been unfaithful to him*
2 *fellowmen*
3 *ocupación*
4 *bench*
5 *appearance*
6 **no...** *his shoe forms didn't give him time*
7 *to caress*
8 *gafas, lentes*
9 **cuando...** *when he was too tired to go on*
10 *tinto*
11 **En...** *All around him*
12 *conceited*
13 **La...** *El barrio, Los vecinos*
14 **dada...** *fond of*
15 *mocked*
16 *candor*
17 **medias...** *half soles*
18 **el...** *the meek man nailed and sewed and glued*
19 *cloudy, blurry*
20 *unfaithful*
21 *sin dientes*
22 **confiada...** *confident and mockingly*
23 **carcajearon...** *laughed with a hollow sound*

Y no hubo más, porque el martillo que ablandaba la suela[24] había ido
25 a romper el cráneo,[25] ya sin la antigua égida[26] rubia, guarnecido[27] sólo
por la helada e insuficiente defensa de las canas[28]...

III

—Y usted la mató... —decía el Juez.

—Con estas manos, sí, señor.

—¿Y por qué lo hizo?

30 —Por celos, señor —contestó humildemente.

—Tiene usted ochenta y dos años...

—Así es...

—Ella tenía ya sesenta...

—Es verdad.

35 —Y si es así, ¿qué temía usted?

Crispín permaneció[29] un instante en silencio, chispeáronle las pupilas bajo los párpados sin pestañas,[30] levantó la cabeza, vagó amarga sonrisa en los pellejos de su rostro,[31] y exclamó:

—Yo no temía... ¡Me acordaba![32]

24 **el...** *the hammer that soft-
ened the sole leather*

25 *skull*

26 protección

27 *covered*

28 cabellos blancos

29 se quedó

30 **chispeáronle...** *his pupils
sparkled under his eyelids
without lashes*

31 **vagó...** *a bitter smile wandered across his leathery
face*

32 **¡Me... !** *I was remember-
ing!*

✦ Comprensión y expansión

A. Conteste las siguientes preguntas según el cuento.

1. ¿Quién era Crispín? ¿Cómo se ganaba la vida?
2. ¿Cuántos hijos tenía? ¿Era él el padre de todos?
3. ¿Quién era Ernesta? ¿Cómo era ella?
4. ¿Respetaba Ernesta a su esposo? ¿Lo respetaban sus vecinos?
5. En la segunda escena, cuando ya Crispín y Ernesta eran viejos, ¿qué le preguntó él a ella un día? ¿Qué le contestó ella?
6. ¿Cómo reaccionó Crispín al escuchar la respuesta de su esposa?
7. ¿Dónde está Crispín en la tercera escena? ¿Qué hace él allí?
8. ¿Qué edad tenía él cuando mató a su esposa? Y Ernesta, ¿cuántos años tenía cuando murió?
9. Según Crispín, ¿por qué mató a su esposa?
10. Al final Crispín dice: «Yo no temía... ¡Me acordaba!» ¿Cómo interpreta usted esa respuesta?

B. Cada uno de los sustantivos de la columna izquierda tiene un verbo que pertenece a la misma familia semántica en «Celos». Escriba los verbos en la segunda columna y sus traducciones al inglés en la tercera.

Modelo   el trabajo   **trabajar**   *to work*

1. el abrazo _____ _____
2. la burla _____ _____
3. la confianza _____ _____
4. la corrida _____ _____
5. la reunión _____ _____
6. la risa _____ _____

7. la sonrisa   _____   _____

8. el temor   _____   _____

C. Reconstruya la vida matrimonial de Crispín y Ernesta numerando del uno al diez, en orden cronológico, las oraciones que siguen.

___   1. Ella no dijo ni «sí» ni «no» cuando Crispín mencionó a don Pedro y a Luisito.

___   2. Ella era una muchacha muy linda en aquella época.

___   3. La reacción de Crispín fue inmediata.

___   4. Tenían tres hijos pero sólo el mayor era de Crispín.

___   5. Le rompió la cabeza con un martillo.

___   6. Pasaron muchos años.

___   7. El tenía ochenta y dos años y Ernesta ya había cumplido sesenta.

___   8. Un día, ya viejos, Crispín le preguntó a Ernesta: «¿Me has sido infiel alguna vez?»

___   9. Crispín era un zapatero muy humilde.

___ 10. Se había casado con Ernesta, una joven mucho menor que él.

✦ Temas de discusión o análisis

1. Describa el argumento de «Celos» y haga un análisis crítico de la relación «contenido-forma» en dicho relato. Es decir, analice la correspondencia o falta de correspondencia entre la historia narrada y la estructura formal y lingüística en que se narra dicha historia.

2. Analice el papel de la memoria y su relación con respecto a la estructuración episódica del cuento.

3. Se ha afirmado que los relatos de Payró se caracterizan por su lenguaje sencillo y natural y por su estilo periodístico y directo. Discuta si el lenguaje y estilo de «Celos» pueden o no ser descritos de esa manera. Apoye sus comentarios con citas del texto.

4. Describa y comente la función temática y/o estructural de los elementos de espacio y tiempo.

5. Discuta la naturaleza de los celos —no presentes en el momento del crimen sino recordados— que llevan a Crispín a matar a su esposa.

6. Analice la relación y progresión «amor-celos-crimen» en este cuento.

7. Describa la personalidad de Crispín y el realismo o la falta de realismo de que alguien como él pueda cometer un crimen de tanta violencia.

8. Relea la parte III y comente si usted anticipaba este final o si le resultó totalmente inesperado y sorpresivo. Por ejemplo, ¿incluye el relato elementos y datos que desde el principio preparan a los lectores para un desenlace trágico? Apoye sus comentarios con citas del texto.

✦ Temas de proyección personal

1. Imagine que usted se encuentra en una situación similar a la de Crispín. Un día se da cuenta de que su novio(a) o pareja de mucho tiempo la (lo) está engañando con otra(o). ¿Qué haría usted? Comente.

2. Imagine que usted es el (la) autor(a) del cuento. No le gusta la escena final con el juez y decide cambiar totalmente esa parte. ¿Cómo va a terminar su nueva versión de «Celos»? Explique.

3. Piense en algún crimen de pasión causado por celos o por alguna otra razón. Descríbalo brevemente en clase y dé su opinión al respecto.

4. ¿Cree usted que las mujeres son generalmente más celosas que los hombres o viceversa? Explique. ¿Hay algún tipo de correlación entre la edad de una persona y el grado de celos que pueda sentir? Comente.

HORACIO QUIROGA

Nota biográfica

Horacio Quiroga (1878–1937), cuentista, poeta, periodista, dramaturgo y novelista uruguayo, nació en Salto, pero vivió la mayor parte de su vida en Argentina. En 1891 dejó su ciudad natal y se trasladó a Montevideo, donde permaneció hasta 1900. Ese año viajó a París y allí conoció a Rubén Darío, líder del modernismo en Hispanoamérica. Pocos meses después regresó a Montevideo y fundó, con unos amigos, el primer círculo literario modernista de Uruguay. En 1901 publicó *Los arrecifes de coral*, su primer libro y obra de estilo modernista donde mezcla poesía y prosa, siguiendo tal vez el modelo estructural del *Azul...* (1888) de Darío. A partir de 1902 se estableció en Argentina, alternando residencia entre Buenos Aires y la región tropical de Misiones, cuya vida primitiva lo atraía enormemente. En efecto, en dicha región permaneció durante varios años y allí decidió poner fin a sus días en 1937, luego de enterarse que sufría de cáncer. La vida de Quiroga está marcada por una serie de tragedias personales: la temprana muerte de su padre, el suicidio de su padrastro, el haber matado accidentalmente a un amigo y el suicidio de su primera esposa. Estos eventos y circunstancias inspiraron temas y escenarios en muchos de sus cuentos y probablemente influyeron de manera decisiva en su propio suicidio. Considerado uno de los grandes artífices del género «cuento», este escritor es, sin lugar a dudas, el de mayor influencia en la cuentística rioplatense posterior (Jorge Luis Borges y Julio Cortázar, entre otros) y uno de los creadores del perfil contemporáneo de dicho género. A menudo comparado con Edgar Allan Poe y Rudyard Kipling, el mismo Quiroga cita más de una vez a éstos y a otros que él considera sus maestros. En efecto, en el primer artículo de su «Decálogo del perfecto cuentista» se lee: «Cree en un maestro —Poe, Maupassant, Kipling, Chejov— como en Dios mismo». Como Poe, teorizó y definió los elementos del cuento artístico en los diez artículos del mencionado decálogo. También, como el autor de «*The Cask of Amontillado*», escribió relatos de terror con algunos motivos recurrentes: el amor, la muerte, lo anormal y hasta lo mórbido. Como Kipling, admiraba la selva e incorporó temas y personajes animales relacionados con la naturaleza en obras como *Cuentos de la selva* (1918) y *Anaconda* (1921), por ejemplo. Hay que señalar, sin embargo, que sus primeras influencias literarias le llegaron de los modernistas y del argentino Leopoldo Lugones en particular. Aunque Quiroga se destacó en el periodismo y escribió también poesía, teatro y novela, es en el cuento donde radica su fama literaria. Además de los títulos ya mencionados, otras colecciones representativas de su producción narrativa son *El crimen del otro* (1904), *Cuentos de amor, de locura y de muerte* (1917), *El salvaje* (1920), *La gallina degollada y otros cuentos* (1925), *Los desterrados* (1926) y *Más allá* (1935).

✦ Guía y actividades de pre-lectura

Calificado como el «Edgar Allan Poe de la ficción suramericana» por algunos críticos y como el «Kipling americano» por otros, dichos apelativos enfatizan la influencia de estos dos escritores en los relatos de Quiroga. Sin embargo, aunque muchos de los cuentos de éste revelan similitudes temáticas con los de aquéllos, la importancia literaria del escritor uruguayo radica más en las innovaciones de forma de su arte narrativo, en la creación de ambientes y en la dimensión sicológica de sus personajes que en los elementos de contenido de sus obras. En efecto, en la cuentística de Quiroga aparecen dos elementos novedosos en los que se reconocen antecedentes directos de Poe. En primer lugar, la consagración y el cuidado de la forma, característica también heredada del modernismo; y en segundo término, el efecto de sorpresa al final del relato. Como su predecesor norteamericano, el autor rioplatense quería que el cuento se desarrollara artísticamente y para ello prescribió algunas reglas que resumió en su conocido «Decálogo del perfecto cuentista». Entre éstas figuran las siguientes: cuidado formal, brevedad narrativa, economía expresiva, sencillez temática y argumental, efecto total y único, concentración estructural y final sorpresivo o inesperado. La práctica de estos principios influyó en su propio estilo, muy influenciado al principio por los preceptos modernistas: su prosa se hizo cada vez más simple y directa, su lenguaje más exacto y su técnica narrativa más realista. El tono de sus cuentos es muy variado y va desde el trágico y terrorífico hasta el irónico y humorístico. A este último grupo pertenece «Tres cartas... y un pie», relato incluido en *El salvaje* y obra que ejemplifica muy bien el dominio del arte narrativo de Quiroga. En efecto, en este cuento él pone en práctica sus propias reglas: produce un relato breve con un argumento muy simple y logra la totalidad de efecto aconsejada tanto por él como por su maestro Poe. En cuanto al elemento sorpresivo e inesperado, hay que buscarlo en la notita final de la joven.

1. Luego de dar una mirada rápida a la estructura del cuento, ¿qué significará el título «Tres cartas... y un pie»?
2. Ahora lea el primer párrafo del cuento.
   a. ¿Es una carta formal o informal? ¿Cómo se sabe?
   b. ¿Para quién es la carta? ¿Qué se le pide a esa persona?
   c. Aparentemente, ¿por qué le va a ser difícil a la persona que escribe la carta obtener su publicación? ¿Dónde se da cuenta uno que esa persona es una mujer? Explique.
   d. Según su opinión, ¿por qué dice la joven que si se le da a sus «impresiones un estilo masculino, ... tal vez ganarían»? Comente.

3. Piense en algún incidente o asunto, de interés general o público, sobre el que le gustaría escribir para publicarlo en la sección «Cartas al editor» de algún periódico. ¿Qué diría en su carta? ¿Qué opiniones, quejas o críticas expresaría allí?

Tres cartas... y un pie

Señor:

Me permito enviarle estas líneas por si usted tiene la amabilidad de hacerlas publicar con su firma.[1] Le hago este pedido porque me informan de que no sería fácil obtener la publicación. Si le parece, puede dar
5 a mis impresiones un estilo masculino, con lo que tal vez ganarían.[2]

Mis obligaciones me imponen tomar dos veces por día el tranvía,[3] y hace cinco años que hago el mismo recorrido.[4] A veces, de vuelta, regreso con algunas compañeras, pero de ida[5] voy siempre sola. Tengo veinte años, soy alta, no flaca y nada trigueña.[6] Tengo la boca un poco grande y
10 poco pálida. No creo tener los ojos pequeños. Este conjunto,[7] en apreciaciones negativas, como usted ve, me basta,[8] sin embargo, para juzgar[9] a muchos hombres; tantos, que me atrevería[10] a decir a todos.

Usted sabe también que es costumbre en ustedes, al subir al tranvía, echar una ojeada[11] hacia adentro por las ventanillas. Ven así todas las
15 caras (las de mujeres, por supuesto, porque son las únicas que les interesan). Después suben y se sientan.

Pues bien: desde que el hombre desciende de la vereda,[12] se acerca al coche y mira adentro, yo sé perfectamente, sin equivocarme jamás, qué clase de hombre es. Sé si es serio, o si quiere aprovechar[13] bien los diez
20 centavos, efectuando de paso[14] una rápida conquista. Conozco en seguida a los que quieren ir cómodos y nada más, y a los que prefieren la incomodidad al lado de una chica.

Y cuando el asiento a mi lado está vacío, desde esa mirada por la ventanilla sé ya perfectamente cuáles son los indiferentes que se sentarán en
25 cualquier lado; cuáles los interesados (a medias[15]) que después de sentarse volverán la cabeza a medirnos[16] tranquilamente; y cuáles los audaces,[17] por fin, que dejarán en blanco siete asientos libres[18] para ir a buscar la incomodidad a mi lado, allá en el fondo[19] del coche.

Estos son, por supuesto, los más interesantes. Contra la costumbre
30 general de las chicas que viajan solas, en vez de levantarme y ofrecer el sitio interior libre, yo me corro sencillamente hacia la ventanilla para dejar amplio lugar al importuno.

¡Amplio lugar!... Esta es una simple expresión. Jamás los tres cuartos de asientos abandonados por una muchacha a su vecino le son suficientes.
35 Después de moverse y removerse a su gusto le invade[20] de pronto una inmovilidad extraordinaria a punto de creérsele paralítico. Esto es una simple apariencia; porque si una persona lo observa desconfiando[21] de esa

1 signature
2 **con...** which might improve it (the writing)
3 streetcar
4 viaje, itinerario
5 **de...** going
6 brunette
7 combination
8 **me...** is enough for me
9 to judge
10 **me...** I would dare
11 **echar...** to take a glance
12 sidewalk
13 to take advantage of
14 **efectuando...** making in passing
15 **a...** halfway
16 size us up
17 **los...** the daring ones
18 **dejarán...** will pass by seven vacant seats
19 back
20 **le...** he is filled with
21 suspicious

inmovilidad, nota que el cuerpo del señor, insensiblemente, con una suavidad que hace honor a su mirada distraída, se va deslizando poco a poco[22]
40 por un plano inclinado hasta la ventanilla, donde está precisamente la chica que él no mira ni parece importarle absolutamente nada.

Así son; podría jurarse[23] que están pensando en la luna.[24] Entretanto,[25] el pie derecho (o el izquierdo) continúa deslizándose imperceptiblemente por el plano inclinado.

45 Confieso que en estos casos tampoco me aburro. De una simple ojeada, al correrme hacia la ventanilla, he apreciado la calidad de mi pretendiente.[26] Sé si es un audaz de primera instancia,[27] digamos, o si es de los realmente preocupantes. Sé si es un buen muchacho, o si es un tipo[28] vulgar. Si es un ladrón de puños, o un simple raterillo;[29] si es un
50 seductor (el *seduisant*, no *seducteur*,[30] de los franceses), o un mezquino aprovechador.[31]

A primera vista parecería que en el acto de deslizar subrepticiamente el pie con cara de hipócrita no cabe sino un ejecutor: el ratero.[32] No es así, sin embargo, y no hay chica que no lo haya observado. Cada tipo re-
55 quiere una defensa especial; pero casi siempre, sobre todo si el muchacho es muy joven o está mal vestido, se trata de un raterillo.

La táctica en éste no varía jamás. Primero de todo, la súbita inmovilidad y el aire de pensar en la luna. Después, una fugaz[33] ojeada a nuestra persona, que parece detenerse en la cara, pero cuyo fin exclusivo ha sido
60 apreciar al paso[34] la distancia que media de su pie al nuestro. Obtenido el dato, comienza la conquista.

Creo que haya pocas cosas más divertidas que esta maniobra[35] de ustedes, cuando van alejando su pie en discretísimos avances de taco y de punto,[36] alternativamente. Ustedes, es claro, no se dan cuenta; pero ese
65 monísimo juego de ratón con botines 44[37] y allá arriba, cerca del techo, una cara bobalicona[38] (por la emoción, seguramente), no tiene parangón[39] con nada de lo que hacen ustedes en cuanto a ridiculez.

Dije también que yo no me aburría en estos casos. Y mi diversión consiste en lo siguiente: Desde el momento en que el seductor ha apreciado
70 con perfecta exactitud la distancia a recorrer con el pie, raramente vuelve a bajar los ojos. Está seguro de su cálculo, y no tiene para qué ponernos en guardia con nuevas ojeadas. La gracia para él está, usted lo comprenderá bien, en el contacto y no en la visión.

Pues bien: cuando la amable persona está en medio camino, yo
75 comienzo la maniobra que él ejecutó, con igual suavidad e igual aire distraído de estar pensando en mi muñeca.[40] Solamente que en dirección inversa. No mucho: diez centímetros son suficientes.

Es de verse entonces la sorpresa de mi vecino cuando al llegar por fin al lugar exactamente localizado no halla nada. Nada; su botín 44 está per-
80 fectamente solo. Es demasiado para él; echa una ojeada al piso, primero, y a mi cara, luego. Yo estoy siempre con el pensamiento a mil leguas, soñando con mi muñeca; pero el tipo se da cuenta.

De diecisiete veces (y marco este número con conocimiento de causa[41]), quince el incómodo señor no insiste más. En los dos casos

22 **se...** *slides little by little*
23 **podría...** *one could swear*
24 **están...** *they are daydreaming*
25 Mientras tanto
26 *suitor*
27 **de...** de primera clase
28 *fellow*
29 **un...** *a real heartbreaker or a harmless flirt*
30 **seduisant...** *seductive, not seducer*
31 **mezquino...** *petty opportunist*
32 **no...** *only fits one type: the flirt*
33 rápida
34 **apreciar...** *to appraise at a glance*
35 *maneuver*
36 **de taco...** *of heel and toe*
37 **monísimo...** *cute cat-and-mouse game with size 12 shoes*
38 tonta, estúpida
39 comparación
40 *doll*
41 **con...** por experiencia

85 restantes tengo que recurrir a una mirada de advertencia.[42] No es menester[43] que la expresión de esta mirada, sea de imperio, ofensa o desdén:
basta con que el movimiento de cabeza sea en su dirección. Hacia él, pero
sin mirarlo. El encuentro con la mirada de un hombre que por casualidad puede haber gustado real y profundamente de nosotros es cosa que
90 conviene siempre evitar en estos casos. En un raterillo puede haber la
pasta[44] de un ladrón peligroso, y esto lo saben los cajeros de los grandes
caudales[45] y las muchachas no delgadas; no trigueñas, de boca no chica y
ojos no pequeños, como su segura servidora,[46]

M.R.

95   Señorita:

    Muy agradecido a su amabilidad. Haré lo posible por dar cabida a sus
impresiones[47] en una revista, con mi firma, como usted lo desea. Tendría
mucho interés, sin embargo, y exclusivamente como coautor del artículo
a aparecer, en saber lo siguiente: Aparte de los diecisiete casos concretos
100 que usted anota, ¿no ha sentido usted nunca el menor enternecimiento[48]
por algún vecino alto o bajo, rubio o trigueño, gordo o flaco? ¿No ha
tenido jamás un vaguísimo sentimiento de abandono —el más vago posible— que le volviera particularmente pesado y fatigoso[49] al alejamiento[50]
de su propio pie?
105   Es lo que desearía saber.

H.Q.

    Señor:

    Efectivamente,[51] una vez, una sola vez en mi vida he sentido este en-
ternecimiento o esta falta de fuerzas en el pie a que usted se refiere. Esa
110 persona era *usted*. Pero usted no supo aprovecharlo.

M.R.

---

42 *warning*
43 necesario
44 *makings*
45 **los...** *the keepers of large fortunes*
46 **su...** *yours truly*
47 **por...** *to make room for your views*
48 *tenderness, pity*
49 **pesado...** *heavy (difficult) and tiring*
50 *withdrawal*
51 *Actually, In fact*

✦ Comprensión y expansión

A. Conteste las siguientes preguntas según el cuento.

1. ¿Quién es el H.Q. a quien le escribe la señorita del cuento?
2. ¿Por qué escribe ella la carta?
3. ¿Cuántos años hace que ella viaja en tranvía todos los días?
4. ¿Viaja ella sola o con otras personas? Explique.
5. ¿Cuántos años tiene ella?
6. ¿Cómo es ella físicamente? Descríbala.
7. Según ella, ¿cuáles son los tres tipos de hombres que viajan en tranvía?
8. ¿Se aburre ella en esos viajes de todos los días? ¿Por qué?
9. ¿Promete H.Q. tratar de publicar la carta de la señorita?

10. ¿Qué pregunta le hace H.Q. a la señorita?
11. ¿Cuántas veces sintió ella ganas de no retirar el pie? ¿Y qué pasó?
12. Según su opinión, ¿cuál es el tema de este cuento? Comente.

B. Lea las definiciones que siguen y escriba las palabras definidas en los espacios correspondientes.

1. medio de transporte _____
2. opuesto a **gordo** _____
3. alguien del sexo masculino _____
4. opuesto a **bajar** _____
5. juguete generalmente asociado con
   las niñas _____
6. tipo de zapato _____
7. alguien entre rubio y moreno _____
8. ventana de un tren o autobús _____
9. mirada rápida _____

C. Complete las oraciones con una palabra o frase apropiada de la lista que sigue. Use sólo una vez cada palabra o frase.

audaces	por día	táctica
conquista	publicar	tipo vulgar
costumbre	recorrido	tranvía
en saber	seductor	una vez

1. La joven del cuento quiere que el escritor la ayude a
   _____ una carta.
2. En esa carta ella se queja de la _____ de
   algunos hombres.
3. La muchacha cuenta que toma el tranvía dos
   veces _____ .
4. Hace mucho tiempo que hace el mismo _____ .
5. Ella piensa que muchos hombres usan el viaje para hacer
   una _____ rápida.
6. Según ella, los hombres _____ son los más
   interesantes.
7. Después de cinco años de viajar en _____
   y de observar a los hombres, ella sabe mucho de ellos.
8. Sabe inmediatamente, por ejemplo, si el hombre que se sienta a su
   lado es un buen muchacho o si es un _____ .
9. También sabe si es un verdadero _____ o un mezquino aprovechador.
10. Ella se queja de la costumbre masculina de usar el pie
    como _____ de seducción.
11. H.Q. tiene interés _____ si alguna vez a ella le ha
    gustado ese juego de pie.
12. Ella le responde que sí, que sólo _____ cuando
    el que usó la táctica del pie fue el propio H.Q.

✦ Temas de discusión o análisis

1. Describa brevemente el argumento de «Tres cartas... y un pie» y evalúe la técnica del uso de las cartas para la expresión narrativa de dicho argumento.
2. Discuta el título de este cuento y analice su relación temática y/o estructural con el resto del relato.
3. Analice el uso del humor en «Tres cartas... y un pie» y apoye sus comentarios con citas del texto.
4. Basándose en los datos del cuento, describa y analice la personalidad de M.R. ¿Qué tipo de persona es ella? Explique.
5. Basándose en la respuesta de H.Q. a M.R., deduzca y comente la personalidad de H.Q. ¿Qué tipo de persona parece ser él? Explique.
6. Compare y contraste la caracterización y el papel de los dos personajes, H.Q. y M.R.
7. Discuta el tema del sexismo y/o del machismo en la sociedad reflejada en este cuento.
8. En el artículo número cinco de su «Decálogo del perfecto cuentista» Quiroga aconseja: «No empieces a escribir sin saber desde la primera palabra adónde vas. En un cuento bien logrado, las tres primeras líneas tienen casi la importancia de las tres últimas». Discuta «Tres cartas... y un pie» teniendo en cuenta este punto en particular. ¿Se cumple esta regla en dicho cuento? Explique.

✦ Temas de proyección personal

1. ¿Usa usted el transporte público? ¿Cuándo? ¿Ha tenido experiencias similares a las que describe M.R. en su carta o conoce a alguien que haya estado incómodo(a) por razones de flirteo amoroso agresivo? Comente.
2. En el cuento de Quiroga se habla de un problema recurrente en la vida de la protagonista que ella enfrenta y trata de resolver escribiendo la carta. Si usted hubiera estado en su lugar, ¿cómo habría resuelto el problema? Explique.
3. Escriba una carta a un(a) amigo(a) quejándose de algo que le molesta y cuéntele qué piensa hacer para resolver la situación. Tal vez quiera la opinión de ese(a) amigo(a) o pedirle consejo con respecto a su problema.
4. Imagine que usted es el H.Q. del cuento y que contesta la última nota de M.R. ¿Qué le diría a M.R. en su carta?

✦ Guía y actividades de pre-lectura

Si bien es verdad que Horacio Quiroga es más conocido y famoso como cuentista, también escribió varios poemas, dos novelas, algunas obras de teatro y numerosas cartas. La breve pieza teatral aquí incluida fue escrita para ser leída y no necesariamente para ser llevada a la escena. En *El soldado* Quiroga hace uso de las reglas más importantes que él había prescrito para el cuento: brevedad, simplicidad de argumento, predominio de una idea central y búsqueda de un efecto total único. En este minidrama de contenido social y de tono filosófico, el autor expresa a través de un diálogo entre un oficial y un soldado algunas de sus ideas sobre el servicio militar obligatorio practicado en su época y aún vigente en la actualidad en muchos países de Hispanoamérica.

1. ¿Qué opina usted del servicio militar? ¿Cree que es una institución necesaria en todos los países? ¿Le parece que el servicio militar debería ser obligatorio o voluntario? Comente.

2. Lea el cuadro I para tener una idea general del contexto de esta «petipieza».
   a. ¿Dónde se desarrolla la acción?
   b. Según el oficial, ¿cuáles son los deberes del soldado?
   c. ¿Qué pregunta el soldado? ¿Y qué le contesta el oficial?
   d. ¿Qué pasa después entre el soldado y el oficial?
   e. ¿Cómo se imagina el resto de la pieza? ¿Qué piensa que va a pasar al final? Comente.

El soldado

PETIPIEZA[1] EN CUATRO ACTOS

CUADRO I

(Patio de cuartel.[2] Los nuevos conscriptos reciben las primeras instrucciones del oficial.[3] La acción en el planeta Marte.[4])

OFICIAL   Tales[5] son, pues, los deberes del soldado. Defender a su patria, dar en todos los instantes su vida por ella, sacrificarle esposas e hijos, obedecer ciegamente[6] a sus jefes[7]... Estos son sus deberes. *(Un soldado da un paso al frente.)*

5 **SOLDADO**   Y los derechos del soldado, ¿cuáles son? *(Pausa.)*

OFICIAL   ¡A las filas![8]

SOLDADO   Muy bien.

OFICIAL   ¡Cállese la boca![9]

SOLDADO   Ya me he callado.

10 **OFICIAL**   *(Rojo de ira,[10] yendo hacia él.)* ¡Insolente!

(El oficial, fuera de sí,[11] le pone violentamente la mano en el pecho. El soldado responde con una bofetada.[12])

CUADRO II

(En el Consejo de Guerra.[13])

CORONEL   ¿De modo que usted no niega ninguno de los hechos producidos?

1 minipieza, obra teatral muy breve
2 *barracks*
3 *officer*
4 *Mars*
5 Estos
6 **obedecer...** *obey blindly*
7 superiores
8 **¡A... !** *Back in the ranks!*
9 **¡Cállese... !** *Shut your mouth!*
10 enojo, furia
11 **fuera...** *beside himself*
12 *slap, blow*
13 **Consejo...** *War Council*

SOLDADO No.

CORONEL Por donde se ve[14] que alcanza usted toda la extensión de su actitud[15] abofeteando[16] a un oficial.

SOLDADO Perfectamente. Me insultó y pegó[17] sin motivo alguno. Por eso le abofeteé.

CORONEL Pero usted olvida que era su superior.

SOLDADO Yo soy un hombre libre.

CORONEL ¡Usted es un soldado!

SOLDADO ¿No soy, pues, un hombre libre?

CORONEL Lo es; pero ante todo es soldado. Este es su primer deber.

SOLDADO Y mis derechos, ¿cuáles son?

CORONEL Derivan de sus mismos deberes.

SOLDADO Muy bien; he comprendido.

CUADRO III

(En la celda[18] del condenado a muerte. Entra el oficial del bofetón.)

OFICIAL Aquí estoy.

SOLDADO Ya lo veo.

OFICIAL He hecho cuanto[19] he podido para desviar el sumario[20]... sin resultado.

SOLDADO Luego... ¿Muerto mañana?

OFICIAL Sí.

SOLDADO ¿Por haber respondido a su insulto y sus golpes como un hombre de honor?

OFICIAL Sí. Pero no por el bofetón a mí mismo, sino al oficial.

SOLDADO ¿Y usted no me insultó a mí, sino al soldado?

OFICIAL Exacto.

SOLDADO No entiendo. ¿Quiere decir que yo, desde el instante de ser soldado perdía mis derechos de hombre?

OFICIAL Tal como usted los entiende, sí. Su dignidad no entra en juego.

SOLDADO ¿Qué, entonces?

OFICIAL Su persona. Esta es nuestra, del ejército,[21] de la patria, si usted quiere. Su dignidad de hombre, no.

SOLDADO ¿Quiere decir de nuevo[22] que un insulto, una vejación[23] cometida con un soldado, no alcanza[24] al hombre oculto[25] bajo el uniforme?

OFICIAL Así es.

SOLDADO ¿Y a quién se insulta y denigra es sólo al servidor anónimo de la patria?

---

14 **Por...** De donde se deduce
15 **alcanza...** *you fully realize the extent of what you have done*
16 *slapping*
17 golpeó
18 *cell*
19 todo lo que
20 **desviar...** *change the indictment*
21 *army*
22 **de...** otra vez
23 humillación
24 *reach*
25 *hidden*

OFICIAL   Según su raciocinio,[26] sí. *(Pausa.)*

50   **SOLDADO**   Y según el suyo... ¿también? *(Pausa.)*

OFICIAL   Escúchame, compañero. *(Pausa.)* La vida arrastra[27] a veces posiciones[28] forzadas que usted no quiere contemplar... Hablemos de su caso. Hay todavía un modo de arreglarlo todo.

SOLDADO   Veamos.

55   **OFICIAL**   Pidiéndome perdón.

SOLDADO   ¿A usted? Con mucho gusto.

OFICIAL   No, a mí no... Al oficial.

SOLDADO   Al oficial, no. Le pregunté por mis derechos de soldado y me llamó insolente; me golpeó, y le contesté. Nada le debo.

60   **OFICIAL**   Y lo fusilan[29] por eso.

SOLDADO   Porque pueden hacerlo.

OFICIAL   No; porque su bofetada llegó más alto.

SOLDADO   ¿A la patria misma? ¿Y el soldado insultado y golpeado sin motivo, es un simple paria?[30]

65   **OFICIAL**   No, como ciudadano.[31]

SOLDADO   Pero colocado fuera de[32] las leyes del honor al dejar de serlo.

OFICIAL   Momentáneamente.

SOLDADO   Como una bofetada. *(Pausa.)*

OFICIAL   No nos entendemos.

70   **SOLDADO**   Es bien fácil. ¿Se atreve[33] usted a ofrecerme allá arriba[34] un desagravio por las armas?[35]

OFICIAL   ¿Un duelo[36] con usted? Imposible.

SOLDADO   ¿Por qué? Si su capitán lo insulta a usted gratuitamente, ¿no le concede una satisfacción por las armas?

75   **OFICIAL**   Ciertamente. Pero usted es un soldado.

SOLDADO   ¿Y porque no soy más que un soldado se me puede humillar sin consecuencias? ¿Porque debemos constituir los ejércitos de la patria y empaparla[37] en nuestra sangre, se nos despoja[38] de nuestra dignidad desde el instante de vestir el uniforme?

80   **OFICIAL**   Nada tiene que ver, le repito, la disciplina con la dignidad.

SOLDADO   Nada, menos vejarla.[39]

OFICIAL   No la mata.

SOLDADO   Pero mata al que la conserva. Tenemos la prueba. *(Pausa.)*

OFICIAL   *(Acercándose.)* Yo lo insulté sin motivo. Le pido perdón. ¿Se
85   daría usted por satisfecho[40] golpeándome otra vez? Puede hacerlo.

SOLDADO   Gracias. Ninguna ofensa tengo de usted. A mí es a quien corresponde pedirle perdón.

OFICIAL   ¿Lo hará ante el Consejo de Guerra?

---

26 lógica, razonamiento
27 *gives rise to, leads*
28 situaciones
29 *they will shoot*
30 *pariah, outcast*
31 *citizen*
32 **colocado...** *placed outside*
33 **¿Se...** *Do you dare*
34 **allá...** *up there (before the military tribunal)*
35 **desagravio...** *satisfaction by means of arms*
36 *duel*
37 *soak it*
38 *roba*
39 **menos...** excepto humillarla
40 **¿Se...** *Would you be satisfied*

SOLDADO   ¿Me dará usted en seguida como oficial una satisfacción?

90 **OFICIAL**   Imposible. *(Pausa.)* Está usted desafiando[41] por orgullo a la muerte.

SOLDADO   No me queda a quién[42] hacerlo.

CUADRO IV

(Diez horas después una mano en la sombra:)

AQUI

YACEN[43] LOS RESTOS

95   MORTALES

DEL CIUDADANO

JUAN LIBRE

PASADO POR LAS ARMAS[44]

FRENTE AL ENEMIGO

100   EL 31 DE JULIO

DE 1914

41   *challenging*
42   **No...** *I have no one else*
43   *lie*
44   **pasado...** *executed*

✦ Comprensión y expansión

A. Conteste las siguientes preguntas según la petipieza.

1. ¿Dónde tiene lugar la acción del cuadro II?
2. ¿De qué hablan el coronel y el soldado?
3. ¿Dónde tiene lugar la acción del cuadro III?
4. ¿Por qué está allí el soldado? ¿Cuál será su castigo?
5. En el cuadro III, ¿cómo se explica que se castigue al soldado y no al oficial?
6. Según el oficial, ¿qué puede hacer el soldado para que no lo fusilen?
7. ¿Está o no dispuesto el soldado a pedirle perdón al oficial? ¿Por qué?
8. Según el oficial, ¿puede él aceptar un duelo con el soldado? Explique.
9. Al final, ¿qué le ofrece el oficial al soldado? ¿Cómo reacciona éste?
10. ¿Qué se ve en el cuadro IV? ¿Qué efecto produce esta escena?

B. Todas las palabras de la columna izquierda provienen de *El soldado* y tienen sus respectivos cognados en inglés, aunque muchos de éstos no son tan usados en el lenguaje cotidiano. Para cada término, escriba el cognado correspondiente y su equivalente más coloquial en las columnas apropiadas.

Modelo   conscripto   *conscript*   *draftee*

1. ira   _____   _____
2. negar   _____   _____
3. comprender   _____   _____
4. desviar   _____   _____
5. oculto   _____   _____
6. fusilar   _____   _____
7. paria   _____   _____

8. colocar   _____   _____

9. conceder   _____   _____

10. denigrar   _____   _____

C. Conteste las preguntas o complete las siguientes afirmaciones, marcando con un círculo la letra de la respuesta más apropiada.

1. ¿En qué planeta tiene lugar la acción de esta obrita teatral?
   - a. Tierra
   - b. Júpiter
   - c. Marte

2. Los soldados deben...
   - a. ofender a la patria.
   - b. obedecer a sus jefes.
   - c. creer en Dios.

3. ¿Qué le dio el soldado al oficial?
   - a. una bofetada
   - b. muchos consejos
   - c. dinero

4. Según el cuadro III, el soldado va a morir...
   - a. esa misma noche.
   - b. al día siguiente.
   - c. en una semana.

5. El oficial explica que la patria es dueña de la... del soldado.
   - a. dignidad
   - b. familia
   - c. persona

6. Aparentemente el cuadro IV tiene lugar en...
   - a. una celda.
   - b. un cementerio.
   - c. un cuartel.

7. El oficial le pide... al soldado por haberlo insultado.
   - a. perdón
   - b. un duelo
   - c. una bofetada

8. ¿Cómo se llama el soldado?
   - a. Sin Nombre
   - b. Juan Pérez
   - c. Juan Libre

✦ Temas de discusión o análisis

1. Describa y analice el tema y/o los subtemas de *El soldado*.
2. Analice la relación entre el título y el contenido de esta minipieza.
3. Discuta la elección del planeta Marte como escenario de esta breve pieza. ¿Por qué se sitúa la acción en dicho planeta en particular y no en otro? Explique.
4. Describa y analice la estructura formal de la obra.
5. Los personajes de esta petipieza son genéricos, no tienen nombres específicos. Discuta su posible significación o importancia dentro del contexto de *El soldado*.
6. Describa y analice la personalidad de uno de los personajes de la obra.
7. Discuta el papel del soldado como héroe trágico.
8. Compare y contraste la personalidad del soldado con la del oficial. ¿Cuál le parece más realista? Explique.
9. Analice el tema del fatalismo en la minipieza.
10. Escoja, analice y comente **uno** de los temas que siguen.
    - a. *El soldado* como obra de crítica social.
    - b. Los elementos de ciencia-ficción en *El soldado*.
    - c. El contenido filosófico de *El soldado*.
    - d. El realismo y la fantasía en *El soldado*.

11. La discusión entre el soldado y el oficial gira en torno a una paradoja muy irónica de la vida militar. Explíquela y dé sus opiniones al respecto.
12. Discuta la ironía implícita en el nombre del soldado y en la fecha de su muerte, según quedan registrados en el último cuadro de la petipieza.

◆ Temas de proyección personal

1. En esta minipieza, el oficial da una lista de los deberes del soldado. ¿Está usted de acuerdo con esa lista? Comente.
2. Actualmente en Estados Unidos no hay servicio militar obligatorio. Pero si mañana usted se enterara de que el presidente ha vuelto a instituir el servicio militar obligatorio para todas las personas de su edad, ¿qué haría? Explique.
3. ¿Qué opina usted del servicio militar, obligatorio o voluntario, para todos: hombres y mujeres, sin discriminación sexual? Comente.

◆ *Temas intertextuales* ◆

1. Discuta el tema del amor en las obras de Gertrudis Gómez de Avellaneda y de Alfonsina Storni. Señale las similitudes y/o diferencias que encuentre y dé ejemplos específicos.
2. Analice y compare la relación hombre-mujer y la actitud de rechazo o sumisión del personaje femenino en las obras de Gómez de Avellaneda y de Storni.
3. Ampliación del tema 2: Incluya el romance «Las señas del esposo» (sección II) y las obras de Sor Juana Inés de la Cruz (sección II) en su análisis comparativo.
4. Compare y contraste las relaciones e interrelaciones que se establecen entre el tiempo o edad, las estaciones y el amor en «Canción de otoño en primavera» y en «El ruego».
5. Compare y contraste el uso de metáforas, imágenes y alusiones referentes a la naturaleza en los poemas de Martí y de Darío.
6. Analice el comportamiento social de los personajes masculinos y femeninos en «Una carta de amor», «La camisa de Margarita» y «Tres cartas... y un pie». ¿Qué reflejan dichas narraciones acerca de las reglas de conducta entre hombres y mujeres vigentes en la sociedad de sus respectivas épocas?
7. Basándose en el contenido de «Una carta de amor», «A él» y «La camisa de Margarita», compare y contraste la situación de la mujer hispana en los siglos XVIII y XIX, respectivamente.
8. Discuta las ventajas y desventajas de escribir una historia, ficticia o real, usando una estructura epistolar y analice la relación entre forma y contenido en «Una carta de amor» y «Tres cartas... y un pie». Luego evalúe críticamente el éxito o fracaso del uso de la carta como marco narrativo de estos dos relatos.

9. Ampliación del tema 8: Incluya «Respuesta a Sor Filotea» (sección II) en su análisis comparativo.

10. Analice el papel del machismo, del orgullo y/o del honor en «Celos» y *El soldado*. Comente el desenlace final de ambas obras como reflejo de la postura crítica de sus respectivos autores.

11. Ampliación del tema 10: Incluya «La camisa de Margarita» y «Tres cartas... y un pie» en su análisis comparativo.

12. Basándose en datos incluidos en esta sección sobre Gertrudis Gómez de Avellaneda y José Martí, y en el hecho de que en su juventud Alfonsina Storni tuvo un hijo natural, explique de qué manera los poemas «A él», «La niña de Guatemala» (Poema IX) y «El ruego» reflejan experiencias y circunstancias de la vida de sus respectivos autores.

13. Compare y contraste «Hombre pequeñito» y «Hombres necios que acusáis» (sección II). Explique las diferencias y/o similitudes entre ambos textos en cuanto a temas, tono, imágenes y elementos lingüísticos.

14. Discuta los aspectos modernistas de las obras de José Martí y de Alfonsina Storni. Compare y contraste poemas específicos en cuanto a tono, ritmo, musicalidad, simbolismo, temas, estilo y elementos lingüísticos.

SECCION IV

Del posmodernismo al «boom»

Hidalgo, *enorme mural del mexicano José Clemente Orozco, pintado (entre 1936 y 1939) en la escalera del Palacio de Gobierno de Guadalajara, Jalisco, México. Esta obra conmemora la abolición de la esclavitud en México, proclamada por el Padre Hidalgo en 1810.*

◆◆◆

Sinopsis histórico-literaria

Esta sección incluye obras escritas y publicadas desde mediados de la segunda década del siglo XX hasta fines de los años cincuenta, que en términos histórico-políticos se sitúan entre la Revolución Mexicana (c. 1910–1920) y principios de la Revolución Cubana (1959). Durante ese medio siglo tuvieron lugar, en ambos lados del Atlántico, numerosos acontecimientos históricos de gran impacto y consecuencias culturales tanto regionales como universales: las dos guerras mundiales (1914–1918 y 1939–1945); la Revolución Rusa (1917); la Guerra del Chaco entre Bolivia y Paraguay (1932–1935); el asesinato de Augusto César Sandino en Nicaragua (1934); la Guerra Civil Española (1936–1939); la década de violencia en Colombia (c. 1939–1949) y el asesinato del líder Jorge E. Gaitán (1948); el desastre de la bomba atómica en Hiroshima y Nagasaki (1945); la fundación de Israel (1948); el asesinato del Mahatma Gandhi (1948); la Revolución Boliviana (1952); el derrocamiento —con ayuda de la C.I.A.— del presidente Jacobo Arbenz de Guatemala (1954); la muerte de Evita Perón (1953) y la caída de su esposo, el presidente Juan Domingo Perón (1955); la lucha por los derechos civiles de los afroamericanos liderada por Martin Luther King, Jr. (1956), y el derrocamiento del dictador venezolano Marcos Pérez Jiménez (1958), para mencionar sólo los hechos más significativos. Al mismo tiempo, durante estas décadas surgieron en Europa una serie de importantes movimientos artísticos y filosóficos como el cubismo,* el expresionismo,* el ultraísmo,* el surrealismo* y el existencialismo* que influenciaron, en mayor o menor grado, la creación literaria de todo este período.

Como ya se ha comprobado en la producción del siglo pasado, los escritores hispanoamericanos son muy sensibles a los elementos del contexto histórico-político y artístico-literario de su época, y tienden a incorporarlos en sus obras, a nivel temático, estructural y/o lingüístico. En particular, los autores aquí representados reflejan un alto grado de conocimiento y empatía con el momento histórico que les ha tocado o que les toca vivir. Para estos escritores, el siglo XX se abre con la explosión violenta de la Revolución Mexicana que irrumpe en su existencia cotidiana y personal, de manera directa en el caso de los mexicanos e indirecta en el de los demás.

El impacto cultural de dicha revolución fue enorme. En pintura dio origen al arte muralista mexicano con sus tres grandes maestros —Diego Rivera, José Clemente Orozco y David Alfaro Siqueiros— y en literatura surgió el ciclo narrativo de la Revolución Mexicana cuya temática sigue vigente en la cuentística y novelística de algunos escritores contemporáneos. El primer ciclo está compuesto por narradores que participaron directamente en esa revolución. Entre ellos, los dos más conocidos son Mariano Azuela, autor de *Los de abajo* (1915), primera novela de la Revolución Mexicana, donde se analiza con vigor y realismo la confusión y el horror derivados del conflicto, y Martín Luis Guzmán, autor de *El águila y la serpiente* (1928), importante crónica de la historia mexicana basada en las experiencias del propio Guzmán. En ambos relatos el personaje histórico que domina la acción es el guerrillero Pancho Villa. Este y el líder campesino Emiliano Zapata —figura central de otra novela de esos años: *Tierra* (1932) de Gregorio López y Fuentes— son los dos revolucionarios más famosos de la época. El segundo ciclo narrativo está integrado por escritores que sin haber vivido durante ese período incorporan, no obstante, el tema de la revolución en sus obras, a menudo con un enfoque histórico y crítico. Algunos nombres y títulos representativos de este grupo son Agustín Yáñez, que en *Al filo del agua* (1947) describe la vida y el ambiente político e ideológico de un pueblito de Jalisco en los últimos años de la revolución, y Juan Rulfo, cuyos relatos de *El llano en llamas* (1953) y *Pedro Páramo* (1955) reflejan un mundo de miseria y dolor donde la situación de «los de abajo» continúa prácticamente igual que antes. También forman parte de este segundo ciclo varias narraciones de escritores más jóvenes que en general aparecen en la escena literaria a partir de 1960 (y por eso están incluidos en la Sección V). Tal es el caso de las novelas *La muerte de Artemio Cruz* (1962) de Carlos Fuentes y *Hasta no verte Jesús mío* (1969) de Elena Poniatowska.

La mayor parte de la producción literaria de este período se ubica, básicamente, dentro de tres movimientos literarios generales: el posmodernismo* (c. 1910–1939), el vanguardismo* (c. 1918–1945) y el posvanguardismo* (c. 1945–presente). Es importante aclarar, sin embargo, que estas tres corrientes no son excluyentes; a menudo coexisten, se superponen y se influyen mutuamente. También es interesante notar ciertas correlaciones entre dichos movimientos y su contexto histórico. Se observa así que el posmodernismo coincide, temporalmente, con los años asociados con la Revolución Mexicana y la Guerra Civil Española, el vanguardismo con el período entre las dos guerras mundiales y el posvanguardismo con la época de posguerra que llega hasta el presente.

La narrativa de este período refleja dos influencias importantes: el cuidado del estilo y la forma heredado del modernismo* y las preocupaciones temáticas que surgen de la realidad histórico-política y socioeconómica hispanoamericana de entonces. De ahí que gran parte de los cuentos y novelas sean realistas. Sus autores tratan de interpretar la vida que los rodea. En muchos casos presentan a sus personajes en lucha contra la naturaleza y a menudo el paisaje o la naturaleza misma resulta ser el protagonista del relato. A través de sus obras, estos escritores exploran las raíces históricas nacionales y afirman lo regional propio. Surge así una modalidad o tendencia literaria conocida como «novela de la tierra» o «novela regionalista» que incorpora los logros técnicos y estilísticos de las corrientes anteriores —en especial del modernismo y del naturalismo*— pero que pone mayor énfasis temático en lo americano. En efecto, esta literatura regionalista explora temas relacionados con ciertos aspectos de la realidad latinoamericana que afectan a gran parte del continente o a algunas regiones en particular, tales como el latifundio, el carácter dominante de la naturaleza (extensas llanuras, selvas y montañas), la presencia del «gaucho» (versión sudamericana del *cowboy*) en el área del Río de la Plata y el problema indígena en los países andinos.

En la década de los años veinte aparecieron dos clásicas «novelas de la tierra»: *La vorágine* (1924) del colombiano José Eustasio Rivera y *Doña Bárbara* (1929) del venezolano Rómulo Gallegos. Mientras el verdadero protagonista de la primera es la selva que con su violencia destruye a quienes tratan de explotarla, en la segunda los seres humanos son a la vez productos y víctimas de las llanuras de Venezuela, donde en vez de la ley reina la fuerza. En esta obra doña Bárbara simboliza la barbarie del llano y Santos Luzardo, su antagonista, el espíritu civilizador de la ciudad. En la lucha entre ambos, éste sólo triunfa cuando se vuelve llanero y adquiere la fuerza necesaria para dominar a sus enemigos. También de la misma década es la novela *Don Segundo Sombra* (1926) del argentino Ricardo Güiraldes, uno de los últimos ejemplos de la literatura gauchesca,* inspirada en la figura del «gaucho» e iniciada a fines del siglo pasado, primero con la poesía y luego con el teatro gauchesco. Agregando elementos artísticos y cultos a la técnica aprendida en el naturalismo, Güiraldes transformó la realidad en materia poética. Agrandó y poetizó la figura del gaucho, idealizando a su personaje titular y convirtiéndolo en un ser mítico. En efecto, don Segundo es una «sombra» que más que reflejar la realidad del gaucho a principios del siglo XX, evoca su vida tradicional pasada ya no viable en los tiempos modernos de desarrollo industrial y economía capitalista.

La Revolución Mexicana y, paralelamente, la Revolución Rusa agudizaron la conciencia social de muchos escritores y llamaron atención a las condiciones socioeconómicas de las masas marginadas, especialmente de los indios y de los campesinos pobres. En países con un alto porcentaje de población indígena como México, Guatemala y algunos países andinos (Bolivia, Perú y Ecuador), dichos escritores expresaron en sus obras su protesta contra el abuso, la pobreza, la explotación y la marginación de los indios, aumentando así el *corpus* de la literatura indigenista,* ya iniciada en el siglo pasado con la aparición de la novela *Aves sin nido* (1889) de la peruana Clorinda Matto de Turner. Algunos autores representativos de la novela indigenista de este siglo son el boliviano Alcides Arguedas cuya *Raza de bronce* (1919) denuncia la violación de una joven india por el hijo de un terrateniente y sus consecuencias trágicas; el ecuatoriano Jorge Icaza que en *Huasipungo* (1934) describe el tratamiento inhumano y la explotación generalizada que sufren los indios de su país; el mexicano Gregorio López y Fuentes cuya novela *El indio* (1935) capta fielmente el drama indígena de su patria, y el peruano Ciro Alegría que en *El mundo es ancho y ajeno* (1941) relata la vida miserable y la total destrucción de una pequeña comunidad nativa de los Andes. Ese mismo año aparece *Yawar fiesta* del peruano José María Arguedas, autor de *Los ríos profundos* (1958), su obra más famosa donde expresa, inspirado en su propio bilingüismo y biculturalismo (español y quechua), el conflicto entre sus dos mundos: el indígena y el blanco. Los relatos y novelas de Arguedas se distinguen de los de sus predecesores por captar y comunicar desde dentro las emociones y experiencias del mundo indígena, hasta entonces sólo observadas y descritas desde fuera en la literatura indigenista de entonces, de manera más bien superficial y externa.

En poesía, la producción posmodernista refleja dos características importantes que a menudo se dan juntas en un mismo texto: simplicidad lírica y cierto grado de protesta social como sucede, por ejemplo, en la poesía del paraguayo Hérib Campos Cervera. Tal es el caso también de la obra poética de cuatro mujeres rioplatenses que empezaron a escribir hacia fines del período anterior —Delmira Agustini, Alfonsina Storni, Juana de Ibarbourou y Gabriela Mistral— donde el tema del amor en todas sus manifestaciones va mezclado con una sutil protesta feminista frente a las injusticias de que se sienten víctimas por razones de su sexo. Otro tipo de protesta social que se incorpora en la obra de algunos escritores, especialmente del Caribe, es la relacionada con el «descubrimiento» de sus raíces africanas. Cuba, Puerto Rico y República Dominicana descubren dichas raíces en su pasado y tratan de reivindicarlas expresándolas en su literatura. El impulso inicial de esta corriente afrocaribeña surge durante la segunda década del siglo XX como consecuencia del interés de algunos artistas e intelectuales europeos y estadounidenses por el arte africano primitivo. Esta época también coincide con la difusión y popularidad del jazz norteamericano en Europa. En esta corriente se debe ubicar la obra de dos destacados escritores de la región caribeña: el puertorriqueño Luis Palés Matos y el cubano Nicolás Guillén.

El movimiento de vanguardia hispanoamericano que floreció entre las dos guerras mundiales tuvo su origen y derivó sus características de los varios movimientos vanguardistas europeos de esos mismos años que introdujeron en el arte y la literatura una serie de técnicas e innovaciones estilísticas y una manera diferente o «irracional» de ver y representar el mundo. En particular, a través del ultraísmo y del surrealismo, los poetas de Hispanoamérica se acercaron a las múltiples tendencias de la poesía actual y tendieron a desarrollar una temática más universal, relacionada con la condición humana en general. Tal es el caso de las obras del chileno Vicente Huidobro, del argentino Jorge Luis Borges y del mexicano Octavio Paz, para dar sólo tres puntales cronológicos significativos. No obstante, las preocupaciones políticas y sociales a menudo absorbieron el interés de algunos poetas y la rebelión contra el medio en que vivían se manifestó también como rebelión contra las leyes internas de la poesía, es decir, contra el metro,* el ritmo,* la rima,* la sintaxis e incluso contra la lógica. Dos figuras representativas de esta tendencia son el peruano César Vallejo y el chileno Pablo Neruda.

Dentro del género narrativo, junto a la preocupación por la problemática sociopolítica, se nota en este período una tendencia hacia la novela psicológica. Uno de los maestros de esta nueva corriente es el chileno Eduardo Barrios que en *El hermano asno* (1922) descubre los tormentos del alma de un fraile franciscano. También forman parte de este grupo varios otros narradores que tratan de revelar y expresar, a través de sus tramas novelísticas, los sentimientos y pensamientos de hombres y mujeres de carne y hueso. Entre ellos se destacan los chilenos Manuel Rojas y María Luisa Bombal, y el argentino Eduardo Mallea. Mientras en *La última niebla* (1934) y en *La amortajada* (1938) Bombal revela la frustración de sus personajes femeninos a través de un discurso que se mueve entre la realidad y el sueño, en *La bahía del silencio* (1940) Mallea deja que cada uno de sus personajes intente descubrir su propia identidad personal.

En cuanto al período posvanguardista, tal vez sea el existencialismo la corriente filosófica de más influencia en el desarrollo de la literatura hispanoamericana —y en particular de la narrativa y el teatro— donde predominan la problemática humana, la descripción del mundo interior y la irrupción del absurdo en la vida. Algunos narradores que escriben dentro de estas coordenadas existencialistas son el uruguayo Juan Carlos Onetti y los argentinos Jorge Luis Borges, Leopoldo Marechal y Ernesto Sábato, cuya conocida novelita *El túnel* (1948) revela la soledad y la incomunicación humanas en la sociedad contemporánea. En teatro se debe mencionar, entre otros, al argentino Osvaldo Dragún, al uruguayo Carlos Maggi y a los chilenos Sergio Vodánovic y Gabriela Roepke. No obstante, lo auténtico y característico hispanoamericano —naturaleza, paisaje, tipos humanos— continúan inspirando a los autores de esta época, aunque ahora vistos a través de una óptica diferente, a veces algo deformante: desde una perspectiva mítica, mágica y en general reflejados en estructuras temporales no convencionales. Dos obras claves de este período son *El reino de este mundo* (1949) de Alejo Carpentier y *El Señor Presidente* (1946) de Miguel Angel Asturias, novela ejemplar del vanguardismo narrativo hispanoamericano y obra que en 1967 le ganaría a su autor el Premio Nóbel de Literatura.

GABRIELA MISTRAL

Nota biográfica

Gabriela Mistral (1889–1957), seudónimo de Lucila Godoy Alcayaga, poeta y docente, nació en Vicuña, un pequeño pueblo del norte de Chile, y murió en otro lugar del norte pero lejos de su país, en Long Island, Nueva York. Antes de adquirir fama como poeta, fue maestra rural y representó a Chile con diversos cargos diplomáticos en varios países europeos y americanos, incluyendo Estados Unidos. Desde pequeña manifestó un vivo interés por la enseñanza y a lo largo de su vida alternó el ejercicio magisterial, el literario y el diplomático. Inició su labor docente en una aldea llamada La Compañía. Después dirigió el Liceo de Niñas de los Angeles (1912–1918) y trabajó en los liceos femeninos de Punta Arenas (1918–1920), Temuco (1920) y Santiago (1921). Alcanzó reconocimiento nacional en 1914, en Santiago, al ser premiada en los Juegos Florales por sus tres «Sonetos de la muerte». Fue coetánea de Pablo Neruda, otro gran poeta chileno, quien recibió sus consejos literarios. En 1922 se trasladó a México por invitación de José Vasconcelos para estudiar las reformas educativas que se iniciaban en ese país, comenzando así lo que sería una vida de intensa actividad y de continuos viajes. En 1924 pasó a Estados Unidos y luego viajó a Europa. En París se desempeñó como representante de Chile ante el Instituto de Cooperación Intelectual. Volvió a Estados Unidos en 1929 y allí permaneció hasta 1932, dictando conferencias en algunas universidades y aprovechando su estadía para viajar y conocer Centroamérica. Entre 1932 y 1938 tuvo cargos consulares en Nápoles, Madrid y Lisboa. Después de un corto viaje a su país, pasó al servicio consular en Niza y luego en Brasil (1940). Allí estaba cuando en 1945 le llegó la noticia de que había ganado el Premio Nóbel de Literatura de ese año, hecho que la convertía en el primer escritor hispanoamericano y en la primera mujer poeta a quien se le otorgaba dicho premio. Viajó a Estocolmo para recibirlo y regresó luego a Estados Unidos como Cónsul de la ciudad de Los Angeles. Durante varios años fue profesora visitante en diversas universidades norteamericanas. En 1955 hizo otro breve viaje a su patria donde recibió numerosos homenajes y galardones. Posteriormente volvió a Estados Unidos y pasó sus últimos años en el hogar de Doris Dana, su amiga y traductora que en 1971 publicó *Selected Poems of Gabriela Mistral*, una versión bilingüe de su obra. Sus poemas más conocidos están contenidos en cuatro colecciones importantes. Su primer poemario, *Desolación*, fue publicado en Nueva York en 1922 e incluye sus «Sonetos de la muerte». En 1924 apareció en Madrid *Ternura*, serie de canciones y poemas para niños, en su mayor parte procedentes de *Desolación*, aunque en la segunda edición del volumen (1945) se agregaron treinta poemas nuevos. A esos libros siguieron después *Tala* (1938) y *Lagar* (1954), su último poemario. Escribió también cartas, ensayos, reseñas de libros, observaciones críticas, artículos periodísticos y otras diversas composiciones en prosa.

✦ Guía y actividades de pre-lectura

Una gran tragedia personal marcó profundamente la vida y la obra de Gabriela Mistral: el suicidio de su primer y único amor cuando ella era aún muy joven. «Fue durante el año 1907, a los dieciocho de su edad, cuando conoció a Romelio Ureta, empleado de los Ferrocarriles. El idilio se desarrolló con todas las alternativas del sentimiento. En un día de noviembre de 1909, Ureta, por salvar a un amigo, tomó dineros de la Empresa que servía, creyendo que se los devolvería con oportunidad. Desesperado ante el peligro de perder su honra, se quitó la vida», explica Norberto Pinilla en su *Bibliografía de Gabriela Mistral* (1946, página 27). Después nunca se casó y nunca tuvo hijos, pero el profundo pesar y la tristeza causados por esa trágica muerte que inspiró sus «Sonetos de la muerte» son temas constantes en su poesía. En ella expresa el dolor íntimo, la soledad y la desolación; vierte su conciencia sufriente en la piedad por el suicida; canta a las labores del maestro rural, a la infancia, a la madre soltera y a la naturaleza americana. La frustración que parece sentir al no poder ser madre y el gran amor que le inspiran los niños también constituyen fuentes temáticas importantes. Sin embargo, su tema principal y más recurrente es el amor. La poesía de Mistral canta y habla del amor en todas sus variedades y dimensiones: amor de novia; amor de madre; amor a Dios, a la naturaleza, a los humildes y a los más débiles, a los que sufren y a los perseguidos, y especialmente amor a los niños, a todos los niños del mundo. Lo prueban todos y cada uno de los textos de *Ternura* y el hecho de que ella haya donado las ganancias de su libro *Tala* para beneficio de los niños vascos, huérfanos de la Guerra Civil Española (1936–1939). Los tres poemas aquí reproducidos («Yo no tengo soledad», ya incluido en *Desolación*, «Miedo» y «Doña Primavera») provienen de la segunda edición de *Ternura* y ejemplifican algunos de los temas típicos de esta gran poeta chilena. En general clasificada como poeta posmodernista, a través de su poesía Mistral refleja que leyó a los modernistas y que profundizó en las fuentes bíblicas. Aunque sus últimas obras, *Tala* y *Lagar*, revelan mayor complejidad lingüística y artificio técnico que *Desolación* y *Ternura*, toda su obra está marcada por una gran intensidad emotiva, elocuencia verbal y transparencia semántica. En particular, los versos de *Ternura* se caracterizan por su profundidad humana, su estilo sencillo, espontáneo y directo, y su tono suave, íntimo y conversacional.

1. Teniendo en cuenta los comentarios de esta guía, ¿a qué cree usted que se refiere el título «Yo no tengo soledad»? ¿Por qué?

2. ¿Qué imágenes le trae a la mente el título «Miedo»? ¿Por qué? ¿Y el título «Doña Primavera»? ¿Por qué emplearía la poeta el término «doña»? Explique.

3. Lea la primera estrofa de «Yo no tengo soledad» y trate de deducir qué tipo de amor se ve reflejado en este poema. Haga lo mismo con los otros dos poemas: «Miedo» y «Doña Primavera».

Yo no tengo soledad

Es la noche desamparo[1]
de las sierras[2] hasta el mar.
Pero yo, la que te mece,[3]
¡yo no tengo soledad!

Es el cielo desamparo
si la luna cae al mar.
Pero yo, la que te estrecha,[4]
¡yo no tengo soledad!

Es el mundo desamparo
y la carne[5] triste va.
Pero yo, la que te oprime,[6]
¡yo no tengo soledad!

[1] abandono
[2] montañas
[3] *rocks*
[4] abraza
[5] *flesh*
[6] abraza fuertemente

✦ Comprensión

Conteste las siguientes preguntas según el poema.

1. ¿A quién piensa usted que le está hablando la voz poética? ¿Por qué?
2. ¿Cómo se sabe que esa voz es femenina y no masculina? Explique.
3. Según el poema, ¿qué hace ese «yo» para evitar la soledad y el desamparo que la rodean?

4. Según su opinión, ¿qué efecto produce la repetición del verso «¡yo no tengo soledad!» al final de cada estrofa? Comente.
5. ¿Cómo resumiría usted el tema de este poema?

Miedo

Yo no quiero que a mi niña
golondrina[1] me la vuelvan.
Se hunde[2] volando en el cielo
y no baja hasta mi estera;[3]
en el alero[4] hace nido[5]
y mis manos no la peinan.
Yo no quiero que a mi niña
golondrina me la vuelvan.

    Yo no quiero que a mi niña
la vayan a hacer princesa.
Con zapatitos de oro
¿cómo juega en las praderas?[6]
Y cuando llegue la noche
a mi lado no se acuesta...
Yo no quiero que a mi niña
la vayan a hacer princesa.

    Y menos quiero que un día
me la vayan a hacer reina.
La pondrían en un trono
a donde mis pies no llegan.
Cuando viniese la noche
yo no podría mecerla...
¡Yo no quiero que a mi niña
me la vayan a hacer reina!

1 *swallow*
2 *mete*
3 *doormat*
4 *eaves*
5 *nest*
6 *meadows*

✦ Comprensión

Conteste las siguientes preguntas según el poema.

1. En general, ¿de qué parece tener miedo el «yo» de este poema?
2. ¿Cuáles son los tres miedos específicos que se mencionan en estos versos?
3. ¿Por qué no quiere la voz poética que su niña se vuelva golondrina?
4. ¿Por qué no quiere ella que a su niña la hagan princesa? ¿Y reina?
5. Según su opinión, ¿qué relación hay entre el «yo» de este poema y la niña? Explique.
6. ¿Cómo resumiría usted el tema de este poema?

Doña Primavera

Doña Primavera
viste que es primor.[1]
viste en limonero[2]
y en naranjo en flor.

5   Lleva por sandalias
unas anchas hojas,
y por caravanas[3]
unas fuscias[4] rojas.

    Salid a encontrarla
10 por esos caminos.
¡Va loca de soles
y loca de trinos![5]

    Doña Primavera,
de aliento fecundo,[6]
15 se ríe de todas
las penas del mundo...

    No cree al que le hable
de las vidas ruines.[7]
¿Cómo va a toparlas[8]
20 entre los jazmines?

    ¿Cómo va a encontrarlas
junto de las fuentes
de espejos dorados
y cantos ardientes?

25 De la tierra enferma
en las pardas grietas,[9]
enciende rosales[10]
de rojas piruetas.[11]

    Pone sus encajes,[12]
30 prende[13] sus verduras,
en la piedra triste
de las sepulturas[14]...

    Doña Primavera
de manos gloriosas,
35 haz que por la vida
derramemos[15] rosas:

    Rosas de alegría,
rosas de perdón,
rosas de cariño
40 y de exultación.

1 **viste...** *dresses beautifully*
2 *lemon tree*
3 *earrings*
4 *fuchsias*
5 *sonidos musicales*
6 **aliento...** *fertile breath*
7 *miserables*
8 *encontrarlas*
9 *crevices*
10 *rosebushes*
11 *pirouettes*
12 *lace*
13 hace crecer
14 *graves*
15 *we scatter*

✦ Comprensión

Conteste las siguientes preguntas según el poema.

1. ¿Cómo viste Doña Primavera?
2. ¿De qué están hechas sus sandalias?
3. ¿De qué se ríe Doña Primavera?
4. ¿A quién no le cree ella? ¿Por qué?
5. Según su opinión, ¿por qué la voz poética dice que Doña Primavera «¡va loca de soles / y loca de trinos!»? Explique.
6. ¡Qué le pide el «yo» del poema a Doña Primavera? ¿Le pediría usted lo mismo? ¿Por qué sí o por qué no?
7. ¿Cómo resumiría usted el tema de este poema?

✦ Expansión

A. Lea las definiciones y escriba las palabras definidas en los espacios correspondientes.

1. sinónimo de **abandono**   _____
2. árbol que da naranjas   _____

3. sinónimo de **temor**   _____

4. lugar donde se entierra un cadáver   _____

5. hija de un rey o de una reina   _____

6. antónimo de **alegría**   _____

7. árbol que da limones   _____

8. sinónimo de **universo**   _____

B. Complete las siguientes afirmaciones, marcando con un círculo la letra de la respuesta más apropiada.

1. En «Yo no tengo soledad» se asocia la idea de «desamparo» con...
   a. la noche.   b. el mar.
   c. la siesta.

2. En ese mismo poema, la voz poética es...
   a. la que llora.   b. la que oprime.
   c. la que miente.

3. En «Miedo», el «yo» del poema no quiere que su niña...
   a. se vuelva flor.   b. se case joven.
   c. la deje sola.

4. Si a su niña la hicieran reina, el «yo» poético...
   a. no podría mecerla.   b. no podría peinarla.
   c. no podría acostarse a su lado.

5. Según «Doña Primavera», ésta logra que hasta en la tierra enferma...
   a. desaparezcan las grietas.   b. prendan verduras.
   c. florezcan rosales.

6. Las caravanas de Doña Primavera son...
   a. unas fuscias rojas.   b. unas hojas anchas.
   c. unas flores grandes.

7. En el mismo poema, el «yo» poético asocia la primavera con...
   a. cosas alegres y flores hermosas.   b. sepulturas y piedras tristes.
   c. las penas del mundo.

✦ Temas de discusión o análisis

1. Resuma con sus propias palabras uno de los poemas aquí incluidos.
2. Describa y analice el uso de los contrastes en «Yo no tengo soledad».
3. Compare y contraste los sentimientos de la poeta reflejados en dos de estos poemas.
4. En «Yo no tengo soledad» hay varias imágenes relacionadas con la naturaleza. Describa dichas imágenes y analice su función temática en la obra.
5. Describa las imágenes referentes a la naturaleza en «Miedo» y analice su función temática en el texto.
6. Compare y contraste los temas, el tono, el estilo y el uso de la lengua en «Yo no tengo soledad» y en «Miedo».
7. Comente el tema de la soledad y/o el abandono en «Yo no tengo soledad» y en «Miedo».
8. Discuta el tema de la maternidad en dos de los poemas aquí representados.

Primavera, *cuadro del pintor italiano renacentista Sandro Botticelli (1444–1510).*

9. Compare y contraste los temas, las imágenes, el tono y la forma en «Miedo» y en «Doña Primavera».
10. Comente el uso de la personificación y humanización de la naturaleza en «Doña Primavera».
11. Compare y contraste el cuadro *Primavera* o *El nacimiento de Venus* de Botticelli con el poema «Doña Primavera».

✦ Temas de proyección personal

1. Describa algún sentimiento de miedo que usted haya experimentado cuando era niño(a), en el pasado reciente o ahora en el presente.
2. Piense en las imágenes o ideas que usted asocia con su estación favorita. Luego describa o escriba sobre ella usando esas imágenes. Puede usar un título como «Don Invierno» o «Don Otoño», por ejemplo.

NICOLAS GUILLEN

Nota biográfica

Nicolás Guillén (1902–1989), poeta, periodista, político, conferencista y el vate cubano de mayor renombre internacional, nació en Camagüey (Cuba), donde escribió sus primeros versos en plena adolescencia, y murió en La Habana, después de una larga e influyente actuación en la vida cultural de su país. Mulato de origen por tener ascendientes en quienes se mezclaron la sangre española y la africana, Guillén es el poeta más importante que produjo el movimiento de poesía afrocubana iniciado a fines de los años veinte y prolongado hasta los treinta. Frente a la literatura europea de la *négritude*, su obra superó la expresión pintoresca de la vida negra en Cuba y la elevó a un canto de profundos sentimientos de identidad nacional. Desde muy joven participó activamente en la política y en la década de los treinta se unió al partido comunista cubano. Estos dos aspectos de su vida —su sangre mixta y sus convicciones ideológicas— influyeron profundamente en su obra. La de Guillén es una poesía social y comprometida donde coexisten felizmente tanto elementos del folklore africano como de la lírica popular española. Aunque se inició literariamente en las corrientes modernistas y vanguardistas de los años veinte, es en *Motivos de son* (1930) donde aparecen las primeras voces de su canto afrocubano. Estos poemas vibran al ritmo del son —baile afrocubano típico y símbolo de la dualidad étnica y racial de las Antillas. También preludian *Sóngoro cosongo* (1931), obra influenciada por *Poeta en Nueva York* (1929–1930) de García Lorca, a quien Guillén conoció en 1930 en La Habana. Poco a poco, y conservando algunos de los elementos característicos de su poesía, éste orientó su producción hacia temas de índole más sociopolítica. Los versos de *West Indies Ltd.* (1934) señalan un paso en esa dirección. Publicó después *Cantos para soldados y sones para turistas* (1937), libro que revela la influencia del poeta Langston Hughes y donde manifiesta su compromiso social con el negro cubano. Como Hughes, quien había popularizado la «*blues poetry*» en Estados Unidos, con sus «poemas-son» Guillén introdujo formas folklóricas y musicales afrocubanas al mundo hispánico. En 1937, ya iniciada la Guerra Civil Española, viajó a la Península para participar en el Segundo Congreso Internacional de Escritores para la Defensa de la Cultura, al que también asistieron César Vallejo, Pablo Neruda y Octavio Paz. Como Vallejo y Neruda, se solidarizó con los republicanos y al igual que ambos poetas, de esa experiencia también surgió un libro, en este caso *España. Poema en cuatro angustias y una esperanza* (1937). Más tarde residió en México y España, y visitó distintas ciudades de Europa, Asia y Sudamérica. La influencia de García Lorca se hace patente otra vez en *El son entero* (1947), donde su gran interés por el destino de su país y sus preocupaciones raciales lo llevaron a escribir versos vigorosos, y muchos expresan sus viajes y amor por los países de Latinoamérica. Merecedor de distintos reconocimientos nacionales y extranjeros, en 1954 la Unión Soviética le concedió el Premio Stalin de la Paz. Expulsado de Cuba en 1953 por razones políticas, residió en París hasta 1959, cuando regresó a su patria luego de la caída del gobierno que lo había exiliado y la victoria de Fidel Castro en la Revolución Cubana. Producto de esos años de destierro es *La paloma de vuelo popular* (1958), muchos de cuyos versos se han convertido en canciones populares siendo «Canción de cuna para despertar a un negrito» una de las más conocidas. Gran defensor de la Revolución Cubana, a partir de 1959 ha representado a su país en diversos cargos diplomáticos y formado parte de numerosas misiones culturales. Declarado «Poeta Nacional de Cuba» en 1961, ese mismo año fue también nombrado presidente del Sindicato de Escritores y Artistas Cubanos. Su prolífica obra poética recoge sus inquietudes sociales y políticas, y muestra un esfuerzo por trascender a lo universal. Algunos de sus títulos posteriores a su retorno en 1959 son *Balada* (1962), *Tengo* (1964), *El gran zoo* (1967), *El diario que a diario* (1972) y *La rueda dentada* (1972). También es autor de *Prosa de prisa* (1962), colección de crónicas y trabajos periodísticos, y de *Por el mar de las Antillas anda un barco de papel* (1977), antología de poemas para niños.

✦ Guía y actividades de pre-lectura

Guillén está considerado como la figura mayor del negrismo afrocubano y como uno de los principales cultivadores de la poesía social. En la primera de estas direcciones —aunque con variedad de matices y énfasis en la expresión del folklore y la cultura negra en Cuba— se sitúan *Motivos de son*, *Sóngoro cosongo* y *West Indies Ltd.* Dentro de la línea más específicamente social se destacan *Cantos para soldados y sones para turistas* y *La paloma de vuelo popular*. Sin embargo, ambos elementos —la voluntad de reflejar en sus versos la experiencia bicultural afrocubana, por un lado, y su constante preocupación social, por otro— están siempre presentes, en mayor o menor grado, en toda su obra. Se incluyen aquí dos poemas que provienen de dos libros representativos de esas dos direcciones o líneas en la poesía de Guillén: «Balada de los dos abuelos», de *West Indies Ltd.*, y «No sé por qué piensas tú», de *Cantos para soldados y sones para turistas*. En los versos de *West Indies Ltd.* se resalta la conciencia de la herencia colonialista y la defensa del cubano ante los intereses de Estados Unidos. Así, «Balada de los dos abuelos» deja constancia del mestizaje racial de la cultura cubana y antillana en general al dramatizar, poéticamente, la reconciliación del abuelo blanco y del abuelo negro del «yo» lírico, representación simbólica de la fusión de sus dos raíces. Los poemas de *Cantos para soldados y sones para turistas* critican el estado de militarismo crónico de la Isla y se burlan de los turistas que sólo captan lo pintoresco y superficial, revelando al mismo tiempo un profundo deseo de hermandad y armonía sin fronteras étnicas. En efecto, dichos sentimientos y ansias de reconciliación y fraternidad son los reflejados en «No sé por qué piensas tú». Los temas de Guillén son muy diversos. En su obra él habla de sus raíces, de la identidad cultural de Cuba y de la vida diaria de los negros de la clase baja, generalmente con un tono satírico y humorístico. Denuncia además los males relacionados con la esclavitud, la explotación social y la pobreza, y tiene versos abiertamente antiimperialistas. También escribe poesía lírica de expresión personal, pero el suyo es un lirismo negro de tipo amoroso o erótico, siempre referente a la mujer afrocubana. El llamó a su poesía «mulata» y ésta representa la expresión de un auténtico sentimiento afrocubano, que encuentra en la mezcla de la cultura negra y blanca, es decir, de lo africano y lo español, las raíces esenciales de lo auténticamente cubano. Sus poemas están llenos de creencias y mitos africanos, de elementos rítmicos y musicales, de jitanjáforas (términos onomatopéyicos que recrean sonidos) y de juegos verbales que imitan el lenguaje popular de los negros y mulatos de su país. Y la estructura más usada en dichos poemas está basada en el son, de ritmo sensual y cadencioso que combina lo «afro» y lo «cubano»: música de compás africano y letra del romancero español tradicional.

1. Busque la definición de «balada» en algún diccionario o libro de referencia. ¿Qué características piensa usted que va a tener el poema «Balada de los dos abuelos»? ¿Por qué? ¿Será triste, alegre o trágico? ¿Cree usted que Guillén le dio el título de «balada» a este poema por alguna razón especial? Comente.

2. ¿Qué puede deducir del título «No sé por qué piensas tú» con respecto al tono de la obra? ¿Quién parece ser el «tú» del poema? Ahora lea la primera estrofa. ¿Quién es realmente el «tú» del poema? ¿Cómo explica usted esa ambigüedad o falta de claridad entre el «tú» aparente y el «tú» real? ¿Será algo intencional o tal vez se trate de un error del poeta? Comente.

3. Con ayuda de algún libro de referencia, investigue el tema de la esclavitud en Hispanoamérica, usando como guía las preguntas que siguen: ¿Cuándo vinieron a América Hispana los primeros negros? ¿De dónde procedían y adónde llegaron? ¿Por o para qué se los traía? ¿Cuándo terminó la esclavitud en el mundo hispánico? Luego comparta el resultado de su investigación con la clase.

Balada de los dos abuelos

Sombras que sólo yo veo,
me escoltan[1] mis dos abuelos.

Lanza con punta de hueso,[2]
tambor[3] de cuero[4] y madera:
5 mi abuelo negro.
Gorguera[5] en el cuello ancho,
gris armadura[6] guerrera:
mi abuelo blanco.

Africa de selvas[7] húmedas
10 y de gordos gongos sordos[8]...
—¡Me muero!
(Dice mi abuelo negro.)
Aguaprieta[9] de caimanes,[10]
verdes mañanas de cocos...
15 —¡Me canso!
(Dice mi abuelo blanco.)
Oh velas[11] de amargo[12] viento,
galeón ardiendo[13] en oro...
—¡Me muero!
20 (Dice mi abuelo negro.)
¡Oh costas de cuello virgen

engañadas de abalorios[14]...
—¡Me canso!
(Dice mi abuelo blanco.)
25 ¡Oh puro sol repujado,[15]
preso en el aro[16] del trópico;
oh luna redonda y limpia
sobre el sueño de los monos![17]

¡Qué de[18] barcos, qué de barcos!
30 ¡Qué de negros, qué de negros!
¡Qué largo fulgor[19] de cañas![20]
¡Qué látigo el del negrero![21]
Piedra de llanto[22] y de sangre,
venas y ojos entreabiertos,[23]
35 y madrugadas vacías,
y atardeceres de ingenio,[24]
y una gran voz, fuerte voz
despedazando[25] el silencio.
¡Qué de barcos, qué de barcos,
40 qué de negros!

Sombras que sólo yo veo,
me escoltan mis dos abuelos.

1 acompañan
2 bone
3 drum
4 leather
5 Gorget (throat piece of suit of armor)
6 armor
7 jungles
8 **gordos...** huge, muted gongs
9 Agua muy oscura
10 alligators
11 sails
12 bitter
13 burning
14 beads, adornments
15 embossed
16 **preso...** caught in the ring
17 monkeys
18 **¡Qué... !** So many . . . !
19 resplandor
20 sugar cane (plantation)
21 **¡Qué... !** What a whip, that of the slave trader!
22 weeping
23 abiertos parcialmente
24 **atardeceres...** late afternoons at the sugar mill
25 rompiendo

Don Federico me grita,
y Taita[a] Facundo calla;
45 los dos en la noche sueñan,
y andan, andan,
Yo los junto.
        —¡Federico!
¡Facundo! Los dos se abrazan.
50 Los dos suspiran.[26] Los dos
las fuertes cabezas alzan;[27]

los dos del mismo tamaño,[28]
bajo las estrellas altas;
los dos del mismo tamaño,
55 ansia[29] negra y ansia blanca;
los dos del mismo tamaño,
gritan, sueñan, lloran, cantan.
Sueñan, lloran, cantan.
Lloran, cantan.
60 ¡Cantan!

26 *sigh*
27 levantan
28 *size*
29 deseo intenso

✦ Comprensión

Conteste las siguientes preguntas según el poema.

1. ¿Están vivos o muertos los dos abuelos? ¿Cómo se sabe?
2. ¿De dónde es el abuelo negro?
3. ¿Y de dónde es, probablemente, el abuelo blanco? ¿Por qué?
4. ¿Cómo se llama el abuelo blanco? ¿Y el abuelo negro?
5. Según el poema, ¿qué traen estos barcos a Cuba? ¿Para qué?
6. ¿Cómo son tratados los negros en el barco? ¿Y después, en la Isla?
7. Al final del poema, ¿qué hacen los dos abuelos?
8. Según su opinión, ¿qué simboliza el abrazo de los dos abuelos al final del poema? ¿Y qué significa el suspiro mutuo? Explique.
9. ¿Por qué cree usted que se repite tres veces el verso «los dos del mismo tamaño»? Explique.
10. ¿Cómo interpreta usted los cuatro últimos versos? Comente.

―――

No sé por qué piensas tú

No sé por qué piensas tú,
soldado, que te odio yo,
si somos la misma cosa
yo,
5   tú.

Tú eres pobre, lo soy yo;
soy de abajo,[1] lo eres tú;
¿de dónde has sacado tú,[2]
soldado, que te odio yo?

1 **de...** de la clase baja, del pueblo
2 **¿de...** *where did you get the idea?*

―――

[a]En España y en muchos países de Hispanoamérica, «Taita» es un término cariñoso para referirse al padre o a un hombre mayor que inspira respeto. Sin embargo, en las Antillas, y en Cuba en particular, «Taita» es el tratamiento que suele darse a los negros ancianos.

Me duele que a veces tu
te olvides de quién soy yo;
caramba,[3] si yo soy tú,
lo mismo que tú eres yo.

Pero no por eso yo
he de malquererte,[4] tú;
si somos la misma cosa,
yo,
tú,
no sé por qué piensas tú,

soldado, que te odio yo.

Ya nos veremos yo y tú,
juntos en la misma calle,
hombro con hombro,[5] tú y yo,
sin odios ni yo ni tú,

pero sabiendo tú y yo,
a dónde vamos yo y tú...
¡No sé por qué piensas tú,
soldado, que te odio yo!

[3] *good gracious*
[4] *dislike you*
[5] **hombro...** luchando juntos

✦ Comprensión

Conteste las siguientes preguntas según el poema.

1. ¿Qué le parece el título de este poema? ¿Es muy poético? ¿romántico? ¿coloquial? ¿Qué tiene de diferente o atípico? Explique.
2. Según el «yo» poético, ¿qué piensa el soldado de él?
3. ¿Piensa usted que ese «yo» se cree superior al soldado? ¿Por qué?
4. ¿Qué le duele al «yo» poético? Según ese «yo», ¿qué relación hay entre él y el «tú»?
5. ¿Cree esa voz poética que alguna vez verá al soldado? ¿Dónde?
6. ¿Cómo interpreta usted la última estrofa? Comente.
7. ¿Cómo resumiría usted el tema de este poema?

✦ Expansión

A. Para cada palabra de las columnas izquierdas, busque una palabra relacionada en las columnas derechas y escriba las letras correspondientes en los espacios apropiados.

___	1. vena	___	7. sueño	a. monos	g. mañana
___	2. ojos	___	8. selva	b. fruta	h. lanza
___	3. barcos	___	9. tambor	c. música	i. luna
___	4. estrellas	___	10. soldado	d. sangre	j. noche
___	5. madrugada			e. llanto	
___	6. coco			f. velas	

B. Marque con un círculo la palabra que no corresponde al grupo.

1. negro   amargo   verde   gris
2. sombra   cuello   cabeza   hombro
3. sol   luna   estrella   sangre
4. gritar   hablar   alzar   conversar
5. noche   mañana   tarde   sueño
6. tambor   vena   guitarra   piano
7. mono   caballo   perro   golondrina
8. coco   banana   papa   manzana
9. juntar   odiar   querer   amar
10. andar   abrazar   caminar   correr

C. Las imágenes que siguen aluden a los abuelos de «Balada de los dos abuelos». Lea cada una de ellas y escriba **AN** (abuelo negro), **AB** (abuelo blanco) o **LD** (los dos) en los espacios apropiados, según corresponda.

____ 1. armadura guerrera
____ 2. selvas húmedas
____ 3. sueños en la noche
____ 4. lanza con punta de hueso
____ 5. tambor con cuero y madera
____ 6. sombras que acompañan al poeta
____ 7. gorguera en el cuello
____ 8. gritan y sueñan
____ 9. lloran y cantan
____ 10. tardes en el ingenio

✦ Temas de discusión o análisis

1. Resuma con sus propias palabras «Balada de los dos abuelos».
2. Compare y contraste las imágenes que evoca el poeta con respecto a cada uno de sus abuelos.
3. Discuta «Balada de los dos abuelos» como síntesis de la historia política y económica de Cuba.
4. Analice «Balada de los dos abuelos» como expresión del mestizaje racial y de la identidad cultural de los cubanos.
5. Describa los elementos rítmicos y analice la estructura musical de «Balada de los dos abuelos».
6. Analice el tema de «No sé por qué piensas tú».
7. Describa en qué sentido el «yo» y el «tú» de «No sé por qué piensas tú» son ambos «la misma cosa».
8. Discuta el tema de la fraternidad en «No sé por qué piensas tú».
9. Compare y contraste el tema de la reconciliación y/o el de la fraternidad en los dos poemas.
10. Compare y contraste los elementos de lengua, estilo y forma estructural en los dos poemas.

11. Compare y contraste uno de los poemas de Guillén con otro de algún(a) poeta que usted conozca y cuya obra refleja una herencia cultural similar a la del poeta cubano. Un caso posible sería el del poeta Langston Hughes. También podría encontrar similitudes en la obra de algunos poetas mexicano-americanos, como en el poema «Homenaje a los padres chicanos» de Abelardo Delgado, por ejemplo.

✦ Temas de proyección personal

1. Piense en algunas imágenes que usted asocia con cada uno de sus abuelos o abuelas. Luego use esas imágenes para crear su propia «Balada de mis dos abuelos(as)», en verso o en prosa.
2. Describa algún momento muy especial compartido entre usted y un(a) abuelo(a).
3. Piense en un(a) amigo(a) que alguna vez interpretó mal o no comprendió algo que usted le dijo o que usted hizo y escriba su propia versión de «No sé por qué piensas tú».

CESAR VALLEJO

Nota biográfica

César Vallejo (1892–1938), poeta, narrador y ensayista, nació en el pueblo andino de Santiago de Chuco y creció en el seno de una familia numerosa y modesta en las montañas del norte peruano. De sangre india y española (sus dos abuelas eran indias chimúes y sacerdotes católicos sus dos abuelos), hizo estudios superiores en la Universidad de la Libertad en Trujillo, graduándose en 1915 con el título de Licenciado en Filosofía y Letras. En 1918 llegó a Lima donde encontró trabajo como profesor y donde pudo continuar sus actividades literarias y políticas. Allí publicó su primer libro de poemas, *Los heraldos negros* (1918), bajo la influencia de los modernistas y en particular del nicaragüense Rubén Darío, del argentino Leopoldo Lugones y del uruguayo Julio Herrera y Reissig. En su afán por mejorar la suerte de los indígenas de su país, Vallejo empezó a activar en política desde que era muy joven. Su vida estuvo llena de penalidades: durante el tiempo que residió en Lima, enfermó de tuberculosis, mal que lo llevaría a la muerte en plena madurez; murió su madre, hecho que ahondó el sentir desolado que su obra poética transmite, y en 1920 sufrió prisión durante tres meses y medio por sus ideas políticas. Aprovechó su tiempo para escribir y de ese período datan varios de sus cuentos reunidos en *Escalas melografiadas* (1922) y la mayor parte del poemario *Trilce* (1922), libro de gran hermetismo, considerado, sin embargo, su obra maestra. En 1923 dejó su país para siempre y se autoexilió en París, donde vivió hasta su muerte en 1938, siete años después de haber ingresado al partido comunista. Por breves temporadas estuvo en Rusia y en España. Debido a sus actividades políticas, hacia 1930 el gobierno francés le impidió regresar a Francia y tuvo que permanecer durante algún tiempo en España. Allí estableció relación con el poeta chileno Pablo Neruda y con los españoles Juan Larrea y Rafael Alberti (miembro éste de la llamada «Generación de 1927»), entre otros. También colaboró para la prensa española con artículos sobre Rusia (1930) —reunidos después en su libro *Rusia en 1931*— que revelan su adhesión al marxismo. En París, lejos de su patria y en medio de gran pobreza, produjo, no obstante, el resto de su obra y algunos de los mejores versos de la lengua española. Aunque publicados después de su muerte, de esa época son *Poemas humanos* (1939) y los quince poemas de *España, aparta de mí este cáliz*, un extraordinario poemario sobre la Guerra Civil Española, aparecido por primera vez en 1938, en un número especial de la revista *Nuestra España*, luego incluido como parte de *Poemas humanos* y en 1940 publicado en forma de libro. Además de poesía y cuento, Vallejo escribió también obras de teatro como *Mampar* (1930) y *Los hermanos Colacho* (1934), y tres novelas: *Fabla salvaje* (1923), *El tungsteno* (1931) y *Paco Yunque* (1951), publicada después de su muerte. Sus obras narrativas están reunidas en *Novelas y cuentos completos* (1967) y su producción poética en *Poesías completas* (1965) y en *Obra poética completa* (1968), libros éstos aparecidos póstumamente.

✦ Guía y actividades de pre-lectura

Formado literariamente bajo la influencia de la poesía modernista hispanoamericana, Vallejo logró crear un lenguaje propio, especialmente en *Trilce*, que abrió sendas de libertades —en la sintaxis, la métrica y la lógica— en la composición poética posterior. En dicho libro, cuyo título es un neologismo formado por «triste» y «dulce», o tal vez por «tres» (número que alude a la Trinidad y que podría provenir de su espíritu cristiano) y «dulce», su autor experimenta con técnicas surrealistas como la creación de neologismos, la movilidad tipográfica, la dislocación del lenguaje y la ruptura de diversas convenciones lingüísticas, estructurales y semánticas que dificultan, y en muchos casos imposibilitan, la comprensión de los poemas incluidos en ese poemario. En su estilo muy personal, supo reunir los valores estéticos de las corrientes de vanguardia y los valores americanos, ubicándose dentro del posmodernismo por su temática cotidiana e intimista, por una parte, y genuinamente social, por otra. Temas recurrentes en toda su obra son, entre otros, los relacionados con la infancia, el hogar, la angustia personal, la orfandad, la soledad humana, el dolor físico y espiritual, el amor y la compasión por el prójimo. Como sucede en los poemas aquí incluidos —«El momento más grave de la vida» y «Piedra negra sobre una piedra blanca», ambos de *Poemas humanos*—, la mayor parte de su poesía habla del sufrimiento humano e incorpora elementos de su propia experiencia personal: el dolor de perder a su madre y de verse obligado a vivir desterrado, los meses de cárcel y los infinitos días de hambre, enfermedad y frío. También reflejan el contexto histórico-político de los tiempos difíciles de represión política, de depresión económica mundial y de la Guerra Civil Española en que vivió. En general, en *Poemas humanos* lo íntimo se transforma en lo social. El drama está entre el individuo y la sociedad, entre el progreso y la deshumanización. Allí Vallejo protesta contra la injusticia social; piensa en el hombre con sus capacidades reales y busca un proceso de humanización. En el cuento «Los dos soras», incluido en *Novelas y cuentos completos*, dos culturas muy distintas —la indígena y la española— convergen en un mismo lugar físico para chocar violentamente en un trágico encuentro que probablemente repite siglos de choques culturales desde la época de la «conquista» de América. Su lenguaje, en verso y en prosa, posee gran fuerza lírica. A menudo utiliza vocablos o frases onomatopéyicas, juegos de sonidos, palabras que carecen de sentido y metáforas de muy diversa índole.

1. ¿Qué ideas le vienen a la mente al leer el título del primer poema: «El momento más grave de la vida»? Según su opinión, ¿cuál sería ese «momento más grave de la vida»? Explique.

2. El título de «Piedra negra sobre una piedra blanca» alude a una antigua costumbre de indicar los buenos sucesos con una piedra blanca y los malos con una piedra negra. Teniendo en cuenta dicho dato, ¿cómo será el tono de este poema? ¿Y el tema? ¿Qué ideas asocia usted con los colores negro y blanco mencionados en el título? Comente.

3. Lea los tres primeros párrafos de «Los dos soras» y comente los siguientes aspectos.
   a. la identidad y las características de los dos soras
   b. la reacción de ambos jóvenes frente a las cosas nuevas y desconocidas que ven en el pueblo
   c. la reacción de las gentes del pueblo hacia los dos indígenas
   d. algunos posibles desenlaces para este cuento según estos párrafos

---

El momento más grave de la vida

Un hombre dijo:

—El momento más grave de mi vida estuvo en la batalla del Marne,[a] cuando fui herido en el pecho.

Otro hombre dijo:

5   —El momento más grave de mi vida, ocurrió en un maremoto[1] de Yokohama,[b] del cual salvé milagrosamente, refugiado bajo el alero[2] de una tienda de lacas.[3]

[1] seaquake
[2] eaves
[3] lacquered objects

---

[a]Aquí se alude al río Marne, en Francia, que fue escenario de varias batallas durante la Primera Guerra Mundial.
[b]Aquí se alude al puerto principal de Japón en el Pacífico, donde tuvo lugar un gran maremoto.

Y otro hombre dijo:

4 **de...** *sideways*

—El momento más grave de mi vida acontece cuando duermo de día.

10 Y otro dijo:

—El momento más grave de mi vida ha estado en mi mayor soledad.

Y otro dijo:

—El momento más grave de mi vida fue mi prisión en una cárcel del
Perú.

15 Y otro dijo:

—El momento más grave de mi vida es el haber sorprendido de perfil[4]
a mi padre.

Y el último hombre dijo:

—El momento más grave de mi vida no ha llegado todavía.

✦ Comprensión

Conteste las siguientes preguntas según el poema.

1. ¿En qué batalla fue herido el primer hombre?
2. ¿Cómo se salvó del maremoto el segundo hombre?
3. ¿Con quién identifica usted al hombre que dice que el momento más
   grave de su vida fue su «prisión en una cárcel del Perú»? ¿Por qué?
4. ¿Se identifica usted con alguno de estos hombres? Comente.
5. Según su opinión, ¿cuál es el tema de este poema?

Piedra negra sobre una piedra blanca

Me moriré en París con aguacero,[1]
un día del cual tengo ya el recuerdo.
Me moriré en París —y no me corro—
talvez un jueves, como es hoy, de otoño.

5   Jueves será, porque hoy, jueves, que proso[2]
estos versos, los húmeros[3] me he puesto
a la mala y, jamás como hoy, me he vuelto,
con todo mi camino, a verme solo.

[1] *heavy shower*
[2] *I write in prose*
[3] *humerus bones (in the arm)*

César Vallejo ha muerto, le pegaban
todos sin que él les haga nada;
le daban duro[4] con un palo y duro

también con una soga:[5] son testigos
los días jueves y los huesos húmeros,
la soledad, la lluvia, los caminos...

4 **le...** *they hit him hard*
5 *thick rope or cord*

✦ Comprensión

Conteste las siguientes preguntas según el poema.

1. ¿En qué ciudad visualiza el poeta su muerte?
2. ¿Qué día de la semana piensa él que va a morir?
3. Según él, ¿en qué estación del año va a morir? ¿Y qué tiempo hará?
4. ¿Quiénes y con qué le pegaban al poeta? ¿Por qué?
5. ¿Qué cosas son testigos de su sufrimiento?
6. ¿Cómo resumiría usted el tema de este poema?

Los dos soras[a]

Vagando sin rumbo,[1] Juncio y Analquer, de la tribu de los soras, arribaron[2] a valles y altiplanos situados a la margen de Urubamba,[b] donde aparecen las primeras poblaciones civilizadas del Perú.

En Piquillacta, aldea marginal[3] del gran río, los dos jóvenes salvajes permanecieron toda una tarde. Se sentaron en las tapias[4] de una rúa,[5] a ver pasar a las gentes que iban y venían de la aldea. Después, se lanzaron a caminar por las calles, al azar.[6] Sentían un bienestar inefable, en presencia de las cosas nuevas y desconocidas que se les revelaban: las casas blanqueadas, con sus enrejadas ventanas[7] y sus tejados rojos; la charla de dos mujeres, que movían las manos alegando[8] o escarbaban[9] en el suelo con la punta del pie completamente absorbidas; un viejecito encorvado,[10] calentándose al sol, sentado en el quicio de una puerta,[11] junto a un gran perrazo[12] blanco, que abría la boca, tratando de cazar moscas[13]... Los dos seres palpitaban de jubilosa[14] curiosidad, como fascinados por el espectáculo de la vida de pueblo, que nunca habían visto. Singularmente Juncio experimentaba un deleite indecible. Analquer estaba mucho más sorprendido. A medida que penetraban[15] al corazón de la aldea, empezó a azorarse,[16] presa de un pasmo que le aplastaba por entero.[17] Las numerosas calles, entrecruzadas en varias direcciones, le hacían perder la cabeza. No sabía caminar este Analquer. Iba por en medio de la calzada y

1 *dirección*
2 *llegaron*
3 **aldea...** *a village at the banks*
4 *mud walls*
5 *calle*
6 **al...** *at random*
7 **enrejadas...** *windows with iron grillwork*
8 *arguing*
9 *scuffing, scratching*
10 *stooped*
11 **quicio...** *doorframe*
12 *perro grande*
13 *flies*
14 *alegre*
15 **A...** *As they entered*
16 *to get flustered*
17 **presa...** *completely overwhelmed with amazement*

[a]Miembros de una tribu indígena peruana.
[b]Nombre de un río importante de Perú.

Indígenas peruanos vestidos con trajes regionales típicos.

sesgueaba al acaso,[18] por todo el ancho de la calle, chocando con las paredes y aún con los transeúntes.[19]

—¿Qué cosa? —exclamaban las gentes—. Qué indios tan estúpidos.
Parecen unos animales.

Analquer no les hacía caso.[20] No se daba cuenta de nada. Estaba completamente fuera de sí. Al llegar a una esquina, seguía de frente siempre,
sin detenerse a escoger la dirección más conveniente. A menudo, se
paraba ante una puerta abierta, a mirar una tienda de comercio o lo que
pasaba en el patio de una casa. Juncio lo llamaba y lo sacudía por el brazo,
haciéndole volver de su confusión y aturdimiento.[21] Las gentes, llamadas
a sorpresa, se reunían en grupos a verlos:

¿Quiénes son?

—Son salvajes del Amazonas.

—Son dos criminales, escapados de una cárcel.

—Son curanderos del mal del sueño.[22]

—Son dos brujos.[23]

—Son descendientes de los Incas.

Los niños empezaron a seguirles.

—Mamá —referían los pequeños con asombro—, tienen unos brazos
muy fuertes y están siempre alegres y riéndose.

Al cruzar por la plaza, Juncio y Analquer penetraron a la iglesia, donde
tenían lugar unos oficios[24] religiosos. El templo aparecía profundamente

[18] **sesgueaba...** *he veered by chance*
[19] *pedestrians*
[20] **no...** *paid no attention to them*
[21] *bewilderment, daze*
[22] **curanderos...** *witch doctors who cure sleeping sickness*
[23] *sorcerers*
[24] funciones

iluminado y gran número de fieles[25] llenaban la nave. Los soras y los niños que les seguían, avanzaron descubiertos,[26] por el lado de la pila de
45 agua bendita, deteniéndose junto a una hornacina de yeso.[27]

Tratábase de un servicio de difuntos.[28] El altar mayor se hallaba[29] cubierto de paños y crespones salpicados[30] de letreros, cruces y dolorosas alegorías en plata. En el centro de la nave aparecía el sacerdote, revestido de casulla[31] de plata y negro, mostrando una gran cabeza
50 calva,[32] cubierta en su vigésima parte por el solideo.[33] Lo rodeaban varios acólitos, ante un improvisado altar, donde leía con mística unción los responsos, en un facistol de hojalata.[34] Desde un coro invisible, le respondía un maestro cantor, con voz de bajo profundo, monótona y llorosa.

55 Apenas sonó el canto sagrado, poblando de confusas resonancias el templo, Juncio se echó[35] a reír, poseído de un júbilo irresistible. Los niños, que no apartaban un instante los ojos de los soras, pusieron una cara de asombro.[36] Una aversión repentina sintieron por ellos, aunque Analquer, en verdad, no se había reído y, antes bien, se mostraba estupe-
60 facto ante aquel espectáculo que, en su alma de salvaje, tocaba los límites de lo maravilloso. Mas Juncio seguía riendo. El canto sagrado, las luces en los altares, el recogimiento[37] profundo de los fieles, la claridad del sol penetrando por los ventanales a dejar chispas,[38] halos y colores en los vidrios y en el metal de las molduras y de las efigies, todo había
65 cobrado ante sus sentidos una gracia adorable, un encanto tan fresco y hechizador,[39] que le colmaba de bienestar, elevándolo y haciéndolo ligero, ingrávido[40] y alado,[41] sacudiéndole, haciéndole cosquillas[42] y despertando una vibración incontenible en sus nervios. Los niños, contagiados, por fin, de la alegría candorosa[43] y radiante de Juncio, acabaron
70 también por reír, sin saber por qué.

Vino el sacristán y, persiguiéndoles con un carrizo,[44] los arrojó[45] del templo. Un individuo del pueblo, indignado por las risas de los niños y los soras, se acercó enfurecido.

—Imbéciles. ¿De qué se ríen? Blasfemos. Oye —le dijo a uno de los
75 pequeños—, ¿de qué te ríes, animal?

El niño no supo qué responder. El hombre le cogió por un brazo y se lo oprimió brutalmente, rechinando los dientes de rabia,[46] hasta hacerle crujir[47] los huesos. A la puerta de la iglesia se formó un tumulto popular contra Juncio y Analquer.

80 —Se han reído —exclamaba iracundo[48] el pueblo—. Se han reído en el templo. Eso es insoportable. Una blasfemia sin nombre...

Y entonces vino un gendarme[49] y se llevó a la cárcel a los soras.

25 *faithful; believers*
26 *bareheaded*
27 **hornacina...** *plaster niche*
28 *muertos*
29 **se...** estaba, se encontraba
30 **paños...** *altar cloths and crepes sprinkled*
31 *chasuble (priest's vestment)*
32 *bald*
33 **cubierta...** *one-twentieth covered by the skullcap*
34 **facistol...** *a tin-plated lectern*
35 **se...** empezó
36 **pusieron...** *looked astonished*
37 *meditative state*
38 *sparks*
39 *bewitching*
40 *weightless*
41 *winged*
42 **haciéndole...** *tickling him*
43 *inocente, cándida*
44 *reed*
45 **los...** *he threw them out*
46 **rechinando...** *gnashing his teeth with fury*
47 *grind*
48 *furioso*
49 *policía, guardia*

✦ Comprensión

Conteste las siguientes preguntas según el cuento.

1. ¿Quiénes son Juncio y Analquer?
2. ¿Dónde tiene lugar este cuento?
3. ¿Cómo se sentían Juncio y Analquer en ese lugar? ¿Por qué?

4. ¿Por qué pensaban las gentes que ellos eran estúpidos?
5. Según las gentes del pueblo, ¿quiénes podrían ser ellos?
6. ¿Cómo describían a los soras los niños del pueblo?
7. ¿Adónde entraron Juncio y Analquer después de cruzar la plaza?
8. ¿Estaba la iglesia llena o vacía? ¿Por qué?
9. ¿Cómo estaba vestido el sacerdote? ¿Era éste joven o viejo?
10. ¿Qué hizo el sacristán con los soras y los niños?
11. ¿Cómo reaccionó el pueblo contra los soras? Explique.
12. ¿Adónde llevó el gendarme a los soras? ¿Por qué?

✦ Expansión

A. Lea las definiciones que siguen y escriba las palabras definidas en los espacios correspondientes.

1. sinónimo de **serio** o **difícil** _____
2. alguien que puede dar testimonio de un hecho _____
3. sinónimo de **pasar** o **tener lugar** _____
4. lluvia fuerte pero generalmente breve _____
5. contorno de una persona vista de lado _____
6. caminar sin dirección específica _____
7. sinónimo de **arribar** _____
8. sinónimo de **rúa** _____
9. antónimo de **civilizado** _____
10. difícil de resistir _____

B. Indique si los comentarios que siguen reflejan correctamente o no el contenido de «Los dos soras». Escriba **V** (verdadero) o **F** (falso) en los espacios correspondientes. Si lo que lee es falso, corríjalo.

_____ 1. Los dos soras nunca habían estado en un pueblo antes.
_____ 2. Juncio estaba más sorprendido que Analquer.
_____ 3. Los dos soras eran realmente dos brujos.
_____ 4. Cuando entraron en la iglesia, allí se celebraba un casamiento.
_____ 5. Al sonar el canto sagrado, Juncio se echó a llorar.
_____ 6. Los niños también se echaron a llorar.
_____ 7. Al final, todo el pueblo estaba contra los dos soras.
_____ 8. Es probable que Juncio y Analquer no comprendan por qué el gendarme los lleva a la cárcel.

✦ Temas de discusión o análisis

1. Analice la estructura de «El momento más grave de la vida». ¿Hay algo en común, un motivo o tono similar que se repite en el poema? Comente.

2. Reescriba «El momento más grave de la vida» desde una perspectiva femenina o explique cómo cambiaría el poema de Vallejo si en vez de incluir siete comentarios masculinos, tuviera siete versiones femeninas de ese «momento más grave de la vida».

3. Escriba en forma de prosa el poema «Piedra negra sobre una piedra blanca». Luego comente qué se puede deducir de su contenido con respecto al estado psicológico del poeta.

4. Analice la estructura y el tono de «Piedra negra sobre una piedra blanca». ¿Cómo afecta al poema el cambio de la voz poética de la primera persona en los dos primeros cuartetos a la tercera persona en los dos últimos tercetos? Comente.

5. Teniendo en cuenta la alusión implícita en el título «Piedra negra sobre una piedra blanca», ¿cambiaría el sentido del poema si se cambiara el orden de las piedras del título? ¿Por qué? Explique.

6 Analice los temas más importantes de «Los dos soras». Dé ejemplos específicos del texto para apoyar sus comentarios.

7. Discuta la caracterización de los siguientes personajes de «Los dos soras»: Juncio, Analquer, las gentes del pueblo, los niños y el sacristán.

8. Compare y contraste la caracterización de los dos soras, Juncio y Analquer.

9. Analice «Los dos soras» desde **una** de las siguientes perspectivas y apoye sus comentarios con citas del texto.
   a. como obra de crítica social
   b. como dramatización actualizada del trauma de la «conquista»
   c. como reflejo del «choque» de dos culturas

10. Describa y analice la estructura narrativa de este cuento.

11. Imagine que Vallejo le ha pedido que agregue uno o dos párrafos más a su cuento. ¿Cómo terminaría usted «Los dos soras»? ¿Dejaría en la cárcel a Juncio y a Analquer? Escriba su versión del final de este relato.

✦ Temas de proyección personal

1. Tomando como modelos los poemas de Vallejo, escriba su propia versión de «El momento más grave de la vida» (entrevistando a sus amigos, por ejemplo, y construyendo un poema colectivo con las respuestas que recibe de ellos) o de «Piedra negra sobre una piedra blanca», personalizando los datos contenidos en el poema.

2. Es imposible saber dónde o cuándo uno va a morir, pero si usted pudiera escoger un lugar y una estación del año específicos, ¿dónde y cuándo le gustaría pasar a la otra vida? ¿Por qué?

3. Describa y comente su primer encuentro con una situación de racismo, sexismo o discriminación de cualquier tipo.

4. En «Los dos soras» los dos indios llegan a un lugar donde todo es nuevo y diferente para ellos. Describa una situación similar en su vida donde usted se haya sentido incómodo(a), extraño(a), alienado(a), «como sapo de otro pozo» o «como pez fuera del agua».

◆◆◆

PABLO NERUDA

Nota biográfica

Pablo Neruda (1904–1973), seudónimo de Neftalí Ricardo Reyes Basoalto, periodista, diplomático y uno de los poetas más célebres de Hispanoamérica, nació en Parral, Chile, y murió en su residencia de Isla Negra, doce días después del golpe militar que causó la muerte de su amigo y compatriota, el presidente Salvador Allende. Hijo de un obrero ferroviario y de una maestra de escuela, quedó huérfano de madre a los pocos meses de haber nacido. Pasó su niñez y adolescencia en Temuco, pueblo maderero del sur chileno donde llueve mucho y hay frecuentes inundaciones. La inmensidad natural que lo rodeaba en ese lugar —bosques, mar y cielo, arena, lluvia y viento, piedras, animales y plantas— agudizó en él, por contraste, la soledad y orfandad de su situación personal. Allí hizo sus estudios primarios y secundarios, y allí también conoció a Gabriela Mistral, quien lo alentaría en sus primeros intentos literarios y con quien mantendría una larga y cálida amistad. Esos recuerdos, sentimientos y experiencias de su niñez y primera juventud en Temuco aparecerían posteriormente en todas las etapas de su poesía. Como Rubén Darío, su vocación literaria empezó muy temprano: aún no tenía quince años y ya había publicado varios poemas en revistas y periódicos locales. Y como en el caso del líder modernista, su impacto se hizo sentir en ambos lados del Atlántico. En realidad, después de Darío, Neruda es quizás el único poeta americano que ha influido en la lírica peninsular. En 1921 se trasladó a Santiago e ingresó en la universidad para estudiar pedagogía en francés, pero muy pronto dejó la vida académica y se dedicó casi exclusivamente a las actividades literarias. En octubre de ese mismo año, antes de abandonar la carrera, había ganado el primer premio en las fiestas estudiantiles de la primavera con «La canción de la fiesta», poema publicado en la revista *Juventud* de la Federación de Estudiantes. Dos años después apareció su primer libro de poesía, *Crepusculario* (1923), y seguidamente *Veinte poemas de amor y una canción desesperada* (1924), su colección más famosa y popular. En esas obras juveniles es muy visible la influencia del modernismo y, en particular, del posmodernismo de orientación neorromántica. Entre 1927 y 1943 fue cónsul de Chile en varios países del sudeste de Asia (Birmania, Ceilán, Java, Singapur), en Argentina, España, Francia y México. Durante su estadía en Asia (1927–1932) conoció al Mahatma Gandhi y al joven Nehru en un viaje que hizo a India en 1929. El año siguiente se casó con María Antonieta Haagenar Vogelzanz, madre de Malva Marina, su única hija. De esos años en el Oriente provienen casi todos los poemas de su obra más hermética, *Residencia en la tierra* (dos tomos, 1935), publicados antes en diversas revistas y periódicos. Neruda volvió a su país en 1932 y poco tiempo después fue nombrado cónsul en Buenos Aires (1933–1934), donde conoció al poeta español Federico García Lorca —uno de los integrantes de la llamada «Generación de 1927»— y donde permaneció hasta que su gobierno lo envió con el mismo cargo diplomático a España (1934–1937), primero a Barcelona por unos meses y luego a Madrid. Aquí hizo amistad con el poeta Rafael Alberti y con otros miembros de la Generación del 27. También conoció a su segunda esposa, Delia del Carril, con quien se casaría después de separarse de la primera. Estaba en Madrid cuando empezó la Guerra Civil Española (1936–1939) y allí se enteró de la muerte de García Lorca, fusilado por los franquistas en el verano de 1936. Estos hechos lo afectaron profundamente e inspiraron «España en el corazón» (1937), largo poema más tarde incluido en *Tercera residencia* (1947) y en el que abandonó el hermetismo* anterior para dar paso a una poesía social, épica y política. Designado después cónsul en París (1939), organizó la inmigración a su país de un grupo de refugiados españoles que llegaron por barco desde Francia. Entre 1940 y 1943 ocupó el mismo cargo en México y en su viaje de regreso a Chile pasó por Perú para visitar las ruinas incaicas de Machu Picchu. Esa experiencia dio origen al célebre poema «Alturas de Machu Picchu» (1945), publicado posteriormente en *Canto general* (1950), intento ambicioso de explicar, en una especie de mural poético, toda la realidad hispanoamericana desde la pre-conquista hasta mediados de este siglo. En 1945 fue elegido senador y ganó el Premio Nacional de Literatura de su país. Ese año también se afilió al partido comunista, adhesión que le obligó a expatriarse en 1949, cuando el gobierno de Gabriel González Videla (1946–1952) declaró ilegal el comunismo en Chile. Cruzó primero a Argentina y viajó después a Europa occidental y a la Unión Soviética, donde en 1950 recibió el Premio Mundial de la Paz. En 1952 se le permitió volver a su patria y tres años más tarde se separó de Delia del Carril para casarse con Matilde Urrutia, su tercera y última esposa. En la década del cincuenta su poesía se serena políticamente y se vuelve cada vez más sencilla, como se puede apreciar en las tres series de odas:* *Odas elementales* (1954), *Nuevas odas elementales* (1956) y *Tercer libro de odas* (1957). También se retoma el tema del amor en *Los versos del capitán* (1952) y en *Cien sonetos de amor* (1959). Durante el gobierno de Allende (1970–1973), Neruda fue nombrado embajador en París y en 1971 recibió el Premio Nóbel de Literatura. Regresó a Chile a fines de 1972. En su poesía cantó con pasión a la América indígena y, en versos realistas y sencillos, reflejó su nuevo ideal político, especialmente a partir de *Canto general*. Además de las obras ya mencionadas, su abundante producción incluye, entre otros títulos: *Estravagario* (1958); *Canción de gesta* (1960), en homenaje a la Revolución Cubana; *Memorial de Isla Negra* (1964), especie de autobiografía lírica, y *Fulgor y muerte de Joaquín Murieta* (1967), obra de teatro sobre la vida de un aventurero chileno en tiempos de la fiebre del oro en California. Póstumamente aparecieron en Buenos Aires varias otras obras y sus memorias con el título general de *Confieso que he vivido* (1974).

✦ Guía y actividades de pre-lectura

Probablemente el poemario más conocido, más leído, más vendido y más plagiado por adolescentes enamorados de toda Hispanoamérica es *Veinte poemas de amor y una canción desesperada*, una de las primeras obras de Neruda, publicada cuando éste apenas tenía veinte años. En esta primera etapa de su poesía predominan los temas del amor, de la soledad y del sufrimiento individual. Se vislumbra allí una atmósfera sombría, de orfandad y abandono, de melancolía y nostalgia, asociada con el modernismo tardío y con la corriente neorromántica del período posmodernista. En una segunda etapa que coincide, en general, con sus años de vida diplomática en Asia, su poesía se amplía temáticamente pero se vuelve más difícil y más oscura. La mayoría de los poemas de *Residencia en la tierra* provienen de esa época y expresan una visión caótica del mundo por medio de un lenguaje muy hermético y de un estilo fragmentado, lleno de imágenes oníricas de destrucción y muerte, inquietantes y terribles. Dichas características lingüísticas y estilísticas reflejan la influencia del surrealismo, movimiento que estaba en boga en ese tiempo. Sin embargo, hay que señalar que ambos elementos traducen igualmente la profunda angustia existencial del propio Neruda que, aislado geográfica y culturalmente de su país, sin duda percibía más agudamente el caos, la desolación y el nihilismo circundantes. Su experiencia en España durante la Guerra Civil y su ingreso en el partido comunista originaron un nuevo cambio y una tercera etapa en su obra: un paso hacia la simplicidad, la claridad y el compromiso político. En España Neruda dirigió la revista *Caballo Verde para la Poesía* (1935–1936) en cuyas páginas impugnó el concepto de «poesía pura» y propuso en su lugar el de «poesía impura», caracterizada por su sencillez estética y formal, por su contacto con la vida real y por no evadir los temas cotidianos o prosaicos. Seducido además por la historia y la naturaleza americanas, especialmente después de su visita a Machu Picchu, sus versos adquirieron un tono americanista que alcanzó su punto culminante en *Canto general*. A partir de entonces, en una última etapa, su obra abandonó el tono de exaltación política anterior, y en sus odas empezó a cantar con ternura y emoción a las cosas más simples, comunes y esenciales, y a los acontecimientos triviales de la vida diaria. De estas últimas etapas son los tres poemas aquí incluidos: «No me lo pidan» de *Tercera residencia*, «Explico algunas cosas» de *España en el corazón* y «Oda al niño de la liebre» de *Odas elementales*. Tanto «No me lo pidan» como «Explico algunas cosas» podrían interpretarse como versiones poéticas, explicativas y justificativas de esa propuesta teórica de «poesía impura». Y «Oda al niño de la liebre» sería entonces un ejemplo práctico de dicha propuesta. En efecto, éste es un poema narrativo que cuenta una historia simple pero conmovedora, de un niño y una liebre muerta, con versos muy cortos y un tono llano y directo. Caracterizado por su sencillez estética, formal y temática, ejemplifica, por lo tanto, los principios de la «poesía impura».

1. Lea los seis primeros versos de «No me lo pidan» y conteste las siguientes preguntas.
   a. Según el poeta, ¿qué le piden algunas personas?
   b. ¿Qué temas o asuntos no quieren esas personas que él describa o incluya en su poesía?
   c. ¿Diría usted que esas personas son probablemente las que prefieren que la poesía sea «pura» y no «impura», como había propuesto Neruda? Comente.
2. Describa el cuadro *Guernica* de Picasso que está en la página 178. Lea después los versos 40–52 de «Explico algunas cosas». ¿Qué similitudes y/o diferencias encuentra usted entre las dos obras? Explique.

3. Busque la definición de «oda» en el *Glosario de términos literarios y culturales*. Basándose en el título, ¿qué características piensa usted que va a tener la «Oda al niño de la liebre»? ¿Por qué? ¿Y cómo será el tono? ¿Cree usted que Neruda le dio el título de «oda» por alguna razón especial? Comente.

4. Lea los siete primeros versos de «Oda al niño de la liebre» y describa el escenario y los personajes del poema.

No me lo pidan

Piden algunos que este asunto[1] humano
con nombres, apellidos y lamentos
no lo trate en las hojas de mis libros,
no le dé la escritura de mis versos:
dicen que aquí murió la poesía,
dicen algunos que no debo hacerlo:
la verdad es que siento no agradarles,[2]
los saludo y les saco mi sombrero
y los dejo viajando en el Parnaso[a]
como ratas alegres en el queso.
Yo pertenezco[3] a otra categoría
y sólo un hombre soy de carne y hueso,[4]
por eso si apalean[5] a mi hermano
con lo que tengo a mano[6] lo defiendo
y cada una de mis líneas lleva
un peligro de pólvora[7] o de hierro,[8]
que caerá sobre los inhumanos,
sobre los crueles, sobre los soberbios.[9]
Pero el castigo[10] de mi paz furiosa
no amenaza[11] a los pobres ni a los buenos:
con mi lámpara busco a los que caen,
alivio[12] sus heridas y las cierro:
y éstos son los oficios[13] del poeta,
del aviador y del picapedrero:[14]
debemos hacer algo en esta tierra
porque en este planeta nos parieron[15]
y hay que arreglar[16] las cosas de los hombres
porque no somos pájaros ni perros.
Y bien, si cuando ataco lo que odio,
o cuando canto a todos los que quiero,
la poesía quiere abandonar
las esperanzas de mi manifiesto,

1 tema
2 satisfacerlos
3 formo parte de
4 **carne...** *flesh and blood* (lit., *flesh and bone*)
5 golpean
6 **a...** cerca
7 *gunpowder*
8 *iron, sword*
9 arrogantes
10 *punishment*
11 *threaten*
12 trato de curar
13 trabajos, funciones
14 *stonecutter*
15 dieron a luz, crearon
16 poner en orden

---

[a]El monte Parnaso está situado al sureste de Grecia. Considerado sede de la poesía y la música, en la antigüedad estaba consagrado a Apolo y a las musas.

yo sigo con las tablas de mi ley[17]
acumulando estrellas y armamentos
y en el duro deber americano
no me importa una rosa más o menos:
tengo un pacto de amor con la hermosura;
tengo un pacto de sangre con mi pueblo.

[17] **las...** mis reglas personales

✦ Comprensión

Conteste las siguientes preguntas según el poema.

1. Según el «yo» del poema, ¿qué le piden algunas personas? ¿Por qué?
2. ¿Puede o no puede agradarles él? ¿Por qué?
3. ¿Qué idea expresa la voz lírica cuando dice que cada uno de sus versos «lleva un peligro de pólvora o de hierro»? Explique.
4. Según este poema, ¿qué tienen en común los oficios del poeta, del aviador y del picapedrero?
5. ¿Cuáles son los dos pactos de que habla la voz poética? Explique.
6. ¿Cuál de estos dos pactos parece ser más importante para el «yo» lírico? ¿Por qué?

Explico algunas cosas

Preguntaréis: Y dónde están las lilas?[1]
Y la metafísica cubierta de amapolas?[2]
Y la lluvia que a menudo[3] golpeaba
sus palabras llenándolas
de agujeros[4] y pájaros?

Os voy a contar todo lo que me pasa.

Yo vivía en un barrio
de Madrid, con campanas,[5]
con relojes, con árboles.
Desde allí se veía
el rostro[6] seco de Castilla
como un océano de cuero.[7]
                    Mi casa era llamada
la casa de las flores, porque por todas partes
estallaban[8] geranios: era
una bella casa
con perros y chiquillos.
                    Raúl, te acuerdas?

1 *lilacs*
2 *poppies*
3 **a...** con frecuencia
4 *holes*
5 *bells*
6 cara
7 *leather*
8 *burst, erupted*

Te acuerdas, Rafael[a]?

20   Federico,[b] te acuerdas
debajo de la tierra,
te acuerdas de mi casa con balcones en donde
la luz de Junio ahogaba[9] flores en tu boca?
                                        Hermano, hermano!

25 Todo
era grandes voces, sal de mercaderías,[10]
aglomeraciones de pan palpitante,[11]
mercados de mi barrio de Argüelles con su estatua
como un tintero[12] pálido entre las merluzas:[13]
30 el aceite llegaba a las cucharas,
un profundo latido[14]
de pies y manos llenaba las calles,
metros, litros, esencia
aguda de la vida,
35   pescados hacinados,[15]
contextura de techos[16] con sol frío en el cual
la flecha se fatiga,[17]
delirante marfil fino[18] de las patatas,
tomates repetidos[19] hasta el mar.

40 Y una mañana todo estaba ardiendo
y una mañana las hogueras[20]
salían de la tierra
devorando seres,[21]
y desde entonces fuego,
45 pólvora[22] desde entonces,
y desde entonces sangre.

Bandidos con aviones y con moros,[23]
bandidos con sortijas[24] y duquesas,
bandidos con frailes negros bendiciendo[25]
50 venían por el cielo a matar niños,
y por las calles la sangre de los niños,
corría simplemente, como sangre de niños.

Chacales[26] que el chacal rechazaría,[27]
piedras que el cardo seco mordería escupiendo,[28]
55 víboras[29] que las víboras odiaran!

9 *drowned*
10 **sal...** *salty goods*
11 **aglomeraciones...** *mountains of rising bread*
12 *inkwell*
13 *hake (a type of fish)*
14 *beat*
15 *piled up*
16 **contextura...** *texture of roofs*
17 **la...** *the arrow tires*
18 **delirante...** *delirious fine ivory*
19 *abundantes, extendidos*
20 *bonfires*
21 *personas*
22 *gunpowder*
23 *Moors*
24 *anillos*
25 **frailes...** *black friars giving blessings*
26 *Jackals*
27 *would reject*
28 **el...** *the dry thistle would bite and spit out*
29 *serpientes*

---

[a]Probablemente Rafael Alberti (1902–), poeta y dramaturgo español de la generación de Federico García Lorca. Se afilió al partido comunista y durante la Guerra Civil tuvo una actividad literaria notable al servicio de la República.
[b]Federico García Lorca (1898–1936), conocido poeta y dramaturgo español cuya trágica muerte durante la Guerra Civil Española ha contribuido a su fama internacional.

Frente a vosotros he visto la sangre
de España levantarse
para ahogaros en una sola ola[30]
de orgullo y de cuchillos!

60   Generales
       traidores,[31]
       mirad mi casa muerta,
       mirad España rota,[32]
       pero de cada casa muerta sale metal ardiendo
65   en vez de flores,
       pero de cada hueco[33] de España
       sale España,
       pero de cada niño muerto sale un fusil[34] con ojos,
       pero de cada crimen nacen balas[35]
70   que os hallarán[36] un día el sitio
       del corazón.
       Preguntaréis por qué su poesía
       no nos habla del sueño, de las hojas,
       de los grandes volcanes de su país natal?

75   Venid a ver la sangre por las calles,
       venid a ver
       la sangre por las calles,
       venid a ver la sangre
       por las calles!

30 *wave*
31 *traitorous*
32 destruida
33 *hollow*
34 *rifle*
35 *bullets*
36 encontrarán

Guernica *(1937), enorme mural (11' 6" × 25' 8") del pintor español Pablo Picasso, inspi-*
rado en la tragedia de Guernica, pequeño pueblo del norte de España destruido por un bom-
bardeo aéreo durante la Guerra Civil.

✦ Comprensión

Conteste las siguientes preguntas según el poema.

1. Según el poeta, ¿qué preguntarán algunas personas con respecto a los temas de su poesía?
2. ¿Dónde vivía él? ¿Cómo era su barrio?
3. ¿Cómo era su casa? ¿Por qué la llamaban «la casa de las flores»?
4. Según su opinión, ¿por qué invoca el poeta los nombres de Rafael Alberti y de Federico García Lorca en los versos 19 y 20?
5. Según el poema, ¿cómo quedó Madrid después de la guerra? ¿Qué pasó con su barrio? ¿con los niños? ¿con su casa y sus flores?
6. ¿Cree el poeta que el pueblo español va a olvidar o perdonar el crimen de los «generales traidores»? ¿Por qué?
7. ¿Cómo responde el poeta a quienes le preguntan por qué cambió la temática de su poesía? Comente.

Oda al niño de la liebre[1]

A la luz del otoño
en el camino
el niño
levantaba en sus manos
5 no una flor
ni una lámpara
sino una liebre muerta.

Los motores rayaban[2]
la carretera[3] fría,
10 los rostros[4] no miraban
detrás
de los cristales,
eran ojos
de hierro,[5]
15 orejas
enemigas,
rápidos dientes
que relampagueaban[6]
resbalando[7]
20 hacia el mar y las ciudades,
y el niño
del otoño
con su liebre,
huraño[8]
25 como un cardo,[9]

duro
como una piedrecita,
allí
levantando
30 una mano
hacia la exhalación
de los viajeros.
Nadie
se detenía.[10]

35 Eran pardas
las altas cordilleras,[11]
cerros[12]
color de puma
perseguido,
40 morado[13]
era
el silencio
y como
dos ascuas[14]
45 de diamante
negro
eran
los ojos
del niño con su liebre,
50 dos puntas

1 *hare*
2 *scratched*
3 camino, autopista
4 caras
5 *iron*
6 *flashed, sparkled*
7 *sliding*
8 *insociable*
9 *thistle*
10 paraba
11 montañas
12 *hills*
13 *purple*
14 *live coals*

erizadas[15]
de cuchillo,
dos cuchillitos negros,
eran los ojos
55 del niño,

allí perdido
ofreciendo su liebre
en el inmenso
otoño
60 del camino.

[15] *sharp*

✦ Comprensión

Conteste las siguientes preguntas según el poema.

1. ¿Dónde estaba el niño? ¿Qué tenía él en sus manos?
2. Según su opinión, ¿por qué se sitúa esta historia en el otoño?
3. ¿Quiénes pasaban por la carretera? ¿Cómo y adónde iba esa gente?
4. ¿Por qué nadie se detenía frente al niño y su liebre?
5. Según el poema, ¿qué le ha pasado a la liebre? ¿Y cómo cree usted que tuvo lugar esa tragedia? Comente.
6. ¿Cómo es el niño? Descríbalo brevemente.

✦ Expansión

A. Reconstruya algunos versos de los poemas indicados llenando los espacios correspondientes con los sinónimos apropiados de las palabras o frases subrayadas.

«No me lo pidan»
1. siento no satisfacerlos _____
2. si golpean a mi hermano _____
3. con lo que tengo cerca lo defiendo _____
4. tengo un pacto de sangre con mi gente _____

«Explico algunas cosas»
5. era una hermosa casa _____
6. con perros y niñitos _____
7. de cada niño muerto sale un rifle
   con ojos _____
8. venid a mirar la sangre por las calles _____

«Oda al niño de la liebre»
9. las caras no miraban _____
10. insociable como un cardo _____
11. Nadie se paraba _____
12. en el grandísimo otoño del camino _____

B. Identifique y explique la importancia o la significación de los siguientes versos dentro del contexto en que se encuentran.

1. dicen que aquí murió la poesía
2. los dejo viajando en el Parnaso / como ratas alegres en el queso
3. yo sigo con las tablas de mi ley
4. no me importa una rosa más o menos

5. Preguntaréis: Y dónde están las lilas?
6. Y una mañana todo estaba ardiendo
7. mirad mi casa muerta, / mirad España rota
8. eran ojos / de hierro, / orejas / enemigas
9. y como / dos ascuas / de diamante / negro
10. dos cuchillitos negros, / eran los ojos / del niño

✦ Temas de discusión o análisis

1. Resuma con sus propias palabras **uno** de los poemas aquí incluidos.
2. En «No me lo pidan», Neruda expresa sus ideas con respecto al papel y a la función del poeta. Describa brevemente dichas ideas. ¿Está usted de acuerdo con él? Comente.
3. Analice los dos últimos versos de «No me lo pidan» como expresión de la doble responsabilidad ética y estética del poeta que aquí justifica y defiende Neruda. ¿Cumple él con esos dos «pactos» en «Explico algunas cosas» y/o en «Oda al niño de la liebre»? Explique.
4. Imagine que usted es Neruda y que quiere que sus críticos comprendan por qué ya no puede escribir el tipo de poesía que escribía antes de vivir la experiencia de la Guerra Civil Española. Escríbales una carta parafraseando el contenido de «Explico algunas cosas».
5. Describa los símiles, metáforas e imágenes contenidos en «Explico algunas cosas» y analice su función temática en la obra.
6. Analice la relación temática y/o estructural entre título, tono, lengua, estilo y forma en «Explico algunas cosas».
7. Compare y contraste el *Guernica* de Picasso (Ver página 178.) con «Explico algunas cosas» de Neruda. ¿Qué correspondencias ve usted entre las imágenes visuales expresadas en ese famoso cuadro y los efectos de la Guerra Civil reflejados en el poema de Neruda? Comente.
8. Teniendo en cuenta los datos biográficos relacionados con la niñez y adolescencia de Neruda, discuta el posible carácter autorreferencial de **uno** de los siguientes aspectos en «Oda al niño de la liebre». Justifique sus comentarios con citas del poema.
   a. el tema de la soledad y/o el abandono
   b. el sentimiento de alienación del niño
   c. el contraste entre el paisaje silencioso y la carretera ruidosa
   d. el contraste entre la pequeñez del niño y la inmensidad de la naturaleza
9. Analice y relacione el simbolismo del otoño, de la liebre muerta, de los autos y de las cordilleras en «Oda al niño de la liebre».
10. Analice la función de los niños y compare las imágenes con ellos asociadas en «Oda al niño de la liebre» y en «Explico algunas cosas».
11. Compare y contraste las imágenes asociadas con los generales y tropas nacionalistas que aparecen en «Explico algunas cosas» con las que describen a los autos y viajeros en «Oda al niño de la liebre».
12. Compare y contraste la poesía de Neruda con la obra de otro(a) poeta cuya obra refleje una experiencia histórica o personal similar a la del escritor chileno.

✦ Temas de proyección personal

1. «Oda al niño de la liebre» recrea en forma poética una escena que obviamente tuvo un gran impacto en Neruda. Describa algo que usted vio, leyó, soñó o imaginó alguna vez y que le impresionó mucho.
2. Neruda expresa la idea de que las palabras pueden ser peligrosas («y cada una de mis líneas lleva / un peligro de pólvora o de hierro»). ¿Está usted de acuerdo con esa idea? ¿Piensa que la poesía y la literatura en general pueden producir cambios sociales o políticos? ¿Cómo? Explique.
3. Piense en un(a) amigo(a) que alguna vez interpretó mal o criticó injustamente, según su opinión, algo que usted dijo o hizo. Inspirándose en Neruda, escríbale, en verso o en prosa, su propia versión de «Explico algunas cosas».
4. ¿Alguna vez ha tenido alguna experiencia o ha visto o leído alguna cosa que le haya hecho cambiar de opinión o reconsiderar sus ideas sobre algo? Explique.

JORGE LUIS BORGES

Nota biográfica

Jorge Luis Borges (1899–1986), cuentista, ensayista y poeta, nació en Buenos Aires, Argentina, y murió en Ginebra, Suiza. Por ser el único hijo de un diplomático argentino, desde muy joven viajó mucho con sus padres y estudió durante varios años en Europa. Entre 1914 y 1918 vivió en Ginebra donde terminó el bachillerato, aprendió francés y alemán, y leyó a autores como Schopenhauer, Chesterton y Kafka, cuyas ideas ocuparían después un lugar importante en su pensamiento y en toda su obra. Posteriormente pasó a España donde permaneció hasta 1921. Allí tomó contacto con las vanguardias europeas, en particular con el expresionismo alemán y con el ultraísmo* español, corriente literaria y estética que proponía una ruptura con el pasado y la renovación total del arte poético, resaltando el valor de la metáfora. En 1921 regresó a Buenos Aires convirtiéndose en el líder del ultraísmo argentino. Colaboró en varias revistas —entre ellas, en *Nosotros*, *Sur* y *Síntesis*— y fundó algunas de orientación vanguardista como *Prisma* (1921–1922), *Proa* (1922–1923 y 1924–1926) y *Martín Fierro* (1924–1927) que influyeron en la creación artística de entonces. En 1932 conoció a Adolfo Bioy Casares con quien editó *Antología de la literatura fantástica* (1940) y con quien mantuvo desde entonces una larga y prolífica amistad. En efecto, entre 1942 y 1977 ambos escribieron y publicaron, como coautores, varios libros de relatos, en su mayoría fantásticos. Hasta 1946 en que fue despedido por razones políticas, Borges alternó sus actividades literarias con un empleo de bibliotecario en una dependencia municipal. Y a partir de 1955, luego de la caída del presidente Juan Domingo Perón, fue director de la Biblioteca Nacional de Buenos

Aires, cargo que mantuvo hasta su jubilación en 1973. Paralelamente ejerció la cátedra de literatura inglesa en la Facultad de Filosofía y Letras de la Universidad de Buenos Aires, materia que dominaba a la perfección, al haber aprendido a leer en inglés con una de sus abuelas (que era de Inglaterra) antes que en español.

Desde fines de los años cincuenta la obra borgiana ha sido reconocida como una de las más originales de la literatura del siglo XX y consecuentemente su autor ha sido distinguido con importantes premios nacionales e internacionales. En 1957 ganó el Premio Nacional de Literatura de su país y en 1961 compartió el Premio Formentor con el dramaturgo irlandés Samuel Beckett. En 1980 fue merecedor, juntamente con el poeta español Gerardo Diego, del codiciado Premio Cervantes, y en 1981 recibió el Premio Ollin Yoliztli, para mencionar sólo los galardones más significativos. Borges es, sin lugar a dudas, uno de los escritores más famosos de este siglo, el primer cuentista hispanoamericano de reputación internacional y el más traducido de todos los tiempos. Hacia 1955 fue quedándose ciego y llegó a dictar sus escritos. Políglota y de una cultura enciclopédica, se interesó por la literatura universal, por la metafísica occidental desde los griegos hasta el positivismo* de Russell, y por la teología, no sólo cristiana, sino también hebrea e hindú. Su producción literaria puede dividirse en períodos, iniciándose en el vanguardismo poético de los años veinte. De esta primera época datan sus poemarios *Fervor de Buenos Aires* (1923), *Luna de enfrente* (1925) y *Cuaderno San Martín* (1929), así como sus primeros ensayos incluidos en *Inquisiciones* (1925) y en otro par de libros. Más que sus poemas, sin embargo, han sido sus cuentos y ensayos o «inquisiciones» escritos entre 1930 y 1960, aproximadamente, los que le han ganado renombre mundial. Títulos de este segundo período son, entre otros, los ensayos *Historia de la eternidad* (1936), *Nueva refutación del tiempo* (1948) y *Otras inquisiciones* (1952); y los relatos de *Historia universal de la infamia* (1935), *Ficciones* (1944) y *El Aleph* (1949). Escribió además en esta época un gran número de obras en colaboración, incluyendo varias con Bioy Casares. Durante su tercer y último período —desde 1960 hasta su muerte en 1986— revisitó una vez más la poesía y publicó muchos libros poéticos y algunos volúmenes de cuentos. Dentro del primer grupo se destacan *El hacedor* (poesía y prosa, 1960), *Para las seis cuerdas* (1964), *El otro, el mismo* (1969), *Elogio de la sombra* (poesía y prosa, 1969), *El oro de los tigres* (1972), *La rosa profunda* (1975), *Historia de la noche* (1977), *La cifra* (1981) y *Los conjurados* (1986). En cuanto a sus obras narrativas más recientes, sus tres últimas colecciones de relatos aparecieron en la década del setenta: *El informe de Brodie* (1970), *El libro de arena* (1975) y *Rosa y azul* (1977), respectivamente.

✦ Guía y actividades de pre-lectura

Aunque Borges no cultivó la novela, el consenso crítico es generalmente unánime en reconocer su importancia en el desarrollo del arte narrativo hispanoamericano. Ubicado en la dimensión de lo fantástico, creador de una cosmovisión literaria particular que a menudo incluye escritores y libros apócrifos (Pierre Ménard y su *Quijote*, o Herbert Quain, por ejemplo) y de un lenguaje literario para expresarla, Borges define la tarea del escritor, incluyendo la suya propia, como un acto de re-escritura. En efecto, él rechaza las ideas de originalidad y de creación porque, según él, la literatura es la infinita lectura de unos textos que surgen de otros y que siempre remiten a un texto original, perdido o inexistente. En el universo borgiano la metafísica y al teología son expresiones de carácter literario que encierran un valor estético como la literatura de ficción. Para Borges, el hombre, incapaz de entender con su razón y lógica la realidad creada por un ser divino y a su vez ininteligible, crea su propia realidad, su propio orden para explicarse aquella realidad que ordenada o caótica resulta incomprensible. Las explicaciones humanas —como las ficciones de Borges— poseen un carácter relativo y simbólico, de tal manera que algo puede tener varios valores como sucede en los sueños, en cuyo ambiguo territorio una cosa puede ser muchas. Así, el mundo —la realidad— es como el fruto de un sueño. El sueño parte de la realidad incomprensible que es más poderosa que la que se construye para entenderla; en el camino el hombre se introduce en laberintos y su historia se convierte en un juego de ajedrez. Borges penetró en los laberintos existenciales de la vida, en los problemas del tiempo y la eternidad, del orden y el caos, de la realidad y la irrealidad. Por eso algunos de los temas y símbolos recurrentes en su obra son el tiempo y el espacio en diversas concepciones subjetivas, el mundo como una inmensa biblioteca o como una enorme casa de espejos donde se duplican las experiencias de la humanidad, el laberinto como símbolo de un universo caótico, la idea del eterno retorno o la historia como una repetición infinita —aunque con variantes— de hechos y seres, la coincidencia de la biografía personal o individual con la historia de todos los seres humanos, la transmigración de las almas, y las frecuentes juxtaposiciones entre sueño y realidad. Muchos de los cuentos de Borges constituyen una combinación armónica y feliz de tres elementos básicos: argumentos fantásticos, lenguaje irónico y temas metafísicos que incluyen, entre otros, el choque entre conceptos opuestos como el bien y el mal o la vida y la muerte, la naturaleza de la justicia y la idea del mundo como laberinto. «Los dos reyes y los dos laberintos» proviene de *El Aleph* —obra cuyos relatos giran todos en torno al motivo del laberinto— y ejemplifica muy bien dichos temas. En este cuento, escrito con cierta dosis de ironía y con un estilo conciso y simétrico, dos reyes de dos reinos lejanos se encuentran atrapados, aunque no al mismo tiempo, en dos laberintos diferentes: uno natural y otro hecho por la mano del hombre. Uno de los reyes logra escapar con vida; el otro no tiene el mismo final.

1. ¿Ha estado usted alguna vez en un laberinto o ha visto uno en fotos o en película, por ejemplo? Descríbalo. ¿Qué cuentos relacionados con algún laberinto ha leído usted? Comente.

2. Basándose en el título, ¿qué podría usted deducir con respecto a algunos posibles elementos (temas, contenido y/o estructura formal) de «Los dos reyes y los dos laberintos»? Explique.

3. En este cuento se habla de un laberinto natural y de otro artificial. Según su opinión, ¿cuál sería un ejemplo de un laberinto natural? ¿Qué otros ejemplos de laberintos naturales podría usted dar? Comente.

4. Busque información en algún libro de referencia sobre un famoso mito que cuenta la historia de un minotauro y de un laberinto en Creta. Según la versión que usted leyó, ¿cómo escapa Teseo del laberinto? ¿Qué hay entre él y Ariadne? ¿Qué hacen ellos después? ¿Adónde van? ¿Tiene su versión un final feliz o triste para Teseo? ¿Y para Ariadne? Explique.

Los dos reyes y los dos laberintos

Cuentan los hombres dignos de fe[1] (pero Alá[2] sabe más) que en los primeros días hubo un rey de las islas de Babilonia[a] que congregó a sus arquitectos y magos y les mandó construir un laberinto tan perplejo y sutil que los varones[3] más prudentes no se aventuraban a entrar, y los que en-
5 traban se perdían. Esa obra era un escándalo, porque la confusión y la maravilla son operaciones propias de Dios y no de los hombres. Con el andar[4] del tiempo vino a su corte un rey de los árabes, y el rey de Babilonia (para hacer burla de la simplicidad de su huésped) lo hizo penetrar en el laberinto, donde vagó[5] afrentado[6] y confundido hasta la declinación de la
10 tarde. Entonces imploró socorro divino y dio con la puerta. Sus labios no profirieron[7] queja ninguna, pero le dijo al rey de Babilonia que él en Arabia tenía un laberinto mejor y que, si Dios era servido,[8] se lo daría a conocer algún día. Luego regresó a Arabia, juntó sus capitanes y sus alcaldes[9] y estragó[10] los reinos de Babilonia con tan venturosa fortuna que derribó
15 sus castillos, rompió sus gentes e hizo cautivo al mismo rey. Lo amarró[11] encima de un camello veloz[12] y lo llevó al desierto. Cabalgaron tres días, y le dijo: «¡Oh, rey del tiempo y substancia y cifra[13] del siglo!, en Babilonia me quisiste perder[14] en un laberinto de bronce con muchas escaleras, puertas y muros;[15] ahora el Poderoso ha tenido a bien[16] que te muestre el
20 mío, donde no hay escaleras que subir, ni puertas que forzar, ni fatigosas galerías que recorrer,[17] ni muros que te veden[18] el paso».
Luego le desató[19] las ligaduras[20] y lo abandonó en mitad del desierto, donde murió de hambre y de sed. La gloria sea con[21] Aquel que no muere.

1 **dignos...** *trustworthy*
2 *Allah*
3 hombres
4 **Con...** *With the passing*
5 *he wandered*
6 *humillado*
7 *pronunciaron*
8 **Dios...** *God willing*
9 *magistrates*
10 destruyó, devastó
11 *tied*
12 *rápido*
13 **substancia...** *sum total*
14 **me...** trataste de per-derme
15 *paredes*
16 **el...** *The Almighty has seen fit*
17 **que...** *to go through*
18 *prohíban*
19 *untied*
20 *bonds*
21 **La...** *Glory be to*

✦ Comprensión y expansión

A. Conteste las siguientes preguntas según el cuento.
1. ¿Qué mandó construir el rey de Babilonia? Descríbalo.
2. ¿Qué les pasaba a las personas que entraban en ese laberinto?
3. ¿Quién vino un día a la corte del rey de Babilonia?
4. ¿Qué hizo el rey de Babilonia para burlarse de esa persona? ¿Y cuál fue el resultado?
5. Según el rey árabe, ¿qué tenía él en su reino?

---

[a]Capital de la antigua Caldea, situada a orillas del río Eufrates y una de las ciudades más grandes y más ricas del Oriente.

6. ¿Qué hizo este rey cuando volvió a Arabia?

7. ¿Adónde llevó él al rey de Babilonia? ¿Y qué le pasó allí a éste? Comente.

B. Para cada uno de los siguientes sustantivos, escriba su cognado inglés correspondiente en los espacios indicados.

1. fortuna   _____

2. camello   _____

3. desierto   _____

4. confusión   _____

5. operación   _____

6. bronce   _____

7. galería   _____

8. capitán   _____

9. simplicidad   _____

10. laberinto   _____

C. Indique si los comentarios que siguen reflejan correctamente o no el contenido del cuento. Escriba **V** (verdadero) o **F** (falso) en los espacios correspondientes. Si lo que lee es falso, corríjalo.

____ 1. Según el narrador, todos los que entraban en el laberinto del rey de Babilonia se morían.

____ 2. El rey árabe estuvo tres días dentro de ese laberinto.

____ 3. El rey árabe finalmente pudo salir del laberinto.

____ 4. Mientras buscaba la salida, este rey se quejó del de Babilonia y decidió construir un laberinto mejor en su reino.

____ 5. El rey árabe destruyó Babilonia y tomó cautivo a su rey.

____ 6. Después llevó al rey de Babilonia al desierto, amarrado encima de un camello.

____ 7. El laberinto del rey de Babilonia era más grande que el del rey árabe.

____ 8. El laberinto del rey de Arabia no tenía puertas ni escaleras ni galerías ni muros de ningún tipo.

✦ Temas de discusión o análisis

1. Resuma con sus propias palabras la historia de «Los dos reyes y los dos laberintos».

2. Discuta el título de este relato y analice su relación temática y/o estructural con el resto de la obra.

3. Compare y contraste los dos laberintos incluidos en el texto y luego discuta el simbolismo del laberinto en «Los dos reyes y los dos laberintos».

4. Analice este cuento como fábula.* ¿Cuál sería la moraleja o la lección que se podría deducir de «Los dos reyes y los dos laberintos»? Comente.

5. Discuta el tema de la justicia y/o el de la venganza en este relato. ¿Se podría interpretar el final de esta historia como un ejemplo de justicia poética?* Explique.

6. Describa y analice las técnicas narrativas y el papel del narrador en «Los dos reyes y los dos laberintos».

7. Compare y contraste la personalidad de los dos reyes de este cuento.

8. Discuta el desenlace de «Los dos reyes y los dos laberintos». Según su opinión, ¿tiene este cuento un final sorprendente o esperado? ¿abierto o cerrado? ¿Por qué? Explique.

9. Teniendo en cuenta las varias alusiones a Dios y a Alá en el texto, analice el papel del poder divino en «Los dos reyes y los dos laberintos».

10. Imagine que usted es el autor de este cuento. Cambie el desenlace y escriba otro final.

11. Se ha dicho que los cuentos de *El Aleph* están cuidadosamente planeados y que temática y/o estructuralmente reflejan un equilibrio simétrico de elementos opuestos. Descubra y analice dicho diseño simétrico en «Los dos reyes y los dos laberintos».

✦ Temas de proyección personal

1. Imagine que usted fue abandonado en un desierto. ¿Qué haría para sobrevivir y no morir de hambre y de sed? Explique.

2. Imagine que usted es el rey árabe de este cuento. ¿Cómo actuaría si se encontrara en circunstancias similares a las aquí descritas? En general, ¿cómo reaccionaría usted si alguien se burlara de su simplicidad, de su manera de ser o de sus costumbres personales o culturales?

✦ Guía y actividades de pre-lectura

Gran parte de la obra de Borges refleja una visión escéptica del mundo. Sus cuentos y ensayos niegan la posibilidad de una verdad absoluta y llaman la atención a la relatividad del conocimiento científico. Durante sus últimos años él asistió a la restauración constitucional argentina de 1983 y renovó su perdida esperanza en los procedimientos democráticos de gobierno. Sin embargo, su escepticismo filosófico y vital no cambió y dicha cosmovisión sigue presente en su producción literaria de ese período final. En estas obras Borges hace una especie de síntesis: retorna visiblemente al poema, pero practica preponderantemente las formas clásicas y en especial el soneto.* Su narrativa, no obstante, insiste en sus temas predilectos: la proliferación de múltiples e incontables universos, el eterno retorno, la dudosa consistencia de lo real, el tiempo que todo lo destruye, la presencia de ciertos personajes clásicos o míticos que recurren desde la historia, la épica y la leyenda. La paradoja como la lógica de lo invisible y oculto, la imposible descripción del universo y la ironía que consiste en considerar como extraño lo inmediato y propio, remiten a los lectores a las fuentes románticas de Borges, que se sintetizan con su escritura más bien clásica, sobria y directa de estos últimos años. En esta tercera etapa escribe y publica muchos poemarios y muy pocos libros de relatos. «El etnógrafo» proviene de *Elogio de la sombra*, obra que incluye textos en verso y en prosa. Dicho cuento refleja la cosmovisión escéptica borgiana y allí su autor parece burlarse de la lógica académica que tanto depende de la investigación y que no acepta como verdaderos o científicos los aspectos inexplicables de la realidad. Borges considera vana e inútil la obsesión intelectual por descubrir la verdad y llegar al origen de las cosas. Su mundo literario revela lo absurdo de esa búsqueda de significado y trascendencia en un universo infinito que está más allá de la comprensión humana. En el prólogo a *Elogio de la sombra*, el escritor argentino dice que allí él incluye «las formas de la prosa y del verso» pero que sin embargo «desearía que este libro fuera leído como un libro de versos». En otra parte del mismo prólogo él explica que el uso del verso sólo es una señal tipográfica que «sirve para anunciar al lector que la emoción poética, no la información o el razonamiento, es lo que está esperándolo».

1. Si alguien le dijera que es etnógrafo(a), describa el tipo de trabajo o investigación que usted asociaría con esa persona. ¿Diría que la etnografía forma parte del campo de las ciencias o de las humanidades? Explique. En su opinión, ¿cómo respondería Borges a esa misma pregunta? ¿Por qué?

2. Lea las veinte primeras líneas del cuento y decida si usted aceptaría una tesis doctoral en etnografía con el tema que se le propone a Fred Murdock. ¿Por qué sí o por qué no?

El etnógrafo

El caso me lo refirieron en Texas, pero había acontecido[1] en otro estado. Cuenta con un solo protagonista, salvo que en toda historia los protagonistas son miles, visibles e invisibles, vivos y muertos. Se llamaba, creo, Fred Murdock. Era alto a la manera americana, ni rubio ni moreno, de
5 perfil de hacha,[2] de muy pocas palabras. Nada singular había en él, ni siquiera[3] esa fingida singularidad que es propia de los jóvenes. Naturalmente respetuoso, no descreía[4] de los libros ni de quienes escriben los libros. Era suya esa edad en que el hombre no sabe aún quién es y está listo a entregarse a lo que le propone el azar:[5] la mística del persa[6] o el des-
10 conocido origen del húngaro, las aventuras de la guerra o del álgebra, el puritanismo o la orgía. En la universidad le aconsejaron el estudio de las lenguas indígenas. Hay ritos esotéricos que perduran en ciertas tribus del oeste; su profesor, un hombre entrado en años, le propuso que hiciera su habitación en una toldería,[7] que observara los ritos y que descubriera el
15 secreto que los brujos revelan al iniciado. A su vuelta, redactaría[8] una tesis que las autoridades del instituto darían a la imprenta.[9] Murdock aceptó con alacridad.[10] Uno de sus mayores[11] había muerto en las guerras de la frontera; esa antigua discordia de sus estirpes[12] era un vínculo[13] ahora. Previó, sin duda, las dificultades que lo aguardaban;[14] tenía que lograr[15]
20 que los hombres rojos lo aceptaran como uno de los suyos. Emprendió[16] la larga aventura. Más de dos años habitó en la pradera,[17] bajo toldos[18] de cuero o a la intemperie.[19] Se levantaba antes del alba, se acostaba al anochecer, llegó a soñar en un idioma que no era el de sus padres. Acos-

1 pasado, tenido lugar
2 **de...** *of sharp profile*
3 **ni...** *not even*
4 **no...** *he didn't disbelieve*
5 *chance*
6 *Persian*
7 campamento indio
8 escribiría
9 **darían...** *would submit for printing*
10 alegría
11 *ancestors*
12 linajes
13 *bond*
14 esperaban
15 conseguir, obtener
16 Empezó
17 *prairie, meadow*
18 *tepees*
19 **a...** al aire libre

tumbró su paladar[20] a sabores ásperos, se cubrió con ropas extrañas,
25 olvidó los amigos y la ciudad, llegó a pensar de una manera que su lógica
rechazaba. Durante los primeros meses de aprendizaje[21] tomaba notas si-
gilosas,[22] que rompería después, acaso[23] para no despertar la suspicacia
de los otros, acaso porque ya no las precisaba.[24] Al término de un plazo
prefijado[25] por ciertos ejercicios, de índole[26] moral y de índole física, el
30 sacerdote le ordenó que fuera recordando sus sueños y que se los con-
fiara al clarear el día.[27] Comprobó[28] que en las noches de luna llena soñaba
con bisontes.[29] Confió estos sueños repetidos a su maestro; éste acabó por
revelarle su doctrina secreta. Una mañana, sin haberse despedido de
nadie, Murdock se fue.
35   En la ciudad, sintió la nostalgia de aquellas tardes iniciales de la
pradera en que había sentido, hace tiempo, la nostalgia de la ciudad. Se
encaminó al despacho del profesor y le dijo que sabía el secreto y que
había resuelto no publicarlo.
        —¿Lo ata su juramento?[30] —preguntó el otro.
40   —No es ésa mi razón —dijo Murdock—. En esas lejanías[31] aprendí
algo que no puedo decir.
        —¿Acaso el idioma inglés es insuficiente? —observaría el otro.
        —Nada de eso, señor. Ahora que poseo el secreto, podría enunciarlo
de cien modos distintos y aun contradictorios. No sé muy bien cómo de-
45 cirle que el secreto es precioso y que ahora la ciencia, nuestra ciencia, me
parece una mera frivolidad.
        Agregó al cabo[32] de una pausa:
        —El secreto, por lo demás, no vale lo que valen los caminos que me
condujeron a él. Esos caminos hay que andarlos.
50   El profesor le dijo con frialdad:[33]
        —Comunicaré su decisión al Concejo.[34] ¿Usted piensa vivir entre
los indios?
        Murdock le contestó:
        —No. Tal vez no vuelva a la pradera. Lo que me enseñaron sus hom-
55 bres vale para cualquier lugar y para cualquier circunstancia.
        Tal fue, en esencia, el diálogo.
        Fred se casó, se divorció y es ahora uno de los bibliotecarios de Yale.

20 *palate*
21 *apprenticeship*
22 secretas
23 tal vez
24 necesitaba
25 **plazo...** tiempo prede-
    terminado
26 tipo, carácter
27 **se...** *confide them to him at*
    dawn
28 Verificó, Confirmó
29 *bisons*
30 **¿Lo...?** *Does your oath*
    bind you?
31 lugares lejanos
32 **al...** después
33 indiferencia
34 *(academic) Board*

✦ Comprensión y expansión

A. Conteste las siguientes preguntas según el cuento.

1. En esta narración, ¿quién es «el etnógrafo» del título?
2. ¿Dónde le contaron al narrador esta historia?
3. ¿Cómo era Fred Murdock? Descríbalo brevemente.
4. ¿Qué le aconsejaron a Murdock en la universidad?
5. En particular, ¿qué le propuso su profesor consejero?
6. ¿Cuánto tiempo vivió Murdock entre los indios? Describa su vida en la pradera.
7. Después de algún tiempo de aprendizaje, ¿qué le ordenó el sacerdote indígena?

8. ¿Le reveló el sacerdote su doctrina secreta a Murdock?
9. Según su opinión, ¿por qué Murdock decidió no publicar el secreto? ¿Y por qué él tampoco se lo reveló a su profesor?
10. Según el narrador, ¿qué pasó con Murdock después y qué hace él ahora?

B. En las siguientes oraciones, reemplace las palabras subrayadas con una palabra o frase sinónima apropiada.

1. Me levanté <u>a la madrugada</u> para estudiar.
2. Marta te está <u>esperando</u> abajo.
3. ¿Cuándo <u>pasó</u> eso?
4. Nos vemos a mi <u>regreso</u>, ¿de acuerdo?
5. Esta naranja tiene un <u>gusto</u> muy ácido.
6. El profesor está en su <u>oficina</u>.
7. El japonés es <u>una lengua</u> muy difícil, ¿no?
8. Todos quieren ver esa película <u>excepto</u> tú, ¿por qué?

C. Reconstruya el cuento numerando del uno al doce, en orden cronológico, las oraciones que siguen.

_____ Murdock aceptó la idea de su profesor y fue a vivir con los indios.
_____ En la universidad le aconsejaron el estudio de las lenguas indígenas.
_____ El protagonista de esta historia se llamaba Fred Murdock.
_____ Más tarde Murdock se casó y luego se divorció.
_____ Murdock volvió a la ciudad y fue a ver a su profesor.
_____ Al cabo de cierto tiempo, el sacerdote indígena le ordenó que le contara sus sueños.
_____ Vivió con ellos durante más de dos años.
_____ Un día su profesor le propuso que observara los ritos y que descubriera el secreto de los brujos indígenas.
_____ Era estudiante universitario.
_____ Ahora él trabaja de bibliotecario en la Universidad Yale.
_____ Le dijo que sabía el secreto pero que había decidido no publicarlo.
_____ El maestro indígena le reveló después la doctrina secreta.

✦ Temas de discusión o análisis

1. Resuma con sus propias palabras el argumento de «El etnógrafo».
2. Analice el papel del narrador en este relato.
3. Comente sus ideas con respecto al secreto de Murdock y su interpretación de por qué éste decide no revelárselo a nadie.
4. Discuta la experiencia de Murdock y los cambios operados en él como consecuencia de su vida entre los indios.
5. Analice el uso del suspenso y de la ironía en el cuento.
6. Después de leer «El etnógrafo» y teniendo en cuenta que para Borges el uso del verso «sirve para anunciar al lector que la emoción poética, no la información o el razonamiento, es lo que está esperándolo» (Prólogo a *Elogio de la sombra*), ¿por qué querrá él que se lea este cuento como si estuviera escrito en verso? Comente.

7. Compare y contraste **uno** de los siguientes aspectos en «Los dos reyes y los dos laberintos» y en «El etnógrafo». Justifique sus ideas con citas de ambos textos.
   a. el título y su relación con el resto de la obra
   b. el papel del narrador
   c. el tema principal y/o los subtemas
   d. la presencia de la ironía
   e. la estructura formal y/o lingüística
   f. el estilo, el tono y los elementos simbólicos del relato

✦ Temas de proyección personal

1. Describa sus ideas con respecto a los títulos y grados académicos. ¿Piensa que son muy importantes o que es mejor dejar una carrera a medio camino y trabajar? Comente.
2. Describa alguna experiencia personal o la de alguien que usted conoce, similar en algún aspecto a la de Fred Murdock.
3. Alquile de su tienda de videos *Dances with Wolves*. Mírela y prepare una breve descripción comentada de dicha película para presentarla en clase.

MARTIN LUIS GUZMAN

Nota biográfica

Martín Luis Guzmán (1887–1976), novelista, ensayista, político y periodista, es uno de los más destacados y prolíficos escritores-testigos de la Revolución Mexicana (1910–1920). Cultivador del género conocido como «Novela de la Revolución Mexicana» —iniciado por Mariano Azuela en 1915 con la publicación de *Los de abajo*—, Guzmán nació en el estado de Chihuahua donde pasó su niñez y parte de su juventud. Después de completar el bachillerato, ingresó en la Escuela Nacional de Jurisprudencia de México, pero interrumpió sus estudios para poder participar activamente en el movimiento revolucionario. Apoyó al político Francisco Madero, iniciador del levantamiento contra Porfirio Díaz, y fue consejero del líder guerrillero Doroteo Arango, más conocido como Francisco (Pancho) Villa. En 1913 se unió a las fuerzas villistas donde obtuvo el grado de coronel. De 1917 a 1920 se exilió en Estados Unidos. En Nueva York dirigió la revista mexicana *El Gráfico* y dio clases de español y literatura en la Universidad de Minnesota. Regresó a su país en 1920 y durante los cuatro años siguientes trabajó en el periódico *El Heraldo de México*. Fundó el diario *El Mundo* y fue diputado al Congreso de la Unión. Entre 1925 y 1936 se volvió a expatriar y residió en España. Allí colaboró en diversos diarios y revistas, y publicó dos de sus libros más famosos: *El águila y la serpiente* (1928) y *La sombra del caudillo* (1929). Ya restablecido en México, continuó su intensa labor periodística y literaria. Allí aparecieron los cuatro volúmenes de *Memorias de*

Pancho Villa (1938–1940), otra obra importante que refleja, como gran parte de su producción, sus experiencias y vivencias revolucionarias. Entre otros títulos, Guzmán es también autor de *Muertes históricas* (1959), colección de breves textos biográficos, *Necesidad de cumplir las leyes de reforma* (1963), *Febrero de 1913* (1963) y *Crónicas de mi destierro* (1964).

✦ Guía y actividades de pre-lectura

Las obras de Guzmán giran de manera recurrente en torno a la Revolución Mexicana en la cual tomó parte activa y cuyas experiencias nutren casi toda su narrativa. De sus tres libros más conocidos, *El águila y la serpiente* es el que le ha dado más fama y el que la mayoría de los críticos consideran fundamental e indispensable para cualquier estudio de la historia del México moderno. Como la mayoría de sus escritos, *El águila y la serpiente* reúne con maestría el arte de la crónica, de las memorias y de la novela. Una de las características de la narrativa de Guzmán es la de haber interpretado el proceso revolucionario mexicano a través de la historia de sus líderes y caudillos, personas reales a quienes el escritor, con gran destreza, convirtió en personajes novelescos. En general, su lenguaje es vigoroso y directo; su estilo, pulcro y elegante, y su narrativa, dinámica y rica en temas, sucesos y personajes. La figura dominante de *El águila y la serpiente* es Pancho Villa, probablemente el héroe más popular de la Revolución Mexicana. Dicho libro está compuesto de una serie de relatos y escenas relativamente independientes entre sí pero que describen hechos reales, cuentan anécdotas de Pancho Villa y están llenos de elementos autobiográficos del propio autor. «La fuga de Pancho Villa» recrea uno de esos episodios verídicos de la vida del guerrillero mexicano y está narrada con un estilo claro, ágil y vibrante; un ritmo rápido; y diálogos naturales y realistas.

1. Mire la foto de la página 193 y describa a Pancho Villa. ¿Qué indicaciones ve allí de su personalidad carismática? ¿Qué tipo de vida llevaba el líder revolucionario, según esta foto de 1914? Comente.

2. Teniendo en cuenta que el escudo de México incluye ambas imágenes del ave y del reptil mencionados en *El águila y la serpiente*, ¿por qué cree usted que el autor habrá usado justamente esos dos símbolos en el título de su obra? Explique.

Escudo de México

3. Sabiendo que Guzmán era periodista, ¿qué características espera usted encontrar en las descripciones, los diálogos, el uso de la lengua y, en general, en el estilo narrativo de «La fuga de Pancho Villa»? Comente.

4. Basándose en el título de este episodio («La fuga de Pancho Villa»), ¿piensa usted que esta anécdota será cómica y divertida? ¿O que reflejará más bien violencia y tensión? ¿Por qué?

5. Consulte algún libro de referencia para informarse más acerca de la Revolución Mexicana en general y de algunos líderes guerrilleros como Pancho Villa y Emiliano Zapata en particular. Luego prepare un informe oral sobre el tema y comparta los resultados de su investigación con su clase.

La fuga[1] de Pancho Villa

Mis primeras semanas de Ciudad Juárez[a] fueron a manera de baño de inmersión en el mundo que rodeaba al general Villa. Aparte el trato con él, conocí entonces al iniciado en toda su intimidad —su hermano Hipólito—; al más joven de los depositarios de su confianza[2] —Carlitos Jáuregui—; al
5 jefe de su estado mayor hasta poco antes —Juan N. Medina—; a su

[1] *flight, escape*
[2] **depositarios...** *confidants*

Pancho Villa y su gente en 1914.

[a]Ciudad grande e importante, puerto mexicano situado sobre el Río Bravo, en el límite entre México y Estados Unidos, del otro lado de El Paso, Texas.

hacendista y agente financiero —Lázaro de la Garza—, y así a otros muchos de sus subordinados y servidores próximos; todos los cuales —cada uno de diverso modo— fueron acercándome al jefe de la División del Norte y envolviéndome en la atmósfera que la sola presencia de él creaba.

*

10   Carlitos Jáuregui me contó, una noche que esperábamos en Juárez la llegada de Villa, el origen de sus relaciones con el guerrillero. Nos habíamos subido, para estar más cómodos, sobre un montón de cajas y fardos[3] próximos a los andenes[4] de las bodegas[5] de la estación. Noche de mayo, hacía una temperatura tibia y deliciosa. Jáuregui se había ido recostando[6] sobre
15 las cajas hasta quedar tendido del todo,[7] cara al cielo y blandamente inmóvil. Mientras hablaba tenía los ojos fijos en las estrellas. Yo, apoyadas las espaldas contra el costado de un bulto,[8] lo oía sin interrumpirlo y me divertía a la vez en seguir con la vista las órbitas de unas lucecitas rojas que vagaban en la sombra bajo el cobertizo[9] de enfrente. Las lucecitas se
20 movían, ya con violencia, ya con lentitud; viajaban de un lado para otro siguiendo trayectorias sinuosas; caían de pronto; describían largas parábolas, como proyectiles lanzados horizontalmente; se quedaban fijas en el aire por unos momentos, o quietas en el suelo; se iban apagando, se reanimaban, se extinguían. Eran los cigarros de los soldados y oficiales que
25 esperaban el tren militar.

    «Cuando Villa estaba preso en Santiago Tlaltelolco —me iba relatando Jáuregui— yo trabajaba como escribiente[10] en uno de los juzgados[11] militares. Aquellos días los recordaré siempre como los de mi mayor miseria. Tenía de sueldo alrededor de cuarenta o cincuenta pesos, a causa
30 de lo cual vivía triste, tan triste que, según me parece, la tristeza se me echaba de ver en raro contraste con mis pocos años. Para ganar un poco más, solía[12] ir al juzgado por las tardes, pasadas las horas de oficina, y allí escribía solo hasta acabar las copias que me encargaban abogados y reos.[13] Mi escritorio estaba junto a la reja[14] detrás de cuyos barrotes[15] com-
35 parecían[16] los acusados; de manera que desde mi asiento podía yo ver una parte del pasillo de la prisión, solitario casi siempre a esas horas.

    «Una tarde, al alzar la vista de sobre el escritorio y mirar distraído hacia el pasillo, vi a Villa, de pie tras de la reja. Había venido tan calladamente, que no sentí sus pasos.[17] Llevaba, como de costumbre,[18] puesto el
40 sombrero y echado sobre los hombros el sarape.

    « —Buenas tardes, amiguito —me dijo amable y afectuoso.

    «Su aspecto no era exactamente igual al que le había conocido las mañanas en que el juez le tomaba declaración[19] o lo llamaba para cualquier diligencia.[20] Me pareció menos lleno de desconfianza, menos
45 reservado, más franco. Lo que sí conservaba idéntico era el toque de ternura[21] que asomaba a sus ojos[22] cuando me veía. Esa mirada, que entonces se grabó en mí[23] de modo inolvidable, la descubrí desde la primera ocasión en que el juez me encomendó asentar en el expediente[24] las declaraciones que Villa iba haciendo.

3 *bundles*
4 *platforms*
5 *warehouses*
6 *reclining*
7 **tendido...** *fully stretched out*
8 *paquete*
9 *shed*
10 *copyist*
11 *courts*
12 acostumbraba
13 acusados
14 *grating*
15 *bars*
16 se presentaban, aparecían
17 *steps*
18 **como...** como siempre
19 **le...** *took his statement*
20 *business*
21 **toque...** *touch of tenderness*
22 **asomaba...** *appeared in*
23 **se...** *imprinted itself on me*
24 **me...** *entrusted me to note in the file*

50 « —Vengo a ver —añadió— si quiere usted hacerme el servicio[25] de ponerme en limpio[26] una cartita.

«Luego conversamos un buen rato, me dio el papel que le debía copiar y quedó en que[27] volvería él mismo a recogerlo[28] a la tarde siguiente, a la misma hora.

55 «Al otro día, después que hubo recogido su carta, clavó en mí los ojos[29] por mucho tiempo y, al fin, me preguntó, haciendo más notable el matiz[30] afectuoso de su sonrisa y su mirada:

« —Oiga, amiguito: ¿pues qué le pasa que lo veo tan triste?

« —No me pasa nada, general.

60 «No sé por qué llamé yo a Villa general desde la primera vez que hablamos. Y añadí luego:

« —Así estoy siempre.

« —Pues si así está siempre, eso quiere decir que siempre le pasa algo. ¡Vaya, vaya, dígamelo! A lo mejor[31] resulta que yo puedo sacarlo de sus 65 penas.

«Aquel tono, un poco cariñoso, un poco rudo, un poco paternal, me conquistó. Y entonces, dejándome arrastrar[32] por la simpatía que Villa me manifestaba,[33] le pinté en todos sus detalles las privaciones y miserias de mi vida. El me escuchó profundamente interesado, y tan pronto como ter70 miné de hablar metió mano en el bolsillo del pantalón:

« —Usted, amiguito —me dijo—, no debe seguir padeciendo[34] de ese modo. Yo voy a encargarme de que[35] su vida cambie. Por principio de cuentas,[36] tome esto para que se ayude.

«Y me tendió, por entre los barrotes de la reja, un billete de banco 75 doblado tantas veces que parecía un cuaderno diminuto.

«Al principio yo rechacé[37] con energía aquel dinero que no había pedido; pero Villa me convenció pronto con estas palabras:

« —Acepte, amiguito; acepte y no sea tonto. Yo le hago hoy un servicio porque puedo hacérselo. ¡Usted qué sabe si mañana ha de resultar al 80 revés![38] Y tenga por seguro que si en su mano está hacer algo por mí cualquier día, no esperaré a que me lo ofrezca: se lo pediré yo mismo.

«Esa noche, ya en la calle, estuve a punto de desmayarme[39] al pie del primer foco de luz que encontré en mi camino. Al desdoblar[40] el billete vi algo que apenas podía creer: ¡el billete era de a cien pesos! ¡Nunca había 85 tocado con mis manos otro billete igual! Tenía dibujada, sobre fondo rojo, una hermosísima águila[41] mexicana con las alas abiertas y muy largas.

«Aunque nada tenía que escribir, acudí[42] a la oficina la tarde siguiente, después de las horas de trabajo. Me impelía una secreta necesidad 90 de hablar con Villa; de expresarle mi agradecimiento; de mostrarle mi regocijo.[43] Pero él, por razones que más tarde he comprendido al conocerlo mejor, no se apareció por la reja. Aquello me produjo una profunda contrariedad, pues de ese modo me era imposible comunicar a nadie mis impresiones; porque Villa me había recomendado que no dijese una sola 95 palabra, ni en mi casa, del dinero que me había dado, y yo estaba resuelto a guardar silencio.

25 favor
26 **ponerme...** *copying for me*
27 **quedó...** *agreed that*
28 *to pick it up*
29 **clavó...** *he stared at me*
30 *hue*
31 **A...** Tal vez
32 convencer
33 mostraba, expresaba
34 sufriendo
35 **Yo...** *I will see to it that*
36 **Por...** Para empezar
37 *refused*
38 **al...** *in the opposite way*
39 *fainting*
40 **Al...** *Upon unfolding*
41 *eagle*
42 me presenté
43 alegría

«Por fin volvimos a vernos dos días después:

« —¿Qué tal le va ahora, amiguito? —me dijo tan pronto como llegó—. Se me figura[44] que lo veo con mejor cara que antes. Exprésseme, pues, sus palabras.

« —Estoy muy bien, general, y sobre todo muy agradecido por el servicio que se empeñó[45] usted en hacerme.

«Y así seguimos conversando.

«Nuestra plática[46] fue esta vez más larga y comunicativa. Yo, ciertamente, sentía una gratitud profunda por aquel hombre rudo[47] que se mostraba tan bueno conmigo, y trataba de hacerle comprender mis sentimientos. Al despedirnos alargó[48] el brazo por entre las barras de la reja y me ofreció la mano. Yo se la estreché sin titubear;[49] pero como noté, al juntarse nuestros dedos, que Villa ponía algo entre los míos, traté de retirarlos. El, apretándomelos con más fuerza, me dijo:

« —Esto que le doy aquí es también para usted. Cuando uno ha estado pobre mucho tiempo, el poco dinero que halla de repente no le alcanza para maldita la cosa.[50] Apuesto,[51] amiguito, a que ya no le queda ni un centavo de lo del otro día.

« —Sí, general, sí me queda. Me queda casi todo.

« —Pues si le queda —replicó— es que usted no ha hecho lo que debe. Usted está necesitando desde hace tiempo un buen rato de alegría, de diversión; y créame: la diversión y la alegría cuestan hasta cuando no se compran. Además, mire lo que son las cosas: yo ya ando en cavilaciones sobre[52] un favor que he de pedirle; un favor más importante, mucho más, que estos pequeñitos que yo le hago, y estoy seguro de que usted no va a negármelo.

« —¿Qué favor, general? —le pregunté, resuelto ya a dar hasta la vida por aquel hombre, el primer hombre bueno para mí con quien tropezaba[53] yo en el mundo.

« —Hoy no, amiguito; hoy no se lo solicitaré. Hoy diviértase y esté contento. Mañana a mí me tocará.[54]

«Yo no me divertí aquella noche; al contrario, sufrí más que en ninguna otra hasta entonces. Haciéndome preguntas y cálculos, no logré dormir un solo minuto. ¿Podría yo hacer lo que Villa pensaba pedirme? La eventualidad de que me exigiera algo malo no se me ocurría. Pero sí me inquietaba mucho la sola idea de que pretendiese cosas fuera de mi alcance,[55] superiores a mis fuerzas o a mi inteligencia; temía no ser capaz de corresponder, temía quedar mal.

«Nuestra entrevista siguiente fue muy breve. Villa empezó diciéndome, con tono persuasivo, que si yo era valiente de veras, podía prestarle un gran favor, pero que si era cobarde, más convendría[56] no hablar del asunto.

« —Yo no tengo miedo de nada, general —le aseguré desde luego.

« —¿Ni de hacer cosas malas, amiguito?

« —De eso... —y vacilé en terminar la frase.

« —Claro que de eso sí, porque usted es un buen muchacho. Yo nomás[57] se lo preguntaba para ver qué respondía, pues a buen seguro[58] que no he de pedirle nada que esté mal.

44 **Se...** Me parece
45 insistió
46 conversación
47 *rough, unpolished*
48 extendió
49 *hesitating*
50 **no...** *won't buy anything at all*
51 *I bet*
52 **yo...** *I am already thinking about*
53 me encontraba
54 **a...** *it will be my turn*
55 **fuera...** *beyond my reach*
56 **más...** sería más conveniente
57 solamente
58 **a...** *surely*

145 « —Yo sé que usted es un buen hombre, general.

« —¡Eso, eso! De eso quería hablarle, amiguito. Usted que ha escrito todos los papeles de mi causa: ¿le parece justo que me tenga preso el gobierno?

« —No, general.

150 « —¿No es verdad que todo se vuelve una pura intriga?

« —Sí, general.

« —Entonces, ¿no cree usted bueno que yo salga de aquí por mi cuenta,[59] supuesto que los jueces no han de dejar que me vaya?

« —Sí, general.

155 « —¿Y no es bueno también que alguien me auxilie en este trance[60] difícil?

« —Sí, general.

« —Bueno, amiguito. Pues usted es quien va a ayudarme... Pero ya le digo: eso, siempre que usted sea valiente; si es miedoso, no.

160 « —Miedo no tengo, general. Haré todo lo que usted me diga.

«La duda de Villa acerca de mi valor personal me produjo un efecto extraño, tan extraño que ya no pensaba sino en escuchar lo que quería él de mí, para acometerlo[61] en el acto, fuera lo que fuese.

« —Así me gusta que se hable —continuó—. Estamos arreglados.[62] En 165 primer lugar tome este paquete y guárdelo en su escritorio, bajo llave[63] y donde nadie lo descubra.

«Al decir estas palabras sacó de entre los pliegues de su sarape un bulto pequeño que me pasó por entre los barrotes. Yo me acerqué más, lo tomé y lo metí en uno de los cajones de mi escritorio, debajo de varios pa-170 peles. Villa siguió diciendo:

« —En ese paquete van unas seguetas, un portasierra[64] y una bola de cera[65] negra. Cuando venga usted mañana por la tarde, arme la sierra[66] —al pronunciar estas palabras bajó la voz y le imprimió un tono más confidencial y más enérgico—, cierre bien las puertas y póngase, ami-175 guito, a la obra de aserrar[67] mis barras. El aceite de la botellita, que está también en el paquete, es para untar[68] la sierra; así no se calienta ni rechina.[69] Corte primero aquí, luego aquí —y señalaba en los travesaños[70] de la reja—. Después de cortar bien, llene con cera las muescas,[71] para taparlas; pero llénelas bien, que no se conozca. Pasado 180 mañana corte estos otros dos barrotes, en estos lugares. Fíjese bien, amiguito: aquí y aquí. Cuando acabe, tape las cortaduras, como las otras. Luego, en dos tardes más, corte en estos cuatro puntos; pero no completamente, sino dejando sin aserrar un poquito, para que los barrotes no se caigan. La última tarde vendré a verlo, y si ya ha acabado de aserrar 185 lo que le dije, le diré qué más hay que hacer. Conque[72] adiós. Me voy, porque ya llevo aquí parado algún tiempo. Y a ver si es verdad que no conoce el miedo... ¡Ah! Cuide de recoger bien la limadura[73] que se le caiga; la que no pueda pepenar[74] con los dedos, recójala apretando[75] la cera contra el piso.

190 «A medida que Villa me fue dando aquellas instrucciones, yo sentí que el cuerpo se me ponía más y más frío, y que me quedaba como lelo,[76] aunque no acertaría a decir si de miedo o de emoción. Y todas las

59 **por...** *on my own*
60 situación
61 empezar a hacerlo
62 de acuerdo
63 **bajo...** cerrado con llave
64 **seguetas...** *hacksaw blades, a saw handle*
65 *wax*
66 **arme...** *assemble the saw*
67 *to saw*
68 lubricar
69 *squeak*
70 *crosspieces*
71 *cuts*
72 *So*
73 *metal filings*
74 recoger
75 **recójala...** *gather it by pressing*
76 **me...** *I was stupefied*

palabras suyas, que yo oí tan atentamente que no las he olvidado jamás, me daban vueltas en la cabeza mezcladas de modo extraño con la figura del águila, de alas hermosas y largas, que había visto por primera vez en el billete de a cien pesos bajo los focos eléctricos de la calle.

«De acuerdo con su propósito, Villa no volvió a visitarme hasta pasados cuatro días. Durante éstos llevé a buen término, al pie de la letra,[77] cuanto él me indicara. Mi único contratiempo fue que las seguetas se me rompían mucho al principio.

«Cuando Villa se acercó a la reja, al oscurecer del cuarto día, me dijo con su manera tranquila de siempre:

« —¿Qué tal, amiguito? ¿Cómo van esos negocios? ¿Cómo se siente del ánimo?

« —Todo perfectamente, general; todo según usted me dijo —le respondí, temblando de emoción y bajando la voz, al grado de que casi no se me oía.

« —Bueno, amigo, bueno —dijo, y pasó las manos con disimulo por los lugares donde los barrotes estaban cortados. Luego añadió:

« —Mañana venga a la hora de costumbre. Con mucho cuidado acabe de aserrar los puntos por donde los barrotes han quedado sujetos.[78] Pero no los corte todos: nomás tres. El otro déjelo como está ahora, para que el pedazo de la reja se quede en su sitio. Así que usted acabe, estaré aquí de vuelta.

«La tarde siguiente vino Villa a poco de que terminara yo de aserrar tres de las espigas[79] que aún mantenían fijos los barrotes. Me preguntó si había concluido. Le dije que sí. Entonces, con una de las manos, empujó hacia dentro el cuadro de la reja que estaba cortado, el cual se dobló con gran facilidad y quedó vuelto hacia arriba y prendido apenas por[80] uno de sus ángulos. En seguida, a través del hueco, me dio Villa un bulto de ropa que traía en la otra mano, oculto bajo el sarape. Miró después a ambos lados del pasillo; se metió de súbito por el agujero;[81] forzó otra vez el pedazo de la reja, para colocarlo en su posición original, y en un rincón de la oficina se mudó el vestido rápidamente. Se puso otro sombrero. Se lo caló.[82] En lugar del sarape se echó una capa sobre los hombros. Se embozó en ella.[83] Y cuando hubo terminado, me dijo:

« —Ahora, amiguito, vámonos pronto. Usted camine por delante y yo lo sigo. No se asuste de nada nomás, ni se pare, pase lo que pase.

«Tan grande fue mi miedo, que no sé cómo eché[84] a andar. Por fortuna, los pasillos y escaleras estaban medio a oscuras. Al ir a desembocar en[85] el corredor que conducía a la puerta, vi, a unos cuantos pasos, al oficial de guardia, que caminaba hacia nosotros en sentido contrario.[86] La sangre se me fue al corazón, y no sabiendo qué hacer, me detuve. Villa, sin embargo, siguió andando; pasó a mi lado al mismo tiempo que el oficial y saludó a éste con admirable aplomo:[87]

« —Buenas tardes, jefe —dijo con voz ronca[88] y firme.

«Al ver yo que el oficial pasaba de largo, me repuse[89] y seguí a Villa a corta distancia. Ya en la calle, me le reuní, y juntos seguimos adelante.

« —¡Ah, qué amigo éste! —me dijo Villa así que pudimos hablar—.

77 **al...** exactamente, literalmente

78 *attached*

79 *metal dowels*

80 **prendido...** *barely held by*

81 *hole*

82 **Se...** *He pulled it down on his head.*

83 **Se...** *He covered his face with it.*

84 empecé

85 terminar

86 **en...** *from the opposite direction*

87 *aplomb, self-assurance*

88 *hoarse*

89 **Me...** *I recovered*

240 ¿Pues no le aconsejé que no se parara ni tuviera miedo por nada del mundo?

«Rodeando calles fuimos hacia el Zócalo,[b] y mientras caminábamos hacia allá, Villa se puso a convencerme de que debía huír con él.

« —¿Usted quiere que no le pase nada? —me preguntó.

245 « —Por supuesto, general.

« —Bueno, entonces véngase conmigo. Si no, mañana mismo lo meten preso. Conmigo esté seguro de que no lo agarran.[90] Por su mamá y sus hermanitos no se apure,[91] ya les avisaremos a tiempo y les mandaremos lo necesario.

250 «En el Zócalo tomamos un automóvil. Villa le dijo al chofer que nos llevara a Tacubaya.[c] Allí nos apeamos un rato y nos acercamos a una casa, como para entrar en ella. Luego regresamos al coche.

« —Oiga, amigo —le dijo Villa al chofer—: la persona que veníamos buscando salió esta mañana para Toluca. Nos precisa verla. ¿Quiere lle-
255 varnos allá? Le pagaremos bien, siempre que no pida demasiado.

«El chofer convino en hacer el viaje después de muchos regateos[92] por parte de Villa. Y ya en Toluca, conforme lo liquidaba,[93] Villa le dijo:

« —Aquí tiene lo que concertamos.[94] Pero, aparte[95] de eso, le voy a dar estos diez pesos más, para que pasado mañana regrese por nosotros.
260 Lo esperaremos en estos mismos portales. Si no viene, usted se lo pierde, amigo. Si viene, le pagaremos mejor que hoy.

« —¿Pero vamos a volver a México, general? —le pregunté a Villa cuando estuvimos solos.

« —No, amiguito. Nosotros nos vamos ahora hacia Manzanillo por
265 ferrocarril. Allí nos embarcaremos para Mazatlán. Y de Mazatlán seguiremos por tren hasta los Estados Unidos. Le di el dinero al chofer, diciéndole que volviera, para que de ese modo la policía, si lo coge y le pregunta, no sospeche que éramos nosotros los que veníamos en el auto. Por eso también estuve regateando el precio.»

*

270 Meses después, al iniciarse la revolución constitucionalista, le había dicho Villa a Carlitos Jáuregui: «Cuando tome yo Ciudad Juárez, amiguito, le voy a regalar los *quinos*[96] en premio de lo que hizo por mí.» Y, en efecto, Jáuregui usufructuaba[97] ahora los famosos quinos. Se los había regalado Villa al otro día de la brillante maniobra[98] que permitió a la División del
275 Norte apoderarse de la ciudad fronteriza y conservarla como cosa propia. Los tales quinos eran, por decirlo de algún modo, el lado más inocente del sistema de juegos de azar[99] con que contaba Ciudad Juárez. El lado menos inocente eran el póquer, la ruleta, los albures.[100] Este último lo había confiado[101] Villa a su hermano Hipólito.

---

[b]Nombre de la plaza mayor de Ciudad de México.
[c]Barrio de la Ciudad de México.

90 **no...** *they will not catch you*
91 **no...** no se preocupe
92 *hagglings*
93 **conforme...** mientras le pagaba
94 *we agreed upon*
95 *además*
96 *game similar to "bingo"*
97 *was profiting from*
98 *maneuver, move*
99 **juegos...** *games of chance*
100 *a card game*
101 **lo...** se lo había dado

✦ Comprensión y expansión

A. Conteste las siguientes preguntas según el relato.

1. ¿Quién era Carlitos Jáuregui?
2. ¿Dónde lo conoció el autor?
3. ¿Qué le contó Jáuregui una noche?
4. ¿Qué ocupación tenía Jáuregui cuando conoció a Pancho Villa?
5. ¿Dónde estaba Pancho Villa en ese tiempo?
6. ¿Qué le dio Villa a Jáuregui cuando recogió la carta que éste le había puesto en limpio? ¿Por qué?
7. ¿Y qué favor le pidió Villa a Jáuregui algún tiempo después?
8. ¿Cuánto tiempo le llevó a Jáuregui preparar la fuga de Villa?
9. ¿Qué hizo Villa antes de salir de la oficina?
10. ¿Cómo convenció a Jáuregui de que debía escaparse con él?
11. ¿Qué hicieron ellos en el Zócalo?
12. ¿Dónde pensaba ir Villa después de que el taxista los dejara a él y a Jáuregui en Toluca?
13. ¿Por qué le pidió Villa al chofer que regresara por ellos dos días después?
14. ¿Qué pasó al final en Ciudad Juárez?
15. ¿Qué le regaló Villa a Jáuregui como premio de todo lo que éste había hecho por él?

B. En las siguientes frases, reemplace las palabras subrayadas con sus antónimos correspondientes. Haga los cambios necesarios para que las oraciones tengan sentido.

MODELO   Voy a **enfriar** la sopa porque está muy **caliente**.

Voy a **calentar** la sopa porque está muy **fría**.

1. ¿Cuál es la hora de salida de nuestro vuelo?
2. No debes olvidar a tus amigos, Jorge. ¡Llámanos todas las semanas!
3. ¿Por qué estás doblando esos papeles, Susana?
4. Antonio es muy cobarde. Tiene miedo de todo.
5. Marisa puso la carta en el cajón de su escritorio.
6. Pon esas fotos encima de la mesa, por favor.
7. La película empezó hace más de una hora.
8. Arturo y Beatriz siempre van al teatro juntos.
9. La profesora dijo eso al final de la clase.

C. Indique si los comentarios que siguen reflejan correctamente o no el contenido de «La fuga de Pancho Villa». Escriba **V** (verdadero) o **F** (falso) en los espacios correspondientes. Si lo que lee es falso, corríjalo.

_____ 1. Pancho Villa y Carlitos Jáuregui se conocieron en el Zócalo.
_____ 2. Jáuregui trabajaba en el mismo lugar donde estaba Villa en esa época.
_____ 3. En ese tiempo Jáuregui tenía un salario muy bueno.

_____ 4. Villa le regaló dinero a Jáuregui porque sabía que a éste no le alcanzaba su sueldo para descansar y divertirse.

_____ 5. Una tarde Villa le pidió a Jáuregui que le copiara una carta.

_____ 6. Jáuregui pensaba que no era justo que Villa estuviera preso.

_____ 7. Villa le pidió a Jáuregui que lo ayudara a escaparse.

_____ 8. Jáuregui decidió no ayudarlo porque tenía mucho miedo.

_____ 9. Después de tomar un taxi en Tacubaya, Villa le dijo al chofer que los llevara al Zócalo.

_____ 10. Cuando Villa tomó Ciudad Juárez, le confió a su hermana menor todos los juegos de azar de dicha ciudad.

✦ Temas de discusión o análisis

1. Resuma con sus propias palabras el episodio de «La fuga de Pancho Villa».
2. Describa y analice la personalidad de Pancho Villa según se ve reflejada en esta narración. Apoye sus comentarios con citas del texto.
3. Describa y analice la personalidad de Carlitos Jáuregui según se ve reflejada en este relato. Apoye sus comentarios con citas del texto.
4. Haga un análisis comparativo y contrastivo entre Villa y Jáuregui, los dos personajes principales de este relato.
5. Investigue el significado del águila y la serpiente en la leyenda de la creación de la Ciudad de México. Teniendo en cuenta los resultados de su investigación y el contenido de «La fuga de Pancho Villa», analice el título del volumen (_El águila y la serpiente_) que incluye dicho episodio. Justifique sus comentarios con citas del texto.
6. Discuta el papel del narrador en «La fuga de Pancho Villa».
7. Describa y analice las técnicas narrativas empleadas en este episodio de _El águila y la serpiente_.
8. Relacione el título con el tema y la estructura de esta narración.
9. Compare y contraste la relación Pancho Villa-Carlitos Jáuregui con la del famoso dúo Don Quijote-Sancho Panza. ¿Qué similitudes y/o diferencias podría señalar en las relaciones o amistades respectivas? Explique.

✦ Temas de proyección personal

1. Escriba o comente sobre las características que usted considera necesarias en los héroes, heroínas o grandes personajes históricos.
2. Describa a su heroína o héroe favorito(a). O si prefiere, describa a su antiheroína o antihéroe preferido(a). Explique por qué ha elegido a ese personaje en particular.
3. Alquile de su tienda de videos la película _Zapata_ con Marlon Brando. Mírela y prepare una breve descripción comentada de dicha película para presentarla en clase.

JUAN RULFO

Nota biográfica

Juan Rulfo (1918–1986), novelista y cuentista de gran importancia en la literatura hispanoamericana, nació en el estado de Jalisco (México), donde también pasó sus primeros años en una hacienda que era propiedad de sus abuelos. Tuvo una niñez triste y bastante trágica. En 1924 mataron a su padre y unos años después murió su madre. Al quedar huérfano de ambos padres, sus abuelos lo enviaron a un orfelinato. Tal vez la experiencia de su infancia que más impacto tendría en su vida y obra futuras fue la rebelión de los cristeros (1926–1928), reacción de los sectores católicos tradicionales contra el laicismo revolucionario que desató una época de mucha destrucción y violencia. Las luchas faccionales reflejadas en sus cuentos y el clima general de su novela deben mucho a ese momento crítico de la historia mexicana. Posteriormente su abuela materna quiso que entrara en un seminario para que se hiciera cura, pero él se negó y en 1934 se fue a vivir a Ciudad de México. Allí trabajó casi toda su vida en sitios tan diversos como el Archivo de la Secretaría de Gobernación, la Oficina de Migración, la compañía Goodrich y el Instituto Nacional Indigenista, donde ingresó en 1962 y donde siguió trabajando hasta que murió veinticuatro años después. Sólo dejó la capital temporalmente en un par de ocasiones para ocupar cargos en la Comisión de la Represa del Papaloapan en el estado de Veracruz y en la televisión de Guadalajara. A pesar de ser un escritor conocido y de fama internacional, Rulfo sólo ha publicado dos libros narrativos: *El llano en llamas* (1953), una colección de cuentos, y *Pedro Páramo* (1955), una novela relativamente corta pero de muy compleja estructura. Esta fue escrita mediante una beca de la fundación Rockefeller que le fue concedida en 1953, año en que también ingresó a la Academia Mexicana de la Lengua. Ambas obras tuvieron inmediato éxito de público y de crítica, aunque llamaron la atención por sus diferencias y rupturas con la narrativa tradicional y, en este caso, con la llamada «novela de la revolución», donde se ubican por su temática. Son justamente esas diferencias, y en particular la fragmentación del tiempo narrativo y la presentación de una realidad que se vuelve ambigua al borrar o confundir fronteras con ciertas formas de la imaginación popular, las que convierten a Rulfo en precursor de las innovaciones que caracterizarían una década después la narrativa hispanoamericana del «boom». En efecto, ambos elementos están ya presentes y magistralmente usados en *Pedro Páramo* y en algunos cuentos de *El llano en llamas*. Además de narrador, Rulfo fue también guionista de cine y participó como actor en la película *En este pueblo no hay ladrones* (basada en un cuento de Gabriel García Márquez) al lado de célebres personalidades como Luis Buñuel, el mismo García Márquez y Carlos Monsiváis. Colaboró en la versión cinematográfica de *Pedro Páramo*, cuyo guión fue escrito por su amigo y compatriota Carlos Fuentes. En 1980 apareció *El gallo de oro*, libro que recoge sus textos cinematográficos, luego de haber destruido en 1974 el original inconcluso de *La cordillera*, una segunda novela en la que había trabajado, aparentemente, durante más de diez años.

✦ Guía y actividades de pre-lectura

Más allá del interés regionalista y político que caracterizan en general las novelas de la Revolución Mexicana, la obra de Rulfo logra crear un mundo imaginativo donde las circunstancias particulares y la realidad nacional de seres y cosas convergen y se convierten en un símbolo de vibrante proyección universal. Sus narraciones se sitúan generalmente en su Jalisco natal y recrean el medio rural de desolación y angustia que siguió a la revolución y al conflicto cristero. En ellas se desvanecen los límites entre la realidad y la imaginación, se eterniza el tiempo y desaparecen las barreras entre el aquí y el allí, el presente y el pasado, la vida y la muerte. La atmósfera de las historias rulfianas a menudo adquiere un carácter sobrenatural que envuelve violencia, dolor y muerte. Sus paisajes son áridos y recurren en su obra temas relacionados con el sufrimiento, la pobreza, el hambre, la lucha del hombre contra la naturaleza hostil y, lógicamente, la muerte. Caracterizan a Rulfo su habilidad en la recreación de personajes angustiados, su penetración psicológica, su dominio del diálogo reducido a su mínima expresión y su lenguaje sencillo, escueto y realista. También se distingue por su gran capacidad para crear atmósferas extrañas y sombrías detrás de las cuales se adivina una realidad concreta y tangible que, sin embargo, presentadas con las técnicas del realismo mágico,* son percibidas como verdaderas pesadillas. Su novela *Pedro Páramo* gira en torno a la vida de Pedro Páramo, poderoso cacique del lugar, y la historia se mueve en una atmósfera infernal de gran ansiedad y misterio, en un pueblo lleno de ecos y murmullos. Dicha obra no respeta las estructuras de la novela realista tradicional. Rompe con el tiempo cronológico y la acción sucede en diferentes planos, resultando apenas perceptible la línea divisoria entre realismo y fantasía. En efecto, sólo mucho después de haber empezado la narración, los lectores van descubriendo poco a poco que todos los personajes ya están muertos, incluso el protagonista principal, Juan Preciado, cuya búsqueda de su padre (Pedro Páramo) genera el hilo argumental de la novela. El texto aquí escogido, «Nos han dado la tierra», es uno de los quince relatos incluidos en *El llano en llamas*. Como en las otras obras de Rulfo, este cuento se sitúa después de los dos grandes conflictos que afectaron a su país en las primeras décadas de este siglo: la Revolución Mexicana y la rebelión de los cristeros. También como en el resto de su narrativa, «Nos han dado la tierra» tiene como escenario la parte árida del sur de Jalisco, región que fue muy afectada durante ambas revoluciones, donde la tierra es de por sí dura, seca, cálida y desolada y donde la gente parece no conocer el significado de la palabra «esperanza». Los campesinos que habitan esos lugares son realmente pobres y lo único que sí conocen muy bien, porque lo han vivido, es el hambre, la violencia y la muerte. Para comprender las implicaciones del título del cuento, hay que recordar que uno de los objetivos principales de la revolución fue el de hacer una reforma agraria para posibilitar una distribución más justa de la tierra. En cuanto al lenguaje de Rulfo, éste construye sus relatos con frases cortas y directas que recrean el habla regional de su Jalisco nativo. De mayor complejidad estructural y semántica son sus imágenes y el desarrollo psicológico de sus personajes. Su estilo es simple y desnudo, como las tierras que describe, pero tiene un alto poder de sugerencia y una gran fuerza dramática.

1. Busque el estado de Jalisco en un mapa y describa su situación geográfica. Infórmese también sobre algunas características generales del sur de Jalisco como, por ejemplo, su clima, sus productos, su gente, la situación social y económica de su población y los tipos de trabajos posibles en esa región. Luego comparta el resultado de su investigación con el resto de la clase.

2. Lea los seis primeros párrafos del cuento y comente los siguientes aspectos.
   a. el escenario del relato
   b. la perspectiva narrativa
   c. la clase socioeconómica de los personajes
   d. la importancia del ladrar de los perros
   e. el tiempo de la acción y la significación de la falta de transporte

---

Nos han dado la tierra

Después de tantas horas de caminar sin encontrar ni una sombra de árbol, ni una semilla[1] de árbol, ni una raíz de nada, se oye el ladrar[2] de los perros.

Uno ha creído a veces, en medio de este camino sin orillas, que nada habría después; que no se podría encontrar nada al otro lado, al final de
5 esta llanura rajada de grietas[3] y de arroyos[4] secos. Pero sí, hay algo. Hay un pueblo. Se oye que ladran los perros y se siente en el aire el olor del humo,[5] y se saborea ese olor de la gente como si fuera una esperanza.

Pero el pueblo está todavía muy allá. Es el viento el que lo acerca.

Hemos venido caminando desde el amanecer. Ahorita[6] son algo así
10 como las cuatro de la tarde. Alguien se asoma[7] al cielo, estira[8] los ojos hacia donde está colgado el sol y dice:

—Son como las cuatro de la tarde.

Este alguien es Melitón. Junto con él, vamos Faustino, Esteban y yo. Somos cuatro. Yo los cuento: dos adelante, otros dos atrás. Miro más atrás
15 y no veo a nadie. Entonces me digo: «Somos cuatro». Hace rato, como a eso de las once, éramos veintitantos;[9] pero puñito a puñito[10] se han ido desperdigando[11] hasta quedar nada más este nudo[12] que somos nosotros.

Faustino dice:

—Puede que llueva.

20 Todos levantamos la cara y miramos una nube negra y pesada que pasa por encima de nuestras cabezas. Y pensamos: «Puede que sí».

No decimos lo que pensamos. Hace ya tiempo que se nos acabaron las ganas de hablar. Se nos acabaron con el calor. Uno platicaría[13] muy a gusto en otra parte, pero aquí cuesta trabajo. Uno platica aquí y las pa
25 labras se calientan en la boca con el calor de afuera, y se le resecan[14] a uno en la lengua hasta que acaban con el resuello.[15]

1 *seed*
2 *barking*
3 **rajada...** *cracked with crevices*
4 *creeks*
5 *smoke*
6 Ahora mismo, En este instante
7 *glances*
8 extiende
9 más de veinte
10 **puñito...** poco a poco
11 *scattering*
12 pequeño grupo
13 hablaría
14 *dry up*
15 respiración

Aquí así son las cosas. Por eso a nadie le da por platicar.[16]

Cae una gota de agua, grande, gorda, haciendo un agujero en la tierra y dejando una plasta[17] como la de un salivazo.[18] Cae sola. Nosotros esperamos a que sigan cayendo más. No llueve. Ahora si se mira el cielo se ve a la nube aguacera corriéndose muy lejos, a toda prisa. El viento que viene del pueblo se le arrima[19] empujándola contra las sombras azules de los cerros. Y a la gota caída por equivocación[20] se la come la tierra y la desaparece en su sed.

¿Quién diablos haría este llano tan grande? ¿Para qué sirve, eh?

Hemos vuelto a caminar. Nos habíamos detenido para ver llover. No llovió. Ahora volvemos a caminar. Y a mí se me ocurre que hemos caminado más de lo que llevamos andado. Se me ocurre eso. De haber[21] llovido quizá se me ocurrieran otras cosas. Con todo, yo sé que desde que yo era muchacho, no vi llover nunca sobre el Llano, lo que se llama llover.

No, el Llano no es cosa que sirva. No hay ni conejos[22] ni pájaros. No hay nada. A no ser unos cuantos huizaches[a] trespeleques[23] y una que otra manchita de zacate[24] con las hojas enroscadas[25], a no ser eso, no hay nada.

Y por aquí vamos nosotros. Los cuatro a pie. Antes andábamos a caballo y traíamos terciada[26] una carabina.[27] Ahora no traemos ni siquiera la carabina.

Yo siempre he pensado que en eso de quitarnos la carabina hicieron bien. Por acá resulta peligroso andar armado. Lo matan a uno sin avisarle, viéndolo a toda hora con «la 30» amarrada a las correas.[28] Pero los caballos son otro asunto.[29] De venir a caballo ya hubiéramos probado el agua verde del río, y paseado nuestros estómagos por las calles del pueblo para que se les bajara la comida. Ya lo hubiéramos hecho de tener todos aquellos caballos que teníamos. Pero también nos quitaron los caballos junto con la carabina.

Vuelvo hacia todos lados y miro el Llano. Tanta y tamaña tierra para nada.[30] Se le resbalan[31] a uno los ojos al no encontrar cosa que los detenga. Sólo unas cuantas lagartijas[32] salen a asomar la cabeza por encima de sus agujeros, y luego que sienten la tatema[33] del sol corren a esconderse en la sombrita de una piedra. Pero nosotros, cuando tengamos que trabajar aquí, ¿qué haremos para enfriarnos del sol, eh? Porque a nosotros nos dieron esta costra de tepetate[34] para que la sembráramos.[35]

Nos dijeron:

—Del pueblo para acá es de ustedes.

Nosotros preguntamos:

—¿El Llano?

—Sí, el Llano. Todo el Llano Grande.

Nosotros paramos la jeta[36] para decir que el Llano no lo queríamos. Que queríamos lo que estaba junto al río. Del río para allá, por las vegas,[37]

[16] **a nadie...** nadie tiene ganas de hablar
[17] *paste*
[18] *gob of spit*
[19] *acerca*
[20] *error*
[21] **De...** Si hubiera
[22] *rabbits*
[23] secos, pobres
[24] **manchita...** *patch of grass*
[25] *coiled*
[26] *crosswise*
[27] *rifle*
[28] **amarrada...** *strapped onto the belt (a holster)*
[29] *matter*
[30] **Tanta...** *So much land and so useless.*
[31] *slide*
[32] *lizards*
[33] *calor*
[34] **costra...** *dry piece of land*
[35] **para...** *so that we might sow (farm) it*
[36] **paramos...** levantamos la cara
[37] tierras muy fértiles

---

[a]El huizache (o huisache) es una especie de acacia arborescente, de olor agradable que se da en los llanos más o menos desérticos.

donde están esos árboles llamados casuarinas[b] y las paraneras[c] y la tierra
buena. No este duro pellejo de vaca[38] que se llama el Llano.

Pero no nos dejaron decir nuestras cosas. El delegado[d] no venía a conversar con nosotros. Nos puso los papeles en la mano y nos dijo:

—No se vayan a asustar por tener tanto terreno para ustedes solos.

—Es que el Llano, señor delegado...

—Son miles y miles de yuntas.[39]

—Pero no hay agua. Ni siquiera para hacer un buche hay agua.[40]

—¿Y el temporal? Nadie les dijo que se les iba a dotar con tierras de riego.[41] En cuanto allí llueva, se levantará el maíz como si lo estiraran.

—Pero, señor delegado, la tierra está deslavada,[42] dura. No creemos que el arado[43] se entierre en esa como cantera[44] que es la tierra del Llano. Habría que hacer agujeros con el azadón[45] para sembrar la semilla y ni aun así es positivo que nazca nada; ni maíz ni nada nacerá.

—Eso manifiéstenlo por escrito. Y ahora váyanse. Es al latifundio[e] al que tienen que atacar, no al Gobierno que les da la tierra.

—Espérenos usted, señor delegado. Nosotros no hemos dicho nada contra el Centro. Todo es contra el Llano... No se puede contra lo que no se puede.[46] Eso es lo que hemos dicho... Espérenos usted para explicarle. Mire, vamos a comenzar por donde íbamos...

Pero él no nos quiso oír.

Así nos han dado esta tierra. Y en este comal[f] acalorado quieren que sembremos semillas de algo, para ver si algo retoña[47] y se levanta. Pero nada se levantará de aquí. Ni zopilotes.[48] Uno los ve allá cada y cuando, muy arriba, volando a la carrera; tratando de salir lo más pronto posible de este blanco terregal endurecido, donde nada se mueve y por donde uno camina como reculando.[49]

Melitón dice:

—Esta es la tierra que nos han dado.

Faustino dice:

—¿Qué?

Yo no digo nada. Yo pienso: «Melitón no tiene la cabeza en su lugar. Ha de ser el calor el que lo hace hablar así. El calor que le ha traspasado el sombrero y le ha calentado la cabeza. Y si no, ¿por qué dice lo que dice? ¿Cuál tierra nos han dado, Melitón? Aquí no hay ni la tantita[50] que necesitaría el viento para jugar a los remolinos».[51]

Melitón vuelve a decir:

—Servirá de algo. Servirá aunque sea para correr yeguas.[52]

—¿Cuáles yeguas? —le pregunta Esteban.

[b]Las casuarinas son árboles cuyas hojas se parecen a las plumas de aves corredoras.
[c]Las paraneras son tierras de pastos buenos para el ganado.
[d]Aquí se alude al delegado del Gobierno en la Reforma Agraria.
[e]Se alude aquí al sistema del latifundio que permite la concentración de mucha tierra en pocas manos. En efecto, el latifundio es una gran extensión de terreno que pertenece generalmente a una persona o familia. Esto resulta en una distribución muy injusta de la tierra en que la mejor y mayor parte pertenece a la minoría rica, dejando la peor y más árida a la mayoría pobre.
[f]El comal es un platón o disco de barro que se usa en México para cocer las tortillas de maíz.

38 **pellejo...** *cow's hide*
39 **Son...** Es una gran extensión de tierra.
40 **Ni...** *There is not even enough water to rinse your mouth.*
41 **tierras...** *irrigated land*
42 *worn out*
43 *plough*
44 **esa...** *that kind of quarry*
45 *hoe*
46 **No...** *There's no use trying to do something when you can't do anything.*
47 *sprouts*
48 *buzzards*
49 *in reverse*
50 **ni...** *not even the little bit*
51 *whirlwinds*
52 *mares*

Yo no me había fijado bien a bien en Esteban. Ahora que habla, me fijo en él. Lleva puesto un gabán[53] que le llega al ombligo,[54] y debajo del gabán saca la cabeza algo así como una gallina.

Sí, es una gallina colorada la que lleva Esteban debajo del gabán. Se le ven los ojos dormidos y el pico abierto como si bostezara.[55] Yo le pregunto:

—Oye, Teban, ¿dónde pepenaste[56] esa gallina?

—Es la mía —dice él.

—No la traías antes. ¿Dónde la mercaste,[57] eh?

—No la merqué, es la gallina de mi corral.[58]

—Entonces te la trajiste de bastimento,[59] ¿no?

—No, la traigo para cuidarla. Mi casa se quedó sola y sin nadie para que le diera de comer; por eso me la traje. Siempre que salgo lejos cargo con ella.

—Allí escondida se te va a ahogar. Mejor sácala al aire.

El se la acomoda debajo del brazo y le sopla el aire caliente de su boca. Luego dice:

—Estamos llegando al derrumbadero.[60]

Yo ya no oigo lo que sigue diciendo Esteban. Nos hemos puesto en fila[61] para bajar la barranca y él va mero adelante. Se ve que ha agarrado a la gallina por las patas y la zangolotea a cada rato,[62] para no golpearle la cabeza contra las piedras.

Conforme[63] bajamos, la tierra se hace buena. Sube polvo[64] desde nosotros como si fuera un atajo[65] de mulas lo que bajara por allí; pero nos gusta llenarnos de polvo. Nos gusta. Después de venir durante once horas pisando la dureza del Llano, nos sentimos muy a gusto envueltos en aquella cosa que brinca sobre nosotros y sabe[66] a tierra.

Por encima del río, sobre las copas verdes de las casuarinas, vuelan parvadas de chachalacas[67] verdes. Eso también es lo que nos gusta.

Ahora los ladridos de los perros se oyen aquí, junto a nosotros y es que el viento que viene del pueblo retacha[68] en la barranca y la llena de todos sus ruidos.

Esteban ha vuelto a abrazar su gallina cuando nos acercamos a las primeras casas. Le desata las patas para desentumecerla,[69] y luego él y su gallina desaparecen detrás de unos tepemezquites.[70]

—¡Por aquí arriendo yo![71] —nos dice Esteban.

Nosotros seguimos adelante, más adentro del pueblo.

La tierra que nos han dado está allá arriba.

---

53 abrigo, saco
54 *navel*
55 *it were yawning*
56 robaste, conseguiste
57 compraste
58 *poultry yard*
59 provisión, comida
60 precipicio
61 **en...** *in line*
62 **zangolotea...** mueve a cada momento
63 Mientras, A medida que
64 *dust*
65 pequeño grupo
66 tiene sabor
67 **parvadas...** *a multitude of Mexican birds*
68 vuelve
69 **Le...** *He unties its legs so it can run*
70 *Mexican (pita) shrubs*
71 **¡Por... !** *I'll lease some land around here!*

✦ Comprensión y expansión

A. Conteste las siguientes preguntas según el cuento.

1. ¿Cómo es el lugar por donde caminan el narrador y sus compañeros?
2. ¿Cuántos son los personajes del relato? ¿Cuántos eran antes?
3. ¿Hablan mucho ellos? ¿Por qué?
4. ¿Hay animales en el llano? ¿Y plantas? Comente.
5. ¿Por qué van a pie estas personas? ¿Qué pasó con sus caballos?

6. ¿Es grande el llano? ¿Sirve para sembrar algo? ¿Por qué?
7. Según el narrador, ¿por qué no quieren ellos las tierras que les dio el Gobierno? ¿Cuál es la tierra que ellos querían?
8. ¿Qué llevaba Esteban debajo del gabán? ¿Por qué?
9. ¿Cómo se dan cuenta los personajes que se están acercando al pueblo?
10. ¿Y cómo se sienten ellos al ver que están llegando? ¿Por qué?
11. ¿Cómo interpreta usted el título «Nos han dado la tierra»? Explique.
12. ¿Dónde está la tierra que les han dado? ¿Cree usted que alguno de ellos va a tratar de sembrarla? Comente.

B. Lea las definiciones que siguen y escriba las palabras definidas en los espacios correspondientes.

1. sinónimo de **acercarse** _____
2. caminar sobre algo _____
3. tierra muy fértil _____
4. sinónimo de **abrigo** _____
5. cantidad muy pequeña de líquido _____
6. instrumento para labrar la tierra _____
7. platón de barro para cocer tortillas _____
8. sinónimo de **equivocación** _____

C. Identifique y explique la importancia o la significación de los siguientes elementos.

1. el ladrar de los perros
2. «Puede que llueva».
3. el latifundio
4. las carabinas
5. el delegado de Gobierno
6. «No se puede contra lo que no se puede».
7. los huizaches y los zopilotes
8. «Esta es la tierra que nos han dado».
9. el polvo y las chachalacas
10. la gallina de Esteban

✦ Temas de discusión o análisis

1. Resuma con sus propias palabras el argumento de «Nos han dado la tierra».
2. Describa la importancia del narrador y dé sus ideas con respecto al punto de vista que predomina en el relato.
3. Discuta el título y su relación temática y/o estructural con el resto del cuento.
4. Describa los aspectos de estilo, tono y lengua en «Nos han dado la tierra» y analice su función o importancia temática en la narración.
5. Discuta el papel de la naturaleza en este relato.
6. Analice el valor simbólico de algunos de los elementos que siguen: el ladrar de los perros; la nube negra; la gota de agua que cae; la ausencia de conejos, pájaros, caballos y carabinas; la presencia del río; las ca-

suarinas y las chachalacas; el delegado; los tepemezquites; la gallina de Esteban.

7. Analice «Nos han dado la tierra» como obra de denuncia o crítica social.

8. ¿Diría usted que con la tierra que el Gobierno les ha dado, estos campesinos van a vivir mejor en el futuro? ¿Por qué sí o por qué no? Explique y apoye sus ideas con citas del texto.

9. El ladrido de los perros es parte del título de otro cuento muy conocido de Rulfo: «No oyes ladrar los perros». Léalo y prepare un análisis comparativo entre éste y «Nos han dado la tierra».

✦ Temas de proyección personal

1. Imagine una situación específica en la que usted sufre una injusticia por parte de alguien de más poder, como del Gobierno, por ejemplo. Describa lo que usted haría para lograr justicia.

2. Describa sus ideas con respecto a los programas de ayuda a los pobres, a los inmigrantes ilegales o al tercer mundo. Escoja un programa específico o una situación particular y comente.

3. Imagine que usted acaba de ganar las elecciones presidenciales y es ahora presidente de Estados Unidos. ¿Qué promesas le haría a la gente en su discurso de inauguración? Haga una lista detallada y explique cómo cumpliría lo prometido.

GABRIELA ROEPKE

Nota biográfica

Gabriela Roepke (1920–), actriz, dramaturga, poeta, ensayista y profesora universitaria, nació y se educó en Santiago de Chile pero ha viajado mucho y vive en Estados Unidos desde hace tres décadas. Estudió en la Universidad Católica de su país natal, en La Sorbonne (1952) y en la Universidad de North Carolina (1957–1958). Ha enseñado drama y literatura en Chile (1958–1966) y en Estados Unidos (a partir de 1966), siendo actualmente profesora del Departamento de Drama y Opera de la University of Arts en Filadelfia y del Departamento de Música y Teatro de The New School for Social Research en Nueva York, ciudad donde reside desde 1968. Autora de unas quince obras teatrales largas, todas producidas y escenificadas en Chile, Perú, España y Estados Unidos, Roepke ha escrito también varias piezas breves —incluyendo algunas para teatro infantil— y dos libros de poesía: *Primeras canciones* (1948) y *Jardín solo* (1958). Su primera obra teatral, *La invitación* (1954), fue distinguida en su país con dos premios importantes: el «Caupolicán» (Oscar chileno), otorgado a la mejor producción dramática del año, y el Premio

Municipal de Teatro. En 1955 se representó en Lima (Perú) *Los culpables* y en 1957 se estrenaron en Estados Unidos dos piezas cortas suyas: una comedia titulada *Una mariposa blanca* y una farsa, *Los peligros de la buena literatura*, obras que le ganaron el «Roland Holt Playwriting Award» del año 1958. Regresó luego a su país y en 1959 fueron llevadas a escena *La telaraña*, drama policial en dos actos, y *Tres comedias sobre el amor*, todas piezas de un acto. Entre 1961 y 1963 vivió en Madrid, donde dio conferencias en el Instituto de Cultura Hispánica, y en 1963 *La telaraña* (con el título de *La rosa de diamantes*) fue representada en Granada como parte del Festival de Teatro Latinoamericano de ese año. En 1965, nuevamente en Santiago, llegaron al escenario chileno otras tres piezas de su autoría: *El bien fingido*, *Un castillo sin fantasma* y *El cumpleaños maravilloso de Lili*, una fantasía teatral para niños. En 1966 volvió a Estados Unidos como profesora visitante de la Universidad de Kansas y en 1968 se trasladó a Nueva York, desempeñándose desde entonces como profesora y conferenciante en diversos institutos culturales y universidades del área neoyorquina. Su producción teatral incluye, además, el drama *Juegos silenciosos* (1959; versión definitiva de *Los culpables*) y las comedias *Dúo* (1958), *Casi en primavera* (1959), *Tres comedias no-shakesperianas en un acto* (1971) y *El sofá* (1992). Aunque no todas, muchas de sus obras han sido publicadas en diversas antologías de teatro y revistas literarias chilenas y estadounidenses. En reconocimiento a su labor teatral, creativa y docente, en 1980 Roepke fue elegida «Mujer del Año» (en teatro) por la Unión de Mujeres Americanas de Nueva York.

✦ Guía y actividades de pre-lectura

En general, las piezas de esta dramaturga chilena tienden a ser bastante poéticas. Hay en ellas más énfasis en la interacción psicológica de los personajes que en la elaboración de argumentos muy complejos. *Una mariposa blanca* es una de sus comedias más conocidas y antologadas. Fue representada por primera vez en Estados Unidos durante el primer año de su estadía en la Universidad de North Carolina (1957). Años después, en 1971, fue también producida como ópera en el Lincoln Center de Nueva York. Tanto el argumento como la estructura formal de la obra son muy sencillos. *Una mariposa blanca* tiene lugar en la Sección Objetos Perdidos de una gran tienda. Allí vienen los clientes o llaman por teléfono buscando, en general, algo que se les ha perdido. Un día llega a dicha oficina una viejecita en busca de un objeto muy especial, algo que a ella se le había perdido y que, afortunadamente, logra encontrar con la ayuda de la gente que trabaja en esa sección de la tienda. Aunque el estilo es aquí coloquial y directo, el lenguaje y la forma de expresión de cada uno de los personajes se individualizan y reflejan su personalidad y características psicológicas particulares. La incorporación de la música en algunos pasajes claves, el uso del «*flashback*» y la presencia de ciertos objetos con valor simbólico dan a esta obra una dimensión evocativa, casi mágica, y crean una atmósfera altamente poética.

1. Lea la parte inicial del diálogo entre Luisa y el Profesor (aproximadamente las primeras 60–62 líneas de la obra).

a. ¿En qué época del año tiene lugar la acción?

b. Mire la lista de los personajes. Deduciendo de sus nombres, de sus descripciones y de la sección que ha leído, ¿cuáles serán, probablemente, algunas de las características particulares de estos personajes? Explique.

c. Con los datos leídos, ¿cuál es la imagen mental que tiene de la apariencia física de Luisa Gray y del Profesor? Justifique sus comentarios.

d. ¿Cree usted que esta obra va a ser triste, trágica o divertida? ¿Por qué?

2. ¿Cómo interpreta usted el título de esta obra? ¿Qué será la «mariposa blanca»? ¿Será tal vez una pequeña escultura? ¿Un broche en forma de mariposa? ¿Un juguete de plástico? ¿Una mariposa de verdad? Comente.

Una mariposa[1] blanca

COMEDIA EN UN ACTO

PERSONAJES

LUISA, SECRETARIA
UN PROFESOR
AMANDA, VIUDA INCONSOLABLE
SEÑOR SMITH, JEFE DE OFICINA
UNA VIEJECITA
UN SEÑOR APURADO

Lugar de la acción: La Sección Objetos Perdidos de una gran tienda. Oficina corriente y poco acogedora.[2] Una mañana de primavera.

Aparecen en escena Luisa Gray, secretaria de la oficina, y el Profesor. Ella está buscando algo. Suena el teléfono.

LUISA   Aló, Rosas y Cía.,[3] Sección Objetos Perdidos. No, señor, equivocado.[4] Llame al 822. (*Cuelga[5] el fono y se dirige al cliente.*) ¿Es éste el libro que viene a buscar, señor?

PROFESOR   Sí, señorita. El mismo. ¿Tuvo tiempo de leerlo?

5   **LUISA**   Sí, y me pareció mucho mejor que *Lo que el viento se llevó.*[6] ¡Tan triste! (*Pausa.*) Pero no comprendo, señor, por qué sale a hacer sus compras con libros si todas las semanas los pierde.

PROFESOR   Me molesta andar con las manos vacías... Y como sé que en realidad no los pierdo...

10   **LUISA**   Tiene suerte que esta sección sea tan eficiente.

PROFESOR   Eso sí, no me puedo quejar. Nunca he venido a reclamar un libro que se me haya perdido en la tienda, sin encontrarlo.

1 *butterfly*
2 **poco...** *not very hospitable*
3 Compañía
4 número erróneo
5 *She hangs up*
6 **Lo...** *Gone with the Wind*

LUISA   De todos modos sería mejor que tuviera más cuidado.

PROFESOR   Mi memoria anda cada día peor. Bueno. Muchas gracias.
15   Hasta la próxima semana. (*Sale.*)

LUISA   Hasta luego. (*El cliente sale. LUISA toma un ramo de flores que hay sobre la mesa. Le saca el papel y lo coloca[7] en un florero. Después va hacia la ventana y la abre. Un vals[8] muy suave se deja oír. Hay un momento de ensueño.[9] Luego suena el teléfono. LUISA vuelve a la realidad y atiende.*) Aló. Sí, señora,
20   Rosas y Cía., Sección Objetos Perdidos. Si lo perdió en cualquiera de los pisos de nuestra tienda, seguramente estará aquí.[10] Siempre a sus órdenes, señora. (*Cuelga, se dirige a su escritorio. Entra AMANDA.*)

AMANDA   ¿Quién estaba aquí, Luisa?

LUISA   El Profesor, que todas las semanas pierde un libro. A veces son
25   buenos, y me entretengo.[11]

AMANDA   Ah, ¿no era don Javier?

LUISA   ¿Para qué quería al patrón,[12] Amanda?

AMANDA   Para darle los buenos días. ¡Me siento tan sola!

LUISA   Démelos a mí entonces. ¡Buenos días, Amanda!... Hermosa
30   mañana, ¿no es cierto?

AMANDA   Buenos días, Luisa. Pero no..., no es lo mismo... ¡No es lo mismo!

LUISA   ¿No?...

AMANDA   Durante veinte años Rolando no dejó nunca de darme los
35   buenos días, incluso[13] cuando estábamos enojados, y no me acostumbro sin ese saludo matinal,[14] dado por una voz de barítono. (*Llora.*)

LUISA   Bueno... bueno... Pero no se ponga a pensar en él ahora...

AMANDA   Es que esto de ser viuda...

LUISA   Sé que tiene que ser muy duro para usted. Pero con el tiempo...

40 **AMANDA**   No me acostumbro, Luisa, no me acostumbro. Seis meses viuda y tan triste como el primer día. (*Lloriquea.[15]*)

LUISA   Además, el Sr. Smith no tiene voz de barítono.

AMANDA   Pero... es un hombre. ¡Y eso es lo que importa!

LUISA   Pero, por Dios... Por favor... Tómese una taza de té, y trate de cal-
45   mar sus nervios. Hay mucho que hacer esta mañana.

AMANDA   Trataré... Porque la verdad es que... (*La interrumpe la entrada del SR. SMITH. Lo acompaña una pequeña y ridícula marcha militar.[16]*)

SR. SMITH   Buenos días, buenos días, buenos días.

LUISA   Buenos días, señor.

50 **AMANDA**   Buenos días, buenos días, buenos días. (*A LUISA.*) Ahora me siento mejor. (*Sale.*)

SR. SMITH   Tenemos mucho que hacer hoy. ¿Alguna nueva transacción?...

LUISA   Ninguna, señor.

7 pone
8 *waltz*
9 fantasía, irrealidad
10 **seguramente...** *it is probably here*
11 **me...** *I enjoy them*
12 jefe
13 *even*
14 **saludo...** *morning greeting*
15 *She whimpers.*
16 **marcha...** *military march*

55 **SR. SMITH**   ¿Alguien ha preguntado por mí?...

LUISA   Ni un alma.

El SR. SMITH tose[17] humillado. Luego se dirige a su escritorio y saca unos papeles. Pronto se da cuenta de que la ventana está abierta y fulmina a LUISA con la mirada.[18]

SR. SMITH   Señorita Luisa, ¿a qué se debe que esa ventana esté abierta?... Sabe que detesto el aire. ¡Ciérrela!

LUISA   Es primavera, señor. El primer día de primavera...

60 **SR. SMITH**   Probablemente afuera, señorita. Aquí dentro es jueves, día de trabajo. Y el trabajo exige concentración. No piar[19] de pájaros.

LUISA   Muy bien, señor. (*Va resignadamente a la ventana y la cierra.*)

SR. SMITH   Recuérdelo en el futuro. (*Ve las flores.*) Y eso... ¿qué significa?...

65 **LUISA**   Flores, señor. (*Como dándole a comprender.*)

SR. SMITH   Sé lo que son. Pero no cómo han llegado aquí. Porque no habrán crecido en ese florero, me imagino. Flores..., ¡qué atrevimiento![20]

LUISA   Las traje yo, señor.

70 **SR. SMITH**   Entonces sáquelas de ahí y rápido. Que no las vuelva a ver. Y cuando su novio le regale flores, póngalas donde quiera, pero no en la oficina.

LUISA   (*Ofendida.*) —No tengo novio, señor. Las compré yo misma.

SR. SMITH   Gastar dinero en flores. ¡No hay duda de que las mujeres son
75 locas! (*Toma las flores y las echa[21] al canasto de los papeles.[22] Pausa.*) Y ahora, voy a ver al gerente.

Sale. LUISA mira las flores y suspira. Luego se sienta a su máquina[23] y escribe muy concentrada. Después de un momento, como buscando algo, entra muy silenciosamente la VIEJECITA.

VIEJECITA   Buenos días... (*Como LUISA no oye, se acerca a ella y la toca ligeramente.*) ¡Buenos días!

LUISA   (*Sobresaltada.*) —¡Oh!...

80 **VIEJECITA**   Perdón, la asusté...

LUISA   No la oí entrar, señora. ¿Qué se le ofrece?[24]

VIEJECITA   ¿Es aquí donde se reclama todo lo que se pierde?

LUISA   Sí, señora.

VIEJECITA   A veces no alcanzo a leer los letreros en las puertas y me
85 equivoco...

LUISA   ¿Viene a buscar algo?...

VIEJECITA   (*Simplemente.*) —Un recuerdo.[25]

17 *coughs*
18 **fulmina...** *he glowers at Luisa*
19 *chirping*
20 **¡qué... !** *what audacity!*
21 *tira*
22 **canasto...** *waste basket*
23 *typewriter*
24 **¿Qué... ?** *How may I help you?*
25 *memory, souvenir*

LUISA   Descríbamelo. Si lo perdió en cualquiera de las secciones de nuestra tienda, tiene que estar aquí.

90 **VIEJECITA**   No... no lo perdí en la tienda.

LUISA   (*Algo sorprendida.*) —Entonces, no hay ninguna seguridad de encontrarlo; descríbamelo de todos modos...

VIEJECITA   Es... que lo perdí hace años...

LUISA   ¡Años!

95 **VIEJECITA**   Y... no sé cómo es...

LUISA   ¡Señora!...

VIEJECITA   Si supiera cómo es, o dónde lo perdí, no vendría a pedirle ayuda a usted, ¿verdad?

LUISA   ¿Algún recuerdo de familia?... ¿Algún objeto?...

100 **VIEJECITA**   No, señorita. Simplemente un recuerdo. Un recuerdo perdido en mi juventud...

LUISA   Perdón, señora. Creo que no la comprendo...

VIEJECITA   Cuando se llega a mi edad, lo único que cuenta son los recuerdos. Yo tengo algunos, pero sé que el mejor, el más bello ¡se me
105 perdió un día! Voló de mi memoria como un pájaro y no he vuelto a encontrarlo. (*Pausa.*)

LUISA   Señora... yo creo que usted está en un error. Aquí nosotros no...

VIEJECITA   No me diga que no tienen recuerdos. La gente los pierde tan a menudo...

110 **LUISA**   No... Aquí no tenemos recuerdos... Por lo demás...

VIEJECITA   (*Interrumpiéndola.*) —Antes que se me olvide, permítame. (*Abre su bolso. Saca una tarjeta y se la pasa.* LUISA *la lee y se sorprende.*)

LUISA   Un momento, señora. Voy a buscar al jefe. Tome asiento.

Sale. La VIEJECITA *curiosea*[26] *un poco. Mira por todos lados y luego se sienta. Entra el* SR. SMITH *seguido por* LUISA. *Ambos miran un momento a la* VIEJECITA.

SR. SMITH   (*A* LUISA *en voz baja.*) —¿Esa es? (LUISA *asiente.*) Y viene re-
115 comendada por un primo del Ministro de Educación. Un hombre de gran influencia, ¡qué oportunidad! (*Desanimándose.*[27]) Pero... debe ser loca... tal vez peligrosa.

LUISA   No lo parece.

Se dirige a su escritorio y se pone[28] *a trabajar. El* SR. SMITH *se ve obligado a enfrentar*[29] *solo la situación.*

SR. SMITH   (*Hombre de mundo.*) —Buenos días, señora. Mi secretaria me
120 ha informado de su petición. Quiero decirle que el primer deber de esta oficina es complacer[30] al cliente, pero me temo que en su caso...

26 *pokes about*
27 *Getting discouraged.*
28 **se...** empieza
29 *to confront*
30 *to please*

31 **llegar...** *coming to an agreement*

32 similar

33 contento

VIEJECITA   Muy sencillo, señor. Se trata de...

SR. SMITH   Ya lo sé, señora...

VIEJECITA   ¿Y no le parece sencillo?

125 **SR. SMITH**   No, no tanto como usted cree. (*Pausa.*) Me gustaría mucho ayudarla, pero...

VIEJECITA   No es nada más que un recuerdo, señor.

SR. SMITH   Precisamente, señora.

VIEJECITA   ¿Por qué no tiene la amabilidad de decirle a su secretaria que

130   lo busque?...

SR. SMITH   Creo que sería inútil.

VIEJECITA   (*Desilusionada.*) —Entonces ¡es verdad que ustedes no tienen recuerdos!

SR. SMITH   No, no tenemos recuerdos.

135 **VIEJECITA**   Pero... me dijeron que en esta oficina tenían todo lo que se perdía.

SR. SMITH   Todo, señora. Pero no «todo».

VIEJECITA   Podría volver más tarde si lo que necesitan es tiempo para...

SR. SMITH   Señora, venir a esta oficina a buscar un recuerdo perdido es

140   lo mismo que decirle al sol que no salga, o procesar al invierno porque...

VIEJECITA   ¿Y por qué no? Tal vez no sea más que una cuestión de hablar con ellos y llegar a un acuerdo.[31]

SR. SMITH   Señora... ¡por favor!...

145 **VIEJECITA**   No sólo se puede hablar con la gente, señor. Recuerde a San Francisco de Asís[a]... Les hablaba a los pájaros.

SR. SMITH   Pero nadie sabe si le contestaban. (*Pausa.*) Señora, lo siento infinitamente, pero mi tiempo es precioso y... (*Mira la tarjeta y hace un esfuerzo por controlarse.*) Ya le he dicho que me encantaría ayudarla,

150   pero...

VIEJECITA   Lo que vengo a buscar es tan simple.

SR. SMITH   No, señora, no es tan simple. (*Llama a* LUISA *con un gesto y le habla en voz baja.*) Nunca me he encontrado en una situación semejante.[32] Todos los días viene gente, sin recomendación alguna, a bus-

155   car pañuelos y paraguas. Tenemos de tantas clases y de tantos colores, que pueden elegir si quieren. Y ahora, cuando por fin puedo hacer algo para tener grato[33] al Ministro de Educación, ¡resulta ser esto!...

---

[a]La Viejecita alude aquí al fundador de la orden monástica de los Franciscanos. Nacido en Asís (Italia), San Francisco de Asís (1182–1226) apreciaba todo lo relacionado con la naturaleza y predicaba una doctrina de fraternidad universal. Se decía de él que podía comunicarse con los animales y, en particular, que hablaba con los pájaros.

34 **cacha...** *crystal handle*
35 *Waste*
36 *Recover*
37 **Aire...** *It feels like family.*

SR. APURADO   Buenos días. Miércoles 20. 11 A.M. Paraguas seda amarilla, cacha de cristal.[34] Perdido Sección Sombreros.

160 **LUISA**   Un momento, señor. Voy a ver.

SR. APURADO   Rápido, por favor.

SR. SMITH   Siéntese.

SR. APURADO   Imposible. Pérdida[35] de tiempo.

SR. SMITH   Si perdió un paraguas, puede perder el tiempo. (*Se ríe.*)

165 **SR. APURADO**   Nunca pierdo nada.

SR. SMITH   ¿Y el paraguas?...

SR. APURADO   Mi mujer.

SR. SMITH   ¡Las mujeres! Siempre perdiendo algo...

SR. APURADO   Tiene razón.

170 **SR. SMITH**   No sé cómo no se pierden ellas mismas.

SR. APURADO   La mía, sí.

SR. SMITH   ¿Cómo?

SR. APURADO   Dejó tres frases: «Me voy. Recobra[36] el paraguas. Me has perdido para siempre».

175 **SR. SMITH**   ¡Demonios! No se preocupe. Volverá.

SR. APURADO   Ojalá no. ¿Y la suya?...

SR. SMITH   ¿La mía? (*Sorprendido.*) Esa señorita es mi secretaria, no mi mujer.

SR. APURADO   Aire de familia.[37]

LUISA entra con el paraguas.

180 **LUISA**   Este debe ser, señor.

SR. APURADO   El mismo. Gracias, Ojalá llueva.

Sale rápidamente. LUISA toma unos papeles y también sale. El SR. SMITH se dirige a la VIEJECITA que ha estado observando la escena.

SR. SMITH   ¿Usted vio a ese hombre, señora? Es una persona normal, práctica. Viene a buscar algo tangible: un paraguas. ¿Por qué no hace usted lo mismo?

185 **VIEJECITA**   No tengo paraguas, señor.

SR. SMITH   Hablaba en general. Ese hombre es un ejemplo.

VIEJECITA   ¿Ejemplo de qué?...

SR. SMITH   De que dos y dos son cuatro. De que es imposible modificar ciertas cosas. Son... como son. Es un hecho que existen lo material y
190   lo abstracto. Lo primero...

VIEJECITA	No comprendo una palabra de lo que está diciendo, señor. ¡Por favor ayúdeme a encontrar mi recuerdo y no lo molestaré más!	
SR. SMITH	(*Exasperado.*) —No puedo, señora, no puedo.	

La VIEJECITA *no insiste. Hay una pausa. Luego ella habla como quien ha reflexionado.*[38]

VIEJECITA	Sabe que tiene razón...	
195	**SR. SMITH**	Claro que la tengo.
	VIEJECITA	No. Hablo de ese caballero[39] que acaba de irse. Y de su secretaria. Pensándolo bien... ¿Por qué no se casa con ella?
	SR. SMITH	¡Señora! ¡Cómo se atreve usted!...
	VIEJECITA	Ella está sola. Usted está solo...
200	**SR. SMITH**	Yo... no estoy solo...
	VIEJECITA	Todo el mundo lo está.
	SR. SMITH	Todo el mundo, menos yo.
	VIEJECITA	¿Como lo sabe?
	SR. SMITH	Me basto a mí mismo.
205	**VIEJECITA**	Yo diría que no.
	SR. SMITH	Sé zurcir[40] calcetines, lavar ropa, y los minutos exactos que demora en cocerse[41] un huevo.
	VIEJECITA	¿Y con quién conversa?...
	SR. SMITH	Conmigo mismo. Y le aseguro que nadie podría decirme las cosas que me dice mi imagen mientras me afeito.
210		
	VIEJECITA	¿Qué le puede decir sino verdades? Ya nadie le gusta oírlas...
	SR. SMITH	Señora, yo vivo en la verdad.
	VIEJECITA	Lo mejor de los demás es que puedan mentirnos[42]...
	SR. SMITH	Todo esto es una pérdida de tiempo y yo...
215	**VIEJECITA**	(*Sin hacerle caso.*) —Estoy segura de que ella lo quiere...
	SR. SMITH	¿A mí? ¿Ella? Nunca se me habría ocurrido. Siempre seria, siempre vestida de oscuro... (*Pausa.*) ¿De veras usted lo cree?

Entra LUISA. *El* SR. SMITH *la mira. La vuelve a mirar. Se oye el vals en sordina.*[43]

	SR. SMITH	(*Muy alegre.*) —¿Desea algo, Luisa?
	LUISA	(*Extrañada por su tono.*) La lista de las cosas definitivamente perdidas.
220		
	SR. SMITH	(*Almíbar.*[44]) —Segundo cajón[45] a la izquierda.

LUISA *se dirige al cajón, saca un papel y, a punto de salir, se detiene un instante y lo observa.*

38 **como...** *like someone who has been thinking*
39 señor
40 *to mend, to darn*
41 **demora...** *it takes to boil*
42 **Lo...** *The best thing about the others is that they can lie to us. . .*
43 **en...** *muted*
44 *In a syrupy voice.*
45 *drawer*

LUISA   (*Mirando al* SR. SMITH *fijamente.*) —¿Le pasa algo, señor?[46]

SR. SMITH   Nada. ¿Por qué?

LUISA   ¿Se siente bien?

225   **SR. SMITH**   Perfectamente. ¿Qué le hace pensar otra cosa?

LUISA   Su amabilidad, señor. La última vez que lo oí hablar tan suavemente fue cuando usted estaba a punto de caer a la cama con pulmonía.[47]

SR. SMITH   (*Con voz de trueno.*) —Ahora no voy a tener pulmonía ni nada
230   que se le parezca. ¿Está tratando de decirme que no puedo ser amable? ¿Que nunca soy amable? Sepa, señorita, que cuando quiero soy tan suave como un cordero,[48] ¿me oye?, como un cordero. (*LUISA sale alterada.*[49] *El* SR. SMITH *se vuelve a la* VIEJECITA.) ¿Lo ve? ¿Y usted decía que estaba enamorada de mí?... Sentirme mal... Pulmonía...

235   **VIEJECITA**   Señor...

SR. SMITH   ¿Qué?

VIEJECITA   La lista de las cosas definitivamente perdidas...

SR. SMITH   ¿Cómo?

VIEJECITA   Tal vez mi recuerdo esté entre ellas.

240   **SR. SMITH**   Entonces más vale que se despida de él. En esta oficina, lo que está definitivamente perdido ¡está definitivamente perdido! ¡No se le encuentra más!

VIEJECITA   ¿Y si aparece, después de todo?

SR. SMITH   Desaparece nuevamente.[50] Aquí nadie me contradice,
245   cuando yo digo algo. Y lo que le digo a usted, señora, es que haga el favor de irse. No puedo hacer nada por usted.

VIEJECITA   ¿Por qué no trata?...

SR. SMITH   (*Desesperado.*) —¡Estoy tratando! (*Pausa.*) Mire, señora, le propongo algo. Venga mañana a hacer alguna compra en cualquiera de
250   las secciones, pierda una chalina[51]..., un guante..., y vuelva el lunes a buscarlo. ¿Qué le parece?

VIEJECITA   Tengo tres chalinas, señor. Y dos pares de guantes. Uno de lana para el invierno y otro de seda para el verano. Lo que realmente necesito es otra cosa.

255   **SR. SMITH**   Con tal de que terminemos,[52] señora..., estoy dispuesto a obsequiárselo.[53] Dígame lo que es y yo... (*Echa mano a la billetera.*[54])

VIEJECITA   Un recuerdo. Un recuerdo tan único y completo que pueda traerme alegría en primavera y melancolía en otoño. Es lo único que me hace falta, y usted no podría sacarlo de su bolsillo ni aunque fuera
260   un mago.

SR. SMITH   Me doy por vencido.[55] Me doy por vencido... (*Llamando a gritos.*) Señorita Luisa... Señorita Luisa... (*Aparece.*)

LUISA   ¿Señor?

46 **¿Le... ?** *Is anything the matter, sir?*
47 *pneumonia*
48 *lamb*
49 *disturbed*
50 otra vez
51 *narrow shawl*
52 **Con...** *Just to put an end to this*
53 **estoy...** *I'm willing to give it to you free of charge*
54 **Echa...** *He reaches for his wallet.*
55 **Me...** *I give up.*

SR. SMITH   Le doy diez minutos para solucionar este asunto.

265   **LUISA**   Pero, señor...

SR. SMITH   (*Mirando el reloj.*) ¡Nueve minutos y veinte segundos! (*Sale.*)

LUISA   (*Después de una pausa.*) —¿No cree usted, señora, que alguna otra cosa puede servirle? Algún chal... (*La* VIEJECITA *niega con la cabeza.*) O un buen libro... (*Idem.*[56]) Estoy segura de que el Sr. Smith se alegrará
270   mucho de poder ofrecerle lo principal que tenga en la oficina.

VIEJECITA   Lo principal es lo que menos me sirve.

LUISA   No entiendo.

VIEJECITA   La soledad.

LUISA   ¿La soledad?

275   **VIEJECITA**   ¿No piensa nunca en ella?

LUISA   Una persona ocupada como yo, tiene otras cosas en que pensar...

VIEJECITA   No es necesario preocuparse de algunas; se siente, se vive en ellas. ¿Piensa usted mucho en sí misma, en su vida?

LUISA   La vida mía no tiene nada de particular. Es como la de todos; a ve-
280   ces entretenida... a veces aburrida. Trabajo..., voy al cine..., salgo con mis amigos...

VIEJECITA   ¿Por qué quiere engañarse, Luisa?

LUISA   Señora... no comprendo... ¿A qué viene[57] esta conversación?

VIEJECITA   La soledad llena esta pieza. ¿No la oye llorar en los rincones,
285   cruzar junto a usted como una ráfaga[58] de aire helado? ¿No la huele entre el polvo de los libros y la seda sin color de los paraguas? ¡La soledad! A mis años no tiene importancia, pero a su edad... (*Pausa.*) Déjeme darle un consejo, hijita: no llegue a vieja sin recuerdos.

LUISA   ¡Recuerdos!

290   **VIEJECITA**   Sí... Muchos. De todas clases. Desde los más completos hasta los más simples... Una tarde de invierno puede bastarle.

LUISA   ¿Una tarde de invierno?...

VIEJECITA   Sí... Pero no como las que vive ahora. Apresúrese;[59] ¡déjelas atrás!

295   **LUISA**   Son como las de todo el mundo. (*Defendiéndose.*)

VIEJECITA   ¿Quiere que se las describa?

LUISA   (*Con un grito.*) —¡No! Las conozco demasiado bien.

Pausa. Se cubre el rostro con las manos. La luz va decreciendo hasta iluminarla a ella sola. Se oye el vals. Vemos a LUISA *sola sentada, cosiendo. Luego se levanta. Se oye la voz de la madre.*

MADRE   Luisa... Luisa, ¿adónde vas?

LUISA   A ninguna parte, mamá.

56 *Ditto.*
57 *¿A...? What's the purpose of...?*
58 *gust*
59 *Hurry up*

MADRE 300 Pero si te oigo moverte...

LUISA Iba a buscar el hilo[60] azul.

MADRE Hay dos carretillas[61] en tu bolsa de labor. Ayer las puse ahí. Si se han perdido, debe ser culpa tuya. Enferma como estoy, tengo que hacerlo todo en esta casa...

LUISA 305 Ya las encontré, mamá, no te preocupes.

Hay un silencio. Se oye el vals.

MADRE ¿Vas a salir, Luisa?

LUISA No, mamá.

MADRE Te oigo caminar; si caminas es que vas a alguna parte.

LUISA No mamá.

MADRE 310 No me gusta que salgas sola a esta hora.

LUISA Ya no soy una niña, mamá.

MADRE Una mujer es siempre una mujer, y tiene que cuidarse. Prométeme que siempre te cuidarás, Luisa.

LUISA En unos años más no necesitaré cuidarme, mamá.

MADRE 315 ¡Tonterías! Eres muy joven. Y estás en la edad de casarte. No comprendo por qué no te casas. Por qué no haces nada por casarte.

LUISA ¿Qué quieres que haga?

MADRE Invitar a tus amigos... Me encantaría ver la casa llena de jóvenes... ¿Cuándo será ese día, Luisa?...

LUISA 320 Nunca, mamá.

MADRE Te he repetido hasta el cansancio que tu jefe sería el indicado: un viudo nada de pobre[62]...

LUISA Pero no me quiere, mamá.

MADRE Da lo mismo:[63] el amor sólo trae complicaciones.

LUISA 325 Pero también trae recuerdos, mamá... ¡Recuerdos!

La luz se apaga. Vuelve la iluminación completa y vemos a LUISA de pie como antes. La VIEJECITA está observándola. LUISA se acerca al canasto de los papeles, recoge las flores y vuelve a ponerlas en el florero con decisión. El SR. SMITH entra. Se muestra sorprendido al ver a la VIEJECITA.

SR. SMITH (*A LUISA.*) —¿Cómo? ¿Todavía no se ha deshecho de ella?[64]

LUISA No puedo, señor.

SR. SMITH Tiene que poder. Una secretaria mía lo puede todo.

LUISA Le repito que no puedo, señor.

SR. SMITH 330 ¿Y por qué no?...

LUISA Porque ella tiene razón.

SR. SMITH ¿Qué?...

60 *thread*
61 *spools (of thread)*
62 **nada...** *not badly off*
63 **Da...** *It doesn't matter*
64 **¿Todavía...?** *You still haven't gotten rid of her?*

65 **Y...** *And lots (of them).*

66 *sane*

67 precisamente

LUISA   ¿No tiene usted recuerdos, señor?

SR. SMITH   Por supuesto que tengo. Y a montones.[65] ¡Qué pregunta más
335   rara!

LUISA   Yo no tengo. Y quisiera tenerlos. Creo que con uno solo me bas-
taría...

SR. SMITH   ¡Señorita Luisa! ¿Se ha vuelto loca?

LUISA   No, me he vuelto cuerda.[66]

340 **SR. SMITH**   ¿Por qué cree en lo que ella le dice?

LUISA   Lo que ella dice es verdad. Piénselo un segundo, y le encontrará
razón.

SR. SMITH   Ni aunque lo pensara un año entero.

LUISA   Mire su vida, y véala como realmente es.

345 **SR. SMITH**   Una hermosa vida, lo sé.

LUISA   Porque se lo dicen los demás.

SR. SMITH   No necesito que nadie me lo diga.

LUISA   Otros ojos pueden verla en forma diferente.

SR. SMITH   Mis ojos son excelentes. Tengo cincuenta años, y leo sin an-
350   teojos. (*Pausa.*) Señorita Luisa, yo comprendo que quisiera cooperar
conmigo y por eso...

LUISA   No, señor, le digo que ella tiene la razón.

SR. SMITH   ¿En serio? Creo que soy yo el que va a volverse loco. (*Ve las flores en el florero.*) ¡Esas flores! ¿Quién... ?

355 **LUISA**   (*Resuelta.*) —Yo, señor; es el lugar que les corresponde.

SR. SMITH   Dios mío: esto es una conspiración. (*Suena el teléfono.* LUISA *lo
atiende.*) No estoy para nadie.

LUISA   Sí; un momento, señor. (*Le pasa el fono al* SR. SMITH.) El Ministro
de Educación.

360 **SR. SMITH**   Usted querrá decir el secretario del Ministro.

LUISA   No, el Ministro en persona.

El SR. SMITH *se prepara a hablar.*

SR. SMITH   (*Con voz almibarada.*) —Aló... Sí, Excelencia. No, Excelencia...
Por supuesto, Excelencia... Está justamente[67] aquí, y me ocupo de ella
personalmente. ¡Naturalmente! Basta que usted me lo ordene... Siem-
365   pre a sus órdenes, Excelencia... (*Corta.*) El Ministro me pide que
ayude a esta señora, y lo haré antes de volverme definitivamente loco.
(*A la* VIEJECITA.) Veamos... Usted quiere un recuerdo; bien... ¿de qué
clase?...

VIEJECITA   Uno muy simple, señor.

370 **SR. SMITH**   Menos mal que es modesta. ¿De qué tipo?

VIEJECITA   No tengo preferencias.

SR. SMITH   ¡Ajá!... (*Reflexiona.*) Ya sé... Luisa, vaya a buscar a Amanda. (*LUISA se aleja. El SR. SMITH se pasea con impaciencia. AMANDA llega muy excitada.*) Señora Amanda, aunque mi petición le parezca rara, le ruego que deje las preguntas y comentarios para más tarde. Lo único que deseo advertirle es que estoy en mi sano juicio.[68] (*Pausa.*) Mi querida señora Amanda: tal vez usted tenga un recuerdo que pueda servirle a la señora.

AMANDA   ¿Cómo?

SR. SMITH   Le he oído decir mil veces cuánto ha sufrido; por lo tanto, tiene que tener recuerdos.

AMANDA   Pero, señor... yo no...

SR. SMITH   No me diga que con el sueldo que le pago no puede permitirse el tener[69] recuerdos. Tiene que tenerlos. Es más: le ordeno que los tenga y que le dé uno a esta señora. El que ella elija.[70]

AMANDA   Pero seguramente ella va a elegir el mejor.

SR. SMITH   Si eso sucede, le aumentaré el sueldo. Por favor, ¡ayúdeme!

AMANDA   Muy bien. Cualquiera de mis recuerdos, menos el de mi pobre Rolando.

SR. SMITH   Si ella quiere ese, se lo compro. ¿Cuánto quiere por el recuerdo de su pobre Rolando?

AMANDA   Señor... no sé si debo...

SR. SMITH   Quinientos... Mil... Dos mil...

AMANDA   Es suyo. (*Pausa. Se acerca a la VIEJECITA.*) Todo comenzó un día de primavera, cuando los almendros[71] estaban en flor.

SR. SMITH   (*Estornuda.[72]*) —No mencione los almendros. (*Vuelve a estornudar.*) Me dan alergia.

AMANDA   Pero no puedo hablar de Rolando sin mencionar los almendros...

SR. SMITH   (*Vuelve a estornudar.*) —¡Caramba! (*AMANDA quiere hablar.*) No..., no diga nada. No puedo oír la palabra almendros. (*Vuelve a estornudar.*) ¡Maldita sea!... No..., no, usted no me sirve. Váyase... Váyase.

AMANDA sale aterrada.[73] El SR. SMITH se deja caer en su escritorio sonándose estrepitosamente.[74] Una pausa. Luego contempla a la VIEJECITA que se ha sentado y saca un tejido[75] de la bolsa.

SR. SMITH   (*Al borde del colapso.*) —¿Qué está haciendo?

VIEJECITA   Hacer algo útil mientras espero.

SR. SMITH   ¿Por qué no se va a su casa? Le prometo avisarle[76] apenas el primer recuerdo bonito aparezca por aquí.

VIEJECITA   No. Gracias. Tengo que esperar. (*Pausa.*)

SR. SMITH   Señora, creo que usted tiene suerte, después de todo. Ahora tendré que tomar uno de mis recuerdos, y eso no le sucede a

68 **estoy...** *I am in my right mind*
69 **no...** *you can't afford to have*
70 **El...** *Whichever one she chooses.*
71 *almond trees*
72 *He sneezes.*
73 *terrified*
74 **sonándose...** *blowing his nose loudly*
75 *knitting*
76 *informarle*

410   cualquiera. Déjeme ver. Algo reciente..., importante..., agradable...,
¡ya sé!

VIEJECITA   ¿Sí?

SR. SMITH   El día que recibí la medalla al mejor servidor.[77]

VIEJECITA   ¿Servidor de qué?

415 **SR. SMITH**   Público, señora. Una medalla de plata con la rueda de la fortuna. Y permítame decirle que las dos personas agraciadas con ese
galardón[78] antes que yo, eran el capitán de bomberos[79] y el presidente
de la Liga contra los Eclipses de Sol, ¡dos personalidades!

VIEJECITA   Señor, aprecio mucho su intención, pero su medalla...

420 **SR. SMITH**   De plata, señora, una verdadera joya. Y después de la ceremonia me festejaron con un banquete. El vicepresidente en persona pronunció un discurso. Soy un hombre modesto, se lo aseguro, pero
después de muchos años se me iba a hacer justicia[80]... Recuerdo que
era un lunes... (*Con estas últimas palabras las luces van apagándose y sólo*
425 *vemos al SR. SMITH iluminado por un foco.*[81]) El gerente y el subgerente
me habían citado a las once. Yo estaba tan impaciente que llegué media hora antes. Cuando iba a golpear la puerta, oí voces, y no pude resistir la tentación de escuchar. Estaban hablando de mí y en forma
muy agradable: yo era el mejor empleado que la firma había tenido
430 en veinte años. Mi honestidad..., mi discreción...

VOZ UNO   Un pobre hombre.

SR. SMITH   Mis méritos..., mi inteligencia...

VOZ UNO   Un pobre tonto.

SR. SMITH   Mi capacidad...

435 **VOZ UNO**   No tiene ninguna.

SR. SMITH   Mis veinte años de servicio...

VOZ UNO   ¿Qué ha hecho de bueno en estos veinte años?

SR. SMITH   El único merecedor[82] de un premio...

VOZ UNO   Tenemos que dárselo a alguien.

440 **SR. SMITH**   (*Gritando.*) —Jamás atrasado.[83]

VOZ UNO   Nunca a tiempo.

SR. SMITH   (*Desesperado.*) —No, no, no, no fui nunca así. Decían cosas
muy distintas.[84] Decían que yo era...

VOZ UNO   Un empleado modelo. Un lujo para la firma.

445 **SR. SMITH**   Sí, eso era..., eso era... (*Aliviado.*)

VOZ UNO   Es un mentiroso. No merece estos honores.

VOZ DOS   Después de tantos años, tenemos que hacer algo. Una medalla
de plata y un banquete. Y, por supuesto, un discurso.

VOZ UNO   ¿Y qué diremos?...

450 **VOZ DOS**   La verdad.

77 *servant*
78 **agraciadas...** *honored
with that prize*
79 *firefighters*
80 **se...** *I was getting what I
justly deserved*
81 *spotlight*
82 *worthy*
83 **Jamás...** *Never late.*
84 *diferentes*

VOZ UNO Está loco.

SR. SMITH No, no quiero discursos. Una vida como la mía, una hermosa vida...

VOCES Vacía..., inútil...

455 **SR. SMITH** No..., no..., no...

VOZ DOS Brindo, señores, por este modelo de empleado fiel que tan justamente merece nuestro homenaje.[85] Su vida...

SR. SMITH ¿Mi vida?...

VOCES Vacía..., inútil...

460 **SR. SMITH** (*Con desesperación.*) —No..., no..., no... Yo no soy ese hombre. (*Las luces van volviendo lentamente. El* SR. SMITH *se deja caer en una silla. La* VIEJECITA *sigue tejiendo.*) Jamás... Juro que nunca nadie dijo eso de mí. Esto no es un recuerdo: es una pesadilla[86] que debo haber tenido. (*Pausa.*) Sí, una pesadilla que se me había olvidado. No fue así. ¡No 465 pudo ser así!

VIEJECITA ¿Se siente mal, señor?

SR. SMITH No, ya pasó. (*Para sí.*) Estaban hablando de otra persona. Ese hombre no soy yo. (*A la* VIEJECITA, *con inquietud.*) ¿Me oyó decir algo, señora?

470 **VIEJECITA** Me habló de su medalla.

SR. SMITH ¿Mi medalla? No tiene tanta importancia. Reconozco que a veces soy algo exagerado... ¿Qué es una medalla después de todo?

VIEJECITA ¿Y el banquete?

SR. SMITH Una comida mala y aburrida.

475 **VIEJECITA** ¡Ah!...

SR. SMITH Vanitas vanitatum.[87]

VIEJECITA ¿Cómo?

SR. SMITH Latín. Lo estudié hace muchos años.

VIEJECITA Es usted un hombre culto, señor.

480 **SR. SMITH** (*Volviendo a adquirir confianza.*) —¿Le parece?... Eso quiere decir: «Vanidad de vanidades». (*Pausa.*) No hallo qué otra cosa ofrecerle, señora. Me temo que no tengo muchos recuerdos que pudieran servirle.

VIEJECITA ¡Pero si usted insistió en que tenía tantos!

485 **SR. SMITH** ¿Tantos?... Sí; eso creía...

VIEJECITA Pero tiene que haber algo en su vida..., una mañana de otoño... o una tarde de lluvia...

SR. SMITH No.

VIEJECITA ¿Alguien, entonces?...

490 **SR. SMITH** Nadie.

85 *homage, tribute*
86 *nightmare*
87 **Vanitas...** *Latin, meaning "Vanity of vanities"*

VIEJECITA	¿Alguna buena acción?... ¿O quizá algún rayo de sol sobre el agua?	

SR. SMITH   No. Nada. (*Pausa.*) Lo siento. (*La* VIEJECITA *se levanta.*) Lo siento..., lo siento mucho...

495 **VIEJECITA**   Tal vez otro día...

Se dirige a la puerta. Está a punto de salir cuando el SR. SMITH *bruscamente parece recordar algo.*

SR. SMITH   ¡Espere!... Espere un segundo... Recuerdo que cuando era un muchacho salvé una mariposa de morir ahogada.[88] ¿Le interesaría eso? (*La* VIEJECITA *asiente.*) Yo... estaba sentado al borde de un arroyo... y la vi en el agua, debatiéndose, con las alas pesadas.[89]... La cogí en 500 una hoja... Apenas sus alas se secaron se fue. (*Pausa.*) Era... ¡una mariposa blanca!...

VIEJECITA   ¡Gracias, señor! ¡Gracias! ¡Justo el recuerdo que estaba buscando!

SR. SMITH   (*Satisfecho de sí mismo.*) —¡Qué buena suerte! Permítame que 505 le cuente los detalles. Le puedo hacer la más hermosa descripción.

VIEJECITA   No..., no. Ya le he quitado demasiado tiempo, señor.

SR. SMITH   No hay ningún apuro, señora.

VIEJECITA   Gracias, pero tengo que irme.

SR. SMITH   La mañana..., el agua...

Entra LUISA.

510 **LUISA**   Señor Smith...

SR. SMITH   No me interrumpa. Ahora que recuerdo, me siento inspirado. (*A la* VIEJECITA.) Vuelva otro día, señora, y yo le contaré todo. La mañana..., el agua..., el aire..., las flores... Siempre tengo flores en mi escritorio...

515 **LUISA**   ¿Cómo?...

SR. SMITH   Y el aire es tan agradable en un día de primavera. (*Abre la ventana.*) Tal vez..., tal vez yo tenga alma de poeta... (*Se siente muy satisfecho de sí mismo.*)

VIEJECITA   Perdóneme, señor, pero tengo que irme.

520 **SR. SMITH**   ¿Está satisfecha, señora?...

VIEJECITA   ¡Completamente!

SR. SMITH   (*Galante.*) —Créame que ha sido un placer. Y era tan simple, después de todo. ¡Quién no tiene recuerdos!...

VIEJECITA   Sí..., quién no los tiene..., ¡aunque sea uno! ... (*Sale silenciosa-* 525 *mente.*)

LUISA (*Casi gritando.*) —¡Espere!...

SR. SMITH Déjela que se vaya. Y alégrese, Luisa; todo está arreglado.

LUISA Lo felicito, señor.

SR. SMITH ¿Y a qué viene esa cara larga entonces?... Esto puede significarme un aumento de sueldo. (*La mira.*) Y ese traje, Luisa. Usted es demasiado seria. Siempre de oscuro. No está de luto, que yo sepa.[90] (*Pausa.*) Creo que el color claro le sentaría[91]...

LUISA Tengo un vestido lila, pero hace tiempo que no lo uso.

SR. SMITH Yo creo que usted debería... (*tose*) ¡debería volver al trabajo! (*Se sienta a su escritorio. LUISA hace lo mismo. Después de un momento el SR. SMITH levanta la cabeza.*) ¡Esa ventana! (*Luisa se levanta obediente para ir a cerrarla.*)

LUISA Sí, señor...

SR. SMITH No. Déjela abierta. Después de todo, hace un lindo día. (*LUISA se inclina sobre la ventana como si viera algo que sigue con la vista.[92]*) ¿Qué está mirando?...

LUISA (*Vuelve a su escritorio con un cierto aire de ensueño.*) —Me pareció ver..., me pareció ver... ¡una mariposa blanca!...

Ambos trabajan. Ella escribe a máquina. En sordina se oye al vals.

TELÓN

90 **No...** *You're not in mourning, as far as I know.*
91 **le...** *would look good on you*
92 **sigue...** *she follows with her eyes*

✦ Comprensión y expansión

A. Conteste las siguientes preguntas según la pieza.

1. ¿Dónde cree usted que tiene lugar la acción de esta obra: en un país de habla hispana, en Estados Unidos, en Inglaterra o en otro lugar? Explique.
2. Al principio de la obra, ¿quién está en la oficina con la secretaria? ¿Por qué está él allí?
3. ¿Quién es Amanda? ¿Cómo es ella?
4. ¿Quién es el señor Smith? ¿Diría usted que él es una persona simpática? ¿Por qué?
5. ¿Qué busca la Viejecita? ¿Cuándo lo perdió?
6. ¿Le será fácil a Luisa ayudar a la Viejecita? ¿Por qué?
7. ¿Por qué está muy interesado en ayudar a la Viejecita el señor Smith?
8. ¿Qué perdió el señor Apurado? ¿Lo encontró allí?
9. ¿Cree usted que él tiene un apellido apropiado? Explique.
10. ¿Qué le sugiere la Viejecita al señor Smith? ¿Por qué piensa ella que él debería casarse?
11. ¿Qué clase de recuerdo busca la Viejecita? Descríbalo brevemente.
12. Según el diálogo que Luisa recuerda entre ella y su madre, ¿cree usted que ella ha tenido una vida muy feliz? Comente.

13. ¿Qué hace Luisa con las flores que el jefe había tirado? ¿Por qué?
14. ¿De quién es el recuerdo que finalmente satisface a la Viejecita? Descríbalo brevemente.
15. ¿Hay algún cambio en la relación entre Luisa y su jefe después de la visita de la Viejecita? Explique.
16. ¿Qué parece ver Luisa al final de la obra? ¿Piensa usted que eso tiene algún significado especial o que es sólo una coincidencia? Comente.

B. Para cada una de las palabras de la columna izquierda, escriba al lado el vocablo relacionado que aparece en la pieza.

1. flor _____
2. sueño _____
3. mirar _____
4. letra _____
5. placer _____
6. enfrente _____
7. amable _____
8. útil _____
9. ilusión _____
10. billete _____

C. Para cada una de las palabras subrayadas, escriba el falso cognado correspondiente y la traducción apropiada, de acuerdo con el modelo.

MODELO   Son opiniones muy <u>distintas.</u>   *distinct*   *different*

1. Es un <u>discurso</u> largo.   _____   _____
2. <u>Atiendan</u> el teléfono.   _____   _____
3. ¿Le <u>molesta</u>, señora?   _____   _____
4. Me gusta la <u>plata</u>.   _____   _____
5. Se ha vuelto <u>cuerda</u>.   _____   _____
6. Era <u>culto</u> y simpático.   _____   _____
7. <u>Sucedió</u> en la clase.   _____   _____
8. Hizo un <u>gesto</u> extraño.   _____   _____

D. Indique si los comentarios que siguen reflejan correctamente o no el contenido de la pieza. Escriba **V** (verdadero) o **F** (falso) en los espacios correspondientes. Si lo que lee es falso, corríjalo.

_____ 1. *Una mariposa blanca* tiene lugar una tarde de otoño.
_____ 2. El Profesor enseña literatura y siempre le trae libros a Luisa.
_____ 3. El marido de Amanda se llamaba Rolando.
_____ 4. Las flores que el señor Smith tiró a la basura eran de Amanda.
_____ 5. La Viejecita busca un recuerdo de familia.
_____ 6. Ella viene recomendada por una persona muy importante.
_____ 7. El señor Apurado busca un paraguas amarillo.
_____ 8. La Viejecita le dice al señor Smith que ella está segura que Luisa lo quiere.
_____ 9. La madre de Luisa es una persona muy autoritaria.
_____ 10. El señor Smith tiene más de sesenta años y ya no ve muy bien.
_____ 11. El recuerdo de Amanda relacionado con los almendros le causa alergia a la Viejecita y por eso no puede aceptarlo.

_____ 12. Cuando el señor Smith era un muchacho salvó una mariposa de morir ahogada.

_____ 13. El señor Smith le dice a Luisa que el color negro le va muy bien.

_____ 14. Al final de la obra se oye música de jazz.

✦ Temas de discusión o análisis

1. Resuma con sus propias palabras el argumento de _Una mariposa blanca_.
2. Describa y analice el tema o los temas de esta obra.
3. Describa la vida, los sueños y la personalidad de Luisa.
4. Describa y comente la personalidad del señor Smith.
5. Analice el papel de la Viejecita.
6. Analice el título y su función temática y/o estructural en la obra.
7. Describa y analice la estructura formal de esta pieza.
8. Describa y analice **uno** de los siguientes temas en _Una mariposa blanca_. Apoye sus comentarios con citas del texto.
   a. la soledad
   b. el amor
   c. la memoria
   d. la falta de comunicación
   e. la compasión humana
   f. la fantasía o imaginación
9. Discuta **uno** de los siguientes temas en la obra y apoye sus comentarios con citas del texto.
   a. el papel de la música
   b. el uso del suspenso
   c. la función del humor
10. Discuta el simbolismo de la mariposa blanca y analice la presencia en esta pieza de otros elementos simbólicos como la ventana, las flores, el vals, la medalla de plata y la alusión a ciertos colores específicos, por ejemplo.
11. Describa y comente la importancia de los «_flashbacks_» o escenas retrospectivas en la obra.
12. Describa y analice la estructura de la sociedad reflejada en esta comedia.
13. Discuta la importancia de las estaciones mencionadas en _Una mariposa blanca_ y analice la significación de que la obra tenga lugar en la primavera.
14. Imagine que usted es el (la) autor(a) de esta pieza y que va a añadirle una escena más. ¿Qué pasará en la vida de Luisa, del señor Smith y de Amanda algunos años después? Escriba o describa esa nueva escena final.

✦ Temas de proyección personal

1. Describa algún recuerdo especial o algo que cuando le viene a la memoria, lo (la) hace sentir muy feliz.

2. ¿Perdió usted algo alguna vez? ¿Visitó la Sección Objetos Perdidos de alguna tienda o de su universidad? Describa su experiencia y si recobró o no lo que se le había perdido.

3. Un dicho popular que se escucha en Hispanoamérica es que «Los recuerdos ayudan a vivir». ¿Está usted de acuerdo con esa idea? ¿Diría que sólo los «buenos» recuerdos ayudan a vivir o piensa que también uno debería recordar los «malos» recuerdos? Comente.

✦ *Temas intertextuales* ✦

1. Discuta el tema de la naturaleza y la incorporación de algunos elementos específicos como plantas, animales o pájaros en la poesía de Gabriela Mistral, Nicolás Guillén y Pablo Neruda. Señale las similitudes y/o diferencias y dé ejemplos específicos.

2. Compare y contraste la función de los símiles, metáforas, imágenes y alusiones diversas en los poemas de Gabriela Mistral, Nicolás Guillén y Pablo Neruda.

3. Discuta la función de la poesía para Pablo Neruda, Nicolás Guillén y/o César Vallejo, según su expresión (explícita o implícita) en los poemas incluidos en esta sección.

4. Compare y contraste **uno** de los siguientes temas en la obra de Nicolás Guillén, Pablo Neruda y César Vallejo: la soledad, la injusticia social, la discriminación racial o el sufrimiento humano.

5. Compare y contraste **dos** elementos estilísticos o temáticos recurrentes en los poemas de Gabriela Mistral y Pablo Neruda.

6. Ampliación del tema 5: Incluya la poesía de José Martí (Sección III) en su análisis comparativo.

7. Compare y contraste la perspectiva narrativa y la actitud del narrador en «Los dos soras» y en «Nos han dado la tierra».

8. Discuta «Los dos soras» y «Nos han dado la tierra» como obras de crítica social.

9. Compare y contraste el tema de la soledad o el de la (in)justicia en **dos** de los cuentos que siguen: «Los dos soras», «Los dos reyes y los dos laberintos» y/o «Nos han dado la tierra».

10. Compare y contraste el papel de la historia en la obra de **dos** de los escritores que siguen: Juan Rulfo, Martín Luis Guzmán y/o Pablo Neruda.

11. Ampliación del tema 10: Incluya la obra de Rubén Darío (Sección III) en su análisis comparativo.

12. Compare y contraste el escenario donde tienen lugar las siguientes obras y discuta su función o importancia temática en cada una de ellas: el desierto en «Los dos reyes y los dos laberintos», la pradera en «El etnógrafo» y la tierra seca y árida en «Nos han dado la tierra».

13. Compare y contraste los dos juicios y visiones de la Revolución Mexicana reflejados en «La fuga de Pancho Villa» y en «Nos han dado la tierra».

14. Analice la incorporación del mundo indígena en «El etnógrafo» y en «Los dos soras». Luego discuta el tema de la civilización *versus* la barbarie implícito en el contraste de las dos realidades —la de los blancos o criollos y la de los indios— reflejadas en estas obras.

15. Escoja **uno** de los temas que siguen y analice su desarrollo en *Una mariposa blanca* y en la obra de otro(a) escritor(a) incluido(a) en esta sección: la soledad, el amor, la incomprensión, la falta de comunicación, la injusticia, el recuerdo (o la memoria), la naturaleza o la compasión humana.

16. Compare y contraste la visión del mundo reflejada en las obras de **dos** de los poetas incluidos en esta sección.

17. Ampliación del tema 16: Incluya la obra de José Martí (Sección III) y/o la de Alfonsina Storni (Sección III) en su análisis comparativo.

18. Compare y contraste la visión del mundo reflejada en **dos** de los relatos incluidos en esta sección.

19. Ampliación del tema 18: Incluya «Tres cartas... y un pie» (Sección III) y/o «La camisa de Margarita» (Sección III) y/o *El Periquillo Sarniento* (Sección II) en su análisis comparativo.

20. Discuta el tema de la amistad, fidelidad o solidaridad humana en **dos** de las siguientes narraciones: «Los dos soras», «El etnógrafo», «La fuga de Pancho Villa» y «Nos han dado la tierra».

21. Ampliación del tema 20: Incluya «La camisa de Margarita» (Sección III) y/o *El Periquillo Sarniento* (Sección II) en su análisis comparativo.

22. Compare y contraste el papel de las flores y/o las estaciones en «Doña Primavera» y en *Una mariposa blanca*.

23. Ampliación del tema 22: Incluya «Canción de otoño en primavera» (Sección III) y/o «Cultivo una rosa blanca» (Sección III) en su análisis comparativo.

Del «boom» al «posboom»

La familia presidencial *(1967), óleo sobre lienzo del pintor colombiano Fernando Botero.*

Sinopsis histórico-literaria

Esta sección incluye textos escritos o publicados durante la década del sesenta, cuando tuvo lugar en Hispanoamérica un fenómeno literario que los críticos han comparado con una explosión, llamándolo el «boom».* Aunque son varias las definiciones y explicaciones del por qué de ese «boom», el concepto describe una realidad allí verificable en ese período: el aumento en cantidad y calidad de la producción literaria, especialmente en narrativa. En términos aproximados y más o menos arbitrarios, el «boom» empieza en 1960 y termina en 1970. Comprende las obras aparecidas entre esos años y después del 31 de diciembre de 1958, fecha que marca la victoria de la Revolución Cubana liderada por Fidel Castro y la resultante instalación del primer gobierno comunista en América Latina. Indudablemente el hecho histórico más importante y de mayor influencia en la literatura hispanoamericana de las tres últimas décadas, y en particular en la narrativa del «boom», fue dicha revolución. Si bien es verdad que posteriormente algunos escritores empezaron a criticar la política de Castro, también es cierto que durante los primeros años de la década del sesenta la mayoría de los intelectuales hispanoamericanos apoyaron las reformas políticas y culturales del nuevo gobierno cubano.

La «revolución política» se vio correspondida, paralelamente, con la «revolución literaria» iniciada por los representantes del «boom»: el argentino Julio Cortázar, el chileno José Donoso, el mexicano Carlos Fuentes, el colombiano Gabriel García Márquez y el peruano Mario Vargas Llosa, para nombrar sólo a los más conocidos y traducidos. En efecto, las experimentaciones técnicas, lingüísticas y formales de dichos escritores, que también incorporaron a su narrativa temas provenientes de otros campos como la música, la historia, la filosofía, la psicología, la política y la antropología, despertaron el interés de un gran público lector, especialmente en Europa y Estados Unidos, logrando de esa manera un nuevo mercado para la literatura hispanoamericana que se empezaba a hacer conocer a nivel internacional. Novelas como *La muerte de Artemio Cruz* (1962) de Fuentes, *Rayuela* (1963) de Cortázar, *La ciudad y los perros* (1963) de Vargas Llosa, *Cien años de soledad* (1967) de García Márquez y *El obsceno pájaro de la noche* (1970) de Donoso, entre otras, captaron la imaginación de sus lectores a través de sus numerosas innovaciones narrativas. En el aspecto temático reflejaban preocupaciones y asuntos de disciplinas muy diversas, como por ejemplo la filosofía y la música en *Rayuela*, la psicología en *El obsceno pájaro de la noche* o la historia en *Cien años de soledad* y en *La muerte de Artemio Cruz*. Esto a su vez influyó y afectó la estructura formal, el lenguaje y otros elementos narrativos de esas obras. *Rayuela* propone varias lecturas derivadas de la posibilidad de leerla ordenando los capítulos de diversas maneras. *La muerte de Artemio Cruz* experimenta con la estructura temporal del relato y rompe con la narración cronológica tradicional. *El obsceno pájaro de la noche* hace algo similar con el punto de vista y ofrece una visión pesadillesca de la realidad que se diluye en una confusa multiplicidad de perspectivas narrativas. Y tanto *Cien años de soledad* como *La ciudad y los perros* pueden leerse como obras de crítica social o interpretarse a un nivel más simbólico, como metáforas de la condición humana.

El gran interés de esa época por la literatura hispanoamericana tiene probablemente muchas causas. Sin embargo, hay tres factores que sin duda fueron decisivos en abrir ese nuevo mercado. En primer lugar, a lo largo de la década del sesenta hubo un obvio crecimiento de la industria del libro como resultado de la creación de nuevas casas editoriales en muchos países, especialmente en México, Argentina, Cuba, Venezuela y Chile. En segundo término, los medios de comunicación, incluyendo la radio, la prensa, la televisión y el cine, empezaron a prestar más atención a Latinoamérica, especialmente después de la victoria de Castro en Cuba. Y el tercer factor importante fue el impacto que tuvo la incorporación hispanoamericana en el mercado mundial del petróleo con la participación de dos nuevos y grandes exportadores: Venezuela y México.

Si bien es verdad que a principios de la década del setenta la crisis económica creada por el bloqueo del petróleo de 1973 y la caída de los gobiernos democráticos en Chile, Argentina y Uruguay afectaron la vida interior y la imagen exterior de toda Latinoamérica, no disminuyó sino más bien aumentó el interés y el respeto generados anteriormente por su producción literaria y artística en general. Se multiplicaron las traducciones a diversas lenguas de las novelas más conocidas. Se descubrió o redescubrió la obra de otros autores, incluyendo poetas, ensayistas y dramaturgos, más viejos o más jóvenes, como el cubano Guillermo Cabrera Infante, el mexicano Juan Rulfo, el paraguayo Augusto Roa Bastos y el argentino Ernesto Sábato. Se multiplicaron también los premios literarios internacionales concedidos a escritores de Hispanoamérica. No es coincidencia ni casualidad que en ese período, y en un entorno de menos de cinco años, el Premio Nóbel de Literatura lo recibieran dos escritores hispanoamericanos: el guatemalteco Miguel Ángel Asturias en 1967 y el chileno Pablo Neruda en 1971.

Aunque cuando se habla del «boom» se incluye generalmente a un número limitado de escritores, y en particular a los cuatro o cinco narradores ya mencionados, dicha corriente tuvo, no obstante, importantes predecesores. La literatura de la década del sesenta no nació espontáneamente. Se enriqueció con los aportes de autores como el argentino Jorge Luis Borges, el ya mencionado Asturias, el cubano Alejo Carpentier y el uruguayo Juan Carlos Onetti, e incorporó los experimentos técnicos y la búsqueda de un nuevo lenguaje que pudiera reflejar la compleja y contradictoria realidad latinoamericana con los que ya aquéllos estaban trabajando. Al referirse en *La nueva novela hispanoamericana* (1969) al «nuevo lenguaje» que caracterizó en forma general la producción literaria de este período, Carlos Fuentes habla de una «resurrección» del lenguaje perdido por falta de uso y de una «invención» de otro lenguaje que diga todo lo que la historia oficial no ha dicho hasta entonces. Explica, en ese mismo libro, que dicha resurrección «exige una diversidad de exploraciones verbales que, hoy por hoy, es uno de los signos de salud de la novela latinoamericana». Y con respecto a los escritores de esa generación, comenta Anderson Imbert en su *Historia de la literatura hispanoamericana* (Segunda edición, 1970) que ellos «no son los primeros en experimentar con las técnicas del fluir psíquico, con la interrupción de la secuencia narrativa, con los cambios de perspectivas, con el entrecruzamiento de planos temporales y espaciales, con el realismo mágico* o con una lengua popular y una composición distorsionada, pero sí son los primeros que, en Hispanoamérica, con estos experimentos alcanzan reputaciones internacionales».

Como el período temporal representado en esta sección es relativamente corto, la mayoría de los escritores incluidos ya habían publicado antes (y algunos, como Rosario Castellanos, Octavio Paz y Carlos Fuentes, ya eran muy conocidos) y siguieron publicando después. Otros, como Julio Cortázar, Antonio Skármeta y Luisa Valenzuela, aparecen en la sección que sigue porque los cuentos seleccionados reflejan temas y técnicas formales asociados con el período posterior al que algunos críticos llaman el «posboom» y otros el «boom junior».

Para caracterizar y describir brevemente la producción literaria del «boom» y la de los poetas, narradores y dramaturgos aquí incluidos que publicaron durante ese período pero que por diversas razones no están asociados con el «boom» (Ramón Ferreira, Mario Benedetti, Elena Poniatowska, Josefina Plá y Elena Garro), se podría decir que dichos autores, en general, han roto tradiciones anteriores. En prosa, abandonaron o modificaron de manera significativa las prácticas que hacían que las novelas y narraciones fueran más «documentos» que «ficción». La creación de mundos narrativos dejó de ser sólo un medio para convertirse en un fin fundamental de la actividad literaria. En poesía, se dejó de lado la composición muy ajustada a reglas exclusivas a dicho género, desconectada de la realidad, de contenido elegíaco o de excesivo virtuosismo en el juego de las palabras. Los escritores, por primera vez, empezaban a vivir de lo que escribían, se profesionalizaban, y la literatura dejaba de ser para ellos una especie de pasatiempo o actividad extra, de tiempo parcial. Había, en fin, una nueva conciencia técnica que incorporada a las obras escritas durante y después del «boom» hispanoamericano, las caracterizó, las legitimizó y las fortaleció.

Para estos escritores, la creación literaria era una expresión esencialmente artística. En particular, sus obras parecían responder fundamentalmente a un deseo de autonomía para el arte, a la defensa de la libertad imaginativa, ya que ellos, conscientes de las limitaciones del lenguaje, habían renunciado a reproducir una realidad que ahora se mostraba cambiante, compleja e incluso inalcanzable. Esto no significaba, sin embargo, que le hubieran dado la espalda a la realidad como lo habían hecho los modernistas en su época. Los creadores de mundos literarios de la década del sesenta, como los de la primera mitad del siglo, se inspiraban en la realidad de América Latina pero en vez de denunciarla o registrarla de manera esencialmente realista, trataban de expresarla en su complejidad total, intentando captar por medio de un nuevo lenguaje su «realismo mágico», lo «real maravilloso»* tanto del entorno natural como de la experiencia vivencial latinoamericana.

La literatura se convertía en una posibilidad de conocimiento, de exploración filosófica y de participación en las grandes aventuras del espíritu. De manera simultánea se llevaba a cabo una transformación profunda de los modos de narrar: se jugaba con los puntos de vista, se rompía el desarrollo lineal o cronológico del relato, se hacía obvio el proceso de creación y a menudo se insistía en la condición autorreferencial del texto literario. En cuanto a los temas telúricos e indigenistas del pasado, éstos no desaparecieron sino que se modificaron y ahora formaban parte de una preocupación que trascendía los límites regionalistas. Dichos temas se universalizaron sin perder sus raíces originales autóctonas porque reflejaban y exploraban el espíritu, la naturaleza y la condición humana en general. En su discurso de aceptación del Premio Nóbel de Literatura en 1982, García Márquez se refirió a Hispanoamérica como a «una realidad hecha no de papel, sino una que vive dentro de nosotros... y alimenta un manantial de creatividad insaciable, llena de dolor y belleza...». Dar forma y expresión literaria a esa compleja realidad hecha de vivencias individuales y colectivas es el desafío que enfrentaron y el objetivo que tuvieron en común los escritores de la década del sesenta y, en particular, los poetas, narradores y dramaturgos representados en esta sección.

ROSARIO CASTELLANOS

Nota biográfica

Rosario Castellanos (1925–1974), poeta, novelista, cuentista, crítica literaria, dramaturga, profesora universitaria y ensayista mexicana, nació en Ciudad de México, durante unas vacaciones de sus padres, y murió trágicamente en Israel, donde desde 1971 ocupaba el cargo de embajadora de su país. Apenas nacida, la familia regresó a Comitán, su pueblo natal en el estado de Chiapas, cuyos habitantes son en su mayoría indígenas y aún conservan los dialectos derivados del maya. Allí Castellanos pasó su niñez y adolescencia, aprendió las leyendas y costumbres de los indios tzotziles, nativos de la región, y fue testigo de las injusticias y discriminaciones que éstos sufrían. Aunque pertenecía a una familia de sólida posición económica, su experiencia en Chiapas despertó su conciencia social a muy temprana edad e influyó de manera significativa en toda su obra posterior. En efecto, considerada una de las mejores escritoras mexicanas de este siglo, se convirtió en portavoz de su generación al dar expresión literaria y llevar a la atención de sus lectores los problemas y conflictos sociopolíticos, económicos y raciales de su país. Como Temuco en los textos de Neruda, Comitán y sus alrededores recurren con frecuencia en la poesía y narrativa de la escritora mexicana. En este caso, la vuelta al lugar de la infancia y primera juventud fue también real y física. En 1952, once años después de haberse mudado a la capital y luego de completar su maestría en Filosofía y Letras con un ensayo titulado «Sobre cultura femenina» (1950), Castellanos regresó a Chiapas para trabajar con los indios como promotora de cultura en el Instituto de Ciencias y Artes, en Tuxtla, Gutiérrez. Y entre 1956 y 1957 volvió una vez más a la región como directora del Teatro Guiñol del Centro Coordinador Tzeltal-Tzotzil del Instituto Nacional Indigenista, en la ciudad de San Cristóbal. En cuanto a su obra literaria, es abundante y polifacética ya que incursionó en prácticamente todos los géneros. De 1948 es *Trayectoria del polvo*, su primer poemario, en el que ya se dio a conocer como una de las voces más profundas de México. Sus textos poéticos posteriores incluyen, entre otros, *De la vigilia estéril* (1950), *El rescate del mundo* (1952), *Poemas 1953–1955* (1957), *Al pie de la letra* (1959), *Lívida luz* (1960), *Materia memorable* (1969) y *Poesía no eres tú* (1972), volumen que reúne casi toda su producción poética de 1948 a 1971. Aunque muy prolífica como poeta, Castellanos es más conocida por su obra narrativa, y en especial por sus novelas *Balún-Canán* (1957) y *Oficio de tinieblas* (1962), y sus colecciones de cuentos *Ciudad Real* (1960) y *Los convidados de agosto* (1964), que conforman el «ciclo de Chiapas». Estas ficciones representan destacados ejemplos contemporáneos de la literatura indigenista hispanoamericana. En 1971 apareció *Album de familia*, serie de cuatro relatos que refleja otra línea temática importante en la obra de Castellanos, ya manifiesta en su tesis de maestría: su preocupación por la condición femenina y por los problemas de discriminación y marginalización que han afectado a las mujeres de todos los tiempos. En teatro es autora de dos poemas dramáticos, *Judith* y *Salomé* (ambos de 1959) y de una pieza publicada póstumamente, *El eterno femenino* (1975). Estas obras exploran diversos aspectos relacionados con el drama de ser mujer en una sociedad machista: la soledad, la opresión doméstica, la frustración y la incomunicación, entre otros temas. Como ensayista escribió artículos para diversos periódicos, revistas y suplementos literarios, luego seleccionados y publicados como libros. De éstos, los más conocidos son *Sobre cultura femenina* (1950), basado en su tesis de maestría, *Juicios sumarios* (1966), *Mujer que sabe latín* (1973), *El uso de la palabra* (1974), antología de artículos periodísticos aparecidos en *Excélsior* entre 1963 y 1974, y *El mar y sus pescaditos* (1974), colección de ensayos sobre una gran variedad de temas de literatura universal.

✦ Guía y actividades de pre-lectura

La obra conjunta de Rosario Castellanos refleja una gran variedad temática, aunque en general revela dos preocupaciones dominantes: una primera, relacionada con las terribles condiciones de vida de los indígenas mexicanos y otra, igualmente importante, enfocada en el drama del papel de la mujer en la sociedad patriarcal tradicional. En ambos casos, tanto en verso como en prosa, sus libros testimonian su denuncia del estado de opresión, discriminación y marginalidad que afecta especialmente a esos dos grupos. Su voz es una de las más elocuentes en la lucha por la defensa de los derechos humanos y, en particular, en lo concerniente a las causas de los indígenas y de las mujeres en general, mexicanas o no. Motivos recurrentes en la obra de Castellanos son los que tratan de la fragilidad del amor, el carácter destructor del tiempo, la soledad, la muerte, la frustración, la nostalgia de la tierra y la injusticia social. Los dos poemas incluidos en esta parte reflejan temas que aparecen en muchos otros textos de la escritora: los relacionados con el dilema de la mujer, aquí personalizados en «Autorretrato», de *Poesía no eres tú*, y los de inspiración sociopolítica, como es el caso de «Memorial de Tlatelolco», de *Materia memorable*, inspirado en un episodio trágico de la historia mexicana de los años sesenta. En «Autorretrato», la poeta revela datos de su vida íntima y junto a la autodescripción que la separa y diferencia de los otros miembros de su sexo, va unida la crítica al doble standard y a la sociedad machista. En ésta, donde el título de «señora» es más importante y útil que cualquier otro diploma ganado con el esfuerzo del estudio, es muy difícil para cualquier mujer ser al mismo tiempo buena madre y esposa y tener una carrera profesional exitosa. Los versos de este poema captan la frustración y los conflictos derivados de dicha situación en el caso de la propia autora, cuya vida matrimonial y familiar fue bastante problemática. Se casó ya tarde (1958) y tuvo tres hijos, de los cuales murieron los dos primeros. El tercero y último, Gabriel, está mencionado en la séptima estrofa. Además de sus obligaciones familiares y literarias, Castellanos tuvo también diversas responsabilidades académicas. Durante varios años fue profesora secundaria y universitaria en Chiapas. Enseñó después en la Facultad de Filosofía y Letras de la U.N.A.M. (Universidad Nacional Autónoma de México), en algunas universidades de Estados Unidos y en Israel, donde residía cuando murió inesperada y accidentalmente. «Autorretrato» está escrito en versos libres —sin rima, ritmo ni número específico de sílabas— y en estrofas irregulares —de dos, tres, cuatro, cinco, seis y hasta diez versos por estrofa. El otro texto aquí representado, «Memorial de Tlatelolco», es una obra de denuncia, un testimonio de la masacre estudiantil que tuvo lugar durante una manifestación pacífica en la Plaza de Tlatelolco el 2 de octubre de 1968. Ese día, al anochecer, la policía mexicana atacó de sorpresa a la gente allí reunida y como consecuencia del ataque murieron unos trescientos estudiantes y muchos otros manifestantes. Este último es un poema narrativo y, como «Autorretrato», también está escrito en versos libres y tiene una estructura estrófica irregular.

1. Del título del primer poema, «Autorretrato», ¿qué aspectos o elementos de su biografía piensa usted que la escritora va a incluir en sus versos? Explique. Ahora lea la primera estrofa. ¿Qué es lo primero que ella menciona de sí misma? Según usted, ¿es importante el título de una persona? ¿Hay títulos más importantes que otros? ¿Cuáles? Comente.

2. ¿Qué imágenes le trae a la mente el título «Memorial de Tlatelolco»? ¿Qué entiende usted por «memorial»? ¿Qué es el «Lincoln Memorial», por ejemplo? ¿Qué otros «memoriales» conoce? Nombre y describa algunos.

3. Busque la palabra «memorial» en un diccionario español y compare la definición con el significado de la palabra «*memorial*» en inglés. ¿Son cognados? Explique.

4. La Plaza de Tlatelolco se conoce también con el nombre de Plaza de las Tres Culturas. Según su opinión, ¿cuáles serán esas tres culturas? ¿Por qué?

5. La década de los años sesenta fue una época de gran inquietud y actividad estudiantil en todo el mundo. Hubo muchas manifestaciones y protestas

de estudiantes en Hispanoamérica, en Europa y también en Estados Unidos. «Memorial de Tlatelolco» describe una de esas manifestaciones: la que tuvo lugar durante los Juegos Olímpicos de 1968 que se llevaban a cabo ese año en Ciudad de México. Según su opinión, ¿por qué habría manifestaciones estudiantiles similares en otros países y lugares? ¿Sabe por qué protestaban los estudiantes de la Universidad de California en Berkeley, por ejemplo? Comente.

Autorretrato

Yo soy una señora: tratamiento
arduo[1] de conseguir, en mi caso, y más útil
para alternar con los demás que un título
extendido a mi nombre en cualquier academia.

5   Así, pues, luzco[2] mi trofeo y repito:
yo soy una señora. Gorda o flaca[3]
según las posiciones de los astros,[4]
los ciclos glandulares[5]
y otros fenómenos que no comprendo.

10   Rubia, si elijo una peluca[6] rubia.
O morena, según la alternativa.
(En realidad, mi pelo encanece,[7] encanece.)

Soy más o menos fea. Eso depende mucho
de la mano que aplica el maquillaje.[8]

15   Mi apariencia ha cambiado a lo largo del tiempo[9]
—aunque no tanto como dice Weininger
que cambia la apariencia del genio—. Soy mediocre.
Lo cual, por una parte, me exime[10] de enemigos
y, por la otra, me da la devoción
20   de algún admirador y la amistad
de esos hombres que hablan por teléfono
y envían largas cartas de felicitación.
Que beben lentamente whisky sobre las rocas
y charlan de política y de literatura.

25   Amigas... hmmm... a veces, raras veces
y en muy pequeñas dosis.
En general, rehúyo los espejos.[11]
Me dirían lo de siempre: que me visto muy mal
y que hago el ridículo[12]
30   cuando pretendo coquetear[13] con alguien.

1 difícil
2 uso, exhibo
3 delgada
4 *stars*
5 **los...** los ritmos del cuerpo
6 *wig*
7 *is turning white*
8 *makeup*
9 **a...** con los años
10 **me...** *exempts me*
11 **rehúyo...** *I avoid mirrors*
12 **hago...** *I make a fool of myself*
13 *to flirt*

Soy madre de Gabriel: ya usted sabe, ese niño
que un día se erigirá en juez inapelable[14]
y que acaso,[15] además, ejerza de verdugo.[16]
Mientras tanto lo amo.

35 Escribo. Este poema. Y otros. Y otros.
Hablo desde una cátedra.[17]
Colaboro en revistas de mi especialidad
y un día a la semana publico en un periódico.

Vivo enfrente del Bosque.[a] Pero casi
40 nunca vuelvo los ojos para mirarlo. Y nunca
atravieso la calle que me separa de él
y paseo y respiro y acaricio
la corteza rugosa[18] de los árboles.

Sé que es obligatorio escuchar música
45 pero la eludo con frecuencia. Sé
que es bueno ver pintura
pero no voy jamás a las exposiciones
ni al estreno[19] teatral ni al cine-club.

Prefiero estar aquí, como ahora, leyendo
50 y, si apago la luz, pensando un rato
en musarañas[20] y otros menesteres.[21]

Sufro más bien por hábito, por herencia, por no
diferenciarme más de mis congéneres[22]
que por causas concretas.

55 Sería feliz si yo supiera cómo.
Es decir, si me hubieran enseñado los gestos,
los parlamentos,[23] las decoraciones.

En cambio me enseñaron a llorar. Pero el llanto
es en mí un mecanismo descompuesto[24]
60 y no lloro en la cámara mortuoria[25]
ni en la ocasión sublime ni frente a la catástrofe.

Lloro cuando se quema el arroz o cuando pierdo
el último recibo del impuesto predial.[26]

---

14 **se...** *will set himself up as a judge without appeal*
15 *tal vez, quizás*
16 **ejerza...** *will act as executioner*
17 *(professorial) chair*
18 **corteza...** *rough bark*
19 *premiere, debut*
20 **pensando...** *daydreaming a while*
21 *chores*
22 *fellow women*
23 *ways of talking, speech*
24 *out of order*
25 **cámara...** *funeral parlor*
26 **el...** *the last property tax receipt*

---

[a]Aquí se alude al Bosque de Chapultepec: hermoso parque de la Ciudad de México, sitio
de un palacio ocupado en el pasado por virreyes españoles y luego por varios presidentes
de México.

✦ Comprensión

Conteste las siguientes preguntas según el poema.

1. ¿Cuál es el estado civil del «yo» de este poema? ¿Cómo se sabe?
2. Según la voz lírica, ¿es importante o útil el título de «señora»? ¿Por qué?
3. ¿Qué se sabe de la apariencia física de la mujer de este autorretrato? Descríbala, según los datos del poema.
4. ¿Quién es Gabriel? ¿Qué dice de él la voz poética?
5. ¿En qué versos dice la mujer que es poeta? ¿profesora? ¿periodista? Identifique los versos respectivos.
6. ¿Le gusta a esa mujer la música? ¿la pintura? ¿el teatro? ¿el cine? ¿Qué prefiere hacer ella?
7. ¿Por qué dice la poeta que el llanto es en ella «un mecanismo descompuesto»? Explique.

Memorial de Tlatelolco

La oscuridad engendra[1] la violencia
y la violencia pide oscuridad
para cuajar[2] en crimen.

Por eso el dos de octubre aguardó[3] hasta la noche
5   para que nadie viera la mano que empuñaba[4]
el arma,[5] sino sólo su efecto de relámpago.[6]

Y a esa luz, breve y lívida, ¿quién? ¿Quién es el que mata?
¿Quiénes los que agonizan, los que mueren?
¿Los que huyen sin zapatos?
10 ¿Los que van a caer al pozo[7] de una cárcel?
¿Los que se pudren[8] en el hospital?
¿Los que se quedan mudos,[9] para siempre, de
      espanto?[10]
¿Quién? ¿Quiénes? Nadie. Al día siguiente, nadie.

La plaza amaneció barrida;[11] los periódicos
15 dieron como noticia principal
el estado del tiempo.
Y en la televisión, en la radio, en el cine
no hubo ningún cambio de programa,
ningún anuncio intercalado[12] ni un
20 minuto de silencio en el banquete.
(Pues prosiguió[13] el banquete.)

1 *produces*
2 transformarse, resultar
3 esperó
4 *was seizing*
5 *weapon*
6 **de...** *a sudden flash of light*
7 *pit*
8 **Los...** *Those who rot*
9 *mute, speechless*
10 terror
11 **amaneció...** empezó el día limpia
12 insertado
13 continuó, siguió

Manifestación estudiantil del 2 de octubre de 1968 en la Plaza de Tlatelolco, Ciudad de México. Poco después de tomada esta foto, unos trescientos estudiantes de los aquí reunidos murieron como consecuencia de la represión brutal por parte de la policía mexicana.

No busques lo que no hay: huellas,[14] cadáveres,
que todo se le ha dado como ofrenda[15] a una diosa:
a la Devoradora de Excrementos.[a]

25 No hurgues en los archivos pues nada consta en actas.[16]
Ay, la violencia pide oscuridad
porque la oscuridad engendra el sueño
y podemos dormir soñando que soñamos.

Mas he aquí que toco una llaga:[17] es mi memoria.
30 Duele, luego es verdad. Sangra con sangre.
Y si la llamo mía traiciono a todos.[18]

Recuerdo, recordamos.

Esta es nuestra manera de ayudar que amanezca
sobre tantas conciencias mancilladas,[19]

14 *tracks, traces*
15 *offering*
16 **No...** *Don't dig around in the archives, for there is nothing on record.*
17 *wound*
18 **Y...** *And if I say it is my own, I betray everybody.*
19 *stained*

---

[a]Se alude aquí a Tlazolteotl, diosa de la tierra y de la procreación, del pecado carnal y de la confesión, que según los aztecas, literalmente «comía» pecados.

35 sobre un texto iracundo,[20] sobre una reja[21] abierta,
sobre el rostro[22] amparado[23] tras la máscara.[24]

Recuerdo, recordemos
hasta que la justicia se siente[25] entre nosotros.

[20] *wrathful*
[21] *grille of a window*
[22] cara
[23] protegido
[24] *mask*
[25] **se...** se establezca, esté

✦ Comprensión

Conteste las siguientes preguntas según el poema.

1. ¿En qué momento del día tiene lugar la escena descrita en este poema? ¿En qué versos se da esa información?
2. ¿Había mucha gente en la plaza? ¿Cómo se sabe? Explique.
3. A la mañana siguiente, ¿quedaban señales en la plaza de lo que había pasado la noche anterior? Explique.
4. ¿Hubo noticias acerca de la masacre estudiantil en los medios de comunicación? Comente.
5. Según su opinión, ¿por qué dice la voz poética en el verso 29 que su memoria es una llaga? Explique dicha metáfora.
6. Según la voz poética, ¿por qué es importante que la gente no se olvide de lo que pasó el 2 de octubre de 1968? Explique.

Expansión

A. Identifique y explique la importancia o la significación de los siguientes versos dentro del contexto del poema en que se encuentran.

1. Amigas... hmmm... a veces, raras veces
2. Recuerdo, recordamos.
3. ¿Quién? ¿Quiénes? Nadie. Al día siguiente, nadie.
4. Sería feliz si yo supiera cómo.
5. Lloro cuando se quema el arroz o cuando pierdo / el último recibo del impuesto predial.
6. No hurgues en los archivos pues nada consta en actas.

B. Basándose en «Autorretrato», indique si los comentarios que siguen reflejan correctamente o no lo que Rosario Castellanos revela de sí misma en dicho poema. Escriba **V** (verdadero) o **F** (falso) en los espacios correspondientes. Si lo que lee es falso, corríjalo.

_____ 1. Ella le da mucha importancia a la apariencia física.
_____ 2. Le fue difícil encontrar marido y casarse.
_____ 3. Ahora ya empieza a tener canas.
_____ 4. Prefiere la soledad a la vida social.
_____ 5. Escribe semanalmente para un periódico.
_____ 6. Tiene muchos enemigos.
_____ 7. Para ella, ser mediocre es algo positivo.
_____ 8. Le gusta vestirse bien y coquetear con los hombres.
_____ 9. Vive cerca del Bosque de Chapultepec.
_____ 10. Le gusta ir al parque con su hijo Gabriel.

C. Reconstruya los eventos narrados en «Memorial de Tlatelolco» numerando del uno al diez, en orden cronológico, las oraciones que siguen.

_____ 1. Y ella pide que todos la recordemos hasta lograr que se haga justicia.

_____ 2. Por la noche llegó la policía y empezó a disparar contra ellos.

_____ 3. Tampoco se mencionó nada en la radio ni en la televisión.

_____ 4. Hubo gran violencia y muchos murieron.

_____ 5. Varios fueron arrestados, o heridos y llevados al hospital.

_____ 6. El 2 de octubre había muchos manifestantes en la Plaza de Tlatelolco.

_____ 7. Pero el «yo» del poema tiene esa fecha en su memoria.

_____ 8. Otros trataron de huir como pudieron.

_____ 9. Nadie supo de la masacre porque la noticia no salió en los periódicos.

_____ 10. Al día siguiente, la plaza estaba totalmente limpia.

✦ Temas de discusión o análisis

1. Escriba un breve *curriculum vitae* de Rosario Castellanos según los datos contenidos en su «Autorretrato».

2. Imagine que usted es periodista y que está preparando un libro de entrevistas con escritoras hispanas. Basándose en «Autorretrato» y en la ficha biográfica inicial, escriba una entrevista con Rosario Castellanos. Incluya sus propios comentarios o preguntas sobre lo que ha leído de ella e imagine las respuestas que le daría la autora si pudiera estar presente.

3. Analice el tema de la soledad en «Autorretrato». Apoye sus comentarios con citas del poema.

4. Discuta «Autorretrato» como obra de denuncia y/o crítica social. ¿Qué aspectos de la sociedad se critican en el poema? ¿Qué aspectos de la vida social dificultan la realización de la mujer como profesional o ejecutiva, por ejemplo, fuera de la esfera estrictamente doméstica?

5. Castellanos se autocaracteriza de «mediocre» en «Autorretrato» y le encuentra su lado positivo. En primer lugar, ¿cree usted que es mediocre el «yo» que se revela en estos versos? Y en segundo término, ¿está usted de acuerdo con las ventajas de la mediocridad expresadas en los versos 18–24? Apoye sus comentarios con citas del poema.

6. Haga una lista de los varios papeles de la poeta reflejados en su «Autorretrato» y ordénelos según el grado de felicidad que parecen darle. Según su opinión, ¿cuáles son los papeles o responsabilidades que le impone la sociedad porque es mujer y cuáles los que se impone ella misma porque le causan placer?

7. Teniendo en cuenta lo que sabe de la tragedia del 2 de octubre del 68, analice y comente la manera en que Castellanos dramatiza poéticamente el enfrentamiento entre la policía y los manifestantes en los versos 7–13.

8. Si observa la foto de la Plaza de Tlatelolco que está en la página 241, va a notar que en sus alrededores hay edificios modernos, coloniales y aztecas. Teniendo en cuenta que esa plaza fue el escenario de los eventos narrados en «Memorial de Tlatelolco», discuta la dimensión simbólica de la masacre del 2 de octubre.

✦ Temas de proyección personal

1. Inspirándose en el poema de Castellanos, escriba su autorretrato, en verso o en prosa, para dárselo a un(a) amigo(a). Incluya datos personales varios: cómo es, qué hace y por qué, qué le gusta y qué no le gusta hacer, dónde vive y algunos datos que lo (la) hacen diferente de los demás.

2. Inspirándose en «Autorretrato», escriba o describa oralmente el retrato de alguien que usted conoce muy bien, como un(a) amigo(a), compañero(a), novio(a) o alguna otra persona de su elección.

3. «Autorretrato» es un título descriptivo muy común, usado por pintores y escritores de todos los tiempos. ¿Conoce usted algún cuadro famoso con ese título? ¿Y algún poema o cuento? Investigue el tema y prepare una breve descripción de un célebre «Autorretrato» pictórico o poético para presentarla en clase.

4. Probablemente la época de más activismo estudiantil a nivel mundial fue la década del sesenta. Durante esos años hubo protestas y manifestaciones violentas y no violentas en varios países, incluyendo Estados Unidos. ¿Qué opina usted del activismo político estudiantil? ¿Y del activismo de otros grupos con intereses similares? Por ejemplo, ¿cree que a través de protestas y manifestaciones, los estudiantes, los indios o las mujeres podrían lograr cambios importantes? Dé algunos ejemplos del pasado o del presente para apoyar su opinión.

5. Usted acaba de volver de México, donde tuvo la oportunidad de conocer la Plaza de Tlatelolco, escenario de la masacre estudiantil del 2 de octubre de 1968. Con los datos de «Memorial de Tlatelolco» y de la guía de lectura correspondiente, escriba un editorial para el periódico de su universidad describiendo y comentando lo que pasó en dicha plaza aquella lejana noche de octubre.

RAMON FERREIRA

Nota biográfica

Ramón Ferreira (1923–), cuentista, dramaturgo y fotógrafo cubano, nació en un pequeño pueblo de Galicia (España) pero emigró a Cuba con su familia cuando sólo tenía ocho años. Allí vivió, se educó y escribió la mayor parte de su obra. En 1960, poco después de la victoria de Fidel Castro sobre Fulgencio

Batista en la Revolución Cubana, tuvo que dejar su país por razones políticas y se mudó a Puerto Rico, donde reside desde entonces. A fines de la década del cuarenta hizo un viaje de dos años a Estados Unidos para estudiar fotografía en Boston (1948–1950) y aprovechó su estadía para visitar la región de Nueva Inglaterra. De regreso a su país, se dio a conocer como cuentista y ganó numerosos premios en concursos nacionales y extranjeros. En 1951 apareció en Cuba su primer libro de cuentos, *Tiburón y otros cuentos*, que obtuvo el Premio Nacional de Literatura de ese año. Entre 1950 y 1960 escribió los cuentos reunidos en su segundo libro, *Los malos olores de este mundo*, publicado en México en 1969. Varios de esos relatos han aparecido en español, o traducidos al inglés, en diversas revistas y antologías literarias. Uno de ellos, «Sueño sin nombre», fue premiado en el concurso literario de *LIFE en Español* (1959). En 1985 publicó *Maritza*, su primera novela, obra que posteriormente sería llevada al cine en Puerto Rico. Además de su obra narrativa, Ferreira es autor de cuatro piezas teatrales: *Donde está la luz* (1952), *Un color para este miedo* (1954), *El mar de cada día* (1957) y *El hombre inmaculado* (1958), todas representadas originalmente en La Habana y algunas después en Madrid, México y Nueva York.

✦ Guía y actividades de pre-lectura

Razones de carácter ideológico, político y a menudo económico, asociadas en general con gobiernos dictatoriales o militares, han obligado a vivir fuera de sus respectivos países a un gran número de intelectuales hispanoamericanos, y en particular a muchos escritores y artistas. Por eso, un tema recurrente en la literatura escrita en el exilio es el exilio mismo, las vicisitudes de vivir lejos, la nostalgia de lo que se ha dejado y el deseo de volver a la patria. Otro tema, también constante y muy relacionado con el anterior, es la historia del pasado, y específicamente la historia reciente, la que ocasionó el destierro. En «Papá, hazme un cuento», de *Los malos olores de este mundo*, están presentes ambos, reflejados a través de la experiencia de una familia de emigrados, víctimas del régimen de Castro. En esta obra, estructurada en forma de diálogo entre un padre y su hijo, éste le pide al papá que le hable «de la bella Cuba» que él no conoció y que sus padres tuvieron que dejar. A través de las preguntas y respuestas que constituyen el texto, se recrean dos historias realmente paralelas: la de la situación familiar y la del drama nacional —resultante de la derrota del dictador Fulgencio Batista por el «Movimiento 26 de Julio» liderado por Fidel Castro— que ha causado el exilio de su familia.

1. ¿Qué puede deducir del título con respecto al lenguaje, al tono y a la relación padre-hijo en el cuento? Explique.

2. Según su opinión, ¿cambiaría el relato si su título fuera «Mamá, hazme un cuento» en vez de «Papá, hazme un cuento»? ¿Por qué? ¿Tendrá alguna importancia el hecho de que sea justamente el papá, y no la mamá, quien cuenta el cuento? Explique.

3. En el cuento, el papá recuerda con nostalgia ciertos lugares o actividades de La Habana como la farola del Morro, el Castillo de la Punta y las fiestas de la Condesa que él extraña mucho. Imagine que usted tiene que dejar su

país por unos años. ¿Qué personas, lugares, actividades o cosas echaría de menos? ¿Por qué?

Papá, hazme[1] un cuento

Peregrinos II *(1993), uno de los grabados de la serie "Peregrinos" del pintor paraguayo Enrique Collar.*

Es tarde muchacho. Es hora de dormir.
Hazme un cuento.
¿Qué quieres que te cuente?
Cuéntame de Cuba.
5 Ya te conté.
No. Unas veces dices una cosa y otras veces dices otra.
Vamos, es hora de dormir. Cuando llega tu madre no le gusta encontrarte despierto.
Si me cuentas de Cuba no le digo que volviste a beber.
10 No es verdad.
Tú nunca dices verdad. Cuando hablas de Cuba siempre es diferente.
Depende.
No. Si fuera verdad siempre sería igual. ¿Es un paraíso?[2]
Ya te lo dije.
15 *A veces dices que Cuba era un infierno.*
Y algo más.
Dime cómo era de verdad.
¿Y te vas a la cama?
Sí.
20 ¿Y no le dices a tu madre que estuve bebiendo cocacola?
Siempre me pregunta.

1 *tell me*
2 *paradise*

Ya ves, yo no. Nunca le pregunto.

Anda, Hazme el cuento.

¿De cuál de las Cubas quieres que te cuente?

25 *De la bella. Cuando dices que Cuba era bella siento cosquillas[3] aquí dentro y duermo sin soñar. ¿Era bella?*

Claro que lo era.

Cuéntame.

Las playas, los montes, las fiestas...

30 *Cuéntame de la Condesa.[4] Tú le dijiste al vecino que en las fiestas de la Condesa llenaban la casa de flores. Y le dijiste que los criados[5] vestían uniformes bordados[6] y que los platos eran de oro y que cuando los invitados se sentaban a la mesa encontraban joyas[7] en los postres.*

¿Yo dije eso?

35 *Y que las flores las traían de Miami.*

No me hagas reír.

¿Nosotros teníamos flores?

No. Nosotros vivíamos en la ciudad, pero si te asomabas[8] al balcón podías ver el mar. ¿Quieres que te cuente de la avenida del malecón[9] y de cómo

40 en el invierno llegaban los vientos del norte y el mar saltaba por encima de la farola[10] del Morro,[a] y de cómo tu madre y yo nos íbamos hasta el Castillo de la Punta[b] a ver romper las olas y a bañarnos de salitre?[11]

No. Cuéntame de las fiestas de la Condesa.

La Condesa se murió.

45 *Entonces cuéntame de Tropicana.[c] Tú le dijiste al vecino que las muchachas eran las más bonitas del mundo. Mamá dice que eran malas. ¿Cómo pueden ser malas y bonitas?*

Tendrás que preguntarle a tu mamá.

Ella no me dice.

50 Si me dejas refrescar el trago[12] te lo digo yo.

¿No te vas a enfermar?

La cocacola no enferma.

A veces te enfermas cuando bebes.

Cuando no digo la verdad.

55 *Si me haces el cuento no me importa que bebas.*

Qué listo[13] eres, muchacho. ¿A quién habrás salido?[14]

Dicen que a la abuela.

Tu madre insiste en lo contrario.

Mamá dice que me parezco al abuelo.

60 Porque era español.

¿Y tú eres español?

---

3 *tickling*
4 **de...** *about the Countess*
5 *servants*
6 **embroidered**
7 *jewels*
8 **te...** *you leaned over*
9 *sea wall*
10 *lighthouse*
11 *saltpeter, rock salt*
12 *bebida*
13 *inteligente*
14 **¿A...** ? *I wonder who you take after?*

---

[a]El Castillo de los Tres Reyes Magos del Morro, conocido como «El Morro», está en la entrada del puerto de La Habana. Fue construido por los españoles a fines del siglo XVI y a principios del XVII para defender la isla de los ataques de los piratas.

[b]El Castillo de San Salvador de la Punta o «Castillo de la Punta» fue construido para complementar «El Morro» y está situado al otro lado de la bahía.

[c]Tropicana es un famoso club nocturno de La Habana, Cuba.

Yo soy cubano.

¿Y yo?

Tú naciste aquí.

65 *¿Y qué soy yo?*

Puertorriqueño.

¿Y mamá? ¿Que es mamá?

No te lo puedo decir.

¿Por qué?

70 Es como el cuento de Cuba. Hay muchas versiones.

Entonces cuéntame de Tropicana. ¿Es verdad que las muchachas bajaban desnudas por escaleras de cristal?

Bajaban de los árboles, caminando por la música.

Por la música no se puede caminar.

75 Después de unos tragos sí.

¿Ves? Te vas a enfermar.

Todavía.

No bebas más.

Si no bebo no puedo ver las muchachas caminando por la música.

80 *No sigas. Eso no puede ser.*

Eres muy chiquito para entender que las fiestas son del color del cristal con que se miran. Igual que la gente, o las revoluciones.

¿Batista[d] era malo?

No sé.

85 *¿Y Fidel[e]?*

Tampoco sé.

¿Entonces por qué te fuiste de Cuba?

Eso quisiera saber.

Mamá dice que te querías quedar.

90 Y ella se quería ir.

¿Por qué se quería ir?

Porque mataron un muchacho que llevaba el estandarte de la Virgen.[15]

¿Quién lo mató?

Una bala.[16]

95 *¿Por qué?*

Porque le dijeron que la Virgen lo iba a proteger.

Mamá me trae estampitas[17] de la Virgen.

Sí. Ahora se compran en la farmacia.

¿Tú la quieres?

100 ¿A la Virgen?

A mamá. ¿Quieres a mamá?

[15] **llevaba...** *carried the banner of the Virgin (Mary)*
[16] *bullet*
[17] *small religious illustrations*

---

[d]Fulgencio Batista (1901–1973) fue presidente de Cuba de 1940 a 1944 y volvió a obtener el poder en 1952 mediante un golpe de estado. Se mantuvo en su cargo hasta el 31 de diciembre de 1958, cuando fue derrocado por el movimiento revolucionario de Fidel Castro.

[e]Fidel Castro (1927–) es el actual presidente de Cuba. Asumió el poder el 1° de enero de 1959, después de derrocar a Fulgencio Batista, tras una larga lucha de guerrillas como líder del Movimiento 26 de Julio.

Todavía.

¿Y por qué la haces llorar?

Porque me pelea.[18]

105 *Te pelea cuando dices que Cuba era un paraíso. Mamá dice que te querías quedar porque tenías una amiga. ¿Tenías una amiga?*

Sí.

¿Para qué?

Para conversar.

110 *¿Y no conversas con mamá?*

Ella y yo hablamos. Lo que pasa es que hablamos a la vez.[19]

Mamá dice que tu amiga tuvo la culpa. Que ella te metió en la revolución. ¿Hiciste revolución?

Eso pensé yo.

115 *¿Y luchaste contra Fidel?*

Primero contra Batista y luego contra Fidel.

¿Y ahora haces revolución?

Algo parecido.[20]

¿Por qué?

120 Porque nunca se termina.

¿Y por qué hacías revolución si no conocías a Batista?

Sabía cómo era.

Dijiste que no. Que no sabías cómo era. Ni cómo era Batista ni cómo era Fidel.

Sabía cómo era yo.

125 *Mamá dice que Batista era bueno y que el malo era Fidel.*

Y a veces que el malo soy yo.

¿Quién es malo?

Vete tú a saber.[21] Al principio tal vez nadie, porque al principio el mundo parece empezar con uno y nada existe que no podamos prometer. Y las

130 puertas están siempre abiertas y la casa llena de flores, la mesa puesta y en cada plato un regalo. Sí. Y la vida es una fiesta desfilando por escaleras de cristal. Al principio hasta tu madre bajó esa escalera, vestida solamente por el resplandor de un brillante[22] en el ombligo,[23] tan luminoso que era un traje de luz. Al principio fue así. Ella bajando del espacio y yo es-

135 perando, sabiendo que al final llegaría a la realidad de mis brazos y que para poder verla como era tendría que quitarle el brillante del ombligo. Al principio ni Batista era malo ni Fidel era malo ni tu madre era lo que es hoy.

Te estás enfermando.

140 Hoy no me voy a enfermar, porque te estoy diciendo la verdad.

No bebas más.

Sólo un trago.

No quiero que te enfermes.

No me voy a enfermar.

145 *Sí, te vas a enfermar y me vas a decir mentiras otra vez.*

Verás que no. Verás como entre los dos averiguamos[24] la verdad. Cómo era Cuba. Cómo era Batista y cómo era Fidel. Y cómo era tu madre. Y cómo soy yo. ¿No es eso lo que quieres?

Sí.

18 **me...** *she quarrels with me*
19 **a...** *at the same time*
20 **Algo...** *Something like that.*
21 **Vete...** *You try to figure it out.*
22 *diamond*
23 *navel*
24 *we find out*

150 Pues te diré, muchacho, y no te va a gustar.

No, papá. No.

Ya es tarde, muchacho, ya es tarde.

Sólo una cosa papá.

¿Una cosa?

155 *Dime que Cuba era bella.*

Ya te lo dije.

De verdad.

Ya hablamos de eso. Sí, era bella.

Y dime que nunca fue un infierno.

160 Ah, vamos, quieres el cuento a tu manera.

Y que era verdad que la Condesa llenaba la casa con flores y los platos con regalos.

Pues, sí. Así era

Y que las bailarinas eran buenas.

Está bien, está bien.

165 *Y mamá... mamá la más buena y la más bella.*

Mucho más.

Igual que Cuba.

Sí, sí, sí...

¿Como quién, papá? ¿Bella como quién?

170 Te diré. Verás, déjame pensar. Sí, tiene que haber alguien.

Una vez dijiste... una sirena.[25]

¿Una sirena?

Sí. Que viven en el mar y que cantan sentadas en las rocas.

Y eso te gusta.

175 *Más que nada.*

Pues, sí, bella como una sirena, tocando la guitarra y retozando[26] en la espuma[27] del Caribe, radiante bajo el sol y oliendo a mar y a arrecife.[28] Claro que era bella, tan bella que no era de este mundo. Y yo joven y sano y fuerte y lleno de ilusiones, y tan patriota que no podía contener las lá-
180 grimas cuando oía el himno nacional. Así era, muchacho, y nunca sabré por qué me fui. Tal vez tuve miedo de morir por mi libertad, o miedo de vivir sin ser libre, o miedo de que llegara este día, sí, este día, y pensé que si me iba a otro país nunca llegaría el día en que las puertas se cierran y las flores se marchitan[29] y las joyas resultan falsas y las escaleras son de ce-
185 mento y no van a ningún lado, y que una mujer sólo puede ser eso, mujer, y un hombre sólo eso, hombre, y las revoluciones sólo eso, revoluciones, porque el mundo es un escenario donde todos participamos a la vez y donde uno sólo oye lo que uno dice y nadie nos escucha, nadie que nos pueda dar el pie que necesitamos para entendernos y mucho menos nos
190 pueda decir en qué curva del camino se quedó, fija en nuestros recuerdos, negada[30] a morir, la ilusión, esa ilusión que nos hizo vivir y nos trajo hasta aquí y que fue quedando atrás, alejándose,[31] alejándose, alejándose, hasta ser lo que es hoy, un espejismo inalcanzable[32] que ya apenas si puedo reconocer y mucho menos decirte cómo era, cómo era de verdad.

195 *No, papá, no. No sigas.*

Así era. Así es.

33 **se...** *went to my head*
34 **Lo...** *I swear it.*

No llores.
Es la cocacola.
No quiero que llores.
200 La cocacola se me subió a la cabeza.[33]
No llores. Ya no me importa.
¿No te importa?
Cuba no me importa. Pero si lloras tengo miedo y no puedo dormir. No. No me
cuentes más y deja de llorar. ¿Ves, papá, ves? Lo juro.[34] No te voy a preguntar más.
205 *Nunca... nunca... nunca.*

✦ Comprensión y expansión

A. Conteste las siguientes preguntas según el cuento.

1. ¿Cómo se sabe que estos personajes son cubanos exiliados? ¿Cuál es la primera frase donde uno se da cuenta de que no están en su país? Explique.
2. ¿Qué quiere el niño que le cuente su papá? ¿Cómo reacciona éste?
3. ¿Cree usted que al papá le gusta hablar de Cuba? ¿Por qué?
4. ¿Quién es la Condesa? ¿Qué dice el padre de ella?
5. ¿Qué confusión tiene el niño con respecto a Tropicana? ¿Por qué?
6. ¿Qué tipo de relación parece existir entre el papá y la mamá? ¿Cómo le afecta eso al niño? Explique.
7. ¿Tienen los esposos ideas similares con respecto a Cuba, a Fidel y a Batista? Comente.
8. ¿Por qué quería salir de Cuba la mamá? Y el papá, ¿también quería salir? Explique.
9. ¿En qué momento del relato se sabe que la familia está en Puerto Rico? Identifique las frases que lo indican.
10. Cuando el padre le dice al hijo que estuvo «bebiendo cocacola», ¿qué es realmente lo que bebía?
11. Según su opinión, ¿por qué bebe tanto el padre?
12. ¿Qué promete el niño al final del cuento? ¿Por qué?

B. Lea las definiciones que siguen y escriba las palabras definidas en los espacios correspondientes.

1. ser imaginario: mitad mujer y mitad pez   _____
2. lugar idílico, opuesto a **infierno**   _____
3. persona que está sin ropa   _____
4. la estación más fría del año   _____
5. algo dulce que se sirve después de la comida   _____
6. alguien que vive cerca de la casa de uno   _____
7. antónimo de **verdad**   _____
8. sinónimo de **nación**   _____

C. Complete las siguientes afirmaciones, marcando con un círculo la letra de la respuesta más apropiada.

1. El niño quiere que su papá...
   a. le invente un cuento. b. le hable de Cuba.
   c. le hable de su mamá.

2. Este cuento tiene lugar...
   a. por la noche. b. durante la siesta.
   c. por la mañana.

3. El papá bebe...
   a. mucha Coca-Cola. b. mucha leche.
   c. mucho alcohol.

4. Desde el balcón de su casa en Cuba, ellos podían ver...
   a. las montañas. b. el mar.
   c. el Castillo de la Punta.

5. El niño es...
   a. español. b. cubano.
   c. puertorriqueño.

6. Según la mamá, el niño se parece...
   a. a su papá. b. a su abuelo.
   c. a su abuela.

7. El abuelo del niño era...
   a. cubano. b. puertorriqueño.
   c. español.

8. Según el niño, el papá había dicho que la mamá era bella como...
   a. la Condesa. b. una sirena.
   c. un brillante.

9. El no quiere que su papá...
   a. vuelva a Cuba. b. llore más.
   c. tome Coca-Cola.

✦ Temas de discusión o análisis

1. Resuma con sus propias palabras el argumento de «Papá, hazme un cuento».
2. Describa y discuta la estructura dramática de este relato. ¿Por qué no se lo considera «diálogo teatral» o «drama en un acto»?
3. Analice las posibles connotaciones del vocablo «cuento» en el título y compárelas con los significados que va adquiriendo dicho concepto de «cuento» en el contexto de la narración.
4. Compare y contraste la caracterización de los personajes principales en el cuento.
5. Describa y comente el tono, las imágenes y los símbolos usados por el padre para evocar la Cuba del pasado y los recuerdos que tiene de sí mismo y de su esposa antes de su exilio.

6. Analice **uno** de los siguientes temas en «Papá, hazme un cuento» y apoye sus comentarios con citas del texto.
    a. la soledad y la añoranza
    b. la idealización del pasado
    c. el problema de la incomunicación
    d. el ideal y la realidad
7. Describa y comente el tipo de relación que se establece en el cuento entre los siguientes pares: padre-hijo, madre-hijo y esposo-esposa. Apoye sus comentarios con citas del texto.
8. Discuta el papel o la significación de los siguientes conceptos antónimos en «Papá, hazme un cuento»: bueno-malo, paraíso-infierno y verdad-mentira. Apoye sus comentarios con citas del texto.
9. Analice la dicotomía «realidad *versus* ilusión» en los cuentos del padre y discuta su importancia o significación temática en la obra.
10. Teniendo en cuenta que en general las obras de un(a) escritor(a) reflejan sus propias convicciones y frustraciones, ¿qué se puede deducir de este texto con respecto a las ideas y sentimientos de Ferreira sobre la Revolución Cubana en general y sobre Batista y Castro en particular? Explique.

✦ Temas de proyección personal

1. Cuando usted era niño(a), ¿le gustaba que sus padres le leyeran o contaran cuentos? ¿Qué tipo de cuentos le gustaba escuchar? ¿Tenía alguno favorito? ¿Cuál? ¿Por qué?
2. Piense en alguien a quien extraña mucho o en algún lugar que hace tiempo no visita y escriba una breve descripción de la persona o del lugar que añora. Explique el significado especial que esa persona o ese lugar tiene para usted.
3. En este cuento, el padre escapa a un mundo de fantasía e irrealidad por medio del alcohol pero también sufre las consecuencias que eso le trae: problemas con la esposa y la preocupación del niño, por ejemplo. Haga una lista de seis o siete ideas positivas para combatir la tristeza, la soledad, la depresión y los sentimientos negativos en general.

GABRIEL GARCIA MARQUEZ

Nota biográfica

Gabriel García Márquez (1928–), célebre novelista, cuentista, periodista y ensayista colombiano, ganó el Premio Nóbel de Literatura en 1982 y fue el primer novelista hispanoamericano que alcanzó renombre universal después de su compatriota José Eustasio Rivera con la publicación de *La vorágine* (1928). Nació en Aracataca, un pueblito de la costa atlántica de Colombia, y allí vivió con sus abuelos maternos hasta los ocho años. Mucho tiempo después, el escritor recordaría esa época como la más importante de su vida ya que fue entonces cuando escuchó las anécdotas pintorescas y fabulosas que su abuela le contaba sobre la historia y la gente de su pueblo natal. De esos años también proceden las memorias de las guerras civiles y del legendario General Rafael Uribe Uribe —prototipo real del Coronel Aureliano Buendía de *Cien años de soledad* (1967)— narradas por su abuelo, quien había peleado en el lado liberal de la Guerra de Mil Días (1899–1902). Con todo ese material, transformado por el recuerdo, construiría posteriormente su ficción y la situaría en el mítico pueblo de Macondo, su gran invención literaria. En efecto, Macondo, transposición novelesca de la Aracataca de sus años de niño, es un territorio mágico, un sitio donde la realidad no tiene fronteras y donde todo es posible. En 1940, después de la muerte de su abuelo, García Márquez empezó el liceo en Barranquilla y lo completó seis años más tarde an Zipaquirá, pueblo cercano a Bogotá. Entre 1947 y 1948 cursó estudios de derecho y periodismo en las universidades de Bogotá y de Cartagena. En esos años también escribió y publicó sus primeros cuentos y artículos en periódicos locales, leyó mucho, especialmente las obras de Faulkner y Kafka, y se inició como periodista, primero del diario *El Universal* de Cartagena y luego de *El Heraldo* de Barranquilla. En 1954 empezó a trabajar para *El Espectador* y viajó a varias ciudades de Europa (Ginebra, Roma y París) como corresponsal de dicho diario. Estando en París, el entonces dictador Gustavo Rojas Pinilla clausuró *El Espectador* y el joven periodista se quedó sin trabajo. Sin embargo, eso tuvo consecuencias positivas para su narrativa, como lo prueba su actividad literaria del período. Justamente de esos años datan sus primeras novelas: *La hojarasca* (1955), *La mala hora* (terminada en 1957) y las varias versiones de *El coronel no tiene quien le escriba* (1961). En 1957 viajó por Europa Oriental. Al año siguiente regresó a su país y se casó. Después de la Revolución Cubana (1959) trabajó para *Prensa Latina,* la agencia noticiosa cubana, primero en Bogotá y luego en Cuba y Nueva York. Entre 1961 y 1967 vivió en México desempeñándose como periodista y escribiendo guiones cinematográficos. Se estableció luego en Barcelona donde residió hasta volver a Colombia en 1982, año en que también recibió el Premio Nóbel de Literatura. Durante su estadía en México publicó *La mala hora* (1962), *Los funerales de la Mamá Grande* (1962), su primera colección de cuentos, y *Cien años de soledad,* la novela que lo haría famoso y que lo convertiría en una de las figuras claves del «boom» de los años sesenta. Su producción narrativa posterior incluye *La increíble y triste historia de la cándida Eréndira y de su abuela desalmada* (1972), otra serie de relatos, *El otoño del patriarca* (1975), *Crónica de una muerte anunciada* (1981), *El amor en los tiempos del cólera* (1985), *El general en su laberinto* (1989), inspirada en la vida de Simón Bolívar, líder de la emancipación americana, *Doce cuentos peregrinos* (1992) y *Del amor y otros demonios* (1994). García Márquez es además autor de numerosos ensayos, reportajes políticos y textos periodísticos, como también de varios guiones cinematográficos, algunos en colaboración con el escritor mexicano Carlos Fuentes.

✦ Guía y actividades de pre-lectura

En general, la narrativa de García Márquez está muy arraigada en la historia y en la vida sociopolítica de Hispanoamérica. Capta y expresa con gran fidelidad tanto el mundo de la experiencia diaria como el de la imaginación en que se mueven sus habitantes. Si bien la realidad y los problemas hispanoamericanos han servido de tema a una gran cantidad y variedad de obras literarias, antes y después de *Cien años de soledad*, el escritor colombiano los trata con una técnica diferente. Originalmente aplicada a la pintura y denominada «realismo mágico» por el crítico alemán Franz Roh, dicha técnica consiste en mezclar e intercambiar en un mismo texto realidad, sueño y fantasía por un lado, e historia, leyenda y mito por otro. Aunque varios cuentos y novelas de García Márquez no mezclan ni intercambian todos esos niveles, el éxito de *Cien años de soledad* en particular, obra cumbre del realismo mágico, ha convertido a su autor en el exponente más importante de dicha corriente en Hispanoamérica. Es interesante señalar, sin embargo, que según el escritor colombiano, su forma de narrar es más bien algo heredado de familia que adaptado del exterior. En efecto, a menudo recuerda él que de niño su abuela le contaba historias fantásticas e increíbles de manera realista y ordinaria, con un estilo sencillo y directo, como si lo irreal fuera natural y lógico. Se debe deducir entonces que de su abuela, y no del arte surrealista europeo, aprendió él la técnica del realismo mágico que posteriormente caracterizaría algunas de sus obras más conocidas. En cuanto a aspectos recurrentes en la ficción de García Márquez, prácticamente todas sus narraciones se sitúan en el mágico y mítico Macondo, doble literario de su Aracataca natal. Situado en un país parecido a Colombia, pero también a muchos otros, por extensión simbólica Macondo sugiere toda Hispanoamérica, de manera similar al condado de Yoknapatawpha de Faulkner que en la obra del norteamericano se convierte en microcosmos del «*Deep South*» estadounidense. En general, los personajes de García Márquez tienen rasgos similares de acuerdo a su sexo: los hombres tienden a ser soñadores e idealistas mientras que las mujeres son a menudo realistas y prácticas. Algunos temas recurrentes en sus cuentos y novelas son la soledad, la violencia, la corrupción y las injusticias derivadas de la explotación de los pobres por los ricos. Es este último el tema que se desarrolla en «La prodigiosa tarde de Baltazar», relato incluido en *Los funerales de la Mamá Grande*. En esta breve narración, un humilde carpintero, Baltazar, construye una bellísima jaula para el hijo de don José Montiel, el rico del pueblo. A través de las reacciones de los varios personajes con respecto a la jaula y del contraste que se establece entre los dos antagonistas —Baltazar y don José Montiel— se pueden deducir una serie de comentarios y críticas que están implícitos en este cuento, verdadera oda a la humanidad de la gente humilde y a los valores simples de la vida.

1. Teniendo en cuenta los comentarios de esta guía, ¿a qué cree usted que se refiere el título? ¿Por qué será «prodigiosa» esa tarde? ¿Qué posibles significados puede tener la palabra «prodigiosa»? Según su opinión, ¿cambiaría el cuento si el título fuera «La tarde prodigiosa de Baltazar»? Explique.

2. Lea rápidamente los cuatro primeros párrafos del cuento y describa algunas de las características de Baltazar y de su trabajo. ¿Qué profesión u oficio tiene él? ¿Qué acaba de terminar? ¿Hace buen trabajo? ¿Cómo es Baltazar físicamente? ¿Qué edad tiene? ¿Tiene familia? ¿Está casado?

3. Algunos críticos consideran que la narrativa de García Márquez tiene similitudes con la del escritor norteamericano William Faulkner. ¿Ha leído usted algo de Faulkner? ¿Le gusta ese tipo de literatura? ¿Por qué sí o por qué no? Explique.

La prodigiosa tarde de Baltazar

La jaula[1] estaba terminada. Baltazar la colgó en el alero,[2] por la fuerza de la costumbre, y cuando acabó de almorzar ya se decía por todos lados que era la jaula más bella del mundo. Tanta gente vino a verla, que se formó un tumulto frente a la casa, y Baltazar tuvo que descolgarla y cerrar la carpintería.

    —Tienes que afeitarte —le dijo Ursula, su mujer—. Pareces un capuchino.[3]

    —Es malo afeitarse después del almuerzo —dijo Baltazar.

    Tenía una barba de dos semanas, un cabello corto, duro y parado[4] como las crines[5] de un mulo, y una expresión general de muchacho asustado. Pero era una expresión falsa. En febrero había cumplido 30 años, vivía con Ursula desde hacía cuatro, sin casarse y sin tener hijos, y la vida le había dado muchos motivos para estar alerta, pero ninguno para estar asustado. Ni siquiera sabía que para algunas personas, la jaula que acababa de hacer era la más bella del mundo. Para él, acostumbrado a hacer jaulas desde niño, aquél había sido apenas un trabajo más arduo[6] que los otros.

    —Entonces repósate[7] un rato —dijo la mujer—. Con esa barba no puedes presentarte en ninguna parte.

    Mientras reposaba tuvo que abandonar la hamaca varias veces para mostrar la jaula a los vecinos. Ursula no le había prestado atención hasta entonces. Estaba disgustada[8] porque su marido había descuidado[9] el trabajo de la carpintería para dedicarse por entero[10] a la jaula, y durante dos semanas había dormido mal, dando tumbos[11] y hablando disparates,[12] y no había vuelto a pensar en afeitarse. Pero el disgusto se disipó ante la jaula terminada. Cuando Baltazar despertó de la siesta, ella le había planchado los pantalones y una camisa, los había puesto en un asiento junto a la hamaca, y había llevado la jaula a la mesa del comedor. La contemplaba en silencio.

    —¿Cuánto vas a cobrar?[13] —preguntó.

    —No sé —contestó Baltazar—. Voy a pedir treinta pesos para ver si me dan veinte.

    —Pide cincuenta —dijo Ursula—. Te has trasnochado[14] mucho en estos quince días. Además, es bien grande. Creo que es la jaula más grande que he visto en mi vida.

    Baltazar empezó a afeitarse.

    —¿Crees que me darán los cincuenta pesos?

    —Eso no es nada para don Chepe Montiel, y la jaula los vale —dijo Ursula—. Debías pedir sesenta.

1 *cage*
2 *eaves (of a roof)*
3 *Capuchin monk*
4 *standing on end*
5 *mane*
6 *difícil*
7 *descansa*
8 *displeased, annoyed*
9 *neglected*
10 **por...** completamente
11 **dando...** *tossing and turning*
12 *nonsense*
13 *to charge*
14 **Te...** *You've kept late hours*

40   La casa yacía[15] en una penumbra[16] sofocante. Era la primera semana de abril y el calor parecía menos soportable por el pito de las chicharras.[17] Cuando acabó de vestirse, Baltazar abrió la puerta del patio para refrescar la casa, y un grupo de niños entró en el comedor.

La noticia se había extendido. El doctor Octavio Giraldo, un médico
45 viejo, contento de la vida pero cansado de la profesión, pensaba en la jaula de Baltazar mientras almorzaba con su esposa inválida. En la terraza interior donde ponían la mesa en los días de calor, había muchas macetas[18] con flores y dos jaulas con canarios. A su esposa le gustaban los pájaros, y le gustaban tanto que odiaba a los gatos porque eran capaces de
50 comérselos. Pensando en ella, el doctor Giraldo fue esa tarde a visitar a un enfermo, y al regreso pasó por la casa de Baltazar a conocer la jaula.

Había mucha gente en el comedor. Puesta en exhibición sobre la mesa, la enorme cúpula de alambre[19] con tres pisos interiores, con pasadizos[20] y compartimientos especiales para comer y dormir, y trapecios en el
55 espacio reservado al recreo de los pájaros, parecía el modelo reducido de una gigantesca fábrica de hielo.[21] El médico la examinó cuidadosamente, sin tocarla, pensando que en efecto aquella jaula era superior a su propio prestigio, y mucho más bella de lo que había soñado jamás para su mujer.

—Esto es una aventura de la imaginación —dijo. Buscó a Baltazar en
60 el grupo, y agregó, fijos en él sus ojos maternales—: Hubieras sido un extraordinario arquitecto.

Baltazar se ruborizó.[22]

—Gracias —dijo.

—Es verdad —dijo el médico. Tenía una gordura lisa y tierna[23] como
65 la de una mujer que fue hermosa en su juventud, y unas manos delicadas. Su voz parecía la de un cura[24] hablando en latín—. Ni siquiera será necesario ponerle pájaros —dijo, haciendo girar la jaula frente a los ojos del público, como si la estuviera vendiendo—. Bastará con colgarla entre los árboles para que cante sola. —Volvió a ponerla en la mesa, pensó un mo-
70 mento, mirando la jaula, y dijo:

—Bueno, pues me la llevo.

—Está vendida —dijo Ursula.

—Es del hijo de don Chepe Montiel —dijo Baltazar—. La mandó a hacer expresamente.

75   El médico asumió una actitud respetable.

—¿Te dio el modelo?

—No —dijo Baltazar—. Dijo que quería una jaula grande, como ésa, para una pareja de turpiales.[25]

El médico miró la jaula.

80   —Pero ésta no es para turpiales.

—Claro que sí, doctor —dijo Baltazar, acercándose a la mesa. Los niños lo rodearon—. Las medidas están bien calculadas —dijo, señalando con el índice los diferentes compartimientos. Luego golpeó la cúpula con los nudillos,[26] y la jaula se llenó de acordes profundos.

85   —Es el alambre más resistente que se puede encontrar, y cada juntura está soldada[27] por dentro y por fuera —dijo.

—Sirve hasta para un loro[28] —intervino uno de los niños.

15 estaba
16 *semi-darkness*
17 **el...** *the shrilling of the cicadas*
18 *flowerpots*
19 *wire*
20 *passages*
21 **fábrica...** *ice palace (lit. ice factory)*
22 **se...** *blushed*
23 **Tenía...** *He had a soft and smooth corpulence*
24 *priest*
25 *birds very similar to golden orioles*
26 *knuckles*
27 *welded*
28 *parrot*

GABRIEL GARCÍA MÁRQUEZ | **257**

—Así es —dijo Baltazar.

El médico movió la cabeza.

—Bueno, pero no te dio el modelo —dijo—. No te hizo ningún encargo preciso, aparte de que fuera una jaula grande para turpiales. ¿No es así?

—Así es —dijo Baltazar.

—Entonces no hay problema —dijo el médico—. Una cosa es una jaula grande para turpiales y otra cosa es esta jaula. No hay pruebas de que sea ésta la que te mandaron hacer.

—Es esta misma —dijo Baltazar, ofuscado[29]—. Por eso la hice.

El médico hizo un gesto de impaciencia.

—Podrías hacer otra —dijo Ursula, mirando a su marido. Y después, hacia el médico—: Usted no tiene apuro.[30]

—Se la prometí a mi mujer para esta tarde —dijo el médico.

—Lo siento mucho, doctor —dijo Baltazar—, pero no se puede vender una cosa que ya está vendida.

El médico se encogió de hombros.[31] Secándose el sudor del cuello con un pañuelo, contempló la jaula en silencio, sin mover la mirada de un mismo punto indefinido, como se mira un barco que se va.

—¿Cuánto te dieron por ella?

Baltazar buscó a Ursula sin responder.

—Sesenta pesos —dijo ella.

El médico siguió mirando la jaula.

—Es muy bonita —suspiró—. Sumamente[32] bonita. —Luego, moviéndose hacia la puerta, empezó a abanicarse[33] con energía, sonriente, y el recuerdo de aquel episodio desapareció para siempre de su memoria.

—Montiel es muy rico —dijo.

En verdad, José Montiel no era tan rico como parecía, pero había sido capaz de todo por llegar a serlo. A pocas cuadras de allí, en una casa atiborrada de arneses[34] donde nunca se había sentido un olor que no se pudiera vender, permanecía indiferente a la novedad de la jaula. Su esposa, torturada por la obsesión de la muerte, cerró puertas y ventanas después del almuerzo y yació dos horas con los ojos abiertos en la penumbra del cuarto, mientras José Montiel hacía la siesta. Así la sorprendió un alboroto[35] de muchas voces. Entonces abrió la puerta de la sala y vio un tumulto frente a la casa, y a Baltazar con la jaula en medio del tumulto, vestido de blanco y acabado de afeitar, con esa expresión de decoroso candor con que los pobres llegan a la casa de los ricos.

—Qué cosa tan maravillosa —exclamo la esposa de José Montiel, con una expresión radiante, conduciendo a Baltazar hacia el interior—. No había visto nada igual en mi vida —dijo, y agregó, indignada con la multitud que se agolpaba en la puerta—: Pero llévesela para adentro que nos van a convertir la sala en una gallera.[36]

Baltazar no era un extraño en la casa de José Montiel. En distintas ocasiones, por su eficacia y buen cumplimiento, había sido llamado para hacer trabajo de carpintería menor. Pero nunca se sintió bien entre los ricos. Solía pensar en ellos, en sus mujeres feas y conflictivas, en sus tremen-

[29] confuso

[30] prisa

[31] **se...** *shrugged his shoulders*

[32] Extremadamente

[33] *to fan himself*

[34] **atiborrada...** *full of things*

[35] ruido

[36] *cockfight arena*

das operaciones quirúrgicas y experimentaba siempre un sentimiento de piedad. Cuando entraba en sus casas no podía moverse sin arrastrar los pies.[37]

—¿Está Pepe? —preguntó.

Había puesto la jaula en la mesa del comedor.

—Está en la escuela —dijo la mujer de José Montiel—. Pero ya no debe demorar.[38] —Y agregó:— Montiel se está bañando.

En realidad José Montiel no había tenido tiempo de bañarse. Se estaba dando una urgente fricción de alcohol alcanforado[39] para salir a ver lo que pasaba. Era un hombre tan prevenido,[40] que dormía sin ventilador eléctrico para vigilar durante el sueño los rumores de la casa.

—Adelaida —gritó—. ¿Qué es lo que pasa?

—Ven a ver qué cosa tan maravillosa —gritó su mujer.

José Montiel —corpulento y peludo,[41] la toalla colgada en la nuca[42]— se asomó por[43] la ventana del dormitorio.

—¿Qué es eso?

—La jaula de Pepe —dijo Baltazar.

La mujer lo miró perpleja.

—¿De quién?

—De Pepe —confirmó Baltazar. Y después dirigiéndose a José Montiel —: Pepe me la mandó a hacer.

Nada ocurrió en aquel instante, pero Baltazar se sintió como si le hubieran abierto la puerta del baño. José Montiel salió en calzoncillos[44] del dormitorio.

—Pepe —gritó.

—No ha llegado —murmuró su esposa, inmóvil.

Pepe apareció en el vano de la puerta.[45] Tenía unos doce años y las mismas pestañas rizadas[46] y el quieto patetismo de su madre.

—Ven acá —le dijo José Montiel —. ¿Tú mandaste a hacer esto?

El niño bajó la cabeza. Agarrándolo[47] por el cabello, José Montiel lo obligó a mirarlo a los ojos.

— Contesta.

El niño se mordió los labios sin responder.

—Montiel —susurró[48] la esposa.

José Montiel soltó al niño y se volvió hacia Baltazar con una expresión exaltada.

—Lo siento mucho, Baltazar —dijo—. Pero has debido consultarlo conmigo antes de proceder. Sólo a ti se te ocurre contratar con un menor. —A medida que hablaba, su rostro fue recobrando la serenidad. Levantó la jaula sin mirarla y se la dio a Baltazar.— Llévatela en seguida y trata de vendérsela a quien puedas —dijo—. Sobre todo, te ruego que no me discutas.[49] —Le dio una palmadita en la espalda, y explicó—: El médico me ha prohibido coger rabia.[50]

El niño había permanecido inmóvil, sin parpadear,[51] hasta que Baltazar lo miró perplejo con la jaula en la mano. Entonces emitió un sonido gutural, como el ronquido[52] de un perro, y se lanzó al suelo dando gritos.

37 **sin...** *without dragging his feet*
38 **ya...** *he shouldn't take much longer*
39 *camphorated*
40 *cautious*
41 *hairy*
42 *nape*
43 **se...** *leaned out of*
44 *underpants*
45 **vano...** *doorway*
46 **pestañas...** *curled eyelashes*
47 *Tomándolo*
48 *murmuró*
49 **no...** *you don't argue with me*
50 **coger...** *to get angry*
51 **sin...** *without blinking*
52 *growl*

José Montiel lo miraba impasible, mientras la madre trataba de apaciguarlo.[53]

—No lo levantes —dijo—. Déjalo que se rompa la cabeza contra el suelo y después le echas sal y limón para que rabie con gusto.

El niño chillaba[54] sin lágrimas, mientras su madre lo sostenía por las muñecas.[55]

—Déjalo —insistió José Montiel.

Baltazar observó al niño como hubiera observado la agonía de un animal contagioso. Eran casi las cuatro. A esa hora, en su casa, Ursula cantaba una canción muy antigua. Mientras cortaba rebanadas[56] de cebolla.

—Pepe —dijo Baltazar.

Se acercó al niño, sonriendo, y le tendió la jaula. El niño se incorporó de un salto, abrazó la jaula, que era casi tan grande como él, y se quedó mirando a Baltazar a través del tejido[57] metálico, sin saber qué decir. No había derramado[58] una lágrima.

—Baltazar —dijo Montiel, suavemente—. Ya te dije que te la lleves.

—Devuélvela —ordenó la mujer al niño.

—Quédate con ella[59] —dijo Baltazar. Y luego, a José Montiel—: Al fin y al cabo, para eso la hice.

José Montiel lo persiguió hasta la sala.

—No seas tonto, Baltazar... decía, cerrándole el paso—. Llévate tu trasto[60] para la casa y no hagas más tonterías. No pienso pagarte ni un centavo.

—No importa —dijo Baltazar—. La hice expresamente para regalársela a Pepe. No pensaba cobrar nada.

Cuando Baltazar se abrió paso a través de los curiosos que bloqueaban la puerta, José Montiel daba gritos en el centro de la sala. Estaba muy pálido y sus ojos empezaban a enrojecer.

—Estúpido —gritaba—. Llévate tu cacharro.[61] Lo último que faltaba[62] es que un cualquiera[63] venga a dar órdenes en mi casa. ¡Carajo![64]

En el salón de billar recibieron a Baltazar con una ovación. Hasta ese momento, pensaba que había hecho una jaula mejor que las otras, que había tenido que regalársela al hijo de José Montiel para que no siguiera llorando, y que ninguna de esas cosas tenía nada de particular. Pero luego se dio cuenta de que todo eso tenía una cierta importancia para muchas personas, y se sintió un poco excitado.

—De manera[65] que te dieron cincuenta pesos por la jaula.

—Sesenta —dijo Baltazar.

—Hay que hacer una raya en el cielo[66] —dijo alguien—. Eres el único que ha logrado sacarle ese montón de plata[67] a don Chepe Montiel. Esto hay que celebrarlo.

Le ofrecieron una cerveza, y Baltazar correspondió con una tanda[68] para todos. Como era la primera vez que bebía, al anochecer estaba completamente borracho, y hablaba de un fabuloso proyecto de mil jaulas de a sesenta pesos, y después de un millón de jaulas hasta completar sesenta millones de pesos.

[53] calmarlo
[54] *screamed*
[55] *wrists*
[56] *slices*
[57] *mesh*
[58] *shed*
[59] **Quédate...** *Keep it*
[60] *piece of junk*
[61] trasto
[62] **Lo...** *The last thing I need*
[63] **un...** *a nobody*
[64] *Damn!*
[65] **De...** Así
[66] **hacer...** *to draw a line in the sky*
[67] **montón...** tanto dinero
[68] *round*

—Hay que hacer muchas cosas para vendérselas a los ricos antes que se
230 mueran —decía, ciego de la borrachera[69]—. Todos están enfermos y se van
a morir. Cómo estarán de jodidos que ya ni siquiera pueden coger rabia.[70]

Durante dos horas el tocadiscos automático estuvo por su cuenta[71] tocando sin parar. Todos brindaron[72] por la salud de Baltazar, por su suerte y
su fortuna, y por la muerte de los ricos, pero a la hora de la comida lo de-
235 jaron solo en el salón.

Ursula lo había esperado hasta las ocho, con un plato de carne frita
cubierto de rebanadas de cebolla. Alguien le dijo que su marido estaba en
el salón de billar, loco de felicidad, brindando cerveza a todo el mundo,
pero no lo creyó porque Baltazar no se había emborrachado jamás.
240 Cuando se acostó, casi a la medianoche, Baltazar estaba en un salón iluminado, donde había mesitas de cuatro puestos[73] con sillas alrededor, y una
pista de baile[74] al aire libre, por donde se paseaban los alcaravanes.[75] Tenía
la cara embadurnada de colorete,[76] y como no podía dar un paso más,
pensaba que quería acostarse con dos mujeres en la misma cama. Había
245 gastado tanto, que tuvo que dejar el reloj como garantía, con el compromiso de pagar al día siguiente. Un momento después, despatarrado[77] por
la calle, se dio cuenta de que le estaban quitando los zapatos, pero no
quiso abandonar el sueño más feliz de su vida. Las mujeres que pasaron
para la misa de cinco no se atrevieron a mirarlo, creyendo que estaba
250 muerto.

✦ Comprensión y expansión

A. Conteste las siguientes preguntas según el cuento.

1. ¿Quiénes son los personajes principales?
2. ¿Quién es Ursula? ¿Cómo es ella?
3. ¿Cuánto tiempo le llevó a Baltazar hacer esta jaula? ¿Era igual o diferente a otras jaulas que él había hecho antes? Explique.
4. ¿Qué pensaba de esa jaula la gente del pueblo? ¿Y Baltazar? ¿Y Ursula?
5. ¿Para quién la quería el doctor Giraldo? ¿Por qué?
6. ¿Por qué no se la podía vender Baltazar? ¿Para quién la había hecho
   él?
7. ¿Quién es José Montiel? ¿Cómo es él? ¿Y cómo es su esposa?
8. ¿Cómo es la casa de los Montiel? Descríbala brevemente.
9. ¿Se sentía cómodo Baltazar en la casa de los Montiel? ¿Por qué?
10. ¿Cómo reaccionó la señora Montiel al ver la jaula? ¿Y su marido?
11. ¿Qué hizo el niño cuando escuchó lo que le dijo su padre a Baltazar
    con respecto a la jaula?
12. ¿Qué hizo Baltazar con la jaula? ¿Por qué?
13. ¿Qué les dijo él a sus amigos con respecto a la jaula? ¿Por qué?
14. ¿Cómo celebraron ellos esa ocasión? ¿De qué proyecto les habló allí
    Baltazar?
15. ¿Dónde pasó la noche Baltazar? Según su opinión, ¿cuál sería ese
    «sueño más feliz de su vida» que él no quería abandonar al día
    siguiente?

69 **ciego...** *blind drunk*
70 **Cómo...** *They must be so twisted they can't even get mad any longer.*
71 **el...** *he kept the jukebox going*
72 *drank toasts*
73 **mesitas...** *tables for four*
74 **pista...** *dance floor*
75 *curlews (a type of bird)*
76 **Tenía...** *His face was smeared with lipstick*
77 *sprawled*

B. Dé una o más palabras relacionadas con los siguientes verbos.

Modelos   soñar   *sueño*

emborracharse   *borracho, borrachera*

1. expresar _____   7. bailar _____
2. mentir _____   8. recordar _____
3. comer _____   9. acostumbrarse _____
4. enfermarse _____   10. almorzar _____
5. importar _____   11. disgustarse _____
6. gritar _____   12. imaginar _____

C. Identifique y explique la importancia o la significación de los siguientes elementos en el contexto del cuento.

1. «Hubieras sido un extraordinario arquitecto.»
2. los pájaros
3. el ventilador eléctrico en casa de los Montiel
4. «Pepe me la mandó hacer.»
5. «Sólo a ti se te ocurre contratar con un menor.»
6. el grito del niño
7. la mentira de Baltazar con respecto a lo que recibió por la jaula

✦ Temas de discusión o análisis

1. Resuma con sus propias palabras el argumento de «La prodigiosa tarde de Baltazar».
2. Analice la significación del título y su relación temática o estructural con el resto del relato.
3. Discuta el simbolismo de la jaula en este cuento.
4. Discuta la caracterización de Baltazar, don José Montiel, Ursula y Adelaida. Apoye sus comentarios con citas del texto.
5. Compare y contraste **uno** de los siguientes temas en la obra.
   a. la personalidad de los personajes masculinos
   b. la personalidad de los personajes femeninos
   c. la vida familiar de Baltazar y Ursula con la de don José y Adelaida
6. Analice la función temática y/o estructural del niño en este cuento.
7. Describa y analice la estructura de la sociedad presentada en este relato.
8. Analice «La prodigiosa tarde de Baltazar» como obra de crítica social. En particular, discuta el tema de la injusticia en el cuento.
9. Discuta el papel de la imaginación en el relato.
10. Analice las relaciones de dependencia, conflicto o choque que se establecen en el cuento entre el mundo de la imaginación y el de la realidad.
11. Discuta el papel de la mentira y de la hipocresía en este texto.
12. Teniendo en cuenta que la jaula de Baltazar es una verdadera obra de arte, considerada por todos lados como «la más bella del mundo», discuta el cuento como comentario sobre el papel del artista en una sociedad de clases como la reflejada en el mundo de estos personajes.

✦ Temas de proyección personal

1. Imagine que usted se encuentra en una situación idéntica o similar a la de Baltazar: ha hecho un determinado trabajo para alguien y en el momento del pago no le quieren pagar lo que le deben. ¿Cómo reaccionaría usted? ¿Haría lo mismo que Baltazar? ¿Por qué sí o por qué no?
2. En este cuento hay una relación de amor y dedicación entre Baltazar y su trabajo: él hace sus jaulas con cariño y se siente muy orgulloso del producto final. Según su opinión, ¿existe una relación similar en la mayoría de los trabajos hoy día o el ejemplo de Baltazar es más bien una excepción? ¿En qué clases de trabajos es más fácil disfrutar de lo que uno hace? Comente.
3. En este cuento Baltazar miente más de una vez. ¿Cree usted que a veces es necesario mentir o piensa que es mejor decir la verdad siempre? ¿En qué circunstancias justificaría usted una mentira? Explique.

MARIO BENEDETTI

Nota biográfica

Mario Benedetti (1920–), narrador, poeta, periodista, dramaturgo, ensayista y crítico, es uno de los escritores uruguayos más polifacéticos y de más fama internacional. Aunque nació en Paso de los Toros, Departamento de Tacuarembó, siempre se ha considerado «montevideano» ya que se mudó con su familia a la capital, Montevideo, cuando apenas tenía cuatro años. Allí creció, se educó, ejerció empleos muy diversos —como contador, cajero, taquígrafo, empleado público y traductor, entre otros trabajos— y se inició como periodista, narrador y poeta. Colaboró en varias revistas culturales y literarias de su país (*Marcha, Marginalia* y *Número*), de Argentina (*Sur* y *Mundo Argentino*) y de México (*Revista Mexicana de Literatura*). En 1949 publicó *Esta mañana,* su primer libro de cuentos y, un año después, su primera novela: *Quién de nosotros.* En 1955 fue elegido presidente de la Sociedad de Escritores Independientes (SEI) y en 1958 visitó Estados Unidos, donde dio conferencias sobre literatura hispanoamericana. En la década de los cincuenta publicó dos libros de gran significación en su carrera literaria: uno de poesía, *Poemas de la oficina* (1956), y otro de cuentos, *Montevideanos* (1959). Dichas obras inauguraron, en dos géneros diferentes, una nueva temática en la literatura uruguaya y definieron una serie de preocupaciones y motivos recurrentes en la producción posterior del autor: temas en general relacionados con el mundo de la burocracia pública y de la pequeña burguesía urbana a la cual él mismo pertenecía. La publicación de su colección de ensayos *El país de la cola de paja* en 1960 y especialmente la aparición de su novela *La tregua* ese mismo año, lo convirtieron en el escritor más leído tanto dentro como fuera de su país. En efecto, esta novela tuvo más de un centenar de ediciones, fue traducida a unas veinte lenguas y adaptada para el teatro, la radio, la televisión y el cine. Durante los años sesenta, Benedetti hizo frecuentes viajes al exterior: a Santiago de Chile (1962), a Estocolmo y Copenhague (1963), a La Habana (1966 y 1967), a México (1967) y a París, donde permaneció casi un año (1966–1967). Entre 1968 y 1971 prácticamente vivió en Cuba. Dos años después de regresar a su patria, tuvo que volver a salir, esta vez por razones políticas, como consecuencia del golpe de estado de 1973. Desde entonces y hasta que se restableció la democracia en Uruguay (1985), pasó doce años en el exilio: en Argentina, Perú, Cuba y España. En total escribió más de sesenta libros que abarcan todos los géneros. Además de las obras ya citadas, se deben mencionar, en narrativa: *Gracias por el fuego* (1965), novela crítica de contenido sociopolítico; *La muerte y otras sorpresas* (1968), colección de cuentos fantásticos, y *Primavera con una esquina rota* (1982), novela que explora el tema del exilio. En poesía, sus obras reflejan las circunstancias generales que causaron el masivo exilio y posterior «desexilio» (o retorno al país) de los exiliados uruguayos: *La casa y el ladrillo* (1977), *Vientos del exilio* (1982), *Geografías* (1984) y *Las soledades de Babel* (1991). En teatro, la pieza *Pedro y el capitán* (1979) denuncia la institución de la tortura. Su prolífica producción crítica y ensayística incluye *Mejor es meneallo* (1961), recopilación de crónicas humorísticas previamente aparecidas en el semanario *Marcha*, *Literatura uruguaya, siglo XX* (1963), *Letras del continente mestizo* (1967), *Letras de emergencia* (1974), *El escritor latinoamericano y la revolución posible* (1974), *El desexilio y otras conjeturas* (1984), serie de textos periodísticos de contenido cultural y político escritos durante su residencia en Madrid, y *Crítica cómplice* (1988), reflexiones críticas sobre representantes de la literatura contemporánea universal, para mencionar sólo los títulos más conocidos.

✦ Guía y actividades de pre-lectura

Para una clasificación preliminar y apreciación de conjunto, las obras de Benedetti se pueden dividir en dos períodos, según hayan sido concebidas y escritas antes o después de 1960, respectivamente. Dichos períodos están marcados por las circunstancias personales del propio escritor como también por los cambios sociales y políticos ocurridos en Uruguay y en el resto de Latinoamérica. En el primero, Benedetti desarrolló una literatura realista, de poca experimentación formal, localizada en Montevideo y caracterizada por sus descripciones de la vida rutinaria y monótona, a menudo tragicómica, de los empleados públicos, bancarios, oficinistas y miembros de la pequeña burguesía uruguaya en general. Después de la Revolución Cubana (1959) que afectó profundamente a muchos intelectuales latinoamericanos, la obra de Benedetti se amplió temática y geográficamente. En efecto, la producción de este segundo período refleja su creciente interés en la política y en el destino de sus compatriotas dispersos por el mundo, víctimas de la situación sociopolítica nacional y, en particular, de la diáspora resultante del golpe de estado de 1973 y de la dictadura militar que gobernó Uruguay hasta 1985. Esta literatura, formalmente más audaz y experimental que la del primer período, expresa también las angustias y esperanzas de amplios sectores de la sociedad por encontrar soluciones a los problemas políticos específicos y colectivos de

América Latina. El cuento aquí reproducido, «Una carta de amor», proviene de su primera época y está incluido en *Mejor es meneallo*, libro que reúne comentarios y crónicas sobre diversos temas de la vida cotidiana uruguaya. Estos comentarios y crónicas, como las demás obras del primer período, tratan generalmente de la vida cotidiana de la ciudad. Sus personajes se mueven dentro de la rutina del trabajo o de la oficina, caminan por las calles de Montevideo, se reúnen en algún café de barrio y suben todos los días al mismo ómnibus en la misma esquina. Sin embargo, aunque el autor a menudo parece reírse de sus personajes y tratarlos con cierta crueldad, sabe también revelar, de manera sutil pero segura, sus cualidades positivas, su sensibilidad humana. Por debajo de la monotonía y de la mediocridad de sus personajes, Benedetti siempre incluye rasgos que los humanizan y los vuelven «simpáticos» por más feos, gordos, aburridos o tontos que parezcan. «Una carta de amor» es un ejemplo típico del escenario y de los seres que pueblan el mundo de la ficción benedettiana. Escrito en forma de carta, con un tono irónico y bromista, y con un lenguaje coloquial lleno de expresiones típicas rioplatenses, este relato tiene lugar un día de semana cualquiera, en un ómnibus que siempre hace el mismo recorrido. Allí viajan, de manera regular, los dos personajes principales cuyas vidas aisladas no son de envidiar pero para las cuales el cuento parece abrir una pequeña puerta de esperanza hacia el diálogo, convirtiendo la soledad de dos en una posible amistad o amor compartido.

1. Basándose en el título, ¿qué temas y/o asuntos piensa usted que va a encontrar en «Una carta de amor»? Explique.

2. Lea las dos primeras líneas del cuento y compárelas con el título. ¿Qué le llama la atención de esa introducción? ¿Por qué?

3. En este relato hay muchísimas alusiones a lugares, parques, comidas, equipos de fútbol y otras cosas típicas de Montevideo, Uruguay. Según su opinión, ¿qué función podrá tener esa abundancia de detalles locales en el cuento? Comente.

Una carta de amor

Señorita: Usted y yo nunca fuimos presentados, pero tengo la esperanza de que me conozca de vista. Voy a darle un dato:[1] yo soy ese tipo despeinado,[2] de corbata moñita[3] y saco a cuadros,[4] que sube todos los días frente a Villa Dolores en el 141[5] que usted ya ha tomado en Rivera y Propios. ¿Me reconoce ahora? Como quizá se haya dado cuenta, hace cuatro
5   años que la vengo mirando. Primero con envidia porque usted venía sentada y yo en cambio casi a upa[6] de ese señor panzudo[7] que sube en mi misma parada[8] y que me va tosiendo en el pescuezo[9] hasta Dieciocho y Yaguarón. Después con curiosidad, porque, claro, usted no es como las
10 otras: es bastante más gorda. Y por último con creciente interés porque creo modestamente que usted puede ser mi solución y yo la suya. Paso a[10] explicarme. Antes que nada, voy a pedirle encarecidamente[11] que no se ofenda, porque así no vale.[12] Voy a expresarme con franqueza y chau.[13]

[1] *piece of information*
[2] *unkempt*
[3] **corbata...** *bow tie*
[4] **saco...** *plaid jacket*
[5] número del autobús
[6] **casi...** *almost in the lap*
[7] *potbellied*
[8] *(bus) stop*
[9] **me...** *keeps coughing down my neck*
[10] **Paso...** Déjeme
[11] *earnestly*
[12] **así...** *that wouldn't be fair*
[13] *that will be that (lit. good-bye)*

Usted no necesita que le aclare que yo no soy lo que se dice un churro,[14]
así como yo no necesito que usted me diga que no es Miss Universo. Los
dos sabemos lo que somos ¿verdad? ¡Fenómeno![15] Así quería empezar.
Bueno, no se preocupe por eso. Si bien yo llevo la ventaja[16] de que existe
un refrán[17] que dice: «El hombre es como el oso,[18] cuanto más feo más
hermoso» y usted en cambio la desventaja de otro, aun no oficializado,
que inventó mi sobrino: «La mujer gorda en la boda, generalmente inco-
moda»,[19] fíjese sin embargo que mi cara de pollo mojado[20] hubiera sido
un fracaso[21] en cualquier época y en cambio su rolliza manera de existir[22]
hubiera podido tener en otros tiempos un considerable prestigio. Pero
hoy en día el mundo está regido[23] por factores económicos, y la belleza
también. Cualquier flaca perchenta[24] se viste con menos plata que usted,
y es ésta, créame, la razón de que los hombres las prefieran. Claro que
también el cine tiene su influencia, ya que Hollywood ha gustado siempre
de las flacas, pero ahora, con la pantalla ancha,[25] quizá llegue una oportunidad para sus colegas. Si le voy a ser recontrafranco,[26] le confesaré que a
mí también me gustan más las delgaditas; tienen no sé qué cosa viboresca
y latigosa[27] que a uno lo pone de buen humor y en primavera lo hace relinchar.[28] Pero, ya que estamos en tren de confidencias,[29] le diré que las
flacas me largan al medio,[30] no les caigo bien[31] ¿sabe? ¿Recuerda ésa
peinada a lo Audrey Hepburn[32] que sube en Bulevar, que los muchachos
del ómnibus le dicen «Nacional»[a] porque adelante no tiene nada? Bueno,
a ésa le quise hablar a la altura de Sarandí y Zabala y allí mismo me en-
cajó[33] un codazo[34] en el hígado[35] que no lo arreglo con ningún colagogo.[36] Yo sé que usted tiene un problema por el estilo: es evidente que le
gustan los morochos[37] de ojos verdes. Digo que es evidente, porque he observado con cierto detenimiento[38] las babosas[39] miradas de ternero
mamón[40] que usted le consagra a cierto individuo con esas características
que sube frente al David.[b] Ahora bien, él no le habrá dado ningún codazo
pero yo tengo registrado que la única vez que se dio cuenta de que usted
le consagraba su respetable interés, el tipo se encogió de hombros e hizo
con las manos el clásico gesto de ula Marula.[41] De modo que su situación y
la mía son casi gemelas.[42] Dicen que el que la sigue la consigue, pero usted
y yo la hemos seguido y no la hemos conseguido. Así que he llegado a la
conclusión de que quizá usted me convenga y viceversa. ¿No le tiene
miedo a una vejez[43] solitaria? ¿No siente pánico cuando se imagina con
treinta años más de gobiernos batllistas,[c] mirándose al espejo y recono-
ciendo sus mismas voluminosas formas de ahora, pero mucho más fofas[44] y

14 hombre atractivo, buen mozo
15 *Great!*
16 **yo...** *I have the advantage*
17 *saying, proverb*
18 *bear*
19 *bothers one*
20 **de...** *like a wet chicken*
21 *disaster, failure*
22 **rolliza...** *roly-poly way of life*
23 *ruled*
24 **flaca...** *very skinny*
25 **pantalla...** *wide screen*
26 *brutally honest*
27 **viboresca...** *snake-like and flexible*
28 *whinny (like a horse)*
29 **ya...** *since we're talking confidences*
30 **me...** *won't have anything to do with me*
31 **no...** *I'm not their type*
32 **peinada...** *with the Audrey Hepburn hairdo*
33 *dio*
34 *jab with her elbow*
35 *liver, gut*
36 medicina, remedio
37 *dark-haired men*
38 *cuidado*
39 *drooling*
40 **ternero...** *unweaned calf*
41 **ula...** *annoyance*
42 iguales
43 *old age*
44 *flabby*

---

[a]«Nacional» y «Peñarol» son los dos equipos de fútbol más populares del Uruguay. La crítica
aquí implícita va dirigida a los delanteros del equipo.
[b]Aquí se alude a la estatua del David que está en el centro de Montevideo, enfrente de la Muni-
cipalidad.
[c]«Gobiernos batllistas» es aquí sinónimo de «gobiernos colorados». El Partido Colorado y el Partido Blanco son los dos más grandes del Uruguay. El adjetivo «batllista» deriva del nombre del
ideólogo más importante del Partido Colorado, José Batlle y Ordóñez (1856–1929), político y
presidente de tendencia democrática que promovió e implementó en su país muchas reformas
políticas, económicas, culturales y sociales.

esponjosas,[45] con arruguitas[46] aquí y allá, y acaso algún lobanillo[47] estratégico? ¿No sería mejor que para esa época estuviéramos uno junto al otro, leyéndonos los avisos económicos o jugando a la escoba de quince?[48]
Yo creo sinceramente que a usted le conviene aprovechar su juventud, de la cual está jugando ahora el último alargue.[49] No le ofrezco pasión, pero le prometo llevarla una vez por semana al cine de barrio para que usted no descuide[50] esa zona de su psiquis.[51] No le ofrezco una holgada[52] posición económica, pero mis medios no son tan reducidos como para no permitirnos interesantes domingos en la playa o en el Parque Rodó.[d] No le ofrezco una vasta cultura pero sí una atenta lectura de *Selecciones*,[53] que hoy en día sustituye a aquélla con apreciable ventaja. Poseo además especiales conocimientos en filatelia (que es mi hobby) y en el caso de que a usted le interese este rubro,[54] le prometo que tendremos al respecto amenísimas conversaciones. ¿Y usted qué me ofrece, además de sus kilos, que estimo en lo que valen? Me gustaría tanto saber algo de su vida interior, de sus aspiraciones. He observado que le gusta leer los suplementos femeninos, de modo que en el aspecto de su inquietud[55] espiritual, estoy tranquilo.[56] Pero ¿qué más? ¿Juega a la quiniela,[57] le agrada la fainá,[e] le gusta Olinda Bozán? No sé por qué, pero tengo la impresión de que vamos a congeniar[58] admirablemente. Esta carta se la dejo al guarda[59] para que se la entregue. Si su respuesta es afirmativa, traiga puestos[60] mañana esos clips con frutillas[61] que le quedan tan monos.[62] Mientras tanto, besa sus guantes su respetuoso admirador.

✦ Comprensión y expansión

A. Conteste las siguientes preguntas según el cuento.

1. ¿Quién es el autor de la carta? ¿A quién se la escribe?
2. ¿Cómo o dónde se conocieron estos dos personajes?
3. ¿Cuánto tiempo hace que él viene mirando a la señorita?
4. Según la carta, ¿cómo es el narrador? Descríbalo brevemente.
5. ¿Y cómo es la señorita? Descríbala brevemente.
6. Según el narrador, ¿qué factores influyen para que a los hombres les gusten más las mujeres delgadas?
7. ¿Por qué dice él que su situación y la de la señorita son casi gemelas? Explique.
8. ¿Cuál es la conclusión a la que ha llegado el narrador? Comente.
9. ¿Le ofrece pasión y riqueza él a ella? ¿Qué le puede ofrecer? Explique.
10. Según su opinión, ¿por qué cree el narrador que él y la señorita van a congeniar?
11. En realidad, ¿qué es lo que le está proponiendo él a ella en la carta?

---

[d]El Parque Rodó es el parque de diversiones más grande de Montevideo.
[e]La fainá es una especie de panqueque que se hace de harina de garbanzos. «Fainá y pizza» es algo que a los uruguayos les gusta comer de cena o para matar el hambre en cualquier momento del día.

Margin glosses:

45 *spongy*
46 *little wrinkles*
47 *cyst*
48 **escoba...** *type of card game*
49 *overtime (of a game)*
50 *neglect*
51 *psyche*
52 *comfortable*
53 *Spanish version of Reader's Digest*
54 *field (of interest)*
55 preocupación
56 *reassured, calm*
57 *type of lottery game*
58 *get along*
59 *ticket collector (in the bus)*
60 **traiga...** *wear*
61 **clips...** *earrings with strawberries*
62 **le...** *look so pretty on you*

12. ¿Cómo le va a mandar la carta? ¿Por qué?

13. ¿Qué deberá hacer ella si está de acuerdo con la propuesta del narrador?

14. ¿Piensa usted que la señorita va a aceptar o rechazar la propuesta? ¿Por qué?

B. Lea las definiciones que siguen y escriba las palabras definidas en los espacios correspondientes.

1. golpe que se da con el codo   _____
2. hombre atractivo o buen mozo   _____
3. persona muy delgada   _____
4. ropa para las manos   _____
5. antónimo de **rubio**   _____
6. persona que trabaja en un autobús   _____
7. sinónimo de **proverbio**   _____
8. sinónimo de **fresas**   _____

C. Las frases que siguen describen a la señorita y al narrador-autor de «Una carta de amor». Lea cada una de ellas y marque **S** (señorita), **N** (narrador) o **A** (ambos) en los espacios correspondientes.

_____ 1. Toma regularmente el autobús número 141.
_____ 2. Lleva un saco a cuadros.
_____ 3. Le gustan las personas del sexo opuesto que tienen ojos verdes.
_____ 4. No sabe el nombre de la otra persona.
_____ 5. Lee *Selecciones.*
_____ 6. Es probable que todavía no esté casado(a).
_____ 7. Lee los suplementos femeninos.
_____ 8. Tiene como hobby la filatelia.
_____ 9. Es obvio que tiene más de veinte años.
_____ 10. Le gustan las personas del sexo opuesto que son delgadas.

◆ Temas de discusión o análisis

1. Resuma con sus propias palabras el contenido de «Una carta de amor».
2. Discuta el título del cuento y relaciónelo con el resto de la obra.
3. Analice el papel del narrador en el relato.
4. Discuta el papel o la función del guarda en el cuento.
5. Describa y discuta la estructura formal y narrativa del cuento.
6. Analice el uso del humor y/o de la ironía en el cuento y apoye sus comentarios con citas del texto.
7. Basándose en datos incluidos o implícitos en el relato, escriba una biografía comentada del narrador-autor de la carta o de la señorita a quien ésta va dirigida.
8. En cierto momento dice el autor de la carta que la situación de la señorita y la de él son casi gemelas. ¿Está usted de acuerdo con dicha afirmación? Explique por qué sí o por qué no y apoye sus comentarios con citas del texto.

9. Imagine que usted es la señorita del cuento y que hoy le dio el guarda del 141 la carta de amor dirigida a usted. Escríbale unas líneas de respuesta a su admirador aceptando o rechazando su propuesta matrimonial. Incluya en su mensaje las razones por las que ha decidido aceptar o rechazar su oferta.

✦ Temas de proyección personal

1. Piense en alguien que a usted le gusta pero a quien todavía no le ha confesado sus sentimientos, o en alguien que sólo existe en su imaginación. Escríbale una carta confesándole su amor y/o deseos de empezar una relación seria y permanente.
2. Describa alguna experiencia inolvidable, interesante o extraña que usted haya tenido en el pasado en algún viaje en autobús, tren, barco o avión.
3. Imagine encontrarse en las siguientes situaciones. Diga cómo actuaría o qué haría usted en cada una de dichas circunstancias.
   a. Se sube a un autobús, tren o avión y se siente fuertemente atraído(a) por un(a) pasajero(a) que aparentemente viaja solo(a).
   b. Va a una conferencia, reunión o fiesta y conoce a alguien que le gusta muchísimo pero que llegó acompañado(a) por otra persona.
   c. Tiene un(a) compañero(a) a quien ve regularmente en clase y con quien le gustaría empezar una amistad o una relación amorosa.
   d. Recibe una carta o un regalo de alguien que sólo se identifica diciendo que es un(a) admirador(a) suyo(a).

ELENA PONIATOWSKA

Nota biográfica

Elena Poniatowska (1933–), periodista, narradora y ensayista mexicana, nació en París de padre polaco y madre mexicana. Vino a Ciudad de México con su familia en 1942, durante la Segunda Guerra Mundial, y allí vive desde entonces. En su adolescencia, viajó a Estados Unidos y terminó sus estudios secundarios en el convento del Sagrado Corazón en Filadelfia. Luego de regresar a México, empezó su carrera de periodista en 1954 en el diario *Excélsior*, destacándose en el género de la entrevista. Esto le ganó posteriormente el Premio Nacional de Periodismo (1978), la más alta distinción en ese campo, siendo ella la primera mujer en recibir dicho premio en su país. Desde 1954, cuando también se publicó *Lilus Kikus*, su primer libro de cuentos, Poniatowska se ha dedicado tanto al periodismo como a la literatura, distinguiéndose en ambas áreas. Preocupada por las causas sociales, ha escrito varios libros de carácter documental o testimonial ligados a los problemas del país, desde *Todo empezó en domingo* (1963), crónicas que relatan los paseos u ocios dominicales de las clases más pobres, hasta *Nada, nadie* (1987), en que se da testimonio de la tragedia colectiva resultante de los terremotos que asolaron la capital mexicana en 1985. Similar preocupación temática revelan *La noche de Tlatelolco* (1971), su obra más conocida, basada en entrevistas y documentos que reconstruyen la masacre estudiantil del 2 de octubre de 1968 en la Plaza de Tlatelolco, y *Fuerte es el silencio* (1980), ensayos y crónicas en torno a la problemática realidad mexicana donde se hace patente su compromiso político. Sus inquietudes literarias se han traducido en la publicación de antologías de cuentos, novelas y biografías noveladas. Incluso es autora de una temprana obra de teatro, *Melés y Teleo* (1956), y de un poemario, *Rojo de vida y negro de muerte*. En 1969 apareció su novela testimonial *Hasta no verte Jesús mío*, basada en una serie de entrevistas con Jesusa Palancares, mujer de clase humilde que participó en la Revolución Mexicana, cuyos recuerdos recuperan para la ficción la historia mexicana del siglo XX desde la perspectiva de los menos afortunados. Publicó después, entre otros títulos, las novelas *Querido Diego, te abraza Quiela* (1978), estructurada en forma de cartas de amor imaginarias de la pintora rusa Angelina Beloff (Quiela) al muralista mexicano Diego Rivera, *Gaby Brimmer* (1979), sobre una joven afectada de parálisis cerebral, y *La «Flor de Lis»* (1988), especie de autobiografía novelada, y las colecciones de cuentos *De noche vienes* (1979) y *La casa en la tierra* (1980). De más reciente publicación es *Tinísima* (1992), extensa novela inspirada en la vida de la fotógrafa italiana Tina Modotti, también amante de Diego Rivera y entusiasta militante de los movimientos de renovación artística, cultural y política de los años veinte y treinta en México, Alemania, la Unión Soviética y la España republicana, respectivamente.

✦ Guía y actividades de pre-lectura

Iniciada en el periodismo, la producción literaria de Elena Poniatowska está orientada hacia relatos próximos al reportaje y refleja técnicas asociadas con la forma, el lenguaje y el estilo periodísticos. En efecto, a menudo sus textos están estructurados como reseñas, entrevistas, collage de noticias o notas periodísticas. Emplean un lenguaje gráfico y visual, tienen un estilo coloquial y directo, o combinan elementos de dos o más de estas categorías. En general, su obra testimonia y documenta los problemas sociales y políticos de su México contemporáneo y se caracteriza por dar voz literaria a quienes tradicionalmente han carecido de ella: los pobres y la población indígena en general, y las mujeres de clase humilde en particular. El cuento aquí incluido, «Cine Prado», proviene de *De noche vienes*, antología que reúne algunos de sus relatos dispersos a través de los años en revistas y suplementos literarios. Según Poniatowska, dicho cuento fue escrito en 1956 o 1957. Con respecto a su título, explica ella que en Ciudad de México, bien al lado del Hotel Prado, antes había un cine que se llamaba «Cine Prado» y que todavía existía cuando escribió ese cuento. Pero hoy día, continúa la autora, «hay una tienda de arte y cosas folklóricas donde antes estaba el Cine Prado». Y agrega que «allí se daba puro cine erótico francés y se pasaban las películas de Françoise Arnoul...». El cuento está estructurado en forma de una carta que va dirigida a cierta «Señorita», cuya identidad sólo se revela al final, en la posdata. Se trata de la actriz Françoise Arnoul a quien, según parece, se la veía frecuentemente en ciertas películas francesas de los años cincuenta.

1. ¿Qué tipo de carta anticipa usted? ¿Cómo se imagina a la persona que quiera o pueda escribir una carta como ésa? ¿Diría que quien la escribe es hombre o mujer? ¿Por qué?

2. Describa sus ideas con respecto al posible contenido de la carta y dé sus hipótesis sobre el (la) autor(a) de dicha carta.

3. Lea los cuatro primeros párrafos del cuento.
   a. ¿Qué tratamiento se usa en la carta: el «tú» o el «usted»? ¿Por qué?
   b. ¿Dónde y cómo se sabe que quien escribe la carta es un hombre? ¿En qué estado psicológico se encuentra él? ¿Cómo se describe a sí mismo?
   c. ¿Qué tipo de relación existe entre el autor de la carta y Françoise Arnoul? Explique.

Cine Prado

Señorita:

A partir de[1] hoy, debe usted borrar[2] mi nombre de la lista de sus admiradores. Tal vez convendría ocultarle[3] esta deserción, pero callándome, iría en contra de una integridad personal que jamás ha eludido las exi-
5 gencias de la verdad. Al apartarme de usted, sigo un profundo viraje[4] de mi espíritu, que se resuelve en el propósito final de no volver a contarme entre los espectadores de una película suya.

Esta tarde, más bien esta noche, usted me destruyó. Ignoro si le importa saberlo, pero soy un hombre hecho pedazos.[5] ¿Se da usted cuenta?
10 Soy un aficionado que persiguió su imagen en la pantalla[6] de todos los cines de estreno y de barrio,[7] un crítico enamorado que justificó sus peores actuaciones morales y que ahora jura de rodillas separarse para siempre de usted aunque el simple anuncio de *Fruto prohibido* haga vacilar su decisión. Lo ve usted, sigo siendo un hombre que depende de una som-
15 bra engañosa.

Sentado en una cómoda butaca,[8] fui uno de tantos, un ser perdido en la anónima oscuridad, que de pronto se sintió atrapado en una tristeza individual, amarga y sin salida. Entonces fui realmente yo, el solitario que sufre y que le escribe. Porque ninguna mano fraterna se ha extendido
20 para estrechar la mía. Cuando usted destrozaba[9] tranquilamente mi corazón en la pantalla, todos se sentían inflamados y fieles. Hasta hubo un canalla[10] que rió descaradamente,[11] mientras yo la veía desfallecer[12] en brazos de ese galán abominable que la condujo a usted al último extremo de la degradación humana.

25 Y un hombre que pierde de golpe[13] todos sus ideales ¿no cuenta para nada señorita?

Dirá usted que soy un soñador, un excéntrico, uno de esos aerolitos[14] que caen sobre la tierra al margen de todo cálculo.[15] Prescinda[16] usted de cualquiera de sus hipótesis, el que la está juzgando soy yo, y hágame el

[1] **A...** Desde
[2] *erase*
[3] *to hide from you*
[4] *turning point*
[5] **hecho...** *broken to pieces*
[6] *screen*
[7] **los...** *the first-run and neighborhood movie theaters*
[8] *seat*
[9] *destruía, rompía*
[10] *despicable person*
[11] *shamelessly*
[12] *languishing, fainting*
[13] **de...** *all of a sudden*
[14] *meteorites*
[15] **al...** *against all odds*
[16] *Disregard*

favor de ser más responsable de sus actos, y antes de firmar un contrato o de aceptar un compañero estelar,[17] piense que un hombre como yo puede contarse entre el público futuro y recibir un golpe mortal. No hablo movido por los celos, pero, créame usted: en *Esclavas del deseo* fue besada, acariciada y agredida[18] con exceso. No sé si mi memoria exagera, pero en la escena del cabaret no tenía usted por qué entreabrir de esa manera sus labios, desatar[19] sus cabellos sobre los hombros y tolerar los procaces ademanes[20] de aquel marinero, que sale bostezando,[21] después de sumergirla en el lecho del desdoro[22] y abandonarla como una embarcación que hace agua.[23]

Yo sé que los actores se deben a su público, que pierden en cierto modo su libre albedrío[24] y que se hallan a la merced de los caprichos[25] de un director perverso; sé también que están obligados a seguir punto por punto todas las deficiencias y las falacias del texto que deben interpretar, pero déjeme decirle que a todo el mundo le queda, en el peor de los casos, un mínimo de iniciativa, una brizna[26] de libertad que usted no pudo o no quiso aprovechar.

Si se tomara la molestia,[27] usted podría alegar en su defensa que desde su primera irrupción en el celuloide[28] aparecieron algunos de los rasgos[29] de conducta que ahora le reprocho. Es verdad; y admito avergonzado que ningún derecho ampara mis querellas.[30] Yo acepté amarla tal como es. Perdón, tal como creía que era. Como todos los desengañados, maldigo el día en que uní mi vida a su destino cinematográfico. Y conste que la acepté toda opaca y principiante, cuando nadie la conocía y le dieron aquel papelito de trotacalles[31] con las medias chuecas[32] y los tacones carcomidos,[33] papel que ninguna mujer decente habría sido capaz de aceptar. Y sin embargo, yo la perdoné, y en aquella sala indiferente y llena de mugre[34] saludé la aparición de una estrella. Yo fui su descubridor, el único que supo asomarse[35] a su alma, entonces inmaculada, pese a su bolsa arruinada y a sus vueltas de carnero.[36] Por lo que más quiera en la vida, perdóneme este brusco arrebato.[37]

Se le cayó la máscara, señorita. Me he dado cuenta de la vileza de su engaño. Usted no es la criatura de delicias, la paloma[38] frágil y tierna a la que yo estaba acostumbrado, la golondrina[39] de inocentes revuelos, el rostro perdido entre gorgueras de encaje[40] que yo soñé, sino una mala mujer hecha y derecha, un despojo de la humanidad, novelera[41] en el peor sentido de la palabra. De ahora en adelante, muy estimada señorita, usted irá por su camino y yo por el mío. Ande, ande usted, siga trotando por las calles, que yo ya me caí como una rata en una alcantarilla.[42] Y conste que lo de señorita se lo digo porque a pesar de los golpes que me ha dado la vida sigo siendo un caballero. Mi viejita santa me inculcó[43] en lo más hondo el guardar siempre las apariencias. Las imágenes se detienen y mi vida también. Así es que... señorita. Tómelo usted, si quiere, como una desesperada ironía.

Yo la había visto prodigar besos y recibir caricias en cientos de películas, pero antes, usted no alojaba[44] a su dichoso compañero en el espíritu. Besaba usted sencillamente como todas las buenas actrices: como se besa a un muñeco de cartón. Porque, sépalo usted de una vez por todas, la

17 **compañero...** *co-star*
18 abusada, atacada
19 *to let loose*
20 **procaces...** *impudent manners*
21 *yawning*
22 **lecho...** cama del deshonor
23 **embarcación...** *leaky boat*
24 **libre...** *free will*
25 *whims*
26 fragmento
27 **Si...** *If you were to take the trouble*
28 pantalla
29 características
30 quejas
31 *street walker*
32 *crooked*
33 **tacones...** *worn-out heels*
34 *grime*
35 llegar, acercarse
36 **vueltas...** *somersaults*
37 **brusco...** *sudden rage*
38 *dove*
39 *swallow*
40 **gorgueras...** *ruffles of lace*
41 **hecha...** *fully mature and capable, a scrap of humanity, thrill seeker*
42 *sewer*
43 *instilled*
44 guardaba, tenía

única sensualidad que vale la pena es la que se nos da envuelta en alma, porque el alma envuelve entonces nuestro cuerpo, como la piel de la uva comprime[45] la pulpa, la corteza guarda al zumo.[46] Antes, sus escenas de amor no me alteraban, porque siempre había en usted un rasgo de dignidad profanada, porque percibía siempre un íntimo rechazo, una falla en el último momento que rescataba mi angustia y consolaba mi lamento. Pero en *La rabia en el cuerpo* con los ojos húmedos de amor, usted volvió hacia mí su rostro verdadero, ese que no quiero ver nunca más. Confiéselo de una vez: usted está realmente enamorada de ese malvado, de ese comiquillo de segunda,[47] ¿no es cierto? ¿Se atrevería a negarlo impunemente? Por lo menos todas las palabras, todas las promesas que le hizo, eran auténticas, y cada uno de sus gestos, estaban respaldados[48] en la firme decisión de un espíritu entregado.[49] ¿Por qué ha jugado conmigo como juegan todas? ¿Por qué me ha engañado usted como engañan todas las mujeres, a base de máscaras sucesivas y distintas? ¿Por qué no me enseñó desde el principio, de una vez, el rostro desatado[50] que ahora me atormenta?

Mi drama es casi metafísico y no le encuentro posible desenlace.[51] Estoy solo en la noche de mi desvarío.[52] Bueno, debo confesar que mi esposa todo lo comprende y que a veces comparte mi consternación. Estábamos gozando aún de los deliquios y la dulzura propia de los recién casados cuando acudimos inermes[53] a su primera película. ¿Todavía la guarda usted en su memoria? Aquella del buzo[54] atlético y estúpido que se fue al fondo del mar, por culpa suya, con todo y escafandra.[55] Yo salí del cine completamente trastornado,[56] y habría sido una vana pretensión el ocultárselo a mi mujer. Ella, por lo demás, estuvo completamente de mi parte; y hubo de admitir que sus deshabillés son realmente espléndidos. No tuvo inconveniente en acompañarme al cine otras seis veces, creyendo de buena fe que la rutina rompería el encanto. Pero ¡ay! las cosas fueron empeorando a medida que se estrenaban sus películas. Nuestro presupuesto hogareño[57] tuvo que sufrir importantes modificaciones, a fin de permitirnos frecuentar las pantallas unas tres veces por semana. Está por demás decir que después de cada sesión cinematográfica pasábamos el resto de la noche discutiendo. Sin embargo, mi compañera no se inmutaba.[58] Al fin y al cabo, usted no era más que una sombra indefensa, una silueta de dos dimensiones, sujeta a las deficiencias de la luz. Y mi mujer aceptó buenamente tener como rival a un fantasma cuyas apariciones podían controlarse a voluntad, pero no desaprovechaba la oportunidad de reírse a costa de usted y de mí. Recuerdo su regocijo[59] aquella noche fatal en que, debido a un desajuste[60] fotoeléctrico, usted habló durante diez minutos con voz inhumana, de robot casi, que iba del falsete al bajo profundo... A propósito de su voz, sepa usted que me puse a estudiar el francés porque no podía conformarme[61] con el resumen de los títulos en español, aberrantes e incoloros. Aprendí a descifrar el sonido melodioso de su voz, y con ello vino el flagelo[62] de entender a fuerza mía algunas frases vulgares, la comprensión de ciertas palabras atroces que puestas en sus labios o aplicadas a usted me resultaron intolerables. Deploré aquellos tiempos en que llegaban a mí, atenuados por pudibundas[63] traducciones; ahora, las recibo como bofetadas.[64]

45 *compresses*
46 **corteza...** *skin holds the juice*
47 **comiquillo...** *second-rate clown*
48 *supported*
49 *defeated*
50 *unmasked, naked*
51 final, conclusión
52 delirio, locura
53 *defenseless*
54 **Aquella...** *That one about the diver*
55 *diving suit*
56 perturbado, loco
57 **presupuesto...** *household budget*
58 alteraba
59 alegría, felicidad
60 *maladjustment*
61 estar satisfecho
62 tortura, sacrificio
63 *prudish*
64 *slaps (in the face)*

Lo más grave del caso es que mi mujer está dando inquietantes muestras de mal humor. Las alusiones a usted, y a su conducta en la pantalla, son cada vez más frecuentes y feroces. Ultimamente ha concentrado sus ataques en la ropa interior y dice que estoy hablándole en balde[65] a una mujer sin fondo. Y hablando sinceramente, aquí entre nosotros ¿a qué viene toda esa profusión de infames transparencias, ese derroche de íntimas prendas de tenebroso acetato?[66] Si yo lo único que quiero hallar en usted es esa chispita[67] triste y amarga que ayer había en sus ojos... Pero volvamos a mi mujer. Hace visajes[68] y la imita. Me arremeda[69] a mí también. Repite burlona algunas de mis quejas más lastimeras. «Los besos que me duelen en *Qué me duras*, me están ardiendo como quemaduras». Dondequiera que estemos se complace en recordarla, dice que debemos afrontar este problema desde un ángulo puramente racional, con todos los adelantos de la ciencia y echa mano de[70] argumentos absurdos pero contundentes.[71] Alega, nada menos, que usted es irreal y que ella es una mujer concreta. Y a fuerza de demostrármelo está acabando una por una con mis ilusiones. No sé qué va a ser de mí si resulta cierto lo que aquí se rumora, que usted va a venir a filmar una película y honrará a nuestro país con su visita. Por amor de Dios, por lo más sagrado, quédese en su patria, señorita.

Sí, no quiero volver a verla, porque cada vez que la música cede poco a poco y los hechos se van borrando en la pantalla, yo soy un hombre anonadado.[72] Me refiero a la barrera mortal de esas tres letras crueles que ponen fin a la modesta felicidad de mis noches de amor, a dos pesos[a] la luneta.[73] He ido desechando poco a poco el deseo de quedarme a vivir con usted en la película y ya no muero de pena cuando tengo que salir del cine remolcado[74] por mi mujer que tiene la mala costumbre de ponerse de pie al primer síntoma de que el último rollo[75] se está acabando.

Señorita, la dejo. No le pido siquiera un autógrafo, porque si llegara a enviármelo yo sería capaz de olvidar su traición imperdonable. Reciba esta carta como el homenaje[76] final de un espíritu arruinado y perdóneme por haberla incluido entre mis sueños. Sí, he soñado con usted más de una noche, y nada tengo que envidiar a esos galanes de ocasión que cobran un sueldo por estrecharla en sus brazos y que la seducen con palabras prestadas.

Créame sinceramente su servidor,

PD.[77]

Olvidaba decirle que escribo tras las rejas de la cárcel.[78] Esta carta no habría llegado nunca a sus manos si yo no tuviera el temor de que el mundo le diera noticias erróneas acerca de mí. Porque los periódicos, que siempre falsean los hechos, están abusando aquí de este suceso ridículo: «Ayer por la noche, un desconocido, tal vez en estado de ebriedad[79] o perturbado de sus facultades mentales, interrumpió la proyección de *Esclavas del deseo* en su punto más emocionante, cuando

65 **en...** en vano
66 **derroche...** *waste of lingerie made of dark acetate*
67 *little spark*
68 *faces*
69 imita
70 **echa...** usa, se sirve de
71 impresionantes, convincentes
72 destruido, vencido
73 *seat*
74 *dragged*
75 *reel*
76 *homage*
77 *PS*
78 **las...** *prison bars*
79 **en...** *intoxicated*

---

[a]When this story was written, the exchange rate was about eight pesos to the dollar.

desgarró[80] la pantalla del cine Prado al clavar[81] un cuchillo en el pecho de Françoise Arnoul. A pesar de la oscuridad, tres espectadoras vieron cómo el maniático corría hacia la actriz con el cuchillo en alto y se pusieron de pie para examinarlo de cerca y poder reconocerlo a la hora de la consignación.[82] Fue fácil porque el individuo se desplomó[83] una vez consumado el acto».

Sé que es imposible, pero daría lo que no tengo con tal de que usted conservara para siempre en su pecho, el recuerdo de esa certera puñalada.[84]

[80] *he ripped*
[81] introducir, meter
[82] **a...** en el momento de describir lo que pasó
[83] *collapsed*
[84] **certera...** *well-aimed stab*

✦ Comprensión y expansión

A. Conteste las siguientes preguntas según el cuento.

1. ¿Qué le dice el narrador a la «señorita» al principio de su carta?
2. ¿Cómo y cuando conoció él a la señorita? Explique.
3. ¿Cuál es el tono de la carta?
4. ¿Ha visto el narrador muchas películas de Françoise Arnoul? Aproximadamente, ¿cuántas veía él cada semana?
5. ¿Qué se puede deducir de los títulos de las películas de Françoise Arnoul? Comente.
6. ¿Qué tipo de papeles tiene la actriz francesa en esas películas?
7. ¿Piensa usted que el narrador es una persona celosa? ¿Por qué? Dé uno o dos ejemplos del cuento.
8. ¿Cree usted que el narrador está enamorado de la actriz francesa? ¿Por qué?
9. ¿Cómo reacciona la esposa del narrador cuando se da cuenta de la obsesión de su marido? Según su opinión, ¿por qué no le pedirá el divorcio?
10. ¿Por qué no quiere él que Françoise Arnoul venga a México? Comente.
11. ¿Dónde está el narrador cuando escribe esta carta? ¿Por qué?
12. Según su opinión, ¿es importante la posdata de esta carta? ¿Por qué?

B. Lea las definiciones que siguen y escriba las palabras definidas en los espacios correspondientes.

1. persona que admira a alguien _____
2. lugar donde se sientan los espectadores en un cine o teatro _____
3. sinónimo de **alegría** o **felicidad** _____
4. superficie donde se proyectan películas _____
5. sinónimo de **lecho** _____
6. intención de hacer algo _____
7. decir algo íntimo, como un secreto, por ejemplo _____
8. lugar donde van los criminales _____
9. sustantivo para referirse a lo cotidiano, regular y repetido _____
10. antónimo de **atar** _____

C. Complete las siguientes afirmaciones, marcando con un círculo la palabra o frase más apropiada.

1. El narrador es un (pariente / admirador / amigo) de Françoise Arnoul.
2. El está (casado con / obsesionado con / divorciado de) la actriz francesa.
3. Cuando él escribe la carta, aparentemente está (solo / con su esposa / con otras personas).
4. La esposa del narrador (admiraba a Françoise Arnoul / se reía de la obsesión de su marido / no sabía quién era Françoise Arnoul).
5. Para comprender mejor el diálogo de las películas de Françoise Arnoul, el narrador empezó a estudiar (inglés / francés / portugués).
6. El narrador decide no pedirle (una carta de respuesta / un autógrafo / una fotografía) a la actriz francesa porque si ella le responde él teme perdonarla una vez más.
7. El está en la cárcel porque arruinó la pantalla del Cine Prado cuando proyectaban (*Fruto prohibido* / *Esclavas del deseo* / *La rabia en el cuerpo*).
8. En la posdata el narrador (confiesa su amor por Françoise Arnoul / dice que ha matado a alguien / relata lo que dicen los periódicos de su crimen).

✦ Temas de discusión o análisis

1. Resuma con sus propias palabras el contenido de «Cine Prado».
2. Discuta el título del cuento y relaciónelo con el resto de la obra.
3. Analice la estructura formal del relato.
4. Discuta las ventajas de la perspectiva formal con el uso de «usted» en «Cine Prado».
5. Describa y comente la personalidad del narrador.
6. Discuta el tema de la soledad o alienación en el cuento.
7. Analice «Cine Prado» como obra de crítica social y/o cultural.
8. Discuta la influencia de las técnicas periodísticas en los aspectos formales, lingüísticos o estilísticos de este relato.
9. Según Elena Poniatowska, la posdata final del cuento está concebida y escrita «como una noticia periodística». Describa y analice los elementos periodísticos de dicha posdata.
10. Imagine que usted es Françoise Arnoul y conteste la carta que acaba de recibir de su admirador mexicano.

✦ Temas de proyección personal

1. Discuta la influencia del cine o la televisión en los espectadores en general y en los niños y jóvenes en particular. ¿Cree usted que se deben censurar algunas películas? Explique.
2. Algunas personas consideran que la pornografía es otra manifestación del sexismo existente en nuestra sociedad, que es humillante para la mujer y que constituye una forma adicional de explotación sexual.

¿Está usted de acuerdo con esa posición? Comente y dé sus opiniones al respecto.

3. Imagine encontrarse en una situación parecida a la reflejada en «Cine Prado». ¿Cómo reaccionaría usted si su novio(a) o esposo(a) tuviera una obsesión con otra persona similar a la que tiene este narrador? ¿Se divorciaría? ¿Por qué sí o por qué no? Explique.

OCTAVIO PAZ

Nota biográfica

Octavio Paz (1914–), poeta, ensayista, filósofo y crítico literario mexicano galardonado con los dos premios literarios más prestigiosos, el Cervantes en 1981 y el Nóbel de Literatura en 1990, nació en Ciudad de México y se educó en la U.N.A.M. (Universidad Nacional Autónoma de México). Publicó su primer libro de poemas, *Luna silvestre* (1933) cuando sólo tenía diecinueve años. Desde muy joven se dedicó también a la creación y difusión de revistas literarias y desde entonces colabora regularmente en diversas publicaciones culturales nacionales y extranjeras. En 1943 ingresó en el cuerpo diplomático y durante más de dos décadas representó a México en varios países de Europa y Asia. Entre 1944 y 1945 vivió en Estados Unidos y de 1946 a 1951 en Francia, donde conoció a André Breton, uno de los fundadores del surrealismo.* Allí participó en la aventura surrealista, movimiento con el que ha demostrado tener gran afinidad espiritual y estética. En 1952 estuvo unos meses en Japón y entre 1959 y 1962 volvió nuevamente a Francia. Fue después embajador en India (1962–1968), cargo del que renunció en 1968 en señal de protesta contra la represión del movimiento estudiantil del 2 de octubre de ese año en la Plaza de Tlatelolco. Todos estos viajes han marcado su obra y han dejado huellas indelebles en su formación intelectual y artística. En Estados Unidos, por ejemplo, descubrió la poesía de habla inglesa (T. S. Eliot, Ezra Pound, Wallace Stevens y ee cummings), en Francia el surrealismo, la concisión y brevedad del «haiku» en Japón y se empapó del pensamiento oriental —del budismo en particular— durante su residencia en India. En los años setenta fundó dos prestigiosas revistas literarias, *Plural* (1971) y *Vuelta* (1976), y desde entonces Paz se ha convertido en una de las voces más representativas de la lírica y el pensamiento mexicanos e hispanoamericanos en general. Su obra más conocida es *El laberinto de la soledad: vida y pensamiento de México* (1950), serie de ensayos que presentan una visión crítica de México y del ser mexicano. Libro de gran influencia en la literatura hispánica posterior, es un intento de autoconocimiento y de profundizar en la mexicanidad a través del tiempo y de la historia, desde la conquista hasta el presente. La reflexión sobre lo mexicano se prolonga en *Posdata* (1970), motivada por la masacre estudiantil de 1968. Otros ejemplos significativos de su extensa producción ensayística son *El arco y la lira* (1956), reflexiones sobre la poesía; *Las peras del* *olmo* (1957); *Cuadrivio* (1965); *Corriente alterna* (1967); *Marcel Duchamp o el castillo de la pureza* (1968); *Conjunciones y disyunciones* (1969), meditaciones sobre el erotismo y las relaciones entre la filosofía oriental y la europea; *Los signos en rotación y otros ensayos* (1971); *In/Mediaciones* (1979), y *Sor Juana o las trampas de la fe* (1983), un voluminoso libro dedicado a su compatriota Sor Juana Inés de la Cruz (1651–1695), la poeta hispanoamericana más famosa de la época colonial. De más reciente aparición son *La otra voz: poesía y fin de siglo* (1990), *Convergencias* (1991) y *Al paso* (1992). Su también prolífica e importante obra poética incluye, entre otros títulos, *¡No pasarán!* (1936); *Raíz del hombre* (1937); *Entre la piedra y la flor* (1941); *Libertad bajo palabra* (1949); *¿Aguila o sol?* (poemas en prosa, 1951); *La estación violenta* (1958); *Salamandra* (1962); *Viento entero* (1965); *Ladera este* (1969), dos volúmenes que reflejan su encuentro con la cultura oriental; *El mono gramático* (1974), donde el poeta explora el sentido del lenguaje y de la escritura; *Vuelta* (1976), que recoge sus poemas posteriores a su regreso en 1969, después de una larga ausencia; *Poemas 1935–75* (1979), y *Arbol adentro* (1987), su último libro de poesía.

✦ Guía y actividades de pre-lectura

Dos constantes que caracterizan el mundo poético de Paz son su lirismo y su erotismo. Responden a su percepción de la poesía como instrumento para conocerse a sí mismo y como forma de superar la soledad. Expresan además su convicción de que esta soledad esencial sólo puede trascenderse a través de la compasión, la fe en el mundo, el amor y la comunión con la naturaleza. A sus dos primeras colecciones líricas sigue una serie de excelentes poemas erótico-filosóficos contenidos en varios volúmenes posteriores —publicados entre 1937 y 1958— de donde provienen los dos aquí representados: «Dos cuerpos» y «Movimiento». Ambos textos revelan algunos temas recurrentes tanto en su poesía como en sus ensayos: el amor, la soledad, el silencio, la naturaleza y la comunicación humana. Otros motivos y asuntos también a menudo presentes en la obra de este escritor son los relacionados con la dimensión del tiempo y del espacio, el problema de la nada, la teoría y la práctica de la poesía, las posibilidades y limitaciones expresivas del lenguaje, la fusión del «yo» con la naturaleza, la búsqueda del ser y el retorno a las raíces. Profundo conocedor de la cultura de su país y ávido lector de la literatura universal, Paz refleja sus preocupaciones por la realidad mexicana y sus meditaciones de carácter filosófico, lingüístico y poético en sus numerosos y variados textos. Además de los dos poemas mencionados, se incluye aquí un breve ensayo, «Recapitulaciones», extraído de *Corriente alterna*, donde su autor describe y resume sus ideas en torno a la poesía y a la actividad poética en general.

1. ¿Qué ideas o imágenes le sugieren los títulos de los poemas «Dos cuerpos» y «Movimiento»? Explique.

2. ¿Qué ideas tiene usted sobre la poesía? Según su opinión, ¿cumple la poesía una función ética? ¿estética? ¿ética y estética? ¿O piensa tal vez que la poesía es una actividad más bien inútil? Comente.

3. ¿Qué entiende usted por «poema»? ¿Y por «poesía»? Dé su definición personal de lo que es un «poema» y de lo que es «poesía». También prepare

una lista de los elementos que considera importantes o esenciales para cada uno de dichos conceptos. Comente.

4. En «Recapitulaciones» va a encontrar muchas alusiones referentes, en particular, al mundo del arte, de la literatura y de la filosofía. Para facilitar su comprensión, busque información en el espacio cibernético de la «Internet» o en algún libro de referencia sobre **cinco** de los siguientes personajes, obras y movimientos culturales diversos que no han sido incluidos o que aparecen con información mínima en las notas al pie del ensayo. Luego prepare un breve informe oral con los resultados de su investigación.

    a. André Breton
    b. el surrealismo
    c. *Divina comedia* de Dante Alighieri
    d. Marcel Proust
    e. el «happening»
    f. Immanuel Kant
    g. *La vida es sueño* de Pedro Calderón de la Barca
    h. el dadaísmo
    i. Friedrich Nietzsche
    j. el budismo
    k. Marcel Duchamp
    l. *El paraíso perdido* de John Milton

Dos cuerpos

Dos cuerpos frente a frente
son a veces dos olas[1]
y la noche es océano.

Dos cuerpos frente a frente
son a veces dos piedras
y la noche desierto.

Dos cuerpos frente a frente
son a veces raíces[2]
en la noche enlazadas.[3]

Dos cuerpos frente a frente
son a veces navajas[4]
y la noche relámpago.[5]

Dos cuerpos frente a frente
son dos astros[6] que caen
en un cielo vacío.

[1] *waves*
[2] *roots*
[3] conectadas, abrazadas
[4] *sharp knives*
[5] *lightning*
[6] estrellas

Eclipse total (1946) del pintor mexicano Rufino Tamayo.

✦ Comprensión

Conteste las siguientes preguntas según el poema.

1. ¿Cuál es el tema de este poema?
2. ¿Qué imágenes se asocian con los dos cuerpos?
3. Según su opinión, ¿de qué género son esos dos cuerpos? Comente.
4. ¿Por qué cree usted que la voz lírica visualiza a los dos cuerpos en un escenario nocturno? Explique.

Movimiento

Si tú eres la yegua[1] de ámbar
  Yo soy el camino de sangre[2]
Si tú eres la primer nevada[3]
  Yo soy el que enciende el brasero del alba[4]
5 Si tú eres la torre[5] de la noche
  Yo soy el clavo ardiendo en tu frente[6]
Si tú eres la marea matutina[7]

[1] *mare*
[2] *blood*
[3] *snowfall*
[4] **enciende...** *ignites the hearth of dawn*
[5] *tower*
[6] **clavo...** *nail burning in your forehead*
[7] **marea...** *morning tide*

Yo soy el grito del primer pájaro
Si tú eres la cesta[8] de naranjas
10 Yo soy el cuchillo de sol
Si tú eres el altar de piedra
Yo soy la mano sacrílega
Si tú eres la tierra acostada
Yo soy la caña[9] verde
15 Si tú eres el salto[10] del viento
Yo soy el fuego enterrado[11]
Si tú eres la boca del agua
Yo soy la boca del musgo[12]
Si tú eres el bosque de las nubes
20 Yo soy el hacha[13] que las parte
Si tú eres la ciudad profanada
Yo soy la lluvia de consagración
Si tú eres la montaña amarilla
Yo soy los brazos rojos del liquen[14]
25 Si tú eres el sol que se levanta
Yo soy el camino de sangre.

8 *basket*
9 *sugar cane*
10 *shift*
11 **fuego...** *buried fire*
12 *moss*
13 *axe*
14 *lichen*

✦ Comprensión

Conteste las siguientes preguntas según el poema.

1. ¿Cómo interpreta usted el título de este poema?
2. Según su opinión, ¿cuál es el tema aquí?
3. Si el «tú» y el «yo» se refieren a los dos miembros de una pareja, ¿cuál de esos dos sujetos, según su opinión, alude al hombre y cuál a la mujer? ¿Por qué?
4. ¿Qué colores se incluyen, implícita o explícitamente, en este poema? ¿Predominan los tonos oscuros o los claros? ¿Nota usted la ausencia de algún color en particular? Explique.
5. ¿De cuántos pares de versos se compone el poema? ¿Cree usted que ese número es probablemente significativo o que es totalmente casual? ¿Por qué? Comente.

Recapitulaciones[1]

El poema es inexplicable, no ininteligible.

Poema es lenguaje rítmico —no lenguaje ritmado (canto) ni mero ritmo verbal (propiedad general del habla,[2] sin excluir a la prosa).

Ritmo es relación de alteridad[3] y semejanza[4]: este sonido *no* es aquél, este
5 sonido es *como* aquél. El ritmo es la metáfora original y contiene a todas las otras. Dice: la sucesión es repetición, el tiempo es no-tiempo.

1 Resúmenes
2 *speech*
3 *otherness*
4 *similarity*

Lírico, épico o dramático, el poema es sucesión y repetición, fecha y rito. El «happening» también es poema (teatro) y rito (fiesta) pero carece de[5] un elemento esencial: el ritmo, la reencarnación del instante. Una y otra vez repetimos los endecasílabos de Góngora[a] y los monosílabos con que termina el *Altazor* de Huidobro;[b] una y otra vez Swan[c] escucha la sonata de Vinteuil, Agamenón inmola[6] a Ifigenia,[d] Segismundo[e] descubre que sueña despierto —el «happening» sucede sólo una vez.

El instante se disuelve en la sucesión anónima de los otros instantes. Para *salvarlo* debemos *convertirlo* en ritmo. El «happening» abre otra posibilidad: el instante que no se repite. Por definición, ese instante es el último: el «happening» es una alegoría de la muerte.

El circo romano es la prefiguración y la crítica del «happening». La prefiguración: en un «happening» coherente con sus postulados[7] todos los actores deberían morir; la crítica: la representación del instante último exigiría la extirpación[8] de la especie humana. El único acontecimiento[9] irrepetible: el fin del mundo.

Entre el circo romano y el «happening»: la corrida de toros. El riesgo,[10] pero asimismo[11] el estilo.

El poema hecho de una sola sílaba no es menos complejo que la *Divina comedia*[12] o *El paraíso perdido*.[13] El sutra[f] *Satasahasrika* expone la doctrina en cien mil estrofas; el *Eksaksari* en una sílaba: *a*. En el sonido de esa vocal se condensa todo el lenguaje, todas las significaciones y, simultáneamente, la final ausencia de significación del lenguaje y del mundo.

Comprender un poema quiere decir, en primer término,[14] *oírlo*.

Las palabras entran por el oído, aparecen ante los ojos, desaparecen en la contemplación. Toda lectura de un poema tiende[15] a provocar el silencio.

---

5 **carece...** *it lacks*
6 sacrifica
7 principios claros y evidentes
8 **exigiría...** *would require the extinction*
9 evento
10 *risk*
11 también
12 ***Divina...*** *(Dante's) Divine Comedy*
13 ***El paraíso...*** *(Milton's) Paradise Lost*
14 **en...** *first of all*
15 *has a tendency*

---

[a]Aquí se alude a los sonetos endecasílabos de Luis de Góngora y Argote (1561–1627), famoso poeta español del Siglo de Oro.
[b]Título de un conocido poema de Vicente Huidobro (1893–1948), escritor chileno fundador del «creacionismo», doctrina poética que proclama la total autonomía del poema.
[c]Swan es un personaje de *A la recherche du temps perdu*, famosa novela del escritor francés Marcel Proust (1871–1922).
[d]Ifigenia es un personaje mitológico, hija de Agamenón, rey griego que sitió Troya y que quiso sacrificarla para obtener la protección de la diosa Artemisa contra los troyanos.
[e]Segismundo es el personaje principal de *La vida es sueño*, comedia filosófica de Pedro Calderón de la Barca (1600–1681), famoso dramaturgo español del Siglo de Oro.
[f]Para el hinduismo, el «sutra» es un manual de aforismos y reglas de conducta que se relacionan con algún aspecto de la vida humana, y en particular con las costumbres y los ritos religiosos. Para el budismo, es el nombre dado a cualquiera de los sermones o colección de pensamientos de Buda.

Leer un poema es oírlo con los ojos; oírlo, es verlo con los oídos.

35 En los Estados Unidos está de moda que los poetas lean en público sus poemas. La experiencia es equívoca[16] porque la gente ha olvidado el arte de oír poesía; además, los poetas modernos son escritores y, así, «malos actores de sus propias emociones». Pero la futura poesía será oral. Colaboración entre las máquinas parlantes,[17] las pensantes[18] y un *público de poetas,* será el *arte de escuchar y combinar los mensajes.* ¿Y no es esto lo que hacemos
40 ahora cada vez que leemos un libro de poemas?

Al leer o escuchar un poema, no olemos, saboreamos o tocamos las palabras. Todas esas sensaciones son imágenes mentales. Para sentir un poema hay que comprenderlo; para comprenderlo: oírlo, verlo, contemplarlo —convertirlo en eco,[19] sombra,[20] nada. Comprensión es ejercicio
45 espiritual.

Duchamp[g] decía: si un objeto de tres dimensiones proyecta una sombra de dos dimensiones, deberíamos imaginar ese objeto desconocido de cuatro dimensiones cuya sombra somos. Por mi parte me fascina la búsqueda del objeto de una dimensión que no arroja[21] sombra alguna.

50 Cada lector es otro poeta; cada poema, otro poema.

En perpetuo cambio, la poesía no avanza.

En el discurso una frase prepara a la otra; es un encadenamiento[22] con un principio y un fin. En el poema la primera frase contiene a la última y la última evoca a la primera. La poesía es nuestro único recurso contra el
55 tiempo rectilíneo —contra el progreso.

La moral del escritor no está en sus temas ni en sus propósitos sino en su conducta frente al lenguaje.

En poesía la técnica se llama moral: no es una manipulación sino una pasión y un ascetismo.

60 El falso poeta habla de sí mismo, casi siempre en nombre de los otros. El verdadero poeta habla con los otros al hablar consigo mismo.

La oposición entre obra cerrada y obra abierta no es absoluta. Para consumarse,[23] el poema hermético[24] necesita la intervención de un lector que lo descifre.[25] El poema abierto implica, asimismo, una estructura

16 **La...** *It is a false experience*
17 **máquinas...** *talking machines*
18 *thinking (machines)*
19 *echo*
20 *shadow*
21 *casts*
22 *chain*
23 completarse
24 impenetrable, cerrado, ininteligible
25 *deciphers*

---

[g]Aquí se alude a Marcel Duchamp (1887–1968), importante pintor cubista francés y uno de los fundadores del «dadaísmo». Paz escribió un libro sobre él, como se puede ver en la Nota biográfica, página 278.

mínima: un punto de partida o, como dicen los budistas: un «apoyo»[26] para la meditación. En el primer caso, el lector *abre* el poema; en el segundo, lo completa, lo *cierra*.

La página en blanco o cubierta únicamente de signos de puntuación es como una jaula[27] sin pájaro. La verdadera obra abierta es aquella que *cierra* la puerta: el lector, al abrirla, deja escapar al pájaro, al poema.

Abrir el poema en busca de *esto* y encontrar *aquello* —siempre otra cosa.

Abierto o cerrado, el poema exige[28] la abolición del poeta que lo escribe y el nacimiento[29] del poeta que lo lee.

La poesía es lucha[30] perpetua contra la significación. Dos extremos: el poema abarca[31] todos los significados, es el significado de todas las significaciones; el poema niega toda significación al lenguaje. En la época moderna la primera tentativa[32] es la de Mallarmé;[h] la segunda, la de Dadá.[i] Un lenguaje más allá del lenguaje o la destrucción del lenguaje por medio del[33] lenguaje.

Dadá fracasó[34] porque creyó que la derrota[35] del lenguaje sería el triunfo del poeta. El surrealismo afirmó la supremacía del lenguaje sobre el poeta. Toca a[36] los poetas jóvenes borrar[37] la distinción entre creador y lector: descubrir el punto de *encuentro* entre el que habla y el que oye. Ese punto es el centro del lenguaje: no el diálogo, el yo y el tú, ni el yo reduplicado, sino el monólogo plural —la incoherencia original, la *otra coherencia*. La profecía de Lautréamont:[j] la poesía será hecha por todos.

Desde la disgregación[38] del catolicismo medieval, el arte se separó de la sociedad. Pronto se convirtió en una religión individual y en el culto privado de unas sectas. Nació la «obra de arte» y la idea correlativa de «contemplación estética». Kant[k] y todo lo demás. La época que comienza acabará por fin con las «obras» y disolverá la contemplación en el *acto*. No un arte nuevo: un nuevo ritual, una fiesta —la invención de una forma de *pasión* que será una repartición[39] del tiempo, el espacio y el lenguaje.

26	*support*
27	*cage*
28	demanda, requiere
29	*birth*
30	*battle*
31	*embraces*
32	*attempt*
33	**por...** *by means of*
34	*failed*
35	*defeat*
36	**Toca...** *It is the job of*
37	*to erase*
38	desintegración
39	*division*

---

[h]Stéphane Mallarmé (1842–1898), poeta francés, iniciador del simbolismo poético y uno de los maestros de la lírica moderna.

[i]«Dadá» o «dadaísmo» es el nombre adoptado en 1916 por un grupo de artistas y escritores rebeldes que reaccionaron contra lo absurdo de la época de destrucción en que vivían (Primera Guerra Mundial, 1914–1918). Este grupo estaba resuelto a negar todos los modos de expresión tradicionales.

[j]Conde de Lautréamont (1846–1870), poeta francés nacido en Montevideo (Uruguay), considerado precursor del surrealismo por sus *Cantos de Maldoror*.

[k]Immanuel Kant (1724–1804), filósofo alemán, en cuyas obras (*Crítica de la razón pura, Crítica de la razón práctica* y *Crítica del juicio*) desarrolla una teoría del conocimiento idealista y crítica. Según él, la ley moral presupone la libertad, la inmortalidad y la existencia de Dios, aunque la razón no puede justificar dichas nociones primordiales.

Cumplir a Nietzsche[1] llevar hasta su límite la negación. Al final nos espera el juego: la fiesta, la consumación de la obra, su encarnación momentánea y su dispersión.

Llevar hasta su límite la negación. Allá nos espera la contemplación: la desencarnación[40] del lenguaje, la transparencia.

Lo que nos propone el budismo es el fin de las relaciones, la abolición de las dialécticas —un silencio que no es la disolución sino la *resolución* del lenguaje.

El poema debe provocar al lector: obligarlo a oír —a oírse.
Oírse: o irse. ¿Adónde?

La actividad poética nace de la desesperación ante la impotencia de la palabra y culmina en el reconocimiento de la omnipotencia del silencio.

No es poeta aquel que no haya sentido la tentación[41] de destruir el lenguaje o de crear otro, aquel que no haya experimentado la fascinación de la no-significación y la no menos aterradora[42] de la significación indecible.[43]

Entre el grito[44] y el callar,[45] entre el significado que es todos los significados y la ausencia de significación, el poema se levanta. ¿Qué dice ese delgado chorro[46] de palabras? Dice que no dice nada que no hayan ya dicho el silencio y la gritería. Y al decirlo, cesan el ruido y el silencio. Precaria victoria, amenazada[47] siempre por las palabras que no dicen nada, por el silencio que dice: nada.

Creer en la eternidad del poema sería tanto como creer en la eternidad del lenguaje. Hay que rendirse a[48] la evidencia: los lenguajes nacen y mueren, todos los significados un día dejan de tener significado. ¿Y este dejar de tener significado no es el significado de la significación? Hay que rendirse a la evidencia...

Triunfo de la palabra: el poema es como esos desnudos[49] femeninos de la pintura alemana que simbolizan la victoria de la muerte. Monumentos vivos, gloriosos, de la corrupción de la carne.

La poesía y la matemática son los dos polos extremos del lenguaje. Más allá de ellos no hay nada —el territorio de lo indecible; entre ellos, el territorio inmenso, pero finito, de la conversación.

Enamorado del silencio, el poeta no tiene más remedio que hablar.

---

[1]Friedrich Nietzsche (1844–1900), filósofo alemán cuya doctrina se funda en el vitalismo metafísico y en la «voluntad de poderío» que llega a su culminación con la concepción del «superhombre» en *Así hablaba Zaratustra*.

40 *disembodiment*
41 *temptation*
42 *terrifying*
43 *unspeakable*
44 *shout*
45 *no hablar*
46 *stream*
47 *threatened*
48 **rendirse...** *to surrender to*
49 *nudes*

La palabra se apoya[50] en un silencio *anterior* al habla —un presentimiento de lenguaje. El silencio, *después* de la palabra, reposa[51] en un lenguaje — es un silencio cifrado.[52] El poema es el tránsito entre uno y otro silencio
130 —entre el querer decir y el callar que funde[53] querer y decir.

Más allá de la sorpresa y de la repetición: ————

50 **se...** *is supported by*
51 *lies buried*
52 *coded, in code*
53 *une*

✦ Comprensión

Conteste las siguientes preguntas según el ensayo.

1. Según este texto, ¿se puede «explicar» un poema? ¿Y se lo puede «comprender»?
2. ¿Qué es un poema, según Paz? Explique.
3. ¿Y qué es un «happening»? ¿En qué se parecen y en qué se diferencian el poema y el «happening»?
4. ¿Por qué dice Paz: «Comprender un poema quiere decir, en primer término, oírlo»? Explique.
5. ¿Cómo interpreta usted la afirmación del poeta de que «la futura poesía será oral»? Comente.
6. ¿En qué se diferencia el lenguaje del «discurso» del lenguaje del «poema»?
7. ¿Por qué afirma Paz que «la oposición entre obra cerrada y obra abierta no es absoluta»? Explique.
8. ¿Cuál es el papel del lector frente a un poema hermético o cerrado? ¿Y frente a un poema abierto?
9. ¿Está usted de acuerdo con la idea de que la actividad poética «nace de la desesperación ante la impotencia de la palabra y culmina en el reconocimiento de la omnipotencia del silencio»? Comente.
10. Después de leer estos comentarios de Paz sobre poesía, lenguaje y actividad poética, ¿le parece apropiado el título de «Recapitulaciones» para este ensayo? ¿Por qué sí o por qué no? Explique.

✦ Expansión

A. En «Dos cuerpos» se usan varias metáforas relacionadas con la naturaleza. Identifique las palabras que describen a los «dos cuerpos» y también las metáforas asociadas con la «noche» en que se los sitúa escribiendo **C** (cuerpos) y **N** (noche) en los espacios correspondientes.

____ raíces	____ mar	____ olas	____ desierto
____ bosque	____ piedras	____ relámpago	____ ríos
____ océano	____ cielo	____ montañas	____ astros
____ plantas	____ lunas	____ nubes	____ árboles

B. «Movimiento» es un poema muy cromático. ¿Con qué colores asocia usted las siguientes metáforas? Escriba en los espacios correspondientes el color o los colores de la lista que le parezcan más apropiados.

amarillo	marrón	blanco	verde	rojo
negro	gris	azul	violeta	anaranjado

1. la yegua de ámbar   _____
2. el camino de sangre   _____
3. la primer nevada   _____
4. la marea matutina   _____
5. la cesta de naranjas   _____
6. el cuchillo de sol   _____
7. la tierra acostada   _____
8. el fuego enterrado   _____
9. el bosque de las nubes   _____

C. Identifique y explique la importancia o la significación de las siguientes alusiones en «Recapitulaciones».

1. los endecasílabos de Góngora
2. el *Altazor* de Huidobro
3. la *Divina comedia*
4. Mallarmé y Dadá
5. el surrealismo
6. la profesía de Lautréamont
7. el budismo
8. la poesía y la matemática

✦ Temas de discusión o análisis

1. Analice el lenguaje, el tono y las imágenes de **uno** de los dos poemas aquí incluidos. Apoye sus comentarios con citas del texto correspondiente.

2. Una posible lectura de «Dos cuerpos» sería la de interpretar cada una de las cinco estrofas como una actitud o manera diferente de relacionarse dos novios, esposos o amantes en la soledad de la noche. Así, por ejemplo, la primera estrofa podría referirse al movimiento de dos personas (las «dos olas») que se están haciendo el amor y la segunda estrofa podría describir la tranquilidad y el silencio de la pareja en quietud absoluta (las «dos piedras»), en medio del sueño. Entonces, ¿a qué podrían aludir las tres últimas estrofas? Justifique su interpretación basándose en las metáforas correspondientes.

3. Compare y contraste las imágenes que evoca el poeta con respecto al «tú» y al «yo» en los versos correspondientes de «Movimiento».

4. Analice la estructura de «Dos cuerpos» o de «Movimiento» y relaciónela con el tema del poema correspondiente.

5. Compare y contraste la estructura de «Dos cuerpos» con la de «Movimiento».

6. Compare y contraste el tema de ambos poemas.

7. Compare y contraste los dos títulos y su relación con los poemas respectivos.

8. Resuma con sus propias palabras las definiciones o ideas expresadas en «Recapitulaciones» sobre el poema y la actividad poética en general. ¿Está usted de acuerdo con Paz? ¿Por qué sí o por qué no?

9. Escoja una de las siguientes citas de «Recapitulaciones» y escriba un ensayo crítico comentando la afirmación elegida en el contexto correspondiente. Justifique sus opiniones con citas de las poemas.

   a. «Lírico, épico o dramático, el poema es sucesión y repetición, fecha y rito.»

   b. «Cada lector es otro poeta; cada poema, otro poema.»

   c. «En el poema la primera frase contiene a la última y la última evoca a la primera. La poesía es nuestro único recurso contra el tiempo rectilíneo —contra el progreso.»

   d. «El poema debe provocar al lector: obligarlo a oír —a oírse.»

10. En «Recapitulaciones» Paz teoriza sobre la poesía y el lenguaje poético en general. Define qué es el poema y describe cómo debe ser su lenguaje. Teniendo en cuenta esas ideas, discuta «Dos cuerpos» y «Movimiento» a la luz de sus propias formulaciones teóricas. ¿Practica el «poeta» lo que predica el «ensayista»? Comente.

✦ Temas de proyección personal

1. Siguiendo la estructura de «Dos cuerpos», escriba su propia versión del poema de Paz. Por ejemplo, puede mantener el mismo título y variar el escenario, cambiar la posición de los cuerpos, o variar el sujeto del título y referirse a otras «dos cosas», por ejemplo a «Dos niños (novios, amigos)».

2. Piense en un(a) amigo(a) muy especial o en su novio(a) y escriba un poema siguiendo la estructura de «Movimiento». Por ejemplo, «Si tú eres el frío nocturno / Yo soy la cálida manta» o «Si tú eres la luz de mis noches / Yo soy el sol de tus días».

3. En «Recapitulaciones», Paz da mucha importancia al aspecto auditivo del poema, al arte de oír poesía. ¿Cree usted que en general uno goza más leyendo o escuchando un poema? ¿Por qué? Y a usted, ¿qué le gusta más: leer o escuchar poesía? Explique.

4. En el pasado la gente estaba acostumbrada a oír poesía recitada en una plaza, en la calle o en algún otro lugar público. Los trovadores de la Edad Media, por ejemplo, iban de ciudad en ciudad o de pueblo en pueblo cantando o recitando romances y poemas de todo tipo. ¿Cree usted que hoy día se ha olvidado ese antiguo arte de oír poesía? Comente.

JOSEFINA PLA

Nota biográfica

Josefina Plá (1909–), poeta, cuentista, dramaturga, ensayista, crítica de arte y destacada ceramista, es también una de las personas más prolíficas con que cuenta la literatura paraguaya de este siglo. Aunque nació en las Islas Canarias

(España), su nombre y su obra están totalmente identificados con la cultura de Paraguay, su país adoptivo. Radicada en Asunción desde 1927, Plá ha dedicado toda su vida al quehacer artístico de dicho país y ha contribuido enormemente a su desarrollo cultural. Ha incursionado con éxito en todos los géneros y colabora de manera regular en numerosas publicaciones locales y extranjeras. Con más de sesenta años de intensa y fecunda labor creativa y crítica, tiene más de cincuenta libros publicados. De su extensa bibliografía se deben mencionar, en poesía: *El precio de los sueños* (1934), su primer libro, *La raíz y la aurora* (1960), *Invención de la muerte* (1965), *El polvo enamorado* (1968), *Tiempo y tiniebla* (1982), *Cambiar sueños por sombras* (1984), *Los treinta mil ausentes* (1985), *La nave del olvido* (1985) y *La llama y la arena* (1987). Su obra narrativa incluye algunas colecciones de cuentos, como *La mano en la tierra* (1963), *El espejo y el canasto* (1981) y *La muralla robada* (1989). En teatro, es autora de varias comedias y piezas dramáticas, entre ellas *Aquí no ha pasado nada* (escrita en 1941, estrenada en 1956), *Historia de un número* (escrita en 1948, estrenada en 1968), *Fiesta en el río* (escrita en 1946, estrenada en 1976) y *La cocina de las sombras* (escrita en 1960, estrenada en 1976). De su prolífica producción ensayística y crítica más reciente sobresalen *El barroco hispanoguaraní* (1975), *Voces femeninas en la poesía paraguaya* (1982), *La cultura paraguaya y el libro* (1983), *Españoles en la cultura del Paraguay* (1985), *En la piel de la mujer* (1987) y *Cuatro siglos de teatro en el Paraguay,* tomos I y II (1990–1991).

✦ Guía y actividades de pre-lectura

Personajes de clase humilde en escenarios del campo paraguayo o marginados en la capital ocupando diversas posiciones de servicio por salarios insignificantes son habitantes recurrentes en el mundo narrativo de Josefina Plá. Sus dramas personales, sus necesidades humanas, sus problemas, sus sueños y esperanzas llenan las páginas de muchos de sus cuentos y, en especial, de los de *La muralla robada,* colección de cuentos de donde proviene «El nombre de María» aquí incluido. Con un estilo poético lleno de imágenes que revela un(a) narrador(a) de gran flexibilidad verbal y experiencia lingüística, se relata una historia de amor muy conmovedora. Después de muchos años de no verse, los personajes de este cuento, Joaquín y María, se encuentran un día en la calle. En el breve tiempo que están juntos algo parece nacer, o tal vez renacer, entre ellos. Se hablan poco pero se comunican con la mirada, sin palabras. Estas son escasas, simples y directas porque así son ellos: pobres, sencillos y honestos. Se muestran tal cual son, sin esconder nada. Se despiden para volver a encontrarse más tarde. Desgraciadamente, «el hombre propone y Dios dispone»: uno de ellos no podrá asistir a la cita hoy, ni mañana, ni ya nunca más.

1. Examine rápidamente la estructura formal del cuento. ¿Hay muchas o pocas secciones narradas? ¿Y hay mucho o poco diálogo? ¿Es éste directo o indirecto? Según su opinión, ¿sería fácil o difícil hacer una adaptación dramática de este cuento? ¿Por qué?

2. Lea el primer párrafo del relato. ¿Quién lo narra? ¿Qué tipo de narrador(a) se revela? Explique. ¿Qué cuenta el (la) narrador(a)? Describa y comente la escena.

El nombre de María

Fue a la vuelta de la esquina[1] de aquella calle, que ni él ni ella habían recorrido nunca con frecuencia en pasados tiempos; menos aún en los últimos años. Esa mañana gris, de aire desapacible[2] y húmedo, mañana de fatiga acumulada que no se acaba de desperezar.[3] Se encontraron de
5   pronto frente a frente y se vieron y se detuvieron, a la par,[4] de golpe;[5] y se miraron. Y fue como sentirse de repente vadeando[6] un lago de agua tibia, en medio de aquel mundo frío. Se vieron sonriéndose el uno al otro con una sonrisa que se dilataba[7] y demoraba sin que ellos lo pensaran. Una sonrisa en la que afloraban[8] sin saberlo dos largas nostalgias separadas,
10 pero que ahora, de repente también, lo comprendían: habían sido todo el tiempo paralelas.

    —¡María... !

    —¡Joaquín... !

    Y se miraron un momento —un siglo— tal como no creyeron nunca
15 verse. Eso ha hecho el tiempo con nosotros. El paño amarillento[9] de sol, de mal dormir, de mal comer, y de los amaneceres[10] sin esperanza, tuyo, María. El rostro[11] como empequeñecido[12] y con tajos[13] en las mejillas, tuyo, Joaquín. Unos tajos que estuvieron siempre ahí como golpes de gubia,[14] pero que ahora lo parecían de veras. Las ropas raídas[15] y las uñas gastadas[16]
20 de animal que escarba para comer,[17] de ella. Los hombros encorvados,[18] las arrugas plisándole, aviejándole, los párpados,[19] en las comisuras,[20] de él.

    Pero ella, sí. Y él, sí.

    Indestructibles en sí mismos; enteros, el uno para el otro. Por un instante al menos. Luego vendrían las preguntas, y la imagen presente se iría
25 diluyendo en una creciente lejanía,[21] de días desperdiciados.[22] (Aunque en esos desechos[23] del tiempo hay vidrios y uno se hiere[24] una mano o un pie al removerlos o al transitar alguna vez por esos perdidos callejones.[25])

    —¿Te casaste?

    —No; ¿y tú?

30   —Tampoco.

    Pausa.

    —¿Trabajas... ?

    —Sí... Soy sereno[26] en los sótanos[27] de un almacén. Entro a las diez de la noche; a las seis de la mañana dejo mi turno.[28] Recién apagué mi
35 farol.[29] ¿Y tú?

    —Trabajo por horas en varias casas. No me falta trabajo, no creas. Y me tratan bien siempre. Casi siempre.

    Otra pausa. Allí están, miradas y sonrisa para llenar todas las pausas que haya; hasta desbordar.[30]

40   —¿Dónde vas... ?

    —Al mercado. Me desvié un poco de mi camino,[31] esta mañana. Me cansé de ir siempre por el mismo. Se me ocurrió cambiar, hoy; y ya ves. Dios quería juntarnos.[32]

    —Sí. Dios seguramente.

1 **a...** *around the corner*
2 *desagradable*
3 *relajar*
4 **a...** *al mismo tiempo*
5 **de...** *suddenly*
6 *fording*
7 **se...** *spread*
8 *aparecían*
9 **paño...** *yellowish clothing*
10 *dawns*
11 *cara*
12 *shrunken*
13 *cuts, slashes*
14 *gouge*
15 *worn out*
16 **uñas...** *worn fingernails*
17 **que...** *that scratches (the ground) to eat*
18 **hombros...** *bent shoulders*
19 **arrugas...** *wrinkles pleating, aging him, his eyelids*
20 *corners of his lips*
21 **una...** *a growing distance*
22 *wasted*
23 *remainders, leftovers*
24 **se...** *injures*
25 *alleys*
26 *night watchman*
27 *cellars*
28 *shift*
29 *lamp, light*
30 **hasta...** *until they overflow*
31 **Me...** *I strayed a little from my regular route*
32 *reunirnos*

45 —¡Tengo tantas cosas de que hablarte!

—Y yo. Ahora iba a mi pensión a desayunar y dormir; pero puedo dejar de ir. Hablar. Hablar contigo. Hablarnos.

—Pero yo no puedo. Voy al mercado. Tengo que volver a la casa pronto —con pánico—. No puedo tardar. Tengo que estar a punto en la 50 cocina.

Silencio breve, por el cual se arrastra[33] trabajosa la oruga[34] de clavos y espinas[35] de la fatiga, del trabajo incesante, de la voz que surge de todos los rincones en todos los rincones en todos los momentos, en todos los tonos: ¡María... ! Pero ahí están los ojos de él, encendidos[36] como las luces 55 del jardín de la casa de los ricos en noches cuando se espera fiesta. La voz viniendo de lejos, de donde no se le esperaba más:

—Nos vemos luego, entonces.

—¿Dónde... ?

—Donde tú digas.

60 —La plaza aquella, ¿ves? Seis cuadras de aquí. Llevo a los niños a pasear por la tarde. Entonces sí, tengo tiempo. Tendremos tiempo.

—Estaré allí.

Pero no se movían. Ella repitió:

—Estaré allí...

65 Pero la frase sonaba distinta en algún lugar fascinado dentro de ellos: «Estamos aquí». Fue ella quien tuvo que romper el encanto:[37]

—Hasta luego.

Le sonrió y echó a andar, a desgano,[38] canasta[39] al brazo, volviéndose a veces. El quedó aún en el sitio, viéndola irse. Hasta que dobló la esquina 70 tras volverse una vez más y dirigirle un saludo que él respondió apenas porque le sonreía y sonriendo siguió, sin pensar que ella ya no podía ver su sonrisa.

Ahora él también echó a andar. Con los pies aligerados,[40] con todo el cuerpo aligerado: no sabía cómo; pero le costaba menos caminar, y la 75 humedad le escocía[41] menos en los párpados cansados de su larga vigilia de sereno. ¿Salía el sol... ? No. Las nubes eran espesas, tiznadas,[42] como ahumados colchones.[43] Pero era seguro que el sol iba a salir. No importa que esas gruesas nubes se apelotonasen[44] ahí queriendo oscurecer aquella claridad que le llenaba el alma... Iba a salir el sol.

80 Caminó, primero despacio, luego automáticamente, más de prisa.[45]

Los ruidos callejeros llegaban a su oído pero no más allá. Mezclados confuso puré.[46] El pitido[47] del guardia, el campanilleo de un tranvía,[48] las bocinas[49] de acentos diversos, como las voces de las bestias pobladoras de un bosque de títeres[50] monstruosos; algún grito aislado de vendedor. 85 O una risa a la que él casi hacía eco, feliz. Pero todo llegaba de lejos. El estaba solo, porque nada más cabía ya allí. Tal vez habló en voz alta. Es verdad lo que decía la vieja. Dios aprieta pero no ahoga.[51] Algún día nos sonríe la felicidad.

... María.

90 Envejecida, parecía; pero mentira, decía la sonrisa joven. Debajo de esa herrumbre,[52] qué brillo maravilloso de años recuperados. No le había olvidado, no. Todavía podían reconstruir una esperanza. Todavía puedo

33 *drags*
34 *caterpillar*
35 **clavos...** *nails and thorns*
36 *burning*
37 **romper...** *break the spell*
38 **a...** *reluctantly*
39 *basket*
40 *lightened*
41 *stung*
42 *blackened*
43 *mattresses*
44 **se...** *lumped together*
45 **más...** *faster*
46 **confuso...** *confused mish-mash*
47 *whistle*
48 **el...** *the ringing of a street-car's bell*
49 *horns (of cars)*
50 *puppets*
51 **Dios...** *God tests you but does not forsake you.*
52 *rust*

vivir eso que se llama felicidad. Vivirla con ella. Vivir, vivir... María... De lejos, de lejos, quizá desde muy adentro, le llegaron aún, no supo si en voz o en mueca,[53] las palabras de advertencia,[54] las palabras salvadoras, las palabras que podían haberle llevado al otro lado de la desgracia; cuando el sol, que no había salido ni saldría, se encendía cerca (¿o dentro también?) como una cegadora[55] explosión blanca, instantánea —y ya nunca más—... Qué dulce esa palabra: María.

Cómo resonaba entre lengua y memoria, todavía, dentro del oído, debajo de la cúpula de oro de la alegría,[56] cuando el golpe, mortal, pero indoloro[57] como todos los golpes mortales, lo proyectaba ya contra el bordillo de concreto y apagó como él había apagado su farol de sereno, en sus ojos el rostro; en sus labios, el nombre de María.

[53] *gesture*
[54] *warning*
[55] *blinding*
[56] **debajo...** *underneath the golden dome of happiness*
[57] *painless*

✦ Comprensión y expansión

A. Conteste las siguientes preguntas según el cuento.

1. ¿Hacía mucho o poco tiempo que María y Joaquín no se veían? Comente.
2. Según su opinión, ¿qué tipo de relación tendrían en el pasado María y Joaquín? ¿Por qué?
3. El día que ellos se reencontraron, ¿cómo se veía Joaquín? ¿Y María? Descríbalos brevemente.
4. ¿Se había casado María alguna vez? ¿Y Joaquín?
5. ¿Trabaja Joaquín? ¿Qué hace?
6. ¿Y qué hace María para ganarse la vida?
7. ¿Adónde iba María cuando ellos dos se encontraron? ¿Y adónde iba Joaquín?
8. ¿Pensaban volver a verse María y Joaquín? ¿Cuándo? ¿Dónde?
9. ¿Qué hizo Joaquín después de dejar a María?
10. ¿Qué le pasó a Joaquín en el camino? ¿Por qué? Explique.

B. Para cada una de las siguientes frases subrayadas, escriba la frase cognada equivalente en los espacios correspondientes.

Modelo	Silencio breve...	*Brief silence*
1.	mañana de <u>aire húmedo</u>...	_____
2.	...y de <u>fatiga acumulada</u>	_____
3.	<u>Por un instante</u> al menos.	_____
4.	la <u>imagen presente</u>	_____
5.	la <u>frase sonaba</u> distinta	_____
6.	bocinas de <u>acentos diversos</u>	_____
7.	cegadora <u>explosión instantánea</u>	_____

C. Para cada una de las siguientes palabras subrayadas, escriba el falso cognado correspondiente y la traducción apropiada, de acuerdo con el modelo.

Modelo	los <u>últimos</u> años	*ultimate*	*last*
1.	las <u>ropas</u> raídas	_____	_____
2.	iba a mi <u>pensión</u>	_____	_____
3.	la frase sonaba <u>distinta</u>	_____	_____

4. le llenaba el <u>alma</u>   _____   _____
5. su farol de <u>sereno</u>   _____   _____
6. otro lado de la <u>desgracia</u>   _____   _____
7. los <u>golpes</u> mortales   _____   _____

D. Indique si los comentarios que siguen reflejan correctamente o no el contenido del cuento. Escriba **V** (verdadero) or **F** (falso) en los espacios correspondientes. Si lo que lee es falso, corríjalo.

_____ 1. María y Joaquín se volvieron a ver una tarde de invierno.

_____ 2. Se encontraron porque María se desvió un poco de su camino habitual.

_____ 3. Era obvio que María no había tenido una vida fácil.

_____ 4. Según ella, en el trabajo la trataban muy mal.

_____ 5. Joaquín, sin embargo, había tenido mucho éxito en todo.

_____ 6. María no podía quedarse más tiempo con él porque debía ir a trabajar.

_____ 7. Ella acostumbraba llevar a los niños a pasear por la tarde.

_____ 8. Joaquín estaba muy contento de haberse encontrado con María.

_____ 9. El se dio cuenta de que ella no lo había olvidado en todo ese tiempo.

_____ 10. Pero le pareció que ya eran muy viejos para casarse y ser felices juntos.

_____ 11. Y decidió olvidarla y no verla nunca más.

✦ Temas de discusión o análisis

1. Analice la significación del título y su relación temática o estructural con el resto del relato.

2. Identifique y discuta el tema o los temas principales de este cuento.

3. Analice y comente **uno** de los siguientes aspectos de «El nombre de María». Apoye sus comentarios con citas del texto.
   a. el papel del narrador
   b. la importancia del destino
   c. el papel de la memoria y/o la imaginación

4. Vuelva a escribir la historia de María y Joaquín contándola en primera persona, desde la perspectiva de María o desde la de Joaquín. En este último caso, haga los cambios o modificaciones que considere necesarios para incluir la escena final del cuento.

5. Discuta la caracterización de los personajes principales. Apoye sus comentarios con citas del texto.

6. Describa y analice la estructura formal de «El nombre de María». ¿Por qué es un cuento y no una pieza teatral breve? Justifique su análisis con datos y citas del texto.

7. Compare y contraste los aspectos de estilo, tono y nivel lingüístico de las secciones narradas por el narrador con los de las intervenciones directas de María y Joaquín.

8. Imagine que usted es María (Joaquín) y que acaba de volver a ver a Joaquín (María) después de muchos años. Escriba en una página de

su diario sus impresiones y comentarios con respecto a ese feliz reencuentro.

9. Basándose en la información incluida o implícita en «El nombre de María», escriba una biografía comentada de María o de Joaquín.

10. Teniendo en cuenta que Josefina Plá es poeta, narradora y también dramaturga, ¿qué aspectos o elementos lingüísticos, estilísticos o formales reflejan su experiencia como poeta, como narradora y como dramaturga? Justifique sus comentarios con datos y citas del texto.

11. Discuta el desenlace de este relato. Según su opinión, ¿tiene un final abierto o cerrado, sorprendente o esperado? ¿Por qué? Explique.

12. Cambie el desenlace y escriba otro final para este cuento.

✦ Temas de proyección personal

1. Cuente o escriba un caso real de reencuentro de dos amigos, novios o hermanos que hacía muchos años no se veían, o invente su propia historia de amor.

2. Imagínese que un día se encuentra, por pura casualidad, con su primer(a) novio(a). Describa dicho encuentro en forma de relato o como diálogo dramático.

3. Imagine un encuentro con alguien a quien usted no ve desde hace mucho tiempo y escriba un diálogo con esa persona o sus impresiones de ese encuentro en una página de su diario, con la fecha correspondiente.

CARLOS FUENTES

Nota biográfica

Carlos Fuentes (1928–), conocido novelista, cuentista, ensayista y dramaturgo mexicano, nació en Panamá cuando su padre se desempeñaba como encargado de negocios de la Embajada de México en aquel país. Hijo de un diplomático de carrera y nacido en una familia de clase media alta, desde niño viajó mucho y vivió en varios países americanos, incluyendo Estados Unidos, Argentina, Chile, Uruguay, Ecuador y Brasil. Hizo la primaria en Washington, D.C., y la secundaria en Buenos Aires y Santiago de Chile. Estudió en el Institut des Hautes Etudes Internationales en Ginebra y completó sus estudios de derecho en la U.N.A.M. (Universidad Nacional Autónoma de México), recibiéndose de abogado en 1955. Siguiendo el ejemplo de su padre, entre 1950 y 1977 trabajó en varios organismos nacionales e internacionales y ejerció diversos cargos diplomáticos. En 1950, por ejemplo, fue nombrado secretario de prensa del Centro de Informaciones de Naciones Unidas en Ginebra; de 1956 a 1959 dirigió la Sección de Asuntos Culturales del Ministerio de Relaciones Exteriores en Ciudad de México; y entre 1974 y 1977 vivió en París, ejerciendo el cargo de embajador de su país en Francia.

En cuanto a su extensa producción literaria, incursionó en casi todos los géneros, pero fue su obra narrativa, y en particular la de los años sesenta, la que mayor influencia tuvo en la literatura hispanoamericana posterior. En 1954 publicó su primer libro de cuentos, *Los días enmascarados*, cuyo contenido ya revela aspectos de la vida y la sociedad mexicanas luego tratados con más profundidad en *La región más transparente* (1958), su primera novela. Esta obra, definida como «la biografía de una ciudad y una síntesis del presente mexicano» por el mismo autor, presenta un mosaico panorámico de la capital de su país desde 1910, principios de la Revolución Mexicana, hasta mediados de los años cincuenta, con una técnica novelística que funde las influencias de William Faulkner y John Dos Passos con sus propias innovaciones narrativas. También situado dentro de ese marco histórico, aunque de estructura más lineal y lenguaje más directo y sencillo, *Las buenas conciencias* (1959) narra la rebeldía de un joven provinciano contra su familia burguesa y conservadora. En la década del sesenta aparecieron *Cantar de ciegos* (1964), su segundo volumen de cuentos, y algunas de sus novelas más significativas. Dos de éstas datan de 1962: *Aura*, narración fantástica muy breve, y *La muerte de Artemio Cruz*, otra reflexión sobre medio siglo de historia mexicana y obra que le ganó fama y atención crítica internacional. De complicada estructura, esta novela narrada del presente al pasado, cuestiona los logros de la Revolución Mexicana a través de la biografía a la inversa de un ex revolucionario enriquecido que desde su lecho de muerte retrocede mentalmente en el tiempo hasta llegar a la inocencia de su niñez y al idealismo de su juventud, posteriormente traicionados por ambiciones personales. Como cinco años antes, en 1967 publicó otro par de novelas: *Zona sagrada*, de contenido fantástico y mítico, y *Cambio de piel*, donde explora una vez más el pasado mexicano, sus mitos y símbolos, esta vez tanto los de origen europeo como los de raíz americana. La novela corta *Cumpleaños* (1969) cierra su ciclo narrativo de la década de los sesenta, relatos en general de difícil lectura debido a la complejidad de sus formas narrativas y a su elevado simbolismo. De ese mismo año es *La nueva novela hispanoamericana*, un importante ensayo donde presenta y define las obras de la generación de escritores después asociados con el «boom» (Cortázar, García Márquez, Vargas Llosa, Donoso y el mismo Fuentes) que tendrían gran influencia en la ficción hispanoameriocana y mundial posterior. De los años setenta son *Terra Nostra* (1975), hasta entonces su novela más extensa y ambiciosa, y *La cabeza de la hidra* (1978), interesante historia de suspenso, espionaje y subversión. En la década siguiente aparecieron *Una familia lejana* (1980), relato de corte fantástico, *Agua quemada* (1981), su tercera colección de cuentos, y las novelas *Gringo viejo* (1985), ficcionalización de los posibles últimos días en México del escritor norteamericano Ambrose Bierce, y *Cristóbal Nonato* (1987), enfocada en el futuro 1992, año aniversario del quinto centenario del supuesto descubrimiento de América por Cristóbal Colón. De más reciente publicación son la colección de relatos *Constancia y otras novelas para vírgenes* (1989), y *La Campaña* (1990), novela sobre la independencia hispanoamericana. Fuentes ha incursionado también en el mundo del teatro con sus piezas *Todos los gatos son pardos* (1970), *El tuerto es rey* (1971), *Orquídeas a la luz de la luna* (1982) y *Ceremonias del alba* (1991), nueva versión de *Todos los gatos son pardos*. Su obra incluye además libros de crítica, ensayos de temática diversa, guiones cinematográficos y numerosos artículos dispersos en revistas y periódicos nacionales y extranjeros. De su reputación internacional dan prueba los varios premios recibidos, entre ellos el «Rómulo Gallegos» de Venezuela (1977), el «Alfonso Reyes» de México (1979), el Premio Nacional de Literatura de México (1984) y el Premio Cervantes de Literatura (1987), para nombrar sólo los más prestigiosos.

✦ Guía y actividades de pre-lectura

Considerado uno de los más prolíficos escritores del «boom», a fines de los cincuenta y principios de los sesenta Fuentes se convirtió en un gran defensor de la Revolución Cubana. Al igual que muchos intelectuales latinoamericanos y que otros conocidos representantes de dicho «boom» —García Márquez, Cortázar, Vargas Llosa y Donoso—, él vio en el movimiento liderado por Castro una nueva posibilidad de encontrarle solución a la grave problemática socioeconómica y política de su país en particular y de toda Latinoamérica en general. En efecto, la preocupación por la identidad individual y nacional, las reflexiones sobre la «mexicanidad» en la línea de pensamiento de Octavio Paz, la pervivencia de los mitos del mundo indígena de la preconquista y la valoración de los resultados de la Revolución de 1910 en la sociedad mexicana actual son temas recurrentes en la narrativa de Fuentes. Sin embargo, son sus innovaciones formales y lingüísticas —con la creación de un lenguaje exuberante y simbólico—, sus experimentos relacionados con la estructura del tiempo, del espacio y del punto de vista narrativo, y la artística fusión e interrelación del mundo de la realidad histórica y política actual con el del pasado indígena mítico y fantástico, los que han enriquecido y ampliado el campo de la narrativa hispanoamericana posterior. «Las dos Elenas» proviene de *Cantar de ciegos* y refleja varios de los elementos que caracterizan otros relatos de este autor. Como en gran parte de sus obras, este cuento tiene como escenario Ciudad de México y sus personajes su mueven en la atmósfera cultural y artística de la clase media alta. El título alude a dos de sus personajes entre quienes ya existe una relación biológica de familia antes de empezar el relato, y entre quienes se desarrolla, a lo largo de la narración, otro tipo de relación que duplica y refleja, aunque a la inversa, y de manera muy irónica, el triángulo amoroso de la película *Jules et Jim* mencionada en el segundo párrafo del cuento. En «Las dos Elenas» predominan dos puntos de vista, el de Víctor y el de una de las Elenas. Ambos personajes son dueños de un lenguaje relativamente sofisticado, indirecto y lleno de alusiones culturales que refleja, por un lado, los valores de la clase social a la que pertenecen y, por otro, la «americanización» de la sociedad mexicana de la época en que se desarrolla la acción del relato.

1. Lea los dos primeros párrafos del cuento.
   a. ¿Dónde estarán los personajes del primer párrafo?
   b. ¿Quién habla en el primer párrafo? ¿Y quién narra el segundo?
   c. Según su opinión, ¿qué relación hay entre los personajes aquí presentes?
   d. ¿A qué clase social pertenecen estos personajes? Explique.

2. En «Las dos Elenas» va a encontrar muchas alusiones culturales al mundo de la pintura, del cine, de la literatura y de la música, especialmente referentes al jazz, a los «blues» y a los Beatles. Para facilitar su comprensión, busque información en el espacio cibernético de la «Internet» o en algún libro de referencia sobre **cinco** de los siguientes personajes o películas que no han sido incluidos en las notas al pie del relato. Luego prepare un breve informe oral con los resultados de su investigación.

   a. Cannonball Adderley
   b. *El ángel exterminador*
   c. Henri de Toulouse-Lautrec
   d. Guy de Maupassant
   e. Ringo Starr
   f. *High Noon*
   g. los Black Muslims
   h. Gérard de Nerval
   i. Yusef Lateef
   j. Miles Davis

3. Alquile *Jules et Jim* de su tienda de videos. Mírela y prepare un informe con una breve descripción del argumento de dicha película y sus ideas con respecto a la moralidad o inmoralidad de la situación que se establece allí entre esos tres amigos.

Las dos Elenas

—No sé de dónde le salen esas ideas a Elena.[1] Ella no fue educada de ese modo. Y usted tampoco, Víctor. Pero el hecho es que el matrimonio la ha cambiado. Sí, no cabe duda.[2] Creí que le iba a dar un ataque[3] a mi marido. Esas ideas no se pueden defender, y menos a la hora de la cena.[4] Mi hija
5 sabe muy bien que su padre necesita comer en paz. Si no, en seguida le sube la presión.[5] Se lo ha dicho el médico. Y después de todo, este médico sabe lo que dice. Por algo cobra a doscientos pesos la consulta.[6] Yo le ruego que hable con Elena. A mí no me hace caso.[7] Dígale que le soportamos todo. Que no nos importa que desatienda su hogar por aprender francés.
10 Que no nos importa que vaya a ver esas películas rarísimas a unos antros[8] llenos de melenudos.[9] Que no nos importan esas medias rojas de payaso.[10] Pero que a la hora de la cena le diga a su padre que una mujer puede vivir con dos hombres para complementarse[11]... Víctor, por su propio bien usted debe sacarle esas ideas de la cabeza a su mujer.

15   Desde que vio *Jules et Jim* en un cine-club, Elena tuvo el duende[12] de llevar la batalla a la cena dominical[13] con sus padres —la única reunión obligatoria de la familia—. Al salir del cine, tomamos el MG y nos fuimos a cenar al Coyote Flaco en Coyoacán.[a] Elena se veía, como siempre, muy bella con el suéter negro y la falda de cuero y las medias que no le gustan
20 a su mamá. Además, se había colgado una cadena de oro de la cual pendía un tallado en jadeíta[14] que, según un amigo antropólogo, describe

1 **dónde...** *where Elena gets those ideas*
2 **no...** *there is no doubt about it*
3 *(heart) attack*
4 **menos...** *let alone at dinner time*
5 **le...** *his blood pressure goes up*
6 **cobra...** *charges two hundred pesos a visit*
7 **A...** *She (Elena) pays no attention to me.*
8 *dens, dumps*
9 *hippies (lit. long-haired men)*
10 *clown*
11 *to complete herself*
12 **tuvo...** *got the wild idea*
13 *Sunday*
14 **tallado...** *cut jade figurine*

---

[a]Coyoacán es una zona residencial del Distrito Federal de México, en la capital.

al príncipe Uno Muerte de los mixtecos.[b] Elena, que es siempre tan alegre y despreocupada,[15] se veía, esa noche, intensa: los colores se le habían
subido a las mejillas y apenas saludó a los amigos que generalmente hacen tertulia[16] en ese restaurante un tanto gótico.[17] Le pregunté qué deseaba ordenar y no me contestó; en vez, tomó mi puño y me miró
fijamente. Yo ordené dos pepitos con ajo[18] mientras Elena agitaba su cabellera rosa pálido y se acariciaba[19] el cuello:

—Víctor, nibelungo,[20] por primera vez me doy cuenta que ustedes
tienen razón en ser misóginos[21] y que nosotras nacimos para que nos de-
testen. Ya no voy a fingir[22] más. He descubierto que la misoginia es la
condición del amor. Ya sé que estoy equivocada, pero mientras más
necesidades exprese, más me vas a odiar y más me vas a tratar de satisfacer. Víctor, nibelungo, tienes que comprarme un traje de marinero antiguo como el que saca[23] Jeanne Moreau.[c]

Yo le dije que me parecía perfecto, con tal de que lo siguiera esperando todo de mí. Elena me acarició la mano y sonrió.

—Ya sé que no terminas de liberarte,[24] mi amor. Pero ten fe. Cuando
acabes de darme todo lo que yo te pida, tú mismo rogarás que otro hombre comparta nuestras vidas. Tú mismo pedirás ser Jules. Tú mismo
pedirás que Jim viva con nosotros y soporte el peso.[25] ¿No lo dijo el Güerito?[d] Amémonos los unos a los otros, cómo no.[26]

Pensé que Elena podría tener razón en el futuro; sabía después de cuatro años de matrimonio que al lado suyo todas las reglas morales aprendidas
desde la niñez tendían a desvanecerse[27] naturalmente. Eso he amado siempre en ella: su naturalidad. Nunca niega una regla para imponer otra, sino
para abrir una especie de puerta, como aquellas de los cuentos infantiles,
donde cada hoja ilustrada contiene el anuncio de un jardín, una cueva, un
mar a los que se llega por la apertura secreta de la página anterior.

—No quiero tener hijos antes de seis años —dijo una noche, recostada[28]
sobre mis piernas, en el salón oscuro de nuestra casa, mientras escuchá-
bamos discos de Cannonball Adderley; y en la misma casa de Coyoacán que
hemos decorado con estofados[29] policromos y máscaras coloniales de ojos
hipnóticos: —Tú nunca vas a misa y nadie dice nada. Yo tampoco iré y que
digan lo que quieran; y en el altillo[30] que nos sirve de recámara y que en las
mañanas claras recibe la luz de los volcanes: —Voy a tomar el café con Alejandro hoy. Es un gran dibujante y se cohibiría[31] si tú estuvieras presente y
yo necesito que me explique a solas algunas cosas; y mientras me sigue por
los tablones[32] que comunican los pisos inacabados del conjunto de casas que
construyo en el Desierto de los Leones: —Me voy diez días a viajar en tren
por la República; y al tomar un café apresurado[33] en el Tirol[e] a media tarde,
mientras mueve los dedos en señal de saludo a los amigos que pasan por la

15 *carefree*
16 **hacen...** se reúnen
17 **un...** *rather Gothic*
18 **pepitos...** *small steak and garlic sandwiches*
19 *caressed*
20 *Nibelung (from Germanic mythology)*
21 *misogynists*
22 *to pretend*
23 *wears*
24 **no...** *you are not completely liberated*
25 **soporte...** *carries the weight*
26 **Amémonos...** *Let's all love one another, of course.*
27 *disappear*
28 *reclinada*
29 *quilts*
30 *attic*
31 **se...** *he would feel inhibited*
32 *planks*
33 *hurried*

---

[b]Los mixtecos son indígenas mexicanos que se establecieron en el sur de lo que es hoy México
hacia el siglo X y desarrollaron una cultura avanzada.

[c]Jeanne Moreau es una actriz francesa, protagonista principal de *Jules et Jim* (1961).

[d]En México, «güero» significa «rubio». El diminutivo «Güerito» o «Rubiecito» alude aquí, cari-
ñosamente, a Jesucristo, por su pelo y cutis relativamente claros.

[e]El Tirol es una región turística de los Alpes, situada entre Austria e Italia.

calle de Hamburgo: —Gracias por llevarme a conocer el burdel,[34] nibelungo. Me pareció como de tiempos de Toulouse-Lautrec, tan inocente como un cuento de Maupassant. ¿Ya ves? Ahora averigüé que el pecado y la depravación no están allí, sino en otra parte; y después de una exhibición privada de *El ángel exterminador:* —Víctor, lo moral es todo lo que da vida y lo inmoral todo lo que quita vida, ¿verdad que sí?

Y ahora lo repitió, con un pedazo de *sandwich* en la boca: —¿Verdad que tengo razón? Si un *ménage à trois* nos da vida y alegría y nos hace mejores en nuestras relaciones personales entre tres de lo que éramos en la relación entre dos, ¿verdad que eso es moral?

Asentí mientras comía, escuchando el chisporroteo[35] de la carne que se asaba a lo largo de la alta parrilla.[36] Varios amigos cuidaban de que sus rebanadas[37] estuvieran al punto que deseaban y luego vinieron a sentarse con nosotros y Elena volvió a reír y a ser la de siempre. Tuve la mala idea de recorrer los rostros de nuestros amigos con la mirada e imaginar a cada uno instalado en mi casa, dándole a Elena la porción de sentimiento, estímulo, pasión o inteligencia que yo, agotado[38] en mis límites, fuese incapaz de obsequiarle.[39] Mientras observaba este rostro agudamente[40] dispuesto a escuchar (y yo a veces me canso de oírla), ése amablemente ofrecido a colmar las lagunas de los razonamientos[41] (yo prefiero que su conversación carezca de lógica o de consecuencias), aquél más inclinado a formular preguntas precisas y, según él, reveladoras (y yo nunca uso la palabra, sino el gesto o la telepatía para poner a Elena en movimiento), me consolaba diciéndome que, al cabo, lo poco que podrían darle se lo darían a partir de cierto extremo de mi vida con ella, como un postre, un cordial, un añadido.[42] Aquél, el del peinado a lo Ringo Starr,[43] le preguntó precisa y reveladoramente por qué seguía siéndome fiel[44] y Elena le contestó que la infidelidad era hoy una regla, igual que la comunión todos los viernes antes, y lo dejó de mirar. Ese, el del cuello de tortuga[45] negro, interpretó la respuesta de Elena añadiendo que, sin duda, mi mujer quería decir que ahora la fidelidad volvía a ser la actitud rebelde. Y éste, el del perfecto saco eduardiano[46] sólo invitó con la mirada intensamente oblicua[47] a que Elena hablara más: él sería el perfecto auditor. Elena levantó los brazos y pidió un café exprés al mozo.

Caminamos tomados de la mano[48] por las calles empedradas[49] de Coyoacán, bajo los fresnos,[50] experimentando el contraste del día caluroso que se prendía[51] a nuestras ropas y la noche húmeda que, después del aguacero de la tarde, sacaba brillo a nuestros ojos y color a nuestras mejillas. Nos gusta caminar, en silencio, cabizbajos[52] y tomados de la mano, por la viejas calles que han sido, desde el principio, un punto de encuentro de nuestras comunes inclinaciones a la asimilación. Creo que de esto nunca hemos hablado Elena y yo. Ni hace falta.[53] Lo cierto es que nos da placer hacernos de[54] cosas viejas, como si las rescatáramos de algún olvido[55] doloroso o al tocarlas les diéramos nueva vida o al buscarles el sitio, la luz y el ambiente adecuados en la casa, en realidad nos estuviéramos defendiendo contra un olvido semejante en el futuro. Queda esa manija con fauces de león[56] que encontramos en una hacienda de los Altos y que acariciamos al abrir el zaguán[57] de la casa, a sabiendas de que

34 *brothel*
35 *sizzling*
36 *grill*
37 filetes
38 *exhausted*
39 regalarle
40 atentamente, fijamente
41 **colmar...** *fill the gaps of reason*
42 suplemento, agregado
43 **el...** *the one with the Ringo Starr hairstyle*
44 *faithful*
45 **cuello...** *turtleneck*
46 **saco...** *Edwardian jacket*
47 **con...** *with an intense side-long glance*
48 **tomados...** *holding hands*
49 *cobblestoned*
50 *ash trees*
51 **se...** *seized hold of*
52 *heads down*
53 **Ni...** *Nor is there a need to.*
54 **hacernos...** *to provide ourselves with*
55 acción de olvidar
56 **manija...** *door knocker with a lion's head*
57 vestíbulo

cada caricia la desgasta; queda la cruz de piedra en el jardín, iluminada por una luz amarilla, que representa cuatro ríos convergentes de corazones arrancados,[58] quizás, por las mismas manos que despúes tallaron[59] la piedra, y quedan los caballos negros de algún carrusel hace tiempo desmontado,[60] así como los mascarones de proa de bergantines[61] que yacerán en el fondo del mar, si no muestran su esqueleto de madera en alguna playa de cacatúas[62] solemnes y tortugas agonizantes.

Elena se quita el suéter y enciende la chimenea, mientras yo busco los discos de Cannonball, sirvo dos copas de ajenjo[63] y me recuesto a esperarla sobre el tapete.[64] Elena fuma con la cabeza sobre mis piernas y los dos escuchamos el lento saxo del Hermano Lateef, a quien conocimos en el Gold Bug de Nueva York con su figura de brujo congolés vestido por Disraeli,[65] sus ojos dormidos y gruesos[66] como dos boas africanas, su barbilla de Svengali segregado y sus labios morados unidos al saxo que enmudece[67] al negro para hacerlo hablar con una elocuencia tan ajena a su seguramente ronco tartamudeo[68] de la vida diaria, y las notas lentas, de una plañidera[69] afirmación, que nunca alcanzan a decir todo lo que quieren porque sólo son, de principio a fin, una búsqueda y una aproximación llenas de un extraño pudor,[70] le dan un gusto y una dirección a nuestro tacto,[71] que comienza a reproducir el sentido del instrumento de Lateef: puro anuncio, puro preludio, pura limitación a los goces preliminares que, por ello, se convierten en el acto mismo.

—Lo que están haciendo los negros americanos es voltearle el chirrión por el palito a los blancos[72] —dice Elena cuando tomamos nuestros consabidos[73] lugares en la enorme mesa chippendale del comedor de sus padres—. El amor, la música, la vitalidad de los negros obligan a los blancos a justificarse. Fíjense que ahora los blancos persiguen físicamente a los negros porque al fin se han dado cuenta de que los negros los persiguen sicológicamente a ellos.

—Pues yo doy gracias de que aquí no haya negros —dice el padre de Elena al servirse la sopa de poro y papa[74] que le ofrece, en una humeante sopera de porcelana, el mozo indígena que de día riega[75] los jardines de la casota[76] de las Lomas.

—Pero eso qué tiene que ver,[77] papá. Es como si los esquimales[78] dieran gracias por no ser mexicanos. Cada quien es lo que es y ya. Lo interesante es ver qué pasa cuando entramos en contacto con alguien que nos pone en duda y sin embargo sabemos que nos hace falta. Y que nos hace falta porque nos niega.

—Anda, come. Estas conversaciones se vuelven más idiotas cada domingo. Lo único que sé es que tú no te casaste con un negro, ¿verdad? Higinio, traiga las enchiladas.

Don José nos observa a Elena, a mí y a su esposa con aire de triunfo, y doña Elena madre, para salvar la conversación languideciente,[79] relata sus actividades de la semana pasada, yo observo el mobiliario[80] de brocado color palo-de-rosa,[81] los jarrones[82] chinos, las cortinas de gasa y las alfombras de piel de vicuña de esta casa rectilínea detrás de cuyos enormes ventanales se agitan los eucaliptos de la barranca.[83] Don José sonríe cuando Higinio le sirve las enchiladas copeteadas de crema y sus ojillos verdes se

58 *pulled out, extracted*
59 *cut*
60 *dismantled*
61 **mascarones...** *figureheads on brigantines*
62 *cockatoos*
63 *absinthe*
64 alfombra
65 **su...** *looking like a Congolese witchdoctor dressed up as Disraeli*
66 *heavy-lidded*
67 *silencia*
68 **seguramente...** *probable hoarse stuttering*
69 *mournful*
70 modestia
71 *touch*
72 **voltearle...** *turning the tables and using the whip on the whites*
73 acostumbrados
74 **sopa...** *leek and potato soup*
75 *waters*
76 casa grande
77 **Pero...** *But what does that have to do with it*
78 *Eskimos*
79 *languishing*
80 los muebles
81 *rosewood*
82 *vases*
83 *ravine*

llenan de una satisfacción casi patriótica, la misma que he visto en ellos
cuando el Presidente agita la bandera el 15 de septiembre,[f] aunque no la
misma —mucho más húmeda— que los enternece[84] cuando se sienta a fumar un puro[85] frente a su sinfonola[86] privada y escucha boleros.[g] Mis ojos
se detienen en la mano pálida de doña Elena, que juega con el migajón
de bolillo[87] y recuenta, con fatiga, todas las ocupaciones que la mantu-
vieron activa desde la última vez que nos vimos. Escucho de lejos esa
catarata[88] de idas y venidas, juegos de canasta, visitas al dispensario[89] de
niños pobres, novenarios, bailes de caridad, búsqueda de cortinas nuevas,
pleitos[90] con las criadas, largos telefonazos[91] con los amigos, suspiradas
visitas a curas, bebés, modistas, médicos, relojeros, pasteleros, ebanistas y
enmarcadores.[92] He detenido la mirada en sus dedos pálidos, largos y
acariciantes, que hacen pelotitas con la migaja.

—...les dije que nunca más vinieran a pedirme dinero a mí, porque yo
no manejo[93] nada. Que yo los enviaría con gusto a la oficina de tu padre y
que allí la secretaria los atendería...

...la muñeca[94] delgadísima, de movimientos lánguidos, y la pulsera[95]
con medallones del Cristo del Cubilete, el Año Santo en Roma y la visita
del Presidente Kennedy, realzados en cobre y en oro, que chocan[96] entre
sí mientras doña Elena juega con el migajón...

—...bastante hace una con darles su apoyo moral,[97] ¿no te parece? Te
busqué el jueves para ir juntas a ver el estreno[98] del *Diana*. Hasta mandé
al chofer desde temprano a hacer cola,[99] ya ves qué colas hay el día del estreno...

...y el brazo lleno, de piel muy transparente, con las venas trazadas
como un segundo esqueleto, de vidrio, dibujado detrás de la tersura[100]
blanca.

—...invité a tu prima Sandrita y fui a buscarla con el coche pero nos
entretuvimos con el niño recién nacido. Está precioso. Ella está muy sen-
tida[101] porque ni siquiera has llamado a felicitarla. Un telefonazo no te
costaría nada, Elenita...

...y el escote[102] negro abierto sobre los senos altos y apretados[103] como
un nuevo animal capturado en un nuevo continente...

—...después de todo, somos de la familia. No puedes negar tu sangre.
Quisiera que tú y Víctor fueran al bautizo.[104] Es el sábado entrante. La
ayudé a escoger los ceniceritos[105] que van a regalarle a los invitados. Vieras
que se nos fue el tiempo platicando[106] y los boletos se quedaron sin usar.

Levanté la mirada. Doña Elena me miraba. Bajó en seguida los párpados y dijo que tomaríamos el café en la sala. Don José se excusó y se fue a
la biblioteca, donde tiene esa rocola[107] eléctrica que toca sus discos favo-
ritos a cambio de un falso veinte introducido por la ranura.[108] Nos sentamos a tomar el café y a lo lejos el *jukebox* emitió un glu-glu y empezó a
tocar *Nosotros* mientras doña Elena encendía[109] el aparato de televisión,

84 *softens, moves*
85 *cigarro*
86 *tocadiscos*
87 **migajón...** *crumb of a hard roll*
88 *pouring of words (lit. waterfall)*
89 *clínica*
90 *disputas*
91 *llamadas de teléfono*
92 **ebanistas...** *cabinetmakers and framers*
93 *handle money*
94 *wrist*
95 *bracelet*
96 *hit*
97 **bastante...** *one is doing enough by giving them moral support*
98 *first performance, premiere*
99 **a...** *to stand in line*
100 *smoothness*
101 *ofendida*
102 *neckline (of a dress)*
103 *pushed together*
104 *baptism*
105 *little ashtrays*
106 *hablando, charlando*
107 *jukebox*
108 **a...** *putting slugs in the slot instead of coins*
109 *turned on*

---

[f]El 15 de septiembre es el Día de la Independencia de México.
[g]Los boleros son aires musicales de ritmo lento y romántico, cantables y bailables, generalmente
  asociados con los enamorados.

pero dejándolo sin sonido, como lo indicó llevándose un dedo a los labios. Vimos pasar las imágenes mudas de un programa de tesoro escondido, en el que un solemne maestro de ceremonias guiaba a los cinco
205 concursantes —dos jovencitas nerviosas y risueñas[110] peinadas como colmenas,[111] un ama de casa muy modosa[112] y dos hombres morenos, maduros y melancólicos— hacia el cheque escondido en el apretado estudio repleto de jarrones, libros de cartón y cajitas de música.

Elena sonrió, sentada junto a mí en la penumbra de esa sala de pisos
210 de mármol y alcatraces[113] de plástico. No sé de dónde sacó ese apodo[114] ni qué tiene que ver conmigo, pero ahora empezó a hacer juegos de palabras con él mientras me acariciaba la mano:

—Nibelungo. Ni Ve Lungo. Nibble Hongo. Niebla lunga.

Los personajes grises, rayados, ondulantes buscaban su tesoro ante
215 nuestra vista y Elena, acurrucada,[115] dejó caer los zapatos sobre la alfombra y bostezó[116] mientras doña Elena me miraba, interrogante, aprovechada de la oscuridad, con esos ojos negros muy abiertos y rodeados de ojeras[117] profundas. Cruzó una pierna y se arregló la falda sobre las rodillas. Desde la biblioteca nos llegaban los murmullos del bolero: *nosotros, que tanto nos*
220 *quisimos* y, quizás, algún gruñido del sopor[118] digestivo de don José. Doña Elena dejó de mirarme para fijar sus grandes ojos negros en los eucaliptos agitados detrás del ventanal. Seguí su nueva mirada. Elena bostezaba y ronroneaba,[119] recostada sobre mis rodillas. Le acaricié la nuca.[120] A nuestras espaldas, la barranca que cruza como una herida salvaje las Lomas de Cha-
225 pultepec parecía guardar un fondo de luz secretamente subrayado por la noche móvil que doblaba la espina de los árboles[121] y despeinaba sus cabelleras pálidas.

—¿Recuerdas Veracruz?[h] —dijo, sonriendo, la madre a la hija; pero doña Elena me miraba a mí. Elena asintió con un murmullo, adormilada
230 sobre mis piernas, y yo contesté —Sí. Hemos ido muchas veces juntos.

—¿Le gusta? —Doña Elena alargó la mano y la dejó caer sobre el regazo.[122]

—Mucho —le dije—. Dicen que es la última ciudad mediterránea. Me gusta la comida. Me gusta la gente. Me gusta sentarme horas en los por-
235 tales y comer molletes[123] y tomar café.

—Yo soy de allí —dijo la señora; por primera vez noté sus hoyuelos.[124]

—Sí. Ya lo sé.

—Pero hasta he perdido el acento —rió, mostrando las encías[125]—. Me casé de veintidós años. Y en cuanto vive una en México pierde el
240 acento jarocho.[126] Usted ya me conoció, pues madurita.[127]

—Todos dicen que usted y Elena parecen hermanas.

Los labios eran delgados pero agresivos: —No. Es que ahora recordaba las noches de tormenta en el Golfo. Como que el sol no quiere perderse, ¿sabe usted?, y se mezcla con la tormenta y todo queda bañado
245 por una luz muy verde, muy pálida, y una se sofoca detrás de los batientes[128] esperando que pase el agua. La lluvia no refresca en el trópico.

—————

[h]Veracruz es un importante puerto comercial a orillas del golfo de México.

No más hace más calor.[129] Y no sé por qué los criados tenían que cerrar los batientes cada vez que venía una tormenta. Tan bonito que hubiera sido dejarla pasar con las ventanas muy abiertas.

250   Encendí un cigarrillo: —Sí, se levantan olores muy espesos. La tierra se desprende de[130] sus perfumes de tabaco, de café, de pulpa...

    —También las recámaras. —Doña Elena cerró los ojos.

    —¿Cómo?

    —Entonces no había closets. —Se pasó la mano por las ligeras arru-
255 gas[131] cercanas a los ojos—. En cada cuarto había un ropero[132] y las cria-
das tenían la costumbre de colocar hojas de laurel y orégano entre la ropa. Además, el sol nunca secaba bien algunos rincones. Olía a moho,[133] ¿cómo le diré?, a musgo[134]...

    —Sí, me imagino. Yo nunca he vivido en el trópico. ¿Lo echa usted de
260 menos?[135]

    Y ahora se frotó[136] las muñecas, una contra otra, y mostró las venas saltonas[137] de las manos: —A veces. Me cuesta trabajo acordarme. Figúrese, me casé de dieciocho años y ya me consideraban quedada.[138]

    —¿Y todo esto se lo recordó esa extraña luz que ha permanecido en
265 el fondo de la barranca?

    La mujer se levantó. —Sí. Son los spots que José mandó poner la se-
mana pasada. Se ven bonitos, ¿no es cierto?

    —Creo que Elena se ha dormido.

    Le hice cosquillas[139] en la nariz y Elena despertó y regresamos en el
270 MG a Coyoacán.

    —Perdona esas latas[140] de los domingos —dijo Elena cuando yo salía a la obra la mañana siguiente—. Qué remedio. Alguna liga debía quedarnos con la familia y la vida burguesa, aunque sea por necesidad de contraste.

275   —¿Qué vas a hacer hoy? —le pregunté mientras enrollaba mis planos y tomaba mi portafolio.

    Elena mordió un higo[141] y se cruzó de brazos y le sacó la lengua a un Cristo bizco[142] que encontramos una vez en Guanajuato.[i] —Voy a pintar toda la mañana. Luego voy a comer con Alejandro para mostrarle mis últi-
280 mas cosas. En su estudio. Sí, ya lo terminó. Aquí en el Olivar de los Padres. En la tarde iré a la clase de francés. Quizás me tome un café y luego te es-
pero en el cine-club. Dan un western mitológico: *High Noon.* Mañana quedé en verme con esos chicos negros. Son de los Black Muslims y estoy temblando por saber qué piensan en realidad. ¿Te das cuenta que sólo
285 sabemos de eso por los periódicos? ¿Tú has hablado alguna vez con un ne-
gro norteamericano, nibelungo? Mañana en la tarde no te atrevas a mo-
lestarme. Me voy a encerrar a leerme Nerval de cabo a rabo.[143] Ni crea Juan que vuelve a apantallarme[144] con el soleil noir de la mélancolie[145] y llamándose a sí mismo el viudo y el desconsolado. Ya lo caché y le voy a dar
290 un baño[146] mañana en la noche. Sí, va a «tirar» una fiesta de disfraces.[147]

---

[i]Guanajuato es un centro comercial y turístico de México.

[129] **No...** *It just makes it hot-
ter.*
[130] **se...** *gives off*
[131] *wrinkles*
[132] *wardrobe*
[133] *mildew*
[134] *moss*
[135] **¿Lo... ?** *Do you miss it?*
[136] **se...** *rubbed*
[137] *bulging*
[138] *an old maid*
[139] **Le...** *I tickled*
[140] *nuisances*
[141] *fig*
[142] *cross-eyed*
[143] **de...** *from beginning to
end*
[144] *hacerme parecer estúpida*
[145] **soleil...** *black sun of
melancholy (French, from
Nerval)*
[146] **lo...** *I know what he's up
to and I'll let him have it*
[147] **va...** *he's going to throw a
masquerade party*

Tenemos que ir vestidos de murales mexicanos. Más vale asimilar eso de una vez. Cómprame unos alcatraces, Víctor nibelunguito, y si quieres vístete del cruel conquistador Alvarado[j] que marcaba con hierros candentes a las indias antes de poseerlas —Oh Sade,[k] where is thy whip? Ah, y el miércoles toca Miles Davis en Bellas Artes. Es un poco passé pero de todos modos me alborota el hormonamen.[148] Compra boletos. Chao, amor.

Me besó la nuca y no pude abrazarla por los rollos de proyectos que traía entre manos, pero arranqué[149] el auto con el aroma del higo en el cuello y la imagen de Elena con mi camisa puesta, desabotonada y amarrada a la altura del ombligo[150] y sus estrechos pantalones de torero y los pies descalzos, disponiéndose a... ¿iba a leer un poema o a pintar un cuadro? Pensé que pronto tendríamos que salir juntos de viaje.[151] Eso nos acercaba más que nada. Llegué al periférico.[152] No sé por qué, en vez de cruzar el puente de Altavista hacia el Desierto de los Leones, entré al anillo[153] y aceleré. Sí, a veces lo hago. Quiero estar solo y correr y reírme cuando alguien me la refresca. Y, quizás, guardar durante media hora la imagen de Elena al despedirme, su naturalidad, su piel dorada, sus ojos verdes, sus infinitos proyectos, y pensar que soy muy feliz a su lado, que nadie puede ser más feliz al lado de una mujer tan vivaz, tan moderna, que... que me... que me complementa tanto.

Paso al lado de una fundidora de vidrio,[154] de una iglesia barroca, de una montaña rusa,[155] de un bosque de ahuehuetes.[156] ¿Dónde he escuchado esa palabrita? Complementar. Giro alrededor de la fuente de Petróleos y subo por el Paseo de la Reforma. Todos los automóviles descienden al centro de la ciudad, que reverbera al fondo detrás de un velo impalpable y sofocante. Yo asciendo a las Lomas de Chapultepec, donde a estas horas sólo quedan los criados y las señoras, donde los maridos se han ido al trabajo y los niños a la escuela y seguramente mi otra Elena, mi complemento, debe esperar en su cama tibia con los ojos negros y ojerosos muy azorados[157] y la carne blanca y madura y honda y perfumada como la ropa en los bargueños[158] tropicales.

148 **me...** *stirs up my hormones*
149 *I started*
150 **amarrada...** *tied at the level of the navel*
151 **salir...** *go on a trip together*
152 *highway around the city*
153 *traffic circle*
154 **fundidora...** *glassworks*
155 **montaña...** *roller coaster*
156 *a type of evergreen tree found in Mexico*
157 *excited*
158 *carved wood chest drawers*

✦ Comprensión y expansión

A. Conteste las siguientes preguntas según el texto.

1. ¿Con quién habla la mamá de Elena al principio del cuento? ¿De qué o de quién habla ella?

---

[j]El conquistador español Pedro de Alvarado ordenó la matanza de los indios que ocasionó la retirada de la Noche Triste (1520).

[k]Se alude aquí al Marqués de Sade (1740–1814), autor francés de novelas cuyos protagonistas viven obsesionados por el placer de hacer sufrir a los demás. Encarcelado varias veces durante un total aproximado de treinta años por conducta escandalosa y por ofensas sexuales, escribió varias novelas y algunas obras de teatro en una serie de cárceles o en el manicomio de Charenton. En esta institución mental donde pasó sus últimos años de vida se convirtió también en director teatral al dirigir sus propias piezas, representadas en dicha institución por sus compañeros reclusos.

2. ¿Cómo y cuándo específicamente se da cuenta uno de que quien habla es una mujer y de que es la mamá de Elena? Explique.
3. ¿Qué dice ella de su hija Elena? ¿Qué le pide a Víctor? Comente.
4. ¿Qué relación hay entre Elena y Víctor? ¿Y entre éste y la mamá de Elena?
5. ¿Qué película vio Elena recientemente? ¿Tuvo esa película alguna influencia en sus relaciones familiares?
6. ¿Qué hicieron Elena y Víctor después de ver la película? ¿Qué cambios inmediatos notó Víctor en su esposa?
7. Según Víctor, ¿qué cosas un poco extrañas dijo o hizo Elena después de ver *Jules et Jim?* Explique.
8. ¿Diría usted que Víctor y Elena son felices juntos? ¿Se llevan bien? Comente.
9. ¿Qué les gusta hacer juntos? ¿Qué otras cosas comparten ellos?
10. ¿Qué hacen y qué escuchan Víctor y Elena inmediatamente antes de sentarse a esta cena dominical?
11. ¿Cómo pasa su tiempo doña Elena madre? Describa algunas de sus actividades semanales típicas.
12. ¿Cómo y cuándo se da cuenta uno por primera vez de que Víctor se siente atraído por su suegra? ¿Cree usted que la atracción es mutua? Comente y describa la escena.
13. Según su opinión, ¿es apropiado el apodo de Nibelungo que Elena le dio a su esposo? ¿Por qué sí o por qué no?
14. Hablando con Víctor en las últimas páginas del cuento, doña Elena le dice que se casó a los veintidós años. ¿Por qué entonces media página después cambia y le dice que se casó a los dieciocho? Comente.
15. ¿Qué tipo de actividades piensa hacer Elena sola y/o con Víctor durante los próximos dos o tres días? Explique.
16. ¿Adónde debía ir Víctor ese lunes de mañana? ¿Y adónde fue? ¿Por qué?
17. ¿Diría usted que la relación entre Elena madre y Víctor es algo nuevo que acaba de empezar o algo que ya había empezado antes de la última cena dominical? Justifique su respuesta con citas del texto.

B. En las siguientes frases del cuento, reemplace las palabras subrayadas por sus antónimos correspondientes.

1. le <u>entran</u> esas ideas   _____
2. reunión <u>voluntaria</u> de la familia   _____
3. la página <u>posterior</u>   _____
4. un traje de marinero <u>moderno</u>   _____
5. más me vas a <u>querer</u>   _____
6. una exhibición <u>pública</u>   _____
7. sus ojos <u>despiertos</u> y gruesos   _____
8. de una plañidera <u>negación</u>   _____
9. la noche <u>seca</u>   _____
10. de piel muy <u>opaca</u>   _____

C. Identifique y explique la importancia o la significación de los siguientes personajes o alusiones culturales en el cuento.

1. *Jules et Jim*
2. el «Güerito»
3. los discos de Cannonball Adderley
4. Toulouse-Lautrec
5. Maupassant
6. *El ángel exterminador*
7. Ringo Starr
8. los Black Muslims
9. Higinio, el mozo indígena
10. la rocola de don José y el bolero «Nosotros»

D. ¿Con cuál de las dos Elenas asocia usted las descripciones que siguen? Lea cada una de las oraciones y marque **EM** (Elena madre) o **EH** (Elena hija) en los espacios correspondientes.

____ 1. Estudia francés y le gusta pintar.
____ 2. Lleva una pulsera con medallones realzados en cobre y en oro.
____ 3. Tiene hoyuelos.
____ 4. Le dio el apodo de Nibelungo a su esposo.
____ 5. Predica la infidelidad conyugal.
____ 6. Practica la infidelidad conyugal.
____ 7. Se casó hace cuatro años.
____ 8. Nació en Veracruz.
____ 9. Tiene ojos negros y dedos largos y pálidos.
____ 10. Tiene ojos verdes y le gusta el jazz.

✦ Temas de discusión o análisis

1. Resuma con sus propias palabras el argumento de «Las dos Elenas».
2. Discuta las posibles interpretaciones del título y su relación con el resto de la obra.
3. Describa y analice la estructura narrativa del relato.
4. Analice el punto de vista y discuta su relación con los elementos de contenido, tono, estilo y lenguaje reflejados en el cuento.
5. Describa la vida matrimonial de cada una de las dos Elenas. Luego compare y contraste la relación Víctor-Elena (hija) con la de don José-Elena (madre).
6. Analice **uno** de los siguientes aspectos de «Las dos Elenas» y apoye sus comentarios con citas del texto.
   a. el uso de la ironía en la obra
   b. la alienación cultural de los personajes
   c. la presencia del México contemporáneo en el relato
7. Compare y contraste la caracterización de los personajes masculinos con la de los personajes femeninos en la obra.
8. Identifique y discuta los elementos de racismo y sexismo reflejados en el cuento. Apoye sus comentarios con citas del texto.

9. Basándose en datos explícitos o implícitos en este cuento, escriba la biografía comentada de **uno** de los siguientes personajes: Víctor, Elena (hija) o Elena (madre).

10. Analice «Las dos Elenas» como obra de crítica social.

11. Identifique las alusiones culturales que le parezcan más significativas y discuta su papel o función en el relato. Justifique su selección y apoye sus comentarios con citas del texto.

12. Compare y contraste las similitudes y/o diferencias temáticas y estructurales entre *Jules et Jim* y «Las dos Elenas».

✦ Temas de proyección personal

1. En «Las dos Elenas» abundan las alusiones a ciertos elementos culturales asociados con la década de los sesenta. ¿Qué elementos culturales asocia usted con la década de los setenta? ¿Y con la de los ochenta? ¿Y con la de los noventa? ¿Y con su generación en particular? Identifique y comente de cuatro a seis elementos para cada período.

2. Afirma Elena (hija) en este cuento que «la infidelidad era hoy una regla» y uno de sus amigos dice lo mismo, con otras palabras, al afirmar que «la fidelidad volvía a ser la actitud rebelde». ¿Cree usted que esos comentarios son válidos hoy día? ¿Está de acuerdo con Elena? ¿Por qué sí o por qué no? Según su opinión, ¿es o no es importante la fidelidad en el matrimonio? Explique.

3. Cada uno de los personajes de «Las dos Elenas» siente afinidad por cierto tipo de música. Por ejemplo, a don José le gustan los boleros mientras que a Víctor y a su esposa les gusta más el jazz. Y a usted, ¿qué tipo de música le gusta más? ¿Por qué? ¿Qué conjunto musical o cantante en particular escucha a menudo? Comente.

ELENA GARRO

Nota biográfica

Elena Garro (1920–), cuentista, novelista, dramaturga y periodista mexicana, nació en Puebla e hizo sus estudios en Ciudad de México, donde ha vivido la mayor parte de su vida. Allí ha escrito y publicado casi todas sus obras, se ha dedicado al periodismo y ha sido también coreógrafa del Teatro de la Universidad de México. Escritora de gran creatividad e imaginación, sus textos se destacan por el fino delineamiento de sus personajes femeninos y porque tratan temas existenciales asociados con la vida cotidiana. Estos incluyen el uso y abuso del poder, la percepción del tiempo y la función de la memoria, el conflicto entre realidad e ilusión, la angustia existencial y el problema de la soledad e incomunicación humanas. En narrativa, es autora de *La semana de colores* (1964), colección de cuentos que revelan su filiación con el realismo mágico, *Los recuerdos del porvenir* (1963), novela que investiga los niveles más profundos de la realidad, *Andamos huyendo Lola* (1980) y *Testimonios sobre Mariana* (1981), relatos y novela que captan un rico y variado universo femenino cuyos personajes y situaciones pueden ser reconocibles en función de las propias experiencias de la autora. Posteriormente publicó, entre otros títulos, *La casa junto al río* (1983), novela en la que se revisita el pasado no para recordarlo sino para vivirlo una vez más. De sus obras dramáticas, en general influenciadas por el teatro del absurdo,* se deben mencionar *Un hogar sólido y otras piezas en un acto* (1958), *La mudanza* (1959), *La señora en su balcón* (1963), *La dama boba* (1968), inspirada en la comedia del mismo nombre del dramaturgo español Félix Lope de Vega y Carpio (1562–1635), y *Felipe Angeles* (1969), obra donde se explora dramáticamente los hechos en torno a la muerte del general revolucionario Felipe Angeles.

✦ Guía y actividades de pre-lectura

Elena Garro alcanzó fama con varias obras en un acto cuyo énfasis en la comunicación ilógica recuerdan las del teatro del absurdo y, en particular, *La Cantatrice chauve* (*La cantante calva*, 1950), *La Leçon* (*La lección*, 1951) y *Les Chaises* (*Las sillas*, 1952) del dramaturgo francés Eugène Ionesco. En general, las piezas de la escritora mexicana dramatizan el conflicto entre la realidad cotidiana y otra realidad superior, a menudo superpuestas o presentadas sucesivamente en una especie de contrapunto dramático. Al abandonar la supuesta realidad exterior para adentrarse en la ilusión, sus personajes no pueden realizar sus ideales. Tienen que sacrificar sus sueños para no vivir en soledad o, si tratan de alcanzarlos, terminan derrotados y destruidos por la embestida de esa realidad externa. Este choque de realidades se perfila de manera muy aguda en *La señora en su balcón*, retrato del derrumbe del mundo de una mujer perseguida por la ilusión perdida, donde con gran realismo psicológico se dramatizan algunos problemas importantes, como los derivados del «doble standard», que en mayor o menor grado afectan a gran parte de la población femenina. En efecto, la práctica y la vigencia del «doble standard» no tolera la diferencia de la norma. Por esa razón, es difícil para las mujeres apartarse de los papeles tradicionales femeninos como, por ejemplo, los de mujer-esposa, mujer-madre, ama de casa, mujer-objeto o mujer de y para otros. En esta pieza de Garro no se mencionan ni tiempo ni lugar específicos para la acción, tal vez porque la historia del personaje principal y único, Clara, podría suceder en cualquier tiempo y en cualquier lugar. A través de una serie de *flashbacks*, la protagonista retrocede en el tiempo. Desde su presente ya cercano a la vejez regresa al pasado y recuerda momentos de cuando tenía ocho, veinte y cuarenta años respectivamente. Tanto la niña Clarita como sus versiones de más edad tenían mucha imaginación. Aquélla quería soñar y buscar Nínive, ciudad de la antigüedad ahora inexistente, pero con el paso del tiempo se fue quedando sola hasta que un día, al llegar a los cincuenta, Clara se dio cuenta de que la única manera de alcanzar Nínive era huyendo de sí misma. Si bien el tiempo evocado y revivido mentalmente por ella en *La señora en su balcón* abarca más de cuatro décadas, el tiempo real de la acción es mínimo e igual al que dura su recuerdo en este momento difícil pero decisivo de su vida.

1. ¿Qué significados cree usted que puede tener el título de la obra? ¿En qué estará pensando o qué estará recordando la señora desde su balcón? ¿Qué importancia cree que tendrá aquí el balcón? Comente.

2. ¿Le gusta el teatro? ¿Qué tipos de obras le gustan más: las comedias, las tragedias o los dramas familiares? ¿las obras realistas o las fantásticas? ¿las piezas históricas o sicológicas? Explique.

3. Según su opinión, ¿qué busca o espera de la vida la mayoría de la gente? ¿Y qué busca usted? ¿Cómo define usted el amor? ¿Y qué espera del matrimonio? Comente.

La señora en su balcón

La escena, desierta. CLARA, *apoyada en su balcón, mira al vacío.[1] Es una mujer vieja, de pelo gris y cara melancólica.*

CLARA   ¿Cuál fue el día, cuál la Clara que me dejó sentada en este balcón, mirándome a mí misma?... Hubo un tiempo en que corría por el mundo, cuando era plano[2] y hermoso. Pero los compases, las leyes y los hombres lo volvieron redondo y empezó a girar sobre sí mismo, como loco. Antes, los ríos corrían como yo, libres; todavía no los encerraban en el círculo maldito... ¿Te acuerdas?

(Entra a escena CLARA, *de ocho años. Lleva un cuello almidonado[3] de colegiala y unos libros. Viene arrastrando[4] una sillita. La coloca y se sienta.)*

CLARA DE 8 AÑOS   *(A* CLARA *en el balcón.)* Sí, me acuerdo; pero vino el profesor García...

(Entra el PROFESOR GARCIA, *de negro,[5] con cara de profesor. Trae un pizarrón[6] portátil. Lo coloca frente a* CLARA. *Examina con cuidado las patas[7] del mueble; luego, con gesto pedante, extrae de su bolsillo un gis[8] y un borrador.[9] Se levanta alegremente las mangas de su chaqueta, como si se preparara a hacer un acto de prestidigitación, y se ajusta los anteojos.)*

PROFESOR GARCIA   ¡A ver! ¡A ver, niñita! ¿Qué vamos a estudiar hoy?

CLARA DE 50 AÑOS   ¡Nada! ¡Ningún conejo[10] saltará de tu manga, ninguna rosa saldrá de tu boca!

CLARITA   *(Muy atenta, sentada en su silla.)* No sé, profesor García...

PROFESOR GARCIA   *(Con voz pedante.)* ¡La redondez del mundo! El mundo es redondo, como una naranja achatada[11]..., y... gira..., gira, sobre su propio eje.[12]

---

1. **mira...** *looks off into space*
2. *flat*
3. **cuello...** *starched collar*
4. *dragging*
5. **de...** *in black*
6. *blackboard*
7. *legs*
8. tiza
9. *eraser*
10. *rabbit*
11. *flattened*
12. *axis*

CLARITA   ¡Ah!

CLARA DE 50 AÑOS   No le creas, Clarita. ¡No piensa, repite como cualquier guacamaya![13]

CLARITA   (*A* CLARA DE 50 AÑOS.) No le creo. Estaríamos como las pepi-
20   tas,[14] encerrados, sin cielo, sin nubes y sin sol.

PROFESOR GARCIA   Los antiguos pensaron que el mundo era plano y que terminaba en las Columnas de Hércules[a]...

CLARITA   ¡Hércules! H-E-R-C-U-L-E-S. (*Cuenta las letras con los dedos.*) ¡Ocho letras! L-E-T-R-A-S. ¡Cinco letras! ¡Profesor! ¿Por qué para de-
25   cir una letra se necesitan cinco letras?

PROFESOR GARCIA   Porque la palabra «letra» tiene cinco letras.

CLARITA   Pero ¿por qué una «letra» tiene cinco letras?

PROFESOR GARCIA   ¡No te salgas del tema![15] A ver, dime, ¿cómo es el mundo?

30   **CLARITA**   ¡El mundo es bonito! En él hay naranjas de oro, redondas y achatadas. Y también hay columnas de oro...

PROFESOR GARCIA   ¡No entendiste!

CLARA DE 50 AÑOS   ¡Sí entendió!

PROFESOR GARCIA   Dije que el mundo (*Dibuja en el pizarrón un círculo.*)
35   es redondo. Los antiguos pensaron que era plano, que terminaba en las Columnas de Hércules, y no se atrevieron a cruzar este límite. Más allá se encontraba el temible mar de los Sargazos[b]...

CLARITA   ¿Quiénes son los Sargazos?

PROFESOR GARCIA   Sargazos es el nombre que se daba a un mar peli-
40   groso y oscuro, poblado de algas y de líquenes[16] gigantes; así, pues, ningún barco antiguo se aventuró en sus aguas por temor a sus mons-truosas plantas...

CLARITA   ¡Profesor García! Yo quiero navegar en ese mar. Iré en un barco con una sirena que cante. ¡Buuuu! ¡Buuuu!

45   **CLARA DE 50 AÑOS**   Será inútil el viaje, porque el mundo es redondo y todos los mares y los caminos llevan al mismo punto.

PROFESOR GARCIA   ¡Niña, entiéndeme! ¡Esto que te digo no existe! ¡Es más,[17] no existió nunca!

CLARITA   Y si no existió nunca, ¿por qué ningún barco se atrevió a ir por
50   sus aguas?

PROFESOR GARCIA   Porque esa era la versión del mundo antiguo.

[13] *macaw*

[14] *seeds*

[15] **¡No...!** *Don't change the subject!*

[16] **algas...** *algae and lichens*

[17] **¡Es...!** *And furthermore...!*

---

[a]Aquí se hace referencia a la parte oriental del estrecho de Gibraltar, canal que conecta el mar Mediterráneo con el océano Atlántico y que une la costa sur de España con la norte de Africa. En la antigüedad se creía que las Columnas de Hércules marcaban el fin del mundo clásico.
[b]El mar de los Sargazos alude a una vasta región del Atlántico norte cubierta de líquenes gi-gantes y algas de color pardo oscuro.

CLARITA ¿Y en dónde está el mundo antiguo?

PROFESOR GARCIA Dije ¡la versión!

CLARITA ¿Y en dónde está la versión?

55 **PROFESOR GARCIA** ¿La versión? ¿Qué versión? ¿Qué quieres decir con «en dónde está la versión»?

CLARITA Quiero decir que en dónde la escondieron, que en dónde la tiraron. Porque yo quiero buscarla para encontrar a los Sargazos y a los líquenes gigantes.

60 **PROFESOR GARCIA** ¡Ignorante! Son inútiles mis esfuerzos por abrirte la cabeza... A ver, dime: ¿qué es versión?

CLARITA ¿Versión? Pues versión es el mundo antiguo que tiraron a un muladar.[18]

PROFESOR GARCIA ¿Quién dijo que versión es el mundo antiguo y que
65 lo tiraron a un muladar?

CLARITA Pues usted, profesor García.

PROFESOR GARCIA ¿Yo? Yo nunca dije semejante disparate.[19] ¡Lo que pasa es que tú tienes la cabeza como una tapia![20]

CLARA DE 50 AÑOS Usted nunca dijo nada, profesor. ¡Pasó sus años
70 prendido[21] a su compás, repitiendo cada vez más mal un pequeño libro de texto!

CLARITA Sí lo dijo, profesor; pero no quiere decirme dónde está el muladar...

PROFESOR GARCIA ¿De qué muladar me hablas? Los muladares son los
75 lugares de desecho[22] de las ciudades. ¿Qué tienen que ver con Hércules y los Sargazos?

CLARITA ¡Ah! ¿También tiraron ciudades?

PROFESOR GARCIA ¿Qué ciudades? ¿De qué hablas?

CLARITA Le pregunto que si en el mundo antiguo había ciudades.

80 **PROFESOR GARCIA** *(Tranquilizándose.)* ¡Claro que las había! ¡Y muy hermosas! Atenas, Esparta, Argos, Micenas, Tebas, Babilonia, Nínive[c]...

*(Se escucha un golpe de tambor.[23] CLARA se levanta de su
silla y palmotea,[24] da vueltas al compás[25] del tambor.)*

CLARITA ¡Nínive! ¿Cómo es Nínive?[d]

PROFESOR GARCIA Eran ciudades pequeñas, con columnas, templos, escalinatas,[26] estatuas y puertos.

---

[c]Todas éstas son ciudades famosas del mundo antiguo: de Grecia (Atenas, Esparta, Argos y Micenas), de Egipto (Tebas) y del Asia occidental (Babilonia y Nínive), respectivamente.
[d]Nínive es una de las célebres ciudades del Asia antigua. Era la capital de Asiria y estaba situada a orillas del río Tigris en lo que es hoy el estado de Iraq.

18 *garbage dump*
19 **semejante...** *such a silly thing*
20 *wall*
21 *hanging on*
22 *waste, garbage*
23 **golpe...** *drumbeat*
24 *claps her hands*
25 *ritmo*
26 *stone staircases*

27 encontraré
28 *pointed*
29 **si...** *if I take it away*
30 **la...** *the flight will take you only as far as the balcony*

85 **CLARITA** ¡Yo quiero ir a Nínive!

PROFESOR GARCIA Te dije que son nombres de ciudades antiguas. No existen más, han desaparecido.

CLARITA Yo iré al muladar, y entre todas las ciudades antiguas buscaré a Nínive. Y la hallaré,[27] profesor García, porque es blanca y picuda,[28] y
90 sus escalinatas llevan al cielo.

CLARA DE 50 AÑOS ¡Clara, no busques a Nínive!

CLARITA Sí, caminaré el mundo largo y tendido, lleno de columnas de oro, hasta llegar a Nínive de plata.

PROFESOR GARCIA ¡Cálmate, niña! ¡Oyeme! Nínive no existe. Existió
95 hace muchos siglos, mucho antes que nosotros naciéramos.

CLARITA Y entonces, ¿por qué sabe usted cómo es?

PROFESOR GARCIA Porque la hemos guardado en la memoria. En la memoria de los pueblos.

CLARITA ¿En la memoria? Pues hay que ir a la memoria.

100 **PROFESOR GARCIA** La memoria, Clara, es el poder retentivo del hombre. Por ejemplo, ¿ves este pizarrón?

CLARITA Sí.

CLARA DE 50 AÑOS También yo lo veo, aburrido, gris, con ese círculo de gis que para usted es el mundo.

105 **PROFESOR GARCIA** Pues bien; si lo quito[29] y no lo ves más, lo verás en la memoria. Así es como existe Nínive.

CLARITA Sí, por eso quiero ir.

PROFESOR GARCIA ¡Nínive sólo existe en la memoria!

CLARITA Ya entendí: Nínive es como el pizarrón.

110 **PROFESOR GARCIA** Nínive existió como el pizarrón; ya no existe.

CLARITA ¿Y quién la vio?

PROFESOR GARCIA Muchos, muchos hombres.

CLARITA Entonces existe como el pizarrón.

PROFESOR GARCIA No, no existe; existió hace ya muchos siglos.

115 **CLARITA** Pues hay que ir a buscarla entre los siglos.

PROFESOR GARCIA Nadie puede irse por los siglos.

CLARITA ¡Sí se puede! ¡Yo quiero ir a Nínive! ¡Yo me iré por los siglos hasta que la encuentre! ¡Quiero ir a Níniveeee! *(Sale corriendo.)*

PROFESOR GARCIA ¡Niña! ¡Niña! ¡Niñaaaa! *(Recogiendo su pizarrón.)* ¡La
120 imaginación es la enfermedad de los débiles!

CLARA DE 50 AÑOS ¡No huyas del pizarrón, Clarita! ¡No huyas del profesor García! ¡Todavía no lo sabes, la huida no te va a llevar sino al balcón![30]

(La escena se oscurece ligeramente. CLARA sigue quieta en su balcón.)

CLARA DE 50 AÑOS   Quieren que vivamos en el mundo redondo que nos

125   aprisiona. Pero hay el otro, el mundo tendido, hermoso como una lengua de fuego que nos devora.

(*Entra corriendo a escena* CLARA DE 20 AÑOS. *Se cubre la cara con las manos.*)

CLARA DE 50 AÑOS   Ahora vendrá Andrés, con su compás en la mano.

(*Entra* ANDRES. *Trae un anillo de bodas.*[31] *Lo lleva delicadamente en lo alto, cogido con los dedos pulgar y cordial.*[32])

ANDRES   ¡Clara! ¡Clara! ¿Por qué huyes? Tienes miedo..., Clara.

CLARA   No tengo miedo.

130   **ANDRES**   Sí, miedo de ti misma, miedo de estar enamorada.

CLARA   (*Descubriéndose.*) ¿Qué dices? ¿Cómo puedes decir que tengo miedo, cuando los árboles se han cubierto de naranjas redondas y doradas y en cada una de ellas hay una Clara viviendo por fin en su ciudad? En Nínive Plateada.[33] ¿Miedo de qué?

135   **ANDRES**   No sé, del muladar que es este mundo.

CLARA   ¡Del muladar! Siempre lo busqué, y hasta ahora lo encuentro. Tú no lo sabes, Andrés; pero desde niña ando en busca de ese muladar en el que han tirado lo hermoso. Y hasta ahora lo hallo, con sus escalinatas, sus columnas, sus templos, sus estatuas. Antes no podía

140   hallarlo. Me faltabas tú. Tú, que estabas escondido detrás de algunas de sus ruinas, esperándome desde hacía miles de años.

ANDRES   ¡Claro que te esperaba, amor mío! Cuando veía a las jóvenes caminar por la Avenida Juárez, apresuraba el paso. ¿Será alguna de ellas?... Pero al ver sus rostros[34] me daba cuenta de que ninguno era el

145   que yo buscaba.

CLARA   También yo te busco desde hace miles de años. El profesor García me dijo que uno no puede irse por los siglos, y se equivocó; porque yo tuve que viajar y viajar siglos arriba para encontrarte a ti, que eras la memoria de mí misma y la memoria del amor, pues tú

150   guardaste todos los besos y los verbos amorosos que se han conjugado para venir a decírselos a Clara, que por fin te encuentra en algún recodo[35] del tiempo.

ANDRES   (*Abrazándola.*) ¡Vida mía! ¡No me importa lo que dices; me importa sólo ver el rosa de tus encías,[36] oír el ritmo de tambores de tus

155   pasos, la música geométrica de tu falda, el golpe marino de tu garganta,[37] único puerto en donde puedo anclar![38]

CLARA   ¿Anclar? No, Andrés, debemos correr como los ríos. Tú y yo seremos el mismo río; y llegaremos hasta Nínive; y seguiremos la carrera por el tiempo infinito, despeñándonos[39] juntos por los siglos hasta

[31] **anillo...** *wedding ring*

[32] **dedos...** *thumb and forefinger*

[33] *Of silver*

[34] *caras*

[35] *twist, bend*

[36] *gums*

[37] **golpe...** *marine throb of your throat*

[38] *to cast anchor*

[39] *plunging ourselves headlong*

160 encontrar el origen del amor y allí permanecer para siempre, como la fuerza que inflama los pechos de los enamorados.

ANDRES ¡Todo eso lo haremos juntos en una casa, rodeados de niños locos y ardientes como tú!

CLARA ¿Por qué me hablas así? ¿Por qué cuando yo te propongo el via-
165 je, tú me propones el puerto, la casa?

ANDRES ¿Por qué? Porque todo lo que dices son palabras, hermosas palabras. Dos gentes que se quieren necesitan una casa, un lugar donde vivir.

CLARA Hay muchos lugares donde vivir. Se vive en cualquiera de ellos.
170 No es eso lo que yo pido, sino un acuerdo[40] para, después de vivir, seguir viviendo siempre juntos, inseparables. Como lo visto y la memoria, como el hombre y su pasado irremediable, como el polo positivo y el negativo que juntos dan el rayo. Yo te pido la voluntad de ser uno.

175 **ANDRES** Sí, Clara, y yo te ofrezco la casa y mi trabajo y mis cuidados.

CLARA Tú me ofreces seguir siendo dos. Tendremos fechas diferentes, no sólo de nacimiento, también de muerte.

ANDRES No hables de la muerte. ¿Qué tiene que ver la muerte con el amor? ¡Es atroz!

180 **CLARA** El amor es lo único que puede salvarnos de ella. Yo seguiré viviendo en ti y tú seguirás viviendo en mí. Y luego seremos uno, indivisible.

ANDRES ¡No me hables así, Clara! Yo venía a proponerte que habláramos hoy con tus padres para que luego tú conocieras a los
185 míos.

CLARA ¿Para qué?

ANDRES ¡Pues para que todo esté en orden, para tener su aprobación! Mira: estoy seguro de que mi madre se morirá de gusto[41] al verte. ¿Qué digo? ¡Morirá! ¡Ya me contagiaste con tu espíritu fúnebre![42]

190 **CLARA** ¿Que no estamos en orden? ¿No me quieres?

ANDRES Claro que te quiero, ¡tonta!

CLARA Entonces, ¿por qué habrá orden si tu madre se muere de gusto al verme?

ANDRES Es una manera de hablar. ¿Acaso no sabes que las madres
195 deben aprobar los amores de sus hijos?

CLARA No. A mí no me importa que me aprueben o me desaprueben.

ANDRES ¡Cállate! No digas esas cosas, es como salar[43] mi dicha.[44]

CLARA Andrés, me das miedo.

ANDRES ¿No te lo dije desde el principio, que tenías miedo?

200 **CLARA** No lo tenía.

ANDRES Sí lo tenías y no te dabas cuenta.

CLARA   No, no podía tenerlo porque creía que me amabas.

ANDRES   ¡Loca! ¡Tonta! ¡Claro que te amo! Dame tu mano, quiero ponerte este anillo, como señal de que hablo para siempre.

205 **CLARA**   *(Esconde la mano.)* ¡No, no, no quiero tu anillo! No me gustan. Tú eres como el profesor García, que creía que estaba en el mundo porque dibujaba círculos de gis en el pizarrón. «¡Clara: este es el mundo!»; pero el mundo no podía ser ese círculo gris. ¡Así tú! «Clara, este es el amor; dame tu mano para meterte un anillo, y buscar un departamento[45] para comer sopa y vivir con mi sueldo, si tu familia y la
210 mía están de acuerdo.»

ANDRES   Pero ¿qué dices, Clara? ¿No quieres el anillo? ¿Me rechazas?[46]

CLARA   Digo que eso no es el amor... El amor..., el amor es estar solo en este hermoso mundo, y viajar por los árboles y las calles y los som-
215 breros de las señoras, y ser el mismo río, y llegar a Nínive y al fin de los siglos... El amor, Andrés, no es vivir juntos; es morir siendo una misma persona, es ser el amor de todos. Tú no me amas.

ANDRES   ¡Por favor, Clara! No vuelvas a repetir eso. Estás muy exaltada,[47] no sabes lo que dices. Acepta este anillo, te lo ruego...

220 **CLARA**   Sé lo que digo. No quiero vivir en un apartamento de la calle de Nazas, ni quiero ver a tu madre, ni ponerme tu anillo. Yo quiero el amor, el verdadero, el que no necesita de nada de eso; el amor que se reconoce sin necesidad de que nadie más lo reconozca... ¡Adiós, Andrés!

> *(CLARA ve un momento a ANDRES, que le tiende el anillo, y luego sale corriendo. ANDRES, deja caer el anillo, que retumba como un trueno.[48])*

225 **ANDRES**   ¡Clara! ¡Clara! ¡Ven, amor mío! ¡Nadie te querrá como tú pides ser querida! ¡Ven!

CLARA DE 50 AÑOS   No, no vuelvas, Clara. Era verdad; no había sino un departamento, una hepatitis, un Chevrolet para los domingos, tres niños majaderos,[49] disgustados porque el desayuno estaba frío, y un
230 tedio enorme invadiendo los muebles. Todo esto me lo ha contado Mercedes, su mujer.

> *(Se oscurece ligeramente la escena. ANDRES desaparece. CLARA sigue en su balcón.)*

CLARA DE 50 AÑOS   No había Nínive. El mundo se iba haciendo una esfera cada vez más pequeña. Apenas si cabíamos.

> *(Entra CLARA DE 40 AÑOS. Triste, con un plumero[50] en la mano. Sacude el polvo de[51] unos muebles imaginarios.)*

45 apartamento
46 *you are rejecting*
47 *worked up*
48 *thunderclap*
49 *annoying, difficult*
50 *feather duster*
51 **Sacude...** *She dusts*

CLARA   (*Mientras trabaja.*) ¡Qué fino es el polvo! Y tiene todos los colores;
235   es como el diamante más puro, cuyo reflejo depende del sol. El sol es
        como nosotros: varía de color según varía el humor. Yo no sé qué
        haría si en esta casa no hubiera polvo. ¿Dónde encontrar rojos más
        tenues y dispares, o azules tan marinos o fluviales,[52] como en estos
        rayos de polvo iluminados por el sol, siempre girando, danzando? La
240   danza de la mañana, de la pereza[53]...

                (*Entra* JULIO, *hombre de unos cuarenta años, en man-
                gas de camisa.*)

JULIO   Otra vez las nueve... Otra vez el café con leche, y el viaje hasta la
         oficina...

CLARA   ¡Es maravilloso, Julio! Las calles cambian de hora en hora.
         Nunca son la misma calle. ¿No te has fijado? ¿A que nunca llegas a la
245   misma oficina por la misma calle? Yo quisiera ser tú para ir a trabajar
         en la mañana y cruzar la ciudad a la hora en que la cruzan ustedes los
         que hacen el mundo. Porque yo la cruzo a la hora en que la cruzan
         las que hacemos la comida. Pero si quieres te acompaño hoy en el via-
         je hasta tu oficina.

250 JULIO   No digas tonterías. ¿Cómo va a ser maravilloso ir a una oficina
         llena de estúpidos, por unas calles también estúpidas e iguales? ¡Ah!
         ¡Un día me iré de viaje! Pero un viaje verdadero, lejos de esta repeti-
         ción cotidiana.[54] ¿Sabes lo que es el infierno? Es la repetición. Y todos
         los días repetimos el mismo gesto, la misma frase, la misma oficina, la
255   misma sopa.[55] Estamos en el infierno, condenados a repetirnos para
         siempre...

CLARA   No hables así, me afliges mucho. Me parece que soy yo la que te
         ha condenado a la repetición, al infierno. ¿Por qué no tratas de variar
         tu vida? ¿Recuerdas que pensábamos viajar hasta el fin de los siglos?
260   Pues yo viajo. Claro, hago viajes más modestos. Por ejemplo, cuando
         limpio la casa nunca estoy en ella, siempre me voy; así nunca hay nada
         repetido, me libro del infierno. ¿Tú nunca te has ido por la pata de
         una silla?

JULIO   ¿Ya vas a empezar con tus locuras?[56]

265 CLARA   No son locuras. Yo sí me voy por la pata de una silla, y llego al
         bosque, y camino por entre los árboles, y luego por la misma pata he
         llegado a casa del leñador,[57] y de allí al vagón del ferrocarril, y luego a
         casa del carpintero, que todavía vive como San José, y luego a la mue-
         blería, y acabo en mí misma comprando la silla y trayéndola a esta casa.

270 JULIO   Tu manera de viajar no me interesa. En el fondo, lo único que
         tratas de hacer es evadirte del infierno en que estamos. Tu vida no es
         sino una perpetua huida. Ahora, como ya no sabes adónde ni cómo
         escaparte, te escapas por las patas de las sillas.

CLARA   ¿Me escapo? ¿Crees entonces que realmente estamos en el in-
275   fierno?

52 *like a river*
53 *laziness*
54 diaria
55 **la...** *the same old thing*
56 *crazy ideas*
57 *woodcutter*

JULIO   ¿Pues qué más pides? ¿El perol[58] y las llamas? Siempre mirándonos el uno frente al otro, sin esperanzas. ¿Qué esperamos? ¿Qué esperas? Nada. La vida es un horrible engaño.[59]

CLARA   ¡Julio! No hables así, no blasfemes. La vida es maravillosa, pero
280   no supimos andarla. Nos quedamos quietos, como los lagos, pudriéndonos[60] en nuestras propias aguas. Cuando éramos jóvenes, pensamos que nos iríamos lejos, lejos de nosotros mismos. Yo debería haber llegado hasta ti y tú hasta mí. ¿Qué pasó, Julio?

JULIO   A mí ya no me importa lo que pasó. Me importa lo que pasa. Hay
285   veces que quisiera desaparecer, perderme en alguien que no sea yo, aunque sea por unos momentos. Pero tengo que volver aquí, volver siempre por el mismo camino y a la misma hora...

CLARA   No regreses, Julio. Deberíamos no haber regresado juntos. Deberíamos habernos ido juntos hasta Nínive.

290   **JULIO**   ¡Nínive! Esas eran chiquilladas.[61] Ya no eres joven. ¡Mírate en el espejo! Resulta ridículo que una mujer a tu edad hable en esos términos.

CLARA   Para mí, tú no tienes edad. ¿Qué son unos cuantos años comparados con los siglos infinitos que nos aguardan y que nos preceden?
295   Tal vez las caras también, según hayas reído...

JULIO   O llorado...

CLARA   O llorado. Cuando yo te conocí, Julio, no habías llorado nunca, ¿verdad? Te dejé solo..., sí.

JULIO   Ahora quisiera que me dejaras solo de verdad.

300   **CLARA**   Nadie se salva solo. Uno se salva en el otro.

JULIO   Yo sí. Yo soy capaz de salvarme solo.

CLARA   ¡Julio!

JULIO   El amor no existe. Tampoco existe Nínive. Existe sólo un mundo que trabaja, que va, que viene, que gana dinero, que usa reloj, que
305   cuenta los minutos y los centavos y que muere solo y acaba podrido en un agujero, con una piedra encima que lleva el nombre del desdichado.[62] Lo demás, lo demás son tonterías...

CLARA   Ese mundo malvado es aparente. Detrás está el otro mundo maravilloso. Y detrás del tiempo de los relojes está el otro tiempo infinito
310   de la dicha. Tú no quieres verlo, no quieres ver a Nínive, ni la memoria, ni los siglos. Me dejas sola en mitad del tiempo, sin nada a qué asirme; y yo pensé que contigo era para siempre, que juntos nos iríamos algún día a ser uno, a olvidarme de mí misma...

JULIO   ¡Basta!

315   **CLARA**   ¡Basta! No me queda sino yo misma. Me voy de ti para siempre.

(La escena se oscurece y luego se enciende.)

CLARA DE 50 AÑOS   Me fui de viaje y llegué a mí misma.

58   *pot*
59   *deception*
60   *rotting*
61   cosas de niños
62   *poor wretch*

CLARA DE 40 AÑOS *(Que ha quedado como un títere[63] roto, con su plumero en la mano.)* Sí, me fui a ti.

CLARA DE 50 AÑOS No hallaste a Nínive.

320 **CLARA DE 40 AÑOS** No, y ahí estoy, adentro de ti, mirándome.

CLARA DE 50 AÑOS ¿Quién abolió a los siglos pasados y por venir? ¿Quién abolió el amor? ¿Quién me ha dejado tan sola, sentada en este balcón?

CLARA DE 40 AÑOS Yo no lo sé.

325 **CLARA DE 50 AÑOS** Pero hubo algo, alguien que me lanzó adentro de mí misma, a mirar para siempre este paisaje de Claras, del cual no podré escapar.

CLARA DE 40 AÑOS ¿Y qué vas a hacer ahora? ¿Ahora que ya no queda viaje, que ya no queda Nínive, que ya no quedan años ni atrás ni ade-
330 lante?

CLARA DE 50 AÑOS Sí quedan, iré en su búsqueda. Existe la memoria.

CLARA DE 40 AÑOS No puedes escaparte más. Has huido del profesor García, has huido de Andrés, te has escapado de Julio, siempre bus-cando algo que te faltaba. Era Nínive, era el tiempo infinito... Ya no
335 puedes huir para salir en busca. Dime: ¿qué vas a hacer?

CLARA DE 50 AÑOS ¿Qué voy a hacer? Iré al encuentro de Nínive y del infinito tiempo. Es cierto que ya he huido de todo. Ya sólo me falta el gran salto para entrar en la ciudad plateada. Quiero ir allí, al mu-ladar, en donde me aguarda con sus escalinatas, sus estatuas y sus tem-
340 plos, temblando en el tiempo como una gota de agua perfecta, traslúcida, esperándome, intocada[64] por los compases y las palabras inútiles. Ahora sé que sólo me falta huir de mí misma para alcanzarla. Eso debería haber hecho desde que supe que existía. ¡Me hubiera evi-tado tantas lágrimas! Eran inútiles las otras fugas.[65] Sólo una era nece-
345 saria. *(Se lanza por su balcón. Se oye el ruido del cuerpo que cae.)*

> *(*CLARA DE 40 AÑOS *desaparece también. Su plumero queda a medio escenario. Entra a escena, al oír el ruido, un* LECHERO.[66] *Se acerca al cuerpo, luego mira a su alrededor, y grita.)*

LECHERO ¡Ora![67] Llamen a la Policía; se suicidó la vieja del diecisiete. *(Telón.)*

63 *puppet*
64 *untouched*
65 *flights*
66 *milkman*
67 *¡Ahora!*

✦ Comprensión y expansión

A. Conteste las siguientes preguntas según la pieza.

1. ¿Cómo es Clara? ¿Dónde está al principio de la pieza? ¿Qué hace ella allí?
2. ¿Con quiénes está ella? ¿Son reales esas personas? Explique.

3. ¿Cómo es el profesor García? ¿Qué le trata de enseñar a Clarita?
4. ¿Por qué quiere encontrar el mundo antiguo Clarita? Comente.
5. Según el profesor García, ¿qué clase de alumna es Clarita? ¿Por qué?
6. ¿Cómo describe a Nínive el profesor? ¿Y cómo reacciona Clarita?
7. ¿Quién es Andrés? ¿Qué trae en la mano? ¿Para quién?
8. Según Andrés, ¿de qué tiene miedo Clara?
9. ¿Qué espera Andrés del matrimonio? ¿Y Clara?
10. ¿Por qué no acepta Clara el anillo de Andrés? Explique.
11. ¿Qué es el amor para Clara? Y según ella, ¿qué es el amor para Andrés?
12. ¿Se casó después Andrés? ¿Con quién? ¿Tuvo hijos?
13. ¿Se casó después Clara? ¿Con quién? ¿Tuvo hijos?
14. ¿Quién es Julio? ¿Qué es el infierno para él? Explique.
15. ¿Qué hace Clara al final? ¿Por qué? Comente.

B. Identifique y explique la importancia o la significación de los siguientes elementos.

1. el balcón
2. el pizarrón portátil
3. el anillo de bodas
4. el muladar
5. Nínive
6. el plumero
7. la memoria
8. el lechero

C. Lea las definiciones que siguen y escriba las palabras definidas en los espacios correspondientes.

1. medio de transporte acuático _____
2. lugar que asociamos con el sol y las nubes _____
3. sinónimo de **recuerdo** _____
4. instrumento de percusión _____
5. suma de cien años _____
6. sinónimo de **encontrar** _____
7. edificio de carácter religioso _____
8. piedra preciosa y muy valiosa _____
9. máquina que da la hora _____
10. lugar donde hay muchos árboles _____

D. Indique si los comentarios que siguen reflejan correctamente o no el contenido de la pieza. Escriba **V** (verdadero) o **F** (falso) en los espacios correspondientes. Si lo que lee es falso, corríjalo.

____ 1. Clara tiene cincuenta años cuando empieza la obra.
____ 2. Sargazos es el nombre de una ciudad antigua.
____ 3. Clarita quería buscar la ciudad de Hércules.
____ 4. El primer novio de Clara se llamaba Andrés.
____ 5. Andrés quería tener muchos hijos.
____ 6. Clara pensaba que Andrés era como el profesor García.
____ 7. Clara decidió no casarse con Andrés porque no lo quería.
____ 8. Es obvio que Julio y Clara tienen mucho en común.
____ 9. Según Clara, el amor no existe.
____ 10. Julio y Clara son muy felices juntos.

✦ Temas de discusión o análisis

1. Resuma con sus propias palabras el argumento de *La señora en su balcón*.
2. Discuta la importancia o la significación del título y su relación con la estructura temporal y/o formal de la obra.
3. Basándose en la información contenida en esta pieza, escriba una biografía de Clara narrada en tercera persona, o su autobiografía narrada en primera persona. Incluya en su texto datos significativos de su vida a los ocho, veinte, cuarenta y cincuenta años, respectivamente.
4. Compare y contraste **uno** de los siguientes temas en la pieza.
   a. la relación «Andrés-Clara» con la de «Julio-Clara»
   b. la relación «Andrés-Mercedes» con la de «Julio-Clara»
5. Analice la importancia temática y estructural del balcón y apoye sus comentarios con citas de *La señora en su balcón*.
6. Discuta el papel temático y estructural de la memoria y apoye sus comentarios con citas de la obra.
7. Discuta la caracterización de los personajes masculinos y analice su función temática o estructural en esta pieza.
8. Analice **uno** de los temas que siguen y apoye sus comentarios con citas de *La señora en su balcón*.
   a. el papel de la imaginación
   b. el tema de la soledad
   c. las concepciones del amor y del matrimonio
9. Discuta **uno** de los siguientes comentarios expresados por personajes de esta obra y dé su opinión al respecto, indicando por qué está o no de acuerdo con dicho comentario.
   a. Según el profesor García: «¡La imaginación es la enfermedad de los débiles!»
   b. Según Andrés: «Dos gentes que se quieren necesitan una casa, un lugar donde vivir».
   c. Según Clara: «El amor... no es vivir juntos; es morir siendo una misma persona, es ser el amor de todos».
   d. Según Julio: «El amor no existe. [...] Existe sólo un mundo que trabaja, que va, que viene, que gana dinero, que usa reloj, que cuenta los minutos y los centavos y que muere solo y acaba podrido en un agujero, con una piedra encima que lleva el nombre del desdichado».
10. Analice la situación de la protagonista desde una perspectiva feminista.
11. Compare y contraste el mundo de los personajes masculinos con el de Clarita y Clara en sus varias épocas, respectivamente.
12. Discuta el papel de la educación en la vida de Clara y analice la relación «educación-creatividad» reflejada en la pieza.

✦ Temas de proyección personal

1. Siguiendo la estructura de la obra de Garro, escriba un monólogo en que usted recuerda dos o tres momentos importantes de su pasado.

2. En esta obra, Clara trata de huir de la realidad de varias maneras. Si usted pudiera escapar de su vida actual, ¿adónde iría y qué haría? ¿Por qué?

3. En esta obra, Clara encuentra la solución a su problema suicidándose. ¿Qué piensa usted del suicidio? ¿Lo justifica en algunos casos? ¿Piensa que el suicidio requiere mucho coraje o cree más bien que es un acto de cobardía? Explique.

✦ *Temas intertextuales* ✦

1. Discuta la función de la poesía y el papel de los poetas para Rosario Castellanos y Octavio Paz, según los textos aquí incluidos.

2. Ampliación del tema 1: Incluya también la obra de Nicolás Guillén (Sección IV), de César Vallejo (Sección IV) o de Pablo Neruda (Sección IV) en su análisis.

3. Compare y contraste la incorporación de la experiencia personal de un hecho histórico en «Memorial de Tlatelolco» de Castellanos y en «Explico algunas cosas» de Neruda (Sección IV).

4. Discuta el impacto de las innovaciones técnicas y temáticas del «boom» en la poesía de Castellanos y de Paz.

5. Compare y contraste el papel de la historia en la obra de Castellanos y de Ferreira.

6. Ampliación del tema 5: Incluya también la obra de Pablo Neruda (Sección IV), de Martín Luis Guzmán (Sección IV) o de Rubén Darío (Sección III) en su análisis comparativo.

7. Compare y contraste la perspectiva narrativa o la estructuración formal de «Papá, hazme un cuento» con la de «El nombre de María».

8. Ampliación del tema 7: Incluya también «Los dos soras» (Sección IV) o «Celos» (Sección III) en su análisis comparativo.

9. Discuta la caracterización de los personajes femeninos en **tres** de las siguientes obras: «Autorretrato», *La señora en su balcón,* «Las dos Elenas», «El nombre de María», «Una carta de amor», «Cine Prado» y/o «La prodigiosa tarde de Baltazar».

10. Ampliación del tema 9: Incluya también *Una mariposa blanca* (Sección IV), «Tres cartas... y un pie» (Sección III), «Una carta de amor» (Sección III, Gómez de Avellaneda), «Respuesta a Sor Filotea de la Cruz» (Sección II) o «Doña Marina» (Sección I) en su análisis.

11. Compare y contraste la relación de la pareja (hombre-mujer) o la relación familiar (esposos-hijos) en **dos** de las siguientes obras: «Cine Prado», «Las dos Elenas», «La prodigiosa tarde de Baltazar», «Papá, hazme un cuento» y/o «Autorretrato».

12. Ampliación del tema 11: Incluya también «Celos» (Sección III), «Una carta de amor» (Sección III) o «Las señas del esposo» (Sección II) en su análisis comparativo.

13. Compare y contraste la estructura narrativa de **dos** de las siguientes obras: «Papá, hazme un cuento», «Una carta de amor», «Cine Prado», «El nombre de María» y/o «Las dos Elenas».

14. Discuta el grado de experimentación e innovación formal y/o temática en **dos** de las siguientes obras: «Memorial de Tlatelolco», «Las dos Elenas», «Papá, hazme un cuento» y/o *La señora en su balcón*.

15. Analice el uso de la ironía en **dos** de los siguientes cuentos: «Una carta de amor», «Cine Prado», «La prodigiosa tarde de Baltazar» y/o «Las dos Elenas».

16. Ampliación del tema 15: Incluya también «Tres cartas... y un pie» (Sección III) o «La camisa de Margarita» (Sección III) en su análisis.

17. Primero aplique las ideas sobre poesía y función poética expresadas por Paz en «Recapitulaciones» a sus poemas aquí incluidos. Haga lo mismo entre «Ni me lo pidan» de Neruda y sus otros dos textos (Sección IV). Luego compare y contraste la relación entre teoría y práctica de la poesía reflejada en la obra de ambos poetas.

18. Compare y contraste la relación «título-contenido» o «título-forma» en tres obras de su elección incluidas en esta sección.

19. Ampliación del tema 18: Incluya también *Una mariposa blanca* (Sección IV), «Nos han dado la tierra» (Sección IV), «Tres cartas... y un pie» (Sección III) o «El cisne» (Sección III) en su análisis comparativo.

20. Analice el papel de la memoria o del recuerdo en dos de las siguientes obras: *La señora en su balcón*, «El nombre de María», «Papá, hazme un cuento» y/o «Memorial de Tlatelolco».

21. Ampliación del tema 20: Incluya también *Una mariposa blanca* (Sección IV), «Celos» (Sección III), «Poema IX» (Sección III) o «Las señas del esposo» (Sección II) en su análisis.

SECCION VI

Del «posboom» al presente

Como a ladrón habéis salido con espadas y garrotes a prenderme *(Mateo, 26:55) de Olivia Silva, cuadro de la colección de pinturas de Solentiname (Nicaragua), incluido en* The Gospel in Art by the Peasants of Solentiname *(1984), libro editado por Philip y Sally Scharper.*

Sinopsis histórico-literaria

Con esta sección que abarca más de un cuarto de siglo de actividad literaria se llega a la hora actual de la literatura hispanoamericana. Se incluyen aquí obras escritas y publicadas después del «boom»:* desde principios de los años setenta, asociados con el «posboom»,* hasta el presente. Si la Revolución Cubana (1959) marcó profundamente la producción cultural de la década del sesenta y generó un sentimiento de solidaridad entre los escritores del «boom», los conflictos político-sociales y los gobiernos militares represivos que se instalaron durante los años setenta, especialmente en el Cono Sur (Chile, Uruguay y Argentina), influyeron también de manera decisiva tanto en la vida como en la obra de los escritores del posboom.

En efecto, la arbitraria e implacable persecución política de esos años llevó al exilio a un gran número de escritores, entre ellos a los chilenos Isabel Allende y Antonio Skármeta, a los uruguayos Eduardo Galeano y Cristina Peri Rossi, y a los argentinos Griselda Gambaro, Mempo Giardinelli, Luisa Valenzuela y David Viñas. Otros fueron a la cárcel, como el uruguayo Mauricio Rosencof, o desaparecieron, como el argentino Haroldo Conti, presuntamente asesinado. No debe sorprender, por lo tanto, que muchas de las obras aparecidas en esos años, y en particular a partir de 1974–1975, incorporen la realidad del exilio y reflejen, en mayor o menor grado, el ambiente de terror, censura y represión predominante en esa época.

Aunque los años setenta se iniciaron con el triunfo democrático del chileno Salvador Allende en las elecciones presidenciales de su país (1970), el panorama histórico-político del resto de la década se caracterizó por la proliferación de juntas militares y gobiernos represivos en gran parte de Latinoamérica. En 1973 un golpe militar derrocó y causó la muerte de Allende, primer presidente socialista de América del Sur, e instauró en Chile una dictadura dirigida por el general Augusto Pinochet. Ese mismo año se disolvió el Parlamento en Uruguay y el poder se centralizó en una junta militar con poderes dictatoriales. Tres años después, en 1976, la presidenta Isabel Perón fue derrocada en Argentina y ese hecho inició los siete años de dictadura militar tristemente famosos por los miles de desaparecidos, las Madres de la Plaza de Mayo y la guerra de las Malvinas. Entretanto, en Paraguay se solidificaba el poder del general Alfredo Stroessner, instaurado como jefe supremo a mediados de los años cincuenta, y en Nicaragua llegaba a su fin la dictadura de los Somoza con la victoria de la Revolución Sandinista en 1979.

El contexto histórico-político de los años ochenta fue diametralmente inverso y opuesto al de la década precedente. A la violencia, arbitrariedad y censura asociadas con los gobiernos represivos de los años setenta, siguió una década caracterizada por la búsqueda de soluciones democráticas a los problemas políticos, económicos y sociales del mundo hispanoamericano. Poco a poco casi todas las dictaduras y regímenes militares fueron sustituidos por gobiernos electos en condiciones de relativa democracia. Si bien es verdad que la década de los ochenta se inició con la intensificación de la lucha guerrillera en Centroamérica (1980) y con la desastrosa guerra entre Argentina e Inglaterra por el derecho a las Malvinas (1982), también es cierto que en 1983 empezó en Hispanoamérica un proceso de paulatina democratización que todavía continúa en el presente. En efecto, en 1983 los militares dejaron el poder en Argentina y en las elecciones presidenciales de ese año triunfó Raúl Alfonsín, el candidato de la Unión Cívica Radical. En 1984 hubo dos campañas electorales significativas: en Uruguay asumió el poder un presidente civil, después de once años de control militar (1973–1984), y en Panamá tuvieron lugar las primeras elecciones directas en dieciséis años (1968–1984). Se cerró esa década de apertura hacia la democracia con un par de adioses más a otros dos regímenes militares represivos. En 1989, un golpe de estado en Paraguay derrocó al general Alfredo Stroessner, cuya dictadura había durado más de tres décadas (1955–1989), y ese mismo año en Chile ganó la presidencia Patricio Aylwin, el candidato civil que derrotó al general Augusto Pinochet después de dieciséis años de gobierno militar (1973–1989).

El proceso de democratización iniciado en 1983 en Argentina continúa en la década actual. En efecto, ésta se abrió con la campaña electoral nicaragüense de 1990 y el triunfo presidencial de Violeta Barrios de Chamorro, primera mujer del continente americano que ganó el poder por voto popular y en elecciones libres. También es interesante notar que esto haya sucedido precisamente cuando la creciente participación de la mujer en todos los campos está demostrando las posibilidades de reivindicación social implícitas en la práctica democrática.

Mucho ha pasado en el contexto político-social latinoamericano de los últimos treinta años: a una década marcada por el predominio de dictaduras y juntas militares, la del setenta, le ha sucedido otra, la de los años ochenta, en que uno tras otro han ido cayendo dichos regímenes dictatoriales. Hoy día sigue el proceso de democratización y en la actualidad prácticamente todos los países de Latinoamérica (con excepción de Cuba) tienen gobiernos democráticos.

En cuanto a la producción literaria de esta época, resulta difícil su evaluación por incluir obras publicadas o en progreso en la década actual, todavía inacabada. Aunque también es prematuro tratar de escribir su historia, es posible, no obstante, señalar tendencias que se dejan percibir en los textos de este período. Estos en parte mantienen y en parte rompen con algunas de las características asociadas con la literatura de los años precedentes. Se nota mayor continuidad en la poesía y mayor discontinuidad o ruptura en la narrativa y en el teatro, probablemente porque estos dos últimos géneros son siempre los más afectados por el contexto político-social circundante. En poesía, tanto el compromiso con los mitos, la historia y la realidad social de Latinoamérica como el uso de un lenguaje directo, coloquial o conversacional que caracterizan los versos de poetas ya conocidos de la década del sesenta —como el nicaragüense Ernesto Cardenal o el chileno Nicanor Parra— también están presentes en muchos «nuevos» cuya obra recién empieza a difundirse en este período. Esta categoría de «nuevos» incluye a poetas de varias generaciones, mayores y menores de sesenta años. La nicaragüense Claribel Alegría y el paraguayo Elvio Romero, por ejemplo, forman parte del grupo de «mayores» en edad pero de producción y fama relativamente recientes. Entre los poetas más jóvenes (nacidos después de 1935) que ya han adquirido cierto renombre internacional están la argentina Alejandra Pizarnik, los chilenos Oscar Hahn y Raúl Zurita, el mexicano José Emilio Pacheco, el peruano Antonio Cisneros, la cubana Nancy Morejón y la nicaragüense Gioconda Belli, para mencionar sólo a algunos.

En el caso de la narrativa del «posboom», más obvios y significativos son los contrastes y diferencias que las similitudes con la producción del «boom». En general, y especialmente en la primera mitad de los años setenta, persistió el interés por la experimentación formal y lingüística así como el rechazo de las premisas y estructuras de la narrativa tradicional realista. Tres ejemplos representativos de esas primeras novelas del «posboom» son *Cobra* (1972) del cubano Severo Sarduy, *The Buenos Aires Affair* (1973) del argentino Manuel Puig y *Yo el Supremo* (1974) del paraguayo Augusto Roa Bastos. También se debe señalar que algunos autores generalmente asociados con el «boom», como Julio Cortázar, Gabriel García Márquez o Mario Vargas Llosa, siguen publicando (con excepción de Cortázar que murió en 1984) y agregando títulos a la rica y variada narrativa actual.

Algunos de los rasgos distintivos de la narrativa del «posboom» están vinculados con sus aspectos lingüísticos, temáticos y estructurales. Otros tienen que ver con la actitud de los mismos escritores frente a sus obras y, por lo tanto, con la relación de elitismo o de inclusión, de distancia o de acercamiento que se establece entre dichas obras y los lectores. Los escritores del «posboom» tienden a usar un lenguaje más conversacional, sencillo, coloquial y accesible a todos. Parten de la experiencia cotidiana, del contexto histórico-social en que viven, y buscan expresarla a través de un estilo más íntimo y menos intelectual que el que se asocia con la narrativa del «boom». Algunas figuras representativas de esta tendencia son el argentino Mempo Giardinelli, el chileno Antonio Skármeta, la costarricense Rima Vallbona, los mexicanos Arturo Azuela y María Luisa Puga, y el paraguayo Helio Vera.

Mientras que las novelas de los años sesenta se caracterizan por su seriedad, su solemnidad y su tendencia a dar visiones totalizantes del mundo, la narrativa del «posboom» no pretende expresar toda la realidad sino sólo parte de ella y ha reincorporado, además, el humor a sus textos. Esto hace que dicha literatura tenga, en general, un tono más liviano, menos serio y menos cerebral. El humor sirve también un objetivo ideológico: el de eliminar el elitismo literario. En efecto, la crítica ha señalado la posición cuestionadora de la generación actual frente a la actitud elitista de los escritores del «boom». Aunque éstos se identificaban con la gente común y se consideraban defensores de las causas populares, la complejidad lingüística y estructural de sus obras a menudo limitó el acceso a ellas a un grupo selecto de críticos y a un número muy reducido de posibles lectores. A través del humor, la parodia* y la alegoría,* y haciendo uso de un lenguaje más sencillo y directo, los escritores del «posboom» han adoptado un enfoque más popular y han podido llegar a un público mucho más amplio y variado. Otros elementos que han ayudado a popularizar y por lo tanto a «deselitizar» la literatura de este período son la disminución de la experimentación técnica y narrativa, el aumento del interés por la historia, presente y pasada, y la importancia del papel de la memoria como forma de recuperar o recontar las pequeñas aventuras individuales y el pasado inmediato para no olvidarlos. Esta literatura también está muy influenciada por el cine y la novela negra* o detectivesca y parece dominar en ella una orientación realista interesada en historias menores y aspectos costumbristas.

Además de las características y tendencias ya señaladas, hay diferencias notables entre los objetivos temáticos y formales de los escritores del «boom» y del «posboom». Mientras aquéllos pretendían reflejar la unidad hispánica en sus obras, a las que veían como hispanoamericanas y no como argentinas, paraguayas, chilenas o mexicanas, la generación actual rechaza la visión abarcadora de sus mayores o «maestros» y tienen metas más humildes. Partiendo de sus respectivos contextos culturales, los escritores del «posboom» buscan dar expresión literaria a sus experiencias personales de una realidad parcial, limitada, a veces violenta y caótica, pero a menudo también cómica o por lo menos tragicómica. La estructuración de sus obras es relativamente sencilla, en parte como reacción contra la complejidad narrativa que caracterizó a las novelas del «boom» y, en parte también, para atraer a un grupo más grande de lectores y para hacerlas accesibles a un público general más heterogéneo.

La literatura hispanoamericana de las últimas tres décadas ofrece un panorama temático muy rico y variado. Sin embargo, la situación política, la represión y la censura vigentes en los años setenta y ochenta que obligaron a tantos escritores a dejar sus respectivos países, convirtieron al exilio en un tema recurrente en sus obras. Con excepción de Julio Cortázar quien dejó Argentina mucho antes, todos los escritores del Cono Sur representados en esta sección vivieron y escribieron en el exterior durante algunos años. También se debe incluir en este grupo marcado por la experiencia del exilio al paraguayo Rubén Bareiro Saguier, a la argentina Marta Traba y al chileno Poli Délano. Otros autores y títulos de obras representativas del vasto panorama narrativo actual son, entre otros, los mexicanos Gustavo Sainz con *Compadre lobo* (1977) y José Agustín con *El rey se acerca a su templo* (1978); el peruano Alfredo Bryce Echeñique con *Tantas veces Pedro* (1977) y *La vida exagerada de Martín Romaña* (1981); los puertorriqueños Rosario Ferré con *Maldito amor* (1986) y Luis Rafael Sánchez con *La guaracha del macho Camacho* (1976); la paraguaya Renée Ferrer de Arréllaga con *Los nudos del silencio* (1988), y el chileno Jorge Edwards con *Los convidados de piedra* (1978) y *El anfitrión* (1988). Pero hay muchos más porque a los nuevos títulos de autores ya consagrados que siguen escribiendo se agrega la prolífica producción de los más jóvenes que han empezado a publicar en este período.

Otro aspecto distintivo de la realidad literaria del «posboom» es la gran visibilidad femenina en las letras hispanoamericanas. En efecto, durante las últimas décadas ha habido una verdadera explosión de obras escritas por mujeres en todos los géneros, pero especialmente en narrativa. A los nombres ya mencionados, deben agregarse los de las mexicanas Laura Esquivel y Angeles Mastretta, las argentinas Vlády Kociancich y Alicia Steinberg, la chilena Marjorie Agosín, la peruana Laura Riesco, la colombiana Albalucía Angel y la uruguaya Teresa Porzecanski. Estas y muchas otras escritoras forman parte de la importante literatura femenina cuya temática, tan amplia y variada como la de sus colegas masculinos, enriquece la producción literaria actual de Hispanoamérica.

En contraste con la poesía o la narrativa en particular, la actividad dramática hispanoamericana de este período es bastante desigual, tanto en calidad como en cantidad, por depender, en gran medida, de las condiciones políticas, económicas y sociales circundantes. Indudablemente, los problemas derivados de dicho contexto afectan más a la obra teatral que a la poética o narrativa. A diferencia de los otros géneros, no se puede dramatizar una pieza o hacer una representación escénica de un texto dramático en forma aislada. En síntesis, el teatro es una experiencia colectiva y si no hay público, pues tampoco hay teatro.

Es lógico, entonces, que la represión militar, la violencia y la censura prevalecientes en muchos países durante las décadas del setenta y del ochenta hayan afectado enormemente la actividad teatral de esta época. Sin embargo, hay que notar que durante estos años el género dramático ha venido ocupando un lugar cada vez más importante dentro de la producción literaria hispanoamericana. El grado de influencia que el contexto sociopolítico ejerce en la estructura o temática de la expresión teatral, por otra parte, varía y depende de las circunstancias particulares de cada país. En el caso del teatro argentino aquí representado con *Decir sí*, breve pieza de Griselda Gambaro, es necesario señalar el surgimiento del llamado «Teatro Abierto»* en 1981, como respuesta de la comunidad teatral a la política de represión y censura del régimen militar de esa época. Teatro Abierto fue un espléndido esfuerzo colectivo de autores, actores, actrices, directores y músicos para agitar el ambiente, cuestionar el *status quo* y revelar, con símbolos y metáforas,* lo que entonces estaba pasando en Argentina. La experiencia de Teatro Abierto se reiteró en 1982 y luego otra vez en 1983, para interrumpirse con el retorno de la democracia al país, ya que al desaparecer el gobierno represivo militar, Teatro Abierto perdía también el papel de resistencia cultural y política que había cumplido hasta entonces.

En general se puede afirmar que las tendencias seguidas por la literatura hispanoamericana de las últimas tres décadas son muy variadas y, al mismo tiempo, difíciles de precisar, ya que se trata de una producción que aún se está haciendo, enmarcada dentro de un período que todavía no ha llegado a su término. Si bien es cierto que se han seguido practicando y adaptando en parte las innovaciones técnicas asociadas con la década del sesenta, también es verdad que el número de textos experimentales ha disminuido paulatinamente desde los años setenta y hoy día se tiende a ofrecer una escritura con un lenguaje más directo, coloquial, sencillo y eficaz. Frente a la narrativa del «boom» que con frecuencia pretendió una condición mítica o trascendente, ofreciendo visiones ordenadoras y excepcionales de la realidad de Hispanoamérica, la literatura del «posboom» expresa más bien lo común y ordinario de dicha experiencia y la refleja con todas sus limitaciones, excesos y problemas. Gran número de obras revisan el pasado y el presente históricos, o se acercan a lo cotidiano con el objetivo de constituirse en conciencia crítica de la realidad en que surgen. Esta última orientación, que en sí misma ofrece una extraordinaria diversidad, es quizás la que marca el carácter de la época: en ella confluyen las manifestaciones omnipresentes de la actual cultura de masas, el interés por los relatos testimoniales de distinto signo, las reivindicaciones feministas y otras varias corrientes que enriquecen la literatura hispanoamericana contemporánea.

CLARIBEL ALEGRIA

Nota biográfica

Claribel Alegría (1924–), poeta, narradora y ensayista salvadoreña, nació en Estelí (Nicaragua) y posteriormente estableció residencia en Mallorca (España), luego de haber vivido en varios países de Latinoamérica y Europa. Aunque nicaragüense de origen, creció y vivió gran parte de su juventud en Santa Ana, segunda ciudad de El Salvador, país con el cual se identifica culturalmente y cuyos problemas sociopolíticos se ven reflejados en su producción literaria. Considerada por la crítica como una de las escritoras más representativas de la literatura salvadoreña actual, Alegría estudió filosofía y letras en la Universidad George Washington de la capital estadounidense y ha publicado dieciocho libros hasta la fecha —trece poemarios, cuatro novelas cortas y un libro de cuentos para niños—, además de los que ha escrito en coautoría con su esposo, el escritor Darwin J. Flakoll. Su prolífica producción poética incluye, entre otros títulos, *Vigilias* (1953); *Acuario* (1955); *Huésped de mi tiempo* (1961); *Vía única* (1965); *Pagaré a cobrar* (1973); *Sobrevivo* (1978), obra ganadora del Premio Casa de las Américas; *Suma y sigue* (1981), especie de antología personal que incluye una selección de poemas ya publicados junto a otros nuevos; *Flores del volcán* (1982), y *Variaciones en clave de mí* (1993). En narrativa publicó *Tres cuentos* (1958) y varias novelas de alto contenido social, entre las que están *Album familiar* (1984), *Despierta, mi bien, despierta* (1986), y *Luisa en el país de la realidad* (1987), relato que mezcla prosa y poesía y en donde Luisa, su pequeña protagonista salvadoreña, emprende un viaje en dirección opuesta al de la famosa Alicia en la obra *Alicia en el país de las maravillas* del inglés Lewis Carroll. En colaboración con su marido, es coautora de una novela: *Cenizas de Izalco* (1966); un par de ensayos: «La encrucijada salvadoreña» (1980) y «Nicaragua: la revolución sandinista» (1980); y dos libros de testimonio: *No me agarran viva: la mujer salvadoreña en la lucha* (1983) y *Para romper el silencio: resistencia y lucha en las cárceles salvadoreñas* (1984).

✦ Guía y actividades de pre-lectura

Claribel Alegría forma parte de una generación de escritores muy conscientes de los problemas de sus respectivos países y de la realidad política latinoamericana en general. Para estos escritores, el arte es una manifestación social y, por lo tanto, arte y vida son conceptos complementarios, no contradictorios.

Según ellos, los que piensan que lo revolucionario no es compatible con lo artístico, o que arte y revolución son ideas mutuamente excluyentes, tienen una visión distorsionada de lo que son el arte y la vida. Consistente con esta percepción de lo artístico, sus textos —y los de Alegría en particular— a menudo reflejan, temática y/o estructuralmente, elementos del contexto sociopolítico nacional. Debido a los múltiples problemas sociales y conflictos políticos que ha sufrido El Salvador durante las últimas décadas, muchos escritores y artistas salvadoreños han tenido que vivir en el exilio como resultado de sus actividades artístico-literarias y políticas. De ahí que el exilio o destierro y algunas de sus posibles consecuencias sean temas recurrentes en sus obras. En particular, el poema de Alegría aquí incluido, «Carta a un desterrado» (de *Variaciones en clave de mí*), gira en torno a dicha temática. Incluso su estructura o forma, la «carta» anunciada en el título, refleja una práctica necesaria y uno de los medios de comunicación posible para quienes viven lejos de su tierra y de sus seres queridos. Usando una conocida historia de expatriación involuntaria, fidelidad matrimonial y separación familiar que proviene de la literatura clásica griega, Alegría construye una carta en forma de poema, o un poema en forma de carta, que refleja una situación común y cotidiana en El Salvador de los últimos años: la de miles de mujeres cuyos novios o maridos han tenido que emigrar o ir al exilio por razones políticas y/o económicas. En efecto, la historia de Penélope y Odiseo (Ulises) y la guerra de Troya que causa la separación de la pareja se convierten en metáfora o, más bien, alegoría de muchas historias contemporáneas similares. «Carta a un desterrado», sin embargo, da una versión irónica de la historia clásica: entre otras cosas, la Penélope que escribe esta carta-poema tiene una visión más práctica de la vida. Con un lenguaje sencillo y un tono conversacional y directo, ésta le cuenta a su marido detalles de su vida en Itaca durante su ya larga ausencia y al hacerlo desmitifica, y al mismo tiempo humaniza, la figura de su homónima griega. En efecto, la idea de tejer de día y destejer de noche que durante veinte años mantuvo fiel a la Penélope de Homero, le aburre a la de «Carta a un desterrado» después de apenas tres años y su corazón, que antes era de Odiseo, ¡ahora suspira por otro hombre!

1. Basándose en el título, ¿qué elementos estructurales espera encontrar en este poema? Por ejemplo, ¿con qué clase de frases se empieza y/o se termina generalmente una carta? ¿Qué perspectiva se usa para escribir cartas? ¿Por qué?

2. Ahora lea los seis primeros y los tres últimos versos para ver si esta obra tiene los elementos de principio, fin y punto de vista normalmente asociados con una carta típica. ¿Qué aspecto del poema le llama la atención? Explique.

3. Piense en el problema del exilio o destierro, en sus causas y en sus posibles consecuencias. En el caso particular de usted, por ejemplo, ¿por qué razones dejaría su país para ir a vivir en el extranjero? Si pudiera elegir, ¿adónde iría y por qué?

4. En «Carta a un desterrado» hay varias alusiones* a la literatura y mitología del mundo griego clásico. Para comprender mejor la función de dichas

alusiones en el poema, busque información en algún libro de referencia sobre cinco de los lugares y personajes de la lista que sigue. Luego prepare un breve informe oral con los resultados de su investigación.

a. Odiseo (Ulises)   f. Penélope
b. Itaca   g. Troya
c. Telémaco   h. Calipso
d. Menelao   i. Helena
e. Circe

5. Busque información sobre la historia contemporánea de El Salvador y de Centroamérica en general y conteste las siguientes preguntas.

a. ¿Qué problemas socioeconómicos y/o políticos pueden explicar el éxodo de tantos salvadoreños?

b. Aproximadamente, ¿cuántos salvadoreños hay actualmente en Estados Unidos? ¿Conoce usted a algunos salvadoreños inmigrantes o exiliados?

c. ¿En qué ciudades o estados hay una gran población salvadoreña? Comente.

Carta a un desterrado[1]

Mi querido Odiseo:
Ya no es posible más
esposo mío
que el tiempo pase y vuele
5 y no te cuente yo
de mi vida en Itaca.
Hace ya muchos años
que te fuiste
tu ausencia nos pesó[2]
10 a tu hijo
y a mí.
Empezaron a cercarme
pretendientes[3]
eran tantos
15 tan tenaces sus requiebros[4]
que apiadándose[5] un dios
de mi congoja[6]
me aconsejó tejer[7]
una tela sutil
20 interminable
que te sirviera a ti
como sudario.[8]
Si llegaba a concluirla
tendría yo sin mora[9]
25 que elegir un esposo.

Me cautivó[10] la idea
al levantarse el sol
me ponía a tejer
y destejía[11] por la noche.
30 Así pasé tres años
pero ahora, Odiseo,
mi corazón suspira por un joven
tan bello como tú cuando eras
    mozo[12]
tan hábil con el arco[13]
35 y con la lanza.
Nuestra casa está un ruinas
y necesito un hombre
que la sepa regir[14]
Telémaco es un niño todavía
40 y tu padre un anciano
preferible, Odiseo
que no vuelvas
los hombres son más débiles
no soportan la afrenta.[15]
45 De mi amor hacia ti
no queda ni un rescoldo[16]
Telémaco está bien
ni siquiera pregunta por su padre
es mejor para ti

1 exiliado
2 *nos... weighed heavily on us*
3 *suitors*
4 *flirtatious remarks*
5 *taking pity*
6 angustia
7 *to weave*
8 *shroud*
9 *delay*
10 fascinó, encantó
11 *I unraveled (the cloth)*
12 joven
13 *bow*
14 *to rule*
15 *no... they cannot tolerate affronts*
16 *ember*

Amor (1983), pintura al óleo de la nicaragüense María Gallo.

50 que te demos por muerto
sé por los forasteros[17]
de Calipso
y de Circe
aprovecha Odiseo
55 si eliges[18] a Calipso

recuperarás la juventud
si es Circe la elegida
serás entre sus chanchos[19]
el supremo.
60 Espero que esta carta
no te ofenda

[17] extranjeros
[18] escoges
[19] cerdos

no invoques a los dioses
será en vano
recuerda a Menelao
65 con Helena
por esa guerra loca
han perdido la vida

nuestros mejores hombres
y estás tú donde estás.

70 No vuelvas, Odiseo
te suplico.
    Tu discreta[20] Penélope.

20 prudente

✦ Comprensión y expansión

A. Conteste las siguientes preguntas según el texto.

1. ¿A quién va dirigido este poema-carta? ¿Y quién lo firma?
2. ¿Qué le dice la voz poética a su esposo en los once primeros versos?
3. ¿Qué problema tuvo el «yo» del poema durante la ausencia del esposo?
4. Según la voz poética, ¿qué le aconsejó un dios?
5. ¿Qué le dice Penélope a su esposo con respecto a su casa? ¿a su hijo? ¿a su padre?
6. ¿Y qué le dice ella a Odiseo con respecto a su amor por él?
7. ¿Quiénes son Circe y Calipso? ¿Por qué las menciona aquí Penélope?
8. ¿Por qué recuerda a Menelao y a Helena la voz poética? Comente.
9. Según su opinión, ¿por qué Penélope agrega el adjetivo de «discreta» a su firma? Explique.

B. Identifique y explique la importancia o la significación de los siguientes versos del poema.

1. Mi querido Odiseo
2. tu ausencia nos pesó / a tu hijo / y a mí
3. me ponía a tejer / y destejía por la noche
4. pero ahora, Odiseo, / mi corazón suspira por un joven
5. Nuestra casa está en ruinas
6. es mejor para ti / que te demos por muerto
7. No vuelvas, Odiseo

C. Complete las siguientes afirmaciones, marcando con un círculo la letra de la respuesta más apropiada.

1. El «desterrado» del título es...
   a. Telémaco.   b. Odiseo.   c. Menelao.
2. El «yo» del poema-carta es...
   a. Penélope.   b. Helena.   c. Odiseo.
3. Hace muchos años que Penélope y Odiseo...
   a. se divorciaron.   b. se separaron.   c. se murieron.
4. Por consejo divino, Penélope tejió y destejió una tela sutil...
   a. durante tres años.   b. durante trece años.   c. toda su vida.
5. Durante la ausencia de su esposo, Penélope volvió a...
   a. casarse.   b. enamorarse.   c. levantarse tarde.
6. Según ella, es mejor que Odiseo...
   a. vuelva pronto.   b. no vuelva más.   c. esté muerto.

7. Ella cree que para recuperar su juventud, Odiseo debería escoger...
   a. a Circe.   b. a Calipso.   c. a Helena.
8. Aparentemente, Penélope no quiere que Odiseo repita el error de...
   a. Telémaco.   b. Menelao.   c. Ulises.

✦ Temas de discusión o análisis

1. Resuma y comente con sus propias palabras la vida familiar y amorosa del «yo» poético en «Carta a un desterrado».
2. Defina y analice el tema o los temas del poema.
3. Compare y contraste la historia de Penélope y Odiseo contenida en *La Odisea* de Homero con la narrada en «Carta a un desterrado».
4. Discuta la función de las alusiones a personajes históricos, míticos y literarios en el texto.
5. Comente la importancia o la significación del título «Carta a un desterrado». Luego discuta su relación, literal y/o simbólica, con los seis primeros versos y con los tres últimos del poema.
6. Analice el uso de la ironía* en este texto, tanto a nivel temático como lingüístico. Dé citas específicas del poema para apoyar sus comentarios.
7. Discuta el efecto del tiempo y la distancia en las relaciones familiares y en los sentimientos reflejados en los personajes de «Carta a un desterrado».
8. Analice «Carta a un desterrado» y su alusión a la guerra de Troya como metáfora y/o símbolo del contexto histórico real en que fue concebido el poema.
9. Inspirándose en «Carta a un desterrado», escriba otro poema similar, usando o aludiendo a otras conocidas historias de amor, ficticias o reales, como por ejemplo las de Romeo y Julieta, Abelardo y Eloísa, Marco Antonio y Cleopatra, Bonnie y Clyde, Tristán e Isolda o Lancelot y Gwenivere.
10. Imagine que usted es Odiseo y que acaba de recibir la carta-poema de su esposa. Luego de leerla, decide contestarle de inmediato. Escriba, en prosa o verso, su «Carta de un desterrado» dirigida a su «discreta» Penélope.

✦ Temas de proyección personal

1. El conocido proverbio «Ojos que no ven, corazón que no siente» y el verso «Dicen que la distancia es el olvido...» de una canción popular expresan la misma idea: de que es difícil amar desde lejos, o sea que el contacto físico es muy importante en el amor. ¿Cree usted que «Carta a un desterrado» expresa más o menos lo mismo? ¿Está usted de acuerdo con la idea de que la distancia mata el amor? Comente.
2. Imagine que usted se encuentra en una situación muy parecida a la de la Penélope de «Carta a un desterrado». ¿Reaccionaría de la misma manera que ella? ¿Le escribiría una carta similar a su novio o esposo ausente? Explique.

3. Según la obra de Homero, Penélope y Odiseo se separaron porque él tuvo que participar en la Guerra de Troya. Describa algún caso que usted conoce en que dos novios o esposos tuvieron que separarse debido a alguna guerra. ¿Qué pasó después que terminó la guerra? ¿Siguieron juntos los novios o esposos? Explique.
4. ¿Ha visto alguna película relacionada con alguna guerra y en donde se dramatice alguna historia de amor? ¿Cómo se titula? Descríbala. En general, ¿son muy realistas estas historias? ¿Trivializan el amor y/o la guerra? Comente.

ELVIO ROMERO

Nota biográfica

Elvio Romero (1926–), poeta y periodista paraguayo, nació y creció en Yegros, un pequeño pueblo del interior de su país. Fecundo versificador del sentir de su gente y brillante representante del vanguardismo* social, este escritor es también el vate más conocido fuera y dentro de su patria, y tal vez el más importante de las últimas décadas. En 1947 Paraguay fue escenario de una sangrienta guerra civil que lo obligó a dejar su tierra natal y a exiliarse en Buenos Aires, donde reside actualmente y donde ha escrito y publicado la mayor parte de sus obras. Además de su prolífica actividad poética en Argentina, Romero ha viajado por Asia, Medio Oriente, Africa, Europa y América del Sur, dando conferencias y a menudo leyendo sus poemas en los principales centros culturales del mundo. Autor de más de una docena de libros traducidos a más de una decena de lenguas, publicó su primer poemario, *Días roturados*, en 1948. Como en ese volumen, basado en la guerra civil del 47, predomina la nota de protesta social en los poemas de *Resoles áridos* (1950), *Despiertan las fogatas* (1953), *El sol bajo las raíces* (1956), *Esta guitarra dura* (1961) y *Libro de la migración* (1966). Por otra parte, resalta el tono lírico e intimista en los versos de contenido sentimental y amoroso de *De cara al corazón* (1961) y *Un relámpago herido* (1967). Su producción poética más reciente incluye, entre otros títulos, *Los innombrables* (1970), *Destierro y atardecer* (1975), *Los valles imaginarios* (1984), *Poesías completas* (dos tomos, 1990), *El poeta y sus encrucijadas* (1991) y *Flechas en un arco tendido* (1995). En 1991 fue galardonado con el primer Premio Nacional de Literatura, distinción creada ese año por iniciativa del Parlamento paraguayo con el nombre de Premios Nacionales de Literatura y Ciencia.

✦ Guía y actividades de pre-lectura

Casi toda la poesía de Elvio Romero ha sido concebida y publicada en el exilio. Dicha situación ha influido en su producción tanto temática como lingüística y estructuralmente. Desde su primer libro, *Días roturados*, sus poemas captan los padecimientos de su pueblo lejano y reflejan una dolorosa nostalgia por su tierra natal. Es indudable que su infancia en Yegros cobra gran significación en cuanto a su destino poético. En efecto, la mayor parte de su obra no es más que una recurrente, y a veces obsesiva, evocación de la naturaleza de su país, un constante volver con ayuda de la memoria a transitar por los caminos de la niñez. Con gran variedad estilística, su mundo poético abarca una ancha problemática humana que va de la lucha social a la preocupación personal, de los deseos de reivindicación colectiva a la expresión lírica de los anhelos individuales más íntimos. Compromiso ideológico e introversión intimista, protesta social y lirismo personal son las dos vertientes que nutren y permean toda su poesía. Los dos poemas aquí incluidos, «Epitafios del desterrado» y «Noroeste», provienen de *Destierro y atardecer*, libro de tono filosófico y melancólico, donde el autor medita sobre la condición existencial del exilio y sobre el inexorable paso del tiempo. Sus muchos años de soledad y destierro lo han madurado como poeta y le han inspirado algunos de los versos más nostálgicos de la poesía paraguaya actual. «Epitafios del desterrado», por ejemplo, incluye varias inscripciones posibles y apropiadas para quienes han tenido la desgracia de morir lejos de su patria. Y «Noroeste» recrea, imaginariamente, un diálogo con el pasado entre la voz poética y un personaje real muy importante de la historia de Paraguay: el mariscal Francisco Solano López, héroe de la guerra de la Triple Alianza y símbolo trágico de la capacidad de sufrimiento de ese pequeño país sudamericano.

1. ¿Qué es un «epitafio»? Dé su propia definición del término y describa el tipo de comentarios o pensamientos que usted pondría en un epitafio. Explique por qué.

2. ¿En qué ciudad o país situaría usted los nueve epitafios hipotéticos de «Epitafios del desterrado»? ¿Y de qué nacionalidad serían, probablemente, esas personas exiliadas? Comente.

3. Con ayuda de algún libro de referencia, busque información sobre los siguientes conflictos o personajes de la historia de Paraguay para comprender mejor la situación actual de dicho país y luego prepare un breve informe oral sobre los resultados de su investigación.

   a. Guerra de la Triple Alianza (o «Guerra Grande»)
   b. Carlos Antonio López
   c. Francisco Solano López
   d. Guerra del Chaco (entre Paraguay y Bolivia)
   e. Guerra Civil de 1947 (o Revolución del 47)
   f. Alfredo Stroessner

4. Lea los seis primeros versos de «Noroeste», incluyendo la nota al pie sobre el Mariscal Solano López, y conteste las siguientes preguntas.

   a. Según su opinión, ¿por qué la voz poética de este poema le hace preguntas a un personaje del siglo pasado y no a alguien del presente?
   b. ¿En qué ciudad o país está situado el «yo» que hace esas preguntas?
   c. ¿A qué alude o qué significa, probablemente, el título del poema? Comente.

Epitafios del desterrado

VIAJERO:
no le sirven[1] piedad, absolución, clemencia.
Las tuvo ya en sus largos sufrimientos.

•

Difícil es que pueda dormir bajo la tierra
5   quien no ha podido nunca dormir sobre la tierra.

•

¡Extendiera aquí todo su anhelo[2] esta semilla,[3]
y esta semilla arrastraría[4] tierra!

•

Háblale, pasajero, de cosas de la vida.
Demasiado supo de cosas de la muerte.

•

10   Le duele estar abajo sin mirar las estrellas.

•

Un vasto panorama de recuerdos
fue todo el panorama de su sombra[5] viajera.

•

No yace[6] aquí su imagen.
La memoria que deje le trazará[7] una imagen.

•

15   La hierba que aquí crezca
saludará a las hierbas de otra tierra.

•

Aquí puedes soñar, caminante, en la piedra
de quien tanto soñó y yace en la piedra.

---

[1] **no...** *are of no use to him [the exiled]*
[2] *deseo*
[3] *seed*
[4] *would attract*
[5] *shadow*
[6] *está*
[7] *dibujará*

✦ Comprensión

Conteste las siguientes preguntas según el poema.

1. ¿Quién es el «Viajero» del poema? ¿Cumplen una función similar o diferente el «pasajero» y el «caminante» de la cuarta y de la última estrofas, respectivamente? Explique.
2. ¿Qué cosas no le sirven al Viajero? ¿Por qué?
3. Según el segundo epitafio, ¿por qué es difícil que el desterrado «pueda dormir bajo la tierra»? Explique.
4. ¿Por qué pide la voz poética, en el cuarto epitafio, que al desterrado se le hable de cosas de la vida? Comente.
5. Teniendo en cuenta la condición de desterrado del poeta, ¿cuál será la «otra tierra» aludida en el penúltimo epitafio (verso 16)? Explique.
6. Si usted viviera y muriera lejos de su país, ¿cuál de los epitafios de este poema le parecería más apropiado para su caso particular? ¿Por qué? Comente.

Noroeste

¿Por qué habrá ese gusto[1] de olvido en los días,
y esta angustia larga y estas duras manos
y este andar mordiendo[2] lo que va por dentro,
graves y callados?[3]

5   ¿Por qué ha de ser,[4]
Solano?[a]

¿Por qué este jadeo[5] tras[6] el mismo rumbo,[7]
por qué este galope[8] tras el mismo llano,
la espuela acuciante sobre los ijares
10 casi desollados?[9]

¿Por qué ha de ser,
Solano?

¿Por qué esta fatiga que pesa[10] en los hombros
y el aire que bate,[11] sin piedad, los labios,
15 y esa rosa negra de muerte que sopla
del revés del llanto?[12]

¿Por qué ha de ser,
Solano?

¿Y por qué la vida de repente pasa
20 con aliento[13] inútil como un viento aciago,[14]
seco y noroeste que agrieta[15] las tardes
con silencio vano?

Las horas, viejo amigo, sucesivos recuerdos
desnudan[16] mientras bajan ciegas[17] por los barrancos,[18]
25 desciñendo[19] la oculta desazón[20] de un anhelo
que interroga de tanto dislocarse aguardando.[21]

Te estoy viendo lejano, trémulo entre laureles,
como una espesa[22] imagen que el ayer ha imantado,[23]

1	*taste*
2	*biting*
3	*silent, quiet*
4	**ha...** *does it have to be*
5	*panting*
6	*after, behind*
7	camino
8	*gallop*
9	**la...** *the prodding spur against the almost skinned flanks*
10	*weighs*
11	golpea
12	**sopla...** *blows from behind the weeping*
13	respiración
14	*ominous, ill-fated*
15	*splits, cracks*
16	*undress, lay bare*
17	*blind*
18	precipicios, abismos
19	*taking off*
20	molestia, disgusto
21	esperando
22	gruesa, densa
23	*magnetized*

[a]Aquí se alude al Mariscal Francisco Solano López (1826–1870), presidente de la República del Paraguay de 1862 a 1869 e hijo de don Carlos Antonio López (1792–1862), tres veces presidente de su país (1844–1862). Bajo el gobierno de Solano López tuvo lugar la desastrosa Guerra de la Triple Alianza (1864–1870) contra las fuerzas aliadas de Argentina, Brasil y Uruguay. El mariscal murió peleando en la última batalla de dicha guerra (Cerro Corá, 1° de marzo de 1870).

y ante el paso del tiempo, borrando las distancias,
desnudara un tiemblo de ecos acongojados.[24]

30

Quizá de otra manera no entienda esta nostalgia
que por mi frente bajan la tarde y el verano.

[24] **un...** *a tremor of anguished echoes*

✦ Comprensión

Conteste las siguientes preguntas según el poema.

1. Según su opinión, ¿qué está preguntando el poeta en la primera estrofa? ¿Cómo expresaría usted la misma pregunta en forma más directa y sencilla?
2. ¿Quién es el «Solano» del estribillo*? ¿Responde él a las preguntas del poeta? ¿Qué función tendrá esta triple repetición de la misma pregunta? Explique.
3. ¿Cómo se dirige el poeta a Solano: usando la forma de «usted» o la de «tú»? Según su opinión, ¿por qué lo trata de esa manera formal o informal? Explique.
4. Con palabras más sencillas, ¿cómo expresaría usted la pregunta del poeta expresada en la tercera estrofa (versos 7–10)? ¿Y en la quinta (versos 13–16)? ¿Y en la séptima (versos 19–22)?
5. En la octava estrofa el poeta se dirige a Solano llamándolo «viejo amigo». ¿Qué relación se establece allí entre el poeta y Solano? Comente.
6. Teniendo en cuenta lo que usted sabe sobre el Mariscal Francisco Solano López, ¿qué connotaciones podrían tener los adjetivos «viejo» y «sucesivos» del verso 23, «lejano» y «trémulo» del verso 27, y «espesa» del verso 28? Explique.
7. Según los dos últimos versos del poema, ¿en qué estación y en qué momento del día tiene lugar esta meditación poética? Aparentemente, ¿cómo se siente el poeta? Explique.

✦ Expansión

A. Basándose en el contenido de «Epitafios del desterrado», dé una o más palabras relacionadas con los siguientes verbos.

1. imaginar _____
2. caminar _____
3. viajar _____
4. sufrir _____
5. desterrar _____
6. bajar _____
7. recordar _____
8. morir _____
9. vivir _____
10. memorizar _____

ELVIO ROMERO | **339**

B. Basándose en el contenido de «Noroeste», dé uno o más sinónimos de los siguientes adjetivos o sustantivos.

1. distanciado   _____
2. gruesa   _____
3. deseo   _____
4. precipicio   _____
5. escondida   _____
6. memoria   _____
7. respiración   _____
8. inútil   _____
9. cansancio   _____
10. silencioso   _____
11. camino   _____
12. dolor   _____

✦ Temas de discusión o análisis

1. Resuma con sus propias palabras **uno** de los dos poemas aquí incluidos.
2. Analice y comente **uno** de los siguientes temas en «Epitafios del desterrado» o en «Noroeste».
    a. sus elementos formales y/o estructurales
    b. sus temas y/o subtemas
    c. el significado del título y su relación temática y/o estructural con el resto del poema
3. Discuta la estructura lingüística (por ejemplo, el uso del contraste, de la oposición y de los paralelismos) y el valor simbólico de algunos elementos de la naturaleza en «Epitafios del desterrado».
4. Analice y comente el tono y la fuerza emotiva de «Noroeste». Apoye su análisis con citas del poema.
5. Reescriba «Noroeste» en forma de una carta a Solano, dirigiéndose a él como a un «viejo amigo». Hágale las mismas preguntas y exprese sentimientos similares a los contenidos en el poema.
6. Escoja **uno** de los siguientes temas y haga un análisis comparativo de su tratamiento en ambos poemas.
    a. el tema del tiempo y la distancia
    b. el papel del recuerdo y la nostalgia
    c. la estructura en forma de diálogo entre el «yo» poético y un «tú» explícito pero ausente
7. Describa y analice **uno** de los usos del contrapunto estructural "aquí" versus "allí" en la obra de Romero.
    a. el contrapunto de tipo espacial o geográfico presente en «Epitafios del desterrado» entre el «aquí» del destierro y el «allí» de la patria lejana y ausente
    b. el contrapunto de tipo temporal o histórico presente en «Noroeste» entre el «aquí» del momento presente y el «allí» del momento histórico evocado a través de la figura de Solano López

8. En la versión oficial de la historia del Paraguay el Mariscal Solano López es uno de los símbolos máximos del heroísmo trágico y del gran amor de los paraguayos por su tierra. Analice y discuta cómo en «Noroeste» el poeta logra desmitificar y humanizar dicha imagen romántica del personaje histórico.

✦ Temas de proyección personal

1. Piense en dos «héroes» o «heroínas» o en dos individuos que usted admira mucho y escriba un epitafio para cada uno de ellos. Haga lo mismo para dos buenos amigos y también para dos personas a quienes usted desprecia por alguna razón.
2. Ahora piense en sí mismo(a), en sus cualidades y en cómo le gustaría que lo (la) recordaran sus amigos. Escriba uno o dos epitafios posibles para usted.
3. En «Noroeste» el «yo» poético dialoga con un personaje histórico del siglo XIX. Imagine que usted puede tener una conversación similar con alguien del pasado. ¿Con quién le gustaría hablar? ¿Por qué? ¿Qué preguntas le haría? Explique.
4. Cuando usted viaja o está largo tiempo lejos de su casa, ¿a qué personas y/o qué cosas extraña mucho? Comente.

JULIO CORTAZAR

Nota biográfica

Julio Cortázar (1914–1984), ensayista, crítico literario, cuentista y novelista de fama mundial, nació en Bruselas, donde su padre ocupaba un cargo diplomático, pero creció y se educó en Argentina. Ingresó en la Facultad de Filosofía y Letras de la Universidad Nacional de Buenos Aires y se dedicó luego a la enseñanza secundaria y universitaria. Fue profesor de literatura francesa en institutos de la provincia de Buenos Aires y en la Universidad de Cuyo. Entre 1944 y 1945 participó en la lucha contra el peronismo y cuando Juan Domingo Perón ganó las elecciones en 1946, Cortázar renunció a su cargo académico. En 1948 decidió obtener la licencia de traductor público y en 1951, ya después de completar dicho programa, viajó a París con una beca del gobierno francés. Desde entonces, y hasta su muerte, vivió en Francia, donde se dedicó a escribir y donde durante mucho tiempo fue traductor independiente para la UNESCO (*United Nations Educational, Scientific, and Cultural Organization*) y para diversas casas editoriales. De su biografía se deben mencionar, además, su entusiasta adhesión a la Revolución Cubana en los años sesenta, sus disidencias posteriores con ella durante el llamado «caso Padilla» (explicado en la Sección VII, en la **Guía y actividades de pre-lectura** dedicada a Heberto Padilla) y su eventual reconciliación, que incluyó también su apoyo incondicional al gobierno sandinista de Nicaragua. En cuanto a sus obras más conocidas, prácticamente todas —con excepción de *Bestiario* (1951), su primer libro de cuentos— han sido concebidas y escritas en Francia. Gran innovador de la narrativa hispanoamericana contemporánea y sin duda uno de los escritores más leídos e influyentes de los últimos años, Cortázar empezó a adquirir renombre internacional con la publicación de *Rayuela* (1963), novela de contenido metafísico y de estructura experimental que, haciendo uso de la convención de la rayuela, le ofrece a sus lectores maneras alternativas de leer el texto. Esta propuesta de dos o más lecturas posibles —una lineal y otra(s) alternada(s)— rompe con la estructura temporal cronológica de la narrativa tradicional y apunta hacia lo que hoy se llamaría «deconstrucción» del texto. Además de las obras ya citadas, la abundante producción cortazariana incluye títulos que abarcan varios géneros. Aunque Cortázar debe su renombre literario a sus cuentos y novelas, empezó su carrera de escritor como poeta en 1938, con la publicación de *Presencia*, libro de poemas en el que usó el seudónimo de Julio Denis. También en poesía, es autor de *Los reyes* (1949), poema dramático sobre el mito del minotauro, de *Pameos y meopas* (1971) y de *Salvo el crepúsculo* (1985), poemario póstumo ilustrado con dibujos de Picasso. En ensayo, escribió *La vuelta al día en ochenta mundos* (1967) y *Último round* (1969), dos libros altamente imaginativos. En coautoría con su esposa Carol Dunlop publicó *Los autonautas de la cosmopista* en 1983. Después aparecieron *Nicaragua, tan violentamente dulce* (1984) y *Argentina: años de alambradas culturales* (1984). Su prolífica cuentística incluye *Final del juego* (1956), *Las armas secretas* (1959), *Todos los fuegos el fuego* (1966), *Octaedro* (1974), *Alguien que anda por ahí* (1977) y *Queremos tanto a Glenda* (1981). En el campo de la novela se inició con la publicación de *Los premios* en 1960. Posteriormente dio a luz *62: Modelo para armar* (1968), tal vez su obra más compleja, y *Libro de Manuel* (1973), extenso relato que refleja una dimensión social y política hasta entonces prácticamente ausente en su narrativa anterior. De más difícil clasificación genérica son *Historias de cronopios y de famas* (1962), *Un tal Lucas* (1969) y *Deshoras* (1983). De publicación póstuma son sus novelas *El examen* (1986) y *Divertimento* (1988). Cosmopolita y de vasta cultura, Cortázar incursionó en diversas literaturas, en la música, las artes plásticas, el arte cinematográfico y las religiones orientales. Visitó India y se interesó por la religión tibetana, en la que encontró elementos que se amalgaman en su visión del tiempo, mito que oculta el hecho de la permanente incertidumbre en que viven los seres humanos. Muchas de sus obras han sido traducidas a varios idiomas y algunos de sus cuentos fueron llevados al cine. *Blowup* (1966), la extraordinaria película del director italiano Michelangelo Antonioni, por ejemplo, está basada en el cuento «Las babas del diablo» de *Las armas secretas*, y *Weekend*, del francés Jean-Luc Godard, es una adaptación del relato «La autopista del sur» de *Todos los fuegos el fuego*.

✦ Guía y actividades de pre-lectura

El surrealismo,* ciertas corrientes del pensamiento oriental y algunas ideas relacionadas con la filosofía existencialista —como la aceptación de la presencia del absurdo en la vida cotidiana— influyen de manera decisiva en la narrativa de Cortázar. Para él, como para los surrealistas, la literatura se origina en una visión privilegiada del artista quien, al dejar en libertad las sugestiones del inconsciente y de su mundo onírico, puede percibir lo surreal y tener acceso a una realidad más profunda. Sus obras también reflejan cierto trasfondo místico que concibe lo mundano como extraño y la vida diaria como enajenación de una autenticidad imposible de captar. Como en los relatos fantásticos de dos compatriotas muy influyentes, Jorge Luis Borges y Adolfo Bioy Casares, en los cuentos y novelas de Cortázar la dicotomía real-surreal convierte, a menudo, la historia aparente del texto en una narración dual en la que la otra o «segunda» historia ocurre en otro espacio y en otro tiempo. Esto se ve, por ejemplo, en dos de sus cuentos más conocidos: «La noche boca arriba» de *Final del juego* y «Todos los fuegos el fuego» de la colección del mismo nombre. También como en la obra borgiana, en la cortazariana abundan los temas metafísicos y existenciales como los relacionados con la vida, la muerte, la reencarnación, el poder de la imaginación, la búsqueda de la identidad y la soledad del ser contemporáneo. Si bien Borges es uno de los iniciadores más importantes del cuento fantástico en Hispanoamérica, es Cortázar quien ha perfeccionado la forma y la técnica del género, convirtiéndose en uno de sus grandes maestros. La narración aquí incluida, «Grafitti», proviene de *Queremos tanto a Glenda*, su última colección de cuentos. En este libro se encuentran varios temas y técnicas recurrentes en toda su obra: la búsqueda de una realidad profunda, más allá de la percibida por los sentidos; la relación entre lo real y lo irreal; la presencia de lo fantástico en lo cotidiano y habitual; el descubrimiento del absurdo inherente en la condición humana; el uso de la perspectiva múltiple, y los cambios sutiles de punto de vista dentro de una misma narración. Dicha antología también refleja su creciente interés por las causas sociopolíticas de su época, entre ellas su apoyo tanto a la Revolución Cubana como al sandinismo de Nicaragua años después y, en particular, su profunda preocupación por la difícil situación política de su país y del resto de Hispanoamérica durante los años setenta, y hasta su muerte a mediados de los ochenta. En «Grafitti», mezcla de verdad y ficción, de texto y contexto, dos artistas se comunican sin hablarse, a través de sus dibujos nocturnos, y lo que empieza como un aparente juego de inocentes «grafitti» va adquiriendo una seriedad cada vez mayor a medida que progresa la narración. Al final, un simple dibujo de líneas y círculos adquiere una dimensión inesperada ya que a través de él se revela una realidad violenta y feroz, donde lo real supera la imaginación. En «Grafitti», como en otros cuentos de Cortázar, tanto el arte como la fantasía conducen a la iluminación de la verdadera realidad. Y en éste, como en gran parte de su obra, es fundamental la función de los lectores. En efecto, los relatos cortazarianos en general proponen múltiples lecturas; y en el caso específico de «Grafitti», por lo menos dos igualmente posibles. Su autor sugiere varias pistas, rompe con la estructura lineal del relato y por lo tanto con la lectura también lineal. Exige de esta manera que sus lectores se conviertan en lectores activos, que descubran la nueva estructura y que armen o reconstruyan la historia. Imaginación, abolición del sentido común, rechazo a lo convencional y a la falsa seguridad, visiones, sensaciones, mágica acción verbal y búsqueda de lo excepcional son elementos presentes tanto en «Grafitti» como en el resto del mundo narrativo de Cortázar. Su prosa, sin embargo, es aquí coloquial y sencilla, aunque el tono y estilo conversacional e íntimo, el uso del «vos» en vez del «tú» (típico del Río de la Plata), la abundancia de frases largas y la puntuación relativamente compleja, dificultan la comprensión de la historia y hacen necesaria una segunda y hasta tercera lectura del texto.

1. ¿Qué le sugiere a usted el título de este cuento? ¿Cómo definiría lo que es un «grafitto»? Describa algunos «grafitti» que usted ha visto y comente su función y/o su propósito.

2. Según su opinión, ¿se puede hablar del arte de los «grafitti»? Explique. ¿Conoce usted a algunos pintores de grafitti famosos? Comente.

3. «Grafitti» está dedicado a Antoni Tàpies. Lea la nota correspondiente al pie de esta página y busque datos adicionales sobre él en algún libro de referencia. Luego explique la posible relación entre el título del cuento y dicha persona.

4. Lea el primer párrafo y conteste las siguientes preguntas.
   a. ¿Cuál es la perspectiva del (de la) narrador(a)?
   b. ¿A quién se dirige la narración? ¿Quién parece ser el «tú» implícito?
   c. ¿Qué tienen en común el «yo» y el «tú» de este cuento?
   d. ¿Qué se puede decir del contexto político en que se mueven estos personajes? Explique.

5. «Grafitti» refleja la situación política de Argentina de los años setenta. Para comprender mejor el cuento, busque información en algún libro de referencia sobre los siguientes personajes, instituciones, conflictos y aspectos de la vida argentina de esa década y luego prepare un breve informe oral sobre los resultados de su investigación.
   a. la junta o el gobierno militar
   b. el general Galtieri y la guerra de las Malvinas
   c. la represión y la censura
   d. los «desaparecidos»
   e. las «Madres de la Plaza de Mayo»

Grafitti

A Antoni Tàpies[a]

Tantas cosas que empiezan y acaso acaban como un juego, supongo que te hizo gracia[1] encontrar el dibujo al lado del tuyo, lo atribuiste a una

[1] **te...** *you were amused*

---

[a] Antoni Tàpies (1923–), pintor catalán nacido en Barcelona, es conocido por sus obras abstractas de intenso dramatismo.

Diseño del médico, pintor y poeta paraguayo Joel Filártiga, incluido en Canto agónico *(1994), poemario ilustrado por el mismo autor.*

casualidad[2] o a un capricho[3] y sólo la segunda vez te diste cuenta de que era intencionado y entonces lo miraste despacio, incluso volviste más tarde para mirarlo de nuevo, tomando las precauciones de siempre: la calle en su momento más solitario, ningún carro celular[4] en las esquinas próximas, acercarse con indiferencia y nunca mirar los *grafitti* de frente sino desde la otra acera[5] o en diagonal, fingiendo interés por la vidriera[6] de al lado, yéndote en seguida.

Tu propio juego había empezado por aburrimiento, no era en verdad una protesta contra el estado de cosas en la ciudad, el toque de queda,[7] la

[2] coincidencia
[3] *whim*
[4] **carro...** *police wagon*
[5] **la...** *the other side of the street*
[6] *display window*
[7] **toque...** *curfew (siren)*

prohibición amenazante[8] de pegar carteles[9] o escribir en los muros. Simplemente te divertía hacer dibujos con tizas de colores (no te gustaba el término *grafitti*, tan de crítico de arte) y de cuando en cuando venir a verlos y hasta con un poco de suerte asistir a la llegada del camión[10] municipal y a los insultos inútiles de los empleados mientras borraban los dibujos. Poco les importaba que no fueran dibujos políticos, la prohibición abarcaba[11] cualquier cosa, y si algún niño se hubiera atrevido a dibujar una casa o un perro, lo mismo los hubieran borrado entre palabrotas[12] y amenazas. En la ciudad ya no se sabía demasiado de qué lado estaba verdaderamente el miedo; quizá por eso te divertía dominar el tuyo y cada tanto elegir el lugar y la hora propicios para hacer un dibujo.

Nunca habías corrido peligro porque sabías elegir bien, y en el tiempo que transcurría[13] hasta que llegaban los camiones de limpieza[14] se abría para vos[15] algo como un espacio más limpio donde casi cabía la esperanza. Mirando desde lejos tu dibujo podías ver a la gente que le echaba una ojeada[16] al pasar, nadie se detenía por supuesto pero nadie dejaba de mirar el dibujo, a veces una rápida composición abstracta en dos colores, un perfil[17] de pájaro o dos figuras enlazadas.[18] Una sola vez escribiste una frase, con tiza negra: *A mí también me duele.* No duró dos horas, y esta vez la policía en persona la hizo desaparecer. Después solamente seguiste haciendo dibujos.

Cuando el otro apareció al lado del tuyo casi tuviste miedo, de golpe[19] el peligro se volvía doble, alguien se animaba[20] como vos[21] a divertirse al borde de la cárcel o algo peor, y ese alguien por si fuera poco era una mujer. Vos mismo no podías probártelo, había algo diferente y mejor que las pruebas más rotundas: un trazo,[22] una predilección por las tizas cálidas,[23] un aura. A lo mejor como andabas solo te lo imaginaste por compensación; la admiraste, tuviste miedo por ella, esperaste que fuera la única vez, casi te delataste[24] cuando ella volvió a dibujar al lado de otro dibujo tuyo, unas ganas de reír, de quedarte ahí delante como si los policías fueran ciegos o idiotas.

Empezó un tiempo diferente, más sigiloso,[25] más bello y amenazante a la vez. Descuidando tu empleo salías en cualquier momento con la esperanza de sorprenderla, elegiste para tus dibujos esas calles que podías recorrer en un solo rápido itinerario; volviste al alba, al anochecer, a las tres de la mañana. Fue un tiempo de contradicción insoportable, la decepción de encontrar un nuevo dibujo de ella junto a alguno de los tuyos y la calle vacía, y la de no encontrar nada y sentir la calle aún más vacía. Una noche viste su primer dibujo solo; lo había hecho con tizas rojas y azules en una puerta de garage, aprovechando la textura de las maderas carcomidas[26] y las cabezas de los clavos.[27] Era más que nunca ella, el trazo, los colores, pero además sentiste que ese dibujo valía como un pedido[28] o una interrogación, una manera de llamarte. Volviste al alba, después que las patrullas ralearon en su sordo drenaje,[29] y en el resto de la puerta dibujaste un rápido paisaje con velas y tajamares,[30] de no mirarlo bien se hubiera dicho un juego de líneas al azar, pero ella sabría mirarlo. Esa noche escapaste por poco a una pareja de policías, en tu departamento

8 *threatening*
9 **de...** *of putting up posters*
10 *truck*
11 comprendía
12 *obscenities*
13 pasaba
14 *clean-up*
15 ti
16 **le...** *took a quick look at it*
17 *profile*
18 *linked together*
19 **de...** *suddenly*
20 **se...** se atrevía
21 *tú*
22 *outline*
23 *warm (colors)*
24 **te...** *betrayed yourself*
25 prudente, secreto
26 *rotted, worm-eaten*
27 **cabezas...** *nail-heads*
28 petición
29 **después...** *after the patrols drained away in silence*
30 **velas...** *sails (of a ship) and dams*

bebiste ginebra[31] tras ginebra y le hablaste, le dijiste todo lo que te venía a
la boca como otro dibujo sonoro, otro puerto con velas, la imaginaste
morena y silenciosa, le elegiste labios y senos, la quisiste un poco.

Casi en seguida se te ocurrió que ella buscaría una respuesta, que
volvería a su dibujo como vos volvías ahora a los tuyos, y aunque el peligro
era cada vez mayor después de los atentados[32] en el mercado te atreviste a
acercarte al garage, a rondar la manzana,[33] a tomar interminables
cervezas en el café de la esquina. Era absurdo porque ella no se detendría
después de ver tu dibujo, cualquiera de las muchas mujeres que iban y
venían podía ser ella. Al amanecer del segundo día elegiste un paredón[34]
gris y dibujaste un triángulo blanco rodeado de manchas como hojas de
roble,[35] desde el mismo café de la esquina podías ver el paredón (ya
habían limpiado la puerta del garage y una patrulla volvía y volvía ra-
biosa), al anochecer te alejaste[36] un poco pero eligiendo diferentes puntos de mira, desplazándote de un sitio a otro, comprando mínimas cosas
en las tiendas para no llamar demasiado la atención. Ya era noche cerrada
cuando oíste la sirena y los proyectores[37] te barrieron los ojos. Había un
confuso amontonamiento[38] junto al paredón, corriste contra toda sen-
satez y sólo te ayudó el azar de un auto dando la vuelta a la esquina y fre-
nando al ver el carro celular, su bulto[39] te protegió y viste la lucha, un pelo
negro tironeado[40] por manos enguantadas,[41] los puntapiés[42] y los alaridos,[43] la visión entrecortada[44] de unos pantalones azules antes de que la
tiraran en el carro y se la llevaran.

Mucho después (era horrible temblar así, era horrible pensar que eso
pasaba por culpa de tu dibujo en el paredón gris) te mezclaste con otras
gentes y alcanzaste a ver un esbozo[45] en azul, los trazos de ese naranja que
era como su nombre o su boca, ella ahí en ese dibujo truncado que los
policías habían borroneado antes de llevársela; quedaba lo bastante para
comprender que había querido responder a tu triángulo con otra figura,
un círculo o acaso una espiral, una forma llena y hermosa, algo como un
sí o un siempre o un ahora.

Lo sabías muy bien, te sobraría tiempo[46] para imaginar los detalles de
lo que estaría sucediendo en el cuartel central; en la ciudad todo eso
rezumaba[47] poco a poco, la gente estaba al tanto[48] del destino de los pri-
sioneros, y si a veces volvían a ver a uno que otro, hubieran preferido no
verlos y que al igual que la mayoría se perdieran en ese silencio que nadie
se atrevía a quebrar. Lo sabías de sobra,[49] esa noche la ginebra no te ayu-
daría más que a morderte las manos, a pisotear[50] las tizas de colores antes
de perderte en la borrachera y el llanto.

Sí, pero los días pasaban y ya no sabías vivir de otra manera. Volviste a
abandonar tu trabajo para dar vueltas por las calles, mirar fugitivamente
las paredes y las puertas donde ella y vos habían dibujado. Todo limpio,
todo claro; nada, ni siquiera una flor dibujada por la inocencia de un
colegial[51] que roba una tiza en la clase y no resiste al placer de usarla.
Tampoco vos pudiste resistir, y un mes después te levantaste al amanecer y
volviste a la calle del garage. No había patrullas, las paredes estaban perfectamente limpias; un gato te miró cauteloso[52] desde un portal cuando

31 *gin*
32 asaltos, ataques
33 **a...** *to go around the block*
34 *large thick wall*
35 *oak*
36 **te...** *you moved off (into the distance)*
37 *searchlights*
38 *crowding of people*
39 *bulk*
40 *pulling, tugging*
41 *gloved*
42 *kicks*
43 *screams*
44 *broken, cut off*
45 *outline*
46 **te...** *you would have plenty of time*
47 *leaked, filtered in*
48 **estaba...** sabía
49 **de...** muy bien
50 **a...** *to stamp on*
51 estudiante de primaria o secundaria
52 *cautious, wary*

sacaste las tizas y en el mismo lugar, allí donde ella había dejado su dibujo, llenaste las maderas con un grito verde, una roja llamarada[53] de reconocimiento y de amor, envolviste tu dibujo con un óvalo que era también tu boca y la suya y la esperanza. Los pasos en la esquina te lanzaron a una carrera afelpada,[54] al refugio de una pila de cajones vacíos; un borracho vacilante se acercó canturreando,[55] quiso patear[56] al gato y cayó boca abajo a los pies del dibujo. Te fuiste lentamente, ya seguro, y con el primer sol dormiste como no habías dormido en mucho tiempo.

Esa misma mañana miraste desde lejos: no lo habían borrado todavía. Volviste a mediodía: casi inconcebiblemente seguía ahí. La agitación en los suburbios (habías escuchado los noticiosos) alejaba a las patrullas urbanas de su rutina; al anochecer volviste a verlo como tanta gente lo había visto a lo largo del día. Esperaste hasta las tres de la mañana para regresar, la calle estaba vacía y negra. Desde lejos descubriste el otro dibujo, sólo vos podrías haberlo distinguido tan pequeño en lo alto y a la izquierda del tuyo. Te acercaste con algo que era sed y horror al mismo tiempo, viste el óvalo naranja y las manchas violeta de donde parecía saltar una cara tumefacta,[57] un ojo colgando, una boca aplastada a puñetazos.[58] Ya sé, ya sé, ¿pero qué otra cosa hubiera podido dibujarte? ¿Qué mensaje hubiera tenido sentido ahora? De alguna manera tenía que decirte adiós y a la vez pedirte que siguieras. Algo tenía que dejarte antes de volverme a mi refugio donde ya no había ningún espejo, solamente un hueco para esconderme hasta el fin en la más completa oscuridad, recordando tantas cosas y a veces, así como había imaginado tu vida, imaginando que hacías otros dibujos, que salías por la noche para hacer otros dibujos.

53 *blaze*
54 *velvety, plush*
55 *humming, singing softly*
56 *to kick*
57 *swollen*
58 **aplastada...** *crushed by blows*

✦ Comprensión y expansión

A. Conteste las siguientes preguntas según el cuento.

1. ¿Dónde se imagina usted que tiene lugar este cuento? ¿Por qué?
2. Según su opinión, ¿es hombre o mujer el «yo» que narra «Grafitti»? ¿Y quién es el «tú» implícito en la narración? Explique.
3. ¿Qué afirma el «yo» con respecto a los primeros grafitti del «tú»? ¿Por qué había empezado a pintarlos?
4. ¿Qué función cumple el camión municipal en este cuento? ¿De qué manera se complementan o se cancelan las actividades de los empleados y de los dos artistas? Explique.
5. ¿Cómo visualiza usted las personalidades de estos dos personajes? ¿Por qué?
6. ¿Se comunican de alguna manera los dos artistas? ¿Cómo?
7. ¿Son similares sus dibujos? Descríbalos.
8. ¿A qué hora y en qué lugares dibujan estos dos artistas? ¿Por qué?
9. ¿Cuál es la situación política reflejada en este cuento? Explique.
10. Según la narración, ¿cómo sabe él que ella fue arrestada por la policía?
11. ¿Cómo se siente y qué hace él después del arresto de ella? ¿Por qué?
12. ¿Qué dibuja él, un mes después, en el mismo lugar en que ella había dejado su dibujo? Comente.

13. ¿Cómo le responde ella? ¿Cuál es el mensaje que ella quiere dejarle a él en su último grafitto?
14. Según su opinión, ¿qué pasa al final? ¿Dónde y cómo está ella? Comente.

B. En las siguientes oraciones, reemplace las palabras subrayadas por una de las expresiones de la lista. Haga todos los cambios gramaticales que sean necesarios.

hacerle gracia	darse cuenta de
ocurrírsele	cada tanto
animarse a	en seguida
al igual que	de sobra
estar al tanto de	a lo mejor

1. No sé lo que pasó anoche. _____
2. Nos vemos de vez en cuando. _____
3. Volvió casi inmediatamente. _____
4. ¿No te divierten mis chistes? _____
5. Tal vez fueron al museo. _____
6. No comprendieron nada. _____
7. Sabes muy bien lo que pienso. _____
8. Abuela no se atreve a viajar sola. _____
9. ¿Por qué piensan esas cosas? _____
10. Tiene dinero como toda su familia. _____

C. Identifique y explique la importancia o la significación de los siguientes elementos.

1. los carros celulares
2. «A mí también me duele».
3. la puerta del garage
4. el paisaje con velas y tajamares
5. la ginebra y las cervezas
6. el café de la esquina
7. los dibujos o grafitti en el paredón gris

✦ Temas de discusión o análisis

1. Resuma con sus propias palabras el argumento de «Grafitti».
2. Identifique y comente los temas del cuento y relaciónelos con el título.
3. Describa y analice la estructura formal de este relato.
4. Discuta **uno** de los siguientes aspectos de «Grafitti».
   a. la función social del arte y/o del artista
   b. el uso y abuso del poder
   c. la relación entre arte y censura
5. Analice «Grafitti» como obra de crítica social.
6. Comente el contenido de este relato como reflejo de la realidad sociopolítica argentina de los años setenta.
7. Teniendo en cuenta los colores y formas que predominan en los dibujos de cada uno de los dos artistas, compare y contraste sus respectivas personalidades y/o papeles.

8. Analice el estilo narrativo (como el lenguaje, las imágenes y el tono) de Cortázar en «Grafitti» y apoye sus comentarios con citas del texto.

9. Comente la función de los dos artistas y la relación que se establece entre ellos.

10. Discuta la perspectiva narrativa de «Grafitti». ¿Hay uno o dos narradores en este relato? Relea el último párrafo, conteste las siguientes preguntas y apoye sus comentarios con citas del texto.

   a. Según los detalles que aquí da la voz narrativa, ¿es el personaje masculino o el femenino quien relata esta parte? ¿Por qué?

   b. ¿Y es el mismo personaje del final quien también narra el primer párrafo? ¿Y el resto del cuento? Explique.

   c. Entonces, ¿es hombre o mujer el «yo» de esta narración? ¿Y el «tú» a quien se dirige el «yo»? Comente.

   d. ¿Cómo interpreta usted las últimas líneas del relato, desde «De alguna manera tenía que decirte adiós...»? ¿Existe ese «tú» en la realidad de la ficción o es sólo una creación de la imaginación del «yo»? Explique.

11. Discuta el final de la narración. ¿Diría que es éste un final pesimista u optimista? ¿abierto o cerrado? ¿esperado o inesperado? ¿Por qué? Explique.

✦ Temas de proyección personal

1. ¿Le gusta a usted el arte (la pintura, la literatura o la música) que tiene un mensaje social y/o político? ¿Por qué sí o por qué no?

2. Según su opinión, ¿cuál es la función del arte? ¿Y cuál es la responsabilidad del artista? ¿Cree usted que la función del arte en épocas anteriores era igual o diferente a su función hoy día? Explique. ¿Y qué diría con respecto a la responsabilidad del artista del pasado, del presente y del futuro? Comente.

3. ¿Qué opina usted de la relación entre arte y censura? ¿Cree, por ejemplo, que la censura es a veces necesaria? ¿O piensa más bien que el artista debe expresarse libremente, sin ningún tipo de limitaciones? Explique.

4. En este cuento de Cortázar, uno de los artistas que empieza a «dialogar» con los grafitti es mujer. ¿Cree usted que se puede hablar de un arte femenino o masculino? Según su opinión, ¿influye de alguna manera el sexo del (de la) artista en su obra? Explique.

LUISA VALENZUELA

Nota biográfica

Luisa Valenzuela (1938–), periodista, narradora y actualmente una de las escritoras más destacadas del Cono Sur, nació y se educó en Buenos Aires, donde desde muy joven se inició en el periodismo y donde aparecieron sus primeras obras. Hija de la novelista Luisa Mercedes Levinson, creció en un ambiente muy propicio al desarrollo de su talento artístico y a los diecinueve años publicó «Ciudad ajena», su primer cuento. Hasta 1958 colaboró en varias publicaciones periodísticas, incluyendo en *La Nación* y *El Mundo*, dos prestigiosos diarios argentinos. Entre 1958 y 1961 vivió en París y trabajó en la *Radio Télévision Française*. Allí empezó a escribir su primera novela. En 1961 regresó a Buenos Aires, donde permaneció hasta 1969. Durante ese período retomó sus actividades periodísticas y dirigió *Crisis*, una influyente revista cultural de la época. También publicó *Hay que sonreír* (1966), la novela que había empezado en Francia, y *Los heréticos* (1967), una colección de cuentos. Entre 1969 y 1978 vivió en México, España y Estados Unidos. Fue durante esos años de autoexilio, lejos de su patria que vivía tiempos difíciles de violencia y represión políticas, cuando empezó a ganar renombre internacional con la publicación de *El gato eficaz* (1972), su segunda novela —producto de su participación en el famoso «*International Writers Program*» de Iowa University— y *Aquí pasan cosas raras* (1975), otra colección de cuentos en que ya se reflejan los problemas del contexto político argentino de esos años. En 1977 dio a luz *Como en la guerra*, su tercera novela. Desde 1978 vive en Estados Unidos y enseña literatura en Columbia University y en New York University. En los años ochenta publicó una novela de contenido político, *Cola de lagartija* (1983), donde ficcionaliza la figura de un personaje real histórico, José López Rega, ministro del gobierno de Isabel Perón y secretario personal de dicha presidenta de Argentina, viuda de Juan Domingo Perón. Escribió además, durante esa misma década, tres colecciones de relatos: *Libro que no muerde* (1980), *Cambio de armas* (1982) y *Donde viven las águilas* (1983). En 1990 apareció *Novela negra con argentinos*, su libro más reciente.

✦ Guía y actividades de pre-lectura

Los cuentos y novelas de Luisa Valenzuela son representativos de un *corpus* narrativo importante en la literatura hispanoamericana escrita por mujeres durante las últimas tres décadas. Estas escritoras reincorporan la historia a sus relatos y reivindican la función social de la literatura. No obstante, están muy conscientes de la dimensión estética de la creación literaria y de su doble papel como creadoras de mundos artísticos y como voceros de quienes han sido a menudo marginados y oprimidos. Las obras de Valenzuela —como las de Isabel Allende, Elena Poniatowska, Griselda Gambaro, Cristina Peri Rossi, Renée Ferrer o Laura Esquivel— exploran las causas y consecuencias psicosociales de la represión política y sexual. En particular, sus narraciones publicadas entre 1976 y 1983, durante el período de la «guerra sucia» (época de mucha violencia y represión militar en Argentina), reflejan su gran compromiso con la lucha contra la violencia y los abusos del poder, tanto los practicados por gobiernos represivos como los derivados de la cultura patriarcal tradicional. En general, la obra de Valenzuela se destaca por su crítica severa de la sociedad; por investigar la relación 'ficción' *versus* 'realidad'; por explorar el nexo entre 'sexualidad' y 'poder'; y por su fino sentido del humor que expresa, por otra parte, su gran conocimiento de la condición humana. «Los censores» proviene de *Donde viven las águilas* y ejemplifica muy bien el estilo y la temática predominantes en la obra de Valenzuela. Como la mayoría de los relatos del volumen, este cuento se sitúa en Argentina, durante la época de la «guerra sucia». El narrador de «Los censores», necesariamente omnisciente en este caso, evoca con gran ironía, dominio técnico y precisión lingüística, las peripecias, el miedo y la angustia de su protagonista (Juan), desde que éste se enteró de la nueva dirección de Mariana en París hasta el día de su muerte.

1. ¿Qué le sugiere a usted el título de este cuento? Según su opinión, ¿qué hacen los censores? ¿Qué clase de censores puede haber? Describa la imagen mental que tiene de los censores y dé una lista de las responsabilidades que usted asocia con dicha profesión.

2. ¿Hay censura y/o censores de algún tipo en este país? Comente.

3. Según su opinión, ¿qué tipos de cosas serían probablemente censuradas bajo un gobierno o dictadura militar? ¿Por qué?

4. La frase inicial de «Los censores» es «¡Pobre Juan!». ¿Qué podría deducir con respecto al posible tono de este relato y a la actitud del narrador hacia el protagonista? Explique.

Los censores

¡Pobre Juan! Aquel día lo agarraron con la guardia baja[1] y no pudo darse cuenta de que lo que él creyó ser un guiño[2] de la suerte era en cambio[3] un maldito llamado de la fatalidad. Esas cosas pasan en cuanto uno se descuida,[4] y así como me oyen uno se descuida tan pero tan a menudo.[5]
5 Juancito dejó que se le viera encima la alegría —sentimiento por demás pertubador— cuando por un conducto inconfesable le llegó la nueva dirección de Mariana, ahora en París, y pudo creer así que ella no lo había olvidado. Entonces se sentó ante la mesa sin pensarlo dos veces y escribió una carta. *La* carta. Esa misma que ahora le impide concentrarse en su
10 trabajo durante el día y no lo deja dormir cuando llega la noche (¿qué habrá puesto en esa carta, qué habrá quedado adherido a[6] esa hoja de papel que le envió a Mariana?).

Juan sabe que no va a haber problema con el texto, que el texto es irreprochable, inocuo. Pero ¿y lo otro? Sabe también que a las cartas las
15 auscultan,[7] las huelen,[8] las palpan,[9] las leen entre líneas y en sus menores signos de puntuación, hasta en las manchitas involuntarias. Sabe que las cartas pasan de mano en mano por las vastas oficinas de censura, que son sometidas a todo tipo de pruebas y pocas son por fin las que pasan los exámenes y pueden continuar camino. Es por lo general cuestión de
20 meses, de años si la cosa se complica, largo tiempo durante el cual está en suspenso la libertad y hasta quizá la vida no sólo del remitente[10] sino también del destinatario.[11] Y eso es lo que tiene sumido a nuestro Juan en la más profunda de las desolaciones: la idea de que a Mariana, en París, llegue a sucederle algo por culpa de él. Nada menos que a Mariana que
25 debe de sentirse tan segura, tan tranquila allí donde siempre soñó vivir.

1 **lo...** *they caught him with his guard down*
2 *wink*
3 **en...** *instead*
4 **uno...** *one is careless*
5 **a...** frecuentemente
6 **qué...** *what might have gotten stuck on*
7 examinan con mucho cuidado
8 *they smell*
9 tocan
10 *sender*
11 *addressee*

Hispanoamérica *(1932–34), fresco del muralista mexicano José Clemente Orozco, pintado en la biblioteca de Dartmouth College, en New Hampshire.*

Pero él sabe que los Comandos Secretos de Censura actúan en todas partes del mundo y gozan de[12] un importante descuento[13] en el transporte aéreo; por lo tanto nada les impide llegarse hasta el oscuro barrio de París, secuestrar[14] a Mariana y volver a casita convencidos de su noble misión en esta tierra.

Entonces hay que ganarles de mano,[15] entonces hay que hacer lo que hacen todos: tratar de sabotear[16] el mecanismo, de ponerle en los engranajes[17] unos granos de arena, es decir ir a las fuentes del problema para tratar de contenerlo.

Fue con ese sano propósito con que Juan, como tantos, se postuló[18] para censor. No por vocación como unos pocos ni por carencia de trabajo como otros, no. Se postuló simplemente para tratar de interceptar su propia carta, idea para nada novedosa,[19] pero consoladora. Y lo incorporaron de inmediato porque cada día hacen falta más censores y no es cuestión de andarse con melindres[20] pidiendo antecedentes.[21]

En los altos mandos de la Censura no podían ignorar el motivo secreto que tendría más de uno para querer ingresar a la repartición,[22] pero tampoco estaban en condiciones de ponerse demasiado estrictos y total ¿para qué? Sabían lo difícil que les iba a resultar a esos pobres incautos[23] detectar la carta que buscaban y, en el supuesto caso de lograrlo,

[12] **gozan...** *enjoy*
[13] *discount*
[14] *kidnap*
[15] **ganarles...** *beat them to it*
[16] *to sabotage*
[17] *gears*
[18] **se...** *applied*
[19] *novel*
[20] **andarse...** *being finicky*
[21] *background information, case histories*
[22] *oficina de distribución (de cartas)*
[23] *inocentes*

¿qué importancia podían tener una o dos cartas que pasan la barrera frente a todas las otras que el nuevo censor frenaría[24] en pleno[25] vuelo? Fue así como no sin ciertas esperanzas nuestro Juan pudo ingresar en el Departamento de Censura del Ministerio de Comunicaciones.

50 El edificio, visto desde fuera, tenía un aire festivo a causa de los vidrios ahumados[26] que reflejaban el cielo, aire en total discordancia con el ambiente austero que imperaba[27] dentro. Y poco a poco Juan fue habituándose al clima de concentración que el nuevo trabajo requería, y el saber que estaba haciendo todo lo posible por su carta —es decir por Ma-
55 riana— le evitaba ansiedades. Ni siquiera se preocupó cuando, el primer mes, lo destinaron a la sección K, donde con infinitas precauciones se abren los sobres para comprobar que no encierran explosivo alguno.

Cierto es que a un compañero, al tercer día, una carta le voló la mano derecha y le desfiguró la cara, pero el jefe de sección alegó que había sido
60 mera imprudencia por parte del damnificado[28] y Juan y los demás empleados pudieron seguir trabajando como antes aunque bastante más inquietos. Otro compañero intentó a la hora de salida organizar una huelga[29] para pedir aumento de sueldo por trabajo insalubre[30] pero Juan no se adhirió[31] y después de pensar un rato fue a denunciarlo ante la au-
65 toridad para intentar así ganarse un ascenso.[32]

Una vez no crea hábito,[33] se dijo al salir del despacho del jefe, y cuando lo pasaron a la sección J donde se despliegan[34] las cartas con infinitas precauciones para comprobar si encierran polvillos venenosos,[35] sintió que había escalado un peldaño[36] y que por lo tanto podía volver a
70 su sana costumbre de no inmiscuirse en asuntos ajenos.[37]

De la J, gracias a sus méritos, escaló rápidamente posiciones hasta la sección E donde ya el trabajo se hacía más interesante pues se iniciaba la lectura y el análisis del contenido de las cartas. En dicha sección hasta podía abrigar esperanzas[38] de echarle mano a su propia misiva dirigida a
75 Mariana que, a juzgar por el tiempo transcurrido, debería de andar más o menos a esta altura después de una larguísima procesión por otras dependencias.[39]

Poco a poco empezaron a llegar días cuando su trabajo se fue tornando[40] de tal modo absorbente que por momentos se le borraba[41] la no-
80 ble misión que lo había llevado hasta las oficinas. Días de pasarle tinta roja a largos párrafos, de echar sin piedad muchas cartas al canasto[42] de las condenadas.[43] Días de horror ante las formas sutiles y sibilinas[44] que encontraba la gente para transmitirse mensajes subversivos, días de una intuición tan aguzada[45] que tras un simple «el tiempo se ha vuelto
85 inestable» o «los precios siguen por las nubes» detectaba la mano algo vacilante de aquel cuya intención secreta era derrocar al Gobierno.

Tanto celo de su parte le valió un rápido ascenso. No sabemos si lo hizo muy feliz. En la sección B la cantidad de cartas que le llegaba a diario era mínima —muy contadas[46] franqueaban[47] las anteriores ba-
90 rreras— pero en compensación había que leerlas tantas veces, pasarlas bajo la lupa,[48] buscar micropuntos con el microscopio electrónico y afinar[49] tanto el olfato[50] que al volver a su casa por las noches se sentía agotado.[51] Sólo atinaba a recalentarse[52] una sopita,[53] comer alguna fruta y ya

24 *would stop*
25 *full*
26 *smokey*
27 *prevailed*
28 víctima
29 *strike*
30 *unhealthy*
31 **no...** *didn't join in*
32 **ganarse...** *to get a promotion*
33 **Una...** *One time does not make it a habit*
34 **se...** *unfold*
35 **polvillos...** *poisonous powders*
36 *step (of a staircase)*
37 **no...** *not to meddle in other people's business*
38 **abrigar...** *harbour hopes*
39 departamentos, secciones
40 poniendo, volviendo
41 **se...** se olvidaba de
42 *basket*
43 *condemned ones*
44 *secretive, encoded*
45 *sharp*
46 pocas
47 pasaban
48 *magnifying glass*
49 *to tune*
50 *sense of smell*
51 *exhausted*
52 **atinaba...** *he succeeded in reheating*
53 *little soup*

se echaba a dormir con la satisfacción del deber cumplido. La que se
95 inquietaba, eso sí, era su santa madre que trataba sin éxito de reen-
cauzarlo[54] por el buen camino. Le decía, aunque no fuera necesariamente cierto: Te llamó Lola, dice que está con las chicas en el
bar, que te extrañan, te esperan. Pero Juan no quería saber nada de excesos: todas las distracciones podían hacerle perder la acuidad de sus
100 sentidos y él los necesitaba alertas, agudos, atentos, afinados, para ser un
perfecto censor y detectar el engaño. La suya era una verdadera labor
patria. Abnegada y sublime.

Su canasto de cartas condenadas pronto pasó a ser el más nutrido[55]
pero también el más sutil de todo el Departamento de Censura. Estaba a
105 punto ya de sentirse orgulloso de sí mismo, estaba a punto de saber que
por fin había encontrado su verdadera senda,[56] cuando llegó a sus manos
su propia carta dirigida a Mariana. Como es natural, la condenó sin
asco.[57] Como también es natural, no pudo impedir que lo fusilaran[58] al
alba, una víctima más de su devoción por el trabajo.

54 *to redirect him*
55 lleno, grande
56 camino
57 repugnancia
58 *they shot*

✦ Comprensión y expansión

A. Conteste las siguientes preguntas según el cuento.

1. ¿Qué sintió Juan cuando le llegó la nueva dirección de Mariana?
2. Según su opinión, ¿son Juan y Mariana novios o amigos? Comente.
3. ¿Qué hizo él tan pronto como tuvo la dirección de Mariana?
4. Según el narrador, ¿por qué le preocupa tanto a Juan la carta que escribió?
5. ¿Qué sabe Juan del proceso de censura por el que deben pasar las cartas en su país? Explique.
6. ¿Qué tipo de trabajo decide buscar él para tratar de interceptar la carta que le escribió a Mariana?
7. ¿Por qué le fue tan fácil conseguir ese trabajo?
8. ¿En qué sección trabajó primero? ¿Qué hacían allí?
9. ¿Era peligroso ese trabajo? Explique.
10. ¿Qué hizo Juan cuando un compañero intentó organizar una huelga? Comente.
11. ¿Qué hacían con las cartas en las secciones J, E y B?
12. Según su opinión, ¿cuál de esas secciones es la más peligrosa? Explique.
13. ¿Quién se preocupaba por él? ¿Qué hacía ella?
14. ¿Cómo reaccionaba Juan a las sugerencias de su madre? ¿Por qué?
15. ¿Qué hizo Juan cuando llegó finalmente a sus manos la carta que él le había escrito a Mariana? ¿Por qué?
16. ¿Qué le pasó a Juan al final? Comente.

B. Complete las siguientes afirmaciones, marcando con un círculo la respuesta correcta.

1. Esa muchacha (dejó / salió / partió) que su amiga manejara su auto.
2. Mis padres no podían (poner / ponerse / oponerse) muy estrictos conmigo.

3. Josefina piensa hablar con Ramón para (tratar a / tratar de / tratar) convencerlo.
4. El estudiante explicó las razones que lo habían (tomado / llevado / llegado) a la oficina del presidente.
5. Hicieron la huelga para (pedir / preguntar / preguntar por) aumento de sueldo.
6. Sin la operación, está en peligro no (solo / único / sólo) la vida de la madre sino también la de su bebé.
7. Ellos no pudieron (darse / dar / hacer de) cuenta de las consecuencias de sus acciones.
8. Cuando hay censura, las cartas pasan de mano (a mano / en mano / por manos) por muchas oficinas y censores.

C. Reconstruya los últimos meses de la vida de Juan, numerando del uno al doce, en orden cronológico, las oraciones que siguen.

_____ 1. Por eso, se le ocurrió trabajar como censor en el Departamento de Censura del Ministerio de Comunicaciones.

_____ 2. Luego pasó a otra sección donde se investigaba si las cartas contenían algún tipo de veneno.

_____ 3. Pero después no podía concentrarse en su trabajo.

_____ 4. Lo ascendieron más tarde a la sección B donde sólo llegaban las pocas cartas que ya habían pasado por todas las otras secciones.

_____ 5. Juan condenó su propia carta y, lógicamente, lo fusilaron.

_____ 6. Un día le llegó la dirección de Mariana en París.

_____ 7. Y tampoco podía dormir de noche.

_____ 8. Trabajó después en la sección donde se leía y analizaba el contenido de las cartas.

_____ 9. Entonces decidió escribirle una carta.

_____ 10. Y allí llegó un día la carta que él le había escrito a Mariana.

_____ 11. ¿Por qué? Porque temía que su carta pudiera causarle problemas a Mariana.

_____ 12. Trabajó primero en una sección donde se abrían los sobres para ver si contenían algún tipo de explosivo.

✦ Temas de discusión o análisis

1. Resuma con sus propias palabras el argumento de «Los censores».
2. Analice el uso de la ironía en este cuento.
3. Discuta el tema del miedo en «Los censores».
4. Analice la estructura narrativa de este relato.
5. Discuta la necesidad del narrador omnisciente en este cuento y la relación que se establece entre dicho narrador y el protagonista Juan.
6. Prepare una biografía imaginaria de Juan e incluya un análisis psicológico de su carácter basándose en los datos que le proporciona el cuento.
7. Comente la importancia o la significación de las mujeres en la vida de Juan.

8. Teniendo en cuenta el título de esta obra y su significación temática, analice y discuta la oración final del cuento: «Como también es natural, no pudo impedir que lo fusilaran al alba, una víctima más de su devoción por el trabajo.»
9. Comente «Los censores» como obra de crítica social y política.
10. Discuta el desenlace de este relato. Según su opinión, ¿tiene un final sorpresivo o esperado? ¿abierto o cerrado? Explique y apoye sus comentarios con citas del texto.

✦ Temas de proyección personal

1. Se ha dicho a veces que la censura puede tener consecuencias muy positivas para el arte porque obliga a los artistas a explorar maneras indirectas de expresión para evadir la censura, a través del uso de metáforas, alegorías y símbolos, por ejemplo. ¿Está usted de acuerdo con la idea de que la creación artística mejora en épocas de censura? ¿Por qué sí o por qué no? Cite algunos ejemplos de obras o escritores para apoyar su opinión.
2. Imagine que acaban de aceptar su solicitud para llenar la vacancia de censor en el Ministerio de Educación de un país que actualmente tiene un gobierno militar y represivo. Su primer día de trabajo le piden que presente una lista comprensiva de libros, programas de televisión, películas, pintores o pinturas específicas que deben ser censurados. Incluya en su lista seis o siete cosas que usted censuraría y explique por qué piensa que debe censurarlos.
3. Poco tiempo después de ingresar en el Departamento de Censura del Ministerio de Comunicaciones, Juan le dedicó todo su tiempo a su trabajo y se convirtió en un verdadero «*workaholic*». ¿Cree usted que la devoción total al trabajo que tienen algunas personas es una virtud o un defecto? ¿Por qué? En su caso personal, ¿sacrificaría usted todo —su familia, sus amigos y hasta su vida— por su trabajo? Comente.

CRISTINA PERI ROSSI

Nota biográfica

Cristina Peri Rossi (1941–), narradora, poeta, profesora y ensayista uruguaya de gran originalidad literaria, nació y se educó en Montevideo. En 1964 completó sus estudios de literatura en el Instituto de Profesores Artigas de dicha capital y de 1962 a 1972 se dedicó tanto a la docencia como al periodismo. También formó parte del consejo de redacción de *Marcha* (uno de los semanarios más prestigiosos de América Latina) entre 1970 y 1972, fecha en que fue clausurado por la dictadura militar. Ese mismo año tuvo que dejar su país por razones políticas y se mudó a Barcelona, ciudad donde reside desde entonces. Esta prolífica y multifacética escritora ha publicado, hasta la fecha, más de quince libros y sus obras le han ganado reputación internacional. En 1963 dio a luz *Viviendo*, su primera colección de cuentos. Y a fines de esa misma década, en 1969 y 1970, respectivamente, ganó los dos premios de narrativa más importantes de su país: el de la Editorial Arca por los relatos de *Los museos abandonados* (1968) y el de *Marcha* por *El libro de mis primos* (1969), su primera novela. También en España ha sido distinguida con los premios Benito Pérez Galdós (1981), por los cuentos reunidos en *La rebelión de los niños* (1980), y Puerta de Oro (1983), por «El ángel caído», uno de los textos posteriormente incluidos en *Una pasión prohibida* (1986). En poesía, es autora de varios poemarios, entre los que figuran *Evohé* (1971), *Descripción de un naufragio* (1975), *Diáspora* (1976) y *Babel Bárbara* (1991). De su narrativa hay que mencionar, además de las obras ya citadas, tres libros de relatos: *Indicios pánicos* (1970), *La tarde del dinosaurio* (1976) y *El museo de los esfuerzos inútiles* (1983); y tres novelas: *La nave de los locos* (1984), *Solitario de amor* (1988) y *La última noche de Dostoievski* (1992).

✦ Guía y actividades de pre-lectura

La obra de Peri Rossi, tanto poética como narrativa, se destaca por su riqueza metafórica y por el uso de un lenguaje altamente sugestivo y simbólico. Ambas características están presentes en los dos breves relatos o «indicios» que se incluyen aquí y que provienen de la segunda edición de *Indicios pánicos*, aparecida en Barcelona (España) en 1981. Sobre la génesis de dicho libro, afirma la escritora en una entrevista personal de 1984, posteriormente publicada en Estados Unidos, que «fue escrito en Montevideo, en 1970, durante el estado de sitio» y que «nació de la paranoia colectiva (perseguidores-perseguidos) y personal (fantasmas subjetivos: la madre, las relaciones amorosas, los sueños, etc.). La paranoia me parece una de las grandes claves para comprender el mundo».[a] Aunque el contexto político uruguayo de la época —el de los años de la dictadura militar— indudablemente tuvo gran importancia en la génesis del libro, dicho marco referencial no influyó en su estética ya que, según afirma la escritora en la misma entrevista: «Siempre he escrito una literatura simbólica, que se corresponde a mi concepción del mundo, y la alegoría como forma de expresión está presente en casi toda mi obra». Con respecto al significado de la palabra «indicios», explica en el prólogo a la edición española de ese libro que «son las pistas, las pautas para interpretar la vida, la realidad, [...] son siempre las señales materiales o inmateriales, los vestigios o las huellas de algo [...]». Y refiriéndose específicamente a los relatos —que ella llama «indicios»— de *Indicios pánicos*, expresa: «No son cuentos convencionales, en la mayoría de los casos, porque procuré conservar el elemento alucinado, fantástico, entre el drama y la ironía, que yo descubría en torno, y que [...] continúo hallando en la realidad». En efecto, uno vive rodeado de

---

[a]Ver Teresa Méndez-Faith, *Contextos literarios hispanoamericanos: 6 actos y 9 cuentos contemporáneos*, Holt, Rinehart and Winston, Inc., 1986, pp. 121–123.

señales y de símbolos de toda clase (públicos, privados, nacionales, universales, personales, culturales, etc.) y, casi sin darse cuenta, vive interpretándolos. Se interpretan, por ejemplo, ciertas palabras, el llanto de un niño, los sueños o algunos objetos en particular —una bandera o una estatua— como síntomas o símbolos de algo más profundo, de otra realidad, a veces invisible o latente pero, no obstante, muy real. En el caso particular de los relatos de *Indicios pánicos*, Peri Rossi indica, en la entrevista antes mencionada, que nacieron seguramente de su inconsciente. En efecto, dice allí: «Mi inconsciente, que como el de todos es simbólico, está a flor de piel: sueño mucho (suelo tener cuatro o cinco pesadillas por noche, riquísimas en símbolos) e imagino e interpreto a partir de esas pautas que me da». Según ella, «los indicios nos avisan y nos llaman. Nos exigen una actitud de alerta». Tanto «Diálogo con el escritor» como el «Indicio No. 25», los dos relatos aquí incluidos, ofrecen pautas, señales y símbolos para interpretar el mensaje latente, escondido detrás de las palabras. Ambos están estructurados en forma de diálogo. En el primer caso, dicho diálogo es entre un escritor y una de sus lectoras; y en el segundo, entre un «yo» (aspirante a escritor en el pasado) y un «error» de su juventud (su idealismo y deseos de escribir), personificado también como mujer. Ambos expresan, además, en forma alegórica y simbólica, la importancia de la palabra y la necesidad de la libre expresión, al sugerir las posibles consecuencias culturales de la censura y/o autocensura, tanto a nivel individual como colectivo, a corto como a largo plazo.

1. Lea las quince primeras líneas de «Diálogo con el escritor» y conteste las siguientes preguntas.

   a. ¿Qué ha leído la señora y qué piensa de él?

   b. ¿Qué le pide ella al escritor? ¿Puede ayudarla él? ¿Por qué?

   c. Según su opinión, ¿por qué le habla el escritor de la gente que «moría en las calles» y de «la cantidad enorme de lisiados [...] que recorren la avenida, o piden limosna [...]» cuando ella le pregunta si las letras «son todas tinieblas»? Comente.

2. Lea las quince primeras líneas del «Indicio No. 25» y conteste las siguientes preguntas.

   a. ¿Cómo y dónde se da uno cuenta de que el «yo» de este indicio es de sexo masculino?

   b. Según esta parte, ¿cuál habrá sido el «error» que cometió el «yo» en su juventud? Explique.

   c. ¿Por qué cree usted que el narrador se refiere a la «Censura» como a «la amante estable del ministro»? ¿Y por qué habla él de los libros como de «soldados enemigos»? Comente.

3. Ambos «indicios» contienen alusiones a la realidad uruguaya de la época. Para comprenderlos mejor, busque información en algún libro de referencia o en la «Internet» sobre los siguientes aspectos, conflictos y personajes de la historia de Uruguay, pasada y presente. Luego prepare un breve informe oral sobre los resultados de su investigación.

   a. Uruguay como «la Suiza de Sudamérica»

   b. José Gervasio Artigas

   c. los «33 Orientales»

d. José Enrique Rodó

e. José Batlle y Ordóñez

f. el grupo guerrillero de «los tupamaros»

g. la situación política y/o económica uruguaya de fines de los años sesenta hasta el presente

4. La película *State of Siege* (1973) del director Constantin Costa-Gavras está basada en el secuestro y muerte de un ciudadano norteamericano —Dan Mitrione, consejero técnico de la policía uruguaya— por los tupamaros en 1970. Alquile la película de alguna tienda de videos y prepare una presentación oral de su contenido, incluyendo sus comentarios al respecto.

Indicio No. 15
Diálogo con el escritor

—He leído su libro.

—¿Qué piensa de él?

—Es algo confuso.

(En cambio, su alma, señora, es clara.)

5 —Lo siento mucho.

—Usted, quizás, pudiera explicarme qué quiso decir en él.

—No puedo contestarle. Si lo supiera, no lo hubiera escrito.

—Entonces, las letras,[1] ¿son todas tinieblas?[2]

—No sé qué decirle. En esa misma época, mucha gente moría en las 10 calles. Usted todavía podrá apreciar la cantidad enorme de lisiados,[3] de baldados[4] que recorren[5] la avenida, o piden limosna,[6] o esperan de la caridad pública un poco de piedad.

—Pero usted, en tanto,[7] lo escribía.

—No señora: lo soñaba.

15 —Los sueños no siempre son fáciles de entender.

—Yo escribo, señora, como sueño.

—¿No cree que podría tener un poco más de respeto por el lector?

—Lo respeto tanto, señora mía, que no quisiera nunca tocar el sueño, tocar el libro, traicionar[8] la magnífica alienación de la metáfora.

20 —Ya no lo entiendo.

—Es comprensible.

—Si no sabe lo que ha querido decir escribiendo y me ha creado esta inquietud,[9] venga por lo menos y hágame el amor.

—No puedo, señora mía, disculpe[10] usted; desde la última mani-25 festación[11] pública reprimida[12] por la policía he generado un extraño pro-ceso de impotencia: yo estaba en un café, leyendo mi poesía y por casualidad[13] vi estrellarse[14] una granada[15] contra las piernas de una ado-lescente y la fachada[16] de la Biblioteca Nacional. El ruido interrumpió mi lectura, y aunque no fui molestado, el suceso[17] me dejó una mala impre-30 sión que no he podido aún desterrar,[18] como un intruso[19] en mi jardín.

[1] *characters, letters*
[2] obscuridad, confusión
[3] *crippled persons*
[4] incapacitados, heridos
[5] andan por
[6] **piden...** *beg*
[7] **en...** entre tanto
[8] *to betray*
[9] preocupación
[10] perdone
[11] *demonstration*
[12] *suppressed*
[13] **por...** *by chance*
[14] explotar
[15] *grenade*
[16] *front, façade*
[17] evento, hecho
[18] *to banish, to expel*
[19] *intruder*

—Si no sabe lo que escribe y no es capaz de hacerle el amor a una mujer insatisfecha, ¿cómo es que vive aún?

—Por un decreto del estado: seré conservado como imagen viva de un mundo en declinación. Seré expuesto en el museo. Conservado en refrigeración.

—Eso es muy triste. Le tengo una profunda lástima.[21] Perdone si he sido un poco brusca.[22]

—No tiene de qué.[23] Yo la disculpo. Y en mi recuerdo, sírvase una entrada:[24] con ella podrá entrar todos los días al museo, gratis.

[20] decree
[21] **Le...** *I feel very sorry for you.*
[22] *brusque, rough*
[23] **No...** *Don't mention it.*
[24] **sírvase...** *help yourself to a ticket*

◆ Comprensión

Conteste las siguientes preguntas según el texto.

1. ¿Quiénes son los personajes de este diálogo?
2. ¿De qué están hablando ellos?
3. ¿Comprendió la señora el libro del escritor? Explique.
4. Según usted, ¿qué está expresando el escritor cuando dice: «Yo escribo, señora, como sueño»? Comente.
5. ¿Por qué piensa la señora que este escritor no respeta a sus lectores? Según el escritor, ¿los respeta él? ¿poco o mucho? Explique.
6. ¿Qué le pide después la señora? ¿Puede él satisfacer su pedido? ¿Por qué sí o por qué no?
7. ¿Cómo reacciona la señora a la explicación que le da el escritor? Comente.
8. ¿Es poeta o narrador este escritor? Explique.
9. Según el escritor, ¿por qué vive aún él? ¿Cómo y dónde lo van a poner en exposición? ¿Qué va a representar allí?
10. Al final, ¿qué le da el escritor a la señora? ¿Para qué?

Indicio No. 25

Caminando, venía un error de mi juventud.

Yo le dije: —«Déme paso, voy muy apurado[1]»— y el error me respondió con hojas y libros en la mano. Las hojas, yo las había olvidado. Eran papeles llenos de signos, papeles de cervecerías[2] y de cines donde yo, apresuradamente,[3] había dibujado[4] citas y recuerdos, menudas[5] residencias de palabras donde encerrar el instante vanidoso[6] y pasajero[7] lleno de frío. Los signos los reconocí como una vieja fábula medio olvidada llena de polvo y de perfume que nos sacude[8] con su secreto simbolismo. Los libros, en cambio, los había olvidado por completo, desde que la Censura[9] (la amante estable[10] del ministro) desterrara de la república el uso y ejercicio de los libros, esos soldados enemigos.

Desconcertado ante mi prisa, el error dejó caer
las hojas
los libros.

[1] de prisa
[2] *breweries*
[3] con mucha prisa
[4] *outlined, drawn*
[5] pequeñas
[6] *vain*
[7] *fleeting*
[8] *shakes*
[9] *Censorship*
[10] **la...** *long-term lover*

15 —Usted me prometiera un día una felicidad más digna, mayor, una militancia[11] solemne. ¿Dónde ha quedado su combate?

Yo me replegué,[12] lleno de tristeza. Iba ligero, no quería detenerme.[13] No hubiera querido detenerme nunca a meditar.

20 —Usted se habrá enterado[14] por los diarios —musité[15] lleno de vergüenza—: las prisiones preventivas, las destituciones, las torturas policiales, los escarmientos,[16] las sanciones, los destierros[17]... La Censura tiene fiebre y sólo nos permite olvidar y correr.

Ella dejó ir los libros por la vereda,[18] deslizarse.[19]

25 —Ha sido, por lo menos débil —me dijo, con melancolía, y se perdió entre los árboles de la avenida.

Yo retrocedí[20] un poco, para tomar distancia. Estaba otra vez a punto de echarme a correr,[21] como de costumbre,[22] pero había olvidado hacia dónde era que corría.

11	*militancy, commitment*
12	**Yo...** *I fell back*
13	pararme
14	informado
15	*I whispered*
16	*punishments*
17	exilios
18	*sidewalk*
19	*to slide, to slip away*
20	*moved back*
21	**echarme...** *starting to run off*
22	**como...** *as usual*

✦ Comprensión

Conteste las siguientes preguntas según el texto.

1. ¿Qué está haciendo el «yo» de este indicio? ¿Con quién se enfrenta él?
2. ¿Qué le dice el «yo» al error de su juventud? ¿Y cómo reacciona el error?
3. ¿Qué hay en las hojas? ¿Qué reconoce en esas hojas el «yo»? Comente.
4. Según su opinión, ¿por qué «había olvidado por completo» los libros el «yo» narrador? Explique.
5. Según el error, ¿qué le había prometido el «yo»? ¿Y por qué cree usted que éste se haya replegado «lleno de tristeza»? Comente.
6. ¿Qué es lo único que la Censura permite en el país del «yo»?
7. Al final, ¿qué hace el error y qué le dice al «yo»? Comente.
8. ¿Cómo reacciona el «yo» a lo que hace y dice el error?

✦ Expansión

A. Lea las definiciones que siguen y escriba las palabras definidas en los espacios correspondientes.

1. caracteres del alfabeto _____
2. sinónimo de **evento** _____
3. lugar donde venden cervezas _____
4. sustantivo relacionado con **soñar** _____
5. sinónimo de **preocupación** _____
6. en inglés se dice *demonstration* _____
7. sinónimo de **pararse** _____
8. parte exterior de un edificio _____
9. antónimo de **amigo** _____
10. en inglés se dice *censorship* _____

B. Basándose en el «Indicio No. 25», indique si los comentarios que siguen reflejan correctamente o no el contenido del diálogo. Escriba **V** (verdadero) o **F** (falso) en los espacios correspondientes. Si lo que lee es falso, corríjalo.

____ 1. El «yo» de este indicio se encuentra con su «yo» más joven.

362 | DEL «POSBOOM» AL PRESENTE

_____ 2. El error lleva hojas y libros en la mano.

_____ 3. El «yo» es aquí de sexo femenino.

_____ 4. El narrador reconoce el contenido de las hojas porque eran cosas que él había escrito en su juventud.

_____ 5. La Censura había desterrado los libros del país.

_____ 6. El narrador había dejado de escribir porque creía que los libros eran soldados enemigos.

_____ 7. El error es aquí un personaje masculino.

_____ 8. Al final, el «yo» decide volver a escribir.

C. Las frases que siguen describen a los cuatro personajes que aparecen en los dos indicios. Lea cada una de ellas y escriba **escritor, señora, error** o **yo** en los espacios correspondientes.

1. Escribe un libro simbólico, no realista.   _____

2. Deja de escribir para evitar problemas con la censura.   _____

3. Es la personificación del idealismo juvenil.   _____

4. Dice que escribe como sueña.   _____

5. Piensa que el libro del escritor es algo confuso.   _____

6. No quiere detenerse a pensar.   _____

7. Deja caer los libros en la vereda.   _____

8. Va a estar en exposición en un museo.   _____

9. Dice que la censura sólo les permite olvidar y correr.   _____

10. Cree que los sueños no siempre son fáciles de entender.   _____

✦ Temas de discusión o análisis

1. Resuma con sus propias palabras el argumento de «Diálogo con el escritor» y/o el del «Indicio No. 25».

2. Primero identifique el tema o los temas de cada uno de estos indicios. Luego compare y contraste su tratamiento en «Diálogo con el escritor» y en «Indicio No. 25».

3. Según Peri Rossi, siempre ha escrito «una literatura simbólica» y «la alegoría como forma de expresión» está presente en casi toda su obra. Teniendo en cuenta dichos comentarios, desarrolle **uno** de los siguientes temas y justifique sus opiniones con citas del (de los) texto(s) correspondiente(s).

   a. interpretación simbólica o alegórica de «Diálogo con el escritor»

   b. interpretación simbólica o alegórica de «Indicio No. 25»

   c. análisis comparativo entre «Diálogo con el escritor» e «Indicio No. 25» como relatos alegóricos

4. Analice **uno** de los siguientes temas.

a. el papel o la función de los personajes en «Diálogo con el escritor» y la relación que se establece entre ellos

b. la función del símbolo o la metáfora en «Diálogo con el escritor»

c. la función del narrador en «Indicio No. 25»

d. el papel o la función de los personajes en «Indicio No. 25» y la relación que se establece entre ellos

e. la técnica de la personificación* en «Indicio No. 25»

5. Compare y contraste la función del «escritor» en «Diálogo con el escritor» y en «Indicio No. 25».

6. Discuta el papel de los personajes femeninos en ambos relatos: el de la «señora» en «Diálogo con el escritor» y el de «error» en «Indicio No. 25».

7. Describa y comente el mundo exterior o contexto sociopolítico reflejado en ambos indicios.

8. Discuta el papel de la censura en ambos textos.

9. Compare y contraste la técnica narrativa empleada en estos indicios. ¿Tienen un final abierto o cerrado? Apoye sus comentarios con citas de ambos textos.

10. Si los libros fueran «soldados enemigos» como se los describe en «Indicio No. 25», entonces ¿serían sus autores «generales enemigos»? Discuta la función social del escritor y la importancia de su escritura según se puede deducir de estos dos indicios.

11. «Yo escribo como sueño», declara el escritor de «Diálogo con el escritor». Tomando dicha afirmación como expresión de su *ars poetica* o manera de escribir, analice sus implicaciones. ¿Qué tipo de literatura escribe él? ¿Sería este escritor tal vez un doble de la autora Peri Rossi? Comente.

✦ Temas de proyección personal

1. En el pasado, ¿ha escrito usted poemas, cuentos, cartas u otros textos que dejó sin terminar, que quedaron olvidados o que destruyó, tal vez, por alguna razón? Comente.

2. Al final de «Diálogo con el escritor» parece anunciarse la desaparición del escritor y del libro de la sociedad del futuro. ¿Cree usted que eso es posible y/o deseable? Comente.

3. Se ha observado que hoy día los niños, por ejemplo, leen mucho menos que antes y que tanto niños como adultos pasan mucho más tiempo viendo televisión que leyendo. En su caso particular, ¿prefiere usted leer un buen libro o mirar televisión en sus ratos libres? ¿Por qué? Explique.

4. Según la «señora» en «Diálogo con el escritor», «Los sueños no siempre son fáciles de entender». ¿Está usted de acuerdo con ella? ¿Cree que los sueños tienen significado simbólico y que hay que interpretarlos? ¿De qué manera? En su caso particular, ¿sueña usted mucho? ¿Qué tipo de sueños tiene? Comparta con la clase un sueño extraño o inolvidable que haya tenido alguna vez.

5. Imagine que un día cualquiera se encuentra en alguna parte con su escritor(a) favorito(a) y tiene la oportunidad de hacerle sólo dos preguntas. ¿Cuáles serían esas dos preguntas? Y según su opinión, ¿cuáles serían las respuestas de dicho(a) escritor(a)? ¿Por qué? Explique.

ROSARIO FERRE

Nota biográfica

Rosario Ferré (1942–), narradora, ensayista, poeta y escritora puertorriqueña de amplia formación literaria, recibió su título de maestría en literatura hispanoamericana y española de la Universidad de Puerto Rico (1982) y su doctorado en literatura hispanoamericana de la Universidad de Maryland (1987). Nacida en Ponce, Ferré se inició en el mundo de las letras con la publicación de sus primeros poemas, narraciones y ensayos críticos en *Zona de carga y descarga*, importante revista literaria de su país que ella fundó en 1972 y que dirigió hasta 1974. En 1976 recibió un premio del Ateneo Puertorriqueño por un grupo de cuentos que poco tiempo después fueron incluidos en su primera obra, *Papeles de Pandora* (1976), antología de catorce relatos y seis poemas narrativos. Posteriormente ganó una serie de concursos de cuentos, varios de los cuales aparecieron en diversas publicaciones, tanto dentro como fuera de Puerto Rico. Entre 1978 y 1981 dio a luz tres libros de relatos para niños: *El medio pollito* (1978), *Los cuentos de Juan Bobo* (1980) y *La mona que le pisaron la cola* (1981). Un año después apareció *Fábulas de la garza desangrada*, volumen que reúne fábulas poéticas de contenido feminista. Además de sus obras narrativas y poéticas, ha escrito también varios ensayos y artículos de crítica literaria. *Sitio a Eros* (1980) es una colección de catorce ensayos en los que se revaloriza la obra de grandes mujeres de Europa, Estados Unidos e Hispanoamérica, tanto del siglo pasado como del presente. Incluidas en dichos ensayos están, entre muchas otras, algunas célebres escritoras como las inglesas Mary Godwin Shelley y Virginia Woolf, las francesas George Sand y Anaïs Nin, la rusa Alexandra Kollontay, la estadounidense Sylvia Plath y la puertorriqueña Julia de Burgos. Del resto de su producción literaria se destacan *Maldito amor* (1986), novela breve acompañada de los relatos «Isolda en el espejo» y «El regalo», *Sonatinas* (1989) y *El árbol y sus sombras* (1989), otro libro de ensayos. De más reciente publicación son «El coloquio de las perras» (1990), ensayo paródico de una conocida novelita de Miguel de Cervantes (*El coloquio de los perros*, 1613), y *Memorias de Ponce: autobiografía de Luis A. Ferré* (1992).

✦ Guía y actividades de pre-lectura

Dos grupos temáticos recurrentes en las obras de Rosario Ferré son los relacionados con la realidad puertorriqueña, presente y pasada, y los asociados con la problemática femenina. El primero refleja su preocupación por la situación política particular de Puerto Rico con respecto a Estados Unidos y los efectos sociales y psicológicos que los cambios económicos derivados de dicha situación han tenido en el pueblo puertorriqueño. El segundo revela los problemas y prejuicios que confrontan las mujeres por su simple condición de haber nacido mujer y no hombre. Con una visión altamente crítica de la sociedad puertorriqueña, sus relatos y ensayos presentan una reinterpretación de la historia de su país, a menudo interpoladas con experiencias personales y elementos autobiográficos. La narración aquí incluida, «El abrigo de zorro azul» —como «La muñeca menor», uno de sus cuentos más conocidos— proviene de *Papeles de Pandora*, cuyos textos reflejan ambas preocupaciones temáticas y recrean, enfatizando ya sea el primero o el segundo grupo de temas, una realidad dominada y dividida por la explotación económica y por una serie de prejuicios sociales, raciales y sexuales. Como en otros cuentos de esta colección, en «El abrigo de zorro azul» convergen el presente y el pasado, la pesadilla y el sueño, la realidad y la imaginación, lo creíble y lo increíble, lo posible y lo imposible. También se percibe aquí, como en los demás relatos de *Papeles de Pandora*, una severa denuncia de la situación actual de Puerto Rico, caracterizada por el neocolonialismo cultural y económico derivado de la alianza entre la burguesía puertorriqueña y los intereses económicos extranjeros, en particular estadounidenses. Con un lenguaje poético, rico en metáforas, imágenes, símbolos y alusiones* varias, el relato narra la historia de Bernardo desde su regreso de la academia militar a la casa paterna hasta su misteriosa desaparición en la avioneta el mismo día en que a Marina, su hermana gemela, le llega por correo «un abrigo de zorro azul, de corte masculino y demasiado grande para ella». La historia se cuenta desde tres puntos de vista que se alternan; dichos narradores incorporan datos importantes que ayudan a los lectores a vislumbrar la problemática individual-familiar de Bernardo y a descubrir, paralelamente, los problemas colectivos de la realidad puertorriqueña. Algunos de esos datos significativos son la desilusión de Bernardo al encontrar las tierras de su padre arrendadas a inversionistas extranjeros, su frustración al no poder regresar a la casa de su niñez ni al cultivo de la tierra, su progresivo aislamiento familiar, sus paseos a caballo con Marina, el vuelo en avioneta compartido con ella y su extraño relato de la trágica experiencia compartida con su compañero de cuarto.

1. Lea el primer párrafo del cuento y conteste las siguientes preguntas.

   a. ¿Quién narra la acción?

   b. ¿Quiénes son Bernardo y Marina? ¿Qué relación hay entre ellos?

   c. ¿Cómo son los ojos de Bernardo?

   d. ¿Qué tienen en común Bernardo y Marina con Rigel y Betelgeuse? Comente.

   e. ¿En qué oración de este párrafo se puede ver que algo misterioso o extraño va a pasar en este cuento? ¿Por qué?

2. ¿Conoce a alguien que tenga un(a) hermano(a) gemelo(a)? ¿Son muy parecidos(as) físicamente? ¿Tienen el mismo carácter o son diferentes? Comente.

3. «El abrigo de zorro azul» refleja la situación socioeconómica de Puerto Rico de los años cincuenta. Para comprender mejor el cuento, busque información en algún libro de referencia sobre los siguientes personajes, conflictos y aspectos de la historia y de la realidad actual puertorriqueñas. Luego prepare un breve informe oral sobre los resultados de su investigación.

    a. la guerra de 1898 entre España y Estados Unidos y sus consecuencias para Puerto Rico

    b. la situación de los puertorriqueños entre 1917 y 1952

    c. el programa económico conocido como «Operation Bootstrap»

    d. la importancia de Luis Muñoz Marín

    e. la nueva situación de Puerto Rico a partir de 1952

4. En «El abrigo de zorro azul» hay varias alusiones al mundo de la astronomía, a la fisiología y a la mitología griega. Para comprender mejor su función metafórica o simbólica en el relato, busque información en algún libro de referencia sobre **cinco** de los personajes y elementos de la lista que sigue. Luego prepare un breve informe oral con los resultados de su investigación.

    a. el equinoccio   f. Betelgeuse

    b. el solsticio   g. Ptolomeo (Claudius Ptolemaeus)

    c. el sístole   h. el *Almagesto*

    d. la diástole   i. Icaro (*Icarus*)

    e. Rigel

El abrigo de zorro[1] azul

El día que Bernardo se quitó por fin la chaqueta de botones dorados de la academia militar dejó escapar un suspiro de alivio como quien se entrega[2] a las arañas[3] del sueño. De pequeña Marina le repetía al oído que tenía los ojos tan verdes que le daban ganas de arrancárselos de racimo[4]
5 como si fueran uvas. Existía entre ellos una relación misteriosa similar a la que existe entre la mano izquierda y la derecha, el equinoccio y el solsticio, el sístole y la diástole. Habían nacido con pocas horas de diferencia. Luego nacieron otros hermanos pero ellos, los primogénitos,[5] retuvieron siempre a los ojos de sus padres ese brillo[6] de primera magnitud y de cali-
10 dad blancoazul que retuvieron Rigel y Betelgeuse, alfa y beta orionis,[a] a los ojos de Ptolomeo cuando recopilaba[7] su Almagesto.[b]

1 *fox*
2 *se... surrenders*
3 *spiders*
4 **arrancárselos...** *plucking them from the cluster*
5 *first-born children*
6 *splendor, brilliance*
7 *he compiled*

---

[a]Se alude aquí a Rigel (beta) y a Betelgeuse (alfa), las dos estrellas más brillantes de la constelación de Orión.

[b]El *Almagesto* es el tratado de astronomía de Claudio Ptolomeo (siglo II d. de J. C.) donde éste propone su teoría de que el sol, los planetas y las estrellas giran alrededor de la tierra.

Al graduarse de la academia donde había pasado tantos años, Bernardo sólo había deseado regresar a la casa de balcones blancos de su niñez. A su regreso había descubierto que la familia se había mudado[8] a
15 la ciudad y había encontrado a su padre cambiado. Echaba en falta el olor a tierra que lo había rodeado siempre, el sombrero de ala ancha y pajilla de panamá[9] que no se quitaba ni para sentarse a la mesa y que dejaba un delgado surco[10] húmedo que nunca se le desvanecía[11] por completo alrededor de la frente. Luego se enteró que su padre había arrendado[12]
20 la mayor parte de sus tierras a inversionistas[13] extranjeros y se había dedicado a especular con grandes sumas de dinero que multiplicaba con mucho acierto.[14]

Imposibilitado de[15] regresar a lo que había soñado durante cuatro años, al cultivo de la tierra, Bernardo se pasaba los días recorriendo con
25 Marina las fincas[16] que bordeaban el mar. Se había aislado de la familia en un silencio de hielo sucio que su hermana se empeñaba[17] en quebrar. Mi caballo hacía caracoles[18] blandos segando[19] a veces los cascos[20] en el esfumado[21] lento que se escapaba del agua. Yo lo dejaba ir, sombreando[22] el caballo de mi hermano, penetrando al unísono la bruma salitrosa,[23] ale-
30 jándose[24] cada vez más de la casa. Fue entonces que le dije lo de la avioneta,[25] yo nunca he volado, Bernardo, ten compasión de mí. Tengo diez pesos que no me los regaló nadie, me los gané trabajando, más que nada en el mundo quisiera poder volar. Bernardo, ten compasión de mí. El primer hombre que voló fue un emperador chino que se arrojó[26] desde
35 la torre más alta de su reino con dos sombreros inmensos en forma de almeja[27] atados a las muñecas[28] por largos hilos[29] de plata. El segundo fue un mago japonés que construyó una chiringa[30] en forma de pez y dándole la punta del cordel[31] a un niñito desnudo que jugaba por allí, se montó[32] sobre ella y saltó desde la cumbre[33] del Fujiyama. El tercero, Icaro de-
40 rretido[34] en estalactitas de nieve. Los caballos alargaban pequeñas olas lanudas[35] que se quedaban adheridas a las puntas de sus cascos, desgarraban[36] lentamente la bruma con sus crines[37] arrastrando[38] sus colas de pesadilla[39] blanca por encima de la cara de la luna. Subieron rápidamente la cuesta del morrillo[40] y se detuvieron en lo alto del acantilado.[41] A lo
45 lejos el mar se derrumbaba hacia adentro, devolviendo un barrunto[42] de rocas y espuma por boca de sordo.[43]

Esa tarde logré convencerlo y fuimos al aeropuerto. Entregué mis diez pesos y subimos a la avioneta. Cuando comenzamos a subir tuve una sensación de varillas[44] de madera que se doblan y papel de seda[45] estrujado[46]
50 por el viento. Bernardo me miraba desde lejos, desde la distancia de sus anteojeras.[47] Los guantes de gamuza[48] le resbalaban[49] sobre las manos y movía los pedales distraídamente como quien mueve una máquina de coser abullonando una manga de crema.[50] Entonces comenzó su relato: Al regresar al colegio y enfrentarnos nuevamente al recrudecimiento[51] del
55 clima noté que la risa de mi compañero de cuarto se entretejía de tos[52] como una nasa[53] de pescadores cargada de diminutos peces rojos. Pero ya era demasiado tarde. El mismo día que hice los arreglos para su regreso alquiló un trineo[54] y esa noche me invitó a dar una última carrera sobre la

---

8 **se...** *had moved*
9 **el...** *the wide-brimmed, straw, panama hat*
10 *furrow*
11 *desaparecía*
12 *leased*
13 *investors*
14 *éxito*
15 **Imposibilitado...** *No pudiendo*
16 *estates*
17 **se...** *insistía en*
18 **hacía...** *zig-zagged*
19 *sinking in*
20 *hooves*
21 *disappearing ground*
22 *casting a shadow upon*
23 **bruma...** *salty mist*
24 *moving away*
25 *small plane*
26 **se...** *threw himself*
27 *clam*
28 *wrists*
29 *threads, strings*
30 *kite*
31 **la...** *the end of the cord*
32 **se...** *subió*
33 *summit*
34 *melted*
35 *fleecy, woolly*
36 *they tore, they ripped*
37 *manes*
38 *dragging*
39 *nightmare*
40 **cuesta...** *slope of the small hill*
41 *cliff*
42 *strong north wind*
43 **de...** *silent*
44 *small sticks*
45 **papel...** *tissue paper*
46 *crumpled*
47 *blinders of a horse*
48 *chamois, suede*
49 *slid*
50 **abullonando...** *forming a puffed sleeve*
51 *worsening*
52 **se...** *was interspersed with coughing*
53 *basket*
54 *sled*

superficie congelada del lago. Al salir por la puerta hizo sobre la nieve su
60 acostumbrada verónica[c] de loto[55] negro con la capa de velada de teatro.[56]
Yo insistí que se pusiera mi abrigo de zorro azul pero me lo rechazó. El trineo se internó en el lago y la niebla comenzó a borrar nuestra visión. En-
trábamos en un hueco[57] inmóvil donde se metía el puño[58] y quedaba
cercenado[59] instantáneamente por la muñeca. Oíamos a lo lejos el
65 crujido[60] insoportablemente lento del lago que avanzaba congelándose
por los bordes. Penetrábamos cada vez más en la densidad que se
arremolinaba[61] delante de nosotros, un bosque agitado de colas de mono
albino[62] que se nos enroscaba[63] de las manos. Entonces me di cuenta de que
mi compañero de cuarto iba ciego,[64] no tanto por la niebla, sino porque
70 se le había congelado la mirada. Ya no afuetaba[65] a los caballos. Se había
quedado inmóvil, impulsado por el vértigo como un auriga[66] hierático
atravesado por una lanza de viento. El trineo tropezó contra un banco de
nieve e hicimos un largo tirabuzón[67] blanco. Cuando me doblé sobre él la
sonrisa le desbordaba nieve.[68] Me quité mi abrigo de zorro azul y lo envolví
75 en él cuidadosamente.

Marina escuchó horrorizada aquel relato, sin poder siquiera disfrutar
al ver a sus pies el mundo reducido a nacimiento. Su hermano no le
había contado que tuviese un compañero de cuarto, su historia sobre-
salía[69] súbitamente de su silencio como un témpano de hielo.[70] Entonces
80 vi que sonreía, apuntando a algo en el horizonte. Nos acercábamos a
nuestra antigua casa, rodeada de cañaverales.[71] La sobrevolamos[72] y admi-
ramos desde arriba su techo de cuatro aguas[73] perforado de tragaluces,[74]
el mirador[75] del comedor elevado sobre una hilera[76] de cristales por
donde estábamos acostumbrados desde niños a ver entrar y salir a los fan-
85 tasmas. El sol chispeaba[77] dentro de los tragaluces como alfileres[78] de
piedras de colores hincados en la copa de un gran sombrero de fiesta. Era
la casa más hermosa de todas.

Algunos días después de subir con su hermana para enseñarle el
mundo desde la claridad del sol y hacerle su relato de una muerte imagi-
90 nada Bernardo volvió a alquilar la avioneta y enfilándola[79] hacia un banco
de nubes acumuladas desde hacía meses sobre el mar, desapareció para
siempre. Ese mismo día por la mañana Marina había recibido por correo
un abrigo de zorro azul, de corte masculino y demasiado grande para
ella. Había pensado que era una equivocación.

✦ Comprensión y expansión

A. Conteste las siguientes preguntas según el cuento.

1. Según el relato, ¿como se sintió Bernardo al terminar la academia militar? ¿Qué hizo él ese día? Comente.

---

[c]La «verónica», término relacionado con el vocabulario de las corridas de toros, es el lance del
toreo que consiste en pasar al toro con la capa extendida con ambas manos.

Glosario

55 *lotus*
56 **capa...** *evening cape (for the theater)*
57 *hollow*
58 *fist*
59 *cortado, amputado*
60 *crackle*
61 **se...** *was swirling*
62 **un...** *a turbulent forest of albino monkey's tails*
63 *coiled, curled*
64 **iba...** *was blinded*
65 *he whipped*
66 *coachman*
67 *long curl in the shape of a corkscrew*
68 **la...** *his smile was overflowing with snow*
69 *stood out*
70 **témpano...** *iceberg*
71 *sugarcane plantations*
72 *we flew over*
73 *slopes*
74 *skylights*
75 *bay window*
76 *row*
77 *was scintillating*
78 *pins*
79 *pointing it*

2. ¿A qué era similar la «relación misteriosa» que existía entre Bernardo y Marina?
3. ¿Tenían más hermanos ellos o eran los únicos hijos de la familia?
4. ¿Adónde fue a estudiar Bernardo? ¿Cuántos años pasó allí?
5. ¿Qué extrañó él durante su ausencia?
6. ¿Qué descubrió Bernardo al volver a su casa? ¿Dónde vivía ahora la familia? ¿Por qué?
7. ¿Cómo encontró él a su padre? ¿A qué se dedicaba el padre ahora?
8. ¿Qué lugares recorrían a caballo Bernardo y Marina? ¿Por qué?
9. En el tercer párrafo, ¿quién narra el segmento que empieza con «Mi caballo hacía caracoles...»? Explique.
10. ¿Qué le dice Marina a Bernardo de la avioneta? ¿Qué quiere hacer ella?
11. ¿Cómo se sabe que volar es casi una obsesión para Marina? Comente.
12. ¿Suben ellos en la avioneta? ¿Quién la maneja?
13. ¿Cuándo y qué le cuenta Bernardo a su hermana sobre el episodio con su compañero de cuarto? Explique.
14. ¿Cómo reacciona Marina al escuchar el relato de su hermano? ¿Por qué?
15. Al acercarse a su antigua casa, ¿qué vieron y admiraron ellos desde la avioneta? ¿Cree usted, como afirma quien narra esa sección, que ésa era realmente «la casa más hermosa de todas»? Comente.
16. ¿Qué hace Bernardo unos días después de haber volado con Marina en la avioneta? ¿Y qué recibe ella ese mismo día por el correo?

B. Identifique y explique la importancia o la significación de los siguientes personajes o elementos.

1. el abrigo de zorro azul
2. los ojos verdes de Bernardo
3. la chaqueta de botones dorados
4. el padre de Bernardo y Marina
5. la avioneta
6. el mar
7. el compañero de cuarto de Bernardo
8. el trineo
9. el lago

C. El cuento de Ferré se mueve en por lo menos tres planos temporales diferentes: el del presente, el del pasado y el de lo imaginado o soñado. Indique el plano temporal de las acciones y objetos que siguen escribiendo **PRE** (presente), **PA** (pasado) o **IS** (imaginado-soñado) en los espacios correspondientes.

_____ 1. la casa de balcones blancos
_____ 2. el paseo en trineo sobre el lago congelado
_____ 3. los paseos a caballo cerca del mar
_____ 4. la casa de la ciudad
_____ 5. el bosque de colas de mono albino
_____ 6. la visita al aeropuerto

_____ 7. el sombrero de panamá

_____ 8. el abrigo de zorro azul que recibe Marina por correo

_____ 9. el abrigo de zorro azul con que envuelve Bernardo a su compañero de cuarto

_____ 10. el vuelo en la avioneta

_____ 11. la muerte del compañero de Bernardo

_____ 12. la desaparición de Bernardo y la avioneta

✦ Temas de discusión o análisis

1. Resuma con sus propias palabras el argumento de «El abrigo de zorro azul».

2. Discuta el título del cuento y su relación temática con el resto de la narración.

3. Analice «El abrigo de zorro azul» como cuento fantástico. Apoye sus comentarios con citas del texto.

4. Describa y discuta la personalidad de Bernardo. Según su opinión, ¿qué problemas tiene él? ¿Muestra síntomas de alguna enfermedad física o mental? Comente.

5. Según el texto, la relación que existía entre Bernardo y Marina era «similar a la que existe entre la mano izquierda y la derecha, el equinoccio y el solsticio, el sístole y la diástole». Después de leer el cuento, ¿está usted de acuerdo con esa comparación? ¿Por qué sí o por qué no? Explique.

6. En este relato de Ferré hay tres narradores: un narrador omnisciente, Marina y Bernardo. Identifique los segmentos que corresponden a cada uno de ellos y analice el efecto que esta técnica de múltiples narradores tiene en los lectores y en el cuento.

7. Analice y comente **uno** de los siguientes temas.
   a. la estructura temporal de la obra
   b. la posición socioeconómica de la familia de Bernardo y Marina
   c. el uso de metáforas, símbolos y alusiones en el cuento
   d. la técnica narrativa de incorporar un cuento (el relato de Bernardo sobre su compañero de cuarto) dentro de otro cuento («El abrigo de zorro azul»)

8. ¿Qué pasa al final de la obra? Dé su interpretación con respecto al último párrafo de este relato y apoye sus comentarios con citas del texto.

9. Imagine que usted es Bernardo y escríbale una carta a Marina explicándole todo: el por qué de su desaparición, la historia de su compañero de cuarto y el significado del abrigo de zorro azul que le envía por correo.

✦ Temas de proyección personal

1. En el cuento de Ferré, los hermanos Bernardo y Marina tienen una relación especial que no tienen con los otros hermanos. En su caso particular, ¿tiene usted hermanos? ¿Se llevan bien? ¿Tiene un(a) hermano(a) favorito(a)? ¿Cuál? ¿Por qué es su favorito(a)? Explique.

2. El dicho inglés «*You can't go home*» refleja la experiencia de Bernardo en este cuento. En efecto, cuando él regresa a su casa después de cuatro años en la academia militar, encuentra muchos cambios. ¿Ha tenido usted alguna experiencia similar en su vida? Describa su experiencia. ¿Cómo le ha afectado? ¿Está usted de acuerdo con la idea expresada en el dicho, de que uno no puede volver al pasado? Comente.
3. Antes de desaparecer, Bernardo le envía su abrigo de zorro azul a Marina. Piense en alguna persona a quien usted quiere mucho y de quien tiene que separarse por un tiempo. ¿Qué le dejaría como recuerdo? ¿Por qué? Explique.

ANTONIO SKARMETA

Nota biográfica

Antonio Skármeta (1940–), cuentista, novelista, dramaturgo, actor, guionista y director cinematográfico, nació en Antofagasta, Chile. Nieto de inmigrantes yugoslavos que se establecieron en dicho país a fines del siglo XIX, Skármeta completó sus estudios primarios en escuelas de Buenos Aires y de Santiago de Chile. Luego de graduarse en Filosofía y Letras del Instituto Pedagógico de la Universidad de Chile (1964), este multifacético y prolífico escritor empezó su carrera literaria con la publicación de dos colecciones de cuentos: *El entusiasmo* (1967) y *Desnudo en el tejado* (1969), libro que ganó el Premio Casa de las Américas de ese año. Hacia 1970 se adhirió al gobierno de Salvador Allende como colaborador en el ámbito cultural y después del golpe militar de 1973 se exilió en Buenos Aires. En 1975 se trasladó a Berlín Occidental, también por razones políticas. Allí vivió y siguió escribiendo durante más de una década, trabajando como profesor, traductor, guionista, productor y director de cine, y haciendo frecuentes viajes a diversos países por compromisos artísticos y académicos. Actualmente reside en Chile. Su producción cuentística incluye, además de las antologías ya mencionadas, otras tres antologías de cuentos: *El ciclista del San Cristóbal* (1973), *Tiro libre* (1973) y *Novios y solitarios* (1976). Durante sus años de exilio en Alemania, Skármeta participó como actor, guionista y/o director en la filmación de unas ocho películas y escribió cuatro novelas cortas: *Soñé que la nieve ardía* (1975), *No pasó nada* (1980), *La insurrección* (1982) y *Ardiente paciencia* (1985). Las dos últimas fueron llevadas al cine y *Ardiente paciencia* fue dirigida por el propio Skármeta, obteniendo importantes premios en el festival de cine de Huelva, España, en 1983. La película *Il Postino* (*The Postman*), ganadora de un Oscar en 1995, también está inspirada en esa misma novela. En 1976 publicó en Estados Unidos *Joven narrativa chilena después del golpe*, libro dedicado a la literatura surgida en su país a partir de 1973. Su producción dramática incluye varias piezas, entre ellas: *La búsqueda* (1976), *La composición* (1979) y la versión teatral de *Ardiente paciencia*, estrenada en 1984, un año antes de su publicación como libro. En 1989 apareció otra novela, *Match Ball*, hasta ahora su última obra publicada.

✦ Guía y actividades de pre-lectura

Las obras de Antonio Skármeta son representativas de la producción literaria asociada con la generación posterior al «boom» latinoamericano de los años sesenta. Como es el caso de varios de los escritores incluidos en esta sección y de otros que llegan a su madurez durante la década del setenta, el mundo literario de Skármeta refleja la realidad sociopolítica y cultural chilena de su contexto vivencial y de su época. Sus obras se inspiran en la experiencia cotidiana y la incorporan temática y estructuralmente, haciendo uso de un lenguaje altamente coloquial y de una estructura narrativa que progresa de manera cronológica. Skármeta formula su poética en términos de una literatura «presentativa», infrarrealista: el texto se limita a mostrar la realidad sin interpretarla. Según él, la interpretación está implícita en la obra dado que los personajes presentados en situaciones específicas ya revisten una dimensión histórica. Lo cotidiano y banal adquieren para él un rango estético. Esto explica, en primer lugar, la recurrencia de temas relacionados con la realidad chilena en su obra, y en segundo término, su interés y el ejercicio de otras prácticas paralelas a la literatura: cine, televisión, radio y teatro. Además de expresar temáticamente los problemas de su país natal, sus cuentos y novelas —en particular los escritos en el exilio— captan la condición del expatriado y la falta de comunicación con su destinatario natural: el lector del país de origen. El cuento aquí incluido, «El ciclista del San Cristóbal», proviene de la antología también titulada *El ciclista del San Cristóbal*. Como la mayoría de las obras de Skármeta, describe una escena de gran tensión emotiva para los personajes —miembros de una familia chilena de clase trabajadora— en momentos en que cada uno de ellos está pasando por una crisis o viviendo circunstancias personales muy difíciles. También como en casi todas sus obras, este cuento está narrado en primera persona, desde la perspectiva de un ciclista adolescente. Es casi seguro que este joven, por razones que quedan claras después de leer el relato, nunca olvidará el cumpleaños mencionado al principio del cuento, coincidente, además, con el lanzamiento espacial de Sputnik 1, primer satélite artificial terrestre, el 4 de octubre de 1957.

1. Mire la foto de la arpillera que ilustra este relato y describa el tema y los problemas allí reflejados. Comente.

2. Lea el primer párrafo del cuento y conteste las siguientes preguntas.
   a. ¿Quién es el narrador?
   b. ¿Dónde tiene lugar el relato?
   c. ¿Qué está haciendo allí el narrador? ¿Y su padre?
   d. ¿Cómo se da uno cuenta de que ambos están nerviosos y/o preocupados? Explique.
   e. ¿Qué acontecimientos de la realidad mundial y de la vida personal y familiar del narrador se revelan en este párrafo? Comente.

3. ¿Le gusta a usted andar en bicicleta? ¿Dónde y cuándo? En general, ¿qué piensa del ciclismo como deporte? ¿Cree que es bueno para la salud? ¿Por qué sí o por qué no?

El ciclista del San Cristóbal[a]

«*...y abatíme tanto, tanto, / que fui tan alto, tan alto, / que le di a la caza alcance...*»

San Juan de la Cruz[b]

Además era el día de mi cumpleaños. Desde el balcón de la Alameda[c] vi cruzar parsimoniosamente[1] el cielo ese Sputnik ruso[d] del que hablaron tanto los periódicos y no tomé ni así tanto[2] porque al día siguiente era la primera prueba de ascensión[3] de la temporada[4] y mi madre estaba en-
5 ferma en una pieza[5] que no sería más grande que un closet. No me que-daba más que pedalear en el vacío[6] con la nuca[7] contra las baldosas[8] para que la carne se me endureciera firmeza[9] y pudiera patear[10] mañana los pedales con ese estilo mío al que le dedicaron un artículo en «Estadio». Mientras mamá levitaba por la fiebre, comencé a pasearme por los pasi-
10 llos[11] consumiendo de a migaja[12] los queques[13] que me había regalado la tía Margarita, apartando acuciosamente[14] los trozos de fruta confitada[15] con la punta de la lengua y escupiéndolos[16] por un costado[17] que era una inmundicia.[18] Mi viejo[19] salía cada cierto tiempo a probar el ponche,[20] pero se demoraba cada vez cinco minutos en revolverlo,[21] y suspiraba, y
15 después le metía picotones[22] con los dedos a las presas de duraznos[23] que flotaban como náufragos[24] en la mezcla de blanco barato, y pisco,[25] y orange, y panimávida.

Los dos necesitábamos cosas que apuraran[26] la noche y trajeran ur-gente la mañana. Yo me propuse suspender la gimnasia y lustrarme[27] los
20 zapatos; el viejo le daba vueltas al guía con la probable idea de llamar una ambulancia, y el cielo estaba despejado,[28] y la noche muy cálida, y mamá decía entre sueños «estoy incendiándome», no tan débil como para que no la oyéramos por entre la puerta abierta.

Pero esa era una noche tiesa de mechas.[29] No aflojaba[30] un ápice[31] la
25 crestona.[32] Pasar la vista por cada estrella era lo mismo que contar cactus en un desierto, que morderse hasta sangrar las cutículas,[33] que leer una novela de Dostoievski. Entonces papá entraba a la pieza y le repetía a la oreja de mi madre los mismos argumentos inverosímiles,[34] que la inyec-

1 tranquilamente, lenta-mente
2 **no...** *I didn't drink a drop*
3 **prueba...** *tryout (in sports)*
4 *season*
5 *habitación, cuarto*
6 **pedalear...** *pedal in the air (lying down)*
7 *nape (of the neck)*
8 *floor tiles*
9 **carne...** *so that my body (muscles) would get hard and firm*
10 *to kick*
11 *halls*
12 **de...** *crumb by crumb*
13 *cakes*
14 *meticulosamente*
15 *candied*
16 *spitting them*
17 *lado*
18 *filth*
19 *term of endearment for "Dad"*
20 **a...** *to taste the punch*
21 *stirring it*
22 **metía...** *he was putting bruises (on fruit)*
23 **presas...** *pieces of peaches*
24 *shipwrecked people*
25 *grape brandy*
26 *would hurry up*
27 *shine*
28 *claro, sin nubes*
29 **tiesa...** *at a standstill*
30 *loosen, relax*
31 **un...** *a bit*
32 *crest (of the night sky)*
33 **morderse...** *biting one's cuticles until they bleed*
34 *implausible*

---

[a]Aquí se alude al cerro de San Cristóbal, situado en el centro de Santiago, muy cerca de la Alameda. Tiene 1.200 pies de altura y es un lugar muy frecuentado por turistas y enamorados. Desde su cumbre se tiene una vista maravillosa de Santiago de Chile.

[b]Versos de San Juan de la Cruz, místico carmelita español (1542–1591) y una de las figuras máxi-mas de la lírica castellana. Amigo de Santa Teresa de Jesús, se unió a ella en sus esfuerzos por reformar la Orden del Carmelo, lo que le ganó enemigos y también lo llevó a la cárcel. Autor del famoso *Cántico espiritual* y de *Noche oscura*, es célebre su compleja elaboración del símbolo de la noche oscura del alma que describe el camino de ésta para llegar a la unión con Dios.

[c]La Alameda o Avenida Bernardo O'Higgins es la calle principal del centro de Santiago.

[d]Aquí se alude al 4 de octubre de 1957, fecha de la inauguración de la «era espacial» con el lan-zamiento del primer satélite terrestre, Sputnik 1, por la ex Unión Soviética.

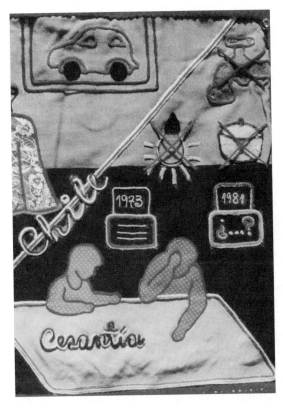

Desempleo *(1981), "arpillera" (bordado y aplicaciones sobre tela) de la chilena Estela Hidalgo, foto incluida en el libro* Compañeras: Women, Art, and Social Change in Latin America *(1985) de Betty LaDuke.*

ción le bajaría la fiebre, que ya amanecía, que el doctor iba a pasar bien temprano de mañana antes de irse de pesca a Cartagena.

Por último le argumentamos trampas[35] a la oscuridad. Nos valimos de una cosa lechosa[36] que tiene el cielo cuando está trasnochado[37] y quisimos confundirla con la madrugada[38] (si me apuraban un poco hubiera podido distinguir en pleno centro algún gallo cacareando[39]).

Podría ser cualquier hora entre las tres y las cuatro cuando entré a la cocina a preparar el desayuno. Como si estuvieran concertados, el pitido de la tetera[40] y los gritos de mi madre se fueron intensificando. Papá apareció en el marco de la puerta.

—No me atrevo a entrar —dijo.

Estaba gordo y pálido y la camisa le chorreaba[41] simplemente. Alcanzamos a oír a mamá diciendo: que venga el médico.

—Dijo que pasaría a primera hora en la mañana —repitió por quinta vez mi viejo.

Yo me había quedado fascinado con los brincos[42] que iba dando la tapa[43] sobre las patadas del vapor.[44]

35 **le...** *tried to trick*
36 *milky*
37 *stale, gaunt, drawn*
38 *dawn, daybreak*
39 *crowing*
40 **pitido...** *whistling of the teapot*
41 *was dripping (with sweat)*
42 *hops*
43 *lid (of the teapot)*
44 **patadas...** *bursts of steam*

—Va a morirse —dije.

Papá comenzó a palparse los bolsillos[45] de todo el cuerpo. Señal que quería fumar. Ahora le costaría una barbaridad hallar los cigarrillos y luego pasaría lo mismo con los fósforos[46] y entonces yo tendría que encendérselo en el gas.

—¿Tú crees?

Abrí las cejas[47] así tanto, y suspiré.

—Pásame que te encienda el cigarrillo.

Al aproximarse a la llama, noté confundido que el fuego no me dañaba la nariz como todas las otras veces. Extendí el cigarro a mi padre, sin dar vuelta la cabeza, y conscientemente puse el meñique[48] sobre el pequeño manojo[49] de fuego. Era lo mismo que nada. Pensé: se me murió este dedo o algo, pero uno no podía pensar en la muerte de un dedo sin reírse un poco, de modo que extendí toda la palma y esta vez toqué con las yemas[50] las cañerías[51] del gas, cada uno de sus orificios, revolviendo las raíces mismas de las llamas. Papá se paseaba entre los extremos del pasillo cuidando de echarse toda la ceniza[52] sobre la solapa,[53] de llenarse los bigotes de mota[54] de tabaco. Aproveché para llevar la cosa un poco más adelante, y puse a tostar mis muñecas, y luego los codos, y después otra vez todos los dedos. Apagué el gas, le eché un poco de escupito[55] a las manos, que las sentía secas, y llevé hasta el comedor la cesta[56] con pan viejo, la mermelada en tarro,[57] un paquete flamante[58] de mantequilla.

Cuando papá se sentó a la mesa, yo debía haberme puesto a llorar. Con el cuello torcido[59] hundió la vista en el café amargo como si allí estuviera concentrada la resignación del planeta, y entonces dijo algo, pero no alcancé a oírlo, porque más bien parecía sostener un incrédulo diálogo con algo íntimo, un riñón[60] por ejemplo, o un fémur. Después se metió la mano por la camisa abierta y se mesó[61] el ensamble de los pelos que le enredaban[62] el pecho. En la mesa había una cesta de ciruelas, damascos[63] y duraznos un poco machucados.[64] Durante un momento las frutas permanecieron vírgenes y acunadas,[65] y yo me puse a mirar a la pared como si me estuvieran pasando una película o algo. Por último agarré[66] un prisco[67] y me lo froté[68] sobre la solapa hasta sacarle un brillo harto pasable. El viejo nada más que por contagio[69] levantó una ciruela.

—La vieja va a morirse —dijo.

Me sobé[70] fuertemente el cuello. Ahora estaba dándole vueltas al hecho de que no me hubiera quemado. Con la lengua lamí[71] los conchos[72] al cuesco[73] y con las manos comencé a apretar[74] las migas[75] sobre la mesa, y las fui arrejuntando[76] en montoncitos, y luego las disparaba con el índice entre la taza y la panera.[77] En el mismo instante que tiraba el cuesco contra un pómulo,[78] y me imaginaba que tenía manso cocho en la muela[79] poniendo cara de circunstancia, creí descubrir el sentido de por qué me había puesto incombustible, si puede decirse. La cosa no era muy clara, pero tenía la misma evidencia que hace pronosticar una lluvia cuando el queltehue[80] se viene soplando fuerte: si mamá iba a morirse, yo también tendría que emigrar del planeta. Lo del fuego era como una sinopsis de una película de miedo, o a lo mejor era puro bla-bla[81] mío, y lo único que pasaba era que las idas al biógrafo me habían enviciado.[82]

45 **palparse...** to pat his pockets
46 matches
47 **Abrí...** I raised my eyebrows
48 little finger
49 bundle, handful
50 fingertips
51 pipes
52 ashes
53 lapel
54 speck, spot
55 spit
56 basket
57 jar
58 brand-new
59 bent
60 kidney
61 he pulled
62 were entangled
63 **ciruelas...** plums, damson plums
64 bruised
65 untouched
66 I grabbed
67 a type of peach
68 I rubbed
69 imitación involuntaria
70 I stroked
71 I licked
72 last bits
73 pit (of the fruit)
74 to press
75 crumbs
76 gathering
77 breadbasket
78 cheekbone
79 **manso...** a slight ache in my molar tooth
80 nombre de un pájaro y un viento en Chile
81 nonsense
82 **me...** had gotten me addicted

Miré a papá, y cuando iba a contárselo, apretó delante de los ojos sus
mofletudas[83] palmas hasta hacer el espacio entre ellas impenetrable.

—Vivirá —dije—. Uno se asusta con la fiebre.

—Es como la defensa del cuerpo.

Carraspeé.[84]

—Si gano la carrera tendremos plata. La podríamos meter en una
clínica pasable.

—Si acaso no se muere.

Escupí sobre el hombro el cuesco lijadito[85] de tanto meneallo.[86] El
viejo se alentó a pegarle un mordiscón[87] a un durazno harto potable. Oí-
mos a mamá quejarse en la pieza, esta vez sin palabras. De tres tragadas[88]
acabé con el café, casi reconfortado que me hiriera el paladar.[89] Me eché
una marraqueta[90] al bolsillo, y al levantarme, el pelotón[91] de migas fue a
refrescarse en una especie de pocilla de vino[92] sólo en apariencia fresca,
porque desde que mamá estaba en cama las manchas[93] en el mantelito[94]
duraban de a mes,[95] pidiendo por lo bajo.[96]

Adopté un tono casual para despedirme, medio agringado[97] di-
jéramos.

—Me voy.

Por toda respuesta, papá torció[98] el cuello y aquilató[99] la noche.

—¿A qué hora es la carrera? —preguntó, sorbiendo[100] un poco del
café.

Me sentí un cerdo, y no precisamente de esos giles[101] simpáticos que
salen en las historietas.

—A las nueve. Voy a hacer un poco de precalentamiento.[102]

Saqué del bolsillo las horquetas[103] para sujetarme las bastillas,[104] y
agarré de un tirón[105] la bolsa con el equipo. Simultáneamente estaba
tarareando[106] un disco de los Beatles, uno de esos psicodélicos.

—Tal vez te convendría dormir un poco —sugirió papá—. Hace ya
dos noches que...

—Me siento bien —dije, avanzando hacia la puerta.

—Bueno, entonces.

—Que no se te enfríe el café.

Cerré la puerta tan dulcemente como si me fuera de besos con una
chica, y luego le aflojé el candado[107] a la bicicleta desprendiéndola[108] de
las barras de la baranda.[109] Me la instalé bajo el sobaco,[110] y sin esperar el
ascensor corrí los cuatro pisos hasta la calle. Allí me quedé un minuto
acariciando las llantas[111] sin saber para dónde emprenderla,[112] mientras
que ahora sí soplaba un aire madrugado, un poco frío, lento.

La monté, y de un solo envión[113] de los pedales resbalé[114] por la
cuneta[115] y me fui bordeando la Alameda hasta la Plaza Bulnes, y le ajusté
la redondela[116] a la fuente de la plaza, y enseguida torcí a la izquierda
hasta la boite[117] del Negro Tobar y me ahuaché[118] bajo el toldo[119] a oír la
música que salía del subterráneo. Lo que fregaba la cachimba[120] era no
poder fumar, no romper la imagen del atleta perfecto que nuestro entrenador[121] nos había metido al fondo de la cabeza. A la hora que llegaba
entabacado,[122] me olía la lengua y pa'fuera[123] se ha dicho. Pero además de
todo, yo era como un extranjero en la madrugada santiaguina.[124] Tal vez

83 *chubby*
84 *I spoke with a hoarse voice.*
85 *very smoothed (as with sandpaper)*
86 *movimiento*
87 **a...** *to take a huge bite*
88 *gulps, swallows*
89 **casi...** *almost comforted that it burned my palate*
90 *(a piece of) bran bread*
91 *lump, big ball*
92 **pocilla...** *wineglass*
93 *stains*
94 *small table cloth*
95 **de...** *for a month at a time*
96 **por...** *silently (to be washed)*
97 **medio...** *half-sounding like a gringo*
98 *bent, turned*
99 *appraised*
100 *sipping*
101 *types, kinds*
102 *warm-up*
103 *straps (to keep the hems of pantlegs in place)*
104 *hems (of pantlegs)*
105 **agarré...** *I yanked tight*
106 *humming*
107 *padlock*
108 *separándola*
109 *railing*
110 *armpit*
111 **acariciando...** *stroking the tires*
112 *to set out on it*
113 *push*
114 *I slid*
115 *curb, ditch*
116 *circle*
117 *night club, discotheque*
118 *protegí*
119 *awning*
120 **Lo...** *What was really annoying to me*
121 *trainer*
122 *smelling of tobacco*
123 **pa'...** *para afuera*
124 *de Santiago*

fuera el único muchacho de Santiago que tenía a su madre muriéndose, el único y absoluto gil en la galaxia que no había sabido agenciarse[125] una chica para amenizar[126] las noches sabatinas[127] sin fiestas, el único y defini-
145 tivo animal que lloraba cuando le contaban historietas tristes. Y de pronto ubiqué[128] el tema del cuarteto, y precisamente la trompeta de Lucho Aránguiz fraseando eso de «No puedo darte más que amor, nena,[129] eso es todo lo que te puedo dar», y pasaron dos parejas silenciosas frente al toldo, como cenizas que el malón[130] del colegio había derramado por
150 las aceras,[131] y había algo lúgubre[132] e inolvidable en el susurro del grifo esquinero,[133] y parecía surgido del mar plateado encima de la pileta[134] el carricoche del lechero,[135] lento a pesar del brío[136] de sus caballos, y el viento se venía llevando envoltorios[137] de cigarrillos, de chupetes hela-dos,[138] y el baterista[139] arrastraba[140] el tema como un largo cordel[141] que
155 no tiene amarrado[142] nada en la punta —shá-shá-dá-dá— y salió del sub-terráneo un joven ebrio a secarse las narices traspirado, los ojos patinán-dole, rojos de humo, el nudo de la corbata dislocado, el pelo agolpado sobre las sienes,[143] y la orquesta le metió al tango, sophisticated, siem-pre el mismo, siempre uno busca lleno de esperanzas, y los edificios de
160 la Avenida Bulnes en cualquier momento podían caerse muertos, y después el viento soplaría aún más descoyuntador,[144] haría veletas[145] de navío, barcazas[146] y mástiles[147] de los andamiajes,[148] haría barriles de alco-hol de los calefactores modernos, transformaría en gaviotas[149] las puertas, en espuma los parquets,[150] en peces las radios y las planchas, los lechos[151] de
165 los amantes se incendiarían, los trajes de gala, los calzoncillos, los brazaletes serían cangrejos,[152] y serían moluscos, y serían arenilla,[153] y a cada rostro el huracán le daría lo suyo, la máscara al anciano, la carcajada rota[154] al liceano, a la joven virgen el polen más dulce, todos derribados por las nubes, todos estrellados contra los planetas, ahuecándose[155] en la muerte,
170 y yo entre ellos pedaleando el huracán con mi bicicleta diciendo no te mueras mamá, yo cantando Lucy en el cielo y con diamantes, y los policías inútiles con sus fustas[156] azotando potros[157] imaginarios, a horcajadas[158] so-bre el viento, azotados por parques altos como volantines,[159] por estatuas, y yo recitando los últimos versos aprendidos en clase de castellano, casi a
175 desgano,[160] dibujándole algo pornográfico al cuaderno de Aguilera, hurtándole el cocaví[161] a Kojman, clavándole un lápiz en el trasero[162] al Flaco Leiva, yo recitando, y el joven se apretaba[163] el cinturón con la misma parsimonia con que un sediento[164] de ternura[165] abandona un lecho amante, y de pronto cantaba frívolo, distraído de la letra, como si cada can-
180 ción fuera apenas un chubasco[166] antes del sereno, y después bajaba tam-baleando[167] la escalera, y Luchito Aránguiz agarraba un solo de «uno» en trompeta y comenzaba a apurarlo, y todo se hacía jazz, y cuando quise bus-car un poco del aire de la madrugada que me enfriase el paladar, la gar-ganta, la fiebre que se me rompía entre el vientre[168] y el hígado,[169] la cabeza
185 se me fue contra la muralla, violenta, ruidosa, y me aturdí,[170] y escarbé en los pantalones, y extraje la cajetilla, y fumé con ganas, con codicia,[171] mien-tras me iba resbalando sobre la pared hasta poner mi cuerpo contra las bal-dosas, y entonces crucé las palmas y me puse a dormir dedicadamente.

125 conseguirse
126 *to liven up*
127 *de los sábados*
128 situé, localicé
129 niña, muchacha
130 *surprise attack*
131 *sidewalks*
132 *gloomy, dismal*
133 **grifo...** *corner faucet*
134 piscina; tanque de agua
135 **carricoche...** *milkman's cart*
136 energía, vigor
137 *wrappers*
138 **chupetes...** *popsicles*
139 *drummer*
140 *dragged*
141 *rope*
142 *tied*
143 **agolpado...** *plastered to his temples*
144 *annoying*
145 *weather vanes*
146 *barges*
147 *masts*
148 *scaffoldings*
149 *seagulls*
150 *parquet (hardwood) floors*
151 camas
152 *crabs*
153 *gravel*
154 **carcajada...** *broken bursts of laughter*
155 *hollowing*
156 *riding whips*
157 *colts*
158 **a...** *astraddle, astride*
159 *kites*
160 **a...** *reluctantly*
161 *provisions (for a trip)*
162 *behind, buttocks*
163 **se...** *tightened*
164 *thirsty*
165 *tenderness*
166 *heavy shower*
167 *staggering*
168 *belly, stomach*
169 *liver*
170 **me...** *I got dizzy*
171 **con...** *greedily*

Me despertaron los tambores, guaripolas y clarines de algún glorioso[172] que daba vueltas a la noria[173] de Santiago rumbo a ninguna guerra,[174] aunque engalanados como para una fiesta. Me bastó montarme y acelerar la bici[175] un par de cuadras, para asistir a la resurrección de los barquilleros, de las ancianas miseras, de los vendedores de maní,[176] de los adolescentes lampiños[177] con camisas y botas de moda. Si el reloj de San Francisco no mentía esta vez, me quedaban justo siete minutos para llegar al punto de largada[178] en el borde del San Cristóbal. Aunque a mi cuerpo se lo comían los calambres,[179] no había perdido la precisión de la puntada sobre la goma de los pedales. Por lo demás había un sol de este volado y las aceras se veían casi despobladas.[180]

Cuando crucé el Pío Nono, la cosa comenzó a animarse.[181] Noté que los competidores que bordeaban el cerro calentando el cuerpo, me piropeaban unas miradas de reojo.[182] Distinguí a López del Audax limpiándose las narices, a Ferruto del Green trabajando con un bombín[183] la llanta, y a los cabros[184] de mi equipo oyendo las instrucciones de nuestro entrenador.

Cuando me uní al grupo, me miraron con reproche pero no soltaron la pepa.[185] Yo aproveché la coyuntura[186] para botarme a divo.[187]

—¿Tengo tiempo para llamar por teléfono? —dije.

El entrenador señaló el camarín.[188]

—Vaya a vestirse.

Le pasé la máquina al utilero.[189]

—Es urgente —expliqué—. Tengo que llamar a la casa.

—¿Para qué?

Pero antes de que pudiera explicárselo, me imaginé en la fuente de soda del frente entre niños candidatos al zoológico y borrachitos[190] pálidos marcando el número de casa para preguntarle a mi padre... ¿qué? ¿Murió la vieja? ¿Pasó el doctor por la casa? ¿Cómo sigue mamá?

—No tiene importancia —respondí—. Voy a vestirme.

Me zambullí[191] en la carpa,[192] y fui empilluchándome[193] con determinación. Cuando estuve desnudo procedí a arañarme[194] los muslos y luego las pantorrillas[195] y los talones[196] hasta que sentí el cuerpo respondiéndome. Comprimí minuciosamente el vientre con la banda elástica, y luego cubrí con las medias de lanilla todas las huellas granates[197] de mis uñas. Mientras me ajustaba los pantaloncillos y apretaba con su elástico la camiseta, supe que iba a ganar la carrera. Trasnochado, con la garganta partida y la lengua amarga, con las piernas tiesas como de mula, iba a ganar la carrera. Iba a ganarla contra el entrenador, contra López, contra Ferruto, contra mis propios compañeros de equipo, contra mi padre, contra mis compañeros de colegio y mis profesores, contra mis mismos huesos,[198] mi cabeza, mi vientre, mi disolución,[199] contra mi muerte y la de mi madre, contra el presidente de la república, contra Rusia y Estados Unidos, contra las abejas,[200] los peces, los pájaros, el polen de las flores, iba a ganarla contra la galaxia.

Agarré una venda[201] elástica y fui prensándome con doble vuelta[202] el empeine,[203] la planta[204] y el tobillo[205] de cada pie. Cuando los tuve

172 **algún...** *some showoff*
173 *ferris wheel*
174 **rumbo...** *not bound for any battle*
175 bicicleta
176 *peanut*
177 sin barba
178 **de...** *starting*
179 **se...** *was racked by cramps*
180 *deserted*
181 *to pick up*
182 **me...** *were giving me flattering looks out of the corner of their eyes*
183 *bicycle pump*
184 muchachos
185 **no...** *they didn't say anything*
186 situación, oportunidad
187 **para...** *to throw myself to fame*
188 *dressing room*
189 *bike mechanic*
190 *drunkards*
191 *I ducked*
192 *tent*
193 **fui...** *me empecé a sacar la ropa*
194 *to scratch*
195 *calves*
196 *heels*
197 **huellas...** *garnet-colored marks*
198 *bones*
199 desintegración
200 *bees*
201 *bandage*
202 **fui...** *I wrapped twice*
203 *instep (of a foot)*
204 *sole*
205 *ankle*

amarrados como un solo puñetazo, sólo los diez dedos se me asomaban carnosos, agresivos, flexibles.

Salí de la carpa. «Soy un animal», pensé cuando el juez levantó la pistola, «voy a ganar esta carrera porque tengo garras[206] y pezuñas[207] en cada pata». Oí el pistoletazo y de dos arremetidas filudas,[208] cortantes sobre los pedales, cogí la primera cuesta[209] puntero. En cuanto aflojó el declive,[210] dejé no más que el sol se me fuera licuando lentamente en la nuca. No tuve necesidad de mirar muy atrás para descubrir a Pizarnick del Ferroviario, pegado[211] a mi trasera.[212] Sentí piedad por el muchacho, por su equipo, por su entrenador que le habría dicho «si toma la delantera, pégate a él hasta donde aguantes, calmadito, con seso,[213] ¿entiendes?», porque si yo quería era capaz ahí mismo de imponer un tren que tendría al muchacho vomitando en menos de cinco minutos, con los pulmones revueltos,[214] fracasado, incrédulo. En la primera curva desapareció el sol, y alcé la cabeza hasta la virgen del cerro, y se veía dulcemente ajena, incorruptible. Decidí ser inteligente, y disminuyendo bruscamente el ritmo del pedaleo, dejé que Pizarnick tomara la delantera. Pero el chico estaba corriendo con la biblia en el sillín:[215] aflojó hasta ponérseme a la par, y pasó fuerte a la cabeza un muchacho rubio del Stade Français. Ladeé[216] el cuello hacia la izquierda y le sonreí a Pizarnick. «¿Quién es?», le dije. El muchacho no me devolvió la mirada. «¿Qué?», jadeó.[217] «¿Quién es?», repetí. «El que pasó adelante». Parecía no haberse percatado[218] que íbamos quedando unos metros atrás. «No lo conozco», dijo. «¿Viste qué máquina era?» «Una Legnano», repuse. «¿En qué piensas?» Pero esta vez no conseguí respuesta. Comprendí que había estado todo el tiempo pensando si ahora que yo había perdido la punta,[219] debía pegarse al nuevo líder. Si siquiera me hubiese preguntado, yo le habría prevenido; lástima que su biblia transmitía con solo una antena. Una cuesta más pronunciada, y buenas noches los pastores. Pateó y pateó hasta arrimársele al rucio,[220] y casi con desesperación miró para atrás tanteando[221] la distancia. Yo busqué por los costados a algún otro competidor para meterle conversa, pero estaba solo a unos veinte metros de los cabecillas, y al resto de los rivales recién se les asomaban las narices en la curvatura. Me amarré con los dedos el repiqueteo[222] del corazón, y con una sola mano ubicada en el centro fui maniobrando la manigueta.[223] ¡Cómo podía estar tan solo, de pronto! ¿Dónde estaban el rucio y Pizarnick? ¿Y González, y los cabros del club, y los del Audax Italiano? ¿Por qué comenzaba ahora a faltarme el aire, por qué el espacio se arrumaba[224] sobre los techos de Santiago, aplastante?[225] ¿Por qué el sudor hería las pestañas[226] y se encerraba en los ojos para nublar todo? Ese corazón mío no estaba latiendo así de fuerte para meterle sangre a mis piernas, ni para arderme las orejas, ni para hacerme más duro el trasero en el sillín, y más coces[227] los enviones. Ese corazón mío me estaba traicionando, le hacía el asco a la empinada,[228] me estaba botando sangre por las narices, instalándome vapores en los ojos, me iba revolviendo las arterias, me rotaba[229] en el diafragma, me dejaba perfectamente entregado a un ancla, a mi cuerpo hecho una soga,[230] a mi falta de gracia, a mi sucumbimiento.

206 *claws*
207 *hooves*
208 **de...** *with two very sharp strokes*
209 *slope (uphill)*
210 *incline, slope (downhill)*
211 *glued*
212 *tail, back*
213 *inteligencia, prudencia*
214 **los...** *his lungs in an uproar*
215 **con...** *with God on his side (lit.: with the Bible on his saddle)*
216 *I leaned, I bent*
217 *he gasped*
218 *dado cuenta*
219 *first place*
220 **arrimársele...** *get up to the rider in gray*
221 *calculando*
222 *beating*
223 **fui...** *I started maneuvering the handlebar*
224 **se...** *piled up*
225 *overwhelming, crushing*
226 *eyelashes*
227 *kicks, recoils*
228 **le...** *it hated going uphill*
229 *daba vueltas*
230 *rope*

—¡Pizarnick! —grité— ¡Para, carajo, que me estoy muriendo!

Pero mis palabras ondulaban entre sien y sien, entre los dientes de
285 arriba y los de abajo, entre la saliva y las carótidas.[231] Mis palabras eran un
perfecto círculo de carne: yo jamás había dicho nada. Nunca había con-
versado con nadie sobre la tierra. Había estado todo el tiempo repitiendo
una imagen en las vitrinas, en los espejos, en las charcas invernales,[232] en
los ojos espesos de pintura negra[233] de las muchachas. Y tal vez ahora
290 —pedal con pedal, pisa y pisa, revienta[234] y revienta— le viniera entrando
el mismo silencio a mamá —y yo iba subiendo y subiendo y bajando y bajando— la misma muerte azul de la asfixia —pega y pega, rota y rota— la
muerte de narices sucias y sonidos líquidos en la garganta —y yo torbellino[235] serpenteo turbina engranaje[236] corcoveo[237]— la muerte blanca
295 y definitiva —¡a mí nadie me revolcaba, madre!— y el jadeo de cuántos
tres cuatro cinco diez ciclistas que me irían pasando, o era yo que alcanzaba a los punteros, y por un instante tuve los ojos entreabiertos sobre el
abismo y debí apretar así duramente fuertemente las pestañas para que
todo Santiago no se lanzase a flotar y me ahogara llevándome alto y luego
300 me precipitara, astillándome[238] la cabeza contra una calle empedrada,[239]
sobre basureros[240] llenos de gatos, sobre esquinas canallas.[241] Envene-
nado, con la mano libre hundida en la boca, mordiéndome luego las
muñecas, tuve el último momento de claridad: una certeza sin juicio, in-
traducible, cautivadora, lentamente dichosa, de que sí, que muy bien, que
305 perfectamente hermano, que este final era mío, que mi aniquilación[242]
era mía, que bastaba que yo pedaleara más fuerte y ganara esa carrera
para que se la jugara a mi muerte, que hasta yo mismo podía administrar
lo poco que me quedaba de cuerpo, esos dedos palpitantes de mis pies,
afiebrados,[243] finales, dedos ángeles pezuñas tentáculos,[244] dedos garras
310 bisturíes,[245] dedos apocalípticos, dedos definitivos, deditos de mierda, y
tirar el timón[246] a cualquier lado, este u oeste, norte o sur, cara y sello, o
nada, o tal vez permanecer siempre nortesudesteoestecarasello, movién-
dome inmóvil, contundente.[247] Entonces me llené la cara con esta mano y
me abofeteé[248] el sudor y me volé la cobardía; ríete imbécil me dije, ríete
315 poco hombre, carcajéate porque estás solo en la punta, porque nadie
mete finito como tú la pata para la curva del descenso.

Y de un último encumbramiento[249] que me venía desde las plantas
llenando de sangre linda, bulliciosa,[250] caliente, los muslos y las caderas[251]
y el pecho y la nuca y la frente, de un coronamiento, de una agresión de
320 mi cuerpo a Dios, de un curso irresistible, sentí que la cuesta aflojaba un
segundo y abrí los ojos y se los aguanté al sol, y entonces sí las llantas
se despidieron humosas y chirriantes,[252] las cadenas[253] cantaron, el
manubrio[254] se fue volando como una cabeza de pájaro, agudo contra el
cielo, y los rayos de la rueda hacían al sol mil pedazos y los tiraban por to-
325 das partes, y entonces oí, ¡oí Dios mío!, a la gente avivándome sobre
camionetas, a los muchachitos que chillaban al borde de la curva del descenso, al altoparlante[255] dando las ubicaciones de los cinco primeros
puestos; y mientras venía la caída libre, salvaje sobre el nuevo asfalto, uno
de los organizadores me baldeó de pe a pa[256] riéndose, y veinte metros

231	*carotid arteries*
232	**charcas...** *wintry ponds*
233	**espesos...** *heavy with black makeup*
234	*work to death*
235	*whirlwind*
236	*gear*
237	*hunchbacked*
238	*smashing*
239	*cobbled*
240	*garbage cans*
241	*mean*
242	destrucción
243	*feverish*
244	*tentacled*
245	*scapels*
246	*steering wheel*
247	*conclusive*
248	I slapped
249	exaltación
250	*noisy, rowdy*
251	*hips*
252	*creaking*
253	*chains*
254	*handle, steering wheel*
255	*loudspeaker*
256	**me...** *got me all wet (with buckets of water)*

adelante, chorreando, riendo, fácil, alguien me miró, una chica colorina,[257] y dijo «mojado como un joven pollo», y ya era hora de dejarme de pamplinas,[258] la pista se resbalaba, y era otra vez tiempo de ser inteligente, de usar el freno,[259] de ir bailando la curva como un tango o un vals a toda orquesta.

Ahora el viento que yo iba inventando (el espacio estaba sereno y transparente) me removía la tierra de las pupilas, y casi me desnuco[260] cuando torcí el cogote[261] para ver quién era el segundo. El Rucio, por supuesto. Pero a menos que tuviera pacto con el diablo podría superarme en el descenso, y nada más que por un motivo bien simple que aparece técnicamente explicado en las revistas de deportes y que puede resumirse así: yo nunca utilizaba el freno de mano, me limitaba a plantificar el zapato en las llantas cuando se esquinaban las curvas. Vuelta a vuelta, era la única fiera compacta de la ciudad con mi bicicleta. Los fierros,[262] las latas, el cuero, el sillín, los ojos, el foco, el manubrio, eran un mismo argumento con mi lomo,[263] mi vientre, mi rígido montón de huesos.

Atravesé la meta y me descolgué de la bici sobre la marcha. Aguanté los palmoteos en el hombro, los abrazos del entrenador, las fotos de los cabros de «Estadio» y liquidé la Coca-Cola de una zampada.[264] Después tomé la máquina y me fui bordeando la cuneta rumbo al departamento.

Una vacilación tuve frente a la puerta, una última desconfianza, tal vez la sombra de una incertidumbre, el pensamiento de que todo hubiera sido una trampa, un truco, como si el destello[265] de la Vía Láctea, la multiplicación del sol en las calles, el silencio, fueran la sinopsis de una película que no se daría[266] jamás, ni en el centro, ni en los biógrafos de barrio ni en la imaginación de ningún hombre.

Apreté el timbre,[267] dos, tres veces, breve y dramático, Papá abrió la puerta, apenitas,[268] como si hubiera olvidado que vivía en una ciudad donde la gente va de casa en casa golpeando portones, apretando timbres, visitándose.

—¿Mamá? —pregunté.

El viejo amplió la abertura, sonriendo.

—Está bien —me pasó la mano por la espalda e indicó el dormitorio—. Entra a verla.

Carraspeé que era un escándalo y me di vuelta en la mitad del pasillo.

—¿Qué hace?

—Está almorzando —repuso papá.

Avancé hasta el lecho, sigiloso, fascinado por el modo elegante con que iba echando las cucharadas de sopa entre los labios. Su piel estaba lívida y las arrugas de la frente se le habían metido un centímetro más adentro, pero cuchareaba[269] con gracia, con ritmo, con... hambre.

Me senté en la punta del lecho, absorto.

—¿Cómo te fue? —preguntó, pellizcando una galleta de soda.[270] Esgrimí[271] una sonrisa de película.

—Bien, mamá. Bien.

El chal[272] rosado tenía un fideo[273] cabello de ángel sobre la solapa. Me adelanté a retirarlo. Mamá me suspendió la mano en el movimiento, y me besó dulcemente la muñeca.

257 *brightly colored*
258 **de...** *to stop this nonsense*
259 *brake*
260 **casi...** *I almost broke my neck*
261 *back of my neck*
262 *irons*
263 *back*
264 **de...** *in one gulp*
265 *sparkle*
266 *mostraría, presentaría*
267 *doorbell*
268 *barely*
269 *she was spooning (it) up*
270 **pellizcando...** *nibbling a soda cracker*
271 *I brandished*
272 *shawl*
273 *noodle*

—¿Cómo te sientes, vieja?

Me pasó ahora la mano por la nuca, y luego me ordenó las mechas so-
380 bre la frente.

—Bien, hijito. Hazle un favor a tu madre, ¿quieres?

La consulté con las cejas.[274]

—Vé a buscar un poco de sal. Esta sopa está desabrida.[275]

Me levanté, y antes de dirigirme al comedor, pasé por la cocina a ver a
385 mi padre.

—¿Hablaste con ella? ¿Está animada, cierto?

Lo quedé mirando mientras me rascaba con fruición el pómulo.

—¿Sabes lo que quiere, papá? ¿Sabes lo que mandó a buscar?

Mi viejo echó una bocanada de humo.

390 —Quiere sal, viejo. Quiere sal. Dice que está desabrida la sopa, y que
quiere sal.

Giré de un envión sobre los talones y me dirigí al aparador[276] en busca
del salero. Cuando me disponía a retirarlo, vi la ponchera[277] destapada en
el centro de la mesa. Sin usar el cucharón, metí hasta el fondo un vaso, y
395 chorreándome sin lástima, me instalé el líquido en el fondo de la barriga.[278] Sólo cuando vino la resaca,[279] me percaté que estaba un poco pica-
dito.[280] Culpa del viejo de mierda que no aprende nunca a ponerle la tapa
de la cacerola[281] al ponche. Me serví otro trago, qué iba a hacerle.[282]

274 **La...** *I looked at her ques-
tioningly.*
275 *bland, tasteless*
276 *sideboard*
277 *punch bowl*
278 *belly, stomach*
279 *hangover*
280 **un...** *a little drunk*
281 *saucepan*
282 **qué...** *what else could I
do*

✦ Comprensión y expansión

A. Conteste las siguientes preguntas según el cuento.

1. ¿Cuándo tiene lugar esta narración?
2. ¿Qué vio el narrador en el cielo el día de su cumpleaños? ¿Por qué era
   ése un día importante en todo el mundo? Explique.
3. ¿Qué iba a pasar al día siguiente del cumpleaños del narrador? ¿Qué
   hacía él para prepararse?
4. ¿Quién estaba enferma en la casa? ¿Qué síntomas tenía ella?
5. ¿Cómo se sentían tanto el padre como el narrador? ¿Qué hacían ellos?
   Describa la escena.
6. ¿Durmió mucho esa noche el padre? ¿Y el narrador? ¿A qué hora entró éste a la cocina para preparar el desayuno?
7. ¿Adónde dijo el hijo que quería llevar a su madre si ganaba la carrera?
   Comente.
8. ¿Qué hizo el narrador después de tomar su café? Describa la escena.
9. ¿Por qué salió él de la casa tan temprano si la carrera no iba a empezar hasta las nueve? Explique.
10. ¿En qué pensaba el narrador mientras pedaleaba en dirección al San
    Cristóbal esa madrugada de la competición? ¿Qué hizo él antes de
    quedarse dormido? ¿Por qué?
11. ¿Qué hacían los otros ciclistas competidores cuando él llegó?
12. ¿Quiénes eran esos ciclistas rivales? Comente.
13. ¿Qué quiso hacer antes de vestirse para la carrera? ¿Lo hizo?
    Explique.

14. Según su opinión, ¿por qué el narrador se arañó los muslos y las pantorrillas y los talones? Comente.

15. ¿Cómo interpreta usted la certeza del narrador de que iba a ganar la carrera? Explique.

16. ¿Cómo describiría usted el estado físico y mental del narrador antes de y durante la carrera? Comente.

17. ¿Adónde fue él inmediatamente después de ganar la carrera?

18. ¿Por qué vaciló un poco antes de tocar el timbre? ¿De qué tendría miedo él?

19. ¿Cómo estaba su madre cuando él llegó al departamento? ¿Qué hacía ella?

20. ¿Qué hizo el narrador al final? Según usted, ¿por qué tomó más ponche después de darse cuenta de que ya estaba un poco borracho? ¿Era realmente culpa de su padre como lo explica él? Comente.

B. Escoja de la lista que sigue dos conceptos asociados con cada uno de los elementos de la columna izquierda y escríbalos en los espacios apropiados de las columnas correspondientes.

mesa	mucha fiebre	arrugas en la frente
queques	palmas mofletudas	bigotes con tabaco
ponche	pedales	Lucho Aránguiz
estrellas	Sputnik ruso	San Cristóbal
tetera	cesta de frutas	el Rucio
café	Pizarnick	los Beatles
manubrio	la Alameda	

1. la madre   _____   _____

2. el padre   _____   _____

3. los músicos   _____   _____

4. los ciclistas   _____   _____

5. los lugares   _____   _____

6. el cumpleaños   _____   _____

7. la mesa   _____   _____

8. la cocina   _____   _____

9. el cielo   _____   _____

10. la bicicleta   _____   _____

C. Indique si los comentarios que siguen reflejan correctamente o no el contenido del cuento. Escriba **V** (verdadero) o **F** (falso) en los espacios correspondientes. Si lo que lee es falso, corríjalo.

_____ 1. Los periódicos de Santiago habían hablado mucho del cumpleaños del narrador.

_____ 2. El era un ciclista conocido; le habían dedicado un artículo en la revista *Estadio.*

_____ 3. Su padre le preparó un ponche sin alcohol para su cumpleaños porque él no debía tomar nada alcohólico antes de la carrera.

_____ 4. El padre del narrador temía que su esposa muriera pronto.

_____ 5. Parece que la familia del narrador tenía mucho dinero.

_____ 6. El narrador se quedó dormido en la cocina y se despertó siete minutos antes de que empezara la carrera.

_____ 7. El ganó porque había practicado mucho y estaba en muy buenas condiciones físicas.

_____ 8. Cuando el narrador regresó a su casa, su madre le pidió que le trajera un poco de pimienta para la sopa.

_____ 9. Al final, el narrador y sus padres celebraron el éxito de la carrera terminando todo el ponche de cumpleaños.

✦ Temas de discusión o análisis

1. Resuma con sus propias palabras el argumento del «El ciclista del San Cristóbal».

2. Identifique y comente el tema principal y los subtemas de este cuento.

3. Analice el papel de los versos de San Juan de la Cruz que sirven de epígrafe al relato.

4. Discuta la función del título y su relación con el resto de la narración.

5. Identifique las alusiones literarias, musicales y culturales incluidas en «El ciclista del San Cristóbal»; y luego analice su importancia y función en el texto.

6. Discuta el papel del narrador y su función temática y estructural dentro de la obra.

7. Describa el estilo, el tono y el lenguaje de este cuento de Skármeta; y luego comente su relación con el argumento y los temas del relato.

8. Analice **uno** de los siguientes temas y apoye sus comentarios con citas del texto.
   a. la relación familiar
   b. la relación padre-hijo o madre-hijo
   c. la enfermedad de la madre
   d. la necesidad temática del éxito de la carrera
   e. el papel o la importancia del cumpleaños del narrador

9. Describa y comente la personalidad del narrador. Apoye sus comentarios con citas del relato.

10. Compare y contraste **uno** de los siguientes temas en el cuento de Skármeta.
    a. la personalidad del padre con la del hijo
    b. el sufrimiento psicológico del padre y/o del hijo con el sufrimiento físico de la madre
    c. la coincidencia o yuxtaposición temporal de algunos sucesos significativos en la vida del narrador
    d. la noche anterior y la mañana posterior a la carrera

11. Discuta «El ciclista del San Cristóbal» como obra de crítica social.

12. Imagine que usted es el (la) periodista responsable de la sección deportiva de _Estadio_. Escriba un breve artículo para el próximo número de la revista comentando la competición ciclista y la participación del narrador descritas en este relato.

1. ¿Le gustan a usted las carreras de bicicletas, de motocicletas, de autos o de caballos? Según su opinión, ¿qué ventajas y/o desventajas tienen las carreras de bicicletas en comparación con las otras carreras mencionadas? Explique. ¿Ha participado usted o conoce a alguien que haya participado alguna vez en alguna competición ciclista? En general, ¿qué piensa del ciclismo profesional? Comente.

2. El cumpleaños del narrador de «El ciclista del San Cristóbal» coincide con el lanzamiento de Sputnik 1, hecho que lo hace inolvidable y único. En el caso de usted, ¿cuál es el cumpleaños o evento personal que recuerda de manera especial por alguna razón en particular? Descríbalo.

3. ¿Qué competencias deportivas le gustan mirar a usted? ¿Ha mirado los últimos Juegos Olímpicos de invierno y/o de verano? ¿algún partido de fútbol de la Copa Mundial? ¿el «Superbowl»? ¿Prefiere mirar dichas competencias solo(a) o con otra persona? ¿Por qué sí o por qué no?

4. Describa una experiencia deportiva que le haya fascinado y explique qué aspectos del juego o deporte le han impresionado más.

EDUARDO GALEANO

Nota biográfica

Eduardo Galeano (1940–), periodista, narrador y ensayista uruguayo, nació en Montevideo, donde desde muy joven se dedicó al periodismo, colaborando regularmente en la prensa de su país. Fue jefe de redacción del semanario *Marcha* a los veinte años y director del diario *Época* a los veinticuatro. En la década del sesenta hizo reportajes de carácter político como *China 1964. Crónica de un desafío* (1964) y *Guatemala, país ocupado* (1967). Pero fue la aparición de *Las venas abiertas de América Latina* en 1971 lo que le ganó la fama internacional de que goza desde entonces. Traducida a más de diez lenguas y una de las obras hispanoamericanas más conocidas, ésta traza la historia del empobrecimiento económico del continente latinoamericano desde sus raíces en la época colonial hasta el presente. En 1973 Galeano dejó su patria por razones políticas y se mudó a Buenos Aires. Ese mismo año fundó allí la revista *Crisis*, publicación que dirigió hasta 1976. En cuanto a sus obras narrativas, éstas datan de los años setenta y se nutren de la historia cotidiana, social y política de Uruguay y del resto de América Latina. Entre ellas hay que mencionar *Vagamundo* (1973), *La canción de nosotros* (1975, Premio Casa de las Américas) y *Días y noches de amor y de guerra* (1978, también Premio Casa de las Américas). Además de dichos relatos, Galeano es autor de varios libros de crónicas y reportajes donde funde lo vivido y lo leído, la realidad y el sueño, el rigor del periodista y la imaginación creativa del escritor. Tal vez el mejor ejemplo de fusión artística entre estos géneros sea el representado por la trilogía titulada *Memoria del fuego* (1982–1986) y compuesta, respectivamente, por *Memoria del fuego I: Los nacimientos* (1982), *Memoria del fuego II: Las caras y las máscaras* (1984) y *Memoria del fuego III: El siglo del viento* (1986). Estos tres volúmenes contienen breves episodios y fragmentos del pasado de Latinoamérica que a manera de un extenso mosaico textual recrean su historia desde la perspectiva del pueblo, a través de múltiples voces «no oficiales» de dicha historia. La gran variedad expresiva y la riqueza lingüística de la trilogía reflejan, al mismo tiempo, la pluralidad cultural latinoamericana. Otros libros de similar composición genérica mixta —mezcla de crónica, reportaje y creación artística— son *Voces de nuestro tiempo* (1981), *Entrevistas y artículos, 1962–1987* (1988) y *El libro de los abrazos* (1989).

✦ Guía y actividades de pre-lectura

La obra de Galeano forma parte de una tendencia importante dentro de la literatura latinoamericana actual que trata de borrar los límites entre los diversos géneros literarios y, en particular, entre el mundo del periodismo y el de la literatura. En efecto, sus libros —más que los de otros escritores de la misma generación y tendencia— eliminan las fronteras entre lo meramente periodístico y lo estrictamente literario. Los dos textos aquí incluidos, «Ultima voz» y «Para que se abran las anchas alamedas», provienen de *Días y noches de amor y de guerra*. Esta obra recrea la historia sociopolítica «no oficial» de América Latina, especialmente la del Cono Sur (Argentina, Uruguay, Chile y Paraguay) durante los años sesenta y setenta. La narración se da desde una perspectiva muy personal (la del autor-testigo) y a través de los recuerdos del propio Galeano que ha vivido o que ha visto lo que relata. En uno de los dos epígrafes con que empieza el libro, se lee lo siguiente: «Todo lo que aquí se cuenta, ocurrió. El autor lo escribe tal como lo guardó en su memoria. Algunos nombres, pocos, han sido cambiados». Y con respecto a esta misma obra de su compatriota y amigo, dice la escritora Cristina Peri Rossi (en la contratapa de *Días y noches de amor y de guerra*, 6a. ed., Barcelona: Editorial Laia, 1981): «Este hermoso libro habla de la vida cotidiana en los tiempos del fascismo. No habla sólo de los muertos queridos, sino también de los seres concebidos y paridos en tiempos amargos y difíciles, que seguramente deberán recurrir a este libro para conocer la verdadera historia de sus países». En el caso de los dos relatos aquí escogidos, ambos hablan de los «tiempos amargos y difíciles» que menciona Peri Rossi. Mientras «Ultima voz» tiene como escenario un patio paraguayo durante la época de la dictadura del general Alfredo Stroessner, «Para que se abran las anchas alamedas» refleja, a través de un diálogo que se sitúa a fines del verano de 1974, una larga y triste década de historia chilena. Este último texto incluye recuerdos de momentos felices compartidos entre el autor y Salvador Allende, antes de que éste ganara las elecciones de 1970. Sin embargo, también evoca la tragedia de la muerte del presidente chileno que «había caído acribillado a balazos» en el Palacio de la Moneda, entonces sede oficial del gobierno en Santiago, el 11 de septiembre de 1973, seis meses antes de la llamada telefónica con que se inicia este texto.

1. ¿Qué le sugiere el título «Ultima voz»? ¿Por qué? Comente.

2. Los textos de Galeano aquí incluidos contienen varias palabras de significado político y/o económico. ¿Cómo definiría usted los siguientes términos: dictador, Führer, espía, oligarquía, plebiscito, reforma agraria, golpe de estado? ¿Qué imágenes asocia con **tres** de esos conceptos? Explique. Por ejemplo, la palabra **dictador** podría ser asociada con nombres como Anastasio Somoza o Fulgencio Batista, entre varios otros.

3. Examine rápidamente la estructura de «Para que se abran las anchas alamedas». ¿Hay muchas o pocas secciones narradas? ¿Hay mucho o poco diálogo? Teniendo en cuenta sus observaciones, ¿será éste un texto dramático con varios personajes o más bien un relato descriptivo con pocos personajes? Explique su respuesta.

4. Para comprender mejor las alusiones históricas que aparecen en «Ultima voz» y en «Para que se abran las anchas alamedas», relea la nota cultural sobre Francisco Solano López y la Guerra de la Triple Alianza en la página 338 y amplíe la información de las notas a ambos relatos en las páginas 389 y 390–392, respectivamente. Luego prepare un breve resumen oral con los datos adicionales sobre los siguientes personajes.

   a. Alfredo Stroessner
   b. Francisco Solano López
   c. Salvador Allende
   d. Eduardo Frei

5. Las siguientes películas reflejan el contexto social, el miedo y la represión política vigentes en varios países latinoamericanos, aproximadamente desde mediados de los años sesenta hasta fines de los ochenta.

   a. *One Man's War* (1991), con Anthony Hopkins, Norma Aleandro y Rubén Blades, sobre la represión política durante la dictadura de Stroessner en Paraguay
   b. *Missing* (1982), con Jack Lemmon y Sissy Spacek, sobre la época del golpe militar en Chile, a principios de la década del setenta
   c. *La historia oficial* (1985; ganadora del Premio Oscar al «*Best Foreign Film*» de ese año), con Norma Aleandro y Héctor Alterio, sobre «los desaparecidos» y la represión brutal de mediados de los años setenta en Argentina
   d. *Romero* (1989), con Raúl Juliá, sobre la muerte del arzobispo Oscar Romero en El Salvador

   Alquile **una** de ellas de su tienda de videos y prepare un resumen oral de su contenido, incluyendo sus comentarios y reacciones personales con respecto a la realidad política nacional recreada en dicha película.

Ultima voz

En un patio de Asunción del Paraguay, don Jóver Peralta alzaba el puño,[1] que parecía una ramita[2] seca, contra el dictador Stroessner.[a]

—¡A este Führer analfabeto[3] lo vamos a voltear![4] —clamaba, con su resto de voz—. ¡Con la verdad hay que voltearlos a estos felones![5]

5   El viejo Peralta olía a meadas[6] y era puro hueso[7] cuando yo lo escuché maldecir durante horas.

Me dijo que habían escrito una carta a los estudiantes, explicándoles que tenían que luchar por América como una patria única, dueña de sus riquezas y sin nada de yanquis; pero se la había dado a un tipo para 10 echarla al correo y el tipo había resultado espía.

[1]	**alzaba...** *raised his fist*
[2]	*twig*
[3]	*illiterate*
[4]	*to topple*
[5]	traidores, villanos
[6]	**olía...** *he smelled of urine*
[7]	**puro...** *skin and bones*

Diseño del médico, pintor y poeta paraguayo Joel Filártiga, también incluido en su poemario Canto agónico *(1994).*

[a]Aquí se alude al General Alfredo Stroessner (1912–), político paraguayo cuyo gobierno duró treinta y cinco años (1954–1989). Tomó el poder en 1954 después de un golpe militar contra el presidente Federico Chaves y fue derrocado como consecuencia de otro golpe militar dirigido por el General Andrés Rodríguez el 3 de febrero de 1989.

Me habló de Solano López [b] y su noble manera de morir y me habló de la guerra de la Triple Alianza.

—La oligarquía porteña[8] nos hizo mucho daño —susurró[9]—. Nos hizo desconfiados,[10] suspicaces. La oligarquía porteña nos ha arruinado el alma.

—¡Badulaques![11] —gritaba, y para oírlo había que parar la oreja.

El cuerpito estaba inmóvil bajo el árbol frondoso.[12] Don Jóver sólo podía mover los labios, pero la indignación le hacía temblar las manos y los pies. Tenía los pies sin zapatos ni polainas,[13] hinchados[14] de sabañones.[15] Cuando cayó la noche, se quedó dormido.

Jóver Peralta había escrito algunos libros y había peleado toda la vida para que los paraguayos fueran libres.

Después se murió.

✦ Comprensión

Conteste las siguientes preguntas según el texto.

1. ¿Dónde tiene lugar este relato?
2. ¿Quién es don Jóver Peralta?
3. ¿A quién le llama él «Führer analfabeto»? ¿Por qué?
4. Según el viejo Peralta, ¿qué decía la carta dirigida a los estudiantes?
5. ¿Cree usted que los estudiantes recibieron esa carta? ¿Por qué?
6. ¿De quién y de qué le habló el viejo Peralta al «yo» de este texto?
7. ¿Qué piensa el señor Peralta de Solano López y de la oligarquía porteña? Comente.
8. ¿Cómo era don Jóver? Descríbalo.
9. ¿Qué había escrito él? ¿Por qué había peleado toda su vida?
10. Al final, ¿qué le pasó al viejo Peralta?

Para que se abran las anchas alamedas[1]

1.

No le reconocía la voz ni el nombre. Me dijo que me había visto en 1971, en el café *Sportman* de Montevideo, cuando ella estaba por viajar a Chile. Yo le había dado unas líneas de presentación para Salvador Allende:[a] «¿Te acordás[2]?»

---

8 de Buenos Aires
9 *he whispered*
10 *distrustful*
11 ¡Idiotas!
12 *leafy*
13 calcetines
14 *swollen*
15 *chilblains*

1 avenidas o paseos de árboles
2 acuerdas

---

[b]Ver nota sobre Francisco Solano López y la Guerra de la Triple Alianza en la p. 338.

[a]Aquí se alude a Salvador Allende (1908–1973), médico y político socialista chileno. Elegido presidente de la República en 1970, llevó a cabo un programa de nacionalización y reformas. Bajo las órdenes del general Augusto Pinochet, una junta militar dio un golpe de estado y atacó el Palacio de la Moneda el 11 de septiembre de 1973, causando la muerte del presidente Allende quien prefirió morir antes que acatar (*obey*) las órdenes de los sublevados.

5 —Ahora quiero verte. Tengo que verte sin falta —dijo.
Y dijo que me traía un mensaje de él.
Colgué[3] el teléfono. Me quedé mirando la puerta cerrada. Hacía seis meses que Allende había caído acribillado a balazos.[4]
No pude seguir trabajando.

2.

10 En el invierno de 1963, Allende me había llevado al sur. Con él vi nieve por primera vez. Charlamos y bebimos mucho, en las noches larguísimas de Punta Arenas, mientras caía la nieve al otro lado de las ventanas. El me acompañó a comprarme calzoncillos largos de frisa.[5] Allá los llaman *matapasiones*.[6]

15 Al año siguiente, Allende fue candidato a la presidencia de Chile. Atravesando la cordillera de la costa vimos juntos un gran cartel[7] que proclamaba: «Con Frei,[b] los niños pobres tendrán zapatos.» Alguien había garabateado[8] abajo: «Con Allende, no habrá niños pobres.» Le gustó eso, pero él sabía que era poderosa[9] la maquinaria del miedo. Me contó que

20 una mucama[10] había enterrado su único vestido, en el fondo de la casa del patrón, por si[11] ganaba la izquierda y venían a quitárselo. Chile sufría una inundación de dólares y en las paredes de las ciudades los barbudos[12] arrancaban a los niños de los brazos de sus mamás para llevárselos a Moscú.

25 En esas elecciones de 1964, el frente popular fue derrotado.[13]
Pasó el tiempo; nos seguimos viendo.
En Montevideo lo acompañé a las reuniones políticas y a los actos;[14] fuimos juntos al fútbol; compartimos la comida y los tragos,[15] las milongas.[c] Lo emocionaba la alegría de la multitud en las tribunas,[16] el modo popular

30 de celebrar los goles[17] y las buenas jugadas, el estrépito[18] de los tamboriles y los cohetes,[19] las lluvias de papelitos de colores. Adoraba el panqueque de manzanas[20] en el *Morini*[d] viejo y el vino *Cabernet* de Santa Rosa le hacía chasquear la lengua,[21] por pura cortesía, porque bien sabíamos los dos que los vinos chilenos son mucho mejores. Bailaba con ganas, pero en un estilo

35 de caballero antiguo, y se inclinaba para besar la mano de las muchachas.

3.

Lo vi por última vez poco antes de que asumiera la presidencia de Chile. Nos abrazamos en una calle de Valparaíso, rodeados por las antorchas[22] del pueblo que gritaba su nombre.

---

[b]Aquí se alude a Eduardo Frei (1911–), político y miembro del Partido Demócrata Cristiano chileno que ganó las elecciones de 1964. Fue presidente de su país de 1964 a 1970, año en que asumió el poder Salvador Allende, el candidato del frente popular. Durante el gobierno de Frei se nacionalizó la energía eléctrica.
[c]La milonga —como el tango— es un baile popular típico del Río de la Plata.
[d]El *Morini* es el nombre de un restaurante familiar de muy buena reputación, situado en el centro de Montevideo.

3 *I hung up*
4 **acribillado...** *riddled with bullet holes*
5 **calzoncillos...** *warm long underwear*
6 *passion killers*
7 *poster*
8 *scribbled*
9 *powerful*
10 *criada, sirvienta*
11 **por...** *just in case*
12 *hombres con barba*
13 *defeated*
14 *public functions, demonstrations*
15 *bebidas*
16 *grandstands*
17 *goals (in soccer)*
18 *noise, racket*
19 *fireworks*
20 **panqueque...** *apple pancake*
21 **chasquear...** *smack his lips*
22 *torches*

Esa noche me llevó a Concón y a la madrugada nos quedamos solos
40 en el cuarto. Sacó una cantimplora[23] de whisky. Yo había estado en Bolivia
y en Cuba. Allende desconfiaba de[24] los militares nacionalistas bolivianos,
aunque sabía que iba a necesitarlos. Me preguntó por nuestros amigos comunes de Montevideo y Buenos Aires. Después me dijo que no estaba
cansado. Se le cerraban los ojos de sueño y seguía hablando y preguntan-
45 do. Entreabrió[25] la ventana, para oler y escuchar el mar. No faltaba mucho para el alba.[26] Esa mañana tendría una reunión secreta, allí en el
hotel, con los jefes de la Marina.[27]

Unos días después, cenamos en su casa, junto con José Tohá, hidalgo
pintado por el Greco,[c] y Jorge Timossi. Allende nos dijo que el proyecto
50 de nacionalización del cobre[28] iba a rebotar[29] en el Congreso. Pensaba en
un gran plebiscito. Tras la bandera del cobre para los chilenos, la Unidad
Popular iba a romper los moldes de la institucionalidad burguesa. Habló
de eso. Después nos contó una parte de la conversación que había tenido
con los altos oficiales de la Marina, en Concón, aquella mañana, mientras
55 yo dormía en el cuarto de al lado.

4.

Y después fue presidente. Yo pasé por Chile un par de veces. Nunca me
animé[30] a distraerle el tiempo.

Vinieron tiempos de grandes cambios y fervores, y la derecha desató[31] la
guerra sucia. Las cosas no sucedieron como Allende pensaba. Chile recu-
60 peró el cobre, el hierro,[32] el salitre,[33] los monopolios fueron nacionalizados
y la reforma agraria estaba partiendo la espina dorsal[34] de la oligarquía. Pero
los dueños del poder,[35] que habían perdido el gobierno, conservaban las armas y la justicia, los diarios y las radios. Los funcionarios no funcionaban, los
comerciantes acaparaban,[36] los industriales saboteaban y los especuladores
65 jugaban con la moneda. La izquierda, minoritaria en el Parlamento, se debatía en la impotencia; y los militares actuaban por su cuenta.[37] Faltaba de
todo, leche, verdura, repuestos,[38] cigarrillos; y sin embargo, a pesar de las colas[39] y la bronca,[40] ochocientos mil trabajadores desfilaron por las calles de
Santiago, una semana antes de la caída, para que nadie creyera que el go-
70 bierno estaba solo. Esa multitud tenía las manos vacías.

5.

Y ahora terminaba el verano del 74, hacía seis meses que habían arrasado[41]
el Palacio de la Moneda, y esta mujer estaba sentada ante mí, en mi escritorio de la revista en Buenos Aires, y me hablaba de Chile y de Allende.

—Y él me preguntó por vos.[42] Y me dijo: «¿Y dónde está Eduardo? Dile
75 que se venga conmigo. Dile que yo lo llamo.»

—¿Cuándo fue eso?

---

[c]Aquí se alude a Doménico Theotocopulos, llamado «el Greco», famoso pintor español de origen griego. El Greco nació en Creta hacia 1544 y murió en Toledo en 1614. Sus cuadros se caracterizan por la originalidad y audacia de su estilo que alarga y estiliza las figuras.

Marginal glosses:

23 *canteen*
24 **desconfiaba...** no tenía confianza en
25 *He half-opened*
26 **No...** *Soon it would be daylight.*
27 *Navy*
28 *copper*
29 *to bounce*
30 **Nunca...** *I never had the courage*
31 *unleashed*
32 *iron*
33 *saltpeter*
34 **espina...** *spine, backbone*
35 **dueños...** *masters of power*
36 *hoarded goods*
37 **por...** *on their own*
38 *spare parts*
39 *lines*
40 enojo, rabia, ira
41 arruinado, destruido
42 ti

—Tres semanas antes del golpe de estado. Te busqué en Montevideo
y no te encontré; estabas de viaje. Un día te llamé a tu casa y me dijeron
que te habías venido a vivir a Buenos Aires. Después pensé que ya no valía
80 la pena decírtelo.

✦ Comprensión

Conteste las siguientes preguntas según el texto.

Sección 1

1. Según la mujer que llama por teléfono, ¿cuándo y dónde le había
   visto al narrador antes? ¿Qué le había dado él a ella?
2. ¿Por qué quería verle ella al narrador ahora?
3. Teniendo en cuenta la fecha en que murió el presidente Allende, ¿en
   qué mes y año tiene lugar esta llamada telefónica?
4. ¿Cómo reaccionó el narrador después de colgar el teléfono? Comente.

Sección 2

5. ¿Adónde fueron el narrador y Allende en el invierno de 1963? ¿Qué
   hicieron ellos allí?
6. ¿Se volvieron a ver ellos un año después? ¿Dónde? Explique.
7. ¿Y qué pasó en 1964? ¿Ganó o perdió Allende en esas elecciones?
8. Cuando Allende estuvo en Montevideo, ¿a qué lugares lo acompañó
   el narrador? ¿De qué cosas disfrutó mucho aquél?

Sección 3

9. ¿Cuándo y dónde se vieron por última vez Allende y el narrador?
10. ¿Adónde lo llevó Allende esa noche? ¿Qué hicieron allí? ¿De qué
    hablaron?
11. ¿Qué hicieron unos días después en casa de Allende? ¿Cuál fue el
    tema de la conversación?

Sección 4

12. Según su opinión, ¿qué período evoca el narrador en esta sección: los
    años 1964–1970, 1970–1973 o 1973–1974? Explique.
13. ¿Se volvieron a ver Allende y el narrador después de 1970? ¿Por qué?
14. Según el narrador, ¿cuáles fueron algunos de los cambios que hubo
    en Chile después del triunfo de Allende en las elecciones presiden-
    ciales? ¿Y algunos de los problemas?
15. ¿Cómo explica el narrador la falta de leche, verduras, cigarrillos y
    otras cosas en los últimos meses del gobierno de Allende? Comente.
16. Según él, ¿qué hecho prueba que Allende tenía el apoyo del pueblo
    chileno? Explique.

Sección 5

17. ¿Cuándo tiene lugar esta escena? ¿Qué había pasado seis meses atrás?
18. ¿Dónde trabajaba el narrador? ¿De qué le hablaba la mujer en su
    oficina?

19. ¿Cuál era el mensaje que ella le traía a él?
20. Según la mujer, ¿cuándo le había dado Allende ese mensaje? ¿Y por qué no pudo recibirlo antes el narrador? Explique.

✦ Expansión

A. Lea las definiciones que siguen y escriba las palabras definidas en los espacios correspondientes.

1. persona que no sabe leer ni escribir   _____
2. ropa interior de hombre   _____
3. sinónimo de **no tener confianza**   _____
4. parte exterior del oído   _____
5. sin movimiento   _____
6. en inglés se dice *fireworks*   _____
7. sinónimo de **pelear**   _____
8. que tiene libertad   _____
9. en inglés se dice *homeland*   _____
10. conflicto violento entre dos o más países   _____
11. alguien de Buenos Aires   _____
12. sinónimo de **criada** o **sirvienta**   _____

B. Las frases que siguen describen a dos de las personas incluidas en «Para que se abran las anchas alamedas». Lea cada una de ellas y escriba **SA** (Salvador Allende), **EG** (Eduardo Galeano) o **A** (ambos) en los espacios correspondientes.

_____ 1. Vio nieve por primera vez en 1963.
_____ 2. Desconfiaba de los militares nacionalistas bolivianos.
_____ 3. En Montevideo fue a ver fútbol y también asistió a varios actos y reuniones políticas.
_____ 4. En el pasado, había estado en Bolivia y en Cuba.
_____ 5. Bailaba en un estilo de caballero antiguo.
_____ 6. Tenía amigos en Montevideo y en Buenos Aires.
_____ 7. En 1973 lo mataron en el Palacio de la Moneda.
_____ 8. Después de 1970 estuvo en Chile un par de veces.
_____ 9. En 1974 vivía y trabajaba en Buenos Aires.
_____ 10. Estuvo en Valparaíso poco antes de las elecciones de 1970.
_____ 11. Estuvo en Punta Arenas en el invierno de 1963.
_____ 12. Le gustaba mucho el panqueque de manzanas.

C. Identifique y explique la importancia o la significación de los siguientes personajes o elementos dentro de sus respectivos contextos.

1. Buenos Aires
2. «Con Allende, no habrá niños pobres».
3. Ultima voz
4. los matapasiones
5. «[...] la indignación le hacía temblar las manos y los pies».

6. el proyecto de nacionalización del cobre
7. Solano López
8. los dueños del poder
9. Concón
10. don Jóver Peralta

✦ Temas de discusión o análisis

1. Resuma con sus propias palabras el contenido de «Ultima voz» o de «Para que se abran las anchas alamedas».
2. Discuta el título de **uno** de los relatos de Galeano y analice su relación con el texto correspondiente.
3. Describa y analice el punto de vista narrativo y/o la estructura formal de **uno** de estos textos.
4. Discuta el papel de la ironía en «Ultima voz» o en «Para que se abran las anchas alamedas».
5. Analice el contenido ideológico de **uno** de los relatos y discuta la actitud del narrador frente a la lucha del pueblo representado en el texto escogido.
6. Compare y contraste los elementos de estilo, tono y lenguaje reflejados en «Ultima voz» y en «Para que se abran las anchas alamedas», respectivamente.
7. Describa el mundo exterior o contexto sociopolítico reflejado en ambos relatos. Luego compare y contraste dichos contextos.
8. Describa las similitudes y diferencias entre don Jóver Peralta y Salvador Allende. Luego compare y contraste la función de dichos personajes en «Ultima voz» y en «Para que se abran las anchas alamedas», respectivamente.
9. Compare y contraste la relación que se establece entre el narrador-autor y el personaje principal en ambos textos.
10. Imagine que usted ha sido transportado al pasado y que está de visita en Asunción durante los años setenta. Basándose en el contenido de «Ultima voz», escriba un breve artículo describiendo lo que allí ve y escucha. *Trabajo alternativo:* Haga exactamente lo mismo, pero describa el Chile de la época de Allende reflejado en «Para que se abran las anchas alamedas».
11. Basándose en la descripción que se da de don Jóver Peralta en «Ultima voz», escriba una biografía comentada, inventando los datos que faltan o deduciendo de lo que se lee en el texto, de ese viejo que «había peleado toda la vida para que los paraguayos fueran libres». *Trabajo alternativo:* Haga exactamente lo mismo, pero basándose en «Para que se abran las anchas alamedas» escriba una biografía comentada del presidente chileno que murió «acribillado a balazos» en septiembre de 1973.
12. Imagine que usted es el narrador-autor de «Ultima voz». Acaba de enterarse de la muerte de su amigo don Jóver Peralta y decide escribirle una carta a su viuda. ¿Qué le va a decir allí? *Trabajo alternativo:* Escriba una carta similar, pero dirigida a la viuda del Salvador Allende reflejado en «Para que se abran las anchas alamedas».

✦ Temas de proyección personal

1. Los dos relatos de Galeano giran en torno a dos personas que han dedicado su vida al servicio de sus respectivos pueblos. Piense en otros casos similares y haga una lista de cinco o seis seres ejemplares en la historia de su país o del mundo. Luego busque datos en algún libro de referencia o en la Internet sobre **dos** de esas personas y comparta la información con su clase.

2. Piense en algún programa o proyecto que el presidente de su país haya implantado recientemente o quiera implantar en el futuro. Hágale saber su opinión escribiéndole una carta de apoyo y agradecimiento si está de acuerdo con dicho programa o proyecto, o explíquele sus preocupaciones y quejas si no está de acuerdo con sus planes.

3. En los relatos de Galeano se usan los siguientes términos para aludir a ciertos individuos o eventos específicos: dictador, presidente, «dueños del poder» y golpe de estado. Para refinar estos conceptos, defina los siguientes pares de términos, señalando sus similitudes y diferencias e incluya, además, ejemplos específicos de cada uno de ellos.
   a. tirano y dictador
   b. presidente y junta militar
   c. gobierno y poder
   d. revolución y golpe de estado

4. Imagine que usted tiene la oportunidad de hacerle una entrevista personal a un(a) presidente o líder popular por quien siente o ha sentido mucha admiración. ¿A quién entrevistaría y qué preguntas le haría? ¿Por qué? Comente.

GRISELDA GAMBARO

Nota biográfica

Griselda Gambaro (1928–), novelista, cuentista y dramaturga de renombre, nació y se educó en Buenos Aires, ciudad donde vive actualmente y de la que sólo se ha ausentado por mucho tiempo en dos ocasiones. En 1969 viajó a Italia, donde permaneció hasta fines de 1970, y en 1977 se trasladó a España, esta vez por razones políticas, estableciendo residencia en Barcelona hasta 1980 en que regresó a su país. Aunque más conocida por sus obras teatrales, tanto en éstas como en su narrativa predomina una orientación absurdista, sin acción ni trama, con pocos personajes, colocados generalmente en ambientes angustiosos y sofocantes. Vinculada al teatro del absurdo* representado por piezas como *Esperando a Godot* (1952) de Samuel Beckett, *El rinoceronte* (1959) de Eugène Ionesco y *El cuidador* (1962) de Harold Pinter, Gambaro aparece también asociada con expresiones narrativas contemporáneas, en particular con obras que trabajan sobre situaciones límites, como es el caso, por ejemplo, de *El proceso* o de *La metamorfosis* de Franz Kafka. Aunque siempre ha alternado la narrativa con el teatro, empezó su carrera literaria con la publicación de *Madrigal en ciudad* (1963) y *El desatino* (1964), dos colecciones de cuentos y novelas cortas. En narrativa es autora, además, de *Una felicidad con menos pena* (1967), *Dios no nos quiere contentos* (1970), *Nada que ver con otra historia* (1972) —novela donde recrea y adapta el personaje Frankenstein de Mary Shelley—, *Ganarse la muerte* (1976) y *Lo impenetrable* (1984). En cuanto a su escritura dramática, ésta se inició con la adaptación teatral de dos relatos ya publicados anteriormente: *El desatino* (1965) y *Las paredes* (1966), escenificación del cuento «Madrigal en ciudad» del volumen del mismo nombre. El resto de su producción teatral de los años sesenta y setenta incluye *El viejo matrimonio* (1965), *Los siameses* (1967), *El campo* (1967), *Nada que ver* (1972) —otra elaboración escénica de la novela aparecida el mismo año—, y *Sucede lo que pasa* (1975). De la década del ochenta datan *Información para extranjeros*, escrita en 1980 pero prohibida su representación en Argentina, *Decir sí* (1981), *La malasangre* (1981), *Real envido* (1982), *Del sol naciente* (1983), *Antígona furiosa* (1986) y *Penas sin importancia* (1990), para mencionar sólo sus piezas de más éxito nacional e internacional. En efecto, varias de ellas han sido premiadas, traducidas a otros idiomas y representadas en países de América y de Europa.

✦ Guía y actividades de pre-lectura

La producción dramática de Griselda Gambaro tiene mucho en común con una corriente del teatro del absurdo conocida como teatro de la crueldad* cuya estética pone énfasis en la violencia, tan arraigada en la sociedad actual, y en el peligro de la pasividad personal frente a esa violencia. Para Antonin Artaud, teórico del teatro de la crueldad, la representación debe servir para poner de manifiesto el verdadero núcleo de la realidad y los deseos instintivos del ser humano, tales como el odio, la ira, la codicia, los deseos fisiológicos y la ambición de poder. Según él, el teatro debe ser «teatral» y a menudo el discurso de la obra dramática no es teatral sino literario. Por eso Artaud se concentra en los elementos que son peculiares y característicos del teatro: la música, la danza, el arte plástico, la pantomima, la parodia vocal, la iluminación y la escenificación. Esto no significa que él suprima el texto sino que lo incorpora, con una jerarquía menor a los demás elementos, prefiriendo las formas cortas y onomatopéyicas como los gritos, los sonidos aislados o las lamentaciones. En síntesis, más que la dramatización de hechos específicos, Artaud postula un teatro que comunique impresiones generales de estados anímicos, lo que se logra mediante símbolos que en escena toman la forma de un lenguaje de signos formalizados. Las obras típicas del teatro del absurdo y del de la crueldad en particular no tienen historia ni argumento, y frecuentemente tampoco tienen principio ni fin. Por otra parte, un rasgo significativamente diferente entre el teatro de Gambaro y el absurdista europeo es su contenido político. Mientras éste es en general apolítico, el de ella —especialmente el concebido en los años setenta y principios del ochenta— refleja el contexto de terror y persecución predominante en su país durante esos años. Víctimas y victimarios, abusados y abusadores, son personajes omnipresentes en esas obras y los temas de la violencia, la represión, el miedo, el uso y el abuso de poder recurren en casi toda su producción literaria. *Decir sí*, la pieza de un acto aquí incluida, fue representada originalmente en Buenos Aires en 1981, como parte del movimiento teatral argentino llamado Teatro Abierto. En este breve texto, Gambaro dramatiza el tema del uso y abuso de poder. Como en otras piezas suyas, los personajes se mueven en un mundo que tiene más de pesadilla que de realidad, en el que no operan las reglas de la lógica ni del sentido común y donde lo inesperado es rey y ley. *Decir sí* no tiene más que dos personajes (Hombre y Peluquero) y su argumento es muy simple: un cliente (Hombre) entra en una peluquería para que le corten el pelo, pero las cosas no suceden como deberían. Desde el principio el Peluquero impone ciertas reglas absurdas y el Hombre las acepta sin cuestionar. El Peluquero parece tener un plan de acción perfectamente calculado, pero que nunca podría llegar al sorpresivo final sin la pasividad y sucesivas concesiones por parte del Hombre. En primer lugar, y como parte del plan, se invierten los papeles: el Hombre afeita y le corta el pelo al Peluquero. Después, cuando le llega el turno a él para que lo afeite el Peluquero, ya su destino estaba decidido. En realidad, se puede afirmar que el plan del Peluquero tuvo éxito sólo porque el Hombre, su víctima, no supo o no pudo «decir no».

1. Lea la descripción del escenario que está al principio y conteste las siguientes preguntas.

    a. ¿Dónde tiene lugar la acción?

    b. ¿Qué elementos del escenario reflejan cierto grado de abandono y negligencia? Explique.

    c. ¿Qué piensa acerca de que «el Peluquero espera su último cliente del día, hojea una revista sentado en el sillón»? ¿Por qué?

    d. ¿Qué tipo de relación cree que se va a establecer entre el Hombre y el Peluquero? Comente.

2. Según su opinión, ¿por qué los personajes no tienen nombres ni apellidos específicos? ¿Cómo cambiaría la obra si los personajes se llamaran, por ejemplo, Antonio López Salinas en vez de Hombre y Mario Saguier Velilla en vez de Peluquero? Explique.

3. Teniendo en cuenta los comentarios de la guía, ¿cuál será el significado del título? ¿Piensa usted que tal vez la autora esté criticando algo o a algún tipo de personas en particular? ¿Por qué?

4. Según su opinión, ¿es bueno o malo decir «sí» a todo lo que otra persona le pide u ordena a uno? ¿Cree usted que de vez en cuando es necesario decir «no»? ¿Cuándo o en qué situaciones? Comente.

Decir sí

Interior de una peluquería.[1] Una ventana y una puerta de entrada. Un sillón giratorio[2] de peluquero, una silla, una mesita con tijeras,[3] peine,[4] utensilios para afeitar. Un paño[5] blanco, grande, y unos trapos[6] sucios. Dos tachos[7] en el suelo, uno grande, uno chico, con tapas.[8] Una escoba y

1	*barbershop*
2	*revolving*
3	*scissors*
4	*comb*
5	*cloth*
6	*rags*
7	*pans*
8	*lids*

una pala.[9] *Un espejo movible de pie.*[10] *En el suelo, a los pies del sillón una gran cantidad de pelo cortado. El peluquero espera su último cliente del día, hojea*[11] *una revista sentado en el sillón. Es un hombre grande, taciturno, de gestos lentos. Tiene una mirada cargada, pero inescrutable. No saber lo que hay detrás de esta mirada es lo que desconcierta. No levanta nunca la voz, que es triste, arrastrada.*[12] *Entra Hombre, es de aspecto muy tímido e inseguro.*

HOMBRE: Buenas tardes.

PELUQUERO: (*Levanta los ojos de la revista, lo mira. Después de un rato.*) ...tardes... (*No se mueve.*)

HOMBRE: (*Intenta una sonrisa, que no obtiene la menor respuesta. Mira su*
5 *reloj furtivamente. Espera. El Peluquero arroja*[13] *la revista sobre la mesa, se levanta, como con furia*[14] *contenida. Pero en lugar de ocuparse de su cliente, se acerca a la ventana y dándole la espalda,*[15] *mira hacia afuera. Hombre, conciliador.*) Se nubló.[16] (*Espera. Una pausa.*) Hace calor. (*Ninguna respuesta. Se afloja el nudo*[17] *de la corbata, levemente nervioso. El Peluquero se*
10 *vuelve, lo mira, adusto.*[18] *El Hombre pierde seguridad.*) No tanto... (*Sin acercarse, estira*[19] *el cuello hasta la ventana.*) Está despejado.[20] Mm... mejor. Me equivoqué. (*El Peluquero lo mira, inescrutable, inmóvil. Hombre.*) Quería... (*Una pausa. Se lleva la mano a la cabeza con un gesto desvaído.*[21]) Si... si o es tarde... (*El Peluquero lo mira sin contestar. Luego le da la es-*
15 *palda y mira otra vez por la ventana. Hombre, ansioso.*) ¿Se nubló?

PELUQUERO: (*Un segundo inmóvil. Luego se vuelve. Bruscamente*). ¿Barba?

HOMBRE: (*Rápido*). No, barba no. (*Mirada inescrutable.*) Bueno... no sé. Yo... yo me afeito. Solo. (*Silencio del Peluquero.*) Sé que no es cómodo, pero... Bueno, tal vez me haga la barba. Sí, sí, también barba. (*Se acerca al sillón.*
20 *Pone el pie en el posapié.*[22] *Mira al Peluquero esperando el ofrecimiento. Leve gesto oscuro del Peluquero. Hombre no se atreve a sentarse. Saca el pie. Toca el sillón tímidamente.*) Es fuerte este sillón, sólido. De... de madera. Antiguo. (*El Peluquero no contesta. Inclina la cabeza y mira fijamente el asiento del sillón. Hombre sigue la mirada del Peluquero. Ve pelos cortados sobre el asiento. Impul-*
25 *sivamente los saca, los sostiene en la mano. Mira al suelo...*) ¿Puedo?... (*Espera. Lentamente, el Peluquero niega*[23] *con la cabeza. Hombre, conciliador.*) Claro, es una porquería.[24] (*Se da cuenta de que el suelo está lleno de cabellos cortados. Sonríe confuso. Mira el pelo en su mano, el suelo, opta por guardar*[25] *los pelos en su bolsillo. El Peluquero, instantánea y bruscamente, sonríe. Hombre*
30 *aliviado.*) Bueno... pelo y... barba, sí, barba. (*El Peluquero, que cortó su sonrisa bruscamente, escruta*[26] *el sillón. Hombre lo imita. Impulsivamente, toma uno de los trapos sucios y limpia el asiento. El Peluquero se inclina y observa el respaldo,*[27] *adusto. Hombre lo mira, sigue luego la dirección de la mirada. Con otro rapto, impulsivo, limpia el respaldo. Contento.*) Ya está. A mí no me mo-*
35 *lesta... (*El Peluquero lo mira, inescrutable. Se desconcierta.*) dar una mano... Para eso estamos, ¿no? Hoy me toca a mí, mañana a vos. ¡No lo estoy tuteando![28] Es un dicho[29] que... anda por ahí.[30] (*Espera. Silencio e inmovilidad del Peluquero.*) Usted... debe estar cansado. ¿Muchos clientes?

9 **Una...** *A broom and a dust pan.*
10 **espejo...** *portable mirror on a stand*
11 *he glances through*
12 *aburrida, confusa*
13 *throws*
14 *fury*
15 **dándole...** *turning his back on him*
16 **Se...** *It got cloudy.*
17 **Se...** *He loosens the knot*
18 *with a severe expression*
19 *he stretches*
20 **Está...** *The sky is clear.*
21 *insignificante*
22 *footrest*
23 *denies*
24 *basura*
25 **opta...** *decides to keep*
26 *scrutinizes*
27 *chairback*
28 **¡No...** ! *I'm not using the "tú" form with you!*
29 *saying*
30 **anda...** *is used around there*

PELUQUERO: *(Parco.[31])* Bastantes.

40 **HOMBRE:** *(Tímido.)* Mm... ¿me siento? *(El Peluquero lo mira, inescrutable.)* Bueno, no es necesario. Quizás usted esté cansado. Yo, cuando estoy cansado... me pongo de malhumor... Pero como la peluquería estaba abierta, yo pensé... Estaba abierta, ¿no?

PELUQUERO: Abierta.

45 **HOMBRE:** *(Animado.)* ¿Me siento? *(El Peluquero niega con la cabeza, lentamente. Hombre.)* En resumidas cuentas, no es... necesario. Quizás usted corte de parado.[32] A mí, el asado[33] me gusta comerlo de parado. No es lo mismo, claro, pero uno está más firme. ¡Si tiene buenas piernas! *(Ríe. Se interrumpe.)* No todos... ¡Usted sí! *(El Peluquero no lo atiende.[34]*
50 *Observa fijamente el suelo. Hombre sigue su mirada. El Peluquero lo mira, como esperando determinada actitud. Hombre recoge rápidamente la alusión. Toma la escoba y barre. Amontona los pelos cortados. Mira al Peluquero, contento. El Peluquero vuelve la cabeza hacia la pala, apenas si señala un gesto de la mano. El Hombre reacciona velozmente.[35] Toma la pala, recoge el cabello*
55 *del suelo, se ayuda con la mano. Sopla[36] para barrer los últimos, pero desparrama[37] los de la pala. Turbado, mira fugazmente[38] al Peluquero, y con la ayuda de un pañuelo[39] que saca del bolsillo, termina de juntarlos sobre la pala. Se incorpora, sosteniendo la pala. Mira a su alrededor, ve los tachos, abre el más grande. Contento.)* ¿Los tiro aquí? *(El Peluquero niega con la*
60 *cabeza. Hombre abre el más pequeño.* ¿Aquí? *(El Peluquero asiente con la cabeza. Hombre, animado.)* Listo.[40] *(Gran sonrisa.)* Ya está. Más limpio. Porque si se amontona la mugre[41] es un asco.[42] *(El Peluquero lo mira, oscuro. Hombre pierde seguridad.)* No...ooo. No quise decir que estuviera sucio. Tanto cliente, tanto pelo. Tanta cortada de pelo, y habrá pelo
65 de barba también, y entonces se mezcla que... ¡Cómo crece el pelo!, ¿eh? ¡Mejor para usted! *(Lanza una risa[43] estúpida.)* Digo, porque... Si fuéramos calvos,[44] usted se rascaría.[45] *(Se interrumpe. Rápidamente.)* No quise decir esto. Tendría otro trabajo.

PELUQUERO: *(Neutro.)* Podría ser médico.

70 **HOMBRE:** *(Aliviado.)* ¡Ah! ¿A usted le gustaría ser médico? Operar, curar. Lástima que la gente se muere, ¿no? *(Risueño.[46])* ¡Siempre se le muere la gente a los médicos! Tarde o temprano... *(Ríe y termina con un gesto. Rostro muy oscuro del Peluquero. Hombre se asusta.)* ¡No, a usted no se le moriría! Tendría clientes, pacientes, de mucha edad, *(mirada ines-*
75 *crutable)* longevos. *(Sigue la mirada.)* ¡Seríamos inmortales! Con usted de médico, ¡seríamos inmortales!

PELUQUERO: *(Bajo y triste.)* Idioteces. *(Se acerca al espejo, se mira. Se acerca y se aleja, como si no se viera bien. Mira después al Hombre, como si éste fuera culpable.)*

80 **HOMBRE:** No se ve. *(Impulsivamente, toma el trapo con el que limpió el sillón y limpia el espejo. El Peluquero le saca el trapo de las manos y le da otro más chico. Hombre.)* Gracias. *(Limpia empeñosamente[47] el espejo. Lo escupe.[48] Refriega.[49] Contento.)* Mírese. Estaba cagado de moscas.[50]

PELUQUERO: *(Lúgubre.)* ¿Moscas?

---

31 *Tersely*
32 *de...* de pie
33 *barbecue or grilled meat*
34 *no...* pays no attention to him
35 *rápidamente*
36 *He blows*
37 *he scatters*
38 *brevemente, rápidamente*
39 *handkerchief*
40 *Ready.*
41 *filth, grime*
42 *es...* it's disgusting
43 **Lanza...** *He lets out a laugh*
44 *bald*
45 **usted...** *you'd be out of a job*
46 *Sonriendo.*
47 *tenaciously*
48 *Lo...* He spits on it.
49 *He shines it again.*
50 **cagado...** *full of fly specks*

85 **HOMBRE:** No, no. Polvo.[51]

PELUQUERO: *(Idem.)* ¿Polvo?

HOMBRE: No, no. Empañado.[52] Empañado por el aliento. *(Rápido.)* ¡Mío! *(Limpia.)* Son buenos espejos. Los de ahora nos hacen caras de...

90 **PELUQUERO:** *(Mortecino.[53])* Marmotas[a]...

HOMBRE: *(Seguro.)* ¡Sí, de marmotas! *(El Peluquero, como si efectuara una comprobación, se mira en el espejo, y luego mira al Hombre. Hombre, rectifica[54] velozmente.)* ¡No a todos! ¡A los que son marmotas! ¡A mí! ¡Más marmota de lo que soy!

95 **PELUQUERO:** *(Triste y mortecino.)* Imposible. *(Se mira en el espejo. Se pasa la mano por las mejillas, apreciando si tiene barba. Se toca el pelo, que lleva largo, se estira los mechones.[55])*

HOMBRE: Y a usted, ¿quién le corta el pelo? ¿Usted? Qué problema. Como el dentista. La idea de un dentista abriéndole la boca a otro

100 dentista, me causa gracia.[56] *(El Peluquero lo mira. Pierde seguridad.)* Abrir la boca y sacarse uno mismo una muela[57]... No se puede... Aunque un peluquero sí, con un espejo... *(Mueve los dedos en tijera sobre su nuca.[58])* A mí, qué quiere, meter la cabeza en la trompa de los otros, me da asco. No es como el pelo. Mejor ser peluquero que den-

105 tista. Es más... higiénico. Ahora la gente no tiene... piojos.[59] Un poco de caspa,[60] seborrea.[61] *(El Peluquero se abre los mechones sobre el cráneo, mira como efectuando una comprobación, luego mira al Hombre.)* No, usted no. ¡Qué va! ¡Yo! *(Rectifica.)* Yo tampoco... Conmigo puede estar tranquilo. *(El Peluquero se sienta en el sillón. Señala los objetos para afeitar.*

110 *Hombre mira los utensilios y luego al Peluquero. Recibe la precisa insinuación. Retrocede.)* Yo... yo no sé. Nunca...

PELUQUERO: *(Mortecino.)* Anímese. *(Se anuda[62] el paño blanco bajo el cuello, espera pacíficamente.)*

HOMBRE: *(Decidido.)* Dígame, ¿usted hace con todos así?

115 **PELUQUERO:** *(Muy triste.)* ¿Qué hago? *(Se aplasta[63] sobre el asiento.)*

HOMBRE: No, ¡porque no tiene tantas caras! *(Ríe sin convicción.)* Una vez que lo afeitó uno, los otros ya... ¿qué van a encontrar? *(El Peluquero señala los utensilios.)* Bueno, si usted quiere, ¿por qué no? Una vez, de chico, todos cruzaban un charco,[64] un charco maloliente,[65] verde, y yo

120 no quise. ¡Yo no!, dije. ¡Que lo crucen los imbéciles!

PELUQUERO: *(Triste.)* ¿Se cayó?

HOMBRE: ¿Yo? No... Me tiraron,[66] porque... *(se encoge[67] de hombros)* les dio... bronca[68] que yo no quisiera... arriesgarme. *(Se reanima.)* Así que... ¿por qué no? Cruzar el charco o... después de todo, afeitar, ¿eh? ¿Qué habili-

125 dad se necesita? ¡Hasta los imbéciles se afeitan! Ninguna habilidad

---

[a]La marmota es un animal mamífero que se pasa dormido todo el invierno. Por eso, en sentido figurado se les llama «marmotas» a las personas que duermen mucho.

51 *Dust.*
52 *Fogged up.*
53 *Dully.*
54 *he corrects himself*
55 *locks of hair*
56 **me...** *strikes me as funny*
57 *molar*
58 *nape*
59 *lice*
60 *dandruff*
61 *oily skin*
62 **Se...** *He ties*
63 **Se...** *He flattens himself*
64 *pool*
65 *smelling*
66 **Me...** *They threw me in*
67 **se...** *he shrugs*
68 **les...** *it ticked them off*

especial. ¡Hay cada animal que es pelu...! (*Se interrumpe. El Peluquero lo mira, tétrico.*[69]) Pero no. Hay que tener pulso,[70] mano firme, mirada penetran...te para ver... los pelos... Los que se enroscan,[71] me los saco con una pincita.[72] (*El Peluquero suspira*[73] *profundamente.*) ¡Voy, voy! No se impaciente. (*Le enjabona*[74] *la cara.*) Así. Nunca vi a un tipo tan impaciente como usted. Es reventante.[75] (*Se da cuenta de lo que ha dicho, rectifica.*) No, usted es un reventante dinámico. Reventante para los demás. A mí no... No me afecta. Yo lo comprendo. La acción es la sal de la vida y la vida es acción y... (*Le tiembla la mano, le mete la brocha*[76] *enjabonada en la boca. Lentamente, el Peluquero toma un extremeo del paño y se limpia. Lo mira.*) Disculpe. (*Le acerca la navaja*[77] *a la cara. Inmoviliza el gesto, observa la navaja que es vieja y oxidada.*[78] *Con un hilo de voz.*[79]) Está mellada.[80]

PELUQUERO: (*Lúgubre.*) Impecable.

HOMBRE: Un poco... Claro, usted tiene más experiencia que yo... Le creo. (*Mira con horror la navaja, se la acerca a los ojos, la aleja.*) ¿Siempre afeitó con esto? (*El Peluquero asiente.*) Les debe romper la cara a los... (*Mirada severa del Peluquero.*) Si usted puede, ¡yo también! Nunca vi una navaja así... tan...

PELUQUERO: (*Lúgubre.*) Impecable.

HOMBRE: Impecable está. (*En un arranque*[81] *desesperado.*) Vieja, oxidada y sin filo,[82] ¡pero impecable! (*Ríe histérico.*) ¡No diga más! Le creo, no me va a asegurar una cosa por otra. ¿Con qué interés, no? Es su cara. (*Bruscamente.*) ¿No tiene una correa,[83] una piedra de afilar?[84] (*El Peluquero bufa*[85] *tristemente. Hombre desanimado.*) ¿Un... cuchillo? (*Gesto de afilar.*) Bueno, tengo mi carácter y... ¡adelante! Me hacen así, (*Gesto de empujar con un dedo.*) ¡Y yo ya! ¡Vuelo! (*Afeita. Se detiene.*) ¿Lo corté? (*El Peluquero niega lúgubremente con la cabeza. Hombre, animado, afeita.*) ¡Ay! (*Lo seca apresuradamente con el paño.*) No se asuste. (*Desorbitado.*[86]) ¡Sangre! ¡No, un rasguño![87] Soy... muy nervioso. Yo me pongo una telita de cebolla.[88] ¿Tiene... cebollas? (*El Peluquero lo mira, oscuro.*) ¡Espere! (*Revuelve ansiosamente en sus bolsillos. Contento, saca una curita*[89]...) Yo... yo llevo siempre. Por si me duelen los pies, camino mucho, con el calor... una ampolla[90] acá, y otra... allá. (*Le pone la curita.*) ¡Perfecto! ¡Ni que hubiera sido profesional! (*El Peluquero se saca el resto de jabón de la cara, da por concluida la afeitada. Sin levantarse del sillón, adelanta la cara hacia el espejo, se mira, se arranca la curita, la arroja al suelo. El Hombre la recoge, trata de alisarla,*[91] *se la pone en el bolsillo.*) La guardo... está casi nueva... Sirve para otra... afeitada...

PELUQUERO: (*Señala un frasco,*[92] *mortecino.*) Colonia.[93]

HOMBRE: ¡Oh sí! Colonia. (*Destapa*[94] *el frasco, lo huele.*) ¡Qué fragancia! (*Se atora*[95] *con el olor nauseabundo.*[96] *Con asco, vierte*[97] *un poco de colonia en sus manos y se las pasa al Peluquero por la cara. Se sacude las manos para alejar el olor. Se acerca una mano a la nariz para comprobar si desapareció el olor, la aparta rápidamente a punto de vomitar.*)

PELUQUERO: (*Se tira un mechón. Mortecino.*) Pelo.

HOMBRE: ¿También el pelo? Yo... yo no sé. Esto sí que no.

69	*gloomy, sullen*
70	*a steady hand*
71	*se... are coiled*
72	*little tweezers*
73	*sighs*
74	*He soaps up*
75	*annoying, irritating*
76	*shaving brush*
77	*razor*
78	*rusty*
79	*un... a very thin voice*
80	*nicked*
81	*outburst*
82	*cutting edge*
83	*strap*
84	*piedra... sharpening stone*
85	*snorts*
86	*Wide-eyed.*
87	*scratch*
88	*una... a small piece of onionskin*
89	*band-aid*
90	*blister*
91	*to flatten it*
92	*flask, small bottle*
93	*(eau de) Cologne*
94	*Abre*
95	*Se... He chokes*
96	*nauseating*
97	*he pours*

PELUQUERO: *(Idem.)* Pelo.

HOMBRE: Mire, señor. Yo vine aquí a cortarme el pelo. ¡Yo vine a cortarme el pelo! Jamás afronté una situación así... tan extraordinaria. Insólita[98]... pero si usted quiere... yo... *(Toma la tijera, la mira con repugnancia.)* Yo... soy hombre decidido... a todo. ¡A todo!... Porque... mi mamá me enseñó que... y la vida...

PELUQUERO: *(Tétrico.)* Charla. *(Suspira.)* ¿Por qué no se concentra?

HOMBRE: ¿Para qué? ¿Y quién me prohíbe charlar? *(Agita las tijeras.)* ¿Quién se atreve? ¡A mí los que se atrevan! *(Mirada oscura del Peluquero.)* ¿Tengo que callarme? Como quiera. ¡Usted! ¡Usted será el responsable! No me acuse si... ¡no hay nada de lo que no me sienta capaz!

PELUQUERO: Pelo.

HOMBRE: *(Tierno y persuasivo.)* Por favor, con el pelo no, mejor no meterse con el pelo... ¿para qué? Le queda lindo largo[99]... moderno. Se usa...

PELUQUERO: *(Lúgubre e inexorable.)* Pelo.

HOMBRE: ¿Ah, sí? ¿Conque[100] pelo? ¡Vamos pues! ¡Usted es duro de mollera,[101] ¿eh?, pero yo, ¡soy más duro! *(Se señala la cabeza.)* Una piedra tengo acá. *(Ríe como un condenado a muerte.)* ¡No es fácil convencerse! ¡No, señor! Los que lo intentaron, no le cuento. ¡No hace falta! Y cuando algo me gusta, nadie me aparta de mi camino, ¡nadie! Y le aseguro que... No hay nada que me divierta más que... ¡cortar el pelo! ¡Me!... me enloquece.[102] *(Con animación bruscamente.)* ¡Tengo una ampolla en la mano! ¡No puedo contárselo! *(Deja la tijera, contento.)* Me duele.

PELUQUERO: Pe-lo.

HOMBRE: *(Empuña[103] las tijeras, vencido.)* Usted manda.

PELUQUERO: Cante.

HOMBRE: ¿Que yo cante? *(Ríe estúpidamente.)* Esto sí que no... ¡Nunca! *(El Peluquero se incorpora a medias[104] en su asiento, lo mira. Hombre, con un hilo de voz.)* Cante, ¿qué? *(Como respuesta, el Peluquero se encoge tristemente de hombros. Se reclina nuevamente sobre el asiento. El Hombre canta con un hilo de voz.)* ¡Fígaro![b]... ¡Fígaro... qua, fígaro là...! *(Empieza a cortar.)*

PELUQUERO: *(Mortecino, con fatiga.)* Cante mejor. No me gusta.

HOMBRE: ¡Fígaro! *(Aumenta el volumen.)* ¡Fígaro, Fígaro! *(Lanza un gallo[105] tremendo.)*

PELUQUERO: *(Idem.)* Cállese.

HOMBRE: Usted manda. ¡El cliente siempre manda! Aunque el cliente... soy... *(Mirada del Peluquero.)* es usted... *(Corta espantosamente. Quiere*

---

[b]Aquí probablemente se alude al personaje Fígaro de dos comedias clásicas del francés Pierre Augustin de Beaumarchais: *El barbero de Sevilla* (1775) y *El casamiento de Fígaro* (1784). Ambas son también óperas famosas y fueron adaptadas, la primera por el compositor italiano Gioacchino Rossini, y la segunda por el austriaco Wolfgang Amadeus Mozart, respectivamente.

98 Rara
99 **Le...** *You look good with long hair*
100 ¿Entonces?
101 **duro...** obstinado
102 **me...** *it drives me crazy (with happiness)*
103 *He brandishes*
104 **se...** *half sits up*
105 nota falsa

arreglar el asunto, pero lo empeora, cada vez más nervioso.) Si no canto, me concentro... mejor. *(Con los dientes apretados.[106])* Sólo pienso en esto, en cortar, *(corta)* y... *(Con odio.)* ¡Atajá ésta![107] *(Corta un gran mechón. Se asusta de lo que ha hecho. Se separa unos pasos, el mechón en la mano.*

215 *Luego se lo quiere pegar[108] en la cabeza al Peluquero. Moja[109] el mechón con saliva. Insiste. No puede. Sonríe, falsamente risueño.)* No, no, no. No se asuste. Corté un mechoncito largo, pero... ¡no se arruinó nada! El pelo es mi especialidad. Rebajo y emparejo.[110] *(Subrepticiamente,[111] deja caer el mechón, lo aleja con el pie. Corta.)* ¡Muy bien! *(Como el Peluquero*

220 *se mira en el espejo.)* ¡La cabecita para abajo! *(Quiere bajarle la cabeza, el Peluquero la levanta.)* ¿No quiere? *(Insiste.)* Vaya, vaya, es caprichoso... El espejo está empañado, ¿eh?, *(Trata de empañarlo con el aliento.)* no crea que muestra la verdad. *(Mira al Peluquero, se le petrifica el aire risueño,[112] pero insiste.)* Cuando las chicas lo vean... dirán, ¿quién le

225 cortó el pelo a este señor? *(Corta apenas, por encima. Sin convicción.)* Un peluquero... francés... *(Desolado.)* Y no. Fui yo...

PELUQUERO: *(Alza la mano lentamente. Triste.)* Suficiente. *(Se va acercando al espejo, se da cuenta que es un mamarracho,[113] pero no revela una furia ostensible.)*

230 **HOMBRE:** Puedo seguir. *(El Peluquero se sigue mirando.)* ¡Déme otra oportunidad! ¡No terminé! Le rebajo un poco acá, y las patillas,[114] ¡me faltan las patillas! Y el bigote.[115] No tiene, ¿por qué no se deja el bigote? Yo también me dejo el bigote, y así ¡como hermanos! *(Ríe angustiosamente. El Peluquero se achata[116] el pelo sobre las sienes.[117] Hombre, se re-*

235 *anima.)* Sí, sí, aplastadito le queda bien, ni pintado. Me gusta. *(El Peluquero se levanta del sillón. Hombre retrocede.)* Fue... una experiencia interesante. ¿Cuánto le debo? No, usted me debería a mí, ¿no? Digo, normalmente. Tampoco es una situación anormal. Es... divertida. Eso: divertida. *(Desorbitado.)* ¡Ja-ja-ja! *(Humilde.)* No, tan divertido no es.

240 Le... ¿le gusta cómo... *(El Peluquero lo mira, inescrutable.)* ...le corté? Por ser... novato[118]... *(El Peluquero se estira las mechas[119] de la nuca.)* Podríamos ser socios... ¡No, no! ¡No me quiero meter en sus negocios! ¡Yo sé que tiene muchos clientes, no se los quiero robar! ¡Son todos suyos! ¡Le pertenecen! ¡Todo pelito que anda por ahí es suyo! No

245 piense mal. Podría trabajar gratis. ¡Yo! ¡Por favor! *(Casi llorando.)* ¡Yo le dije que no sabía! ¡Usted me arrastró![120] ¡No puedo negarme cuando me piden las cosas... bondadosamente![121] ¿Y qué importa? ¡No le corté un brazo! Sin un brazo, hubiera podido quejarse. ¡Sin una pierna! ¡Pero fijarse en el pelo! ¡Qué idiota! ¡No! ¡Idiota, no! ¡El

250 pelo crece! En una semana, usted, ¡puf!, ¡hasta el suelo! *(El Peluquero le señala el sillón. El Hombre recibe el ofrecimiento incrédulo, se le iluminan los ojos.)* ¿Me toca a mí? *(Mira hacia atrás buscando a alguien.)* ¿Se dirige a mí? *(El Peluquero asiente lentamente con la cabeza.)* ¡Bueno, bueno! ¡Por fin nos entendimos! ¡Hay que tener paciencia y todo llega! *(Se sienta,*

255 *ordena, feliz.)* ¡Barba y pelo! *(El Peluquero le anuda el paño bajo el cuello. Hace girar el sillón. Toma la navaja, sonríe. El Hombre levanta la cabeza.)* Córteme bien. Parejito.[122]

106	*clenched*
107	**¡Atajá... !** *Hold this one!*
108	**se...** *he wants to glue it*
109	*He moistens*
110	**Rebajo...** *I cut and level off (the hair).*
111	*Secretamente*
112	**se...** *his smile freezes on his face*
113	*clown, sight*
114	*sideburns*
115	*mustache*
116	**se...** *flattens*
117	*temples*
118	*novice*
119	*mechones*
120	*dragged, pulled, forced*
121	*kindly, nicely*
122	*Evenly., Smoothly.*

El Peluquero le hunde la navaja. Un gran alarido.[123] Gira nuevamente el sillón. El paño blanco está empapado en sangre que escurre hacia el piso. Toma el paño chico y seca delicadamente. Suspira larga, bondadosamente cansado. Renuncia. Toma la revista y se sienta. Se lleva la mano a la cabeza, tira y es una peluca[124] la que se saca. La arroja sobre la cabeza del Hombre. Abre la revista, comienza a silbar[125] dulcemente.

123 *howl, shriek*
124 *wig*
125 *to whistle*
126 *Curtain*

TELÓN[126]

✦ Comprensión y expansión

A. Conteste las siguientes preguntas según la pieza.

1. ¿Cómo es la peluquería donde tiene lugar este acto? Descríbala brevemente.
2. ¿Cómo se caracteriza al Peluquero? ¿Y al Hombre? Comente.
3. ¿Qué está haciendo el Peluquero cuando entra el Hombre? ¿Cómo reacciona aquél?
4. ¿Qué desea el Hombre? ¿Comprende el Peluquero lo que quiere su cliente? Explique.
5. ¿Cuál es la anécdota del charco que le cuenta el Hombre al Peluquero? ¿Qué relación tiene eso con la situación en que se encuentran ellos ahora? Explique.
6. Según su opinión, ¿por qué en cierto momento el Hombre toma la escoba y empieza a barrer? ¿Dónde pone el pelo que recoge del suelo?
7. Según el Peluquero, ¿qué sería él si no fuera peluquero? ¿Qué piensa usted de esa alternativa? ¿Qué tienen en común ambas profesiones?
8. ¿Cómo y por qué limpia el espejo el Hombre?
9. Si el Hombre pudiera elegir entre ser peluquero y ser dentista, ¿qué elegiría él? ¿Por qué?
10. ¿Qué quiere el Peluquero que haga el Hombre? ¿Cómo reacciona el Hombre al principio? ¿Y después? ¿Qué más hace el Hombre?
11. ¿Qué adjetivos usa el Hombre para describir la navaja? ¿Y qué dice de ella el Peluquero? Comente el incidente o accidente con dicha navaja.
12. ¿Qué pasa después con la colonia? ¿Cree usted que es realmente colonia? ¿Por qué sí o por qué no?
13. Cuando finalmente le toca al Hombre sentarse en el sillón, ¿qué le pide al Peluquero? ¿Y cómo reacciona éste?
14. En la última parte, ¿qué hace el Peluquero? Describa brevemente lo que pasa en esta escena final.

B. Para todas las palabras de la columna izquierda se dan sus falsos cognados en la del medio. Según el significado que tienen en *Decir sí*, escriba las traducciones más apropiadas en los espacios correspondientes.

1. **trapos**   *traps*   _____
2. **tapas**   *taps, tapes*   _____
3. **pala**   *pal, pale*

4. **nudo**   *nude*   _____
5. **listo**   *list*   _____
6. **brocha**   *brooch*   _____
7. **bigote**   *bigot*   _____
8. **colonia**   *colony*   _____

C. Indique si los comentarios que siguen reflejan correctamente o no el contenido de la pieza. Escriba **V** (verdadero) o **F** (falso) en los espacios correspondientes. Si lo que lee es falso, corríjalo.

_____ 1. Al empezar la obra, el Peluquero está leyendo un periódico.

_____ 2. El cliente vino a la peluquería a que le cortaran el pelo.

_____ 3. Antes de sentarse, el Peluquero limpia el espejo.

_____ 4. Después, el cliente se ve obligado a hacer el papel del Peluquero.

_____ 5. El Hombre primero afeita al Peluquero y luego le corta el pelo.

_____ 6. El Peluquero quiere que el Hombre cante.

_____ 7. Pero el Hombre desobedece y no canta.

_____ 8. El Peluquero quiere que el Hombre le corte también las patillas y el bigote.

_____ 9. Al final uno se da cuenta de que el Hombre no le había cortado el pelo al Peluquero sino a una peluca.

✦ Temas de discusión o análisis

1. Resuma con sus propias palabras el argumento de *Decir sí*.
2. Analice la manera en que las características físicas y psicológicas del cliente (Hombre) determinan su futuro en la obra.
3. Compare y contraste el papel del Hombre con el del Peluquero.
4. Discuta la importancia del escenario y de los aspectos no verbales en *Decir sí*, entre ellos el uso de los gestos, las acciones, las miradas y/o la música.
5. Analice el diálogo verbal y no verbal que se establece entre el Hombre y el Peluquero, comparando y contrastando, entre otros aspectos, la verbosidad de aquél con el relativo silencio de éste.
6. Analice la significación del título de esta obra y comente su relación temática y/o estructural con el resto de la pieza.
7. Según su opinión, ¿cómo cambiaría *Decir sí* o su interpretación personal de ella si su título fuera *Decir no*? Explique.
8. Analice el uso de la ironía en la pieza y apoye sus comentarios con citas del texto.
9. Discuta el simbolismo de **tres** de los siguientes elementos: la peluquería, el Hombre, el Peluquero, la anécdota del charco, la peluca y/o la navaja.
10. Analice **uno** de los siguientes temas en *Decir sí* y apoye sus comentarios con citas del texto.
    a. el uso y/o el abuso de poder
    b. la violencia y/o la represión
    c. la destrucción y/o la autodestrucción

d. la incomunicación y/o la falta de comprensión

e. la deshumanización y/o la falta de compasión humana

11. Discuta el desenlace de esta obra. Según su opinión, ¿es éste un final abierto o cerrado, sorprendente o esperado? ¿Por qué? Explique.

12. Cambie la última parte de *Decir sí* y escriba otro desenlace para esta pieza de Gambaro.

✦ Temas de proyección personal

1. En esta obrita, el cliente llega a perder su vida porque no sabe o no puede decir «no» cuando debe. ¿Es usted una de esas personas que siempre dice «sí» a todo lo que le piden los demás? ¿Hizo alguna vez algo por el simple hecho de haber dicho «sí» cuando debería haber dicho «no»? Describa alguna experiencia negativa y lo que podría haber evitado si sólo hubiera dicho «no» en el momento apropiado.

2. En *Decir sí* el Peluquero es un ejemplo extremo de personaje dominador o manipulador y el Hombre es otro caso exagerado de personaje dominado o manipulado. En su caso personal, ¿cree usted que se parece más al Peluquero o al Hombre? Explique por qué.

3. En la obra de Gambaro la peluquería funciona como símbolo de un contexto mayor. Es un verdadero microcosmos de la realidad argentina en donde se reflejan, entre otros, los problemas de violencia, represión, arbitrariedad y abuso de poder de la época del gobierno militar: 1976–1983. En general, ¿cree usted que ciertos lugares como una peluquería, un salón de belleza, un mercado o un bar pueden adquirir valor simbólico más fácilmente que otros? ¿Por que? Por ejemplo, ¿quiénes van a una peluquería? ¿Para qué? ¿De qué se habla o qué se escucha allí? Comente.

✦ *Temas intertextuales* ✦

1. Compare y contraste la incorporación temática y/o estructural de la experiencia del exilio o destierro en los poemas de Claribel Alegría y de Elvio Romero. Dé ejemplos específicos.

2. Analice el impacto de la historia en las obras de Claribel Alegría y de Elvio Romero.

3. Ampliación del tema 2: Incluya también «Memorial de Tlatelolco» (Sección V), «Explico algunas cosas» (Sección IV) o «Balada de los dos abuelos» (Sección IV) en su análisis.

4. Discuta el papel de la historia o del contexto político-social en dos textos narrativos de su elección incluidos en esta sección.

5. Ampliación del tema 4: Incluya también «Papá, hazme un cuento» (Sección V), «La fuga de Pancho Villa» (Sección IV) o «Nos han dado la tierra» (Sección IV) en su análisis.

6. Compare y contraste la incorporación de los personajes históricos indicados en dos de las siguientes obras. Francisco Solano López en «Noroeste», Salvador Allende en «Para que se abran las anchas alamedas» y/o Alfredo Stroessner en «Ultima voz».

7. Ampliación del tema 6: Incluya también la ficcionalización de **dos** de las siguientes figuras históricas en su análisis comparativo: Fidel Castro en «Papá, hazme un cuento» (Sección V), Pancho Villa en «La fuga de Pancho Villa» (Sección IV), Theodore Roosevelt en «A Roosevelt» (Sección III), Atahualpa en «El rescate de Atahualpa» (Sección II) y/o Marina en «Doña Marina» (Sección I).

8. Discuta la función del arte y/o el papel de la censura en **dos** de los siguientes relatos: «Grafitti», «Los censores», «Diálogo con el escritor» y/o «Indicio No. 25».

9. Escoja **uno** de los temas que siguen y desarróllelo de manera comparativa-contrastiva en **dos** de los siguientes cuentos: «Grafitti», «El abrigo de zorro azul» y/o «Diálogo con el escritor».
   a. el punto de vista narrativo
   b. la estructura textual
   c. la relación «él/ella» o «personaje masculino/personaje femenino»

10. Compare y contraste el tema del uso y/o abuso de poder en **dos** de los siguientes textos: «Los censores», «Grafitti», «Diálogo con el escritor» y/o *Decir sí.*

11. Ampliación del tema 10: Incluya también «Memorial de Tlatelolco» (Sección V), *El soldado* (Sección III) o «El rescate de Atahualpa» (Sección II) en su análisis comparativo.

12. Discuta la función de elementos simbólicos o alegóricos en **tres** de los siguientes textos: «Grafitti», «Los censores», «El abrigo de zorro azul», «Diálogo con el escritor», «Indicio No. 25», «El ciclista del San Cristóbal» y/o *Decir sí.*

13. Ampliación del tema 12: Incluya también «La prodigiosa tarde de Baltazar» (Sección V), *La señora en su balcón* (Sección V), «Cine Prado» (Sección V), «Los dos reyes y los dos laberintos» (Sección IV), o *Una mariposa blanca* (sección IV) en su análisis.

14. Compare y contraste el papel de la familia o de las relaciones familiares en **dos** de los siguientes textos: «Carta a un desterrado», «El abrigo de zorro azul» y/o «El ciclista del San Cristóbal».

15. Ampliación del tema 14: Incluya también «Papá, hazme un cuento» (Sección V), «La prodigiosa tarde de Baltazar» (Sección V), «Las dos Elenas» (Sección V) o «La camisa de Margarita» (Sección III) en su análisis comparativo.

16. Discuta la relación temática y/o estructural entre sueño o fantasía y realidad en **dos** de las siguientes obras: «Grafitti», «El abrigo de zorro azul», «Diálogo con el escritor», «Indicio No. 25» y/o *Decir sí.*

17. Varios de los textos de esta sección reflejan diferentes formas de amor, lealtad y nostalgia, sentimientos en general muy relacionados. Compare y contraste la elaboración o expresión temática de dichos sentimientos en **tres** obras de su elección incluidas en esta sección.

18. Ampliación del tema 17: Incluya también «Papá, hazme un cuento» (Sección V), «El nombre de María» (Sección V), *La señora en su balcón* (Sección V) o «Balada de los dos abuelos» (Sección IV) en su análisis comparativo.

19. Compare y contraste las visiones femeninas del amor y/o de la pérdida del amor según su expresión temática en la poesía de Claribel Alegría, Gertrudis Gómez de Avellaneda (Sección III) y Alfonsina Storni (Sección III).

20. Analice el uso de la ironía en **dos** de los siguientes textos: «Carta a un desterrado», «Los censores», *Decir sí* y/o «El abrigo de zorro azul».

21. Compare y contraste el punto de vista narrativo y la estructura formal en «Grafitti» y en «El abrigo de zorro azul».

22. Discuta el uso del final sorpresivo o inesperado en **dos** de las siguientes obras: «Grafitti», *Decir sí*, «Los censores» y/o «El abrigo de zorro azul».

23. Compare y contraste la relación «título-contenido» o «título-forma» en **tres** textos de su elección incluidos en esta sección.

24. Discuta la caracterización de los personajes femeninos en **dos** de los siguientes relatos: «Diálogo con el escritor», «Indicio No. 25», «El abrigo de zorro azul» y/o «Grafitti».

25. Compare y contraste la función del diálogo en *Decir sí*, «Indicio No. 25» y «Diálogo con el escritor».

26. Discuta la relación o interrelación entre estilo, tono y perspectiva narrativa en **dos** obras de su elección incluidas en esta sección.

27. Compare y contraste la función de las alusiones literarias, artísticas, musicales y culturales en general en **dos** de los siguientes textos: «Carta a un desterrado», «Grafitti», «El ciclista del San Cristóbal», *Decir sí* y/o «Para que se abran las anchas alamedas».

28. Ampliación del tema 27: Incluya también «Las dos Elenas» (Sección V), *La señora en su balcón* (Sección V), «Explico algunas cosas» (Sección IV) o «Los dos reyes y los dos laberintos» (Sección IV) en su análisis comparativo.

Literatura hispana en Estados Unidos

Camas para soñar *(1985) de la pintora y escritora mexicanoamericana Carmen Lomas Garza, obra incluida en su libro bilingüe* Family Pictures/Cuadros de familia *(1990).*

410

Sinopsis histórico-literaria

En esta sección se examina la producción literaria hispánica de las últimas décadas en Estados Unidos. Se incluyen aquí obras de autores nacidos y criados en este país como de otros que han venido originalmente como inmigrantes o exiliados y que han empezado o continuado su labor literaria en su nuevo lugar de residencia. De este último grupo, algunos, como el paraguayo Rodrigo Díaz-Pérez, han llegado hace varias décadas; otros, como la chilena Isabel Allende, hace sólo unos diez años. Muchos, como el cubano Elías Miguel Muñoz o la chilena Marjorie Agosín —para mencionar sólo nombres de escritores que figuran en esta sección— han hecho toda su carrera literaria en Estados Unidos. Otros, como el cubano Heberto Padilla o la misma Isabel Allende, ya tenían reputación internacional antes de su llegada. Los diez autores aquí representados viven actualmente en Estados Unidos y sus obras forman parte de la creciente y cada vez más importante producción hispánica estadounidense.

Tal vez llame la atención el que se dedique toda una sección, y la de mayor extensión, a la literatura hispana de un país no hispano. Sin embargo, basta mirar las estadísticas para darse cuenta del porqué. En términos de población, por ejemplo, Estados Unidos es el cuarto país de habla española del mundo. Según datos del *U.S. Census Bureau,* la población hispana era de 26,6 millones en marzo de 1994, sin contar la inmigración ilegal que entonces alcanzaba al 10,3% del total de habitantes. Con ese ritmo de crecimiento, se calcula que en dos décadas más los hispanos se convertirán en la minoría más numerosa del país. Pero este fenómeno no ha ocurrido de la noche a la mañana. La presencia hispana en Estados Unidos tiene una larga historia y data de la época colonial.

En el siglo XVI, y unos cien años antes de la llegada de los primeros colonos anglosajones a Plymouth Rock, los españoles exploraron lo que hoy es el estado de Florida e hicieron lo mismo en el resto del Nuevo Mundo. En 1565 fundaron la ciudad de San Agustín en Florida, habiendo fundado ya, décadas antes, las grandes capitales de Hispanoamérica, entre ellas: La Habana (1519), Ciudad de México (1521), Quito (1534), Lima (1534), Buenos Aires (1536), Asunción (1537) y Bogotá (1538). Hasta mediados del siglo XIX, gran parte del territorio actual de Estados Unidos pertenecía a México, y los hoy llamados mexicanoamericanos o chicanos surgieron, en primer lugar, de las guerras libradas por Estados Unidos contra México durante ese siglo. En efecto, como resultado de la anexión de Texas en 1845, la firma del Tratado de Guadalupe Hidalgo que puso fin a la guerra en 1848 y la llamada *Gadsden Purchase* en 1853, México perdió prácticamente la mitad de su territorio y Estados Unidos adquirió lo que actualmente es Arizona, California, Nevada, Nuevo México, Utah, Texas y partes de Colorado y Wyoming. Consecuentemente, un gran número de los ciudadanos mexicanos que vivían en dichos territorios pasaron a ser ciudadanos estadounidenses. A esa población inicial se suma hoy día el flujo constante de inmigrantes mexicanos, legales e ilegales, que ha tenido lugar durante todo el siglo XX.

El término «chicano», tan común en las últimas décadas para identificar a los mexicanoamericanos, tiene su origen, de acuerdo a una de las teorías más aceptadas, en la palabra «mexicano», a su vez derivada de «mexica» y pronunciada «meschica» desde el siglo XVI. También se dice que los «pochos» (mexicanos americanizados) llamaban «chicanos» a los inmigrantes recién llegados de México. Hay que aclarar, no obstante, que el término «chicano» cobró mayor significación a partir de los años sesenta, con el surgimiento del llamado Movimiento Chicano —también conocido como «La Causa»— que logró una renovación política y cultural de la comunidad mexicanoamericana. Dicho movimiento denunció la relación de explotación y opresión, especialmente económica, en que vivían los chicanos con respecto a los anglosajones y trató de transformar la realidad y la conciencia de aquéllos. Una preocupación central del movimiento fue el problema de identidad sufrido por los mexicanoamericanos durante toda su historia. Así, al llamarse «chicanos» o miembros de «la Raza», éstos ponían más énfasis en su pasado indígena que en la tradición colonizadora española y estadounidense. Este interés por explorar sus raíces étnicas agudizó cada vez más la necesidad de reconstruir la historia de los chicanos en Estados Unidos como base de apoyo para la identidad chicana. A esto se sumó un aumento en la actividad cultural que produjo una explosión artística sin precedentes y un verdadero renacimiento de la tradición literaria mexicanoamericana.

Para muchos historiadores y críticos, la literatura chicana está ligada al Movimiento Chicano de los años sesenta. En efecto, a partir de esa década —tan vinculada a las luchas por los derechos civiles— la literatura hispana de Estados Unidos ha ido consolidando un desarrollo distintivo y de gran vitalidad creadora. Motivada inicialmente por la búsqueda de una identidad étnica, sus propuestas se han ido universalizando, con una apertura que ha contribuido a reconocer y a destacar el carácter multicultural de la sociedad estadounidense.

En particular, con la llegada de la década del sesenta, y un año después de la publicación de *Pocho* (1959) de José Antonio Villareal, se produjo una especie de renacimiento cultural por parte de la comunidad mexicanoamericana. A menudo considerada como la primera novela chicana, *Pocho* cuenta la historia de la americanización de un joven mexicano. Gran parte de la literatura chicana es de carácter social y refleja en sus páginas la situación socioeconómica y política del momento. En los años sesenta, muchos autores promovieron en sus escritos los postulados del Movimiento Chicano, presentando con intenso realismo las tensiones y conflictos entre los chicanos y los anglosajones. En 1965, Luis Valdez fundó El Teatro Campesino como arma de lucha del *United Farm Workers,* sindicato de trabajadores agrícolas dirigido por el conocido líder chicano César Chávez. Los *actos* de Valdez, a menudo representados por los mismos trabajadores, son ejemplos típicos del teatro chicano, mezcla de literatura y política, con énfasis en la dramatización de asuntos sindicales y políticos.

Es indudable que las luchas de los años sesenta y setenta marcaron un momento importante dentro de la producción literaria chicana con su legado de protesta y disidencia frente a la cultura dominante. Como parte de ese legado, la literatura chicana representa un reto para la crítica, por el cuestionamiento allí implícito de los cánones lingüísticos y literarios establecidos por las instituciones tradicionales. Un elemento significativo es el uso del lenguaje. En el caso de los chicanos, por ejemplo, se pueden distinguir por lo menos tres lenguajes. Parte de ellos son perfectamente bilingües —se manejan tanto en inglés como en español. Otros sólo dominan uno de estos idiomas. Y hay un tercer grupo, en general chicanos de los barrios y de las áreas urbanas que hablan además «caló», variante coloquial en la que predomina una mezcla —tanto léxica como gramatical y estructural— del inglés y del español, es decir, un *Spanglish* muy particular. Dos de los textos de autores chicanos aquí incluidos mezclan ambas lenguas como reflejo de la realidad bilingüe y bicultural chicana: «Que hay otra voz», poema de Tino Villanueva, y *La condición,* pieza teatral de Margarita Tavera Rivera.

La expresión lingüística se convierte entonces en uno de los elementos principales de la literatura chicana, junto a temas como el hogar, la familia, el barrio, la búsqueda de identidad, la protesta social, la idea de frontera o de vivir *entre* (y no *dentro* de) dos culturas, la explotación y la lucha por los derechos civiles, incluyendo también la lucha de las mujeres por la reivindicación de sus derechos. Es importante señalar que en cuanto a las escritoras chicanas, especialmente a partir de los años setenta, éstas han desarrollado personajes femeninos que se enfrentan al problema de las relaciones entre hombres y mujeres y al abuso físico y psicológico, cuestionando el lugar que se les asigna dentro de la familia y de la sociedad. A ese grupo creciente de autoras que exploran la situación de la mujer y señalan la necesidad de un cambio en los roles tradicionales pertenecen, entre otras, Gloria Anzaldúa, Cherríe Moraga, Helena María Viramontes, Sandra Cisneros y Ana Castillo.

La explosión literaria chicana de las últimas décadas ha enriquecido lingüística, temática y estructuralmente la literatura «hispanoamericana» actual, es decir, tanto la concebida y escrita al sur como al norte del Río Bravo o Río Grande. Entre los poetas más destacados están Rodolfo «Corky» Gonzales —autor de «Yo soy Joaquín / I am Joaquín» (1967), un conocido poema sobre la problemática de la identidad chicana—, Alurista, Sergio Elizondo, Tino Villanueva, Abelardo Delgado, José Montoya, Ana Castillo, Angela de Hoyos, Dorinda Moreno, Orlando Ramírez, Gary Soto y Bernice Zamora. En narrativa, la novela ... *Y no se lo tragó la tierra / ... And the Earth Did Not Swallow Him* (1971) de Tomás Rivera, llevada al cine en 1994, es considerada una de las obras fundamentales de la literatura mexicanoamericana. En cuento y novela, además de Rivera deben ser incluidos Ernesto Galarza, Rudolfo Anaya, Miguel M. Méndez, Rolando Hinojosa-Smith, Gloria Anzaldúa, Sandra Cisneros, Sabine Ulibarrí, Margarita Tavera Rivera, Richard Vázquez y Cecile Pineda, para dar sólo algunos nombres representativos. En teatro, hay que destacar dos grupos importantes: El Teatro Campesino, antes mencionado, y El Teatro de la Esperanza. Ambos grupos teatrales se nutren de la rica tradición oral y representan obras que recrean diversos aspectos de la cultura popular chicana.

De la misma manera como el renacimiento literario y la gran producción chicana actual están directamente relacionados con los objetivos políticos y culturales del Movimiento Chicano de los años sesenta, también las literaturas puertorriqueña y cubana que surgen entonces derivan de situaciones contextuales que afectan las relaciones político-económicas entre Estados Unidos y Puerto Rico o entre Estados Unidos y Cuba durante esa época. En el caso de Puerto Rico, los cambios producidos en la estructura laboral con el programa económico conocido como *Operation Bootstrap*, iniciado en 1948, tuvieron como consecuencia la mayor migración de puertorriqueños, casi dos millones, ocurrida después de la Segunda Guerra Mundial. Y de manera similar, la Revolución Cubana (1959) inició la emigración masiva más importante, probablemente ya irreversible, de la historia de Cuba. Pero la asociación entre Estados Unidos y esas dos islas caribeñas empezó hace casi cien años, en 1898, con el hundimiento del barco «Maine» en el puerto de La Habana que causó una confrontación armada entre Estados Unidos y España. Este conflicto determinó el futuro de Puerto Rico y Cuba, las dos últimas colonias del imperio español en el Nuevo Mundo. Durante el presente siglo, las relaciones entre ambas naciones y Estados Unidos, a veces tensas o conflictivas, como en el caso de Cuba en particular, han tenido, no obstante, consecuencias muy positivas en el campo artístico-cultural, y, específicamente, en la literatura hispánica estadounidense.

En ningún otro lugar del mundo hispano ha sido más difícil y frustrante el problema de la identidad nacional que en Puerto Rico, cuyo *status* con respecto a Estados Unidos sólo ha traído, para muchos puertorriqueños, ambigüedad, confusión y frustración durante todo el siglo XX. En efecto, de territorio en 1898, Puerto Rico pasó a ser Estado Libre Asociado en 1952 y, desde 1917, los puertorriqueños son también ciudadanos de Estados Unidos, con ciertas limitaciones. A esa ya compleja situación política, a mediados de este siglo se han agregado una serie de problemas económicos que han tenido consecuencias culturales importantes. Como resultado del plan de *Operation Bootstrap* que incentivó la inversión en la industria y en la elaboración de productos manufacturados, a partir de los años cincuenta declinó la producción del azúcar y el empleo agrícola en la Isla. Al quedarse sin trabajo en su propia tierra, miles de puertorriqueños que hasta entonces vivían de la agricultura vinieron al continente, especialmente a Nueva York, en busca de empleo y de una vida mejor. Durante la década del sesenta, el establecimiento de refinerías y de plantas petroquímicas en Puerto Rico tuvo un impacto similar al de *Operation Bootstrap*. Continuó la migración masiva hacia el continente y hoy día viven más puertorriqueños en Nueva York que en San Juan, la capital de Puerto Rico.

Testigos de las dificultades económicas y de adaptación cultural que tenían sus compatriotas lejos de su isla natal, los escritores «neorriqueños» (puertorriqueños de Nueva York) o aquéllos que como Pedro Juan Soto habían pasado gran parte de su vida entre ambos lugares, empezaron a expresar en sus obras esos problemas de supervivencia, tanto los triunfos como los fracasos de su gente en la gran metrópoli estadounidense. Dichas obras reflejan, al mismo tiempo, la influencia de conocidos maestros de su patria, entre ellos la de Luis Palés Matos —el poeta más famoso de Puerto Rico—, Enrique Laguerre, Luis Rafael Sánchez, Emilio Díaz Valcárcel, Julia de Burgos, José

Luis González y René Marqués, autor de *La carreta,* pieza teatral estrenada en Nueva York (1953) y luego publicada en español (1961) y en inglés (1969). *La carreta* dramatiza la trágica vida de una familia migrante que por razones económicas se ve obligada a dejar su granja en el campo para mudarse primero a un barrio pobre de San Juan y después a otro igualmente pobre de Nueva York. También influyen en la poesía, la narrativa y el teatro de los autores neorriqueños las obras de escritores isleños más jóvenes como Rosario Ferré, Ana Lydia Vega y Edgardo Rodríguez Juliá, entre otros. Estimulados como éstos por la búsqueda de la identidad puertorriqueña, la literatura neorriqueña tiende a reescribir la realidad, exagerándola para exponer su falta de sentido histórico. Además, dicha literatura a menudo critica la posición de quienes prefieren la asimilación a la identidad nacional y refleja la dificultad de vivir entre dos culturas, la problemática del bilingüismo y biculturalismo que, en mayor o menor grado, afecta a todas las minorías hispanas por igual. Forman parte de este grupo neorriqueño escritores como Alfredo Villanueva-Collado, Jaime Carrero —quien a fines de los años sesenta acuñó el uso literario del término «neorriqueño» en su poema titulado «Neo-Rican Jetliner / Jet neorriqueño»—, Judith Ortiz Cofer, Nicholasa Mohr —la más prolífica y destacada de los novelistas neorriqueños—, Manuel Ramos Otero, Lydia Vélez-Román, Ed Vega y otros. La labor literaria de dichos autores y su tarea de difusión de la cultura puertorriqueña en el continente se ve fortalecida por las actividades del *Nuyorican Poets' Cafe* (Café de los Poetas Nuyorriqueños) —asociado con una serie de poetas-dramaturgos como Miguel Algarín (fundador del Café), Lucky Cienfuegos, Tato Laviera, Pedro Pietri, Sandra María Esteves, Víctor Hernández Cruz y Miguel Piñero— que popularizó el uso de la palabra «nuyorriqueño», variante de «neorriqueño». Similar propósito de difusión cumple el Teatro Rodante Puertorriqueño de Nueva York, compañía teatral que mantiene viva la herencia cultural boricua, proveniente de la mezcla de tres culturas: la taína, la africana y la española.

En cuanto a los orígenes de la literatura cubanoamericana, ésta se inicia y florece en la segunda mitad de este siglo. En efecto, como consecuencia de la Revolución Cubana en 1959, a partir de los años sesenta comenzaron a llegar a Estados Unidos cientos de miles de refugiados y desterrados cubanos y entre ellos un gran número de escritores como Heberto Padilla, Reinaldo Arenas y Antonio Benítez Rojo. Otros, como Elías Miguel Muñoz, Emilio M. Mozo, Roberto Fernández, Pablo La Rosa, Mariseilla Veiga, Cristina García o Pablo Medina, salieron de Cuba cuando eran niños o muy jóvenes, con sus padres, generalmente exiliados políticos del régimen de Castro.

Como en el caso de las literaturas chicana y neorriqueña (o puertorriqueña continental), la cubanoamericana está marcada e influida por las circunstancias políticas relacionadas con la comunidad cubana de este país, en su mayoría residentes del estado de Florida y, especialmente, de Miami. Aunque durante los años sesenta se registraron dos movimientos migratorios paralelos importantes desde el Caribe —Puerto Rico y Cuba— hacia el continente, la migración masiva puertorriqueña, ya iniciada en la década anterior, tuvo orígenes económicos mientras que la cubana se originó por razones políticas. Esta motivación esencialmente política de la emigración cubana de los sesenta se ve reflejada tanto en la situación de los escritores en sí, siendo la mayoría de ellos profesores universitarios o profesionales de algún tipo, como en los motivos temáticos recurrentes en sus obras. Si bien el problema de la supervivencia en un medio bicultural y bilingüe, recurrente en las obras de escritores chicanos y neorriqueños, constituye también un núcleo temático importante de la literatura cubanoamericana, otro más característico de ésta —en particular de los representantes de la primera generación como Lydia Cabrera, Matías Montes Huidobro, Celedonio González o José Sánchez Boudy— se relaciona con la nostalgia de la tierra lejana a la que no se puede volver, temas de política actual y la condición del exilio personal o familiar que directa o indirectamente afecta a estos escritores. Sin embargo, el tema del exilio está prácticamente ausente de las obras de los escritores más jóvenes —entre ellos, Iván Acosta, Roberto Fernández, Virgil Suárez y Oscar Hijuelos, autor de la novela *Los reyes del mambo tocan canciones de amor* (1989), llevada exitosamente al cine con el título de *The Mambo Kings* (1992)— cuyas creaciones exploran, por otra parte, los conflictos entre la vieja generación y la nueva, es decir, entre los padres y abuelos que mentalmente todavía están en Cuba y entre los hijos y nietos que aunque cubanoamericanos, se sienten, no obstante, más «americanos» y menos «cubanos» que sus mayores.

La inestabilidad política de gran parte del mundo hispanoamericano durante las tres o cuatro últimas décadas ha causado también una constante migración de centroamericanos, dominicanos y sudamericanos hacia Estados Unidos. En particular, las dictaduras y juntas militares del Cono Sur —Paraguay, Argentina, Chile y Uruguay— han llevado al exilio a muchos intelectuales y artistas. Al obligarlos a vivir lejos de sus respectivos países para escribir en libertad, la dictadura del General Stroessner (1955–1989) en Paraguay y los gobiernos militares de Argentina (1976–1983) y Chile (1973–1989) han ayudado a enriquecer la literatura hispánica producida en Estados Unidos con las obras de escritores como Rodrigo Díaz-Pérez, Nora Glickman, Marjorie Agosín e Isabel Allende, para mencionar sólo a los incluidos en esta sección. Dentro de este grupo se ubican también las tres novelas de la dominicana Julia Alvarez —*How the García Girls Lost Their Accents* (1991), *In the Time of the Butterflies* (1994) y *¡Yo!* (1997)—, inspiradas en su experiencia personal de inmigrante latina en Estados Unidos como miembro de una familia de exiliados políticos de la dictadura de Rafael Trujillo (1930–1961) en República Dominicana.

La literatura hispánica de Estados Unidos, como la hispanoamericana en general, es variada, diversa y multicultural por naturaleza, ya que proviene de raíces étnicas que tienen historias y experiencias diferentes y específicas. Sin embargo, existe entre todas ellas un elemento de unidad muy importante: la lengua. En efecto, los escritores hispánicos de este país comparten y recrean en sus textos esa experiencia bilingüe y bicultural, a menudo dolorosa y difícil, de hablar dos lenguas y vivir entre dos culturas. Cada uno de ellos da una perspectiva personal de dicha experiencia y sus obras, con distintas voces y estilos, constituyen testimonios de la riqueza y diversidad cultural del mundo hispánico estadounidense.

❖❖❖

ANA CASTILLO

Nota biográfica

Ana Castillo (1953–), prolífica poeta, novelista, cuentista, ensayista y traductora chicana, nació y creció en un barrio italiano de Chicago, donde vive actualmente y al que ha regresado después de algunos años de residencia en Albuquerque. Es cofundadora y colaboradora de la revista literaria *Third World*. Forma parte del creciente número de escritoras —con Gloria Anzaldúa, Cherríe Moraga y Sandra Cisneros, entre otras— que exploran la situación de la mujer y, en particular, la de la hispana en Estados Unidos. Como varios de los autores representados en esta sección, escribe y publica tanto en español como en inglés. Sus libros de poesía incluyen *Otro canto* (1977), *The Invitation* (1979), *Las mujeres no son rosas/Women are not Roses* (1984) y *Mi padre fue tolteca / My Father was a Toltec* (1988). En cuanto a su producción narrativa, hasta la fecha ha dado a luz tres novelas: *Las cartas de Mixquiahuala / The Mixquiahuala Letters* (1986), ganadora del premio para libros de la fundación «Before Columbus» en 1987; *Sapogonia* (1990), considerada un verdadero «triunfo literario» por el renombrado novelista Rudolfo Anaya, y *So Far from God* (1993). Su libro más reciente, *Loverboys* (1996), es una colección de veintitrés cuentos y minicuentos en torno al tema del amor, captado en todas sus dimensiones y variedades. Es además coeditora, con Cherríe Moraga, de *Esta puente, mi espalda / This Bridge Called My Back* (1988), una antología de textos feministas que reúne poesía, entrevistas y ensayos diversos escritos por mujeres del Tercer Mundo que viven en Estados Unidos. También es autora de *Massacre of the Dreamers: Reflections on Mexican-Indian Women in the United States 500 Years After the Conquest* (1992), un libro de ensayos de carácter histórico y testimonial.

❖ Guía y actividades de pre-lectura

Ana Castillo se inició como poeta escribiendo «poesía de protesta» y la temática social inaugurada en sus versos recurre también en su producción narrativa posterior. En efecto, en ésta reaparecen temas como el racismo, el sexismo, la opresión y los relacionados con la desigualdad y los diversos prejuicios sociales ya presentes en sus primeros volúmenes poéticos. Los dos poemas aquí incluidos —«Martes en Toledo» y «Entre primavera y otoño»— fueron sacados de *Esta puente, mi espalda / This Bridge Called My Back*, pero provienen originalmente de *Mi padre fue tolteca / My Father was a Toltec*. En general, las obras de Castillo, como las de muchas escritoras chicanas de su generación, cuestionan los valores de la sociedad patriarcal, poniendo en evidencia los prejuicios derivados de dicha estructura social. En el caso particular de estos dos textos, ambos desarrollan personajes femeninos que directa o indirectamente critican el lugar tradicionalmente asignado a la mujer. Y también ambos reflejan modalidades diferentes de resistencia frente a la percepción de injusticia o desigualdad de cualquier tipo. En «Martes en Toledo», por ejemplo, la voz poética se enfrenta al problema de las relaciones entre los sexos y denuncia uno de los prejuicios todavía muy fuertes en la sociedad actual. En «Entre primavera y otoño», por otra parte, la protagonista refleja el abuso físico y psicológico al que han sido expuestas por siglos las mujeres de grupos minoritarios (también llamadas «mujeres de color») como las indígenas, las latinas, las afroamericanas y las asiáticas que viven en Estados Unidos. Con un estilo claro y conciso, un lenguaje conversacional y directo, aunque lleno de imágenes y expresado en versos libres,* estos dos poemas narran dos historias distintas desde dos perspectivas diferentes. No obstante, estas dos historias son temáticamente similares en cuanto ambas reflejan una situación de abuso e injusticia que la voz poética critica y/o denuncia.

1. ¿Qué imágenes le trae a la mente el título «Martes en Toledo»? ¿Diría usted que es o que no es un título apropiado para un poema narrativo? Comente.

2. ¿A qué Toledo piensa usted que alude «Martes en Toledo»: al de Ohio o al de España? ¿Por qué? Ahora lea rápidamente la primera estrofa para encontrar algunas claves. ¿A cuál Toledo se refiere el título? Justifique su respuesta con datos de dicha estrofa.

3. ¿Qué imágenes le trae a la mente el título «Entre primavera y otoño»? Comparando ambos títulos, ¿diría usted que éste es más o menos apropiado que «Martes en Toledo» para un poema narrativo? ¿Por qué?

4. Lea la primera estrofa de «Entre primavera y otoño» y conteste las siguientes preguntas.
   a. ¿En qué estación del año y dónde situaría usted la historia de este poema?
   b. ¿De quién se habla en estos versos y qué se dice de ella?
   c. ¿Qué metáforas* y/o símiles* se usan aquí para describir a la india?
   d. ¿Cree usted que ese lenguaje metafórico ayuda aquí a resaltar la capacidad de sufrimiento de la mujer indígena? ¿De qué manera? Explique.

5. Con ayuda de algún libro de referencia, busque datos referentes a la historia, situación política, económica y social de los indios de Norteamérica y, en particular, de los del suroeste de Estados Unidos. Luego prepare un breve informe oral con los resultados de su investigación.

Martes en Toledo

Amanecí[1]
sola en Toledo.
Sol contra pared
contra piedra, rechaza todo.
5   Un viejo nos dijo —maricas[2]—
mientras que tomábamos un café

[1] Me desperté
[2] *lesbians*

esperando el autobús de las 17.00.
¿Será que no llevábamos los labios
pintados, que las mejillas[3] fuesen
10 roídas[4] por el viento? ¿Ser
americana, acaso, te ofendió?

Yo
te había perdonado todo.
Pero esto de llegar a tu vejez y no ser
15 nada, no Dalí,[a] con pesetas y castillos
admiradores alrededor del mundo
pero molinero,[5] gerente del Banco de Bilbao
o camarero en Madrid—

Sin dientes llegaste a los 60.
20 Y un juego de ajedrez[6] con Manolo no
alivia esa herida que ha sido
tu vida: lo crudo, lo sangriento,
la guerra, el infarto,[7] la mujer bella
a quien amaste tanto y quien se hizo vieja
25 para despreciarte.[8] Me llamaste marica.
Todo tu odio envuelto en una palabra
lanzado[9] desde tu rincón en el café.

Se me cae la cuchara y al levantarla,
siento, tu muerte.

3 *cheeks*
4 *bitten, gnawed*
5 *miller*
6 *chess*
7 lesión del corazón
8 *belittle you*
9 *thrown, hurled*

✦ Comprensión

Conteste las siguientes preguntas según el poema.

1. ¿Dónde y en qué momento del día se sitúa la escena evocada en los cuatro primeros versos? ¿Y el incidente narrado en los versos 5–11?
2. ¿En qué verso se da cuenta uno de que el «yo» poético es una mujer? Explique.
3. ¿Con quién cree usted que estaba el «yo» poético ese martes de tarde? ¿Por qué estaban allí y qué hacían cuando escucharon el insulto del viejo?
4. Según su opinión, ¿por qué las llamaría «maricas» el viejo del café? Comente.
5. ¿Comprende la voz poética el porqué del insulto? Según ella, ¿qué pudo haber ofendido al viejo? Describa las tres posibles razones mencionadas en los versos 8–11.
6. ¿Quién es el «tú» a quien están dirigidas las tres últimas estrofas del poema?

ᵃAquí se alude a Salvador Dalí (1904–1989), famoso pintor surrealista español.

7. ¿Cómo explica usted los versos «Yo / te había perdonado todo»? ¿Qué es lo que el «yo» le había perdonado al «tú»? Comente.
8. ¿De qué le acusa la voz poética al «tú»? Según ella, ¿qué edad tiene el «tú» y qué ha hecho o no ha hecho en su vida? Explique.
9. ¿Cómo interpreta usted los dos versos finales del poema: «Se me cae la cuchara y al levantarla, / siento, tu muerte.»? Comente.

Entre primavera y otoño

La india carga[1]
su bandera[2] sobre
su cara
manchada de[3] sangre
5   sus cicatrices[4] corren
como las carreteras[5] viejas

[1] *holds*
[2] *flag*
[3] **manchada...** *stained with*
[4] *scars*
[5] caminos

Cumpleaños de Lala y Tudi *(1989) de Carmen Lomas Garza, obra también incluida en su libro* Family Pictures/Cuadros de familia *(1990).*

de su tierra
y la india no se queja.

Le preguntan por qué
no cuenta
su historia
y ojos húmedos responden
que le cuentan todo
al que quiere oír.

Si acaso[6] abre
su boca
sale la canción
del mar
los ecos del viento
hay volcanes inquietos
en el pecho[7] de la india.

Sus huesos se han
hecho del polvo[8]
de cincuenta mil muertos
el grito doloroso
de ellos
es el silencio
de la india.

Ayer tuvo un hombre
que le hizo sueños
del aire...
tuvo sus hombres
la india
pero ahora no tiene
a nadie.

Del mundo es la india
y si la ves
bailando
en vestido de seda[9]
o pidiendo[10] en la calle
no le preguntes el porqué
o tal razón por su camino.

El destino de la india
es la bandera que carga
sobre su cara quemada[11]
dura de sangre seca
y la india no se queja
no se queja de nada.

6 *by chance*
7 *breast*
8 *dust*
9 *silk*
10 *begging*
11 *burned*

◆ Comprensión

Conteste las siguientes preguntas según el poema.

1. ¿Desde qué perspectiva se cuenta la historia de este poema? ¿A quién se describe allí?
2. ¿Cómo es la cara de la india? Descríbala.
3. ¿Cómo responde ella cuando le preguntan por qué no cuenta su historia? Explique.
4. ¿Qué se puede deducir de los versos 15–28 del poema con respecto a la vida de la india? ¿Ha sufrido mucho ella? Explique.
5. ¿Se ha casado o ha tenido algún hombre en su vida alguna vez? Según su opinión, ¿será ella una mujer mayor o menor de sesenta años? ¿Por qué?
6. Según el poema, ¿qué hace la india para ganarse la vida y sobrevivir? Explique.
7. ¿Cómo interpreta usted la última estrofa? Comente.

◆ Expansión

A. Reconstruya algunos versos de «Martes en Toledo», reordenados al azar, llenando los espacios correspondientes con los antónimos apropiados de las palabras subrayadas.

1. Pero esto de llegar a tu niñez y no ser   _____
2. la paz, el infarto, la mujer bella   _____
3. a quien amaste tan poco y quien se hizo vieja   _____
4. acompañada en Toledo.   _____
5. Sin dientes saliste de los 60.   _____
6. Se me cae la cuchara y al bajarla,   _____
7. críticos alrededor del mundo   _____
8. para apreciarte. Me llamaste marica.   _____
9. Anochecí   _____
10. contra piedra, acepta todo.   _____

B. Basándose en el contenido de «Entre primavera y otoño», complete las siguientes afirmaciones, marcando con un círculo la letra de la respuesta más apropiada.

1. La historia de este poema tiene lugar en...
   a. invierno.   b. verano.   c. otoño.
2. El poema está escrito en...
   a. primera persona.   b. segunda persona.   c. tercera persona.
3. Esta india en general habla...
   a. poco.   b. mucho.   c. todo el tiempo.
4. Aunque ha sufrido mucho, ella no...
   a. llora nunca.   b. se queja nunca.   c. siente nada.
5. La imagen de «las carreteras viejas» alude a...
   a. sus recuerdos.   b. sus sueños.   c. sus cicatrices.

6. Según el poema, los huesos de la india están hechos de...

    a. sangre seca.   b. ecos del viento.   c. polvo de muertos.

7. También según el poema, ahora ella vive sólo con...

    a. sus hijos.   b. sus recuerdos.   c. una amiga.

C. Identifique y explique la importancia o la significación de los siguientes versos sacados de ambos poemas.

1. Sol contra pared / contra piedra, rechaza todo.
2. La india carga / su bandera sobre / su cara
3. Un viejo nos dijo —maricas— / mientras que tomábamos un café
4. hay volcanes inquietos / en el pecho de la india.
5. Si acaso abre / su boca / sale la canción / del mar / los ecos del viento
6. el grito doloroso / de ellos / es el silencio / de la india.
7. Todo tu odio envuelto en una palabra / lanzado desde tu rincón en el café.
8. y la india no se queja / no se queja de nada.

✦ Temas de discusión o análisis

1. Resuma con sus propias palabras el incidente evocado en «Martes en Toledo» o la historia narrada en «Entre primavera y otoño».
2. Identifique y discuta el tema o los temas de **uno** de estos poemas.
3. Compare y contraste los temas principales de ambos poemas.
4. Discuta el título «Martes en Toledo» o «Entre primavera y otoño» y analice su relación literal y/o simbólica con el resto del poema respectivo.
5. Discuta la caracterización del «yo» poético (la mujer) o del «tú» (el hombre viejo) a quien van dirigidos sus juicios en «Martes en Toledo».
6. Analice la estructura formal y el lenguaje de «Martes en Toledo», poniendo énfasis en las connotaciones semánticas e ideológicas del diálogo implícito entre sus dos personajes principales. Apoye sus comentarios con citas del texto.
7. Compare y contraste la personalidad de la mujer con la del hombre viejo en «Martes en Toledo».
8. Vuelva a escribir «Martes en Toledo», en verso o en prosa, desde una de las siguientes perspectivas: la del viejo, la de un mozo del café o la de Manolo.
9. Analice **uno** de los temas que siguen en «Martes en Toledo».
    a. la doble función del «yo» poético como personaje principal y como voz lírica-narrativa
    b. el uso de la ironía y/o del sarcasmo
    c. el papel de las imágenes evocadas por el «yo» poético
10. Identifique los diversos lugares, ciudades y personas aludidos en «Martes en Toledo» y analice su función temática y/o estructural en dicho poema.
11. Discuta **uno** de los temas que siguen en «Entre primavera y otoño».
    a. la caracterización de la india
    b. la importancia de las alusiones al cuerpo y, en particular, a la cara
    c. el papel del paisaje y de la naturaleza

12. Identifique los símiles, metáforas e imágenes contenidos en «Entre primavera y otoño» y analice su función temática y/o estructural en dicho poema.

13. Analice el papel del silencio en ambos textos poéticos.

14. Compare y contraste la personalidad del viejo de «Martes en Toledo» con la de la india de «Entre primavera y otoño».

15. Discuta **uno** de estos poemas como obra de denuncia y/o crítica social.

16. Compare y contraste la protesta explícita en la verbalización de los sentimientos del «yo» de «Martes en Toledo» con la implícita en el silencio de la india de «Entre primavera y otoño».

✦ Temas de proyección personal

1. Piense en alguna experiencia en que se sintió insultado(a), atacado(a) o injustamente discriminado(a) por alguien. Evocando dicha experiencia e inspirándose en «Martes en Toledo», escriba su propia versión del poema, dándole un título apropiado como, por ejemplo, «Lunes en Los Angeles», «Viernes en Nueva York» o «Jueves en mi barrio».

2. Imagine que usted es la mujer insultada de «Martes en Toledo». ¿Cree que en su lugar, usted reaccionaría de la misma manera? ¿Por qué? ¿Expresaría sus sentimientos con un tono similar? Explique.

3. En general, ¿cómo se caracterizaba o reflejaba el mundo indígena en el cine y en la televisión en el pasado? ¿Y en el presente? Compare y contraste las actitudes y percepciones que se tenían antes y que se tienen ahora con respecto a los indios, a su vida y a su cultura.

4. ¿Ha visto usted alguna película o programa de televisión en que esté representado el mundo indígena y que le haya parecido relativamente bueno? ¿Qué programa o película? Comente.

TINO VILLANUEVA

Nota biográfica

Tino Villanueva (1941–), destacado poeta, editor, crítico, profesor universitario y pintor chicano, nació en San Marcos, Texas. Hijo de trabajadores migrantes, pasó gran parte de su niñez viajando de cosecha en cosecha, entre su pueblo natal y las varias regiones agrícolas donde lo llevó el carácter nómada del trabajo de su familia. De 1960 a 1964 fue obrero de una fábrica de muebles, y entre 1964 y 1966 sirvió en el ejército de Estados Unidos en la zona del canal de Panamá. Al terminar el servicio militar, decidió regresar a su ciudad natal y empezar la universidad. Desde entonces ha completado, respectivamente, la licenciatura en la Universidad de South West Texas (1969), la maestría en la Universidad Estatal de Nueva York, en Buffalo (1971), y el doctorado en «Poesía española de posguerra» en la Universidad de Boston (1981). Es fundador de Imagine Publishers, Inc., y editor de *Imagine: International Chicano Poetry Journal*. Autor de dos poemarios bilingües, *Hay otra voz* (1972) y *Shaking off the Dark* (1984), ha escrito también dos libros de poemas monolingües: *Crónica de mis años peores* (1987), en español, y *Scene from the Movie GIANT* (1993), en inglés. Villanueva es además compilador de la antología *Chicanos: Antología histórica y literaria* (1980), cuya introducción incluye un análisis detallado del término «chicano». Desde 1973 Villanueva se ha dedicado también a la pintura y ha expuesto su obra con mucho éxito en El Paso, Boston y Berlín. Actualmente vive en Boston y ejerce la docencia en la Universidad de Boston.

✦ Guía y actividades de pre-lectura

Como Ana Castillo y muchos otros escritores chicanos que empiezan a publicar a partir de los años sesenta y setenta, Tino Villanueva escribe tanto en inglés como en español y, a menudo, el inglés y el español coexisten en el mismo texto. En efecto, esta mezcla de español e inglés en el habla y la escritura es una forma de resistencia contra la asimilación y una expresión legítima y creadora ante el fenómeno de la aculturación. El lenguaje, oral o escrito, se convierte así en un elemento de identidad cultural y refleja, en este caso particular, el bilingüismo y biculturalismo de los chicanos o mexicanoamericanos. «Que hay otra voz», uno de los dos poemas aquí incluidos, proviene de *Hay otra voz* y es un ejemplo representativo del fenómeno que el mismo Villanueva ha llamado «bisensibilidad»: es decir, la combinación del inglés, el español y, a veces, el «caló». Este lenguaje «caló» es una variante coloquial que se escucha en los barrios chicanos de Estados Unidos y que algunos autores chicanos usan en sus obras. Como en la mayoría de los poemas que forman parte de *Hay otra voz*, en «Que hay otra voz» el poeta se identifica con su pueblo, refleja agudos conflictos socioeconómicos y culturales entre chicanos y anglosajones, y denuncia la situación de gran injusticia y opresión que existe entre los trabajadores migrantes y sus respectivos patrones. Además de los temas relacionados con la explotación económica y la lucha por los derechos civiles, motivos recurrentes en la literatura chicana en general, y en la de Villanueva en particular, son la familia, el hogar, el barrio, la muerte, el tiempo y la búsqueda de identidad. A este segundo núcleo temático corresponden los poemas de *Crónica de mis años peores*, antología que incluye «Primera evocación». Como lo expresa el propio Villanueva en los últimos versos de «Porque es cierto» —que sirven de prólogo a *Crónica de mis años peores*— y a los que inmediatamente sigue «Primera evocación», éstos son poemas autobiográficos. Afirma allí el autor:

> Hoy lo digo porque es cierto,
> porque lo llevo en la memoria

con estas palabras, con este irreprimible afán
de reclamar: mi dimensión aparte,
las fechas rendidas sin mí,
el solar humano que me toca.

Como su título lo indica, *Crónica de mis años peores* es una crónica poética de algunas de las vivencias más difíciles del escritor durante sus «años peores» que son para él su infancia y su adolescencia. Sin embargo, es gracias a la evocación y transmutación en forma de poesía de esas experiencias a través de la memoria que logra salvarse y encontrar su propia identidad, como él mismo lo reconoce en los últimos versos de «Dejar de recordar no puedo», último poema de la colección:

Sin otra libertad
más que esta hombría
de ser y de hacerme a mi medida,
yo me bautizo
en el nombre de todo lo vivido
y pongo mi vida por delante,
porque la duda ha sido mi mejor ceremonia,
porque salvado estoy sabiendo que me tengo.

1. Busque la definición de los siguientes vocablos en algún diccionario y explique las diversas connotaciones, similitudes y/o diferencias semánticas que tienen estos términos:

americano	hispanoamericano	neorriqueño
centroamericano	iberoamericano	norteamericano
chicano	latino	puertorriqueño
cubanoamericano	latinoamericano	sudamericano
hispano	mexicanoamericano	

2. ¿Por qué llama la atención el título «Que hay otra voz»? Explique. Ahora lea los cinco primeros versos del poema y conteste la misma pregunta con respecto al primer verso. Según su opinión, ¿qué le falta a ese verso? ¿Qué verbo o frase verbal le agregaría usted al principio y por qué? Comente.

3. «Que hay otra voz» empieza con un epígrafe de César Chávez. ¿Qué sabe usted de él y de su importancia para los chicanos? Haga un breve informe sobre su vida y luego comparta la información con la clase.

4. Haga una lista de cinco chicanos famosos y escriba un breve bosquejo biográfico, incluyendo los logros de cada uno de ellos. Luego comparta la información con la clase.

5. Lea la primera estrofa de «Primera evocación». ¿Qué ideas o imágenes le sugiere a usted el título del poema? Según su opinión, ¿qué edad tendría el poeta en la época de ese domingo que evoca en estos versos? Explique.

6. ¿Cuál es el recuerdo más lejano que usted tiene de algo que hizo o que le pasó cuando era muy niño(a)? Comparta esa «primera memoria» con la clase.

Que hay otra voz

God prepares those who have to
suffer and take punishment.
Otherwise, how could we exist?

César Chávez[a]
TIME, July 4, 1969

...que hay otra voz que quiere hablar;
que hay un perfil[1] de tez[2] bronceada
                que de rodillas
arrastrándose[3] camina por los
Cotton-fields de *El Campo* y *Lubbock, Texas.*
—¿A dónde voy?—, pregunta.
¿A los *cucumber patches* de *Joliet,*
a las *vineyards* de *San Fernando Valley,*
a los *beet fields* de *Colorado?*
Hay ciertas incertidumbres ciertas:
    lo amargo[4] de piscar[5] naranjas
    lo lloroso[6] de cortar cebollas.

             * * *

Horarios[7] inalterables:
la madrugada mecánicamente despierta el
reloj de timbre[8] (¿de qué tamaño es el tiempo?)
Viene el desayuno: huevos rancheros,
                tortillas de harina,[9]
                un cafecito.

¡Y éntrale[10] otra vez con la frescura!
Entrale a los surcos[11] agridulces[12] más largos
que la vida misma:

        plums   *beans*
        grapes   *cotton*
        betabel[13]   pepinos
        pruning   *leafing*

1 *profile*
2 *complexion*
3 *crawling, dragging himself*
4 *bitterness*
5 *picking*
6 *weeping, tearful*
7 *Timetables*
8 **reloj...** *alarm clock*
9 *flour*
10 empieza
11 *furrows*
12 *bittersweet*
13 *beet*

[a]César Chávez (1927–1994) fue un líder sindicalista chicano muy importante y respetado. Fundó el «United Farm Workers» —primer sindicato agrícola viable de Estados Unidos— para mejorar la situación de los trabajadores temporarios y, en particular, las condiciones de trabajo de los campesinos agrícolas migratorios. Es conocido por haber practicado y apoyado métodos no violentos de resistencia.

potatoes   *apricots*
chopping   *plucking*
soybeans   cebollas

no importa,
hay que comer, hacer pagos, sacar la ropa
del *Lay-Away*; '55 *Chevy engine tune-up;*
los niños en *seventh-grade* piden lápices
con futuro. Hay otra voz que quiere hablar.

* * *

Tú,
    cómotellamas,[14] mexicano, latino, *Meskin,*
    skin, Mex-guy, Mex-Am, Latin-American,
    Mexican-American, Chicano,

tú,
    de los ojos tibios[15] como el color de la
    tierra,

tú,
    de las sudadas coyunturas[16] hechas sal por
    el solazo[17] desgraciado,

tú,
    de las manos diestras,[18] y la espalda
    empapada[19] desde que cruzó tu abuelo el Río,

tú,
    de la tostada rabadilla[20] por donde
    resbala[21] el sol con tu epidérmico sudor,[22]

tú,
    con ubérrimos terrones[23] en los puños,[24]
    en los calcetines y zapatos,

tú,
    de los *blue-jeans* nuevos
    pareces
    retoñar[25] cada año como fuerza elemental,
    temporal— arraigado[26] entre el ser y el estar
    de un itinerario. Eres ganapán,[27]
          estás aquí de paso.[28]

El aplastante[29] verano se ha quedado en
los ayeres: el perenne azadón[30] se recuesta,[31]

Line numbers: 30, 35, 40, 45, 50, 55, 60

14 *cómo te llamas*
15 *lukewarm*
16 **sudadas...** *sweaty joints*
17 *scorching sun*
18 *skillful*
19 *soaked*
20 **tostada...** *tanned back*
21 *slides*
22 *sweat*
23 **ubérrimos...** *very fertile clods (of dirt)*
24 *fists*
25 *to sprout*
26 *deeply rooted*
27 *odd-jobber*
28 **de...** *por poco tiempo*
29 *crushing*
30 *hoe*
31 *leans, reclines*

sediento,[32] en la topografía de tu memoria;
las ampollas[33] hoy son callos.[34]
Es el golpe helado del *Panhandle* que
65 penetra ahora
                    tu chaqueta desteñida[35]
                    tu injuriada sangre
                    tus rodilleras desgastadas.[36]
Las mañanas llegan a tiempo aquí también,
cubiertas de escalofrío[37] y escarcha.[38]
70 En tus sienes[39] te pesa haber nacido; pesas[40]
tu saco de algodón— cien libras
que en los sábados se convierten en pesos
miserables.

75 Pero en los sábados de noche
te endomingas[41] con corbata, y con la
luna en la frente cadenciosamente[42] zapateas[43]
polkas del *Top-Ten:*
        —¡Aviéntate[44] otra Isidro López!
80   ¡Que toquen *rock n' roll* Alfonso Ramos!
porque mañana es otro día y no lo es.

                    * * *

En la ida y vuelta de tus pensamientos
anticipas
Central Texas.
85 Enraizado[45] estás en ver de nuevo al
tax-collector
(a la parentela[46] y camaradas hasta el día
siguiente).
Los escolares regresan a las estereotipadas
90 aulas,[47] desde atrás contestan que no saben la
respuesta. Maestros que ni ven, ni oyen,
que hay otra voz que quiere hablar.

                    * * *

Las estaciones siguen en su madura marcha
de generación en generación, de mapa en mapa,
95 de patrón en patrón, de surco en surco.

Surcos, viñas,
de donde ha brotado[48] el grito audaz:
las huelgas siembran[49] un día nuevo.
El *boycott* es religión,
100 y la múltiple existencia se confirma en celdas.[50]

32 *dry; thirsty*
33 *blisters*
34 *calluses*
35 *faded, discolored*
36 **rodilleras...** *worn-out knee
   pads*
37 *chill*
38 *frost*
39 *temples*
40 *it weighs down*
41 **te...** te pones tu ropa de
   domingo (tu mejor
   ropa)
42 *rhythmically*
43 *you tap with your feet*
44 *Let's have*
45 Muy firme
46 parientes
47 *classrooms*
48 *sprung up*
49 *sow, seed*
50 *(jail) cells*

✦ Comprensión

Conteste las siguientes preguntas según el poema.

1. Según la primera estrofa, ¿cómo es y qué se pregunta el «yo» poético? ¿De quién es esa voz? Explique.

2. ¿Qué ocupación tiene el «yo» y qué lenguas habla? ¿Por qué?

3. ¿Cómo es el horario de este «yo»? Describa su rutina diaria según los versos de la segunda estrofa.

4. Según su opinión, ¿quién es el «tú» de la tercera estrofa? ¿Cómo es ese «tú»? ¿Qué problemas tiene?

5. ¿Qué hace el «tú» de lunes a sábado? ¿Y qué hace el sábado de noche? ¿Por qué? Explique.

6. ¿Cómo interpreta usted el último verso de la tercera estrofa: «porque mañana es otro día y no lo es»? Comente.

7. Según la penúltima estrofa, ¿en qué y en quiénes piensa el «tú» los domingos hasta la mañana siguiente?

8. ¿Qué pasa los lunes por la mañana, según este «tú»? ¿Por qué esos estudiantes generalmente contestan que no saben la respuesta? Explique.

9. Según su opinión, ¿qué expresa el poeta en la última estrofa? ¿Hay posibilidades de que la vida cambie o mejore para él y su gente? ¿Por qué? Explique su respuesta.

Primera evocación

Era domingo,
así lo recuerdo, porque
todos en casa descansaban,
cuando me llevaron
5   de la mano a aquel solar[1]
más allá de la iglesia.
Era domingo
a la mitad de los 40,[2]
y los niños bien peinados[3]
10   y las niñas de tímidas sonrisas
ya esperaban
los juegos del festejo.[4]

Así empezó la tarde con manzanas
tambaleándose[5] en el agua
15   que eludían nuestras bocas,
y el correteo[6] con el pañuelo
alrededor de la gritería[7]
del grupo que no tardó
en ir en pos[8] del horizonte

[1] mansión, casa grande
[2] *1940s*
[3] *combed*
[4] fiesta
[5] cayéndose
[6] *running around*
[7] *shouting, uproar*
[8] **en...** *after (in pursuit of)*

regalador[9] de una piñata altiva[10] de colores.
Aquel aire[11] infantil
me sale[12] todavía en la memoria:

9 *giver*
10 *proud, haughty*
11 melodía, música
12 **me...** lo tengo
13 *split*
14 *hug*
15 *snake*
16 **si...** *aunque*
17 dio, regaló
18 *gravel*
19 rito
20 acostumbrado
21 *to be fulfilled, to come true*

Na - ran - ja dul - ce, li - món par -
ti - do,[13] da - me un a -
bra - zo[14] que yo te pi - do.

A la ví-bo-ra,[15] ví-bo-ra de la mar,
de la mar, por a - quí pue - den pa - sar.[a]

(¿Qué será de aquel niño
a cuyos pocos años le hacíamos
honor? ¿Vivirá todavía para saber
que alguien desde lejos le recuerda
si bien[16] no su nombre,
ni el regalo que ofrendó?[17])
Como dije, era domingo,
y otra vez volvimos por las calles
de cascajo;[18]
y porque era casi como culto,[19]
en casa seguían descansando.
Y este niño,
tan dado[20] a otros juegos,
ignoraba cuántas cosas estaban por cumplirse[21]
y cuánto tiempo tendría que esperar.

---

[a]Según el autor, en sus «Notas» a *Crónica de mis años peores*, estos trozos musicales provienen de dos canciones infantiles mexicanoamericanas: «Naranja dulce limón partido» y «La víbora de la mar».

◆ Comprensión

Conteste las siguientes preguntas según el poema.

1. ¿Por qué recuerda el «yo» poético que era domingo cuando lo llevaron al solar? ¿Para qué fue él allí?
2. Según ese «yo», ¿cómo estaban los niños que asistieron al festejo? ¿Y las niñas? ¿Qué esperaban ellos?
3. Suponiendo que el poeta y el «yo» poético son la misma persona, ¿cuántos años tendría Villanueva en esa época? Explique.
4. Según él, ¿qué canciones cantaron ese día? ¿Cómo es posible que después de tanto tiempo todavía recuerde esos trozos musicales? Comente.
5. ¿Sabe el poeta si el niño cuyo cumpleaños celebraban aquel domingo todavía vive o no? ¿Recuerda él su nombre?
6. ¿Cómo interpreta usted los cuatro últimos versos del poema? Comente.

◆ Expansión

A. Todas las palabras de la columna izquierda provienen de «Que hay otra voz». Descubra los sustantivos en que se basan cada una de ellas y escríbalos en los espacios correspondientes de la columna derecha.

Modelos   escolares   **la escuela**
                bronceada   **el bronce**

1. solazo   _____
2. rancheros   _____
3. sediento   _____
4. horario   _____
5. ganapán   _____
6. desgraciado _____
7. rodilleras   _____
8. escalofrío   _____
9. enraizado   _____

B. Teniendo en cuenta el vocabulario de «Primera evocación», marque con un círculo la palabra de cada grupo que esté fuera de lugar.

1. cumpleaños   piñata   calles   festejo
2. limones   víboras   manzanas   naranjas
3. océano   mar   regalo   agua
4. cascajo   recuerdo   evocación   memoria
5. casa   solar   pañuelo   rancho
6. iglesia   aire   oración   domingo
7. culto   correteo   gritería   juegos

C. Indique si los comentarios que siguen reflejan correctamente o no el contenido de los dos poemas de Villanueva. Escriba **V** (verdadero) o **F** (falso) en los espacios correspondientes. Si lo que lee es falso, corríjalo.

«Que hay otra voz»

_____ 1. Este es un poema sobre César Chávez.

_____ 2. Describe la experiencia de los puertorriqueños que viven en Texas, California y Colorado.

_____ 3. La «voz que quiere hablar» es la del chicano.

_____ 4. El «tú» repetido en el poema está contento con su situación y no quiere cambios.

_____ 5. Es obvio que los maestros aludidos al final del poema no son muy sensibles a los problemas de los niños chicanos.

«Primera evocación»

_____ 6. El cumpleaños aquí evocado era el de otro niño chicano.

_____ 7. La fiesta tuvo lugar en la década de los años cuarenta.

_____ 8. Los niños se divirtieron mucho: corrieron, gritaron y cantaron.

_____ 9. El poeta recuerda que le llevó un lindo regalo al niño de cumpleaños.

_____ 10. Parece que el niño evocado y el poeta se volvieron a ver recientemente.

✦ Temas de discusión o análisis

1. Resuma con sus propias palabras **uno** de los dos poemas aquí incluidos.
2. Analice y comente **uno** de los siguientes temas.
   a. los elementos formales y estructurales de **uno** de los poemas
   b. la temática de **uno** de los poemas
   c. el punto de vista de la voz lírica o narrativa en **uno** de los poemas
   d. el significado del título y su relación con el resto del poema en «Que hay otra voz» o en «Primera evocación»
3. Discuta el uso del lenguaje y la función que cumplen los dos idiomas en «Que hay otra voz».
4. Describa y analice el papel de las diversas alusiones geográficas y agrícolas como también las relacionadas con otros aspectos culturales de la vida diaria en «Que hay otra voz».
5. Analice la relación temática del epígrafe de «Que hay otra voz» con el contenido del poema.
6. Comente el tono y la fuerza emotiva de «Que hay otra voz» o de «Primera evocación». Apoye su análisis con citas específicas del poema escogido.
7. Compare y contraste el tono y la fuerza emotiva de ambas obras.
8. Escoja **uno** de los siguientes temas y haga un análisis comparativo de su tratamiento en «Que hay otra voz» y «Primera evocación».
   a. el problema de la identidad chicana
   b. el tiempo como repetición o espera
   c. el descanso dominguero
   d. el papel del recuerdo y la memoria
9. Reescriba «Primera evocación», en prosa o verso, desde la perspectiva del niño de cumpleaños. Luego compare y contraste esta nueva versión con la de Villanueva. ¿En qué aspectos o elementos son similares y/o diferentes ambas evocaciones?

1. ¿Cuál es la primera fiesta de un cumpleaños suyo que usted recuerda? ¿Cuántos años cumplía? ¿Quiénes le hicieron la fiesta? ¿Cómo y dónde? ¿Quiénes fueron invitados? ¿Todavía es amigo(a) o se acuerda de alguno(a) de ellos (ellas)?

2. Inspirándose en «Primera evocación», escriba su versión personal de dicho poema evocando algún momento inolvidable de su niñez.

3. Por el amor que usted le tiene a la cultura y literatura hispánicas y por sus conocimientos de ambas lenguas, el español y el inglés, ¡usted también tiene dentro del alma «otra voz que quiere hablar»! Pues, ¡permítale hablar! y escriba su propia versión de «Que hay otra voz».

4. Alquile la película *Stand and Deliver* de alguna tienda de videos y luego de mirarla, comparta sus opiniones al respecto con la clase.

HEBERTO PADILLA

Nota biográfica

Heberto Padilla (1932–), periodista, poeta y novelista, nació y se educó en Cuba. En 1949 emigró a Estados Unidos, donde trabajó primero como obrero y más tarde como profesor de español de la Escuela Berlitz de Nueva York. Regresó a su país en 1959, inmediatamente después de la victoria de Fidel Castro en la Revolución Cubana, movimiento que apoyó y en el que participó de manera activa durante los primeros años. Entre otras cosas, fundó la Unión de Escritores y Artistas de Cuba (UNEAC), formó parte del equipo de redacción de *Lunes de Revolución,* una de las publicaciones culturales más polémicas de la época y ocupó diversos cargos en el gobierno de Castro. Sin embargo, en 1971, fue encarcelado por criticar la Revolución en su obra y, de manera especial, en su poemario *Fuera del juego,* publicado en 1970, dos años después de haber sido premiado, irónicamente, en el Concurso de la UNEAC. Como consecuencia de la gran polémica que causó su caso, Padilla dejó su país en 1980 y luego de unos meses en España, decidió establecerse en Estados Unidos, donde reside desde entonces, dedicándose a sus actividades literarias. Además del famoso *Fuera del juego,* es autor de varios poemarios, entre los que están *Las rosas audaces* (1948), *El justo tiempo humano* (1962) —obra distinguida con el Premio Casa de las Américas en 1960—, *La hora* (1964), *Provocaciones* (1972) y *El hombre junto al mar* (1981). En narrativa ha publicado dos novelas*: En mi jardín pastan los héroes* (1981) y *La mala memoria* (1989), ambas aparecidas ya después de radicarse en Estados Unidos.

♦ Guía y actividades de pre-lectura

El nombre de Heberto Padilla se hizo muy conocido, especialmente en los círculos literarios, unos diez años después de la Revolución Cubana, como consecuencia de la notoriedad internacional que tuvo su persecución por parte del gobierno de Castro, controversia conocida como el «caso Padilla». El enfrentamiento ideológico entre el poeta y el gobierno de su país empezó en 1967, cuando aquél criticó la obra de un escritor favorable al régimen y defendió la novela *Tres tristes tigres* (1967) de Guillermo Cabrera Infante, luego considerado «traidor» por su apoyo a Padilla y por sus críticas contra la política cultural del gobierno castrista. Tres años después de dicho choque inicial entre el poeta y su gobierno apareció el poemario *Fuera del juego*. Consecuentemente, ambos escritores, Padilla y Cabrera Infante, fueron atacados por el contenido de sus respectivas obras que reflejaban, según la posición oficial, la obvia «despolitización y cierta tendencia aristocratizante» de sus autores.[a] Todo esto causó una gran polémica que llevó a la cárcel a Padilla y provocó una inmediata reacción internacional por parte de la comunidad intelectual. En efecto, escritores de todas partes, incluyendo algunos simpatizantes de Castro, firmaron y enviaron una fuerte carta de protesta repudiando la acción tomada por el régimen. Unas cinco semanas después Padilla fue puesto en libertad pero con la condición de que debía retractarse públicamente. Dicha retractación ante sus colegas de la UNEAC (que él había fundado), bastante vergonzosa tanto para él como para el gobierno cubano, resultó en una airada segunda carta de protesta firmada por intelectuales de todo el mundo en donde se comparaban los procedimientos del gobierno de Castro contra Padilla con los que había adoptado el régimen de Stalin contra los intelectuales rebeldes o desobedientes de la época.[b] El poema aquí incluido, «Fuera del juego», proviene de *Fuera del juego* y es el que da nombre al polémico libro de Padilla. En este texto, como en otros del mismo volumen, el poeta denuncia la política cultural de su gobierno, en particular la relacionada con la falta de libertad de pensamiento y de expresión de los escritores. Con mucha ironía, en «Fuera del juego» adopta una actitud crítica frente a la sociedad revolucionaria cubana al describir a sus habitantes —aquí convertidos en participantes de un juego colectivo— como a una masa no pensante de seres-títeres que aceptan las reglas del juego como autómatas, abriendo la boca sólo para decir «sí» a todo, sin cuestionar nada. La voz poética, autoritaria y dictatorial, acusa de «aguafiestas», «malhumorado» y «anticuado» al poeta que no sigue las reglas impuestas y que no tiene miedo de expresar sus ideas. También sugiere que este poeta es un peligro para la armonía y estabilidad del resto de la comunidad. Por eso propone una solución radical: su expulsión del juego por no seguir las reglas.

1. ¿Qué le sugiere a usted el título «Fuera del juego»? ¿Qué tipo de «juego» se imagina usted? Por ejemplo, ¿por qué se echa a un(a) jugador(a) de un partido o se lo (la) deja temporalmente «fuera del juego»? Comente.

2. Teniendo en cuenta los comentarios de esta guía, ¿piensa usted que es normal y lógica la reacción contra el poeta implícita en el primer verso: «¡Al

---

[a]Ver L. Casal, *El Caso Padilla: Literatura y Revolución en Cuba* (Nueva York: Nueva Atlántida, 1971), pp. 7–8.
[b]Ver Mario Vargas Llosa, *Contra viento y marea* (Barcelona: Seix Barral, 1983), p. 167.

poeta, despídanlo!»? ¿Cree realmente que un(a) poeta o unos poemas puedan desequilibrar o poner en peligro una dictadura? Explique. Dé el título de algunas obras que hayan causado una revolución o que hayan tenido un gran impacto social o político en el pasado o en el presente.

3. Vuelva a leer la **Guía de pre-lectura** y la nota cultural sobre Fidel Castro correspondientes a «Papá, hazme un cuento» de Ramón Ferreira en la página 245. Luego, con ayuda de algún libro de referencia, busque datos sobre las siguientes personas directa o indirectamente aludidas en «Fuera del juego» y comparta la información con la clase.

   a. Yannis Ritzos
   b. Louis Armstrong
   c. Pete Seeger
   d. José Martí

Fuera del juego

A Yannis Ritzos,[a] en una cárcel de Grecia.

¡Al poeta, despídanlo![1]
Ese no tiene aquí nada que hacer.
No entra en el juego.
No se entusiasma.
No pone en claro su mensaje.
No repara[2] siquiera en los milagros.[3]
Se pasa el día entero cavilando.[4]
Encuentra siempre algo que objetar.[5]

A ese tipo,[6] ¡despídanlo!
Echen a un lado al aguafiestas,[7]
a ese malhumorado[8]
del verano,
con gafas negras
bajo el sol que nace.
Siempre
le sedujeron las andanzas[9]
y las bellas catástrofes
del tiempo sin Historia.
Es
        incluso
                anticuado.

1. *send him away, cast him out*
2. *nota*
3. *miracles*
4. pensando, meditando
5. criticar, desaprobar
6. hombre
7. *spoilsport, party-pooper*
8. *bad-tempered (person)*
9. aventuras

---

[a]Yannis Ritzos (1909–) es un prolífico poeta y dramaturgo griego, muy perseguido por sus ideas comunistas, que ha vivido muchos años en el exilio o encerrado en las cárceles de su país.

Fidel Castro durante una convocación popular en La Habana, frente al Palacio de Gobierno, el 21 de enero de 1959.

Sólo le gusta el viejo Armstrong.[b]
Tararea,[10] a lo sumo,
una canción de Pete Seeger.[c]

25 Canta,
      entre dientes,
            La Guantanamera.[d]

Pero no hay
quien lo haga abrir la boca,
30 pero no hay
quien lo haga sonreír
cada vez que comienza el espectáculo

10 *He hums*

---

[b]Aquí se alude a Louis Armstrong (1900–1971), conocido músico norteamericano y verdadero iniciador del jazz clásico.

[c]Pete Seeger (1919–) es un famoso cantante folklórico norteamericano, muy popular durante los años sesenta y setenta.

[d]Canción muy famosa cuya letra viene de un poema de José Martí (1853–1895), poeta cubano y héroe de la independencia de su país.

y brincan[11]
los payasos[12] por la escena;
35 cuando las cacatúas[13]
confunden el amor con el terror
y está crujiendo[14] el escenario
y truenan los metales
y los cueros[15]
40 y todo el mundo salta,
se inclina,
retrocede,[16]
sonríe,
abre la boca

«pues sí,
45 claro que sí
por supuesto que sí...»
y bailan todos bien,
bailan bonito,
50 como les piden que sea el baile.
A ese tipo, ¡despídanlo!
¡Ese no tiene aquí nada que hacer!

11 saltan
12 *clowns*
13 *cockatoos*
14 *creaking*
15 **truenan...** *the brass and drums thunder*
16 *steps back*

✦ Comprensión y expansión

A. Conteste las siguientes preguntas según el poema.

1. ¿A qué tipo de juego alude realmente el título? ¿En qué verso se da uno cuenta de que a quien quieren dejar «fuera del juego» es a un poeta?
2. ¿A quién va dedicado el poema? ¿Dónde está esa persona?
3. ¿De qué le acusan al poeta y por qué lo quieren despedir en la primera estrofa? Dé una lista de cuatro razones por las cuales le quieren echar del juego.
4. Según su opinión, ¿por qué dicen que el poeta es un aguafiestas? ¿y un malhumorado? ¿y un anticuado? Explique.
5. ¿Qué tipo de música le gusta al poeta? ¿Y qué tipo de música parece no gustarle? Comente.
6. ¿Cuál es el papel del poeta en la sociedad reflejada en el poema? ¿Por qué se dice de él que no tiene allí «nada que hacer»? Comente.
7. Según su opinión, ¿vive el poeta en un país democrático o dictatorial? ¿Cómo se sabe? Apoye su respuesta con citas específicas del poema.

B. Lea las siguientes definiciones y escriba las palabras definidas en los espacios correspondientes.

1. lugar donde generalmente van los presos, convictos o arrestados   _____
2. alguien que arruina «fiestas» o los planes de diversión de otros   _____
3. sinónimo de **cavilar** o **pensar**   _____

4. en música: instrumentos de viento   _____

5. forma informal de decir **hombre**   _____

6. alguien que tiene ideas antiguas y obsoletas   _____

7. hecho sobrenatural, generalmente debido a algún poder divino   _____

8. antónimo de **avanzar** o **ir hacia adelante**   _____

9. persona que hace de gracioso en ferias y circos   _____

C. Indique si los comentarios que siguen reflejan correctamente o no el contenido del poema. Escriba **V** (verdadero) o **F** (falso) en los espacios correspondientes. Si lo que lee es falso, corríjalo.

_____ 1. El poema fue escrito en una cárcel de Grecia.

_____ 2. Según la voz poética, el poeta siempre está pensando.

_____ 3. Es obvio que al poeta le encantan los espectáculos.

_____ 4. Parece que le gusta cantar «Guantanamera».

_____ 5. Habla y sonríe muy poco.

_____ 6. Sin embargo, los payasos le hacen reír mucho.

_____ 7. Según el poema, el poeta aludido es diferente a los demás.

_____ 8. Mientras los otros juegan bien el juego, este poeta no sigue las reglas establecidas.

_____ 9. Y por esa razón, a él hay que echarlo del juego.

D. Identifique y explique la importancia o la significación de los siguientes personajes y elementos en «Fuera del juego».

1. la dedicatoria a Yannis Ritzos
2. la mención de la «cárcel» en la dedicatoria
3. la alusión al «viejo Armstrong»
4. la mención de Pete Seeger
5. la mención de las «gafas negras»
6. la alusión a los «payasos» y a las «cacatúas»
7. la mención de «los metales y los cueros»

✦ Temas de discusión o análisis

1. Resuma con sus propias palabras el argumento de «Fuera del juego».
2. Identifique y discuta el tema o los temas principales de este poema.
3. Describa y comente el lenguaje, el tono y la estructura formal de «Fuera del juego» y su importancia semántica en la interpretación del poema.
4. Analice las posibles connotaciones del vocablo «juego» en el título y luego comente la relación entre el título y el tema o los temas del poema.
5. Analice **uno** de los siguientes aspectos de «Fuera del juego».
   a. el uso de la ironía
   b. las imágenes o metáforas relacionadas con el deporte o las diversiones

c. las alusiones al mundo de la música y del baile
   d. la dicotomía entre el mundo del poeta y el de la sociedad en que vive
6. Compare y contraste el papel o la función de **dos** de los siguientes elementos simbólicos del poema.
   a. la cárcel de Grecia mencionada en la dedicatoria
   b. las «bellas catástrofes» del tiempo sin Historia
   c. los payasos que brincan por la escena
   d. las cacatúas que confunden amor y terror
   e. el ruido tremendo de los metales y los cueros
   f. el baile que balian todos
7. Basándose en el contenido de «Fuera del juego», prepare una narración biográfica o autobiografía del poeta a quien se quiere despedir y echar del juego. Justifique sus comentarios con citas específicas del poema.
8. Describa y analice la función de la poesía, la música y el arte en general en la sociedad según **una** de las siguientes perspectivas reflejadas en «Fuera del juego».
   a. la de la voz poética
   b. la del poeta a quien la voz poética quiere echar del juego
9. Compare y contraste las dos posiciones con respecto a la función del arte reflejadas en este poema de Padilla: la representada por la voz poética y la implícita en la actitud crítica del poeta rebelde e inconformista.
10. Primero identifique los siguientes versos de «Fuera del juego»: el primero, el noveno y los dos últimos. Luego discuta su contenido y analice la función de dichos versos en el poema.
11. Analice «Fuera del juego» como obra de crítica social.

✦ Temas de proyección personal

1. ¿Qué deportes practica usted? ¿Alguna vez lo (la) dejaron fuera del juego por alguna razón? Comente.
2. La existencia de las reglas es a menudo necesaria e inevitable. Por ejemplo, hay reglas de tráfico para evitar accidentes, reglas de comportamiento social para vivir y convivir de manera civilizada y reglas de juegos o deportes para jugar y competir con un mínimo de violencia. Según su opinión, ¿es necesario tener reglas? ¿Hay algunas reglas que son realmente imprescindibles o que son más importantes que otras? ¿Cuáles? ¿Hay reglas que usted considera superfluas o inútiles? ¿Cuáles? Explique y dé ejemplos para ilustrar cada caso.
3. Siguiendo una estructura similar a la de «Fuera del juego», escriba un poema en el que usted o una voz poética anónima acusa de algo a alguien —por ejemplo, a un(a) professor(a), a un(a) ex novio(a) o a un(a) amigo(a)— y pide que esa persona lo (la) deje en paz, que salga de su vida o, más drásticamente, exige que se vaya lejos y «¡fuera de aquí!» para siempre.

MARJORIE AGOSIN

Nota biográfica

Marjorie Agosín (1955–), prolífica poeta, narradora, ensayista y profesora universitaria, nació en Bethesda, Maryland, pero sólo tenía tres meses cuando se trasladó a Chile con su familia. Allí creció, se educó y vivió hasta los quince años. Descendiente de judíos rusos y austriacos que sobrevivieron el Holocausto y emigraron a Chile, Agosín es hija de chilenos y se considera cien por ciento chilena. Aunque reside en Estados Unidos desde 1970, viaja mucho a su país y al resto de Latinoamérica, manteniéndose así en constante contacto con sus raíces familiares y culturales. Recibió su doctorado en literatura hispanoamericana de Indiana University en 1982 y empezó su carrera literaria con *Chile: gemidos y cantares* (1977), su primer poemario. Su abundante producción poética incluye, entre otros, los siguientes títulos: *Conchalí* (1980), *Brujas y algo más* (1984), *Hogueras* (1986), *Mujeres de humo* (1987), *Las zonas del dolor* (1989), *Sargazo* (1991) y dos ediciones bilingües: *Círculos de locura: Madres de la Plaza de Mayo / Circles of Madness: Mothers of the Plaza de Mayo* (1992) y *Querida Ana Frank / Dear Anne Frank* (1994). Aunque Agosín escribe en español, la mayor parte de su poesía y algunos ensayos han sido traducidos y publicados paralelamente en inglés. Otros sólo han aparecido en inglés. Tal es el caso de *Scraps of Life: Chilean Arpilleras* (1987; traducción de Cola Franzen) y de *Tapestries of Hope, Threads of Love* (1996), dos libros de carácter testimonial sobre la vida y creatividad de las mujeres chilenas dedicadas a hacer arpilleras (como la que se ve en la página 375.) durante el gobierno militar del general Augusto Pinochet (1973–1989). En 1991 dio a luz *La felicidad,* una colección de cuentos y su primera obra de carácter narrativo. Y en 1995 publicó *Sagrada memoria,* relato que capta parte de la biografía de su madre y que apareció en inglés bajo el título de *A Cross and a Star: Memoirs of a Jewish Girl in Chile* (1995). Además de su abundante producción creativa, Agosín ha editado y prologado varias antologías de poesía y cuentos escritos por mujeres. De su autoría también son *Silencio e imaginación: metáforas de la escritura femenina* (1986) y *Pablo Neruda* (1986), dos textos de crítica literaria. Actualmente vive en Wellesley, Massachusetts, y enseña español y literatura latinoamericana en Wellesley College.

◆ Guía y actividades de pre-lectura

Nieta de judíos austriacos que llegaron a Chile luego de dejar su Viena natal para huir de la persecución nazi, desde muy joven Marjorie Agosín escuchó historias de increíbles abusos cometidos contra sus mayores y vivió rodeada de gente que, como su abuela, logró sobrevivir la violencia y el dolor de perder, injustamente, a parientes y a muchos otros seres queridos. Apenas tenía dieciocho años cuando un golpe militar en el país donde había pasado su niñez y adolescencia causó la muerte del presidente Salvador Allende, apresuró directa o indirectamente la del gran poeta Pablo Neruda y sumió a Chile en un estado de violencia, confusión y terror jamás experimentado antes. Las víctimas fueron muchas: varios murieron, muchos desaparecieron y muchos más quedaron huérfanos. Otros optaron por el exilio y, de este grupo, algunos fueron a Argentina que, irónicamente, poco tiempo después también pasaría por una época similar de violencia, muerte y caos. Sólo que allí la situación llegaría a ser bastante peor. En efecto, miles de personas —y en su mayoría jóvenes estudiantes— desaparecieron en Argentina durante los años de la dictadura militar (1976–1983). Detenidos por las fuerzas del gobierno, esos «desaparecidos» eran llevados a centros de detención clandestinos donde se los tenía totalmente aislados, se los torturaba y asesinaba para luego tirar sus cuerpos al mar o enterrarlos en fosas comunes en lugares escondidos. La ausencia de cuerpos en este caso dejaba a sus sobrevivientes en un estado ambiguo y doloroso, indefinido e inconcluso, sin la evidencia que podría ayudarlos a aceptar la muerte y a evitar la larga y a menudo inútil espera de un retorno milagroso. Al no saber dónde estaban sus hijos y nietos, muchas madres y abuelas protestaron como pudieron: empezaron a reunirse una vez por semana (los jueves) en la Plaza de Mayo de Buenos Aires para dar testimonio de la ausencia de sus seres queridos. Llevando fotos de sus «desaparecidos», marchaban durante horas alrededor de la plaza en un acto de amor, dolor y esperanza que los mantenía y mantendría eternamente vivos en la memoria colectiva. En uno de sus viajes al Cono Sur, Agosín compartió unas horas con algunas de esas madres y abuelas de Plaza de Mayo, conversó con ellas, recogió sus historias y luego las recontó en *Círculos de locura: Madres de la Plaza de Mayo*, en versos libres llenos de ternura, con un lenguaje sencillo, conversacional y altamente emotivo. Los dos poemas aquí incluidos —«Fotografía de una desaparecida» y «Cartas de agua»— provienen de dicha obra que refleja la lucha, la agonía, el gran amor y la inmensa fuerza espiritual de esas madres argentinas. El tercer texto de Agosín, «Emma», forma parte de *La felicidad,* colección de relatos donde se mezclan lo real y lo fantástico, la realidad cotidiana y el mundo de la imaginación y los sueños. Tal vez inspirados en historias familiares, recuerdos ajenos o propios, momentos vividos o soñados, los cuentos de este libro están llenos de seres —y en particular de mujeres (niñas, jóvenes, adultas)— que han conocido o sentido, de cerca o de lejos, el miedo, la violencia, la persecución, el terror político, el exilio, la separación del adiós o la pérdida de algún ser querido.

1. ¿Qué sabe usted del período militar (1976–1983) en Argentina? Con ayuda de algún libro de referencia, busque datos específicos sobre los «desaparecidos» y las Madres de la Plaza de Mayo. Luego comparta la información con la clase.
2. Describa la foto de la página 444 y deduzca de lo que ve, quiénes son los «desaparecidos» que buscan esas madres y abuelas.
3. Lea los seis primeros versos de «Fotografía de una desaparecida» y diga qué se puede deducir de esos versos con respecto a los siguientes elementos.

   a. los personajes del poema
   b. el lugar y los detalles de la acción
   c. el lenguaje y el estilo

4. Al leer el título de «Cartas de agua», ¿qué imágenes le vienen a la mente? Además de traducir «de agua» como *misty* o *damp*, ¿qué otras traducciones o connotaciones podría tener esa frase? Explique.

5. Basándose en el título, ¿qué temas y/o asuntos piensa usted que va a encontrar en el cuento «Emma»? Lea el primer párrafo y conteste las siguientes preguntas.

    a. ¿Quién narra este relato?

    b. ¿Quiénes son los personajes y qué edad tienen?

    c. ¿Qué espera encontrar en el resto del cuento? ¿Por qué? Comente.

Fotografía de una desaparecida[1]

Cuando me enseñó su fotografía
me dijo
ésta es mi hija
aún no llega a casa
5   hace diez años que no llega
pero ésta es su fotografía
¿Es muy linda no es cierto?
es una estudiante de filosofía
y aquí está cuando tenía
10   catorce años
e hizo su primera
comunión
almidonada,[2] sagrada.
ésta es mi hija
15   es tan bella
todos los días converso con ella
ya nunca llega tarde a casa, yo por eso la reprocho
mucho menos
pero la quiero tantísimo[3]
20   ésta es mi hija
todas las noches me despido de ella
la beso
y me cuesta[4] no llorar
aunque sé que no llegará
25   tarde a casa
porque tú sabes, hace años que
no regresa a casa
yo quiero mucho a esta foto
la miro todos los días
30   me parece ayer cuando
era un angelito de plumas[5] en mis manos
y aquí está toda hecha una dama[6]

1 *disappeared (woman)*
2 *all dressed up*
3 muchísimo
4 *it's hard for me*
5 **de...** *feathered*
6 **toda...** *all grown up into a lady*

Una de las madres de la Plaza de Mayo protestando en silencio frente a la Casa Rosada (Casa de Gobierno) en Buenos Aires, con la foto de su hijo desparecido bien visible en el pecho.

una estudiante de filosofía
una desaparecida
35 pero ¿no es cierto que es tan linda,
que tiene un rostro[7] de ángel,
que parece que estuviera viva?

[7] cara

✦ Comprensión

Conteste las siguientes preguntas según el poema.

1. ¿Quién le muestra la fotografía al «yo» poético? ¿De quién es la foto?
2. ¿Cuánto tiempo hace que la señora espera a su hija? ¿Por qué no llega ésta a la casa? ¿Qué estudiaba ella? Explique.
3. ¿Cuántos años tenía la hija en la fotografía que están mirando? ¿Cuándo fue tomada esa foto? ¿Qué adjetivos usa la madre para describir a su hija? Comente.
4. ¿Qué hace la madre todos los días? ¿Y todas las noches? Explique.
5. Según su opinión, ¿qué edad tendría la joven cuando desapareció? ¿Por qué?

6. ¿Cómo describe la madre a su hija en los últimos versos? ¿Está viva o muerta esa hija? Comente.

Cartas de agua[1]

Enmudecida[2] repleta[3] de ternura,
lee las cartas de agua,
y las voces de los idos[4]
florecen en su piel de durezas.[5]
5   Parece que está tocando ternuras,
que escucha las palabras de los idos, ya ajenos,[6]
enmudecida,
lee y relee, revisa,[7] resalta[8]
las cartas de agua,
10 y la risa de los desaparecidos
la vigila,[9] la puebla[10] de pájaros.

[1] de... misty, damp
[2] Speechless, Voiceless
[3] full
[4] muertos, ausentes
[5] piel... hardened skin
[6] now distant
[7] examina
[8] separa, marca
[9] cuida, custodia
[10] llena, rodea

✦ Comprensión

Conteste las siguientes preguntas según el poema.

1. ¿Quién lee las «cartas de agua»? ¿Cómo se sabe que quien las lee es una mujer? Explique.
2. Según su opinión, ¿de quiénes serán esas cartas? ¿Por qué?
3. ¿Qué sentimientos despierta en la mujer la lectura de esas cartas? Justifique su respuesta con citas del poema.
4. Según el verso número ocho, ¿qué hace ella con las cartas?
5. Y según los dos últimos versos, ¿qué efecto le producen las cartas de esas personas desaparecidas? Comente.

Emma

Mi amiga Emma es de esas amigas del alma. Por ejemplo, vamos las dos muy juntas al baño y ella, como nació dos días y un mes antes que yo, me vigila mientras yo orino.[1] La palabra orinar, parecida al sonido de un piano de señora vieja me la enseñó mi amiga Emma porque dice que su vo-
5   cabulario y ortografía son superiores al mío. Pero siempre me cuida en el baño y no le gusta que los compañeros nos aguaiten[a] que nos digan cosas

[1] urinate

---

[a]Aquí «aguaiten» significa «esperen» y refleja la pronunciación de *awaiten* en español. Este detalle lingüístico revela el bilingüismo y probable biculturalismo de la narradora.

al oído porque la Emma es muy seria. Tiene el pelo negro y usa unas trabitas[2] azules y a veces pienso que su cara es perpendicular y es buena, me presta las trabitas cuando tengo clase de matemáticas que es mi
10   pavor.[3]

Mi mamá dice que ella no tiene amigas del alma, que «las urgentes», así les decía porque siempre necesitaban algo urgente, la acusaron cuando ella se enamoró de un cadete y guardaba un lápiz shocking red en la puerta del medidor[4] de luz.

15   Ellos dicen que las amigas del alma siempre la traicionan a una,[5] y así termina por acercarse a una madre o a una hermana. Pero yo le dije que Emma y yo somos especiales, a veces sólo la pienso y se me aparece en la esquina. Me siento con ella y tiene un poquito de pan fresco con mantequilla recién batida[6] y nos sentamos muy juntas a comerla. Ella dice que
20   no le gusta el cuento de Pulgarcito[7] porque nadie guarda migas de pan. A mí me gusta mirarla con sus trabas perpendiculares, como sus ojos pardos,[8] parecidos a mi gata y pienso que cuando sea grande, mi hija se llamará Emma porque es un nombre de emperatriz o de institutriz.[9]

Emma es mi amiga del alma, sueño con verla y contarle cosas. A veces
25   le escribo cartas, pero se me olvida entregárselas y ella me dice, dame esa carta que tienes en el bolsillo izquierdo. Yo la quiero hasta cuando me regaña,[10] se enoja conmigo por hablar con la boca llena pero le digo que son las migas de Pulgarcito.

Han pasado los años y Emma se cambió de barrio, arrestaron a su
30   papá y dicen que nada de eso es verdad, que él tan sólo cruzó la cordillera disfrazado de cura,[11] pero sé que el papá de mi Emma está en algún calabozo[12] y él sí necesita las migas de Pulgarcito para seguir adelante. Y yo pienso que no podré ver a Emma llegar tras las esquinas silbando entre coqueta y enojada.[13] A la mamá de Emma también se la llevaron presa,[14]
35   dijeron que por ser mujer política porque se puede ser mujer, pero no mujer política.

Tal vez tiene razón mi mamá, que no hay amigas del alma, pero yo sé que Emma me escucha y que algún día recibirá las cartas que hay en mi bolsillo porque ella me adivina los sueños, el sabor y el aliento de mis pa-
40   labras. Después de todo es mi amiga del alma.

[2] *hair barrettes*
[3] *terror, gran miedo*
[4] *meter*
[5] **la...** *betray one*
[6] **recién...** *freshly churned*
[7] *Tom Thumb*
[8] *oscuros, marrones*
[9] *governess*
[10] *she scolds*
[11] **disfrazado...** *disguised as a priest*
[12] *cárcel, prisión*
[13] **silbando...** *whistling half coquettishly and half in anger*
[14] **se...** *la arrestaron*

✦ Comprensión

Conteste las siguientes preguntas según el cuento.

1. Según la narradora, ¿qué clase de amistad hay entre ella y Emma? ¿Qué edad tendrán las dos amigas? ¿Por qué?
2. ¿Cómo es Emma y por qué piensa ella que debe enseñar y proteger a su amiga? Explique.
3. ¿Tiene amigas del alma la mamá de la narradora? ¿Por qué?
4. ¿Qué pasa a menudo con las amigas del alma, según algunas personas? ¿Por qué piensa la narradora que ella y Emma son especiales? Explique.

5. ¿Por qué no le gusta a Emma el cuento de Pulgarcito?
6. ¿De qué color son los ojos de Emma? ¿Con qué ojos los compara la narradora?
7. ¿Qué dice la narradora del nombre Emma? ¿Cómo piensa usarlo en el futuro?
8. Según la narradora, ¿cuánto tiempo hace que ella y su amiga no se ven? ¿Por qué?
9. ¿Qué le ha pasado al papá de Emma? ¿Cómo explican algunos su desaparición? ¿Dónde cree la narradora que él está realmente?
10. ¿Y dónde han llevado a la mamá de Emma? Explique.
11. Según la narradora, ¿qué recibirá Emma algún día? ¿Por qué?
12. Al final, ¿piensa ella que su mamá tiene razón y que en realidad no hay amigas del alma? Comente.

✦ Expansión

A. Lea las definiciones que siguen y escriba las palabras definidas en los espacios correspondientes. Todas las palabras provienen de «Fotografía de una desaparecida».

1. sinónimo de **mostrar**   _____
2. decir «adiós»   _____
3. mujer noble y respetable   _____
4. sinónimo de **cara**   _____
5. alguien que desaparece   _____
6. criatura espiritual asociada con Dios _____
7. en inglés se dice *feather*   _____
8. espacio temporal nocturno   _____

B. Escriba en los espacios de la columna derecha los infinitivos relacionados con los sustantivos de la columna izquierda. Todos los verbos están incluidos en «Cartas de agua».

Modelo   la relectura   **releer**

1. el vigilante   _____
2. el pueblo   _____
3. la lectura   _____
4. la flor   _____
5. el parecido   _____
6. la revisión   _____
7. el salto   _____

C. Indique si los comentarios que siguen reflejan correctamente o no el contenido de «Emma». Escriba **V** (verdadero) o **F** (falso) en los espacios correspondientes. Si lo que lee es falso, corríjalo.

_____ 1. Emma y la narradora son hermanas.
_____ 2. Ellas tienen prácticamente la misma edad.
_____ 3. Emma cree que su vocabulario es superior al de la narradora.
_____ 4. Ambas niñas son rubias.

_____ 5. A Emma no le gusta que su amiga hable con la boca llena.

_____ 6. Según la narradora, su mamá no tiene amigas del alma.

_____ 7. La narradora se cambió de barrio y por eso hace mucho que no ve a Emma.

_____ 8. La narradora sueña con su amiga casi todas las noches.

_____ 9. Los padres de Emma murieron en un accidente automovilístico.

_____ 10. Al final, la narradora decide escribirle una larga carta a Emma.

✦ Temas de discusión o análisis

1. Resuma con sus propias palabras el contenido de **uno** de los dos poemas aquí incluidos o el argumento de «Emma».

2. Identifique y comente los temas principales de «Fotografía de una desaparecida» y «Cartas de agua». Compare y contraste temáticamente ambos poemas.

3. Describa y analice el estilo, la estructura formal y el lenguaje de **uno** de los dos poemas. Luego comente la significación temática de dichos elementos en el poema escogido.

4. Analice **uno** de los siguientes temas y apoye sus comentarios con citas del texto correspondiente.
   a. el papel o la función de la fotografía en «Fotografía de una desaparecida»
   b. el papel o la función de las cartas en «Cartas de agua»

5. Escoja **uno** de los siguientes temas y haga un análisis comparativo de su tratamiento en «Fotografía de una desaparecida» y «Cartas de agua».
   a. el uso del lenguaje y la estructura formal
   b. la relación entre las madres y sus seres queridos desaparecidos
   c. la importancia de las fotos, cartas u otros objetos de los desaparecidos
   d. el papel del recuerdo y la nostalgia
   e. el tema de la soledad y/o el abandono
   f. la caracterización de las madres o mujeres con parientes desaparecidos

6. Con los datos que da la madre en «Fotografía de una desaparecida» y un poco de imaginación, escriba una biografía comentada de la joven desaparecida.

7. Discuta el título de «Emma» y su relación temática y estructural con el resto del cuento.

8. Identifique y discuta el tema principal y los subtemas de «Emma». Apoye sus comentarios con citas del relato.

9. Analice **uno** de los siguientes temas y apoye sus comentarios con citas de «Emma».
   a. el estilo, el uso del lenguaje y el punto de vista narrativo
   b. la caracterización de los personajes
   c. el papel temático y estructural del cuento de Pulgarcito
   d. la situación socioeconómica de los personajes y el probable contexto histórico-político del relato

10. Escoja **dos** de los textos aquí incluidos y analice la caracterización de las mujeres en las obras de Agosín: como mujeres políticas, activistas estudiantiles o madres (abuelas) de la Plaza de Mayo.

✦ Temas de proyección personal

1. «*A picture is worth a thousand words*» dice un viejo refrán en inglés. Busque la foto de alguien a quien usted ha querido mucho y que por alguna razón ha desaparecido de su vida. Inspirándose en «Fotografía de una desaparecida», escriba un poema dedicado a esa persona o, en prosa, una «Carta a un(a) amigo(a) ausente».

2. Imagine que usted se encuentra en una situación similar a la de la estudiante de filosofía de «Fotografía de una desaparecida» y escríbale una carta de despedida a alguien a quien usted quiere mucho. ¿A quién le escribiría? ¿Y qué le diría en esa carta de adiós?

3. ¿Tiene usted o tuvo alguna vez un(a) amigo(a) del alma? Descríbalo(a) en un par de páginas o escriba un cuento sobre su amigo(a), siguiendo el ejemplo de «Emma». Si no tiene ni nunca ha tenido ese tipo de amistad, pues ¡use su imaginación e invéntese un(a) gran amigo(a) del alma!

ELIAS MIGUEL MUÑOZ

Nota biográfica

Elías Miguel Muñoz (1954–), poeta, narrador, dramaturgo y crítico literario, nació en Cuba, en una pequeña ciudad de la provincia de Camagüey. Hijo de exiliados políticos del régimen de Fidel Castro, tuvo que dejar su país en plena adolescencia. Según palabras del propio escritor: «La experiencia que más profundamente me ha marcado es la de haber salido de Cuba a la edad de 14 años...».[a] En 1968 él y su hermano emigraron a España y luego de unos meses viajaron a California para reunirse con sus padres, quienes no habían conseguido el permiso de salida hasta principios de 1969. Residente de Estados Unidos desde entonces, Muñoz ha hecho todos sus estudios secundarios y universitarios en California. En 1984 recibió su doctorado de la Universidad de California (Irvine) y trabajó como profesor de español y literatura hispana en la Universidad de Kansas hasta 1989, año en que abandonó el mundo académico para dedicarse sólo a la creación artística. Ese mismo año participó en un taller sobre cine y literatura dirigido por Gabriel García Márquez y organizado exclusivamente para escritores y cineastas hispanos de Estados

---

[a]En *Cuentos hispanos de los Estados Unidos*, ed. Julián Olivares (Houston, Texas: Arte Público Press, 1993), p. 232.

Unidos. Dicho taller fue el primero de la serie «U.S. Latino Writers and Film-makers» y tuvo lugar en el famoso Sundance Film Institute (Utah). Sus obras creativas, escritas tanto en inglés como en español, incluyen, hasta la fecha, siete libros y unos doce cuentos aparecidos en diversas antologías y revistas literarias. En poesía, publicó *No fue posible el sol* (1989) y *En estas tierras / In This Land* (1989), un poemario bilingüe. En narrativa, dio a luz tres novelas: *Los viajes de Orlando Cachumbambé* (1984), *Crazy Love* (1988) y *The Greatest Perform-ance* (1991). En teatro, tiene la comedia musical *The L.A. Scene* (1990, adaptación de su novela *Crazy Love*) y la pieza *The Last Guantanamera* (1994). También es autor de dos trabajos críticos: *El discurso utópico de la sexualidad en Manuel Puig* (1987) y *Desde esta orilla: Poesía cubana del exilio* (1988).

✦ Guía y actividades de pre-lectura

Gran parte de la obra de Muñoz refleja o se inspira en sus propias experiencias personales. Las dos que más le han afectado son el haber dejado su país natal cuando sólo tenía catorce años y su vida de exiliado en Estados Unidos donde ser hispano significa formar parte de una minoría que todavía debe afrontar una serie de prejuicios y discriminaciones. Hasta ahora todos los relatos de Muñoz han aparecido en forma aislada, publicados en diversas antologías o revistas literarias. El cuento aquí incluido, «Carta de Julio», proviene de *Cuentos hispanos de los Estados Unidos,* una antología que recoge relatos de quince autores de origen hispano, nacidos o residentes en Estados Unidos. «Carta de Julio» refleja de manera obvia un par de características relacionadas con su autor, también narrador en esta obra: su doble experiencia como profesor de español y como crítico literario, respectivamente. En efecto, sólo hay que leer los dos primeros párrafos para darse cuenta de que el narrador de esa parte tiene que ser alguien familiarizado con la enseñanza del español como segunda lengua. Su condición de crítico, por otra parte, se ve revelada en la estructura de «Carta de Julio», ya que se incorporan allí otros textos o referencias explícitas o implícitas a ellos. Esta técnica, conocida en el mundo de la crítica como «intertextualidad», es bastante recurrente en la literatura contemporánea de las últimas décadas. Otro aspecto que aquí llama la atención es que se insertan, dentro mismo del texto narrativo, comentarios sobre cómo nace y cómo se escribe un relato. Aunque ésta es una técnica muy antigua, ya practicada por Cervantes en el *Quijote,* por ejemplo, hoy día se la define como «metanarración» o «metaficción» y significa que la narración o ficción aludida incluye referencias a su propio proceso de creación dentro del texto respectivo. «Carta de Julio» cuenta la historia de un profesor-escritor que, a pedido de una casa editorial, acepta escribir un relato fantástico que se pueda usar como un «librito de lectura para complementar los grandes métodos comunicativos del momento». La editorial incluso le sugiere el título *Quinto sol* y los elementos principales de la anécdota.

1. ¿Qué le sugiere el título «Carta de Julio»? Lea el epígrafe. ¿A qué Julio se referirá ese título? Explique.

2. Lea los tres primeros párrafos del cuento y conteste las siguientes preguntas.

    a. ¿Qué elementos debe incluir el narrador-autor en el relato que va a escribir?

    b. ¿Qué otros requisitos debe cumplir el texto?

    c. ¿Qué tipo de relato piensa la editora que va a tener éxito de mercado?

    d. ¿Cuál es el título que ella propone? ¿Y de qué nacionalidad sería el protagonista?

    e. ¿Qué datos de Daniel Flores y de su país natal quiere ella que se incluyan en el relato? ¿Y qué datos deben ser excluidos? ¿Por qué? Comente.

3. ¿Qué sabe usted de la cosmogonía o concepción del mundo que tenían los antiguos aztecas? Para comprender el significado del título *Quinto sol* sugerido por la editora, busque información sobre la cultura y civilización azteca en algún libro de referencia. Luego comparta la información con la clase.

4. Parte del argumento de *Quinto sol* es que Daniel se traslada al México del siglo XVI, a Tenochtitlán, y allí se encuentra y dialoga con personajes de la época. Para repasar algunos datos de ese período y comprender mejor las alusiones incluidas en el cuento de Muñoz, relea las **Guías de prelectura** de la sección I, en particular las relacionadas con los textos de Hernán Cortés, Bartolomé de Las Casas y Bernal Díaz del Castillo.

Carta de Julio

«En la mentira infinita de ese sueño...»
(Julio Cortázar, «La noche boca arriba»)

La editorial[1] se encargó de proveer los ingredientes: vocabulario, tiempos verbales, modismos,[2] tono y glosario para las expresiones coloquiales. Que divierta, que excite, que despierte interés, me pidió la editora.[3] Que el texto agarre[4] a los alumnos y que no los suelte[5] hasta que lleguen al úl-
5 timo silencio. Que se olviden, al leer, que están leyendo en otra lengua.

    ¿Qué te parece un relato fantástico?, preguntó la editora, amorosamente autoritaria, como siempre. Un librito de lectura para complementar los grandes métodos comunicativos del momento. Amplio[6] mercado. Grandes ventas. Luego me sugirió el título y la anécdota, por supuesto:
10 *Quinto sol* se llamaría el relato y su protagonista sería un joven mexicano, Daniel Flores, estudiante de historia en la UNAM.[a] Buena descripción del Distrito Federal, Chapultepec, museo, etcétera, sin mencionar la polución ni el desempleo. Vida de estudiante pobre pero no tan pobre para que los chicos puedan identificarse, etcétera.

1 *publishing house, publisher*
2 *idioms*
3 *editor*
4 *captivates, grabs*
5 **no...** *doesn't let go of them*
6 Extenso

―――――
[a]UNAM son las siglas de la Universidad Nacional Autónoma de México.

La peripecia:[7] Daniel se cansa de la ciudad (no porque esté pasando hambre y comiéndose el cable,[8] nada de eso; ni tampoco porque sea un nene[9] de la Zona Rosa,[b] engreído[10] y ávido consumidor de chichifos[11]). Agobiado[12] por la gran metrópoli —pobrecito— Daniel decide regresar a su pueblo natal, Ayapango, ubicado entre los dos volcanes, justo al lado del Paso de Cortés. El estudiante añora[13]—¡dígame usted!— el calor del hogar y la comida de su madre.

Al caer extenuado[14] en el lecho[15] hogareño, volcado[16] sobre la nada oscura del cansancio, Daniel viaja al siglo dieciséis, a Tenochtitlán, para enfrentarse a los blancos. Una vez pasado el susto de estar en otro tiempo y habitar otro cuerpo, Daniel asume feliz la vida de Tozani, joven guerrero azteca. Luego vislumbra[17] un plan descabellado,[18] ambicioso y tentador:[19] destruir a Cortés y evitar la masacre.

* * *

¿Cómo podía contar la historia de un estudiante mexicano? ¿Qué diablos[20] podía yo decir de un país donde ni siquiera había estado? ¿Qué sabía yo de tortillas calentitas[21] y volcanes?

Una cosa era sacar un relato de los libros, (Soustelle, Gary Jennings), reescribir lo que ya había sido machacado,[22] y otra muy distinta era ponerle algo de mí a la narración, darle un poco de vida. Porque yo no concebía[23] la escritura de un texto —así fuera un proyecto menor, esencialmente lucrativo, para una gran casa editorial— sin que llevara algo real, algo *auténtico*.

Podía partir de mi experiencia del destierro. Cubanito refugiado. El dolor de la ruptura, supuse, siempre es el mismo. Sólo tendría que disfrazar[24] levemente los hechos, darles color local, mexicanizar mi exilio cubiche.[25] En realidad, pensé, no era un proyecto irrealizable. Me documentaría conversando con un par de *cuates*,[26] un *profe*[27] de español y un artista. Después me dejaría arrastrar, llenando de palabras (preasignadas) la fascinante anécdota.

Fue así que me vi describiendo a un personaje que sueña y se desplaza, que *se pierde*. Fue así que me adentré[28] en su pesadilla.[29] Daniel regresaría a su pueblo (¿como deseaba yo regresar al mío?) para vivir la más desafiante[30] de todas las aventuras.

* * *

Algunos detalles de intrahistoria y *backstory:* resulta que Tozani está casado con una hembra buenísima, azteca de pura cepa,[31] ojos verdes y curvas tremendas. Y Daniel mosquita muerta[32] se coge a[33] la esposa del guerrero, haciéndose pasar por él y sacándole un *fringe benefit* a su aventurita.

Luego resulta que el Emperador nombra a Tozani «Aguila[34] de Luz», un gran honor, y le pide que vaya al encuentro de los dioses blancos, llevándoles ofrendas.[35] Pero Tozani (que en realidad no es Tozani sino Daniel Flores) sabe muy bien que no se trata de seres divinos, sino de seres muy «humanos»: los españoles. Y claro, Daniel, siendo estudiante de

7 *storyline, plot*
8 **comiéndose...** *financial straits, starving*
9 *niño, jovencito*
10 *spoiled, conceited*
11 *prostitutos*
12 *Overwhelmed*
13 *echa de menos, extraña*
14 *cansado, sin fuerzas*
15 *cama*
16 *tirado, suspendido*
17 *he has a glimpse of*
18 *wild, crazy*
19 *enticing, tempting*
20 **¿Qué...** *What the devil . . . ?*
21 *dim. of* caliente
22 *harped on*
23 *podía imaginar*
24 *to disguise*
25 *cubano*
26 *(México) amigos*
27 *profesor*
28 **me...** *penetré, me metí dentro*
29 *nightmare*
30 *challenging*
31 *blood, stock*
32 **mosquita...** *insignificante, sin nada interesante*
33 **se...** *se acuesta con*
34 *Eagle*
35 *offerings*

---

[b]La Zona Rosa es un barrio residencial muy bonito y elegante de Ciudad de México.

historia, está muy enterado[36] de todos los sucesos.[37] De hecho, una de sus fantasías ha sido siempre desplazarse en el tiempo y salvar su civilización, la otra, la *verdadera*.

En fin, que Daniel-Tozani le confiesa enternecido[38] a su esposa, en víspera[39] del encuentro, que no piensa agasajar[40] a los blancos, sino destruirlos. ¡No lo hagas, esposo!, ella le implora. Pero Daniel-Tozani no la escucha. Sólo le pide un lindo recuerdo, por si acaso no vuelve. Y ella le agarra la onda,[41] entregada y obsequiosa.[42] A la mañana siguiente, Daniel —encarnando[43] a Tozani— parte en pos de[44] su historia, dispuesto a pelear por el triunfo de sus antepasados.

Como todos sabemos, *c'est dommage*,[45] Daniel no logra su objetivo. Le pega[46] un buen susto a Cortés, eso es todo; casi mata a Alvarado,[c] y le da un sendo trastazo[47] en la cabeza a la Malinche. Lucha como todo un hombre, comandando a sus soldados. Pero pierde y tienen que hacer retirada, él y unos cuantos sobrevivientes, rumbo a Tenochtitlán. Y allí, pues nada, que lo regaña[48] duramente el Emperador. Porque Daniel-Tozani es muy «echao p'alante»[49] y lo primero que hace cuando regresa a la ciudad es decirle a Moctecuhzoma que está equivocado (¡habráse visto mayor atrevimiento![50]); que Cortés no es Quetzalcóatl, dios creador de los aztecas, que regresa buscando su reino, sino un vil hombre apestoso[51] e ignorante. Y el Emperador que se encojona[52] (y no era para menos), temeroso de la ira del creador. Y condena a Tozani a la pena de muerte, bajo el filo[53] de un cuchillo de obsidiana. Su corazón en sacrificio a Quetzalcóatl, dios de todos los comienzos.

* * *

Quinto sol no vio nunca la luz. Sé que todavía lo usan por ahí, en algún *college* de Orange County. Sé que el manuscrito va de mano en manito, como los chismes[54] y las malas noticias.

Al cabo de los años —siendo ya todo un «señor escritor»— me doy cuenta que el relato no fue escrito para ser publicado, y mucho menos para que los amigos de la gran editorial incrementen sus ventas; mucho, muchísimo menos, para que miles y miles de gringuitos tengan una grata[55] experiencia de lectura en su *second language*. La razón de su escritura fue otra.

* * *

¿Rescatar[56] algo del texto? Tarea difícil, porque no guardé copia del manuscrito (en aquellos días todavía no «salvaba» las palabras en los *files* de un ordenador[57]).

Creo que empezaba más o menos así, en primera persona:

36 informado
37 *events*
38 *tenderly*
39 **en...** el día anterior al
40 *to wine and dine, welcome with gifts*
41 **le...** le entiende, comprende lo que le quiere decir
42 *obliging*
43 *embodying*
44 **en...** *in pursuit of*
45 *(French) es una lástima*
46 *da*
47 **sendo...** *big whack, heavy blow*
48 *scolds*
49 **echao...** (echado para adelante) *daring, forward*
50 **¡habráse...** *hard to imagine something more daring!*
51 *stinking, irritating*
52 enfurece, pone furioso
53 *cutting edge, blade*
54 *gossip*
55 agradable
56 *To rescue, To save*
57 computadora

---

[c]Aquí se hace referencia a Pedro de Alvarado (1485–1541), conquistador español que ayudó a Hernán Cortés en la conquista de México. Antes Alvarado había ordenado una matanza de indios cuya consecuencia sería la tragedia de la Noche Triste (30 de junio de 1520) en que los aztecas atacaron y derrotaron a Cortés y a su gente.

Mi vida en la capital (donde yo no había estado, lo repito) se hizo difícil. Extrañaba a mis padres (mis verdaderos padres habían quedado atrás, en Cuba); extrañaba la vida tranquila de Ayapango (Ciego de
95 Avila), la comida casera, las tortillas calentitas amasadas por mi madre (chicharrones y yuca[58]), el enorme nogal[59] del patio y sus nueces que caían como lluvia (un cocotero[60]), el olor a humo de la cocina, la lucha diaria con las ardillas[61] (en la realidad de mi recuerdo, cucarachas) y los animales que querían devorar el maíz almacenado[62] (comida que mi
100 padre compraba en contrabando[63]); el techo de dos aguas[64] (un chalet que mi familia hizo construir a raíz de la Revolución). Pero lo que más extrañaba de mi pueblo era la vista imponente de los dos volcanes, Ixtaccíhuatl y Popocatépetl (en la experiencia de mi patria, el Pico Turquino).

En algún momento del relato llegaba el cruce del umbral,[65] en ter-
105 cera persona:

Se quedó dormido hacia las tres de la mañana. Y soñó con la Piedra de Sol.[d] Podía penetrarla, recorrer dentro de ella el tiempo. Vio su propio rostro retratado en la superficie de la roca, junto a Tonatiu, dios del sol. Al penetrar la piedra sintió un calor intenso. Y escuchaba, mientras
110 viajaba al mismísimo[66] centro, un susurro[67] lejano que decía Tozani. Voz de mujer que le dice y le grita ¡Tozani!

Abre por fin los ojos y ve su cuerpo, está casi desnudo; lo cubre un taparrabos[68] de tela muy áspera.[69] No siente el olor dulce del café de su madre, pero escucha una voz de mujer... Tozani...
115 Una calle amplia, casas de paredes muy blancas, jardines, y a lo largo de toda la avenida el agua, el lago, hombres en canoas, hombres vestidos como él, taparrabo y manto,[70] hombres cubiertos de plumas, vestidos con pieles de tigre, con lanzas; hombres, mujeres y niños que lo miran y sonríen...
120 Una escultura esplendorosa, el rostro de Tonatiu, su mirada fija en el vacío, la boca abierta, con hambre de tiernos y jóvenes corazones.

Las colas de dos serpientes se juntan en la fecha sagrada de la creación...

* * *

Quiero pensar que Julio[e] tenía razón, que estaba en lo justo, que mi
125 librito era demasiado plagio[71] de uno de sus cuentos. *Usted me pidió mi opinión y se la doy con toda sinceridad...*

A veces digo no, te equivocaste, che.[72] Lo tuyo es lo tuyo y el *Quinto sol* es mi parto.[73] No pensarás que sólo vos podés[74] hablar de los aztecas y los viajecitos en el tiempo. ¿Dónde se ha visto autoridad igual, chico? *La*
130 *trama de ambas cosas parecería revelar una influencia excesiva de mi relato...*

---

[d]La Piedra de Sol, también conocida como Calendario azteca, es un monolito de basalto que se encontró en la Plaza Mayor de México en 1790. Mide casi cuatro metros de diámetro y pesa más de veinte toneladas.

[e]Aquí se alude a Julio Cortázar (1914–1984), novelista y cuentista argentino, autor de «La noche boca arriba», texto omnipresente en el de Muñoz.

---

58 **chicharrones...** *crisp pork rinds and yucca*
59 *walnut tree*
60 *coconut palm*
61 *squirrels*
62 *stored*
63 **en...** *on the black market*
64 **techo...** *inverted V-shape roof*
65 *threshold*
66 *very*
67 *whisper*
68 *loincloth*
69 *rough*
70 *cape*
71 *plagiarism*
72 (Argentina) *you, buddy*
73 creación, producto de mi genio
74 **vos...** *tú puedes*

La sabia editora de la gran editorial husmeó[75] desde el primer momento el parecido. Aquí me huelo yo Julio encerrado,[76] dijo poco después de leer el manuscrito. Un *tour de force*, sin duda, te felicito. Es exactamente lo que te pedimos, pero, por si las moscas,[77] pide permiso, mándaselo a Cortázar a ver qué opina.

Y yo, obediente escribidor agarrado con las manos en la masa,[78] así lo hice.

Un día, sin poder sobreponerme[79] a la sorpresa, recibí contestación. Una carta frágil de puño y letra,[80] papel de cebolla,[81] tinta negra, caligrafía nerviosa, palabras gentiles,[82] dignas de Julio. Una carta escrita el 18 de septiembre de 1983, poco antes de su muerte.

Sumido en la vergüenza de mi plagio, guardé[83] la misiva. Usted tenía razón, le dije a la editora, mordiéndome la lengua. Hay Julio encerrado en mi relato.

* * *

Uno de los guardias mira a sus alrededores, pero no me ve. Ya casi llego al escondite[84] del «dios» blanco. Un soldado a la entrada. Un golpe de cuchillo y cae al suelo. Agarro su arma.

—¡Buenas noches, señores!—, les apunto.[85] —¡Quietos todos!— Alvarado se me tira encima; le disparo.[86] Cortés y Malinche se miran y me miran, incrédulos. —No esperaba esta visita, ¿verdad, capitán?—, le pregunto en su idioma. Malinche tiembla. Cortés mira a Alvarado, muerto o mal herido[87] en el suelo. —El menor movimiento y los mato a los dos—, les grito.

—El indio aprendió nuestra lengua, Malinche—, dice el Conquistador. —Es increíble, ¿no crees? Esta gente es mucho más inteligente de lo que yo pensaba... ¿Cómo te llamas, indio?

Tozani, Aguila de Luz.

—Entonces, Tozani, supongo que ya conoces nuestros planes.

—Sí, sé lo que vas a hacerle a mi pueblo.

—¡Imbécil! Nada pueden tus armas primitivas contra mis cañones.

—Un paso más y disparo—, le digo, y jalo[88] a Malinche, envolviendo su cuello con un brazo. —Si te mueves la mato, y no tendrás cómplice para tu invasión.

—¡Corre, Hernán!—, grita la amante. —¡Corre a luchar con tus hombres!

—¡Traidora!—, con el filo de mi mano le golpeo la nuca[89] y cae desmayada. —Ahora no tenemos testigos, hombre blanco.

—¿Testigos de tu muerte?

—No, de la tuya, porque voy a matarte, Hernán Cortés.

* * *

Releí la carta cuando ya empezaba a dolerme un poco menos su muerte. La encontré donde acabo de encontrarla hace un momento, acariciada[90] tiernamente por dos páginas de *Salvo el crepúsculo*.[f]

---

[f] *Salvo el crepúsculo* es el título de un libro (de poemas y prosas) de Julio Cortázar.

---

[75] olió
[76] *hidden, enclosed*
[77] **por...** *just in case*
[78] **agarrado...** *caught with my hands in the cookie jar*
[79] *to overcome*
[80] **de...** *in his own handwriting*
[81] **de...** *onionskin*
[82] amables, corteses
[83] *I kept*
[84] *hiding place*
[85] *I aim at, I point at*
[86] *I shoot*
[87] *hurt, wounded*
[88] *I pull, grab*
[89] *nape (of the neck)*
[90] *caressed*

Porque de pronto quiero reclamar un pedazo de Julio, dejarlo vivir otra vez, a mi manera. Decir, por ejemplo, que por mucho tiempo me sentí personaje de Julio, títere[91] suyo, admirador febril[92] y subyugado, sombra de un texto de Julio.

¿Cómo evitar su influencia, deshacerme de él? ¿Quién, en su insano juicio, podía darse el lujo de despedir a un *tal* Julio, de cantarle por fin una buena milonga?[g]

91 *puppet*
92 *ardiente*
93 *confronted*
94 *it stinks*
95 *snatches away*
96 **me...** *rips out my bowels*

* * *

Cinco soldados me sujetan y me empujan a lo largo de la Gran Plaza, hasta la Pirámide. Escucho los gritos de la gente. ¡Ayyo Ouiyya! Se despiden de Tozani, único guerrero capaz de desafiar al poderoso Uey-Tlatoani Moctecuhzoma. El que encaró[93] a los invasores, en vez de ofrecerles ofrendas y regalos.

Entramos al templo de Huitzilopochtli.[h] Está oscuro y apesta[94] a sangre seca. Encienden las antorchas y me atan a una cama de piedra. Cierro los ojos, exhausto, vencido. Me arrancan la poca ropa que llevo y quedo desnudo. Sobre el suelo, a mi lado, colocan las armas, llenas de polvo...

Y aparece un hombre vestido de plumas, rostro blanco; en su mano derecha la obsidiana. Detrás de él, Moctecuhzoma. El Emperador hace un gesto y el sacerdote me dice —¡Ayyo! Estamos preparados para concederte una última palabra, Tozani. Habla.

—¡Sí! Hablaré—, le grito. —¡Los blancos no son dioses! ¡Y Moctecuhzoma es un cobarde!

El Emperador le arrebata[95] al sacerdote su cuchillo. Sus ojos encendidos, sus manos temblorosas. Esta vez será suyo el honor de abrirle el pecho a un prisionero.

—¡Moctecuhzoma es un cobarde!—, le grito.

Una serpiente me recorre la sangre y me desgarra las entrañas.[96] Un sueño intenso. *Cobarde.* Me hundo hasta el centro, *cobarde,* hasta el profundo centro de una piedra...

Ahora sé que Daniel Flores nunca despertará.

* * *

Estimado amigo:

La lectura de su novela muestra una semejanza considerable con mi relato «La noche boca arriba». No solamente en el plano de lo fantástico, sino en el hecho de que éste se cumple dentro de un contexto histórico equivalente al de mi cuento, o sea el mundo mexicano de las culturas precolombinas.

La trama de ambas cosas parecería revelar una influencia excesiva de mi relato, que cualquier lector de su novela no tardaría en sentir.

---

[g]La milonga es una canción y baile popular de Río de la Plata que tiene un ritmo similar al del tango argentino.

[h]Huitzilopochtli es el nombre que los aztecas le daban al dios de la guerra.

Usted me pidió mi opinión y se la doy con toda sinceridad, a la vez que alabo[97] la vivacidad con que se desarrolla su relato y los muchos aciertos[98] que tiene.

Le envía un saludo cordial,

Julio

215

* * *

Sé que él era gigantesco de estatura, que tenía ojos enormes de niño solitario, que era tierno. Nunca llegué a conocerlo (en persona, quiero decir). Y sin embargo, cuando murió fue como si la vida no valiera, como si de pronto se esfumaran[99] todos los cuentos del universo.

220 Se me murió un amigo, coño.[100]

El pedido de la editorial, las largas horas de plagio recreativo, de sudor en las sienes,[101] los sueños de ver mi relato convertido en texto de lectura para los chicos (sueños que ahora tan poco me importan), todo se combinó para que yo, al estilo de Julio, recibiera el anuncio de su fin.

Margin notes:

97 *I praise*
98 buenas ideas
99 desaparecieran
100 *(vulgar) damn it*
101 *temples*

◆ Comprensión y expansión

A. Conteste las siguientes preguntas según el cuento.

1. ¿Quién narra «Carta de Julio»? Explique.
2. ¿Qué le pidió la casa editorial al narrador? ¿Para qué?
3. ¿Quién sería el protagonista de *Quinto sol*? ¿Cómo sería él?
4. ¿Cuál sería el argumento del relato? ¿Y qué elementos de geografía, historia y color local se incluirían allí para enseñar y divertir al mismo tiempo?
5. ¿En qué consiste el plan de Daniel? ¿Por qué se lo califica de «descabellado»?
6. Según el narrador-autor, ¿por qué le parece casi imposible contar la historia de un estudiante mexicano?
7. ¿Qué solución le encuentra a su dilema? Comente.
8. ¿Quién es Tozani? ¿Y qué dice de él el narrador?
9. ¿Qué relación hay entre Daniel y Tozani? Explique.
10. ¿Qué le pide el Emperador a Tozani? ¿Qué sabe Tozani y qué piensa hacer él? ¿Por qué?
11. ¿Qué le confiesa Tozani a su esposa? ¿Y qué le responde ella?
12. ¿Qué hace Daniel-Tozani a la mañana siguiente? ¿Y qué pasa? Comente.
13. ¿Cuál es la condena que va a sufrir Tozani? ¿Por qué?
14. Según el autor, ¿qué pasó con *Quinto sol*? Explique.
15. ¿Qué recuerda el escritor de los primeros párrafos de su relato? ¿Lo había escrito en primera o en tercera persona? Qué indican las frases o comentarios entre paréntesis? Explique.
16. ¿Cómo influye en el diálogo entre Tozani y los demás —Cortés, Malinche y los otros aztecas— el hecho de que él sea realmente Daniel Flores? Comente.
17. ¿Cómo reaccionó la editora al leer el manuscrito de *Quinto sol*? Explique.

18. En la carta de Cortázar al autor-narrador, ¿se menciona la idea de plagio? ¿Qué le dice el escritor argentino a su colega cubano?

19. ¿Cómo se da uno cuenta de que el narrador es un gran admirador de Cortázar? ¿Y dónde se hace más obvia su admiración y respeto? Explique.

20. Según su opinión, ¿es abierto o cerrado el final de *Quinto sol*? Por qué? ¿Y el de «Carta de Julio»? Comente.

B. Los siguientes sustantivos denotan cosas o conceptos mencionados en el texto. En cada grupo hay un elemento que está fuera de lugar. Identifíquelo y márquelo con un círculo. Luego explique brevemente por qué no pertenece al grupo y qué relación existe entre los otros tres sustantivos.

1. sueño   pesadilla   misiva   noche
2. glosario   sucesos   modismos   palabras
3. lecho   ropa   taparrabo   manto
4. trama   anécdota   título   peripecia
5. yuca   nuca   cebolla   maíz
6. lanzas   cañones   sienes   cuchillos
7. hambre   polución   desempleo   rostro
8. ardillas   serpientes   chicharrones   cucarachas

C. Lea las definiciones que siguen y escriba las palabras definidas en los espacios correspondientes.

1. sinónimo de **amigo,** en México   _____
2. alguien que obedece   _____
3. alguien que tiene miedo   _____
4. día anterior a otro   _____
5. que no tiene sentido   _____
6. árbol que produce nueces   _____
7. antónimo de **susurro**   _____
8. sustantivo relacionado con **esconder** _____

D. Para cada una de las siguientes oraciones, cambie la palabra o frase subrayada por el modismo más apropiado de la lista. Haga todos los cambios necesarios.

una mosquita muerta   estar muy enterado
agarrarle la onda   en pos de (algo o alguien)
ver la luz   por si las moscas
con las manos en la masa   de puño y letra

1. Fueron a la guerra <u>en busca de</u> aventuras, triunfos y gloria.
2. A ese hombre lo agarraron <u>cuando cometía el crimen.</u>
3. ¿Cuándo <u>se publicará</u> tu próxima novela?
4. ¡Susanita <u>entendió lo que decías</u> inmediatamente!
5. Creo que los Vega <u>saben mucho</u> de todo eso, ¿no?
6. ¿Su vecina? Es <u>una persona insignificante y sin ningún interés.</u>
7. Recibí una carta de Cortázar, ¡<u>escrita por él mismo!</u>
8. Sé que están bien pero, <u>por las dudas,</u> llámalos antes de salir.

1. Resuma con sus propias palabras **una** de las siguientes historias contenidas en «Carta de Julio»: la del narrador, la de Daniel Flores, la de Tozani o la de Daniel-Tozani.

2. Discuta la significación o la importancia de **uno** de los siguientes elementos del cuento de Muñoz y analice su relación con el resto del relato.
   a. el título
   b. el epígrafe
   c. la carta de Julio Cortázar

3. Describa y analice las diversas perspectivas narrativas incluidas en «Carta de Julio».

4. Discuta la estructura temporal y formal de este relato.

5. Compare y contraste dos o tres aspectos temáticos y/o estructurales de *Quinto sol* y de «Carta de Julio», respectivamente.

6. Compare y contraste al protagonista de *Quinto sol* con el narrador-autor de «Carta de Julio».

7. Analice **uno** de los siguientes aspectos del relato de Muñoz.
   a. el tema del tiempo
   b. la función de la historia
   c. la importancia del sueño
   d. el papel de la intertextualidad
   e. la caracterización de los personajes históricos en *Quinto sol*

8. Analice «Carta de Julio» como cuento fantástico o como obra de metaficción.

9. Tanto el epígrafe de «Carta de Julio» como la carta de Cortázar allí incluida revelan la influencia de «La noche boca arriba» en el relato de Muñoz. Lea este texto de Cortázar y luego compare y contraste ambas narraciones.

10. En la realidad histórica de la conquista y en la ficticia de este cuento los españoles derrotaron a los aztecas. Imagine qué habría pasado si, por el contrario, los aztecas hubieran derrotado a los españoles. ¿Cómo sería México hoy? ¿y España? ¿y Estados Unidos? Comente.

✦ **Temas de proyección personal**

1. Según su opinión, ¿qué similitudes y diferencias hay en el significado de los siguientes verbos: inspirar, influenciar, imitar, copiar, adaptar y plagiar? ¿Cuáles tienen connotación positiva? ¿negativa? ¿Cómo define usted el concepto de «plagio»? ¿Qué diferencias hay entre una «imitación», una «copia», una «adaptación» y un «plagio» de un cuento? Por ejemplo, en «Carta de Julio» el narrador-autor se acusa a sí mismo de haber plagiado un relato de Cortázar. Teniendo en cuenta lo allí expresado, ¿calificaría usted de plagio a «Carta de Julio»? ¿Por qué sí o por qué no? Explique.

2. Imagine que una casa editorial le pide que escriba un texto fantástico. Inspirándose en el argumento de *Quinto sol,* escriba un cuento ¡que tal vez lo (la) haga rico(a) y famoso(a)!

3. El narrador-autor de «Carta de Julio» no concibe la escritura de un texto sin que lleve «algo real, algo *auténtico*», como son, para él, su «experiencia del destierro» y su condición de «cubanito refugiado», por ejemplo. ¿Está usted de acuerdo con esa idea? ¿Piensa que la obra de un(a) autor(a) debe reflejar su experiencia y llevar sus «marcas» personales? Explique. Cuando usted sabe que un texto está inspirado o basado en algo vivido, visto o experimentado por su autor(a), ¿lo lee con más o con menos interés? ¿Por qué? Comente.

PEDRO JUAN SOTO

Nota biográfica

Pedro Juan Soto (1928–), destacado cuentista, novelista y dramaturgo, nació en Cataño, Puerto Rico, donde completó sus estudios primarios y secundarios. En 1946 se trasladó a Nueva York y asistió a la Universidad de Long Island, graduándose de Bachiller en Artes (BA) en 1950. Ingresó más tarde en la Universidad Columbia, donde recibió el título de Maestro en Artes (MA) en 1953. A mediados de esa década regresó a su país como profesor de literatura de la Universidad de Puerto Rico. Durante sus años de estudiante en Nueva York fue testigo y protagonista de la experiencia puertorriqueña en la gran ciudad del Norte y de esa época datan sus primeros cuentos, publicados inicialmente en revistas hispanas. Dos de esos relatos —«Garabatos» y «Los inocentes»— fueron premiados en 1953 y 1954, respectivamente, y reunidos después en su primer libro de cuentos, *Spiks* (1956), verdadera cosmovisión de la vida de sus compatriotas en Estados Unidos y obra que lo estableció como una voz clave en la cuentística de su tierra natal. El resto de su producción narrativa incluye, entre otras cosas, una segunda colección de relatos, *Un decir* (1976), y varias novelas —*Usmail* (1959), *Ardiente suelo, fría estación* (1961), *El francotirador* (1969), *Temporada de duendes* (1970) y *Un oscuro pueblo sonriente* (1984, Premio Casa de las Américas)— que están dirigidas a la denuncia del colonialismo en Puerto Rico y ofrecen una imagen crítica de la sociedad puertorriqueña. Como escritor teatral, es autor de *El huésped* (1955, Premio del Ateneo de Puerto Rico) y de *Las máscaras.* Con respecto a la génesis de algunas de sus obras, explica Soto lo siguiente: «De mis experiencias en Nueva York —casi diez años de ellas—, compuse el libro de cuentos *Spiks* y la obra de teatro en un acto *El huésped.* Luego me interesé en otro de nuestros territorios de ultramar —la isla de Vieques— y escribí la novela *Usmail.* Poco más tarde, observando el diario vivir de nuestros grandes hombres, realicé otro experimento teatral, en tres actos esta vez: *Las máscaras.*»[a]

---

[a]Ver su «Autobiografía», incluida en René Marqués, ed., *Cuentos puertorriqueños de hoy* (Río Piedras, Puerto Rico: Editorial Cultural, Inc., 1971), página 161.

✦ Guía y actividades de pre-lectura

A mediados de este siglo, Soto ha pasado casi una década de su juventud observando y viviendo la experiencia bicultural-bilingüe de sus compatriotas en Nueva York, inmerso en los orígenes de lo que hoy se ha convertido en una rica y floreciente cultura «nuyorriqueña». También esa realidad despierta su vocación de escritor e inspira su primer libro, según él mismo lo declara en el segmento de su «Autobiografía» antes citado. Como en el caso de la mayoría de los autores incluidos en esta sección, dicha experiencia personal de vivir entre dos culturas ha influido tanto en la temática como en la estructura de sus obras. En general, sus narraciones presentan aspectos relacionados con el choque entre la cultura puertorriqueña y la anglosajona. Temas recurrentes en sus cuentos y novelas son la soledad, la pobreza, la desesperanza, el aislamiento y la nostalgia por la patria lejana. En particular, los relatos de *Spiks* reflejan la lucha existencial de sus compatriotas durante los años cincuenta en un medio cultural muy diferente al de su isla natal en todo: lengua, costumbres, clima y valores. Por haber residido tantos años en Estados Unidos, y especialmente en Nueva York (donde viven más puertorriqueños que en San Juan, la capital de Puerto Rico), Soto tiene una sensibilidad natural por los problemas de adaptación de los emigrantes y los expresa con gran realismo y verosimilitud. Como otros cuentos de *Spiks*, «Los inocentes» retrata un momento tenso y difícil en la vida de una familia puertorriqueña en Nueva York. Este relato se destaca por su estilo conciso, preciso y sobrio, que recuerda al de Ernest Hemingway. En «Los inocentes» se pueden diferenciar dos niveles del lenguaje: el de la narración, que refleja un español refinado, cuidado y pulido; y el de los diálogos, que trata de captar la forma de hablar generalmente asociada con la clase baja o no educada de Puerto Rico. Algunos elementos de dicho español coloquial, presentes en este texto, son los siguientes.

a. la **s** final de sílaba = **h**
   hagah = hagas; ehtáh = estás

b. la **r** final de sílaba = **l**
   Holtensia = Hortensia; sacalte = sacarte; mejol = mejor

c. la **e** final de sílaba = **i**
   pasiar = pasear; trai = trae; di = de; ti = te; li = le

d. la eliminación de la última sílaba de algunas palabras
   pa = para; na = nada; cansá = cansada; to = todo

e. la eliminación de la **d** final del participio pasado
   pasao = pasado; = atendío = atendido; levantao = levantado

Otra diferencia que se nota en la forma de hablar de los personajes de este cuento es la eliminación o contracción de algunas palabras, como se ve en los siguientes ejemplos.
«No le va pasal na.» = No le va a pasar nada.
«Pipe'h inocente...» = Pipe es inocente...
«Yo me paso los añoh cose que cose y todavía sin casalme.» = Yo me paso los años cose que cose y todavía estoy sin casarme.

1. ¿Qué le sugiere a usted el título de este cuento? ¿A quiénes o a qué tipo de personas calificaría usted de «inocentes»? Explique.

2. Lea la parte I del relato y conteste las siguientes preguntas.

   a. ¿Cuándo y dónde tiene lugar esta escena?

   b. ¿Cómo empieza el cuento? ¿Qué le llama la atención de esas dos primeras líneas? ¿Por qué?

   c. Según su opinión, ¿quién es el «yo» de esas líneas iniciales? ¿Por qué estarán escritas en cursiva? Comente.

   d. ¿A quién se describe en las línease 4–6 y 8–9?

   e. ¿En qué momento sospecha usted que Pipe tiene algún problema mental o psicológico? ¿Por qué? Explique.

3. Teniendo en cuenta que «Los inocentes» gira en torno a una familia puertorriqueña en Nueva York, busque datos sobre los siguientes aspectos en algún libro de referencia o en la Internet y luego comparta la información con la clase.

   a. la historia de Puerto Rico

   b. la emigración puertorriqueña a Estados Unidos

   c. la población total de hispanos en Estados Unidos y el porcentaje aproximado de los tres grupos más grandes: mexicanoamericanos, puertorriqueños y cubanoamericanos

   d. las causas generales y particulares de la inmigración hispana a Estados Unidos, especialmente desde principios hasta fines del siglo XX

4. Según su opinión, ¿qué ideas u opiniones, correctas o falsas, tienen muchos inmigrantes con respecto a la vida en Estados Unidos? ¿Qué problemas culturales, sociales y/o económicos podrían dificultar la adaptación o asimilación de esos inmigrantes? Comente.

Los inocentes

I

treparme[1] frente al sol en aquella nube con las palomas[2] sin caballos sin mujeres y no oler cuando queman los cacharros[3] en el solar[4] sin gente que me haga burla.[5]

Desde la ventana, vistiendo el traje hecho y vendido para contener a un hombre que no era él, veía las palomas revolotear[6] en el alero[7] de enfrente.

o con puertas y ventanas siempre abiertas tener alas

Comenzaba a agitar las manos y a hacer ruido como las palomas cuando oyó la voz a sus espaldas.

[1] *to climb*
[2] *pigeons*
[3] *old pots and pans*
[4] *tenement (house)*
[5] **me...** se burle de mí
[6] *flutter about*
[7] *eaves*

10   —Nene,[8] nene.

La mujer acartonada[9] estaba sentada a la mesa (debajo estaba la maleta de tapas[10] frágiles, con una cuerda alrededor por única llave), y le observaba con sus ojos vivos, derrumbada en la silla como una gata hambrienta[11] y abandonada.

15   —Pan —dijo él.

Dándole un leve empujón[12] a la mesa, la mujer retiró la silla y fue a la alacena.[13] Sacó el trozo de pan que estaba al descubierto sobre las cajas de arroz y se lo llevó al hombre, que seguía manoteando[14] y haciendo ruido.

20 *ser paloma*

—No hagah ruido, Pipe.

El desmoronó[15] el trozo de pan sobre el alféizar,[16] sin hacer caso.[17]

—No hagah ruido, nene.

Los hombres que jugaban dominó bajo el toldo[18] de la bodega ya

25 miraban hacia arriba.

El dejó de sacudir la lengua.

sin gente que me haga burla

—A pasiar a la plaza —dijo.

—Sí, Holtensia viene ya pa sacalte a pasiar.

30   —A la plaza.

—No, a la plaza no. Se la llevaron, Voló.

El hizo pucheros.[19] Atendió de nuevo al revoloteo de las palomas.

no hay plaza

—No, no fueron lah palomah —dijo ella—. Fue el malo, el diablo.

35   —Ah.

—Hay que pedirle a Papadioh[20] que traiga la plaza.

—Papadioh — dijo él mirando hacia fuera—, trai la plaza y el río...

—No, no. Sin abrir la boca —dijo ella—. Arrodíllate y háblale a Papadioh sin abrir la boca.

40 El se arrodilló frente al alféizar y enlazó las manos y miró por encima de las azoteas.[21]

yo quiero ser paloma

Ella miró hacia abajo: al ocio[22] de los hombres en la mañana del sábado y al ajetreo[23] de las mujeres en la ida o la vuelta del mercado.

II

45 Lenta, pesarosa,[24] pero erguida,[25] como si balanceara un bulto[26] en la cabeza, echó a andar hacia la habitación donde la otra, delante del espejo, se quitaba los ganchos del pelo[27] y los amontonaba sobre el tocador.[28]

—No te lo lleveh hoy, Holtensia.

La otra miró de reojo.[29]

50 —No empieceh otra veh, mamá. No le va pasal na.[30] Lo cuidan bien y no noh cuehta.

8 Niño
9 *wizened*
10 *covers, tops*
11 *starving*
12 **leve...** *slight shove*
13 *cupboard*
14 *waving his arms about*
15 *crumbled*
16 *windowsill*
17 **hacer...** prestar atención
18 *awning*
19 **hizo...** *pouted*
20 Dios Padre
21 *flat roofs*
22 *idleness*
23 *rushing about*
24 triste
25 *upright, straight-backed*
26 *bundle*
27 **ganchos...** *hairpins*
28 *dressing table*
29 **miró...** *looked out of the corner of her eye*
30 *nada*

Saliendo de los ganchos, el cabello se hacía una mota[31] negra sobre las orejas.

—Pero si yo lo sé cuidal. Eh mi hijo. ¿Quién mejol que yo?

55 Hortensia estudió en el espejo la figura magra[32] y menuda.[33]

—Tú ehtáh vieja, mamá.

Una mano descarnada[34] se alzó[35] en el espejo.

—Todavía no ehtoy muerta. Todavía puedo velar[36] por él.

—No eh eso.

60 Los bucles[37] seguían apelmazados[38] a pesar de que ella trataba de aflojárselos[39] con el peine.

—Pipe'h inocente —dijo la madre, haciendo de las palabras agua para un mar de lástima—. Eh un nene.

Hortensia echó el peine a un lado. Sacó un lápiz del bolso que man-
65 tenía abierto sobre el tocador y comenzó a ennegrecer las cejas escasas.[40]

—Eso no se cura —dijo al espejo—. Tú lo sabeh. Por eso lo mejor...

—En Puerto Rico no hubiera pasao ehto.

—En Puerto Rico era dihtinto —dijo Hortensia, hablando por encima del hombro—. Lo conocía la gente. Podía salir porque lo conocía la gente.
70 gente. Pero en Niu Yol[41] la gente no se ocupa y uno no conoce al vecino. La vida eh dura. Yo me paso los añoh cose que cose[42] y todavía sin casalme.

Buscando el lápiz labial, vio en el espejo cómo se descomponía[43] el rostro de la madre.

—Pero no eh por eso tampoco. El ehtá mejor atendío allá.

75 —Eso diceh tú —dijo la madre.

Hortensia tiró los lápices y el peine dentro del bolso y lo cerró. Se dio vuelta: blusa porosa,[44] labios grasientos,[45] cejas tiznadas,[46] bucles apelmazados.

—Dehpuéh di un año aquí, merecemoh algo mejor.

80 —El no tiene la culpa de lo que noh pase a nosotrah.

—Pero si se queda aquí, la va tenel. Fíjate.

Se abalanzó[47] sobre la madre para cogerle un brazo y alzarle la manga que no pasaba del codo. Sobre los ligamentos caídos había una mancha morada.

85 —Ti ha levantao ya la mano y yo en la factoría no estoy tranquila pensando qué'htará pasando contigo y con él. Y si ya pasao ehto...

—Fue sin querel —dijo la madre, bajando la manga y mirando al piso al mismo tiempo que torcía[48] el brazo para que Hortensia la soltara.[49]

—¿Sin querel y te tenía una mano en el cuello? Si no agarro la botella,
90 sabe Dioh. Aquí no hay un hombre que li haga frente[50] y yo m'ehtoy acabando,[51] mamá, y tú le tieneh miedo.

—Eh un nene —dijo la madre con su voz mansa,[52] ahuyentando[53] el cuerpo como un caracol.[54]

Hortensia entornaba[55] los ojos.

95 —No vengah con eso. Yo soy joven y tengo la vida por delante y él no. Tú también ehtáh cansá y si él se fuera podríah vivil mejor los añoh que te quedan y tú lo sabeh pero no ti atreveh a decirlo porque creeh que'h malo pero yo lo digo por ti *tú ehtáh cansá* y por eso filmahte loh papeleh porque sabeh que'n ese sitio lo atienden máh bien y tú entonceh podráh

sentalte a ver la gente pasar por la calle y cuando te dé la gana puedeh
pararte y salir a pasiar como elloh pero prefiereh creer que'h un crimen y
que yo soy la criminal pa tú quedar como madre sufrida y *hah sido una
madre sufrida* eso no se te puede quital pero tieneh que pensar en ti y en
mí. Que si el caballo lo tumbó[56] a loh diez añoh...

La madre salía a pasos rápidos, como empujada,[57] como si la
habitación misma la soplara fuera,[58] mientras Hortensia decía:

—...y los otroh veinte los ha vivío así tumbao[59]...

Y se volvía para verla salir, sin ir tras ella, tirándose sobre el tocador
donde ahora sentía que sus puños martillaban un compás[60] para su casi
grito.

—...nosotroh loh hemoh vivío con él.

Y veía en el espejo el histérico dibujo de carnaval que era su rostro.

III

*y no hay gallos y no hay perros y no hay campanas[61] y no hay viento del río y
no hay timbre de cine y el sol no entra aquí y no me gusta*

—Ya —dijo la madre inclinándose para barrer con las manos las mi-
gajas[62] del alféizar. La muchachería[63] azotaba y perseguía una pelota de
goma en la calle.

y la frialdad duerme se sienta camina con uno aquí dentro y no me gusta

—Ya, nene, ya. Di amén.

—Amén.

Lo ayudó a incorporarse[64] y le puso el sombrero con la mano, viendo
que ya Hortensia, seria y con los ojos irritados, venía hacia ellos.

—Vamoh, Pipe. Dali un beso a mamá.

Puso el bolso en la mesa y se dobló para recoger la maleta. La madre
se abalanzó al cuello de él —las manos como tenazas[65]— y besó el rostro de
avellana chamuscada[66] y pasó los dedos sobre la piel que había afeitado
esta mañana.

—Vamoh —dijo Hortensia cargando bolso y maleta.

El se deshizo de los brazos de la madre y caminó hacia la puerta
meciendo[67] la mano que llevaba el sombrero.

—Nene, ponte'l sombrero —dijo la madre, y parpadeó[68] para que él
no viera las lágrimas.

Dándose vuelta, él alzó y dejó encima del cabello envaselinado[69] aquello que por lo chico parecía un juguete, aquello que quería compensar el
desperdicio[70] de tela en el traje.

—No, que lo deje aquí —dijo Hortensia.

Pipe hizo pucheros. La madre tenía los ojos fijos en Hortensia y la
mandíbula le temblaba.

—Ehtá bien —dijo Hortensia—, llévalo en la mano.

El volvió a caminar hacia la puerta y la madre lo siguió, encogiéndose[71]
un poco ahora y conteniendo los brazos que querían estirarse hacia él.

Hortensia la detuvo.

—Mamá, lo van a cuidal.

—Que no lo mal...

56 **Que...** *So the horse bucked
    him*
57 **como...** *as if pushed*
58 **la...** *blew her outside*
59 (tumbado) *knocked down*
60 **sus...** *her fists beating a
    rhythm*
61 *bells*
62 *crumbs*
63 grupo de muchachos
64 *levantarse*
65 *pincers, pliers*
66 **avellana...** *burnt hazelnut*
67 *swinging*
68 *she blinked*
69 *con vaselina*
70 *waste*
71 *shrinking*

145   —No. Hay médicoh. Y tú... cada do semanah. Yo te llevo.

    Ambas se esforzaban por mantener firme la voz.

    —Recuéhtate,[72] mamá.

    —Dile que se quede... no haga ruido y que coma de to.

    —Sí.

150   Hortensia abrió la puerta y miró fuera para ver si Pipe se había detenido en el rellano.[73] El se entretenía escupiendo[74] sobre la baranda[75] de la escalera y viendo caer la saliva.

    —Yo vengo temprano, mamá.

    La madre estaba junto a la silla que ya sobraba,[76] intentando ver al
155 hijo a través del cuerpo que bloqueaba la entrada.

    —Recuéhtate, mamá.

    La madre no respondió. Con las manos enlazadas enfrente, estuvo rígida hasta que el pecho y los hombros se convulsionaron y comenzó a salir el llanto[77] hiposo[78] y delicado.

160   Hortensia tiró la puerta y bajó con Pipe a toda prisa. Y ante la inmensa claridad de un mediodía de junio, quiso huracanes y eclipses y nevadas.

72	*Lie down*
73	*landing (of staircase)*
74	*spitting*
75	*banister*
76	estaba de más
77	*crying*
78	*hiccuping, with hiccups*

✦ Comprensión y expansión

A. Conteste las siguientes preguntas según el cuento.

Parte I

1. ¿Dónde está Pipe al empezar el relato? ¿Qué ropa lleva puesta?
2. ¿Qué hace él con el pan que le da la mujer? ¿Quién es ella?
3. En general, ¿quién lo lleva a pasear? ¿Y adónde?
4. ¿Adónde quiere ir Pipe? Según la madre, ¿por qué no van a poder ir allí hoy?
5. ¿Qué están haciendo los hombres del barrio esa mañana? ¿Y las mujeres?

Parte II

6. ¿Qué le dice la mamá a Hortensia al empezar la parte II? ¿Y qué le responde ésta?
7. ¿De quién y de qué hablan ellas? Comente.
8. Según su opinión, ¿por qué dice su mamá que él es «inocente» y que es «un nene»? Explique.
9. Según Hortensia, ¿por qué era más fácil tener a Pipe con ellas en Puerto Rico? ¿Y por qué eso es casi imposible en Nueva York?
10. ¿Qué hace Hortensia para ganarse la vida?
11. Según ella, ¿cuál es la razón principal por la que deben institucionalizar a Pipe? Explique.
12. ¿Dónde piensa usted que Hortensia le va a llevar a Pipe? ¿Por qué? Comente.
13. ¿Cuánto hace que Pipe, Hortensia y la madre viven en Nueva York?

Parte III

14. ¿Cómo se da cuenta que ésta es una despedida muy difícil para la madre? Explique.

15. ¿Por qué piensa Hortensia que Pipe va a estar mejor en el lugar donde lo va a llevar?

16. Al final del cuento se lee: «Y ante la inmensa claridad de un mediodía de junio, quiso [Hortensia] huracanes y eclipses y nevadas.» ¿Cómo interpreta usted esa última oración? Comente.

B. Escriba en los espacios correspondientes los infinitivos relacionados con los siguientes sustantivos.

Modelo el vuelo **volar**

1. el temblor _____
2. el olor _____
3. la respuesta _____
4. el revoloteo _____
5. la agitación _____
6. el conocimiento _____
7. el soplo _____
8. el cuidado _____

C. Escriba en los espacios correspondientes los sustantivos relacionados con los siguientes infinitivos. Incluya los artículos definidos apropiados.

Modelo enganchar **los ganchos**

1. peinarse _____
2. culpar _____
3. lagrimear _____
4. jugar _____
5. nevar _____
6. volver _____
7. burlarse _____
8. empujar _____

D. Complete las siguientes afirmaciones, marcando con un círculo la letra de la respuesta más apropiada.

1. El personaje principal de «Los inocentes» es...
   a. Hortensia. b. Pipe. c. la madre.
2. Pipe tiene unos...
   a. diez años. b. veinte años. c. treinta años.
3. Es obvio que él tiene problemas...
   a. visuales. b. mentales. c. físicos.
4. Según la madre, él está así porque se cayó de...
   a. un árbol. b. una nube. c. un caballo.
5. Hasta ahora, a Pipe siempre lo cuidó...
   a. un médico. b. su madre. c. su padre.
6. Hortensia y Pipe son...
   a. primos. b. hermanos. c. esposos.
7. Tanto Pipe como Hortensia son...
   a. solteros. b. casados. c. viudos.
8. Según el cuento, últimamente Pipe está muy...
   a. gordo. b. contento. c. violento.

9. Por eso Hortensia lo va a llevar a...
   a. la plaza.   b. pasear.   c. una institución mental.
10. Al final, la madre está muy triste porque Pipe se va...
   a. a casar.   b. de la casa.   c. a operar.

✦ Temas de discusión o análisis

1. Resuma con sus propias palabras el argumento de «Los inocentes».
2. Identifique los temas principales de este cuento y analice **uno** de ellos. Apoye sus comentarios con citas del texto.
3. Describa y discuta **uno** de los siguientes aspectos de «Los inocentes».
   a. el punto de vista narrativo
   b. los elementos formales o estructurales de la obra
   c. el significado del título y su relación con el resto del cuento
   d. los distintos niveles lingüísticos y su importancia temática
4. Discuta el uso de la lengua en los diálogos de los personajes como reflejo de la estructura social y económica del mundo recreado en el cuento.
5. Analice el carácter y la significación de **uno** de los siguientes personajes: Pipe, Hortensia o la madre.
6. Describa y analice la relación familiar reflejada en «Los inocentes».
7. Compare y contraste **uno** de los siguientes elementos del relato. Discuta además su significación temática en el texto.
   a. las secciones en cursiva, las descripciones narrativas y los diálogos
   b. la personalidad de la madre y la de la hija
   c. el principio en mitad de frase y el final del cuento
8. Analice «Los inocentes» como obra de crítica social.
9. Comente el papel de la soledad y/o la pobreza en este relato.
10. El querer «ser paloma» es una idea recurrente en la mente de Pipe y adquiere el carácter de leitmotiv en la obra. Identifique los pasajes donde se ve reflejado dicho deseo y discuta su significación o importancia temática.
11. Reescriba este cuento desde **una** de las siguientes perspectivas: la de Pipe, la de su madre o la de Hortensia.
12. Imagine que usted es Pipe y que, contrariamente a lo que piensa su familia, usted intuye lo que está pasando y sospecha que quizás nunca más va a volver a su casa. Escriba una entrada en su diario para ese último sábado con Hortensia y su madre.

✦ Temas de proyección personal

1. En «Los inocentes» Pipe expresa varias veces el deseo de ser paloma, tal vez para evitar las burlas de los demás. Cuando usted era niño(a) o cuando iba a la escuela, ¿se burlaban de usted sus compañeros de clase o los otros niños del barrio, por ejemplo? Y usted, ¿se burlaba de ellos?

¿Por qué? ¿Cómo reaccionaba usted y qué quería ser o hacer cuando escuchaba esas burlas? Comente.

2. Si usted fuera Hortensia o la madre de Pipe, ¿tomaría la misma decisión que ellas con respecto a Pipe? ¿Por qué? Y si fuera trabajador(a) social, ¿qué recomendaría en este caso? Explique.

3. Si usted supiera de alguien que abusa de sus hijos o de su esposo(a), ¿qué haría? Comente.

4. Alquile la película *El Norte* de alguna tienda de videos y luego de mirarla, comparta sus opiniones al respecto con la clase.

NORA GLICKMAN

Nota biográfica

Nora Glickman (1944–), narradora, ensayista, dramaturga y profesora universitaria, nació y se educó en la provincia de La Pampa, Argentina. Luego de terminar la secundaria en Bahía Blanca, en 1960 viajó a Europa y estudió en Israel, Inglaterra y Estados Unidos, donde reside desde 1965 y donde también empezó su carrera literaria. En 1972 recibió su doctorado en literatura comparada de New York University. De su producción narrativa hay que mencionar *Uno de sus Juanes* (1983) y *Mujeres, memorias, malogros* (1991), libros de cuentos que recrean escenas de los dos mundos vividos por la autora: el de su niñez y primera juventud en Argentina, y el de sus años en Nueva York. Es autora, además, de *La trata de blancas* (1984), un extenso ensayo en torno al tema indicado en el título, y de numerosos artículos sobre literatura latinoamericana contemporánea, publicados en diversas antologías críticas y publicaciones especializadas. En los últimos años también ha incursionado en el teatro y ha escrito tres obras dramáticas: *Noticias de suburbio* (1993), comedia teatral cuya traducción al inglés, *Suburban News*, fue estrenada en Nueva York (1995) después de haber sido distinguida con el Jerome Foundation Dramatists Award en 1994; *Un día en Nueva York* (1994), pieza en un acto basada en uno de sus cuentos, y *Una tal Raquel Liberman* (1994), obra inspirada en la vida de la inmigrante polaca que en los años treinta de este siglo denunció la existencia de la trata de blancas en Argentina. Glickman vive actualmente en Nueva York y es profesora de español en Queens College (City University of New York), donde se especializa en literatura y cine latinoamericanos.

✦ Guía y actividades de pre-lectura

La selección que sigue, «El barco», forma parte de los relatos de *Mujeres, memorias, malogros*, libro inspirado casi totalmente en los recuerdos y experiencias de la propia autora, desde sus años juveniles en La Pampa y Bahía Blanca de su país natal hasta su multifacético y a menudo conflictivo presente de madre, esposa, profesora y escritora inmigrante en Nueva York. La génesis autobiográfica de estos cuentos explica el estilo natural y sencillo, el tono íntimo y confidencial, y el lenguaje conversacional y directo que los caracterizan. Como el título, el libro también tiene tres partes y en cada una de ellas predomina, temática o estructuralmente, uno de los tres elementos del título. La primera parte evoca, a través de la memoria, fragmentos de un pasado infantil o adolescente, y tiene por protagonista a una niña cuyas experiencias contrastan con las reflejadas en los otros segmentos del libro. La segunda parte ofrece una gama muy variada de mujeres protagonistas y narradoras. Mientras el humor transita por las páginas de las dos primeras partes, está prácticamente ausente en la tercera y última sección. En ésta los textos —en general más breves y densos— se proyectan hacia un futuro inminente de malogros o fracasos de carácter más bien existencial, pero, al mismo tiempo, son minitextos de lectura cautivante, abiertos, experimentales y de gran creatividad. En el caso de «El barco», que es el último cuento de la primera parte, la narradora recuerda y relata una experiencia inolvidable de su pasado: su largo viaje en el Federico «C» donde lo pasó tan bien que ella «hubiera querido ser varón para [...] trabajar de marinero en el barco», y donde, aparentemente, se despertó por primera vez al llamado del amor.

1. Lea los dos primeros párrafos de «El barco» y conteste las siguientes preguntas.
   a. ¿En qué mes tendrá lugar la situación evocada en el primer párrafo? Recuerde que en Argentina las clases generalmente empiezan en marzo y terminan a mediados de diciembre.
   b. Según la narradora, ¿por qué era lógico que los alumnos se resistieran a escribir sobre sus vacaciones? ¿Está usted de acuerdo con ella? Explique.
   c. ¿Y está usted de acuerdo con la idea expresada en el segundo párrafo, de que para «pasarlo verdaderamente bien» hay que «irse lo más lejos posible del hogar»? ¿Por qué? Comente.

2. Busque en algún mapa de Argentina y Uruguay los lugares mencionados en esta parte: Monte Hermoso, Necochea, Mar del Plata, Punta del Este y Bahía Blanca. ¿Por qué cree usted que la narradora dice que Bahía Blanca es «el sitio más aburrido de la tierra»? ¿Qué ciudad o pueblo sería para usted el equivalente geográfico de Bahía Blanca? ¿Por qué? Explique.

3. En este relato, la narradora describe su viaje en barco a Italia y en el último párrafo menciona la Capilla Sixtina y la Fontana de Trevi. Con ayuda de algún libro de referencia o de una guía turística de Roma y el Vaticano, busque datos sobre ambos lugares y comparta la información con la clase.

El barco

Cada año escolar[1] la clase de composición comenzaba con la propuesta original de la profesora, que escribiéramos sobre nuestras vacaciones.

1 *school*

Nuestra resistencia a enfrentar[2] el tema era lógica. Sería aceptar que se había terminado el período de libertad, que volvíamos al orden y a la rutina. Además, había una resistencia natural a compartir una experiencia personal con gente extraña: la clase estaba llena de chicos nuevos. Y lo que se escribía para ser leído en voz alta era invariablemente tedioso.

Yo tenía la idea de que para pasarlo verdaderamente bien era imprescindible[3] irse lo más lejos posible del hogar.[4] Por ejemplo en Monte Hermoso una se divertía menos que en Necochea, en Necochea menos que en Mar del Plata, en Mar del Plata menos que en Punta del Este, según cuánto una se distanciara de Bahía Blanca, el sitio más aburrido de la tierra. Si una llegaba a Italia, bueno... Y ni qué imaginarse lo que sería llegar a Siam[a] o a la China.

Tan lejos nunca llegué. Aunque a Italia sí: a Génova, Génoa, el 7 de febrero de 1955. Saturada[5] de pastasciuta[6] y antipasto en el Federico «C»,[b] luego de veinte noches borrascosas[7] por la costa brasileña, con escalas[8] en Río, Santos, Canarias y Barcelona, todos estaban ansiosos de conquistar la bella Italia. Todos menos yo.

Mis vacaciones habían sido tan fabulosas que temía que el resto me defraudara. Hubiera querido ser varón para insistir que me dejaran trabajar de marinero en el barco, con tal de no tener que descender con mis padres. Lino, el mozo[9] que me cantaba «Ciao ciao bambina» y me invitaba a su camarote,[10] se quedaba allí, limpiando mesas. Más tarde podría visitar con él la casa de Colón y el mercado antiguo.

Ernst ya había bajado[11] en Barcelona, porque quería visitar España antes de regresar a Suiza. Insistía en que lo acompañara. Cuando lo vi por primera vez en el salón de baile del barco, él estaba ensayando[12] con los instrumentos de percusión de la orquesta. Su amigo Claus tocaba jazz en el piano como un gran profesional y le indicaba la manera de seguirlo. Ernst me pidió que me acercara porque según él yo parecía una chica muy valiente. Me dio unos cepillos[13] para frotar[14] sobre los platillos[15] metálicos. Esos platillos me producían un efecto hipnótico: emitían un sonido seco, como el viento arisco[16] sobre los pastizales.[17] Si yo apretaba[18] los dientes y abría los labios, como al examinarme la boca frente al espejo, se me filtraba el mismo aire sedoso[19] entre los dientes.

Debí acompañar bien su ritmo porque cada tanto Claus volvía la cabeza y me brindaba una sonrisa.[20] Pero es que Claus llevaba la sonrisa siempre a flor de labios.[21] Por eso me parecía algo falso. En cambio Ernst, más torpe[22] y grueso, casi nunca sonreía. Hablaba un mal castellano, con énfasis en las «egues»[c] y esperaba que yo le terminara las frases.

[2] **a...** to confronting
[3] esencial
[4] residencia familiar
[5] Stuffed; Sick and tired
[6] type of Italian pasta dish
[7] stormy
[8] stopovers
[9] camarero
[10] dormitorio de un barco o tren
[11] desembarcado
[12] rehearsing, practicing
[13] brushes
[14] to strike
[15] cymbals
[16] rough, surly
[17] pasture or grazing lands
[18] clenched
[19] silky
[20] **me...** flashed me a smile
[21] **llevaba...** was always smiling
[22] awkward, clumsy

[a]Siam es el antiguo nombre de Tailandia, reino de Asia meridional que está situado en la parte occidental de la península de Indochina.

[b]El Federico «C» era el nombre de uno de los barcos de una línea transatlántica de lujo que existía en la época evocada en este relato.

[c]Este es un ejemplo del «mal castellano» de Ernst, y en particular aquí la narradora transcribe el sonido gutural con el que aquél pronuncia la **rr** española.

Cuando Claus se retiró, Ernst y yo seguimos tocando el tambor, los platillos y el triángulo. Me senté junto al piano y toqué «Asturias»[d] de Albéniz, exagerando con el pedal los *fortes* que debían compensar los errores. Ernst alabó[23] mi interpretación y aunque yo sabía que no era sincero, se lo agradecí ruborizada.[24] Entonces me preguntó si vendría al baile esa noche.

¿Qué iba a contestarle? Que mis padres no me dejaban salir sola de noche, y que como ellos no bailaban, no había para mí fiesta que valga?[25]

—Sí, claro— le dije. Pero llegaría algo tarde. Me susurró al oído que me esperaría en la proa[26] frente al salón, y me pidió que me ajustara bien los zapatos, no sea que perdiera uno a medianoche...

El asunto era cómo fingir que estaba cansada, acostarme, y volver a salir sin que nadie se enterara,[27] especialmente cuando en mi camarote las otras tres chicas, todas mayores de edad, irían al baile. Imposible que me hicieran el favor de llevarme con ellas. Mi madre se opondría.[28] Además, les gustaba tratarme como a una Cenicienta.[29] Me asignaron la peor litera,[30] pusieron sus zapatos de taco[31] en mi ropero[32] porque sus maletas ocupaban demasiado espacio, y no me dejaron ni una sola percha[33] libre.

Mi primera treta[34] salió bien. Mamá se alegró de que quisiera irme a dormir a una hora tan decente, luego de haber correteado[35] todo el día. Así que ya estaba acostada cuando las chicas se preparaban para el baile. ¡La[36] de vestidos que se probaron antes de salir!

—Che,[37] Perlita, ¿me prestás tu blusa rosa, la que usaste anoche? Me iría regio[38] con este conjunto...

—Mirá vos[39] que la ensucié con el chocolate que tomamos después de la piscina...— ¡Ay, qué pena! ¿Y el pañuelo de seda que te regaló Jorge? ¿Se te ensució también?

—No, nena, ¡ese desentona[40] horriblemente! ¿Qué creés vos, Luisita?

—Y, yo no sé... no te queda mal, creo...

Me preguntaban por preguntar, como cuando una se pregunta cómo le queda algo al darse una última mirada en el espejo, sólo para decidirse. Por fin salieron apestando[41] a perfumes dulces, con caras plásticas, ojos pavimentados[42] por surcos[43] negros, labios pegajosos[44] y pelo batido[45] a punto de nieve. Se reían, se empujaban[46] y secreteaban como si alguien las estuviera espiando detrás de la mirilla[47] de su camarote.

En cuanto salieron salté de la cama, me puse el vestido de tafeta azul que me hacía bastante mayor y me cepillé el cabello con vigor para sacarle brillo. Me pinté apenas los labios con el lápiz de Sonia. Antes de salir me enrosqué[48] con tres vueltas al cuello el collar[49] que Perla había dejado sobre su cama. Corrí directamente a la proa, donde la brisa marina se envolvía en el calor de la chimenea del barco. Ernst me vio primero; me tiró suavemente del collar y me dio vuelta para darme un beso en la mejilla.

23 *praised*
24 *blushing*
25 *counts, is worth it*
26 *bow, prow*
27 **se...** *se informara, supiera, notara*
28 **se...** *would be opposed*
29 *Cinderella*
30 *bunk, berth*
31 **de...** *high-heeled*
32 *clothes closet*
33 *clothes hanger*
34 *trick*
35 *run about*
36 *La cantidad*
37 *Hey*
38 *espléndido, muy bien*
39 **Mirá...** *Mira tú*
40 *clashes*
41 *oliendo*
42 *thickly lined, paved*
43 *furrows*
44 *sticky*
45 **batido...** *teased up in a point*
46 **se...** *shoved (pushed)*
47 *peephole*
48 **me...** *I coiled, wound around*
49 *necklace*

---

[d]Se alude aquí a uno de los doce fragmentos de *Iberia,* composición musical del pianista y compositor español Isaac Albéniz (1860–1909).

—Pensé que te habías olvidado de mí. Hace rato que te espero. Enseguida agregó: —Buen lugar para meditar... ¿o es que estuviste meditando en tu camarote?

—Me quedé escribiendo el diario de viaje, como cada noche, para no olvidar ningún detalle. Por eso me demoré.[50]

—¿Ah, sí? ¿Y qué escribiste de mí?

—Eso es un secreto.

Hablamos de estrellas y constelaciones, buscamos las Tres Marías para orientarnos. Ernst me tomó del hombro muy suavemente y señaló dónde caían las estrellas fugaces.[51] De pronto me estampó un beso en el cuello sin preguntarme antes si tengo cosquillas[52] o no. Yo me aparté[53] exasperada. Sorprendido, él me tiró nuevamente del collar y entonces todas las perlas empezaron a rodar[54] por el piso de madera lustrada. Unas subían y otras bajaban, al vaivén[55] del barco. Traté de seguirlas para que no se dispersen. Resbalé,[56] rodé con ellas.

Ahora no sabía si reírme o llorar. Sólo pensaba que Perla debería enterarse de que alguien le había sacado el collar del cuarto. Me recompuse y convertí mi falda como bolsa para ir recogiendo las perlas. Ernst, pobre, me ayudaba, se excusaba, me prometía que él se encargaría de que nadie supiera del accidente. Pero las perlitas ya se van por cualquier lado. El suelo es una gran mesa de billar.[57] Y yo me arrastro[58] siguiéndolas y metiéndolas una por una en mi bolsa azul. Luego Ernst se las lleva a su cuarto, y yo no las vuelvo a ver más.

A los pocos días Perla empezó a echar de menos su collar; primero nos acusó a nosotras de habérselo perdido, pero cuando protestamos, ofendidas, se disculpó diciendo que serían las camareras que siempre robaban algo de los pasajeros porque ellas tenían todas las llaves. Denunciaría el robo al capitán, quien todavía no la había invitado a bailar, y le diría que sus perlas eran preciosas. Aunque de todas maneras, dijo, en Italia se consiguen perlas a montones, que no tienen nada que ver con las de industria nacional... son perlas importadas... Además, añadió, alguien como ella, que respondía al nombre de Perla, las llevaba puestas toda la vida. Así que ahí tienen.[59]

En la composición de la escuela ese día escribí sobre los frescos de la Capilla Sixtina y sobre las estatuas de la Fontana de Trevi.

50 **me...** *I was delayed*
51 **estrellas...** *shooting stars*
52 **tengo...** *I am ticklish*
53 separé
54 *to roll, to scatter*
55 **al...** *with the movement*
56 *I slid, I slipped*
57 *billiards*
58 **me...** *I crawl*
59 **Así...** *That's just how it is.*

✦ Comprensión y expansión

A. Conteste las siguientes preguntas según el cuento.

1. Según la narradora, ¿cuál era el tema de composición que la profesora acostumbraba asignar el primer día de clases? ¿Qué piensa ella del tema? ¿Por qué?

2. ¿Adónde y con quiénes viajó ella en 1955? ¿Cómo viajaron?

3. ¿Cuánto tiempo duró el viaje hasta Génova? ¿En qué lugares hizo escalas el barco?

4. ¿A quiénes conoció en el Federico «C»? ¿Lo pasaron bien en el viaje? ¿Qué hicieron? Explique.

NORA GLICKMAN | **473**

5. ¿Dónde vio la narradora a Ernst por primera vez? ¿Qué hacía él en ese momento?

6. ¿Para qué se citaron ella y Ernst? ¿Dónde y a qué hora era la cita?

7. Según su opinión, ¿qué edad tendría la narradora en esa época? Explique.

8. ¿Cómo se vistió ella para ir a la cita? ¿Por qué?

9. ¿De qué hablaron ella y Ernst cuando se encontraron? ¿Qué pasó con el collar de perlas que llevaba la narradora? Explique.

10. ¿Cómo reaccionó Perla cuando se dio cuenta de que su collar había desaparecido? En un primer momento, ¿pensó o no ella denunciar el robo al capitán? ¿Y qué pasó después?

11. Al final, ¿sobre qué escribió la narradora en la composición de la escuela? Según usted, ¿por qué no habló ella de su aventura en el Federico «C»? Comente.

B. Lea las definiciones que siguen y escriba las palabras definidas en los espacios correspondientes.

1. dormitorio en un barco o tren   _____
2. lugar para guardar ropa   _____
3. parte delantera de un barco   _____
4. adorno que se lleva alrededor del cuello   _____
5. casa o residencia familiar   _____
6. paradas intermedias de un barco o avión   _____
7. persona del sexo masculino   _____
8. sinónimo de **mesero** o **camarero** _____

C. Las afirmaciones que siguen se refieren a algunos de los personajes incluidos en «El barco». Lea cada una de ellas e identifique a quién se alude en la frase escribiendo **E** (Ernst), **C** (Claus), **L** (Lino) o **N** (Narradora) en los espacios correspondientes.

_____ 1. Viaja en el Federico «C» hasta Barcelona.
_____ 2. Toca jazz en el piano.
_____ 3. Piensa que Bahía Blanca es un lugar muy aburrido.
_____ 4. Habla mal el castellano.
_____ 5. Es mozo del Federico «C».
_____ 6. Sonríe todo el tiempo.
_____ 7. Sonríe muy poco.
_____ 8. Tiene la peor litera de su camarote.
_____ 9. Canta «*Ciao ciao bambina*».
_____ 10. Por accidente, rompe un collar de perlas.
_____ 11. Resbala y rueda sobre las perlas dispersas.
_____ 12. Se lleva las perlas dispersas a su cuarto.

D. Identifique y explique la importancia o la significación de los siguientes personajes o elementos en este cuento.

1. Siam o China
2. Cenicienta

3. «Asturias»
4. el 7 de febrero de 1955
5. el vestido de tafeta azul
6. Perla, Luisa y Sonia
7. el collar de perlas
8. la Capilla Sixtina y la Fontana de Trevi

✦ Temas de discusión o análisis

1. Resuma con sus propias palabras el argumento de «El barco».
2. Discuta la importancia temática y/o estructural del título.
3. Identifique uno de los temas o subtemas de este cuento y relaciónelo con el resto de la obra. Apoye sus comentarios con citas del texto.
4. Discuta la situación socioeconómica de los personajes y analice la estructura de la sociedad reflejada en «El barco».
5. Describa la perspectiva narrativa del relato y comente su significación temática en la obra.
6. Analice la estructura temporal y/o espacial de la narración, relacionando los aspectos de tiempo y/o espacio allí reflejados con los elementos de lengua, tono y estilo de este cuento.
7. Analice el papel de la narradora en su doble función de narradora y personaje principal de su propia historia.
8. Identifique las diversas alusiones geográficas, musicales y culturales incluidas en el cuento. Luego analice su uso y significación temática.
9. Basándose en datos incluidos en el relato y en otros imaginados por usted, escriba una breve biografía comentada de la narradora e incluya un análisis de su carácter y de la posición socioeconómica familiar.
10. Vuelva a contar este mismo relato pero desde la perspectiva de Ernst, Claus, Lino o Perla.
11. Analice **uno** de los temas que siguen. Apoye sus comentarios con citas del texto.
    a. la representación del mundo masculino y del mundo femenino en el cuento
    b. la caracterización de los jóvenes (Ernst, Claus y Lino) frente a la de las jóvenes (Perla, Luisa, Sonia y la narradora)
    c. el papel de los padres de la narradora
12. Describa y discuta el desenlace del relato. ¿Tiene un final abierto o cerrado, sorprendente o esperado? Explique.
13. Analice el tema del viaje como simbólico de dos viajes o pasajes paralelos: el del barco, entre Argentina e Italia, y el viaje personal o espiritual de la narradora que pierde la inocencia durante el transcurso del viaje en barco.
14. Imagine que usted es la autora de este texto y que luego de releerlo, no le gustan los dos últimos párrafos. Cambie el desenlace y escriba otro final para «El barco».

15. Identifique y discuta **uno** de los siguientes temas en este cuento.
    a. la experiencia del primer amor
    b. el engaño y el miedo a la verdad
    c. el valor simbólico del barco y del collar de perlas
16. Analice «El barco» como obra de aprendizaje o de iniciación cuya temática gira en torno al pasaje de la adolescencia a la madurez y sus consecuencias lógicas.

✦ Temas de proyección personal

1. ¿Le gusta viajar? ¿Ha hecho alguna vez un viaje en barco? ¿Desde dónde y hasta dónde? Describa algo interesante que le haya pasado, que haya visto o que haya hecho en ese viaje.

2. Describa cómo, dónde y con quién pasó sus últimas vacaciones. ¿Hizo o vio algo diferente, increíble, fantástico o inolvidable? Explique.

3. «Amor primero, amor imperecedero», dice un viejo refrán. Según esa frase, el primer amor no perece; es decir, no muere nunca. ¿Está usted de acuerdo con la idea básica del refrán? ¿Piensa que el primer amor de una persona es muy importante o que tiene un gran impacto en su vida futura? En su caso personal, ¿quién fue su primer amor? ¿Cuándo, cómo y dónde se conocieron? ¿Qué tipo de relación tuvieron y cuánto tiempo duró esa primera experiencia amorosa? Comente.

4. En «El barco», la narradora no pide permiso para ir al baile porque sabe que sus padres no le permitirían ir sola, sin una persona mayor o chaperona que la acompañara. ¿Qué piensa usted de esa costumbre? Explique. ¿Cree que es importante que los adolescentes y jóvenes menores de dieciocho años, por ejemplo, tengan chaperones para ir a bailes y a otras funciones sociales? ¿Por qué? Según su opinión, ¿a qué edad un(a) joven ya no debería necesitar chaperones? Comente.

ISABEL ALLENDE

Nota biográfica

Isabel Allende (1942–), periodista y narradora chilena, figura actualmente entre los escritores latinoamericanos más conocidos, leídos y traducidos del mundo. Hija de diplomáticos, nació «por casualidad» en Lima, Perú, donde su padre ocupaba entonces un cargo en la embajada de su país. Tenía apenas dos años cuando sus padres se separaron y ella y su madre regresaron a Chile. Fueron a vivir con sus abuelos maternos, en una casa antigua, grande y silenciosa, llena de libros y de objetos olvidados que estimularon su imaginación y su fantasía. Allende ha señalado, en repetidas ocasiones, la gran influencia que han tenido en su obra esos años de su infancia y primera juventud, compartidos especialmente con su madre y sus abuelos en la vieja casona familiar.

Dicha mansión, según la misma autora, se parece mucho a la casa ficciona-
lizada en *La casa de los espíritus* (1982), su primera novela. También confiesa
ella que sus propios familiares, algunos dotados de un rasgo diferente o de
una peculiar extravagancia, han inspirado varios de sus personajes. Tal es el
caso de Clara del Valle, figura central de *La casa de los espíritus*, cuya personalidad tiene mucho en común con la de su abuela materna, mujer de extraordinario carácter, exquisita sensibilidad, gran vitalidad e increíble bondad y
generosidad hacia los demás. Más que en la experiencia de otros escritores de
su generación, la historia chilena del último cuarto de siglo ha afectado profundamente la vida de esta autora. Sobrina del ex presidente chileno Salvador
Allende, la muerte de su tío durante el golpe militar de 1973 tuvo un impacto
decisivo en su obra posterior. En efecto, después de esa tragedia familiar y nacional dejó su país, donde había trabajado como periodista durante muchos
años, y emigró a Venezuela. Vivió en Caracas hasta fines de los años ochenta y
fue allí, en el exilio, donde inició su exitosa carrera literaria con la publicación de la novela ya mencionada, cuya adaptación fílmica, *The House of the
Spirits,* apareció en 1993. La novela, situada dentro de la corriente del realismo mágico,* es una larga narración que describe la historia de varias generaciones de la familiar de Esteban Trueba, patriarca que inicia la dinastía de
los Trueba y personaje basado en el abuelo de la escritora. El relato reconstruye, paralelamente, la historia de Chile desde principios de siglo hasta
poco después del golpe de estado de 1973. Entre 1982 y 1990, Allende publicó, respectivamente, dos novelas y una colección de cuentos: *De amor y de
sombra* (1984), situada también en la década de los setenta y basada en un hecho real de asesinato político ocurrido durante la dictadura de Pinochet; *Eva
Luna* (1987), y *Cuentos de Eva Luna* (1990), relatos en que disminuye la
temática política y en donde predomina el desarrollo de personajes femeninos fuertes, aventureros, independientes y particularmente creativos. De
más reciente aparición son *El plan infinito* (1991), novela cuya acción empieza
en California en la época de la guerra de Vietnam, y *Paula* (1995), testimonio
que refleja la tragedia personal de la autora, iniciado como carta a su hija
Paula durante la larga enfermedad de ésta y terminado después de su muerte.
Los tres últimos libros han sido concebidos y escritos en Estados Unidos, país
al que emigró en 1988 y donde vive desde entonces. Actualmente reside en el
área de San Francisco, California.

✦ Guía y actividades de pre-lectura

Las obras de Isabel Allende se caracterizan por incluir, de manera recurrente,
elementos de la realidad, familiar e histórica, y de la fantasía. Esa mezcla tan
natural y armónica de lo real y lo maravilloso crea un mundo narrativo muy
similar al de García Márquez, caracterizado por la presencia de algunos elementos asociados con el realismo mágico. Un aspecto que llama la atención
en la obra de Allende es la cantidad de protagonistas mujeres que transitan
por sus novelas y cuentos. En efecto, la gran mayoría de sus personajes femeninos son seres admirables, positivos, hábiles, libres y muy imaginativos.
Tal es el caso de Belisa Crepusculario, figura central de «Dos palabras», el
cuento aquí incluido. Esta narración es la primera de *Cuentos de Eva Luna,*

obra cuya estructura recuerda la de *Las mil y una noches,* aludida en el epígrafe inicial. Con un artificio similar al empleado en la colección árabe, en la de Allende una mujer le cuenta a su amante Rolf Carlé, personaje importante ya aparecido en su novela *Eva Luna,* los veintitrés relatos que forman parte del libro. «Dos palabras» narra la historia de Belisa Crepusculario, uno de los habitantes más simpáticos y creativos del mundo de Allende, cuya profesión —interesante, algo extraña y bastante fantástica— prueba que con cierta ingenuidad, fuerza de voluntad, deseo de superación y un poco de imaginación, se puede sobrevivir ¡y hasta ser feliz en este mundo! El cuento subraya el valor social y político del lenguaje y, en particular, pone en evidencia el poder creativo de la palabra. No es ninguna coincidencia que «Dos palabras» sea el primer relato de la colección.

1. ¿Qué le sugiere el título de este relato? ¿Cree usted que ese título crea cierto suspenso en los lectores? ¿Por qué sí o por qué no?

2. Según su opinión, ¿son importantes las palabras en el mundo actual? Comparta con la clase algún incidente personal o algún otro caso que usted conozca que refleje la importancia o el poder de las palabras en la vida cotidiana.

3. ¿Qué profesiones u oficios dependen mucho de las palabras? ¿Por qué? Mencione dos o tres ejemplos para cada categoría. ¿Cree usted que el éxito en su carrera va a depender en parte de sus habilidades lingüísticas y de la amplitud de su vocabulario? Explique.

4. Lea el primer párrafo del cuento y conteste las siguientes preguntas.
   a. ¿Cuál es el origen del nombre de Belisa?
   b. ¿Qué profesión tenía ella? ¿Dónde y cómo la practicaba?
   c. ¿Cuáles eran los precios de sus servicios?
   d. ¿Qué servicios eran de carácter individual y/o colectivo?
   e. ¿Quiénes recibían el regalo de una o más palabras secretas? ¿Cómo y para qué lo recibían?

Dos palabras

Tenía el nombre de Belisa Crepusculario, pero no por fe de bautismo[1] o acierto[2] de su madre, sino porque ella misma lo buscó hasta encontrarlo y se vistió con él. Su oficio era vender palabras. Recorría el país, desde las regiones más altas y frías hasta las costas calientes, instalándose[3] en las fe-
5 rias y en los mercados, donde montaba cuatro palos[4] con un toldo de lienzo,[5] bajo el cual se protegía del sol y de la lluvia para atender a su clientela. No necesitaba pregonar su mercadería,[6] porque de tanto caminar por aquí y por allá, todos la conocían. Había quienes[7] la aguardaban de un año para otro, y cuando aparecía por la aldea con su atado[8] bajo el
10 brazo hacían cola[9] frente a su tenderete.[10] Vendía a precios justos. Por cinco centavos entregaba versos de memoria, por siete mejoraba la calidad de los sueños, por nueve escribía cartas de enamorados, por doce inventaba insultos para enemigos irreconciliables. También vendía cuentos,

1 **fe...** *certificate of baptism*
2 *wisdom*
3 *setting herself up*
4 *stakes, poles*
5 **toldo...** *canvas awning*
6 **pregonar...** *to hawk her wares*
7 *those who*
8 *bundle*
9 **hacían...** *they lined up*
10 *stall, stand*

pero no eran cuentos de fantasía, sino largas historias verdaderas que
recitaba de corrido,[11] sin saltarse nada. Así llevaba las nuevas[12] de un
pueblo a otro. La gente le pagaba por agregar una o dos líneas: nació un
niño, murió fulano,[13] se casaron nuestros hijos, se quemaron las cosechas.[14]
En cada lugar se juntaba una pequeña multitud a su alrededor para oírla
cuando comenzaba a hablar y así se enteraban de las vidas de otros, de los
parientes lejanos, de los pormenores[15] de la Guerra Civil. A quien le com-
prara cincuenta centavos, ella le regalaba una palabra secreta para espantar[16] la melancolía. No era la misma para todos, por supuesto, porque eso
habría sido un engaño[17] colectivo. Cada uno recibía la suya con la certeza
de que nadie más la empleaba para ese fin en el universo y más allá.

Belisa Crepusculario había nacido en una familia tan mísera,[18] que ni
siquiera poseía nombres para llamar a sus hijos. Vino al mundo y creció en
la región más inhóspita, donde algunos años las lluvias se convierten en
avalanchas de agua que se llevan todo, y en otros no cae ni una gota del
cielo, el sol se agranda[19] hasta ocupar el horizonte entero y el mundo se
convierte en un desierto. Hasta que cumplió doce años no tuvo otra ocupación ni virtud que sobrevivir al hambre y la fatiga de siglos. Durante una
interminable sequía[20] le tocó enterrar[21] a cuatro hermanos menores y
cuando comprendió que llegaba su turno, decidió echar a andar por las
llanuras[22] en dirección al mar, a ver si en el viaje lograba burlar[23] a la
muerte. La tierra estaba erosionada, partida en profundas grietas,[24] sem-
brada[25] de piedras, fósiles de árboles y de arbustos espinudos,[26] esqueletos
de animales blanqueados por el calor. De vez en cuando tropezaba con[27]
familias que, como ella, iban hacia el sur siguiendo el espejismo[28] del agua.
Algunos habían iniciado la marcha llevando sus pertenencias al hombro o
en carretillas,[29] pero apenas podían mover sus propios huesos y a poco andar[30] debían abandonar sus cosas. Se arrastraban[31] penosamente, con la
piel convertida en cuero de lagarto[32] y los ojos quemados por la rever-
beración de la luz. Belisa los saludaba con un gesto al pasar, pero no se detenía, porque no podía gastar sus fuerzas en ejercicios de compasión.
Muchos cayeron por el camino, pero ella era tan tozuda[33] que consiguió
atravesar el infierno y arribó[34] por fin a los primeros manantiales,[35] finos
hilos de agua, casi invisibles, que alimentaban una vegetación raquítica, y
que más adelante se convertían en riachuelos[36] y esteros.[37]

Belisa Crepusculario salvó la vida y además descubrió por casualidad
la escritura. Al llegar a una aldea[38] en las proximidades de la costa, el
viento colocó a sus pies una hoja de periódico. Ella tomó aquel papel
amarillo y quebradizo[39] y estuvo largo rato observándolo sin adivinar su
uso, hasta que la curiosidad pudo más que su timidez. Se acercó a un
hombre que lavaba un caballo en el mismo charco[40] turbio donde ella sa-
ciara[41] su sed.

—¿Qué es esto? —preguntó.

—La página deportiva del periódico —replicó el hombre sin dar
muestras de asombro ante su ignorancia.

La respuesta dejó atónita[42] a la muchacha, pero no quiso parecer
descarada[43] y se limitó a inquirir el significado de las patitas de mosca[44]
dibujadas sobre el papel.

11 **de...** *fluently*
12 *noticias*
13 *so-and-so*
14 *harvest*
15 *detalles*
16 *to drive away*
17 *deception, fraud*
18 *extremadamente pobre*
19 **se...** *grows larger*
20 *drought*
21 **le...** *it was her lot to bury*
22 *plains*
23 **lograba...** *she would man-age to outwit*
24 *fissures, crevices*
25 *cubierta*
26 **arbustos...** *prickly bushes*
27 **tropezaba...** *she ran into*
28 *mirage*
29 *pushcarts*
30 **a...** *después de andar muy poco*
31 **Se...** *They dragged them-selves*
32 *alligator, lizard*
33 *obstinada, (fam.) cabeza dura*
34 *llegó*
35 *springs*
36 *brooks*
37 *streams*
38 *pueblo pequeño*
39 *brittle*
40 *pond, pool*
41 *aliviara, satisficiera*
42 *sorprendida*
43 *insolente*
44 **patitas...** *chicken scratch-ings*

—Son palabras, niña. Allí dice que Fulgencio Barba noqueó[45] al Negro Tiznao en el tercer round.

Ese día Belisa Crepusculario se enteró que las palabras andan sueltas[46]
65 sin dueño y cualquiera con un poco de maña[47] puede apoderárselas[48] para comerciar con ellas. Consideró su situación y concluyó que aparte de prostituirse o emplearse como sirvienta en las cocinas de los ricos, eran pocas las ocupaciones que podía desempeñar.[49] Vender palabras le pareció una alternativa decente. A partir de ese momento ejerció esa profe-
70 sión y nunca le interesó otra. Al principio ofrecía su mercancía sin sospechar que las palabras podían también escribirse fuera de los periódicos. Cuando lo supo calculó las infinitas proyecciones de su negocio, con sus ahorros le pagó veinte pesos a un cura para que le enseñara a leer y escribir y con los tres que le sobraron[50] se compró un diccionario. Lo revisó
75 desde la A hasta la Z y luego lo lanzó al mar, porque no era su intención estafar[51] a los clientes con palabras envasadas.[52]

Varios años después, en una mañana de agosto, se encontraba Belisa Crepusculario en el centro de una plaza, sentada bajo su toldo vendiendo argumentos de justicia a un viejo que solicitaba su pensión desde hacía
80 diecisiete años. Era día de mercado y había mucho bullicio[53] a su alrededor. Se escucharon de pronto galopes y gritos, ella levantó los ojos de la escritura y vio primero una nube de polvo[54] y enseguida un grupo de jinetes[55] que irrumpió en el lugar. Se trataba de los hombres del Coronel, que venían al mando[56] del Mulato,[57] un gigante conocido en toda la zona
85 por la rapidez de su cuchillo y la lealtad hacia su jefe. Ambos, el Coronel y el Mulato, habían pasado sus vidas ocupados en la Guerra Civil y sus nombres estaban irremisiblemente unidos al estropicio[58] y la calamidad.[59] Los guerreros entraron al pueblo como un rebaño[60] en estampida, envueltos en ruido, bañados de sudor y dejando a su paso un espanto[61] de huracán.
90 Salieron volando las gallinas, dispararon a perderse[62] los perros, corrieron las mujeres con sus hijos y no quedó en el sitio del mercado otra alma viviente que Belisa Crepusculario, quien no había visto jamás al Mulato y por lo mismo le extrañó[63] que se dirigiera a ella.

—A ti te busco —le gritó señalándola con su látigo[64] enrollado y
95 antes que terminara de decirlo, dos hombres cayeron encima de la mujer atropellando[65] el toldo y rompiendo el tintero,[66] la ataron de pies y manos y la colocaron atravesada como un bulto[67] de marinero sobre la grupa[68] de la bestia[69] del Mulato. Emprendieron[70] galope en dirección a las colinas.

100 Horas más tarde, cuando Belisa Crepusculario estaba a punto de morir con el corazón convertido en arena por las sacudidas[71] del caballo, sintió que se detenían y cuatro manos poderosas la depositaban en tierra. Intentó ponerse de pie y levantar la cabeza con dignidad, pero le fallaron las fuerzas y se desplomó[72] con un suspiro, hundiéndose en un sueño
105 ofuscado.[73] Despertó varias horas después con el murmullo de la noche en el campo, pero no tuvo tiempo de descifrar esos sonidos, porque al abrir los ojos se encontró ante la mirada impaciente del Mulato, arrodillado a su lado.

45 *knocked out*
46 *libres*
47 inteligencia, astucia
48 *to take possession of them*
49 *to carry out*
50 quedaron
51 *to cheat, to swindle*
52 *prepackaged*
53 ruido, tumulto
54 *dust*
55 *horsemen, cavalrymen*
56 **al...** *under the command*
57 *Mulatto, of light-brown skin*
58 destrucción, confusión
59 desastre, desgracia
60 *herd*
61 terror
62 **dispararon...** corrieron a esconderse
63 sorprendió
64 *whip*
65 *knocking down*
66 *inkwell, inkstand*
67 *bundle*
68 *rump (of a horse)*
69 caballo, animal
70 *They set out at*
71 *jolts*
72 vino abajo
73 *uneasy*

—Por fin despiertas, mujer —dijo alcanzándole su cantimplora[74] para
que bebiera un sorbo[75] de aguardiente[76] con pólvora[77] y acabara de recuperar la vida.

Ella quiso saber la causa de tanto maltrato y él le explicó que el Coronel necesitaba sus servicios. Le permitió mojarse[78] la cara y enseguida la
llevó a un extremo del campamento, donde el hombre más temido del
país reposaba en una hamaca[79] colgada[80] entre dos árboles. Ella no pudo
verle el rostro, porque tenía encima la sombra incierta del follaje[81] y la
sombra imborrable[82] de muchos años viviendo como un bandido, pero
imaginó que debía ser de expresión perdularia[83] si su gigantesco ayudante se dirigía a él con tanta humildad. Le sorprendió su voz, suave y
bien modulada como la de un profesor.

—¿Eres la que vende palabras? —preguntó.

—Para servirte —balbuceó[84] ella oteando[85] en la penumbra[86] para
verlo mejor.

El Coronel se puso de pie y la luz de la antorcha[87] que llevaba el Mulato le dio de frente.[88] La mujer vio su piel oscura y sus fieros ojos de
puma y supo al punto[89] que estaba frente al hombre más solo de este
mundo.

—Quiero ser Presidente —dijo él.

Estaba cansado de recorrer esa tierra maldita en guerras inútiles y
derrotas[90] que ningún subterfugio podía transformar en victorias. Llevaba muchos años durmiendo a la intemperie,[91] picado de mosquitos, ali-
mentándose de iguanas y sopa de culebra,[92] pero esos inconvenientes
menores no constituían razón suficiente para cambiar su destino. Lo que
en verdad le fastidiaba[93] era el terror en los ojos ajenos.[94] Deseaba entrar
a los pueblos bajo arcos de triunfo, entre banderas de colores y flores, que
lo aplaudieran y le dieran de regalo huevos frescos y pan recién
horneado.[95] Estaba harto[96] de comprobar[97] cómo a su paso huían los
hombres, abortaban de susto[98] las mujeres y temblaban las criaturas, por
eso había decidido ser Presidente. El Mulato le sugirió que fueran a la
capital y entraran galopando al Palacio para apoderarse del gobierno, tal
como tomaron tantas otras cosas sin pedir permiso, pero al Coronel no le
interesaba convertirse en otro tirano, de ésos ya habían tenido bastantes
por allí y, además, de ese modo no obtendría el afecto[99] de las gentes. Su
idea consistía en ser elegido por votación popular en los comicios[100] de
diciembre.

—Para eso necesito hablar como un candidato. ¿Puedes venderme las
palabras para un discurso?[101] —preguntó el Coronel a Belisa Crepusculario.

Ella había aceptado muchos encargos, pero ninguno como ése, sin
embargo no pudo negarse, temiendo que el Mulato le metiera un tiro[102]
entre los ojos o, peor aún, que el Coronel se echara a llorar. Por otra
parte, sintió el impulso de ayudarlo, porque percibió un palpitante calor
en su piel, un deseo poderoso de tocar a ese hombre, de recorrerlo con
sus manos, de estrecharlo entre sus brazos.

Toda la noche y buena parte del día siguiente estuvo Belisa Crepusculario buscando en su repertorio las palabras apropiadas para un discurso
presidencial, vigilada de cerca[103] por el Mulato, quien no apartaba los ojos

74 **alcanzándole...** *handing her his canteen*
75 *sip*
76 *brandy, liquor*
77 *gunpowder*
78 *to wet, splash some water (on)*
79 *hammock*
80 *hung up*
81 *foliage, leaves*
82 *indelible*
83 *disoluta, terrible, perversa*
84 *stammered*
85 observando, espiando
86 *semi-darkness*
87 *torch*
88 **le...** *fell right on him*
89 **al...** inmediatamente
90 *defeats*
91 **a...** *outdoors*
92 *snake*
93 molestaba
94 *other people's*
95 *baked*
96 cansado
97 ver, verificar
98 **abortaban...** *had miscarriages from fear*
99 cariño, afección
100 elecciones
101 *speech*
102 *bullet*
103 **de...** *closely*

de sus firmes piernas de caminante[104] y sus senos[105] virginales. Descartó[106] las palabras ásperas[107] y secas, las demasiado floridas, las que estaban desteñidas[108] por el abuso, las que ofrecían promesas improbables, las carentes[109] de verdad y las confusas, para quedarse sólo con aquellas capaces de tocar con certeza el pensamiento de los hombres y la intuición de las mujeres. Haciendo uso de los conocimientos comprados al cura por veinte pesos, escribió el discurso en una hoja de papel y luego hizo señas al Mulato para que desatara la cuerda[110] con la cual la había amarrado por los tobillos[111] a un árbol. La condujeron nuevamente donde el Coronel y al verlo ella volvió a sentir la misma palpitante ansiedad del primer encuentro. Le pasó el papel y aguardó, mientras él lo miraba sujetándolo con la punta de los dedos.

—¿Qué carajo[112] dice aquí? —preguntó por último.

—¿No sabes leer?

—Lo que yo sé hacer es la guerra —replicó él.

Ella leyó en alta voz el discurso. Lo leyó tres veces, para que su cliente pudiera grabárselo[113] en la memoria. Cuando terminó vio la emoción en los rostros de los hombres de la tropa que se juntaron para escucharla y notó que los ojos amarillos del Coronel brillaban de entusiasmo, seguro de que con esas palabras el sillón presidencial sería suyo.

—Si después de oírlo tres veces los muchachos siguen con la boca abierta, es que esta vaina[114] sirve, Coronel —aprobó el Mulato.

—¿Cuánto te debo por tu trabajo, mujer? —preguntó el jefe.

—Un peso, Coronel.

—No es caro —dijo él abriendo la bolsa que llevaba colgada del cinturón con los restos del último botín.[115]

—Además tienes derecho a una ñapa.[116] Te corresponden dos palabras secretas —dijo Belisa Crepusculario.

—¿Cómo es eso?

Ella procedió a explicarle que por cada cincuenta centavos que pagaba un cliente, le obsequiaba[117] una palabra de uso exclusivo. El jefe se encogió de[118] hombros, pues no tenía ni el menor interés en la oferta, pero no quiso ser descortés[119] con quien lo había servido tan bien. Ella se aproximó sin prisa al taburete de suela[120] donde él estaba sentado y se inclinó para entregarle su regalo. Entonces el hombre sintió el olor de animal montuno[121] que se desprendía[122] de esa mujer, el calor de incendio que irradiaban sus caderas,[123] el roce[124] terrible de sus cabellos, el aliento de yerbabuena[125] susurrando[126] en su oreja las dos palabras secretas a las cuales tenía derecho.

—Son tuyas, Coronel —dijo ella al retirarse—. Puedes emplearlas cuanto quieras.

El Mulato acompañó a Belisa hasta el borde del camino, sin dejar de mirarla con ojos suplicantes de perro perdido, pero cuando estiró[127] la mano para tocarla, ella lo detuvo con un chorro[128] de palabras inventadas que tuvieron la virtud de espantarle el deseo, porque creyó que se trataba de alguna maldición[129] irrevocable.

En los meses de setiembre, octubre y noviembre el Coronel pronunció su discurso tantas veces, que de no haber sido hecho con palabras re-

104	persona que camina
105	*breasts*
106	Eliminó
107	*harsh, rough*
108	*faded, discolored*
109	**las...** *the ones lacking*
110	**desatara...** *he would untie the rope*
111	**la...** *he had tied her by her ankles*
112	*(vulg.) the hell*
113	*engrave it*
114	*cosa*
115	*booty, loot*
116	*bonus*
117	*regalaba*
118	**se...** *shrugged his*
119	*rude, impolite*
120	**taburete...** *leather stool*
121	*salvaje*
122	*emanaba*
123	*hips*
124	*light touch*
125	**aliento...** *breath smelling of mint*
126	*whispering*
127	*he stretched out*
128	*stream*
129	*curse*

fulgentes[130] y durables el uso lo habría vuelto ceniza.[131] Recorrió el país
en todas direcciones, entrando a las ciudades con aire triunfal y deteniéndose también en los pueblos más olvidados, allá donde sólo el rastro de basura[132] indicaba la presencia humana, para convencer a los
electores que votaran por él. Mientras hablaba sobre una tarima[133] al
centro de la plaza, el Mulato y sus hombres repartían caramelos y pinta-
ban su nombre con escarcha[134] dorada en las paredes, pero nadie
prestaba atención a esos recursos de mercader, porque estaban deslum-
brados[135] por la claridad de sus proposiciones y la lucidez poética de sus
argumentos, contagiados de su deseo tremendo de corregir los errores
de la historia y alegres por primera vez en sus vidas. Al terminar la
arenga[136] del Candidato, la tropa lanzaba pistoletazos[137] al aire y encendía petardos[138] y cuando por fin se retiraban, quedaba atrás una estela[139] de esperanza que perduraba muchos días en el aire, como el
recuerdo magnífico de un cometa. Pronto el Coronel se convirtió en el
político más popular. Era un fenómeno nunca visto, aquel hombre
surgido de la guerra civil, lleno de cicatrices[140] y hablando como un catedrático,[141] cuyo prestigio se regaba[142] por el territorio nacional con-
moviendo el corazón de la patria. La prensa se ocupó de él. Viajaron de
lejos los periodistas para entrevistarlo y repetir sus frases, y así creció el
número de sus seguidores y de sus enemigos.

—Vamos bien, Coronel —dijo el Mulato al cumplirse doce semanas
de éxito.

Pero el candidato no lo escuchó. Estaba repitiendo sus dos palabras secretas, como hacía cada vez con mayor frecuencia. Las decía cuando lo
ablandaba[143] la nostalgia, las murmuraba dormido, las llevaba consigo sobre su caballo, las pensaba antes de pronunciar su célebre discurso y se sor-
prendía saboreándolas en sus descuidos.[144] Y en toda ocasión en que esas
dos palabras venían a su mente, evocaba la presencia de Belisa Crepusculario y se le alborotaban[145] los sentidos con el recuerdo de olor montuno, el
calor de incendio, el roce terrible y el aliento de yerbabuena, hasta que empezó a andar como un sonámbulo[146] y sus propios hombres comprendieron
que se le terminaría la vida antes de alcanzar el sillón de los presidentes.

—¿Qué es lo que te pasa, Coronel? —le preguntó muchas veces el Mulato, hasta que por fin un día el jefe no pudo más y le confesó que la culpa
de su ánimo[147] eran esas dos palabras que llevaba clavadas en el vientre.[148]

—Dímelas, a ver si pierden su poder —le pidió su fiel ayudante.

—No te las diré, son sólo mías —replicó el Coronel.

Cansado de ver a su jefe deteriorarse como un condenado a muerte,
el Mulato se echó el fusil[149] al hombro y partió en busca de Belisa Crepus-
cularia. Siguió sus huellas[150] por toda esa vasta geografía hasta encontrarla en un pueblo del sur, instalada bajo el toldo de su oficio, contando
su rosario[151] de noticias. Se le plantó delante con las piernas abiertas y el
arma empuñada.[152]

—Tú te vienes conmigo —ordenó.

Ella lo estaba esperando. Recogió su tintero, plegó[153] el lienzo de su
tenderete, se echó el chal[154] sobre los hombros y en silencio trepó al

205
210
215
220
225
230
235
240
245
250

130 brillantes
131 **lo...** *would have turned it
to ashes*
132 **rastro...** *traces of garbage*
133 *plataforma*
134 *textured paint*
135 *dazzled*
136 *(campaign) speech*
137 *pistol shots*
138 *firecrackers*
139 *wake, trail*
140 *scars*
141 *profesor*
142 *expandía, difundía*
143 *moved*
144 *moments of carelessness*
145 **se...** *his senses got disturbed*
146 *sleepwalker*
147 *estado mental o espiritual*
148 **clavadas...** *fixed to his
belly*
149 *rifle*
150 *tracks*
151 *series*
152 *gripped, (in his hands)*
153 *she folded*
154 *shawl*

anca[155] del caballo. No cruzaron ni un gesto en todo el camino, porque al Mulato el deseo por ella se le había convertido en rabia y sólo el miedo que le inspiraba su lengua le impedía destrozarla a latigazos. Tampoco estaba dispuesto a comentarle que el Coronel andaba alelado,[156] y que lo que no habían logrado tantos años de batallas lo había conseguido un encantamiento[157] susurrado al oído. Tres días después llegaron al campamento y de inmediato condujo a su prisionera hasta el candidato, delante de toda la tropa.

—Te traje a esta bruja[158] para que le devuelvas sus palabras, Coronel, y para que ella te devuelva la hombría[159] —dijo apuntando el cañón[160] de su fusil a la nuca[161] de la mujer.

El Coronel y Belisa Crepusculario se miraron largamente, midiéndose desde la distancia. Los hombres comprendieron entonces que ya su jefe no podía deshacerse del hechizo[162] de esas dos palabras endemoniadas, porque todos pudieron ver los ojos carnívoros del puma tornarse mansos[163] cuando ella avanzó y le tomó la mano.

155 **trepó...** *she climbed on the haunch*
156 *tonto*
157 *spell*
158 *witch, sorceress*
159 *manhood*
160 **apuntando...** *aiming the barrel*
161 *nape (of the neck)*
162 *spell*
163 **tornarse...** *become tame*

✦ Comprensión y expansión

A. Conteste las siguientes preguntas según el cuento.

1. ¿Qué se sabe de la familia de Belisa? ¿Y del lugar donde creció?
2. ¿Tuvo ella una infancia feliz? ¿Por qué?
3. ¿Cómo descubrió su profesión de vender palabras? ¿Qué otras posibilidades de trabajo tenía ella?
4. ¿En qué gastó Belisa sus ahorros? Explique.
5. ¿Qué hizo ella con el diccionario que había comprado? ¿Por qué?
6. ¿Quién era el Mulato? ¿Cómo era él físicamente?
7. ¿Por qué fue el Mulato al mercado?
8. ¿Cómo era el Coronel? ¿Qué impresión le causó él a Belisa? ¿Qué le sorprendió a ella? Comente.
9. ¿Para qué necesitaba el Coronel los servicios de Belisa?
10. ¿Cómo le afectó a Belisa ese encuentro con el Coronel? Comente.
11. ¿Qué tipo de palabras usó ella para el discurso presidencial? ¿Lo pudo leer el Coronel? ¿Por qué?
12. ¿Cómo se dio cuenta él de que el discurso servía? Explique.
13. Además del discurso, ¿qué otra cosa le dio Belisa al Coronel? ¿Adónde se fue ella después?
14. ¿Qué hizo el Coronel de septiembre a noviembre, en ausencia de Belisa?
15. ¿Cómo reaccionaba la gente cuando él pronunciaba su discurso? Explique.
16. ¿Por qué no podía disfrutar de su éxito el Coronel? ¿Qué le pasaba?
17. ¿Qué hizo el Mulato para tratar de ayudarlo?
18. ¿Cómo termina el cuento? Según su opinión, ¿qué va a pasar después? Comente.

B. Dé dos o más palabras relacionadas con los siguientes verbos.

Modelo   mercar **mercado,   mercadería,   mercancía**

1. acertar   _____
2. caminar   _____
3. poder   _____
4. ignorar   _____
5. servir   _____
6. triunfar   _____
7. profesar   _____
8. secar   _____

C. Lea las definiciones que siguen y escriba las palabras definidas en los espacios correspondientes.

1. soldado que va a la guerra   _____
2. sinónimo de **noticias**   _____
3. sinónimo de **comerciante**   _____
4. río pequeño   _____
5. alguien que ayuda a otra
   persona   _____
6. sacerdote católico   _____
7. en inglés se dice *sailor*   _____
8. pueblo pequeño   _____

D. Indique si los comentarios que siguen reflejan correctamente o no el contenido de «Dos palabras». Escriba **V** (verdadero) o **F** (falso) en los espacios correspondientes. Si lo que lee es falso, corríjalo.

____ 1. La protagonista del cuento se llama «Belisa» por su abuela y «Crepusculario» porque nació en un crepúsculo de abril.

____ 2. Belisa nació en una ciudad grande y próspera de Chile.

____ 3. Ella le pagó a un cura para que le enseñara a leer y a escribir.

____ 4. Cuando alguien le pagaba cincuenta centavos, Belisa le regalaba una palabra secreta para espantar la melancolía.

____ 5. A veces ella le daba la misma palabra a dos o más personas.

____ 6. Un día fue secuestrada por un hombre que se había enamorado de ella.

____ 7. El Coronel quería ser presidente porque le gustaba sentirse poderoso.

____ 8. El le pagó un peso por el discurso que ella le preparó.

____ 9. Por eso le correspondían dos palabras gratis.

____ 10. Al final del cuento, es obvio que Belisa y el Coronel se sienten muy atraídos físicamente.

✦ Temas de discusión o análisis

1. Resuma con sus propias palabras el argumento de «Dos palabras».
2. Analice el título y su relación con el resto del cuento. Incluya además su opinión acerca de cuáles podrían ser esas dos palabras y explique por qué.

3. Describa y analice el carácter de **uno** de los personajes de este relato.
4. Compare y contraste el carácter del Mulato con el del Coronel.
5. Analice y discuta **uno** de los siguientes temas.
    a. la pobreza
    b. el machismo y/o el autoritarismo
    c. la violencia
    d. el destino
    e. el amor y/o la fidelidad
6. Comente el simbolismo de **dos** de los siguientes elementos de «Dos palabras».
    a. la profesión de Belisa
    b. la página deportiva del periódico
    c. el diccionario
    d. el secuestro de Belisa
    e. el discurso presidencial
    f. la escena final
7. Analice **uno** de los siguientes aspectos del cuento.
    a. la perspectiva narrativa
    b. la estructura formal
8. Recuente «Dos palabras» desde **una** de las siguientes perspectivas.
    a. la de Belisa
    b. la del Coronel
    c. la del Mulato
9. Discuta la importancia o la significación de **uno** de los siguientes elementos en el cuento de Allende.
    a. los nombres de los personajes
    b. el papel de la naturaleza
    c. el uso del humor
10. Imagine que usted es Belisa o el Coronel y que una casa editorial está interesada en publicar su autobiografía. Con los datos del cuento y un poquito de imaginación, describa y comente brevemente su vida.
11. Analice «Dos palabras» desde **uno** de los siguientes enfoques.
    a. como cuento feminista
    b. como cuento realista-mágico
    c. como cuento de crítica sociopolítica

✦ Temas de proyección personal

1. ¿Es usted una persona de muchas o de pocas palabras? ¿Le gustan o le molestan las personas que hablan mucho? ¿Por qué? ¿Cuáles son algunas de sus palabras o frases favoritas? ¿Dónde y cuándo las usa? Comente.
2. En el cuento de Allende el discurso del Coronel tiene tanto éxito que lo transforma en el político más popular del momento. Y las dos palabras secretas que Belisa le da antes de irse llegan a convertirse en una verdadera obsesión. ¿Cree usted que las palabras tienen poder? ¿Qué

tipo de poder? Según su opinión, ¿dónde tienen más poder o importancia? ¿en el mundo de la familia? ¿en el trabajo? ¿en la política? ¿Por qué?

3. Hay «palabras que matan y palabras que curan» dice un verso de una vieja canción popular. ¿Está usted de acuerdo con esta idea? Según su opinión, ¿en qué circunstancias pueden «matar» o «curar» ciertas palabras o frases? Explique y dé algún ejemplo de su experiencia personal.

RODRIGO DIAZ-PEREZ

Nota biográfica

Rodrigo Díaz-Pérez (1924–), poeta y narrador paraguayo, nació y se educó en Asunción. Aunque médico de profesión, titulado por la Universidad Nacional de su país, ha desarrollado su carrera y se ha distinguido profesionalmente en Estados Unidos. Reside en Ann Arbor, Michigan, desde 1957, donde llegó en busca de mayor libertad intelectual y de mejores condiciones de vida, derechos muy limitados o inexistentes en Paraguay durante la dictadura del general Alfredo Stroessner (1955–1989). Además de su brillante carrera médica, Díaz-Pérez as también un ejemplo sorprendente de vocación artística gestada lejos de la patria. En efecto, tanto su creación poética como narrativa forman parte de la literatura del exilio, producción literaria que le ha dado a su país títulos muy significativos y reconocimiento internacional. Varias de las obras de Díaz-Pérez han sido traducidas al inglés, francés y alemán, y algunas figuran en antologías y revistas literarias de renombre. De sus numerosos libros de poesía se destacan especialmente los siguientes: *El minuto de cristal* (1969), *Los poros del viento* (1970), *Astillas de sol* (1971), *Playa del sur* (1974) y *Cronologías* (1983). Su obra narrativa incluye, hasta la fecha, seis colecciones de cuentos: *Entrevista* (1978), *Ruidos y leyendas* (1981), *Ingavi y otros cuentos* (1985), *Incunables* (1987), *Hace tiempo... mañana* (1989) y *Los días amazónicos* (1995).

✦ Guía y actividades de pre-lectura

Como en el caso de muchos escritores que han tenido que dejar su país de origen por razones personales o políticas, Díaz-Pérez recrea en su mundo narrativo y poético espacios y tiempos geográficos o históricos, familiares o públicos, remotos o recientes, de su patria lejana. De ahí que el Paraguay, su geografía, su historia, su gente y sus problemas sean temas recurrentes en las obras de este autor en particular, como también en las de Augusto Roa Bastos y Elvio Romero, los dos escritores más conocidos de la literatura paraguaya del exilio. Desde su nacimiento como nación independiente en 1811, Paraguay ha tenido tan pocos períodos de paz y tranquilidad, y tantos conflictos civiles, guerras internacionales y gobiernos dictatoriales que han convertido a su pueblo en uno de los más sufridos y pacientes de todo el continente americano. No debe sorprender, por lo tanto, que gran parte de la literatura paraguaya refleje las consecuencias sociales y humanas de dichas circunstancias histórico-políticas. Tal es el caso de «Gamarra», uno de los cuentos incluidos en *Hace tiempo... mañana*, cuyos textos convocan y relacionan —desde la perspectiva de un narrador adulto que recuerda eventos de su pasado infantil— lugares y anécdotas personales junto a espacios y tiempos históricos del Paraguay de la primera mitad del siglo XX. Con un lenguaje y estilo directo, cuya incorporación del guaraní refleja el bilingüismo de los paraguayos, que hablan ambos idiomas, en «Gamarra» su autor capta no sólo la realidad sociocultural de su país, sino también el alma de sus personajes, con sus luces y sus sombras. Algunos datos temporales importantes que ayudan a comprender el relato son, entre otros, la fecha de la breve carta que inicia el texto (12 de febrero de 1934) —significativa por tratarse de un mensaje que sitúa la acción de «Gamarra» durante los años de la Guerra del Chaco entre Paraguay y Bolivia (1932–1935)—, el período de la Guerra de la Triple Alianza (1864–1870) en que participó el sargento Gamarra, y el lugar y la fecha en que el autor terminó este cuento (Ann Arbor, Michigan, 10 de mayo de 1980), época en que aún imperaba en su país natal la dictadura de Stroessner, una de las más largas y oprobiosas de América Latina.

1. En general, ¿le gustan los cuentos, novelas o películas de tipo histórico? ¿Por qué? Y en particular, ¿qué opina de las obras que se inspiran en la historia pero la cambian o adaptan para hacerlas más atractivas o populares? Comente.

2. Lea la parte I del cuento y conteste las siguientes preguntas.

    a. ¿Quién escribe esa carta?
    b. ¿A quién está dirigida la carta?
    c. ¿Qué le había pasado al sargento? ¿Cuándo y dónde?
    d. ¿Adónde llevaron al sargento? ¿Y cómo?
    e. ¿Qué profesión parece tener la persona que escribe la carta?
    f. ¿Por qué o para qué escribe ella esa carta?
    g. ¿Qué tipo de relación parece haber entre quien escribe y quien va a recibir la carta? ¿Por qué? Comente.

3. Con ayuda de algún libro de referencia, busque información sobre los siguientes conflictos, personajes y otros elementos reflejados en «Gamarra». Luego prepare un breve informe oral con los resultados de su investigación.

    a. el uso del guaraní y del español en Paraguay
    b. la Guerra de la Triple Alianza
    c. la costumbre del «mate» en los países del Cono Sur
    d. la Guerra del Chaco
    e. la dictadura del general Alfredo Stroessner

Gamarra

I

«Estimado señor: ayer por la tarde el sargento se sintió muy mal. Cayó de bruces[1] en el patio cerca del oratorio.[2] Como no sabía qué hacer con él (yo sólo entiendo de partos[3]) fui a la policía y desde allí pidieron una ambulancia a los primeros auxilios.[a] Lo atendí como pude, le di unos tragos
5 de agua, pues parecía que tenía sed. Se incorporó[4] por unos minutos, y de uno de sus bolsillos, con una enorme dificultad, logró sacar esta bolsita marrón que aquí le envío a pedido muy especial de él.[5] Salúdole atentamente, Jovita Cabrera. Villa Aurelia 12, de febrero de 1934.»

1 **Cayó...** *He fell flat on his face*
2 capilla privada
3 *childbirths*
4 **Se...** *He sat up*
5 **a...** *at his very special request*

Patio de la casa familiar del autor y escenario de la historia recreada en este cuento.

---

[a]**Primeros auxilios** es el nombre genérico que se da a los hospitales o clínicas que se dedican a dar los primeros cuidados o «primeros auxilios» en casos de emergencia.

II

Deseo comenzar aclarando que no pretendo hacer un relato. Sólo deseo
hablar del sargento Gamarra. Ultimamente su recuerdo me obsesiona y,
sin querer, termino pensando en él. Cuando se arrastraba[6] con sus años y
sus desdichas[7] a cuestas[8] por las calles del barrio, lo mirábamos sin hacerle caso. Lo veíamos con frecuencia. Se lo escuchaba desde lejos monolo-
gando[9] y su voz retumbaba[10] en las luengas[11] siestas tropicales, cuya calma
era turbada solamente por el trencito de chispas,[12] que pasaba frente a mi
casa. La monotonía se interrumpía con los alaridos[13] del sargento, quien
hablaba a gritos (y eso que no era sordo, sino que hacía hincapié[14] en que
se lo escuchara) peleándose consigo mismo[15] y, a veces, agrediendo[16] violentamente a las plantas de pino lechoso[17] de los cercos,[18] con su bastón
arqueado y brilloso,[19] de color amarillo, que a la vez le servía como una
tercera pierna. Venía a casa con frecuencia, sin tener un día fijo para sus
visitas. Por lo menos una vez por semana golpeaba el portón[20] lateral con
las manos, hasta que alguien salía a recibirlo. Preguntaba por mí. Con mis
siete años escasos,[21] era su amigo. Al menos *sabía,* intuía que algo existía
entre nosotros.

Lo hacía pasar,[22] le servía un refresco o a veces nada más que un vaso
de agua recién sacada del pozo.[23] Tomaba unos sorbos,[24] sonreía. La piel
arrugada[25] de su cara parecía darle una aura añosa[26] y remota. De ojos vi-
vaces y marrones, poseía la belleza que los tiempos dan a ciertas almas superiores, o sencillamente, era dueño del señorío de los años.[27] Cuando
estaba absolutamente seguro de que lo escuchaba, en un perfecto
guaraní[28] evocaba:

—El 11 de diciembre de 1868, en Abay,[b] seguimos al general Caballero.
Estábamos dispuestos a morir; total, ¿qué era la vida para nosotros? La
cuestión era seguir aguantando.[29] De entre mis compañeros de batallón
no quedó nadie con vida. Una feroz batalla tuvo lugar, lo recuerdo tan
bien.

Abría los ojos, pues al principio parecía que estuviera hablando
medio entre sueños y me miraba fijamente. Luego seguía:

—Recuerdo que caí de espaldas.[30] Cuando me desperté, fue en el rancho de una señora quien me explicó que después de la batalla, mientras
buscaba a su compañero entre los muertos, me encontró sangrando y
moribundo, con una herida en el cuello. Me arrastró[31] hasta su rancho.[32]
Me alimentó con caldo de gallina,[33] que me lo hacía tragar con una bombilla.[34] Me cuidó tres meses.

Lo miraba con seriedad. Me impresionaba la cicatriz[35] del cuello, arrugada, enorme, profunda. A pesar de sus años (¿quién podría saber su
edad?) era coherente y concreto cuando hablaba. Difícil sería creer que

---

[b]El sargento Gamarra alude aquí a una batalla importante de la Guerra de la Triple Alianza
(1864–1870).

6 **se...** *he dragged himself*
7 *misfortunes*
8 **a...** *on his shoulders*
9 hablando consigo
mismo
10 *resounded*
11 largas
12 **trencito...** *small wood fire
train*
13 gritos fuertes
14 **hacía...** insistía
15 **peleándose...** *arguing
with himself*
16 atacando
17 **plantas...** *type of sappy
pine*
18 *fences*
19 **bastón...** *curved and
shiny cane*
20 *gate*
21 **siete...** *barely seven years*
22 entrar
23 *well*
24 *sips*
25 *wrinkled*
26 de muchos años
27 **señorío...** dominio del
tiempo
28 *indigenous language of
Paraguay*
29 resistiendo
30 **de...** *on my back*
31 **Me...** *She dragged me*
32 casa pequeña y pobre
33 **caldo...** *chicken broth*
34 *metal straw for sipping
mate, a South American
type of tea*
35 *scar*

el sargento que narraba sus pasos guerreros[36] fuese el mismo que en la
50   calle andaba a los bramidos.[37]

    Caminaba con dificultad, rengueando.[38] Una vez sentado, parecía
otro hombre, hasta lucía[39] más joven. De cutis[40] moreno, era de indudable origen hispánico. Hablaba el castellano con dificultad, pero hacía un
gran esfuerzo cada vez que quería saludar a mi padre.

55   —Nde ko karaí guazú[c] —le decía.

    Y se abrazaba con el viejo madrileño, quien sentía por él un gran ca-
riño y respeto. Siempre que le veía venir, me decía:

    —Atiende al sargento, está sentado debajo de los mangos.

    Era indudable que su presencia me agradaba. Me hablaba de remotas
60   gestas.[41] De ásperos caminos llenos de karaguatáes[42] y de espinos pon-
zoñosos.[43] De insectos raros y de víboras[44] enormes. Sus relatos bélicos[45]
me producían una rara congelación del espinazo.[46] Me parecía estar en
medio del fragor[47] de las batallas. En Villa Aurelia era conocido por todos.
No lo tomaban en serio, y lo más triste del caso era que le tiraban naran-
65   jos podridos[48] y mandarinas verdes y pequeñas, que abundaban en esa
época. Se paraba en las esquinas y gritaba a los grandullones[49] que lo
hostigaban:[50]

    —O gualalá lo kambá
    o sununú lo cañón[d]
70   a la órden mi general!

    Y seguía su larga mención de remotos fastos.[51] Debo confesar que
nunca le tiré naranjazos. Sin embargo, hoy, ya en plena era de sinceridad
quiero agregar que nada hice para defenderlo. El sargento era parte del
barrio. Fundador de Villa Aurelia, compartió sus meandros[52] con tigres y
75   víboras, antes de que llegasen a sus entrañas[53] los Campos Cervera. Vivió,
corrió y cercenó[54] los yuyos[55] y arbustos voraces[56] de su villa primitiva, sin
preocuparse jamás de alambrar[57] una mísera tajada[58] de terreno, en
épocas en que el suelo que lo vio nacer, no valía nada.

III

La siesta del 3 de febrero de 1934 era pegajosa[59] y terrible. No daban
80   ganas ni de moverse. La guerra del Chaco[e] seguía y el barrio se había
quedado vacío. Para más, una sequía[60] interminable había liquidado hasta
las más recónditas[61] reservas de agua y los pozos se iban quedando negros y sin ojos. La opaca negrura de la sed. Ya nadie regaba[62] las plantas.

---

[c]La traducción de esta frase en guaraní es: Usted es un señor importante.

[d]Estos versos en guaraní significan: Hacen ruido los negros / truena el cañón. Nota: Los «negros» mencionados en el primer verso son los brasileros, uno de los tres grupos aliados contra
quienes pelearon los paraguayos en la Guerra de la Triple Alianza. Los otros dos eran los argentinos y los uruguayos.

[e]Aquí se alude a la Guerra del Chaco entre Paraguay y Bolivia (1932–1935) en la que ambos
países se disputaron los derechos de posesión del Chaco Boreal, o parte norte del Chaco
paraguayo.

36 **sus...** *his life as a soldier*
37 **a...** *howling*
38 *limping*
39 *parecía*
40 *piel*
41 *heroic deeds*
42 *(guaraní) type of century plant*
43 **espinos...** *poisonous thorns*
44 *serpientes*
45 *de guerra*
46 **me...** *made a strange shiver go down my spine*
47 *din, uproar*
48 *rotten*
49 *big tough guys*
50 *harassed*
51 *acciones memorables*
52 *wanderings*
53 **a...** *al centro (de Villa Aurelia)*
54 *cortó*
55 *weeds*
56 **arbustos...** *fast-growing bushes*
57 *fencing in*
58 **mísera...** *miserable small piece*
59 *sticky*
60 *drought*
61 *hidden*
62 *watered*

Frente a la casa familiar del autor en Villa Aurelia,
Asunción.

La presencia espectral de los árboles con sus hojas alicaídas[63] y amarillen-
tas agregaba silencio a las calles y a los patios. A lo lejos vi al sargento que
venía arrastrándose y me anticipé[64] a ayudarlo. Cuando llegué hasta él,
como todo saludo, comenzó:

> —*Jha lo kambá ñande jukapáta*
> tekotevẽ roñorairó ro potipápevé![f]

—Pero sargento —le interrumpí— esa guerra terminó hace ya mucho
tiempo. Ahora vivimos otra guerra, y ésta la vamos a ganar.

No hubo forma[65] de romperle su obsesión. Con los ojos cerrados, y todas las ganas de gritar que muy frecuentemente se apoderaban[66] de él, me
contestó:

> —*Oú yeyma lo kambá tepotí![g]*

63 *drooping*
64 **me...** *I got ready*
65 manera, modo
66 **se...** *seized, took hold*

---

[f] Y los negros nos van a matar a todos / ¡debemos pelear hasta el fin!
[g] ¡Vuelven otra vez los negros de mierda!

No me cabía la menor duda de que él comprendía perfectamente que la guerra del Chaco era contra Bolivia, pero seguía culpando de ella a los brasileños. Le abrí el portón del patio, y debajo del mango rosa lleno de frutos, con sus miles de avispas[67] y abejas[68] le puse una silla y le serví en un vaso un poco de caña[69] con agua (una mezcla que me la preparó mi padre). Cubría su cuerpo un pantalón roto, de color marrón oscuro y una chaqueta gris, llena de agujeros. Unos zapatos de cuero negro agrietado[70] lo defendían del suelo arenoso y escaldado.[71] Mi curiosidad histórica lo estimulaba y en el fondo lo hacía feliz.

Me relataba un sartal[72] de nombres legendarios, y hoy, con cierto pudor,[73] reconozco que no le creía del todo. Cuantas menciones hacía, eran apelativos[74] de titanes.[75] Me parecía imposible que este pobre hombre cargara en sus hombros y en su lejanía todos los anales y el dolor de una tragedia inconclusa, al menos para él. Después de un rato le pregunté:

—¿Sargento, usted vio de cerca al Mariscal[h] alguna vez?

Con el vaso en la mano se levantó tambaleando[76] y se puso serio. Por los agujeros de la chaqueta asomaba[77] su carne viva.[78] El pantalón le quedaba ancho y largo y dos reventones[79] irregulares mostraban sus rodillas. Con sus ojos menudos[80] y su cara rasgada[81] por avenidas profundas, parecía una estatua llovida[82] y abandonada. Con voz gutural me contestó:

—Siempre me hacen la misma pregunta. Estuve con él hasta la cordillera de Azcurra. Lo vi de cerca.

Se volvió a sentar. Me miró durante algunos minutos y prosiguió rememorando:

—Asunción quedó sin un alma.[83] Cuando yo volví, después de la guerra, me refugié en este bosque, que es el lugar donde hoy está tu casa. Por eso es que siempre vuelvo aquí. Los árboles fueron mis primeros amigos y los brasileros no habían llegado sino hasta la Recoleta.[i] Más allá no había nada más para robar.

Tenía que ir a la escuela y no había concluido con mis deberes y le dije que nos veríamos la semana próxima. Al salir, siguió hablando solo y el eco de su voz saltaba de árbol en árbol:

—Oú yeyma lo kambá![j]

IV

Mi padre abrió con un cortaplumas[84] la bolsita que acompañaba la carta de ña[85] Jovita. La sacudió[86] varias veces y finalmente cayó al suelo un

67	*wasps*
68	*bees*
69	*Paraguayan brandy*
70	*cracked*
71	**arenoso...** *sandy and burning*
72	*string*
73	vergüenza
74	nombres
75	gigantes, personas célebres
76	*staggering, tottering*
77	se veía, se percibía
78	**carne...** *raw flesh*
79	*ragged holes*
80	pequeños
81	*torn*
82	*wet*
83	*soul*
84	*penknife*
85	doña
86	*he shook*

---

[h]Aquí se alude al Mariscal Francisco Solano López (1827–1870), presidente paraguayo que sostuvo la Guerra de la Triple Alianza (1864–1870) y que murió en su última batalla.

[i]La Recoleta es el nombre de un barrio de Asunción que está muy cerca de Villa Aurelia, actual barrio residencial que —como cuenta el sargento Gamarra— antes era un bosque y estaba lleno de árboles.

[j]¡Vuelven otra vez los negros!

objeto metálico. Lo alcé con cuidado. Era una bala[87] de color gris azulado.[88] Recordé, después de un rato, la cicatriz del cuello, honda, cubierta por una costra[89] de mil años...

[87] *bullet*
[88] *bluish*
[89] *scab*

Ann Arbor, 10 de mayo de 1980

✦ Comprensión y expansión

A. Conteste las siguientes preguntas según el cuento.

Parte I
1. ¿A qué o a quién se refiere el título?
2. ¿Cuántas partes tiene «Gamarra»? ¿Qué información se da en esta parte? Comente.
3. ¿Qué tipo de relación existe entre el sargento y Jovita Cabrera? ¿y entre Jovita y el «señor»? Justifique sus respuestas con datos específicos de la carta.

Parte II
4. ¿Quién narra este relato? ¿Qué información se da en esta parte?
5. Según su opinión, ¿por qué dice el narrador que él no pretende «hacer un relato» sino sólo «hablar del sargento Gamarra»? Comente.
6. ¿Qué recuerda él de la manera de hablar y de la apariencia física del sargento Gamarra? ¿Qué edad tendría el sargento en esa época? ¿Y el narrador?
7. ¿Por qué está seguro él de que el sargento lo consideraba «su amigo» a pesar de la gran diferencia de edad que había entre ellos?
8. ¿En qué lenguas se expresaba el sargento? ¿Qué tipo de historias le contaba al narrador?
9. Según el narrador, ¿qué le impresionaba del sargento y qué aspectos de su pasado o presente le llamaban la atención? ¿Por qué?
10. ¿Qué tratamiento recibía el sargento de la gente de Villa Aurelia?
11. ¿Por qué se afirma que el sargento «era parte del barrio»? Explique.

Parte III
12. ¿Cuándo tiene lugar esta parte? ¿Qué guerra seguía y cómo era el clima del momento? ¿Qué efectos tiene dicho conflicto en el barrio y cómo influye en el tono de esta sección? Comente.
13. ¿Qué dos guerras parece confundir constantemente el sargento Gamarra? ¿Piensa el narrador que éste realmente las confundía? Explique.
14. Según el sargento, ¿vio él de cerca al Mariscal Solano López alguna vez? ¿Y por qué cree usted que eso pudiera causar tanta curiosidad como para que la gente siempre le hiciera «la misma pregunta»?
15. ¿Cuánto hace que el sargento conoce Villa Aurelia, el barrio del narrador? ¿Y por qué viene él allí con tanta frecuencia?

16. ¿Por qué se despiden el sargento y el narrador esa tarde? ¿Cuándo se verían otra vez?

Parte IV

17. ¿Se volvieron a ver después del 3 de febrero de 1934 los dos amigos? ¿Por qué?
18. ¿Qué había en la bolsita que recibió el padre del narrador? ¿Qué le hizo recordar a éste el contenido de esa bolsita? Comente.
19. Según su opinión, ¿por qué les habrá enviado el sargento este «recuerdo»? ¿Y a qué se referirá la «costra de mil años» aludida al final? Explique.

B. Para cada una de las siguientes oraciones, dé el sinónimo de las palabras subrayadas.

1. Tienen el cutis muy suave. _____
2. Anoche escuché unos gritos fuertes. _____
3. El tenía los ojos pequeños. _____
4. Pasaba largas horas en mi casa. _____
5. Me hablaba de hechos lejanos. _____
6. Relataba sus pasos guerreros. _____
7. Me defendí porque me atacó. _____
8. Le tenía un gran respeto. _____
9. Insistió en que lo llamaras. _____
10. Y lo digo con algo de vergüenza. _____

C. Complete las siguientes afirmaciones, marcando con un círculo la letra de la respuesta más apropiada.

1. Los insectos que asociamos con la miel son...
   a. las avispas.   b. las abejas.   c. las ovejas.

2. El calor y la sed son dos conceptos relacionados con...
   a. la guerra.   b. la siesta.   c. la sequía.

3. Alguien que no puede oír es una persona...
   a. sorda.   b. muda.   c. ciega.

4. Un lugar donde hay muchos árboles es un...
   a. desierto.   b. bosque.   c. arbusto.

5. Una casa pequeña y relativamente pobre es...
   a. una mansión.   b. una casona.   c. un rancho.

6. Una bebida alcohólica paraguaya muy fuerte es...
   a. el tequila.   b. la caña.   c. el ron.

7. En general, un conflicto bélico entre dos o más países es...
   a. una batalla.   b. una guerra.   c. una revolución.

8. Una capilla privada es...
   a. una iglesia.   b. una chispa.   c. un oratorio.

9. Los tragos muy pequeños se llaman...
   a. sorbos.   b. bomberos.   c. bruces.

10. Si algo ha quedado sin terminar se dice que está...

    a. indefinido.   b. inconcluso.   c. indeterminado.

✦ Temas de discusión o análisis

1. Resuma con sus propias palabras el argumento de «Gamarra».
2. Describa y comente **uno** de los siguientes aspectos de este cuento.
   a. su estructura formal
   b. la relación del título con el resto del relato
   c. el uso del español y del guaraní como reflejo de la sociedad recreada en el texto
   d. la incorporación de distintos niveles temporales y su importancia temática
3. Analice **uno** de los siguientes temas y apoye sus comentarios con citas del texto.
   a. el punto de vista narrativo y la personalidad del narrador
   b. el carácter o personalidad del sargento Gamarra
   c. la significación estructural y temática del barrio Villa Aurelia
4. Discuta el tema de la soledad y/o de la vejez en el cuento.
5. Compare y contraste la caracterización del sargento con la del narrador.
6. Analice la importancia o la significación de las partes I y IV del relato.
7. Discuta la ventaja de la doble perspectiva del recuerdo-obsesión en este cuento: la del narrador adulto que rememora sus charlas de niño con el viejo sargento Gamarra y la de éste que evoca obsesivamente momentos vividos durante la Guerra de la Triple Alianza.
8. Analice y comente el papel de la historia en «Gamarra».
9. Recuente este relato desde **una** de las siguientes perspectivas.
   a. la del sargento Gamarra
   b. la del padre del narrador
   c. la de Jovita Cabrera
   d. la de Villa Aurelia
10. Describa y analice la relación «realidad-ilusión» o «realidad-recuerdo» en el cuento.
11. Relea la parte IV y decida si lo clasificaría como «final cerrado» o «final abierto». Justifique su interpretación con citas específicas del texto.
12. Discuta «Gamarra» como obra de crítica social.

✦ Temas de proyección personal

1. «Con mis siete años escasos, era su amigo», afirma el narrador de «Gamarra» al evocar su amistad con el viejo sargento que en esa época tendría ya más de ochenta años. ¿Cree usted que es realista dicha afirmación? ¿Por qué? ¿Conoce a alguien mucho mayor que usted a quien considera su amigo(a)? Comente.

2. Si el sargento Gamarra viviera hoy, ¿cómo y dónde viviría? ¿Cómo lo trataría la gente? ¿y sus parientes? ¿Por qué? Explique.

3. Nuestros antepasados vivieron, y a veces hicieron, la historia que se lee o se aprende en la escuela. Comparta con la clase algún evento histórico que vio o vivió algún pariente suyo en su juventud y que usted lo escuchó directamente de él (ella).

MARGARITA TAVERA RIVERA

Nota biográfica

Margarita Tavera Rivera (1944–), ensayista, cuentista y dramaturga chicana, nació en un pueblito de Guanajuato, México, pero creció y se educó en la región suroeste de Estados Unidos. Hija de trabajadores migratorios, conoció desde muy pequeña los problemas relacionados con la vida y la educación de los chicanos, especialmente de los que como ella han pasado gran parte de su niñez y juventud compartiendo las tareas agrícolas de sus padres y hermanos. Entre 1960 y 1968 trabajó con ellos en los campos de Idaho, Oregón, Texas, Arizona y Nuevo México. Finalmente, en 1968 su familia logró establecerse en Oregón y un año después, motivada por deseos de superación personal, decidió ingresar a la universidad y dedicó varios años de su vida a los estudios. En efecto, tiene tres maestrías: una en educación bilingüe, otra en literatura mexicana y peninsular, y una tercera en teoría literaria y drama del Siglo de Oro. En 1986 recibió su doctorado de Stanford University en literatura chicana, mexicana y latinoamericana. Desde 1991 enseña en Carthage College en Kenosha, Wisconsin, donde da cursos de español y literatura hispánica. En cuanto a creación artística, en narrativa tiene una novela aún inconclusa —con el título tentativo de *Es que la amaba tanto*— y varios cuentos publicados en diversas revistas y antologías literarias. Entre éstos, se deben mencionar «Sin nombre» y «Un día...», aparecidos en la revista *Maize* (en 1981 y 1986, respectivamente) y «El día de las madres» en *Antología retrospectiva del cuento chicano* (1988). En teatro es autora de algunas piezas inéditas y de *La condición*, obra teatral corta incluida en *Voces en escena: Antología de dramaturgas latinoamericanas* (1991), colección de ocho piezas representativas de la nueva dramaturgia femenina en América Hispana. De aparición más reciente son sus cuentos «Sed», en *New Chicano Writing* (1993), así como «Vuelta a la izquierda» y «Se solicita esposa», ambos incluidos en *Cuento Chicano del Siglo XX: Breve Antología* (1993).

✦ Guía y actividades de pre-lectura

Según declaraciones de la propia Tavera Rivera, ella siempre quiso ser escritora y empezó su primera novela cuando sólo tenía once o doce años. Confiesa, sin embargo, que no sabe dónde están aquellas páginas con que se inició en el mundo de las letras. Aunque ha escrito muchos cuentos y piezas breves, gran parte de su producción literaria permanece inédita. *La condición* aquí incluida, su primera y única obra teatral publicada hasta la fecha, consta de un solo acto, dividido en tres escenas. Su argumento gira en torno a conflictos generacionales que surgen entre miembros de una familia chicana. Dos de dichos conflictos reflejan problemas típicos y recurrentes en la realidad mexicano-americana en general: la dificultad que tienen los padres —en este caso, la madre— en aceptar que una hija prefiera estudiar a casarse, y el hecho de que esa hija insista en seguir una carrera universitaria, queriendo además vivir su propia vida, lejos del hogar. Es interesante notar que ambos conflictos parecen aludir a experiencias familiares de la propia autora. También se debe observar el uso y la mezcla de las dos lenguas (el español y el inglés) en todo el texto. En efecto, el predominio del español o del «Spanglish» en las tres escenas refleja el grado de bilingüismo y biculturalismo de los respectivos personajes. Finalmente se debe señalar la importancia de las acotaciones en *La condición* ya que las diversas partes de esta obra no siguen un orden lineal y cronológico. Por medio de la técnica del *flashback* o visión retrospectiva, Tavera Rivera expande el marco temporal de su pieza para que sus lectores o espectadores puedan leer o ver elementos importantes del pasado de esos personajes y así comprender mejor el momento presente en que se desarrolla la acción de la obra.

1. ¿Qué le sugiere el título? ¿A qué «condición» cree usted que se refiere? ¿Por qué?

2. Lea la lista de personajes y la acotación que precede a la primera escena. Luego conteste las siguientes preguntas.
   a. ¿Cuántos personajes masculinos y femeninos hay en la pieza? ¿Le parece significativa esta mayor representación de uno de los sexos? ¿Por qué sí o por qué no?
   b. ¿Dónde y cuándo tiene lugar esta pieza?
   c. Según su opinión, ¿por qué querrá la autora que la acción tenga lugar *«anywhere in the United States where Chicano culture still flourishes»*? Comente.

3. Lea las líneas 1–33 de la primera escena y conteste las siguientes preguntas.
   a. ¿Dónde tiene lugar esta escena?
   b. ¿Quiénes están presentes y qué están haciendo?
   c. ¿Qué relación hay entre estos personajes?
   d. ¿De quién hablan y qué dicen de esa persona?

4. Esta obra mezcla el inglés y el español para reflejar el bilingüismo típico de la comunicación entre algunos chicanos, tanto en familia como entre amigos. ¿Quiénes cree usted que aquí van a usar más el español que el inglés y viceversa: los padres, los hijos, los amigos de los padres o los amigos de los hijos? ¿Por qué? Comente.

5. ¿Ha leído o visto usted alguna obra teatral o alguna película chicana? ¿Cuál? ¿Qué le pareció dicha obra o película? Explique.

La condición

ACTO ÚNICO

PERSONAJES

ROSARIO	OFELIA
TOMÁS	SONIA
TERESA	MONA
JUAN	SALLY
CONCHA	MAYRA

THE ACTION TAKES PLACE ANYWHERE IN THE UNITED STATES WHERE CHICANO CULTURE STILL FLOURISHES. THE TIME IS THE PRESENT.

ESCENA PRIMERA

The Stage is divided in three parts through the use of framed transparent walls, two of which have a door. There is a chair to the right along the middle wall which represents the living room. Tomás sits alone holding his head in his hands. Juan and Joey are standing by the door that leads to the patio. Rosario and Sonia walk in through the door on the left. Teresa sits alone on the step to the right, Sonia stops and leans on the door as Rosario walks to where her father is sitting.

ROSARIO   Papá, ¿por qué no me llamaste antes, por qué te esperaste hasta el último momento?

TOMÁS   Tu madre no quiso. Dijo que no quería que te preocuparas inútilmente. Que se le pasaría.[1]

5 **ROSARIO**   Pero si tú ya sabías que estaba delicada de salud, pero como siempre tomando las decisiones por los demás. Siempre tenía que decidir por nosotros.

TERESA   *(Teresa que ha estado escuchando, callada y ojerosa,[2] se levanta y se acerca a Rosario, se dirige a ella.)* Ya deja de culparla. Ya no puede de-
10 fenderse, y tú nunca la comprendiste, ella sólo buscaba hacer su deber.

ROSARIO   Nunca quiso que la comprendiera, siempre le gustó hacerse la sufrida,[3] deseaba que yo aceptara que sólo así podía vivirse la vida como mujer. Nunca hice lo que ella deseaba, y ahora como siempre,
15 me deja con la palabra en la boca, con la hiel[4] en los labios y el corazón destrozado. No quiso dejarnos ser.

TERESA   No la puedes culpar de nada. Ella sólo deseaba formarnos como la formaron a ella.

[1] **Que...** *That it would go away.*
[2] *with rings under her eyes*
[3] *víctima*
[4] *bitterness*

JUAN (*Juan se aleja de la puerta y se dirige hacia donde están Teresa y Rosario.*)
20 Cómo te atreves, no te conformas con los disgustos[5] que le causaste cuando vivía, todavía vienes a reclamarle[6] ahora.

ROSARIO Tú no sabes, siempre fuiste su hijo preferido, no sabes porque eres hombre, porque siempre viviste fuera, mientras nosotras nos ahogábamos[7] aquí dentro. Aquí en su casa donde ella reinaba, donde
25 ella hizo su vida y donde quiso hacernos la nuestra. A ustedes los mandaba afuera, y se hicieron de otra manera.

JUAN Ya vas otra vez con tu palabrerío,[8] siempre tratando de ser lo que no eres. Cuándo te vas a dar cuenta que eres mujer y que no puedes ser otra cosa.

30 **ROSARIO** No es eso de lo que me quejo. Y tú menos que nadie sabe lo que es una mujer, todo lo aprendiste de ella. Yo nunca me quejé de ser mujer, pero sí me rebelé y me rebelo a ser mujer a su manera. Yo quería y seré mujer a mi manera.

TOMÁS Ya basta, éste no es el lugar ni la hora apropiada para que discu-
35 tan.

ROSARIO Ese es el problema fatal de esta familia, siempre dejando todo para después, y ahora ya es demasiado tarde.

Todos callan, un radio sintonizado[9] a una estación de lengua española se deja escuchar quedamente[10] a la vez que la luz se apaga. La luz reaparece sobre el mismo escenario que ahora es la cocina al centro, una recámara a la izquierda y la sala a la derecha. Concha entra de la izquierda, apaga el radio y se sienta. Llega Tomás y toma asiento enfrente de Concha. Es un hombre de unos 45 a 50 años.

CONCHA ¿Te sirvo café?

TOMÁS Mejor dáme una cerveza, bien helada, si todavía hay. ¿No te las
40 has acabado?

CONCHA Ya sabes que yo no tomo esas cochinadas.[11] Tus hijos son los que se las acaban. Si no trajeras tus cervezas aquí, quizás no serían tan tomadores.[12]

TOMÁS ¡Ay, mujer, tú como siempre! Qué crees que no pueden tomar
45 fuera de casa. Ya son mayores de edad, ellos pueden comprar lo que quieran en las tiendas o en las cantinas.

CONCHA Sí, pero si tú no las trajeras.

TOMÁS Que aprendan a tomar, para eso son hombres.

CONCHA Tú como siempre, trabajadores debían de ser.

50 **TOMÁS** Bueno, eso es parte de tu problema, que no quieres que uno los levante temprano cuando se desvelan.[13] En mis tiempos uno no era tan irresponsable como ahora. Yo cuando vivía con mis padres y me iba de parranda,[14] muchas veces no regresaba hasta las dos o tres de la mañana, pero siempre estaba listo para el trabajo, sin que me tuvieran

5 problemas, molestias
6 protestar, quejarte
7 **nos...** *we were drowning*
8 *wordiness*
9 *tuned in*
10 suavemente
11 *rubbish, worthless things*
12 bebedores
13 **se...** *they have a sleepless night*
14 **me...** *I went out partying*

15 *coddling, pampering*
16 **dar...** *to pay the expenses*
17 **recibirse...** *obtener su doctorado*
18 **va...** *he will give in*
19 **a...** *secretly*
20 **Se...** *He pretends not to hear*

55 que andar despertando. Nada de mimos[15] como aquí, que no quieres que despierte a los muchachos y los dejas dormir hasta mediodía.

CONCHA   En ésas seguimos, ¿no?

TOMÁS   Eso habían de aprender de mí. Yo nunca he faltado a mis responsabilidades. Nunca falto al trabajo. A ti nunca te ha faltado nada
60 en la casa.

CONCHA   Ser padre no es sólo dar el gasto.[16] Es tomar responsabilidad de la vida de tus hijos. A mí bien que me controlas, a tus hijas, que hagan lo que les dé la gana.

TOMÁS   Mírala, ya cambiaste de tema. Yo siempre he tomado mis respon-
65 sabilidades de padre en serio. He tratado de ser justo con todos mis hijos, los hombres y las mujeres.

CONCHA   ¿Es que me reprochas algo a mí? Tú fuiste el que dejó que Rosario se fuera a la universidad. Y ahora se nos casa Teresa mañana.

TOMÁS   Pero mujer, es que no podemos tenerlas con nosotros siempre.
70 Tienen derecho a formar una vida propia. Nosotros no vamos a estar aquí siempre.

CONCHA   ¿Qué vida crees que Rosario formará sola? Debe casarse y dejar el estudio para los muchachos.

TOMÁS   Pero es que ellos no quieren estudiar. Cómo los vas a forzar; ella
75 sí desea estudiar. Rosario espera recibirse de doctora,[17] y regresará aquí a ayudar a nuestra gente.

CONCHA   ¿Crees que regresará?

TOMÁS   ¿Y por qué no? Nunca ha hablado de hacer otra cosa. ¿Es que te ha dicho a ti algo diferente?

80 **CONCHA**   No, pero yo no sé. Creo que no regresará, y si regresa, ya no será igual como antes.

TOMÁS   Las cosas cambian, no puede quedar todo igual. Pero ya deja a Rosario en paz, ponte a pensar en los preparativos para la boda de Teresa.

85 **CONCHA**   (*A punto de llorar.*) Yo no te entiendo a ti, parece que te alegras de que se nos vaya.

TOMÁS   Pero, ¿qué quieres que haga? ¿Crees que si le negamos el permiso, no se casará? ¿Prefieres que se huya como la hija de don Petronilo? Se fue y ahora sí que la han perdido, pues mi compadre con su
90 orgullo, ni creas que va a dar su brazo a torcer.[18] La pobre de mi comadre tiene que andar a escondidas[19] viéndola por ahí, en casa de los vecinos. ¿Es eso lo que tú quieres, que se huya Teresa? Queramos o no ella se casa con Hank. Déjala que disfrute su boda. Tú ya tuviste la tuya.

CONCHA   Yo no disfruté. El matrimonio no es cosa tan fácil. Además
95 Teresa no está preparada.

TOMÁS   (*Se hace el desentendido[20] e ignora lo que dice Concha.*) Tú estabas preparada cuando nos casamos.

21 *to iron*
22 *heated*
23 *joke*

CONCHA   Yo sabía hacerme cargo de una casa, Teresa no sabe ni hacer café. Además es una niña.

100 **TOMÁS**   Ahí aprenderá lo que no sepa, además tú le has enseñado algo, ¿no? Estoy seguro que exageras, ya va a cumplir los veinticuatro años. Acuérdate que tú sólo tenías diecisiete cuando nos casamos.

CONCHA   Pero eso fue diferente.

TOMÁS   ¿Por qué?

105 **CONCHA**   Porque yo no tuve que hacer esa decisión, la hizo mi padre.

TOMÁS   ¿No crees que es mejor que Teresa escoja al hombre con quien compartirá su vida? ¿Es que tú piensas que debí escogerlo yo?

Entra Teresa, mujer y robusta, que le da un parecido a su madre. Se sirve una taza de café y saluda a sus padres con un beso en la mejilla. Llega hasta la mesa y se sienta.

TERESA   ¿Ya vamos a comer?

CONCHA   Sí, preparé unos camarones, y un arroz con verduras. ¿Te sirvo?
110 Tu padre y yo ya vamos a comer.

TERESA   Gracias mamá. Hoy tenemos que ir a casa de doña Sara, quiere que me pruebe el vestido. Me gustaría que fueras conmigo.

CONCHA   Tengo que planchar,[21] no sé si pueda ir. ¿A qué hora vas a ir?

TERESA   A las tres. ¿No puedes dejar la planchada para mañana?

115 **CONCHA**   Cuando uno tiene responsabilidades no las puede dejar para otro día.

TERESA   ¿Es que no te interesa mi felicidad? ¿Te preocupa más planchar que ir conmigo? ¿Por qué no puedes aceptar que me caso? Cuando se casaron Juan y Joey tan feliz que estuviste, ayudando en todo, pero
120 para mi boda...

CONCHA   Es que te irás, ya no te veré más. Quizás tu esposo no te dé permiso para que me vengas a ver.

TERESA   Si me voy a casar, no a morir.

CONCHA   Es lo mismo, te habré perdido para siempre.

125 **TERESA**   Pero mamá. Si los hijos no son posesiones, son personas que tienen derecho a su propia vida.

Interviene Tomás, antes de que la discusión se ponga más acalorada.[22] Ya sabe cómo terminan estas discusiones, intenta un chiste.[23]

TOMÁS   Claro que irá, ya ves cómo es, cree que ella es la única que sabe planchar, y si no lo hace el mismo día que lava, el mundo se va a acabar.

CONCHA   A ti no te importa que me quede sola. Tú tienes tu trabajo, y te
130 vas a trabajar todos los días. Yo me quedaré sola en esta casa, sin gato ni perro que me ladre.

TERESA   Pero si siempre te has quejado del trabajo que tienes y ahora te quejas de que no tendrás nada que hacer. No se te entiende.

TOMÁS   Así es tu madre.

135 **CONCHA**   *(A Teresa.)* Cuando tengas tu casa y tu familia me comprenderás, cuando tus hijos te abandonen verás que no te quedará nada que hacer. ¿Qué voy a hacer todo el día?

TERESA   Ponte a leer, aprende a dibujar. Sal de la casa, da una vuelta,[24] ésta es tu oportunidad para que hagas las cosas que no has tenido
140 tiempo de hacer por estar ocupada con nosotros. El mundo es tan grande, por qué te empeñas[25] en creer que es sólo lo que se encuentra en estas cuatro paredes. No nos impongas tu mundo a nosotros. ¿Es que sufres al vernos felices?

CONCHA   Porque así me enseñaron; ahora es muy tarde para cambiar.

145 **TERESA**   Nunca es tarde. Sólo es tarde cuando nos ponen una piedra encima.

ESCENA SEGUNDA

Es la misma escena anterior, pero ahora es otro día por la mañana, antes de las nueve de la mañana. Concha está en la cocina otra vez acabando de guardar los trastes[26] que lavó temprano. Alguien toca a la puerta y Concha deja el secador[27] sobre el respaldo[28] de una silla y pasa por la sala y abre la puerta. Lleva una sonrisa en los labios, pues ya sabe quién es.

CONCHA   Buenos días, comadre,[a] pase usted. ¿Le sirvo un cafecito con canela?[29]

OFELIA   Gracias, comadre, ándele que lo vengo oliendo desde la es-
150 quina. ¿Qué me dice de Rosario? ¿Lista para irse?

CONCHA   Ay, comadre, las penas que paso con esa muchacha. Yo no quisiera que se fuera, pero ya ve usted. ¡Qué puede decir uno! Su padre la dejó ir.

OFELIA   ¿Y usted no ha podido convencerla de que no se vaya?

155 **CONCHA**   ¡No, qué va! Ya le dije que no quiero que se vaya, que no tengo ganas de verla como la hija de doña Nélida, ¿se acuerda usted? Se fue a estudiar y regresó con su barriga.[30] Pero, Chayo no quiere entender, ...dice que sabe cuidarse.

OFELIA   Pues ya tiene sus añitos.[31] ¿Qué no?

160 **CONCHA**   Ay, comadre, una mujer nunca tiene suficiente edad para valerse por sí sola. Hay tanto de que cuidarse. No me preocupa solamente porque vaya a salir embarazada, pero dicen que en la universidad hay muchas drogas, y las malas compañías. ¿Estaría usted tan campante[32] si se le fuera Sonia?

24 paseo
25 **te...** insistes
26 *dishes*
27 *dishtowel*
28 *back*
29 *cinnamon*
30 **con...** embarazada
31 **tiene...** no es una niña
32 *tranquila*

---

[a]Título de uso recíproco entre la madre de una criatura y la madrina de bautismo o confirmación de dicha criatura.

OFELIA   Lo bueno es que Sonia, ni ganas tiene de ir a la universidad. Para qué le busco tres pies al gato.[33]

Entran Rosario y Sonia de la izquierda, vienen de la recámara de Rosario. Rosario es una mujer de unos 22–25 años de edad, con ojos café, pelo oscuro y tiene aire decisivo. Sonia es casi de la misma edad, con cara redonda, ojos negros y un aire de niña consentida.[34]

ROSARIO   *(A doña Ofelia.)* Buenos días, madrina,[35] ¿cómo amaneció, le sirvo más café?

OFELIA   Buenos días, hija, no gracias, con éste tengo.[36] Sonia, hoy sí te
170   me adelantaste. ¿Qué haces en las casas tan temprano?

SONIA   Vine a ayudarle a empacar a Rosario. Figúrese que va a vivir sola, en un apartamento.

OFELIA   ¿Tú sola, Rosario?

ROSARIO   No, con mi amiga Magdalena. Y habrá lugar para que Sonia se
175   quede conmigo cuando me visite. Le digo que se había de animar a irse a la universidad. Hay tantas oportunidades allá.

OFELIA   *(Con aire dudoso.)* Para casarse no hay necesidad de ir a la universidad. Sonia no necesita carrera; después su esposo no la va a dejar trabajar.

SONIA   Ay mamá, ni que ya me estuviera casando.

180   **OFELIA**   Pues por las dudas. ¿Tú crees que tu esposo te va a dejar trabajar? Tu padre nunca me dejó trabajar fuera de la casa, y dudo que te vayas a encontrar un hombre que sea diferente.

SONIA   Yo no me voy a casar con alguien que me tenga encerrada en casa. No es justo que los hombres esperen que nosotras estemos siempre es-
185   perando en casa, esperando que ellos nos digan cómo es el mundo. Nosotras también tenemos ojos, podemos ver por nosotras mismas.

CONCHA   Pero Sonia, eso es el matrimonio. Los esposos son para que te protejan, te den cariño y te mantengan. Tú le debes obediencia, como a tu padre.

190   **ROSARIO**   Mamá, esos tiempos ya pasaron, ya no podemos vivir así. Nosotras no estamos dispuestas a vivir sujetas a una voluntad ajena; bastante nos han sujetado en casa ya.

CONCHA   Ahora nada más falta que me digas que quieres ser libre como tus hermanos. Al rato no te vamos a sacar de la calle ni de las cantinas.
195   No me sorprendería que hasta fueras tras los hombres[37] como las...

ROSARIO   Ay mamá, tú siempre con tus exageraciones. La libertad no es solamente ir adonde uno quiere ir, o ir adonde van los hombres: la libertad es mucho más. Es poder decidir si uno quiere ir o no; sin estar esperanzada a que la invite un hombre para poder salir. Los tiem-
200   pos cambian, mamá, quiera una o no.

CONCHA   Pero los hombres y las mujeres no cambian. Las muchachas libertinas regresan a su casa con encargo,[38] si es que no las traen en caja, derecho al panteón.[39]

---

33 **le...** complicarme la vida
34 *spoiled*
35 *godmother*
36 **con...** *I've got enough with this one*
37 **hasta...** *you might even start chasing after men*
38 **con...** embarazadas
39 cementerio, tumba

40 *little twins*
41 **cruzándole...** *slapping her across the face*
42 *cara*
43 *slides*

ROSARIO   Pero mamá, es que para salir embarazada no es necesario salir de la casa. La hija de don Toribio, tanto que la cuidaban, nunca la dejaban ir a ninguna parte, siempre acompañada; ya la ves, ahí está con sus cuatitos.⁴⁰ También duele que no tengas fe en uno. Después de tanto que nos has enseñado, es que de verdad crees que olvidaremos tantos años de sermones y amenazas. El sexo no es sólo eso...

Concha ha interrumpido a Rosario, cruzándole la cara con una bofetada,⁴¹ Rosario calla. Concha se cubre la cara con las manos, y se pone a llorar. Ofelia se levanta y se acerca a Concha; con cariño y comprensión en el semblante⁴² le pone la mano en el hombro. Rosario sin decir palabra sale hacia la izquierda; detrás de ella sale Sonia, que no sabe qué hacer. Se apaga la luz sobre la escena de la cocina y se enciende en la recámara de Rosario. Sonia y Rosario entran en la recámara. Rosario se dirige a la ventana, que debe dar a la calle, mientras Sonia se tira en la cama. En la esquina de la recámara está un viejo armario, hay además una mesita con una lámpara. La recámara tiene un aire claro.

SONIA   ¿Qué pasó, por qué se puso a llorar, a ti fue la que le sonó?

ROSARIO   Porque ésa es su solución a todo, a su condición y quiere que también sea la mía. Pero yo no me voy a poner a llorar sólo porque no estoy de acuerdo con lo que pasa. Siempre que no quiere enfrentarse al problema, llora.

SONIA   ¿No crees que eres demasiado dura con ella?

ROSARIO   ¿Yo?

SONIA   Sí, tú; ella no quiere aceptar que tú no piensas como ella. Le es difícil aceptar que tú tienes sentimientos propios y que tu manera de ser y pensar sea tan diferente.

ROSARIO   ¿Y crees que tu madre acepta tus sentimientos, tus opiniones?

SONIA   Yo por eso no digo nada. Ni trato de discutir con ella, pero tampoco hago todo lo que ella desea.

ROSARIO   Pero yo anhelo un poco de libertad, para pensar, para sentir. No podemos cambiar nuestra realidad si no la describimos. Las cosas no existen si no se nombran.

ESCENA TERCERA

La luz se apaga, se deja oír música, de los cincuenta, sesenta, setenta y de los ochenta por lo menos diez minutos. Se podrían pasar también diapositivas⁴³ que ilustraran los períodos. La música debe regresarse a un período específico y mantenerse hasta que estén los actores en escena. Se terminará cuando éstos empiecen a hablar. Es el apartamento de Rosario. Han pasado tres años y ahora cursa el último año de su carrera. Espera a sus amigas ya que tendrán una reunión más tarde. Llegan dos de sus amigas, Mona y Sally. Vienen discutiendo lo que pasó la última vez que fue a visitar a su familia.

MARGARITA TAVERA RIVERA | **505**

44 **y...** *and least of all you*
45 **se...** *you feel like*
46 **Se...** *You (really) think I'm*
not doing enough.

MONA What a goddam bore. Ya me cansé. Si uno no se casa, por qué no se casa, si se casa, por qué no se buscó mejor pareja. Si tiene hijos por qué los tiene y si no por qué no los tiene.

230 **SALLY** No les hagas caso. They don't have anything better to do. Ya ves, they're always sitting around checking you out, inspecting your friends, living their life through yours.

MONA Who the hell cares. If they only knew. El coraje y la rabia que me da porque no les puedo contestar. En mi casa me enseñaron a callar. They also taught me to mind my own business, y no meterme en lo 235 que no me importa. You know, I leave them alone, pero ellos qué va.

SALLY Es difícil, remember, they are tied down, they have their life well defined and they don't want anyone, y menos tú,[44] to screw it up.

MONA What do you mean, ¿y menos tú? What do you mean, tied down? Y yo qué, estoy free as a bird or what?

240 **SALLY** Tú puedes hacer lo que se te antoja.[45] Tú no tienes qué preocuparte, you have a husband who supports you not only economically but who also lends great moral support to your intellectual pursuits, como dicen los gringos. He lets you attend the university.

MONA Sí tú, next you are going to tell me that he lets me think.

245 **SALLY** Pues quizás no, but do you know how hard it would be if you had to worry about money, to wonder where your next meal is coming from or dónde vas a dormir por la noche.

MONA Se te hace poco lo que hago.[46] Are you by any chance suggesting I get a job? After all I only have a few things to do, I mean I go to classes, to my research, lavo la ropa, bake a mean cheesecake and try to be a quote "mother and wife".

SALLY Pero si tu esposo no te dejara, ¿qué harías?

MONA So how is he going to stop me, by starving me to death?

SALLY Y los hijos, ¿quién los cuida?

255 **MONA** ¿Y por qué tengo que cuidarlos yo? Son de los dos, and I thought marriage was a sharing arrangement, o es sólo cuando les conviene a ellos.

SALLY Pero no crees tú que es tu responsabilidad to keep a home for your husband and children.

260 **MONA** Who keeps it for me?

SALLY But as a woman, specially as a Chicana, isn't it important that you maintain a strong family, para que sobreviva la cultura...

MONA At whose expense?

SALLY Does it have to be at someone's expense?

265 **MONA** It has always been at ours, no? Nuestras madres nos enseñaron bien. We have to give and keep on giving.

SALLY But don't you think that your husband needs a supportive person to talk to when he comes home, from the hostile environment?

47 **como...** *are you ever in the*
   dark
48 mi hija

MONA Y yo qué, when I get home and I have been working all day, and I
mean work, you know, just because I don't get paid does not mean my
work is not demanding, exhausting and the place is certainly hostile.
Do I get a chance to come home and sit down, read the paper while I
have a drink and someone fixes supper? Well, let me tell you, if I want
a drink, I can have it while I cook, and I can try to get through the
newspapers on weekends.

SALLY Pero como quiera no es igual.

MONA Ay hija, como estás tapada.[47] Ahí viene Mayra, maybe she can enlighten you, yo cuelgo los guantes. Let her tell you how easy it is to be
a writer if you are a woman.

*Llegan tres mujeres jóvenes. Mayra es la joven pequeña con ojos negros.
Tiene una sonrisa muy simpática. Viene acompañada por dos de sus amigas, Laura y Felicity.*

MAYRA Ya llegamos, ¿qué hacen ustedes?, se oyen hasta el pasillo, ¿qué
tanto discuten?

MONA Please talk to this woman, mira que yo ya me esforcé. Y sigue sin
entender. Andale Mayra, cuéntale lo fácil que es ser escritora.

MAYRA You really don't want to get me started on that, do you?

SALLY Well, is it hard to be a writer?

MAYRA ¿Ay mija,[48] dónde has estado?

MONA Es que apenas llego de Teocualtiche.

MAYRA You got to be putting me on. Vendrá de Needles, pero de
Teocualtiche, no lo creo.

MONA Pues casi, casi, es de Brawley.

MAYRA Well, since you asked, I can tell you, it isn't easy. Claro que los escritores me han dicho que es a matter of discipline, of setting aside
some time, what time, they didn't say. Of course, it could be because
they have a wife who makes sure they have uninterrupted time, that
they have all the comforts of home. Yo no quisiera ser sexista, pero si
yo tuviera una esposa, tendría tiempo para escribir. Pero como dice
Lucha, hay que escribir, over the sink, on the ironing board, over the
stove, donde sea, pero hay que escribir.

SALLY If it is so difficult, why do you do it? It can't be for the recognition
or for the money. What is it that drives you?

MAYRA We write because we must, because no one is going to do it for
us. Debemos escribir para que las Chicanas, como tú, y las que ven-
drán después de ti y de mí, sepan que es posible, y no se conformen
con ser sólo lectoras.

SALLY If you must care for your family, run a home, when do you have
time to write?

MAYRA We write when the laundry is done, after we have prepared and
served a good meal, after the children have been tucked in, after we

49 **a...** *when all is said and done*
50 *announcer, commentator*
51 *murió*
52 *bosom*
53 **un...** *un gran número de*

310 have done our research papers. That is when we write. Por eso no nos toman en serio, porque no hacemos sólo una cosa como los hombres. Es que nosotras no tenemos ese lujo. Even at institutions of higher learning where groups extoll freedom for the oppressed todavía hay personas que creen que las mujeres embarazadas pierden sus facul-

315 tades mentales, que para poder concentrarse en un trabajo intelec-
tual es necesario tener un ambiente sin interrupciones de ninguna clase. Can you imagine, if the male writers had as much to do as we do they would never have written their major works. Y por eso no nos toman en serio; pero no importa, seguimos escribiendo con nuestro sudor, con nuestras lágrimas y cuando sea necesario hasta con nues-

320 tra sangre, but we will not be silent.

SALLY ¿Y tu esposo, no te ayuda?

MAYRA Claro que ayuda, o hace su parte, pero a fin de cuentas,[49] si él no quiere o no puede hacer algo, I am the one that is held responsible, so I have to make sure that things are done.

325 **ROSARIO** Bueno, podemos seguir con esta discusión más tarde, pero llamamos esta reunión por otra razón. We need to get our act together for tomorrow. Our friend in sociology has been denied tenure and we need to come to a consensus about our action for tomorrow. The student body is planning a demonstration to coincide

330 with the president's speech at noon. We need to decide if we are go-
ing to take part with the general student body or if we are going to make it an issue for the Chicano student body. (*Suena el teléfono, Rosario se levanta y va a contestarlo.*)

ROSARIO Hello, sí habla Rosario. Hola papá, ¿cómo se encuentran por

335 allá? (*Rosario listens and nods, then she hangs up and returns to the group.*)

SALLY From your family?

ROSARIO Sí, tengo que irme mañana, mamá se encuentra en el hospital.

*Las luces se apagan quedando sólo un spotlight sobre el radio sintonizado a la estación en español donde se oyen las noticias. Al terminar las noti-
cias sigue uno de esos obituarios muy comunes en los radios de lengua es-
pañola donde nombran a todos los que han sobrevivido. Los actores deben regresar en papel cuando sean nombrados por el locutor.[50] Tomarán su lugar alrededor del radio de donde se despedirán del público al terminar la locución.*

LOCUTOR Concepción Rodríguez de Alvaro falleció[51] el dos de diciem-

340 bre de 19__, en el seno[52] de la santa madre iglesia. Deja en el desam-
paro a una familia que incluye a su esposo y compañero de vida Tomás, a sus dos hijos Juan y Joey, a sus hijas Teresa y Rosario y a un sinnúmero de[53] amistades y conocidos. Descanse en paz.

✦ Comprensión y expansión

A. Conteste las siguientes preguntas según la pieza.

Primera escena

1. ¿Por qué están reunidos Tomás y sus hijos en este momento? ¿Qué ha pasado? ¿Cuándo?
2. ¿De qué le acusa Teresa a Rosario? ¿Por qué?
3. Según Rosario, ¿trataba su madre de la misma manera a sus hijos y a sus hijas? ¿Por qué?
4. ¿Cómo cambia el escenario para indicar que la conversación entre Concha y Tomás es una escena retrospectiva?
5. ¿De qué hablan Concha y Tomás? ¿De qué le acusa Concha a su esposo? ¿Qué le responde él? Comente.
6. ¿Adónde quiere Teresa que la acompañe su madre? ¿Por qué dice Concha que quizás no pueda ir?
7. Según Concha, ¿por qué le importa a ella y no a su marido que sus hijas se casen o vayan a la universidad? Explique.

Segunda escena

8. ¿Dónde y cuándo tiene lugar esta escena?
9. ¿Quién es Ofelia? ¿De qué hablan ella y Concha?
10. ¿Qué relación hay entre Ofelia y Rosario? ¿Y entre Ofelia y Sonia? ¿Y entre Rosario y Sonia?
11. Según Ofelia, ¿por qué Sonia no necesita carrera? ¿Están totalmente de acuerdo Sonia y su madre? ¿Por qué? Explique.
12. ¿Qué ideas tiene Concha del matrimonio? ¿Qué responsabilidades tiene el esposo? ¿Y la esposa? ¿Qué piensa Rosario de las ideas de su madre?
13. ¿Por qué dice Rosario: «La libertad no es solamente ir adonde uno quiere ir [...] la libertad es mucho más»? Explique.
14. Según Rosario, ¿por qué se puso a llorar Concha después de darle la bofetada?
15. ¿Cree Sonia que Rosario es tal vez muy dura con su madre? ¿Por qué?

Tercera escena

16. ¿Dónde tiene lugar esta escena? ¿Cuánto tiempo ha pasado?
17. ¿A quiénes está esperando Rosario? ¿Para qué?
18. ¿De qué hablan Mona y Sally al principio de la escena?
19. Según su opinión, ¿por qué mezclan el español y el inglés en toda esta escena? Comente.
20. ¿Por qué dice Sally que Mona tiene suerte de tener un marido como el que tiene? ¿Qué piensa Mona al respecto?
21. ¿Quién es Mayra y qué relación tiene ella con las otras muchachas?
22. ¿Qué comenta Mayra de su profesión? Según ella, ¿por qué escribe? Explique.
23. Según Rosario, ¿para qué se llamó esa reunión? ¿Qué deben decidir?
24. ¿De quién es la llamada telefónica que interrumpe la reunión? ¿Qué le cuenta a Rosario?
25. ¿Qué se escucha por radio al final de esta última escena?

B. Para todas las palabras de la columna izquierda se dan sus falsos cognados en la del medio. Según el significado que tienen en *La condición,* escriba las traducciones más apropiadas en los espacios correspondientes.

1. único   *unique*   _____
2. disgusto   *disgust*   _____
3. mimos   *mimes*   _____
4. sola   *sole*   _____
5. reunión   *reunion*   _____
6. lectora   *lecture*   _____
7. noticias   *notices*   _____

C. Las frases que siguen describen a algunos de los personajes incluidos en *La condición.* Lea cada una de ellas y marque **T** (Tomás), **C** (Concha), **R** (Rosario), **J** (Juan), **TE** (Teresa) o **M** (Mayra) en los espacios correspondientes.

_____ 1. Según ella, no es fácil ser escritora.
_____ 2. Es hijo de Concha y hermano de Teresa.
_____ 3. Cuando era joven, aunque se acostara tarde, siempre se levantaba temprano para ir a trabajar.
_____ 4. Es la única en su familia que va a la universidad.
_____ 5. En realidad ya está muerta cuando empieza la obra.
_____ 6. Tenía sólo diecisiete años cuando se casó.
_____ 7. Comenta que «los hijos no son posesiones, son personas que tienen derecho a su propia vida».
_____ 8. Se opone a que su hija vaya a la universidad.
_____ 9. Comenta que escribe «para que las Chicanas [...] no se conformen con ser sólo lectoras».
_____ 10. Dice que siempre ha tratado de ser justo con todos sus hijos, sean hombres o mujeres.
_____ 11. Acusa a Rosario de haberle causado disgustos a su madre cuando todavía vivía.
_____ 12. Obviamente es la más rebelde de la familia.

D. Identifique y explique la importancia o la significación de los siguientes comentarios.

1. «Ella sólo deseaba formarnos como la formaron a ella.»
2. «Que aprendan a tomar, para eso son hombres.»
3. «Our friend in sociology has been denied tenure and we need to come to a consensus about our action for tomorrow.»
4. «Debe casarse y dejar el estudio para los muchachos.»
5. «Porque ésa es su solución a todo, a su condición y quiere que también sea la mía.»
6. «But as a woman, specially as a Chicana, isn't it important that you maintain a strong family, para que sobreviva la cultura...»

✦ Temas de discusión o análisis

1. Resuma con sus propias palabras el argumento de *La condición.*
2. Comente la importancia o la significación del título y su relación temática con el resto de la obra.

3. Defina y analice los temas de esta pieza.

4. Con los datos de la obra y un poco de imaginación, tome el lugar de Rosario, Concha, Tomás o Teresa y escriba una breve biografía o autobiografía comentada del personaje escogido.

5. Analice **uno** de los siguientes aspectos de la obra.
   a. su estructura temporal y formal
   b. la importancia del uso de la lengua y su relación con la identidad cultural de los personajes

6. Compare y contraste **uno** de los temas que siguen. Justifique sus comentarios con citas del texto.
   a. el papel o la importancia de los personajes femeninos
   b. la caracterización de los personajes masculinos
   c. las personalidades de Concha y Tomás y la influencia de ambos en sus hijos
   d. las ideas de Rosario, Mona, Sally y Mayra

7. Describa y discuta la relación matrimonial entre Concha y Tomás con la que parecen tener Mona y su marido o Mayra y el suyo.

8. Analice *La condición* desde **una** de las siguientes perspectivas.
   a. como obra feminista
   b. como microcosmo de la vida chicana
   c. como obra sociopolítica
   d. como obra de metaficción, es decir, en la que se comentan aspectos relacionados con la escritura de un texto dentro de otro texto.

9. Comente el papel o la función de Mayra en la obra.

10. Discuta la importancia de la intervención del locutor al final de la pieza. ¿Qué significación tendrá el que la obra termine con el anuncio radial del obituario de Concha? Explique.

11. Escoja a Mayra o a Rosario y señale las similitudes y diferencias que usted encuentra entre dicho personaje y Margarita Tavera Rivera.

12. Escriba una cuarta escena para esta obra en la que sitúa a Rosario unos diez años después. ¿Se ha casado? ¿Tiene hijos? ¿En qué trabaja? ¿Se ha mantenido en contacto con su familia? ¿y con sus amigas? ¿Ha logrado sus anhelos?

✦ Temas de proyección personal

1. *La condición* refleja diversos tipos de conflictos generacionales y culturales entre los padres y sus hijos. ¿Siente usted algún tipo de vacío o distancia generacional entre usted y sus padres? ¿Tiene otros tipos de problemas o conflictos con ellos o con sus hermanos? Explique. Según su opinión, ¿cuál es el origen o la causa de los problemas o diferencias de opinión entre los padres y los hijos? ¿Cómo se podrían solucionar esos problemas? Comparta sus ideas con la clase.

2. Hablando del matrimonio, Concha le dice a Sonia en la segunda escena: «Los esposos son para que te protejan, te den cariño y te mantengan. Tú le debes obediencia, como a tu padre.» ¿Está usted de acuerdo con las ideas de Concha con respecto al papel de la

mujer y del hombre en el matrimonio? ¿Por qué sí o por qué no? Comente.

3. Dice Sonia que ella y su madre tienen sus diferencias pero que, para no tener problemas, Sonia simplemente no dice nada. No trata de discutir con ella ni tampoco hace todo lo que ella desea. Sin embargo, Rosario sí le dice a su madre lo que piensa y discute con Concha porque según Rosario, no se puede cambiar la realidad si no se la describe. «Las cosas no existen si no se nombran.» ¿Está usted más de acuerdo con la actitud de Sonia o con la de Rosario? ¿Por qué? ¿Cuál de estas dos relaciones —Sonia y su madre o Rosario y su madre— se parece más a la relación que existe entre usted y uno de sus padres? Explique.

✦ *Temas intertextuales* ✦

1. Discuta la función de la poesía y el papel de los poetas según se ven reflejados en las obras de **dos** escritores de su elección incluidos en esta sección.

2. Ampliación del tema 1: Incluya también las obras de **dos** de los siguientes poetas en su análisis: Claribel Alegría (Sección VI), Elvio Romero (Sección VI), Rosario Castellanos (Sección V), Pablo Neruda (Sección IV), Nicolás Guillén (Sección IV) o César Vallejo (Sección IV).

3. Compare y contraste el impacto de la experiencia personal de un hecho histórico y/o político en la poesía de Heberto Padilla y de Marjorie Agosín.

4. Ampliación del tema 3: Incluya también la obra de **uno** de los siguientes poetas en su análisis comparativo: Claribel Alegría (Sección VI), Elvio Romero (Sección VI), Rosario Castellanos (Sección V) o Pablo Neruda (Sección IV).

5. Compare y contraste el uso de metáforas, imágenes y alusiones a la naturaleza en los poemas de Ana Castillo y de Tino Villanueva.

6. Ampliación del tema 5: Incluya también **uno** de los siguientes poemas en su análisis comparativo: «Oda al niño de la liebre» (Sección IV), «Doña Primavera» (Sección IV), «Canción de otoño en primavera» (Sección III) o «Cultivo una rosa blanca» (Poema XXXIX, Sección III).

7. Discuta la manera en que las obras de **dos** poetas de su elección representados en esta sección reflejan experiencias o circunstancias relacionadas con la vida de cada uno de ellos.

8. Ampliación del tema 7: Incluya también **dos** de los siguientes poemas en su análisis: «Epitafios del desterrado» (Sección VI), «Autorretrato» (Sección V), «Balada de los dos abuelos» (Sección IV), «Explico algunas cosas» (Sección IV), «A él» (Sección III) o «La niña de Guatemala» (Poema IX, Sección III).

9. Según declaraciones de sus propios autores, «Emma», «Carta de Julio», «El barco» y «Gamarra» son cuentos basados o inspirados en experiencias personales. Así por ejemplo, existió una amiga como

Emma en la vida de Agosín, Muñoz recibió la carta de Cortázar incorporada a su texto, Glickman hizo el viaje en barco que inspiró su relato y, en su niñez, Díaz-Pérez conoció al ex sargento Gamarra (que se llamaba realmente Patricio Gamarra) cuando éste, ya muy viejo, visitaba de manera regular el barrio mencionado en su narración. Compare y contraste el uso de las técnicas de ficcionalización de recuerdos o incidentes vividos en **dos** de los cuentos mencionados.

10. Tanto *La condición* como «Carta de Julio» incorporan a su argumento elementos significativos de la biografía de sus respectivos autores. Discuta las similitudes y diferencias de contenido o forma entre ambas selecciones. Analice luego **una** de las dos relaciones «obra-escritor» que se establecen entre *La condición* y Margarita Tavera Rivera, o entre «Carta de Julio» y Elías Miguel Muñoz.

11. Discuta el papel de la historia o del contexto político-social en la obra de **dos** de los siguientes escritores: Tino Villanueva, Heberto Padilla, Marjorie Agosín, Elías Miguel Muñoz y Rodrigo Díaz-Pérez.

12. Ampliación del tema 11: Incluya también la obra de **uno** de los siguientes autores: Julio Cortázar (Sección VI), Luisa Valenzuela (Sección VI), Griselda Gambaro (Sección VI), Ramón Ferreira (Sección V), Rosario Castellanos (Sección V), Pablo Neruda (Sección IV), Martín Luis Guzmán (Sección IV) o Rubén Darío (Sección III).

13. Analice «Carta de Julio» y «Dos palabras» como ejemplos del realismo mágico hispanoamericano.

14. Ampliación del tema 13: Incluya también **uno** de los siguientes cuentos en su análisis: «El abrigo de zorro azul» (Sección VI) o «La prodigiosa tarde de Baltazar» (Sección V).

15. «Carta de Julio», «Gamarra» y *La condición* incorporan dentro mismo de la narración o del diálogo dramático comentarios relacionados con el proceso de la escritura y, de manera específica, explican o reflejan cómo han sido generados o escritos. Analice **dos** de estos textos como obras de metaficción.

16. Ampliación del tema 15: Incluya también «Diálogo con el escritor» (Sección VI) o «Papá, hazme un cuento» (Sección V) en su análisis.

17. Compare y contraste la perspectiva narrativa y/o la estructura formal de **dos** de los cuentos incluidos en esta sección.

18. Ampliación del tema 17: Incluya también **uno** de los siguientes relatos en su análisis comparativo: «Grafitti» (Sección VI), «El abrigo de zorro azul» (Sección VI), «Papá, hazme un cuento» (Sección V), «El nombre de María» (Sección V), «Los dos soras» (Sección IV) o «Celos» (Sección III).

19. Discuta la caracterización de los personajes femeninos en **tres** de las obras que siguen: «Entre primavera y otoño», «Emma», «El barco», «Dos palabras» o *La condición*.

20. Ampliación del tema 19: Incluya también **una** de las siguientes obras en su análisis: «El abrigo de zorro azul» (Sección VI), «Autorretrato» (Sección V), *La señora en su balcón* (Sección V), «El nombre de María» (Sección V), *Una mariposa blanca* (Sección IV) o «Una carta de amor» (Sección III).

21. Compare y contraste las diversas expresiones o visiones del amor en la obra de **dos** de las siguientes escritoras: Marjorie Agosín, Isabel Allende y Nora Glickman.

22. Analice la incorporación del mundo indígena en «Entre primavera y otoño» y en «Carta de Julio».

23. Ampliación del tema 22: Incluya también **uno** de los siguientes textos en su análisis: «El etnógrafo» (Sección IV) o «Los dos soras» (Sección IV).

24. Discuta **dos** o **tres** textos de su elección incluidos en esta sección como obras de crítica social o política.

25. Analice la función temática y/o estructural de la «carta» en **dos** de los siguientes textos: «Cartas de agua», «Carta de Julio» y «Gamarra».

26. Escoja **uno** de los siguientes temas y desarróllelo de manera comparativa-contrastiva en la obra de Ana Castillo, Tino Villanueva y Pedro Juan Soto.
    a. la soledad
    b. la injusticia social
    c. la discriminación racial y/o sexual
    d. el sufrimiento

27. Discuta el grado de experimentación formal y las innovaciones técnicas, temáticas y/o lingüísticas en la obra de **dos** autores de su elección incluidos en esta sección.

28. Compare y contraste la relación «título-contenido» o «título-forma» en **tres** textos de su elección incluidos en esta sección.

29. Ampliación del tema 28: Incluya en su análisis **una** obra más de cualquiera de las secciones III a VI inclusive.

30. Discuta el papel de la memoria o del recuerdo en **dos** de las siguientes obras: «Primera evocación», «Emma», «El barco» o «Gamarra».

31. Ampliación del tema 30: Incluya también **una** de las siguientes obras en su análisis: «Ultima voz» (Sección VI), «Para que se abran las anchas alamedas» (Sección VI), *La señora en su balcón* (Sección V), «El nombre de María» (Sección V), «Papá, hazme un cuento» (Sección V), «Memorial de Tlatelolco» (Sección V), *Una mariposa blanca* (Sección IV), «Celos» (Sección III) o «La niña de Guatemala» (Poema IX, sección III).

32. Compare y contraste la influencia temática o estructural de **uno** de los siguientes elementos en la obra de Heberto Padilla, Elías Miguel Muñoz y Rodrigo Díaz-Pérez.
    a. la experiencia del exilio
    b. el impacto de la historia o del pasado

33. Ampliación del tema 32: Incluya también **uno** de los siguientes poemas en su análisis comparativo: «Carta a un desterrado» (Sección VI), «Epitafios del desterrado» (Sección VI) o «Noroeste» (Sección VI).

34. Discuta la función del artista y la relación entre arte y censura en **tres** de los siguientes textos: «Fuera del juego» (Sección VII), «Grafitti» (Sección VI), «Los censores» (Sección VI), «Indicio No. 25» (Sección VI) y «Diálogo con el escritor» (Sección VI).

35. Compare y contraste el tema del uso y/o abuso del poder en la obra de **dos** de los siguientes autores: Ana Castillo, Tino Villanueva, Heberto Padilla, Marjorie Agosín y Margarita Tavera Rivera.

36. Ampliación del tema 35: Incluya también **uno** de los siguientes textos en su análisis comparativo: «Los censores» (Sección VI), «Grafitti» (Sección VI), «Diálogo con el escritor» (Sección VI) y *Decir sí* (Sección VI).

Glosario de términos literarios y culturales

alegoría *(allegory)*:   a literary composition with a second meaning that lies partially concealed behind the literal, more obvious meaning. In an allegory, there are continuous parallels between the two or more levels of meaning. Personification is a frequently used technique of allegory.

alejandrino *(alexandrine verse)*:   a line of verse with twelve syllables, frequently divided into two six-syllable units marked by a pause ("caesura").

aliteración *(alliteration)*:   the repetition of the same sounds, usually initial consonants, in a sequence of words.

alusión *(allusion)*:   an indirect reference to someone or something (for example, an event, a person, a place, or a work of art) left unexplained by the author because the reader's familiarity with it is assumed.

amor cortés *(courtly love)*:   a medieval system of idealized conventions concerning the code of honor and proper conduct in matters of the heart. The principal notions of courtly love stem from the poetry of the troubadours, the poets of twelfth-century southern France. From southern France the doctrines of courtly love were adopted at the northern court of Champagne and elaborated in the *Treatise on Love* by Andrew the Chaplain. They then spread throughout Europe and influenced much of later European literature, especially lyric poetry and the novels of chivalry.

amor cortesano: the adaptation of courtly love to the conduct of noblemen and women at the courts in the sixteenth and seventeenth centuries.

antítesis *(antithesis)*:   a figure of rhetoric involving parallel grammatical constructions used to highlight contrasting or opposing ideas.

aparte *(aside)*:   a remark made on stage for the hearing of the audience or of another character. It is not supposed to be heard by all the characters on stage.

argumento *(plot)*:   the author's chosen arrangement or pattern for the development of the events or actions of a narrative or a play. The term originated with Aristotle's *Poetics* where he distinguishes the events of the story from the plot, which forms a coherent whole with a beginning, a middle, and an end.

arquetipo *(archetype)*:   a character, symbol, setting, motif, or theme that appears in the literature of different times and places with such frequency that it seems to express some element of universal human experience or of the collective unconscious. The term was used by the psychologist Carl Jung to designate a sort of inborn human memory.

arte comprometido *(committed art)*:   socially and politically minded literature and art. The French existentialist authors were widely influential in their advocacy of this sort of writing, called *littérature engagée*. See **existencialismo**.

«arte por el arte» *("art for art's sake")*:   the slogan of nineteenth-century aestheticism that considered beauty as an end in itself and opposed subordinating the arts to political, moral, or didactic purposes.

auto sacramental: a short dramatic work, often of one act, with allegorical or biblical characters and a religious theme.

balada *(ballad)*:   a poetic composition generally divided into stanzas of equal length, with a simple and nostalgic theme that is frequently legendary or historical. The stanzas of a ballad often end in the same refrain and echo the rhyme scheme used in the stanzas.

barroco *(baroque)*:   a literary and artistic movement of the sixteenth and seventeenth centuries characterized by a complex and ornate style using numerous figures of speech such as elaborate metaphors, wordplay, learned allusions, euphemisms, and neologisms. This elaborate style in literature mirrored the curved lines and extensive adornment of Baroque art and architecture.

boom: the literary explosion of the 1960s in Spanish-American literature, especially in the narrative genres.

budismo *(Buddhism)*: one of the world's major religions, founded in India in the sixth century B.C.E. by the Buddha, Siddhartha Gautama. The Buddha's teachings emphasize the four Noble Truths, concerning the suffering in life, and the Eightfold Path, the avenue for ending desiring and, thus, suffering. The state of release from desires and suffering is called Nirvana.

cantar de gesta *(epic poem)*: a translation of the French term *chanson de geste*. It is commonly used to designate epic poetry and refers to the singing of epics, songs about heroic deeds, by medieval minstrels at court and in public squares. See **poesía épica**.

Carpe diem *(Seize the day [Latin])*: a theme or motif, usually found in poetry, which advocates enjoying the opportunities of the present. The theme and the phrase *carpe diem* are taken from the *Odes* of the Roman poet Horace.

clímax *(crisis, climax)*: the decisive point in the plot of a story or a play. The outcome depends on it and it brings about the denouement (the untying or clarification of the plot's complications). The term "crisis" differs from the term "climax," which refers more generally to any intense moment in the action: a play may have several climaxes but only one crisis.

códice *(codex)*: the early form of a book. In the fourth century C.E., the codex replaced the papyrus roll as the dominant form for gathering handwritten sheets. Later, vellum (cured animal skin) was used more commonly than papyrus for copying codexes. Finally, paper was introduced to Europe by the Arabs in Spain and used widely in the late Middle Ages and thenceforth with the advent of printing.

conceptismo *(conceptism)*: a literary style of the Baroque period—especially in prose—associated with the Spanish writer Francisco de Quevedo. **Conceptismo** emphasized **conceptos** (conceits), that is, clever associations of ideas and words, and it valued subtlety and conciseness. Generally **conceptismo** refers to prose while **culteranismo** describes the same stylistic tendency in poetry; but the terms are often used interchangeably. See **culteranismo** and **cultismo**.

contrapunto *(counterpoint)*: a musical term, referring to the harmonious joining of independent voices or melodies. In literature it designates the use of significant contrasts, or the combination of independent elements, such as the interweaving of two dramatic plots.

copla: a stanza of poetry.

cosmovisión *(world-view, Weltanschauung [German])*: the philosophy or view of life held by a particular person or by a group of people at a given time.

costumbrismo: a term referring to literature that highlights the description of the customs of a particular region or country. It was practiced extensively in nineteenth-century prose.

criollismo: a word or a custom considered typical of Spanish America; or the praise of Spanish-American customs. A **criollo** is a person of Spanish or European descent born in the Americas.

crónica *(chronicle)*: a form of historical writing that gives a comprehensive, chronological account of events with little analysis or interpretation.

cuarteto *(quatrain, quartet)*: a poetic stanza of four lines, often hendecasyllabic, that is, with lines of eleven syllables.

cubismo *(Cubism)*: an artistic movement of the early twentieth century that emphasized the use of basic geometric forms and the simultaneous depiction of the subject from different points of view. In Cubist literature, several points of view are evoked and images are fragmented and rearranged in new and meaningful ways.

culteranismo: a literary style of the Baroque period associated with the Spanish poet Luis de Góngora. It is characterized by the exaggerated usage of figures of speech, classical allusions, and elevated language. The term **culteranismo** usually refers to poetry while **conceptismo** refers to prose. See **conceptismo**.

cultismo *(learned word)*:   a word or expression borrowed directly from a classical language and incorporated into writing done in a cultivated style. **Cultismo** can refer to a learned word or to the tendency to incorporate learned words, and is typical of the Baroque style.

dadaísmo *(Dadaism)*:   a nihilistic intellectual movement of the early twentieth century that, in the face of the horrors of World War I, reacted against social and artistic conventions and emphasized anarchy, irrationality, and cynicism. The poet Tristan Tzara founded the movement in 1916, but by 1922 most of its adherents turned their energies to surrealism. Dadaism took its name from the popular French word *dada*, referring to a hobbyhorse and to a conventional, unchallenged idea.

desenlace *(denouement)*:   the untying or clarification of the plot's complications. The **desenlace** is brought about by crisis (Spanish: **clímax**) or decisive point in the plot. See **clímax**.

discurso *(discourse)*:   a treatise that sets forth a doctrine or philosophical point of view; or the contexts and relationships involved in expressing an idea or telling a story in oral or written form. Modern discourse analysis examines the relationships between sentences and the meaning they produce.

Edad Media *(Middle Ages)*:   a period of European history extending approximately 1,000 years from the fall of the Roman Empire to the Renaissance.

égloga *(eclogue)*:   a pastoral poem, often consisting of an idealized dialogue between shepherds. Cultivated by Virgil, the form was revived in the Italian Renaissance and then imitated in other literatures.

elegía *(elegy)*:   a poem that laments the passing of someone or something. It can also express the poet's reflections on a solemn subject.

encabalgamiento *(enjambement)*:   the continuation of meaning and grammatical structure from one line of poetry to the next without a punctuated pause.

enciclopedista *(encyclopedist)*:   a writer or philosopher of the Enlightenment associated with the *Encyclopédie ou Dictionnaire raisonné des Sciences, des Arts et des Métiers,* compiled 1751–1780 under the editorship of Denis Diderot. In a broader sense, the term refers to someone who adheres to eighteenth-century rationalism.

encomienda: the rights to land granted to Spanish colonists as a reward from the Spanish crown. The system of **encomienda** included not only property but also dominion over native American inhabitants. The term refers to both the system and the estate itself.

endecasílabo *(hendecasyllabic verse)*:   a line of poetry with eleven syllables.

entremés *(farce)*:   a short comic or satiric play of one act, staged between the acts of a longer work.

epíteto *(epithet)*:   a phrase that describes a characteristic trait of a person or thing. Epithets are often used in formulaic compositions such as epic poetry. El Cid, for example, is often called **buen vasallo**.

epopeya *(epic poem, epic poetry)*:   a term designating the genre of epic poetry in general or a particular poem within that genre. See **poesía épica**.

esperpento *(frightful, grotesque)*:   a term designating an unattractive and ridiculous person or thing. It was adopted by Ramón del Valle Inclán to refer to the grotesque, colloquial style he used for his satire of Spanish society.

estribillo *(refrain)*: one or more lines repeated at intervals or after each stanza of a poem.

existencialismo *(existentialism)*: a twentieth-century European philosophical movement, best known through the works of the French atheist philosopher Jean-Paul Sartre who asserted that "existence precedes essence" and emphasized the role of individual responsibility and authenticity. For Sartre and other existentialists, the world of existence is on its own meaningless or absurd, and humans must create their own meaning by becoming actively involved in social and political causes. Literature should also have a social and political purpose (see **arte comprometido**). Precursors of existentialism were the Danish theologian Søren Kierkegaard and the German philosophers Martin Heidegger and Karl Jaspers. Other influential writers from the mid-twentieth century were Albert Camus and Simone de Beauvoir.

expresionismo *(expressionism)*: a literary and artistic movement, prevalent especially in early twentieth-century Germany, that emphasized the expression of inner emotions and the artist's subjective feelings instead of "objective" external reality. Fundamentally, expressionism was a reaction against realism and naturalism. It replaced passive observation with active expression in a distorted world of ideas, moods, and emotions.

fábula *(fable)*: a short tale in prose or verse that illustrates a moral lesson. The characters are frequently animals and it often ends with a short moral in verse.

figura retórica *(figure of speech, rhetorical figure)*: an expression such as a metaphor, hyperbole, or simile that modifies the accepted literal sense of words or their normal order. Some figures of rhetoric also emphasize patterns of sound.

fórmula *(formula)*: a stock phrase or fixed set of words that is used repeatedly in certain types of literaure. See **epíteto**, for example, which is a formula typical of epic poetry.

género dramático: a term that is used to designate the written text of a play in contrast to its performance (**teatro**).

gongorismo *(Gongorism)*: a term referring to the literary style of the Spanish poet Luis de Góngora, and other seventeenth-century poets. It is characterized by the use of neologisms, learned words, Latin syntactical patterns, allusions to classical mythology, and lavish use of metaphors, hyperbole, and antithesis. See also **conceptismo, culteranismo**, and **cultismo**.

hermetismo *(hermeticism)*: a term derived from Hermes, the Greek god of eloquence. It refers to a style of writing that is obtuse or very difficult to understand.

hipérbaton *(hyperbaton)*: a figure of rhetoric that involves reversing or altering the normal word order in a phrase or a sentence.

hipérbole *(hyperbole)*: a figure of rhetoric involving the use of exaggeration that is not meant to be taken literally.

historiografía medieval *(medieval historiography)*: a term referring to the tendency of medieval chroniclers to set all of history within a Christian perspective, beginning with the story of the Creation in Genesis.

humanismo *(humanismo)*: a fifteenth-century intellectual movement that renewed the study of classical languages and literatures, particularly Greek. The Renaissance humanists emphasized the positive aspects of human capacities, in contrast to the medieval preoccupation with human sinfulness.

Ilustración *(Enlightenment)*: a Western European intellectual movement in the eighteenth century, also called "The Age of Reason." It is characterized by an emphasis on rationalism, a faith in human reason and progress, the advocacy of scientific inquiry and tolerance, and the rejection of existing religion in favor of Deism, the belief in doctrines based on human reason and morality and in a supreme being who does not interfere in the universe.

impresionismo *(impressionism)*: a term that primarily describes a school of nineteenth-century French painters, the best-known being Claude Monet, who used small, unconnected strokes or points of paint (a technique called *pointillisme*) to capture and emphasize the impression made by reflected light in the scenes they depicted. In literature the term refers to the subjective creating of scenes and sensory images, particularly visual ones.

ironía *(irony)*: a figure of speech used to denote an inconsistency between a statement or event and its context, such as a discrepancy between what is meant and what is said (verbal irony), that between a character's knowledge of his situation and the audience's, or that between the appearance of a situation and its reality (situational or circumstantial irony). The best-known classical models of irony are found in Sophocles' *Oedipus Rex*, where Oedipus does not know during much of the play that he killed his own father.

jarcha: a short fragmentary poem written in the Mozarabic dialect and added to the end of poems in Arabic or Hebrew. Lyric compositions that generally express the pain of a loved one's absence, the **jarchas** are the earliest known examples of poetry written in a romance language from the Iberian Peninsula.

justicia poética *(poetic justice)*: a writer's assigning a happy outcome to virtuous characters and an unhappy one to vicious characters, or creating a strikingly suitable reward or punishment for a character, as in the case of a villain who is ruined by something of his own making.

laconismo *(laconism)*: a term referring to brevity and conciseness in style. It is derived from the name for the Greek city of Sparta, whose inhabitants were known for their austerity.

leitmotiv *(motif, leitmotif)*: the significant repetition of an image, incident, symbol, or situation within one literary work.

letrilla *(rondel)*: a poetic composition with short lines often put to music. It generally consists of stanzas followed by a short refrain that repeats the theme.

leyenda negra *(black legend)*: stories that circulated in Europe about the abuses of the Spanish conquistadors and their exploitation of the native peoples of the Americas.

libre asociación *(free association, stream of consciousness)*: a term referring to the unencumbered flow of images and thoughts from the mind, as well as to the type of literary piece, usually a monologue, that conveys the inner stream of the mind's flow. This type of writing, influenced by Freud's theories, was practiced in the first quarter of the twentieth century and was popular among the surrealists who called it *automatic writing*, or the unobstructed communication of images from the subconscious mind to the pen.

literatura costumbrista: See **costumbrismo**.

literatura de la onda: a movement in twentieth-century literature, particularly in Mexico, that advocated a new form of realism focusing on life in the city and on the problems of youth.

literatura epistolar *(epistolary literature)*: a type of literature that uses the form of a letter or of a series of letters. Epistolary literature often refers to novels or satire written as a series of letters.

literatura gauchesca *(gaucho literature)*: a term that describes the literary works dealing with the customs and environment of the gaucho, or "cowboy" who roamed the Argentine pampas tending cattle and who was known for his colorful songs and way of life.

literatura indigenista *(indigenous literature):*   a term that describes the works dealing with themes and subjects related to the native peoples of the Americas.

metáfora *(metaphor):*   a figure of speech that, in an implied comparison, refers to one thing, idea, or action with a word or expression that normally denotes another thing, idea, or action.

metateatro *(metatheatre):*   the technique of including a play within a play. The term is often used to express the idea that the world is like a stage where we are characters or that reality is illusory.

métrica *(metrics):*   the art of utilizing measured patterns of sound that recur at regular intervals, called *metrical patterns.*

metro *(meter):*   the rhythm or measure of verse that characterizes a particular metrical pattern.

místico *(mystic):*   a term that describes the intense religious experience of contemplation and union with God as well as the literature produced by writers who undergo and recount the experience.

modernismo *(modernism):*   a literary movement that arose in Spanish America in the late nineteenth century and was subsequently transmitted to Spain. Introduced by Rubén Darío with the publication of *Azul* (1888), this new style of poetry was strongly influenced by the French symbolists and Parnassians. In rebellion against romanticism, the modernists attempted to renew poetic language and to create a poetry characterized by formal perfection, musicality, and strongly evocative imagery. The wider use of the term applies to the various experimental and avant-garde trends of the early twentieth century.

motivo *(motif, leitmotif):*   See **leitmotiv**.

naturalismo *(naturalism):*   a literary movement of the late nineteenth century led by the French writer Emile Zola. In reaction to the subjectivism of the romantic period, naturalism advocated the highly detailed description of external reality informed by scientific investigation and by the desire for social reform. It also emphasized the influence of the environment on human behavior.

neoclasicismo *(neoclassicism):*   an intellectual current of seventeenth- and eighteenth-century Europe that revived or adapted clasical style or taste using models derived from Greco-Roman literature and art. Neoclassicism emphasized unity, clarity, order, decorum, symmetry, and rationality.

neologismo *(neologism):*   a newly-invented word or phrase, or one which has been newly introduced into a language.

neoplatonismo *(Neoplatonism):*   the revival of Platonism in literature and thought. Begun by the Jewish philosopher Plotinus in the third century, Neoplatonism was cultivated in some circles during the Middle Ages, and later was influential during the Renaissance and the seventeenth century, among some nineteenth-century poets, and in the works of the Spanish poet Juan Ramón Jiménez.

neorrealismo *(neorealism):*   the revival of realism in literature. The term is used to refer to the tendency of Spanish writers of the mid-twentieth century to describe the misery of the period following the Spanish Civil War.

novela de caballería(s) *(chivalric novel):*   a novel involving the heroic deeds and adventures of legendary knights who exemplified a code of idealized behavior.

novela negra: a term that refers to narratives such as detective stories or novels dealing with crimes that take place in violent and sordid surroundings.

novela pastoril *(pastoral or bucolic novel):*   a narrative in which the characters are shepherds and shepherdessess involved in idealized situations of love located in an idealized setting in the countryside. In Spain, the *Diana* of Jorge de Montemayor (c. 1595) initiated the genre, imitating Italian models inspired from Virgil's *Eclogues*.

novela picaresca *(picaresque novel)*:   a novel constructed around the escapades of a **pícaro**, a rogue who lives by his wits and recounts his stories in the first person. The genre was established with the publication of *Lazarillo de Tormes*, which was one of the most widely read books of the sixteenth century. In the broad sense, the term refers to a narrative, often autobiographical, with loosely-structured episodes, unified by the travels and adventures of the main character.

octosílabo *(octosyllable)*:   a line of poetry with eight syllables.

oda *(ode)*:   a long and formal lyric poem with an elaborate structure, often addressed to a person of high rank or to something abstract. The two classical models are the choral odes of Pindar, a Greek poet, and those of Horace, a Roman poet. Imitators of Pindar use stanzas and lines of irregular lengths, while imitators of Horace follow his pattern of stanzas or parts with regular length.

onomatopeya *(onomatopoeia)*:   a figure of speech that involves using or creating words whose sound imitates the sound of the thing named or described.

paradoja *(paradox)*:   a figure of speech, or more broadly a category of thought, involving two seemingly contradictory elements that may indeed be true. A paradox sometimes appears in the brief form of an *oxymoron*, a compressed phrase that brings together two terms that are usually contradictory, such as "a living death."

paralelismo *(parallelism)*:   the repetition of syntactical forms or patterns to indicate a relationship in their meaning. Sentences, clauses, lines of verse, or groups of words with the same syntactical structure are arranged in pairs, or groups of three or more, that usually indicate some correspondence in meaning.

parnasianismo *(Parnassianism)*:   a current in nineteenth-century French poetry that rejected the emotional excesses of romanticism and advocated objectivity, formal perfection and "art for art's sake." It derived its name from Mount Parnassus, a location associated with the Greek Muses and regarded as the seat of poetry and music.

parodia *(parody)*:   a comic and often satirical imitation of a serious work.

personificación *(personification, prosopopoeia)*:   a figure of speech attributing human qualities or actions to other creatures, objects, or abstract ideas.

pie quebrado: a metrical system combining verses of eight syllables with those of four syllables.

poema épico: See **poesía épica.**

poesía épica *(epic poetry)*:   a long narrative poem usually associated with the early history of a nation and the legendary deeds of a national hero. It is characterized by formulaic repetition, description of warfare, lists or catalogues of warriors, and the intervention of the supernatural. An epic poem, in imitation of Homer and Virgil, usually begins *in medias res* (at some exciting moment in the middle of the action).

poesía lírica *(lyric poetry)*:   Before the Renaissance, the term refers to poems accompanied by music. It currently refers to poetic compositions with a melodic quality and/or those that express the personal emotions and thoughts of the poetic voice in rhymed or unrhymed verse.

poesía pura *(pure poetry)*:   poetry that aims to achieve aesthetic perfection and exact expression of meaning. It is often associated with Juan Ramón Jiménez and his ideal of a poetry that reflects pure form and meaning, conveying the workings of the inner life.

positivismo *(positivism)*:   in a broad sense, a term designating a tendency in philosophy that rejects the search for the essence of things (and thus religion and metaphysics) and focuses on knowledge that can be attained through observation and experiential data.   More narrowly, it refers to the philosophy of Auguste Comte (1798–1857) who held that society, after passing through theological and metaphysical stages was entering into a positive or scientific stage. Finding that worship of God was in decay, Comte proposed an organized system for worshipping humanity.

posboom: a literary movement in Spanish America following the "boom." It is characterized by themes rooted in daily life, social and historical experience, a less formal and intellectual style than that of the "boom" writers, and the usage of simpler and more conversational language.

posmodernismo *(postmodernism)*: the period in Spanish-American literature following **modernismo** when writers retained the stylistic and formal concerns of the earlier period but turned their attention to the social problems of their times. In wider usage, the term is hotly debated but generally denotes the various intellectual tendencies of the second half of the twentieth century such as semiotics and deconstructionism that have challenged traditional methods of literary and philosophical analysis.

posvanguardismo *(post avant-garde)*: a term denoting literary currents in Spanish America after World War II and following **vanguardismo**.

real maravilloso *(realistic marvelous)*: a term denoting the occurrences in the narratives of magic realism that are both fantastic and realistic.

realismo *(realism)*: a literary movement, especially of nineteenth-century prose, that rejected the subjectivity of romanticism and emphasized the observation and objective description of external reality with attention to the everyday life of ordinary people. Realism preceded and laid the foundations for naturalism.

realismo mágico *(magical realism)*: a type of modern fiction in which political and social reality are combined with fantastic or magical elements. This blending of the real and the magical is recounted in an objective tone and within an otherwise realistic account. The term is associated primarily with leading contemporary Spanish-American novelists such as Gabriel García Márquez, although it was first used by the German critic Franz Roh to characterize post-expressionist painting.

redondilla: a stanza of poetry with four octosyllabic verses (an octosyllabic quatrain) and with consonantal rhyme in *a b b a.*

Renacimiento *(Renaissance)*: the rebirth of classical culture and learning through the study and imitation of Greco-Roman models. It began in fourteenth- and fifteenth-century Italy and then spread to the rest of Europe. In Spain the reign of Isabel de Castilla and Fernando de Aragón (1469) marks the beginning of the Renaissance. The model person of this period was a courtier dedicated to both arms and letters.

rima *(rhyme)*: patterns of sound that are identical between syllables or groups of syllables, usually at the end of lines of verse.

rima asonante *(assonantal rhyme, assonance)*: the rhyme of vowel sounds at the end of lines of verse.

ritmo *(rhythm)*: the regular repetition of beats that produces a pattern of sounds. Rhythm is less structured than meter, which involves the measurement of units of sound.

romance *(Spanish ballad; romance)*: a poetic composition with eight octosyllabic verses and assonantal rhyme in alternating, and usually even-numbered verses. The term also is used as a synonym of the **novela de caballerías.**

romancillo: a popular verse form involving the repetition of a pair of lines.

romanticismo *(romanticism)*: a literary and artistic movement that first emerged in the 1790s in England and Germany and then dominated European literature during the first half of the nineteenth century. In reaction to neoclassicism, romanticism favored spontaneity, originality, and the expression of intense personal sentiments and rejected the restraint of eighteenth-century rationalism, seeing it as impersonal and artificial. In Spanish-American literature, the individualism and freedom advocated by romanticism coincided with the movements for political independence and with the flowering of gaucho literature.

sainete *(one-act farce)*: a dramatic work, usually of one act, that originated in the eighteenth century. It depicts local customs, is usually comical, and the characters generally represent popular types.

sátira *(satire)*: a manner of writing that ridicules or scorns the vices and follies of individuals, institutions, or societies with the hope of correcting them. Usually comic in nature, its tone ranges from amusement to contempt and moral indignation.

sextina *(sestina, Provençal)*: a verse form developed by medieval troubadours, with six six-line stanzas (sestets or sextets) and one three-line stanza (tercet). In each of the six-line stanzas, six end words are repeated in a different order; three of the end words appear in the middle of the lines of the tercet, and the other three at the ends of the lines.

Siglo de Oro *(Golden Age)*: the age of Spain's political and cultural grandeur, spanning approximately from the beginning of the sixteenth century to the end of the seventeenth and encompassing the periods of the Renaissance and the Baroque.

simbolismo *(symbolism)*: a literary movement, especially in French poetry of the second half of the nineteenth century, that advocated subjective, musical poetry and the use of symbols to evoke moods and emotions. It represented a reaction against realism, naturalism, and the objectivity of Parnassianism. In its broadest sense, the term denotes the use of one object to represent or suggest another.

símil *(simile)*: a figure of rhetoric involving the comparison of one thing with another, explicitly announced by the word *like* or *as*.

sinestesia *(synesthesia)*: a figure of rhetoric that involves joining two images or sensations that relate to different types of sensory perception.

soneto *(sonnet)*: a lyric poem of fourteen lines that in Spanish and Spanish-American literature follows the Italian model established by Petrarch: two quatrains (stanzas of four lines) rhymed *a b b a a b b a*, followed by two tercets (stanzas of three lines) rhymed *c d e c d e*. Its rhyme is generally consonantal and its verses hendecasyllabic (eleven syllables), but modern sonnets sometimes vary the metrical scheme.

surrealismo *(surrealism)*: a literary and artistic movement of the 1920s and 1930s led by André Breton and strongly influenced by Sigmund Freud's theories of the unconscious. The surrealists sought to go beyond conventional reality to explore the boundaries between the rational and the irrational and the expression of subconscious thought and feeling. They practiced automatic writing, dictated by the unconscious, and the free association of images. See **libre asociación**.

teatro abierto *(open theatre)*: the Argentine theatre movement that arose in 1981 as a response to the repressive politics and censorship of the military regime.

teatro del absurdo *(theatre of the absurd)*: a term that refers to the works of avant-garde dramatists of the 1950s, especially Samuel Beckett and Eugène Ionesco, who abandoned logic in form, character, and dialogue in order to convey the absurdity and purposelessness of human existence.

teatro de la crueldad *(theatre of cruelty)*: a form of theatre advocated in the early twentieth century by Antonin Artaud and characterized by the representation of violence and eroticism, which was intended to raise the social consciousness of the audience.

teatro épico *(epic theatre)*: a type of drama developed by Bertolt Brecht in the 1920s. Brecht advocated a social function for the dramatist, who should represent ideas that can change the world. Here "epic" denotes the use of narration along with marionette-like characters to contribute to the critical distance between the action and the spectators.

tema *(theme)*: an abstract idea such as love, revenge, or friendship that is conveyed in a literary work.

terceto *(tercet)*: a stanza of poetry with three lines.

tremendismo: a literary movement that exaggerated the worst aspects of social reality. Camilo José Cela's novel, *La familia de Pascual Duarte* (1942), initiated **tremendismo** with its impartial description of brutal and grotesque scenes.

ultraísmo *(ultraism)*:   a literary movement begun around 1919 by Jorge Luis Borges and other Spanish-American and Spanish poets who advocated a radical renewal of poetic spirit and technique.

vanguardismo *(avant-garde)*:   a term denoting avant-garde experimental movements in art and literature that arose in the first half of the twentieth century, such as **cubismo** and **ultraísmo**.

versos libres *(free verse)*:   a term denoting poetry whose line length and rhyme do not conform to any regular meter.

villancico: a popular poetic form originating in the Middle Ages. It includes a refrain and often has a religious theme but may also be festive.

Vocabulario español-inglés

This vocabulary contains all words and idiomatic expressions glossed in the reading selections, with the exception of terms defined in the footnotes. Only contextual meanings given in the readings are included. The gender of nouns is not indicated for masculine nouns ending in **-o** or for feminine nouns ending in **-a**. Adjectives and nouns appear in the masculine singular form only. The following abbreviations have been used: *m* (másculine), *f* (feminine), and *pl* (plural).

A

a buen seguro   surely, of course
a cambio de   in exchange for
a ciegas   blindly
a cuadros   plaid
a cuestas   on one's shoulders
a desgano   reluctantly
a escondidas   secretly
a flor de   on or near
a horcajadas   astraddle, astride
a la intemperie   outdoors
a la ligera   superficially
a la par   at the same time
a lo largo de   through
a lo menos   at least
a mano   at hand, nearby
a partir de   starting from
a pesar de   in spite of
a vista de   in front of
abajo   below, underneath; **de abajo** from the lower class
abalorio   glass bead
abanicar   to fan
abarcar   to embrace, to encompass
abeja   bee
ablandar   to soften
abofetear   to slap
abortar   to have a miscarriage, to abort
abrazo   hug
abrigar   to harbor
acabar   to finish
acaecer   to happen
acalorado   heated
acalorar   to heat up
acantilado   cliff
acaparar   to buy up, to hoard
acariciar   to caress
acartonado   wizened, withered
acartonar   to become withered *(with age)*
acaso   perhaps, maybe
acaudalado   wealthy
acaudalar   to amass *(a fortune)*
acento   accent; tone
acepción *f*   meaning
acera   sidewalk

acetato   acetate
achatar   to flatten
aciago   ominous, fateful
acierto   good idea; good sense, wisdom; success
acogedor   cozy, inviting
acometer   to undertake, to begin
acomodar   to accommodate; to reconcile, to agree
acompañar   to accompany
acongojar   to anguish; to distress
acontecer   to happen
acontecimiento   event
acordar   to agree, to resolve by common consent; **acordarse**   to remember
acreedor *m*   creditor
acribillar   to riddle with holes
acta   minutes, record
actitud *f*   attitude
actual   present
actuar   to act
acuciar   to prod; to urge
acuciosamente   sneakily; meticulously
acudir   to go
acuerdo   agreement
acunar   to cradle
acurrucar   to curl up
acusar   to accuse
adelantado   advanced
adelantamiento   advance
adelante   ahead, later on
ademán *m*   gesture, look, attitude
adentrar   to immerse oneself
adherir   to stick on, to affix; to join; to support
adivino   prophet, seer
admirador *m*   admirer
adolecer   to suffer from an illness
adusto   austere, grim, stern
advertencia   warning
advertir   to tell, to inform; to notice
aerolito   meteoric stone
afecto   affection, fondness
afeitar   to shave
afelpado   velvet-textured

afianzar   to fasten; to hold
afición *f*   love, affection
afilado   slender
afilar   to sharpen
aflojar   to loosen, to let go; to relax
aflorar   to outcrop; to bloom
afrenta   affront, shame
afrentado   outraged
afrentar   to affront, to insult
agarrar   to grasp, to grab, to seize, to capture; to captivate
agasajar   to wine and dine, to welcome with gifts
agenciarse   to wrangle, to get
agilidad *f*   quickness, agility
agitar   to shake; to wave
aglomeración *f*   aglomeration
agobiar   to weigh down, to burden
agolpar   to pile up
agonizante   dying
agotar   to exhaust, to consume completely
agraciar   to honor, to award
agradar   to please, to be pleasing
agrandar   to grow
agredir   to assault, to attack
agridulce   sweet-sour, bittersweet
agrietar   to split, to crack
agringado   like a gringo
aguacero   downpour, heavy shower
aguafiestas *m*   spoilsport, party pooper
aguantar   to endure, to hold out
aguaprieta   dark water
aguardar   to wait for
aguardiente *m*   brandy
águila   eagle
agujero   hole
aguzado   sharp
ahí   there; **por ahí**   over there, around there
ahogar   to drown
ahorita   right now
ahuachar   to protect
ahuehuete *m*   Montezuma tree *(type of cypress)*
ahumado   smoky

ahumar to smoke

ahuyentar to drive away, to banish; to withdraw

aire *m* air; tune

ajedrez *m* chess

ajenjo absinthe

ajeno belonging to another; distant, foreign

ajetreo bustling about

ajo garlic

ajuar *m* trousseau

ajustar to tighten

al cabo de after

al fiado on credit

al mando under the command of

al margen de on the edge of; **al margen de todo cálculo** against all odds

al menos at least

al oscurecer at nightfall

al pie de la letra exactly, literally

al punto immediately

al revés in the opposite way

ala wing; brim

Alá *m* Allah (*from the Arabic for* God)

alabar to praise

alacena cupboard

alacridad *f* alacrity, eagerness

alambrar to fence in

alambre *m* wire

alameda boulevard, promenade lined with poplars

alargar to lengthen, to extend

alarido scream

alba dawn, daybreak

albedrío free will (*gen. with* **libre**)

alberca tank, pond

alborotar to stir up, to arouse, to agitate, to disturb

alboroto tumult, uproar

alcalde *m* mayor

alcance *m* reach, range; **fuera del alcance** out of reach

alcantarilla sewer

alcanzar to catch up with, to reach, to pass; to be sufficient; to understand, to grasp

alcaraván *m* curlew (*a type of bird*)

alcatraz *m* pelican

aldea village

alegar to allege, to contend

alelar to make dull or stupid

alero eave

alféizar *m* window sill

alfiler *m* pin

algazara tumult, clamor

algo parecido something like that

algodón *m* cotton

alianza alliance

aliar to ally, to join together

alicaído drooping

aliento breath; **de aliento fecundo** with fertile breath

aligerar to lighten

aliviar to alleviate

alma soul

almacenar to store

almeja clam

almendro almond tree

almíbar *m* syrup

almibarado sugary

almidonar to starch

almohadilla de olor perfumed bag, sachet

alojar to keep, to have

alquilar to rent

alterar to disturb

alteridad *f* otherness

alteza highness

altillo attic

altivo proud; arrogant; high

altoparlante *m* loudspeaker

altura height

aludir to allude

alumbrar to light, to illuminate; to enlighten

alusión *f* allusion

alzar to raise, to lift up

alzarse to rise up

amanecer to dawn; to wake up; *m* daybreak

amante *m, f* lover

amapola poppy

amargar to make bitter

amargo bitter; bitterness

amargura bitterness; grief

amarillento yellowish

amarrar to tie; to tie up

ambulancia ambulance

amenaza threat

amenazar to threaten

amiga school for small children

amo master, boss

amontonamiento pile-up

amparar to protect

amparo shelter, sanctuary

amplio ample, extensive

ampolla blister

añadir to add

analfabeto illiterate

anca haunch, hindquarters

ancho wide

anclar to cast anchor

anda stretcher; **en andas** in a foot procession

andamiaje *m* scaffolding

andanza event

andén *m* railroad platform

anfibología ambiguity

angelito little angel

angustia anguish; hardship

anhelo yearning, longing, desire

anillo ring; traffic circle; **anillo de bodas** wedding ring

ánima soul

animallos (*archaic for* **animarlos**) to enliven them

animar to encourage; **animarse** to be encouraged; to decide, to feel like; to become lively

ánimo spirit, vitality; intention

aniquilación *f* annihilation

anonadar to destroy; **anonadarse** to be crushed

ansia yearning, longing

ante before

antecedente *m* background; record

anteojera blinder, blinker

anteojos *m pl* eyeglasses

antes de anoche the night before last

anticipar to anticipate; **anticiparse a** to foresee; to prepare for

anticuado old-fashioned, out-of-date

antojarse to feel like

antorcha torch

antro dive, den, cave

año escolar school year

añorar to miss, to pine for

añoso aged, old

apaciguar to calm

apagarse to become extinguished

apalear to beat

apantallar to screen, to shield

aparato appliance; **aparato de televisión** television set

aparejarse to get ready

aparte apart, aside; **aparte de** besides, in addition

apelativo surname

apelmazado matted

apelmazar to compress

apelotonar to form into balls

apenas hardly, barely

apenitas barely

apestar to stink

apetecible desirable

apiadar to pity, to take pity on

ápice *m* bit; **no importar un ápice** not to care a bit

aplastante crushing; overwhelming

aplastar to crush; to overwhelm, to leave speechless

aplicarse to work hard

aplomo aplomb, self-possession

apodo nickname

aposentamiento lodging

aposentarse to take lodging

apostar to bet

apoyar to rest, to lean; to be founded

apoyo support

apreciar to appreciate, to judge

aprendiz *m* apprentice

aprendizaje *m* apprenticeship, learning

apresuradamente hurriedly

apresurar to hurry; **apresurarse** to hurry

apretar to tighten, to clench; to press, to squeeze, to squash together

aprisa rapidly

aprovechador *m* opportunist

aprovechar to take advantage; **aprovecharse** to take advantage

apuntar to aim

apurar to hurry up; **apurarse** to worry; to hurry up

apuro hurry, haste

aquilatar to appraise, to evaluate

aragonés *m* person from Aragón

araña spider

arañar to scratch

arbusto shrub

arcabuz *m* harquebus, an early portable firearm

archivo file

arco hoop; bow

arder to burn

ardilla squirrel

arduo arduous, difficult

arenga *(campaign)* speech

arenilla gravel

arenoso sandy

argumentar to argue; **argumentar trampas** to try to trick

arma weapon

armadura armor

armar to assemble, to put together

armiño ermine

arnés *m* equipment, harness

aro ring

arqueado curved

arquear to arch

arraigar to become deeply rooted

arrancar to pull out, to extract, to tear out, to grab; to pull off; to start *(a motor)*

arrastrar to pull, to drag, to pull along; to shuffle; to attract

arrebato fury, rage

arrecife *m* reef

arreglar to put in order; to agree

arremedar to imitate

arremeter to attack, to assault

arremetida assault, attack

arremolinarse to mill around, to crowd around; to form whirls

arrendar to rent, to lease

arribar to arrive

arrimar to bring near; **arrimarse a** to approach, to get near to

arrodillarse to kneel

arrojar to throw

arrojo boldness, daring

arroyo stream, creek

arruga wrinkle

arrugar to wrinkle

arrullar to bill and coo; to lull babies

asado barbecued or grilled meat

asar to grill

ascenso promotion

asco disgust; disgusting thing; **hacer ascos a** to turn up one's nose at

ascua ember

asentar to record; to sharpen

así que as soon as

asiento seat

asimismo as well

asomar to stick out; to appear, to begin to be seen; **asomarse** to lean out

asombro astonishment

áspero rough

astro star

asunto subject, topic, matter

atado bundle

atajar to intercept, to stop, to head off; **atajarse** *(figurative)* to feel embarrassed or perplexed

atajo group

ataque *m* attack

atar to tie, to bind, to restrict

atardecer *m* late afternoon

atender to take care of, to wait on; to pay attention

aterrador terrifying

aterrar to terrify

atiborrar to pack, to cram full

atolondrado reckless

atónito astonished

atorarse to choke

atrasar to delay

atreverse to dare

atrevimiento daring, boldness, audacity; impertinence

atropellar to trample down

aturdimiento bewilderment, daze

aturdir to daze, to produce vertigo

audaz audacious, daring, bold

aula classroom

aupar to lift up

auriga *m* coachman

aurora daybreak

auscultar to examine by listening

ausencia absence

auxilio help, aid

avellana hazelnut

aventajado well-paying

aventar to blow along; to throw

avergonzarse to be ashamed

averiguar to find out

aviejar to age prematurely

avioneta small plane

avisar to inform, to advise

avispa wasp

azadón *m* hoe

azar *m* chance

azorar to startle; **azorarse** to get flustered

azotar to whip, to spank

azotea flat roof, terraced roof

B

baboso drooling, drooler

bacante *f* bacchante, hedonist

bacía basin

badulaque *m* idiot, fool, good-for-nothing *(person)*

bajo below, under; in a low voice; **por lo bajo** in an undertone; **bajo llave** locked up

bala bullet

balazo shot, bullet hole

balbucear to stammer

balcón *m* balcony

baldar to cripple, to disable

baldear to wash down, to rinse off

baldosa floor tile

bandera flag

banquillo bench

baranda banister

barbería barbershop

barbero barber

barbudo bearded

barca small boat

barcaza barge

bargueño carved chest; carved desk

barquero boatman

barranca cliff

barranco ravine; precipice, cliff

barrer to sweep

barrera barrier

barriga belly

barro clay

barrote *m* thick bar

barrunto guess, hint

bastar to suffice, to be enough

bastimento supplies, provisions

bastón *m* cane, walking stick

basura garbage

basurero garbage can

batalla battle

batiente shutter

batir to whip, to beat, to strike; to churn; to comb hair upward, to tease

bautismo baptism; **fe de bautismo** *f* baptism; baptismal certificate

bautizo baptism

bejuco reed

bélico warlike, bellicose

bellaco astute, artful, cunning

bendecir to bless

bendito blessed; **bendito sea** blessed be

bergantín *m* brig

bermejo a bright reddish color

bestia beast

betabel *m* beet

biblia bible

bibliotecario librarian

bienaventuranza blessedness

bigote *m* mustache

billar *m* pool, billiards

billetera wallet

bisonte *m* bison

bisturí *m* scalpel

bizco squint-eyed

blanco white; fair, light; blank space, gap

blando soft

bobalicón silly, foolish; fool, idiot

bocadito morsel

bocina horn *(of a car)*

boda wedding; **anillo de bodas** wedding ring

bofetada slap, blow

bofetón *m* hard slap

boite *f* bar, nightclub

bollo hard roll

bolsa wallet; pocket

bolsillo pocket

bombero firefighter

bombilla metal straw for drinking mate

bombón *m* small pump; bonbon

bondadosamente kindly, nicely

bordar to embroider

borrachera drunkenness

borracho drunk

borrar to erase

borrascoso stormy, tempestuous

bosque *m* forest

bostezar to yawn

botar to throw

botica pharmacy

boticario druggist

botín *m* booty, spoils of war; half boot, bootee

bóveda crypt

bramido howl

brasero brazier; hearth, fireplace

brasilero Brazilian

brea tar

breña rugged, brambly ground

brillante *m* diamond

brillo splendor, brilliance, shine

brincar to jump

brinco hop

brindar to drink a toast to, to toast; to offer

brizna small amount

brocha shaving brush

bronca quarrel; **dar bronca** to anger

bronce *m* bronze

broslado *(archaic for* **bordado***)* embroidery

brotar to sprout, to bud

bruces: caer de bruces to fall on one's face

bruja witch, sorceress

brujo sorcerer, warlock, witch doctor

bruma fog, mist

brusco brusque, abrupt, rough

buche *m* mouthful

bucle *m* curl

bullicio noise, commotion, uproar

bullicioso noisy, rowdy

bulto bundle; bulk

burdel *m* brothel

burla joke, jest; jeer; **hacer burla de** to make fun of, to ridicule

burlar to evade; to trick

burlón mocking, ridiculing

buscar tres pies al gato to look for trouble

butaca orchestra seat

buzo diver

C

caballo horse

cabellera hair

caber to fit; **no cabe duda** there is no doubt

cabizbajo head down

cabo end; **al cabo de** after; **de cabo a rabo** from beginning to end

cabro guy

cacarear to cackle, to crow

cacatúa cockatoo

cacerola casserole, pot

cacha handle

cachar to catch someone doing something

cacharro old pot or pan; piece of junk

cachimba pipe

cachorro puppy, cub

cacique *m* chief

cadena chain

cadenciosamente rhythmically

cadeneta chain

cadera hip

caer bien to fit well, to be becoming

caer de bruces to fall flat on one's face

caer de espaldas to fall on one's back

caer en gracia to please

caimán *m* alligator

caja box

cajero cashier, teller

cajón *m* box, coffin

calabozo jail

calambre *m* cramp

calamidad *f* calamity, disaster

calar to pull something down on one's head

cálculo calculation; **al margen de todo cálculo** against all odds

caldo broth

calentura fever

cálido warm

caliente hot

cáliz *m* chalice

callado quiet

callar to be silent, to be quiet; **callarse la boca** to shut up

callejón *m* alley

callo callus

calvo bald

calzada road

calzoncillos *m pl* underpants; underwear *(for men)*

cámara chamber, room; **cámara mortuoria** funeral parlor

camarada *m* comrade, pal

camarón *m* shrimp

camarote *m* *(ship or train)* cabin

cambalache *m* swap, exchange

cambiarse to move

cambio change; **a cambio de** in exchange for

caminante *m, f* walker

caminata journey

camino way

camión *m* truck

camisa shirt; shift, chemise

campana bell

campanillear to ring a bell

campanilleo ringing of a bell

campante cool, calm

cana gray hair, white hair

canalla mean; bastard

canasta basket

canasto basket; **canasto de los papeles** wastebasket

canción *f* song

candado padlock

candente burning

candidez *f* naiveté, ingenuousness

canela cinnamon

cangrejo crab

canon *m* canon, precept

cansar to tire

cantera quarry

cantil *m* *(Guatemala)* large snake

cantimplora flask, canteen

canto blunt edge *(of sword or knife)*

caña sugarcane; sugarcane plantation; Paraguayan rum

cañaveral *m* sugarcane plantation

cañería pipe

caño pipe

cañón *m* cannon; barrel *(of a gun)*

capa cape, cloak

capuchino Capuchin monk

carabina rifle

caracol *m* snail; curl, concentric circle; **hacer caracoles** to zigzag

carajo damn

caramba good gracious

caravanas *f pl* earrings

carcajada bellow; guffaw, outburst of laughter

carcajear to laugh heartily

cárcel *f* prison, jail

carcomer to eat away, to decay

cardo thistle

carecer to lack

carente lacking

carga weight, burden

cargar to load; to carry

cargo charge

cariño affection, love

carne *f* meat; flesh, skin; **en carne viva** raw, without skin

carótida carotid artery

carraspear to clear one's throat; to be hoarse

carretera road, highway

carretilla cart; spool (*of thread*)

carricoche *m* cart

carrizo stick

carro celular police wagon

cartel *m* poster, billboard

cascajo gravel

casco hoof

casona mansion, big house

caspa dandruff

castellano Castilian; Spaniard; standard Spanish

castigo punishment

castizo pure

casualidad *f* chance, coincidence; **por casualidad** by chance

casulla chasuble (*priestly vestment*)

catarata waterfall

cátedra (*professorial*) chair, professorship; subject taught by a professor

catedrático university professor

caudal *m* wealth, fortune

causa cause; trial

cautivar to captivate, to charm

cavilación *f* pondering, deep thinking

cavilar to ponder, to meditate

caza (*wild*) game; hunt, chase

cazador *m* hunter

cazar to hunt

ceder to give up

cegador blinding

ceja eyebrow

celda (*jail*) cell

celeste celestial, heavenly; sky blue

celular having individual cells; **carro celular** police wagon

celuloide *m* celluloid

Cenicienta Cinderella

ceniza ash

censura censorship

censurar to censure, to condemn

cepa origin; **de pura cepa** pure-blooded

cepillo brush

cera wax

cercado surrounded

cercenar to cut off, to reduce

cerco fence

cerdo pig

cerro hill

certero well-aimed

cervecería brewery

cerviz *f* cervix; nape of the neck

cesta basket

cetro sceptre

chacal *m* jackal

chachalaca Mexican bird

chal *m* shawl

chalina scarf

chambón *m* fool

chamuscar to singe, to scorch

chancho pig; dirty, filthy

charca pond

charco pond, puddle

chasquear to snap; to champ; **chasquear la lengua** to smack one's lips

che (*interjection*) you, buddy

chicharra cicada

chicharrón *m* crisp pork rind

chillar to screech, to scream

chiquihuite *m* willow basket

chiquillada childish or infantile remark or action

chiringa kite

chirriante creaking

chirrión *m* heavy leather whip

chisme *m* story; piece of gossip

chispa spark

chispear to sparkle

chisporroteo sputtering

chiste *m* joke

chocar to collide

chorrear to drip

chorro stream; shower

chubasco downpour, shower

chueco crooked

chupete *m* lollipop; **chupete helado** popsicle

churro handsome

cicatriz *f* scar

ciceroniano Ciceronian

ciclo cycle

ciegamente blindly

ciego blind; **a ciegas** blindly

cielo sky, heaven

cifrar to cipher, to code

cine de estreno first-run movie house

cinturón *m* belt

ciruela plum

cisne *m* swan

cita appointment

ciudadano citizen

clamar to call; to clamor

clarear to dawn

clavar to nail, to pierce

clavetear to nail

clavo nail

clip *m* earring

cobertizo shed

cobrar to charge

cobre *m* copper

cocaví *m* provisions (*for a trip*)

cochinada filthy thing

cochino dirty

cocinera cook

coco coconut; **parecer un coco** to be very ugly

cocotero coconut palm

codazo blow with the elbow

codicia greed

coger to get, to take; to grasp; to have sexual intercourse with

cogote *m* nape, back of the neck

cohete *m* rocket, skyrocket

cohibir to restrain

cola tail; line; **hacer cola** to stand in line

colagogo cholagogue; substance provoking discharge of bile

colchón *m* mattress

colegial *m* student

colegio school

cólera anger, fury

colgar to hang up

collar *m* necklace

colmar to fill up

colmena beehive

colocar to place, to put; **colocarse** to place oneself

colonia cologne

colorete *m* rouge

colorín brightly colored

comal *m* flat clay dish used for cooking tortillas

comedirse to be moderate; to control oneself

comicios *m pl* elections

compadecer to sympathize with

compañero estelar co-star

comparecer to appear in court

compás *m* rhythm

complacer to please

complementarse to complete oneself

comprimir to compress, to constrict

comprobar to verify, to confirm

con detenimiento with care

con encargo expecting

con las manos en la masa red-handed, in the act

con todo all in all

concebir to conceive, to imagine

concejo (*academic*) board

concertar to arrange, to agree upon

concha shell

concho last bit; bottom, end

concluir to conclude, to finish

condenar to condemn

condesa countess

condolerse to console; **condolerse de** to feel sorry for

conejo rabbit

conferir to confer, to consult

confiado confident

confianza confidence, trust; familiarity

confiar to entrust

confidencia confidence

confitar to candy

conformarse to content oneself

conforme in agreement; agreed; similar, alike; as soon as, while

confuso confused, jumbled

congelación freezing, shivering

congénere *m* fellow; *pl* buddies, acquaintances

congeniar to get along

congoja anguish, anxiety

congolés *m* Congolese

conjunto whole, set; outfit

coño *(vulgar)* damn it

conque so

consabido aforementioned

conseguir to achieve

consejo council; counsel, advice; **consejo de guerra** war council

consentido spoiled

conservar to preserve, to maintain, to keep

consignación *f* consignment

consiguiente resulting, consequent

consolador comforting

constar to be recorded, to be registered

construir to build

consulta visit

consumar to consummate, to complete

consumir to consume, to eat

contado numbered, rare

contagiar to infect with; to be caught up by

contagio contagion, contamination

contar con to depend on, to reckon on

contener to contain

contenido contained; content, subject matter *(of a book)*

contextura texture

contrabando contraband; **en contrabando** on the black market

contrahacer to copy, to imitate

contrahecho deformed

contrario opposite

contundente conclusive, overwhelming; forcible

convenir to be advisable; **convenirle** to be to one's advantage

copa glass

coqueta flirtatious

coquetear to flirt

corbata moñita bow tie

corcovado hunchback

cordel *m* cord, string; rope

cordero lamb

cordial *m* forefinger

cordillera mountain range

cordoncillo cord

cornudo cuckolded

corona crown

coronar to crown

corral *m* poultry yard

correa strap

correteo running around

corromper to corrupt; to damage

cortaplumas *m* penknife

corteza bark, peel

cosecha harvest

coser to sew

cosquillas tickling; **hacer cosquillas** to tickle; **tener cosquillas** to be ticklish

costar to be difficult

costra scab; crust

costumbre *f* custom, habit; **de costumbre** usually

costura sewing

cotidianamente daily

cotidiano daily

cotorra cockatoo; parrot

coyuntura joint

coz *f* kick; recoil *(of a gun)*

cráneo skull

creciente growing

crespón *m* crape, crêpe

crestona height *(of the night)*

criado servant

criar to raise; to breed; to produce

crin *f* mane

crisol *m* crucible, hearth

cristal *m* crystal

cronista *m, f* chronicler, historian

cruce *m* crossing

crueldad *f* cruelty

crujir to creak

cruzar to cross

cuadrar to please; to satisfy

cuadrilla crew

cuadro square; **a cuadros** plaid

cuajar to turn out well

cuartel *m* barracks

cuate *m* friend; twin

cuatito little twin

cucharear to spoon up

cuchillada stab

cuenta calculation, count; account; **por principio de cuentas** in the first place; **por mi (su) cuenta** on my (one's) own

cuento story

cuerda rope

cuerdo sane

cuero leather, skin, hide

cuerpo body

cuervo crow; raven

cuesco stone *(of a fruit)*

cuesta slope; **a cuestas** on one's shoulders

cuestión *f* question; matter

cuidado attention

cuidar to take care of

cuitado anxious; timid

culebra small snake; serpent

culpa blame, fault

culto ritual; cultured

cumbre *f* summit

cumplirse to come true

cunar to rock *(the cradle)*

cúpula dome, cupola

cura *m* priest

curandero healer, witch doctor

curita Band-Aid

cursar to attend *(a course of studies)*, to study

curva curve

cutícula cuticle

D

dado die; *pl* dice

dado a fond of

dama lady

damasco damson plum

damisela damsel

damnificado victim

damnificar to damage, to hurt, to injure

dar to hit

dar bronca to anger

dar cabida a to make room for

dar coces to kick

dar duro to beat up

dar el gasto to hand out money

dar en to find

dar la espalda to turn one's back on

dar por satisfecho to be satisfied

dar tumbos to sway, to toss and turn

darse to give of oneself

darse con un canto en el pechoto to do anything

darse por to consider oneself

dato piece of information

de abajo from the lower class

de aliento fecundo with fertile breath

de bruces face downward

de cabo a rabo from beginning to end

de corrido easily, fluently

de costumbre usually

de esta suerte in this manner

de frente straight ahead

de golpe all of a sudden

de la laya like that, that kind

de manera que so that

de negro in black

de nuevo again

de paso in passing, to be passing through, for a short time

de pe a pa from A to Z, from beginning to end

de perfil sideways, in profile

de pie standing

de prisa quickly

de pura cepa pure-blooded

de segunda (categoría) second-rate

de sobra only too well

de trecho en trecho every so often

de un tirón with one pull

de una zampada in one gulp

debajo below; **debajo de** underneath, below

debatir to struggle, to fight

declaración *f* statement

declive *m* incline, slope

decreto decree

defensión *f* defense, safeguard; shelter

dejar to leave; **dejar de** to stop, to leave off; **dejar por alto** to not mention

delantera front; lead
delatar to denounce, to accuse
delgado thin, slender
delirante delirious
dellos (de ellos) from them
demás other; **los demás** the others
demonio demon
demorar to delay
denuedo boldness, audacity
departamento apartment
depositario trustee
derramar to spill, to scatter
derretir to melt
derroche *m* waste
derrota defeat
derrotar to defeat
derrumbadero precipice
desabrido bland
desabrimiento gruffness
desafiante challenging
desafiar to challenge
desagravio satisfaction
desahogarse to unburden oneself
desahuciado hopeless
desahuciar to deprive of hope, to lose hope for
desairar to slight, to spurn
desajuste *m* maladjustment
desamparar to abandon
desamparo abandonment
desapacible unpleasant, disagreeable
desaparecer to disappear
desaparecido disappeared
desastroso disastrous
desatar to untie, to let loose; to let oneself go, to act unrestrainedly
desazón *f* irritation, annoyance
desbordar to overflow
descabellado rash, wild
descaradamente shamelessly
descarado insolent
descarnador *m* *(dentistry)* scraper
descartar to discard
desceñir to unbelt, to take off someone's belt
descifrar to decipher
descomponer to break apart; to disarrange, to disturb
desconcertar to disconcert
desconfiando suspicious
desconfiar to distrust, to doubt
descontar to discount
descortés rude
descoyuntador exhausting
descubierto bareheaded
descuento discount
descuidar to neglect; **descuidarse** to be negligent or careless
descuido carelessness, negligence
desdén *m* scorn
desdentado toothless
desdicha disgrace; misfortune
desdoro tarnish

desechar to reject, to discard
desecho refuse, garbage, castoff
desembocar to flow; to lead
desempeñar to redeem; to play, to act
desencarnación *f* disembodiment
desengañar to make (someone) realize the truth
desengaño realization of the truth, disillusionment
desenredar to untangle; **desenredar el ovillo** to get to the bottom of
desentenderse to feign ignorance, to pretend not to understand
desentendido ignorant; **hacerse el desentendido** to pretend not to notice
desentonar to be out of place, to be unsuitable
desentumecer to revive
desfallecer to weaken
desgano reluctance, unwillingness; **a desgano** reluctantly
desgarrar to tear, to rip
desgastar to wear out
desgracia misfortune, unhappiness
desgraciado unhappy
deshacer to destroy; **deshacerse** to fall to pieces, to dissolve; to take apart; **deshacerse de** to get rid of
designar to designate (something) for a special purpose
deslizarse to slide, to slip away; **deslizarse por** to slide down
deslumbrar to dazzle
desmadejarse to become loosened
desmayado worn out, exhausted; discouraged
desmayarse to faint
desmedido excessive
desmejorarse to get worse, to decline in health
desmemoriado forgetful person
desmontar to dismantle
desnucarse to break one's neck
desnudar to undress
desnudo naked, bare, nude
desollar to skin, to flay
desorbitado wide-eyed
despachallos (*archaic for* **despacharlos**) to dispatch or send them off
despacharse to get rid of; to hurry
despacio slowly
desparcirse to disappear
desparramar to scatter
despedazar to break or tear to pieces
despedir to dismiss, to fire; to send away
despeinar to disarrange the hair
despejado clear, cloudless sky
despejar to clear
despeñar to throw, to throw oneself headlong

desperdiciar to waste
desperdigar to scatter
desperezarse to stretch oneself
despicar to satisfy, to appease
desplegarse to unfold
desplomar to collapse
despoblado deserted
despoblar to become deserted
despojar to rob; to deprive
despojo leftover, castoff
despreciar to belittle
desprender to release
despreocupado carefree
desquijarar to break the jaws of
destapar to uncover
destejer to unravel
destello sparkle
desteñir to fade
desterrar to exile, to banish; to get rid of
destierro exile
destrozar to destroy, to break into pieces
desvanecerse to disappear
desvanecido vanished
desvarío delirium, madness
desvelarse to stay awake, to have a sleepless night
desventaja disadvantage
desviar to divert, to dissuade; **desviarse** to turn off, to go off
detener to detain, to stop; **detenerse** to stop
detenimiento delay, detention; **con detenimiento** with care
determinar to determine, to decide
deudos *m pl* relatives
diablo devil; **¡qué diablos!** what the devil!
diablura deviltry, wild prank
dicha happiness; said
dicho saying
dichoso happy, blissful
dictar to dictate
diestro skillful
difunto dead person, deceased
digno deserving; **digno de fe** trustworthy
dilación *f* delay
dilatarse to spread
diligencia diligence; patience; business; task
diluvio deluge
dirigir to direct
discreto discreet, prudent
disculpar to excuse, to pardon
discurso speech
discutir to argue
disfraz *m* costume; **fiesta de disfraces** masquerade party
disfrazar to disguise
disgregación *f* breakup, disintegration

disgustar   to displease
dislocarse   to dislocate
disolución *f*   disintegration, breakup
disparar   to shoot; to bolt, to dart off
disparate *m*   foolish remark, nonsense
dispensar   to dispense, to grant
dispensario   dispensary, clinic
disponer   to arrange, to order
dispuesto   capable, able; **estar dispuesto a**   to be ready to
distinguir   to distinguish; to characterize
distinto   distinct, different
diverso   different
divo   god, deity; divine
doblar   to bend
doble   double
dócil   docile, obedient
docto   learned
doler   to hurt; to grieve
domar   to tame
dominical   pertaining to Sunday
donaire *m*   charm, grace; fancy
dorsal   dorsal, pertaining to the back
dote *m, f*   dowry
drenaje *m*   drainage
duda: no cabe duda   there is no doubt
duelo   sorrow, affliction; bereavement; duel
duende *m*   enchanting quality; goblin, elf
dueño   owner; master, lord
dulce   sweet
durar   to last
durazno   peach
dureza   hardness, callous
duro   hard; *m*   Spanish coin equivalent to five **pesetas; duro de mollera**   obstinate, dull

E

ebanista *m*   cabinetmaker
ebriedad *f*   drunkenness
echar   to throw; to dismiss, to discharge; **echar de menos**   to miss; **echar fama**   to have word go out; **echar mano a**   to grab; **echar mano de**   to use; **echar para adelante**   to be daring, to be forward; **echar una ojeada**   to glance over, to take a glance at; **echarse**   to apply oneself, to begin
eco   echo
edén *m*   Eden, paradise
editor *m*   publisher
editorial *f*   publishing house
efectuar   to carry out
égida   shield, protection
eje *m*   axis
ejecutor *m*   executor; performer
ejemplar *m*   model, example
ejercer   to practice a profession

ejército   army
elegir   to choose
elogio   praise
eludir   to elude, to avoid
embadurnar   to smear
embarazar   to embarrass, to hinder; to make pregnant; **embarazarse**   to be perplexed, to be hampered; to become pregnant
embarcación *f*   boat
embargar   to seize
embeber   to absorb
embotarse   to become blunt, to become dull
empañar   to darken; to blur; to cloud, to mist
empapar   to soak
emparejar   to make level, to smooth
emparentar   to become related by marriage
empedrado   stone pavement, cobblestone
empedrar   to pave with stones
empeine *m*   groin
empeñar   to insist; **empeñarse**   to commit oneself, to persist
empeñosamente   painstakingly
empequeñecer   to shrink
empiluchar   to strip
empinado   steep, conceited
emplasto   poultice, plaster
empujar   to push
empujón *m*   push, shove
empuñar   to grip, to grasp
en andas   in a foot procession
en carne viva   raw, without skin
en contrabando   on the black market
en fila   in a line
en lenguas   from mouth to mouth
en pos de   in pursuit of, after
en primer término   in the first place
en serio   seriously, really
en solicitud de   looking for
en tandas   in groups
en tanto que   while
en torno   all around
en vano   useless
en víspera de   on the eve of
enano   dwarf
encadenamiento   chain
encajar   to encase, to fit
encaje *m*   lace
encaminarse   to be on the way to, to set out for
encanecer   to turn white
encanto   spell
encapillar   to put on *(clothes)* over the head
encarar   to confront
encarecidamente   earnestly
encargado   commissioned; person in charge

encargar   to entrust, to put in charge of; **encargarse de**   to take charge of
encargo   assignment, mission, errand; **con encargo**   expecting
encarnar   to incarnate, to make flesh
encender   to light, to kindle; to turn on; **encenderse**   to take fire, to be kindled
encerrar   to enclose
encía   gum *(in the mouth)*
encima   above; **por encima**   over
encojonarse   to become furious
encorvar   to bend down, to stoop
encuentro   meeting
endomingarse   to put on one's Sunday best, to dress up
endurecer   to harden
enfadar   to anger
enfado   anger
enfrentar   to tackle, to confront
engalanar   to adorn
engañar   to deceive
engaño   deceit
engendrar   to engender, to give birth to
engranaje *m*   gear
engreír   to make conceited, to spoil
engrudar   to paste, to glue
enguantar   to glove, to put on gloves
enjabonar   to soap up
enlazar   to connect, to link, to join together
enloquecer   to drive insane
enmarcador *m*   framer
enmudecer   to silence
enojado   angry
enojarse   to become angry
enraizado   very firm
enraizar   to take root
enrejar   to put bars around
enroscar   to curl, to twist, to coil; to screw in
ensayar   to rehearse, to practice
ensueño   illusion, fantasy
entabacado   smelling of tobacco
entablar   to start, to begin
entallar   to carve; to fit
entender en   to be in charge of an affair
entendimiento   understanding
enterar   to inform; **enterarse**   to find out; **enterarse de**   to find out about
enternecer   to make tender; to move
enternecido   tenderly
enternecimiento   tenderness, softening; pity
entero   whole, entire, complete; **por entero**   completely
enterrador *m*   gravedigger
enterrar   to bury
entrada   ticket
entrañas *f pl*   center, middle

entrar en juego to be an issue
entreabierto ajar, half-opened
entreabrir to open slightly, to set ajar
entregar to give, to deliver; **entregarse** to surrender, to give in
entrenador *m* trainer
entretanto meanwhile
entretejer to interweave, to mix
entretelas *f pl* innermost being or self; **entretelas del alma** center of the soul
entretenerse to amuse oneself; to dally
entrevistar to interview
enturbiar to make muddy; to confuse
envanecerse to become conceited
envasado prepackaged
envaselinado with Vaseline
envenenar to poison
enviciar to become addicted to
envolver to envelop; to wrap up
equivocación *f* mistake, error
equivocado wrong, incorrect
equívoco equivocal, ambiguous
erguido upright, straight-backed
erguir to straighten (oneself) up, to stand erect, to sit erect
erigir to build; **erigir en** to raise up to the status of
erizado sharp, thorny
errado mistaken, erroneous
esbozo outline
escafandra diving suit
escaldado scalded, burning
escaldar to scald, to burn
escalinata grand staircase
escalofrío chill
escarbar to scratch, to scrape; to dig up; to poke
escarcha frost; textured paint
escarmentar to punish, to chastise
escarmiento warning; lesson; punishment
escarnecer to mock
escaso scarce
escena stage
escoba broom
escocer to smart, to sting
escolar *m* pupil, student; *(adjective)* pertaining to school
escoltar to escort
esconderse to hide oneself
escote *m* neckline *(of a dress)*
escribiente *m, f* copyist
escrito: por escrito in writing
escrutar to scrutinize
escupir to spit
esfumarse to disappear, to vanish
esgrimir to wield, to brandish
espada sword
espalda back; **caer de espaldas** to fall on one's back

espantar to frighten, to shock; to drive away
espanto terror
especie *f* species; kind, class, category
espejismo illusion, mirage
espejo mirror
esperanza hope
espeso thick, dense
espiga metal dowel
espina spine, thorn
espinazo backbone, spine
espino hawthorn, thorn
espinudo thorny, prickly
esponjoso spongy
espuela spur
espuma foam
espurio spurious, false
esquimal *m, f* Eskimo
esquina corner
estable stable
estafar to cheat
estafeta post office
estallar to explode, to burst
estampita small religious illustration
estandarte *m* banner
estaño tin
estanque *m* pond
estar a punto de to be on the verge of or about to
estar al tanto to be informed on, to be up to date on
estar de luto to be in mourning
estar dispuesto a to be ready to
estatua statue
estera straw mat
estero stream
estima respect, esteem
estirar to stretch
estirón *m* strong pull, jerk
estirpe *f* lineage, ancestry
estocada sword thrust
estofado quilt; stew
estorbar to obstruct
estorbo hindrance, obstacle
estornudar to sneeze
estragar to ravage, to devastate
estrechar to hug
estrella star; **estrella fugaz** shooting star
estrellarse to crash, to smash
estremecerse to quiver
estreno first performance, premiere; **cine de estreno** first-run movie house
estrépito noise, racket
estrepitosamente noisily
estropicio noisy disturbance, hullabaloo
estrujar to crush, to crumple
estuche *m* box; repository
exaltar to get excited
exhalar to utter

exigir to demand; to require
eximir to exempt
expectativa expectation
exponerse to take a chance
extensión *f* extension, extent
extenuar to debilitate, to weaken
extirpación *f* eradication
extrañar to miss; to surprise; **no ser de extrañar** to come as no surprise
extranjero foreign
extraño strange

F
fábrica factory
fachada façade, front
facistol *m* lectern
fajina job, task
fallecer to die
faltar to fall short; to be lacking, to be short of
falto lacking, wanting; deficient
fantasma *m* phantom, ghost
fardo bundle
farol *m* lamp, light
farola lighthouse
fastidiar to bother
fasto luxury, pomp, splendor
fatigarse to tire
fatigoso tiring
fauces *f pl* fauces, gullet
faz *f* face; front
fe *f* faith, trust; religion; **fe de bautismo** baptism; baptismal certificate
fechoría mischief
fecundo fertile; **de aliento fecundo** with fertile breath
fenómeno phenomenal, great
feria fair
férreo ferrous, iron
festejo feast, celebration
fideo noodle
fieles *m pl* faithful; believers
fiesta de disfraces masquerade party
figurar to figure, to appear; **figurarse** to figure, to imagine, to fancy
fila line; rank; **en fila** in a line
filo cutting edge
filudo sharp
finca estate
fino fine
firma signature
firmeza firmness, stability
flaco thin
flagelo scourge
flamante bright; brand new
flecha arrow
flechar to inspire sudden love, to infatuate
flor *f* flower; **a flor de** on, near
fluvial *(adjective)* river, fluvial

fofo soft
follaje *m* foliage
fondo bottom
forastero foreign; *m* stranger
formador *m* maker, creator
fósforo match
fracasar to fail
fracaso disaster, failure
fragancia fragrance
fraile *m* friar
franco generous; sincere, open
franquear to cross, to pass through
frasco bottle, flask
fregar to scrub, to scour; to become annoyed
frenar to restrain, to hold back
freno brake
frente *f* forehead; front; **de frente** straight ahead; **hacer frente a** to confront
frescura freshness, coolness
fresno ash tree
frialdad *f* indifference
frisa frieze, woolen fabric
frondoso leafy
frotar to rub
fruta confitada candied fruit
fruto fruit (*result*)
fuego fire
fuera outside, out; **fuera de** outside of, apart from; **fuera de sí** beside oneself; **fuera del alcance** out of reach
fuerza strength, force
fuga flight, escape
fugaz fleeting, brief, short; **estrella fugaz** shooting star
fulano so-and-so
fulgor *m* brilliance
fulminar to strike; to censure (*with a glance*)
funda case, cover
fundar to found; to base
fundidor *m* smelter; foundryman
fundidora de vidrio glassworks
fundir to merge
fúnebre gloomy
furia fury
fuscia fuchsia
fusil *m* rifle, gun
fusilar to shoot, to execute by shooting
fusta riding whip

G

galán *m* elegant fellow; young boy; lover; **galán de ocasión** occasional lover
galardón *m* prize, reward
galope *m* gallop
gallera cockpit (*place for cockfighting*)
galleta cracker
gallina hen

gallo rooster
gamuza chamois, chamois leather, suede
ganapán *m* odd-jobber
ganar to earn; to win; to improve
gancho hook, hairpin; **gancho del pelo** hairpin
garbo elegance, grace
garganta throat
garra claw
gasa gauze, muslin
gastado worn
gastar to wear out; to have or use habitually
gasto expense; **dar el gasto** to hand out money
gaviota seagull
gemelo twin
gemido howl
género species; kind; **género humano** human race
genio genius; temperament, character
genovés *m* Genoese
gerente *m* manager
germano Germanic
giles *m pl* types, kinds
gimotear to whine
ginebra gin
girar to turn round, to revolve
giratorio revolving
giro turn
gis *m* chalk
glorioso boastful, showoff
gobierno government
gol *m* goal
golondrina swallow
golosina delicacy; gluttony, greediness
golpe *m* blow, bump; **de golpe** all of a sudden; **golpe de tambor** drumbeat
gongo gong
gordura fat
gorguera gorget (*throat piece of suit of armor*); ruff
gota drop
gótico Gothic
grabar to engrave
gracia: caer en gracia to please
gramática grammar; study of the Latin language
granada grenade
grandeza greatness
grandullón *m* big tough guy
grasiento greasy
grato agreeable, pleasant
gravedad *f* gravity; seriousness
grieta crack, crevice
grifo pump
gris azulado bluish gray
gritar to shout
gritería shouting, screaming
grito shout, scream; outcry

grueso thick; heavy-lidded
grupa rump (*of a horse*)
guacamaya macaw
guante *m* glove
guaraní *m* Guarani, indigenous language of Paraguay
guarda *m, f* guard; ticket collector (*in a bus*)
guardar to guard, to keep, to save; to have
guardia guard
guarecer to shelter
guarnecido covered
gubia gouge
güero blond
guerra war; **consejo de guerra** war council
guerrero soldier, warrior
guiño wink
gusano worm
gusto taste; pleasure, delight

H

hábil competent
habilidad *f* skill
hábito habit
habla speech; language
hacer ascos a to turn up one's nose at
hacer burla de to make fun of
hacer caracoles to zigzag
hacer caso to pay attention to
hacer cola to stand in line
hacer cosquillas to tickle
hacer el amor to make love
hacer frente a to confront
hacer hincapié en to insist on; to stress, to emphasize
hacer pedazos to break into pieces
hacer pucheros to pout
hacerse to make oneself; **hacerse con** to provide oneself with; **hacerse el desentendido** to pretend not to notice
hacha axe
hacinar to pile up
halagador flattering
hallar to find; **hallarse** to be present, to be
hamaca hammock
hambre *f* hunger; starvation, famine
hambriento starving
hartar to annoy; to tire
harto fed up, sick and tired; very
hechizo spell
hecho done, finished; **hecho y derecho** fully mature and capable
helado icy, frozen
henchir to fill up
herbolario herbalist's shop
heredar to inherit
herir to hurt; to injure, to wound
héroe *m* hero
herrumbre *f* rust

hidalgo nobleman

hiel *f* bitterness

hielo ice

hierro iron

hígado liver

higo fig

hilo thread; wire

hincapié *m* digging one's feet in; **hacer hincapié en** to stress, to emphasize

hinchar to swell

hiposo hiccupping

hobachón fat and lazy

hocico snout

hogar *m* home

hogareño related to the home; domestic

hoguera bonfire

hojalata tin

hojear to leaf through, to glance through

holgado comfortable

holgarse to rest; to enjoy oneself

hombría manhood

hombro shoulder; **hombro con hombro** shoulder to shoulder

homenaje *m* homage

hondo deep, profound

horario routine; timetable

horizonte *m* horizon

horma shoe form

hormón *m* hormone

hornacina vaulted niche

hospedar to give lodging to

hostia host *(communion wafer)*

hoyo hole, pit

hoyuelo dimple

hueco hollow, hole

huelga strike

huella track, footprint; trace

hueso bone

huida flight

huir to escape, to flee

húmero humerus *(long bone of the upper arm)*

humo smoke

hundirse to sink

huraño unsociable

hurgar to poke, to rummage

husmear to smell out

I

igual equal; **sin igual** unmatchable

ijar *m* flank of an animal

imantar to magnetize

imborrable indelible, unforgettable

impedir to impede, to interfere

imperar to rule

imponer to impose

importuno inconvenient

imposibilitar to prevent, to stop, to make impossible

imprenta printing press

imprescindible mandatory, essential

impuesto tax; **impuesto predial** land tax

inalcanzable unattainable

inapelable without appeal

inapreciable invaluable

incendio fire

inclinado inclined, slanting, sloping

inclinar to slant, to incline

incluso even

incomodar to bother

incorporarse to sit up *(from a reclining position);* to get up

indecible unutterable, unspeakable

indignamente unworthily

índole *f* nature, character

indoloro painless

inerme defenseless

infarto heart attack

infiel unfaithful

infierno hell

infortunio misfortune, misery

ingenio ingenuity; sugar mill

ingrato ungrateful

ingresar to enter

iniciador *m* founder

inicuo wicked

injuria insult

injusto unjust, unfair

inmiscuirse to meddle, to interfere

inmolar to immolate

inmundicia filth, mess

inmutar to alter, to change

inquietud *f* disquiet, uneasiness

insalubre unhealthy

insólito unusual, strange

instalar to install; **instalarse** to install oneself, to take one's place

instancia insistence, instance

intemperie *f* inclemency; **a la intemperie** outdoors

intercalar to insert

intocado untouched

introducir to insert, to put into

intruso intruder

invasor *m* invader

invernal wintry

inverosímil implausible

inversionista *m, f* investor

invocar to appeal to, to call upon

ir de parranda to go out on a spree, to paint the town red

ira anger, ire

iracundo furious, wrathful

irrumpir to break into

J

jadear to pant, to heave

jadeíta jadeite

jadeo panting, heaving

jalar to pull

jaqueca headache, migraine

jarocho from Veracruz

jarrón *m* urn; large vase

jaspe *m* jasper, mottled marble

jaula cage

jazmín *m* jasmine

jefe *m* chief, leader; superior officer

jeta face, dial

jineta short lance

jinete *m* horseman

joder to annoy

joya gem, jewel

juego game; scheme, plan; **entrar en juego** to be an issue

juez *m* judge

juicio understanding

juntar to join; to assemble; **juntarse** to meet

juntos together

juramento oath

jurar to swear

justamente precisely

juzgado court; **juzgado militar** military court

juzgar to judge; to form an opinion

L

labio lip

labrado wrought, crafted

laca lacquer

lagartija wall lizard

lagarto lizard; alligator

laguna lagoon; gap

lamer to lick

lampiño beardless

languideciente languishing

lanudo fleecy

lanza lance

lanzar to throw; to launch; to let loose

largar to drive away; to release, to let go

largo long; **a lo largo de** through

lástima pity

lastimado injured, wounded

lata nuisance

latido beat, throbbing

latifundio large landed estate

látigo whip

latigoso elastic

latón *m* brass

laya kind, type; **de la laya** like that, that kind

lazo bond

lechero milkman

lecho bed

lechosa papaya *(fruit)*

lechoso milky; papaya tree

legua league, equivalent to 3.5 miles

lejanía distance

leña firewood

leñador *m* woodcutter

lengua tongue; **chasquear la lengua** to smack one's lips; **en lenguas** from mouth to mouth

leño wood; cross

león *m* lion

letra character, letter; lyrics

leve slight
ley *f* law
liberar to free, to liberate
libre free; **libre albedrío** free will
liceo high school
lidiar to fight, to contend
liebre *f* hare
lienzo canvas
ligadura tie, bond
ligereza lightness, agility
ligero light; nimble; clever; un-
steady; **a la ligera** superficially
lila lilac
limadura metal filings
limeñita young girl from Lima, Peru
limón *m* lemon
limonero lemon tree
limosna alms, charity
limpieza cleaning
limpio clean
linaje *m* ancestry, class
linajudo highborn, of noble
descent
liquen *m* lichen
liquidar to pay off, to settle, to liqui-
date; to kill
líquido liquid
lirio lily
lisiar to disable, to cripple
liso smooth
listo ready; smart
litera bunk, berth
litigio litigation; dispute, argument
liviandad *f* frivolity
liviano light; imprudent, unchaste
llaga wound
llamarada blaze, flame
llano plain, prairie
llanta tire
llanto weeping, crying
llanura plain
llave *f* key; **bajo llave** locked up
llenar to fill, to fulfill
lleno full
lloroso weepiness
loar to praise; **loado sea Dios**
praised be God
lobanillo cyst; wart
lobo wolf
locución *f* phrase, expression
locura craziness, nonsense
lodo mud
lograr to obtain, to get; to manage to
logro attainment
loro parrot
losa tile; gravestone
losar to tile
loto lotus
luces *f pl* enlightenment, knowledge
lucha battle
lucir to exhibit, to wear, to show, to
display; to look one's best, to appear
luengo long

luna moon; **pensar en la luna** to
daydream
luneta orchestra seat
lupa magnifying glass
lustrar to polish
luto mourning; **estar de luto** to be
in mourning
luz *f* light

M
maceta flower pot
machacar to repeat endlessly
machucar to bruise
macilento emaciated, withered
madera wood
madero large piece of timber
madre del ternero *f* the real reason
madroño madrone, arbutus tree
madrugada daybreak, early
morning
madrugar to get up early
maduro mature, aged
majadero annoying
mal del sueño *m* sleeping sickness
malecón *m* sea wall
malhumorado bad-tempered
maloliente stinking
malón *m* mean or dirty trick; surprise party; surprise visit
malquerer to dislike, to hate
mamón *m* nursing *(a baby)*
manada pack, handful
manantial *m* spring
mancebo young man, bachelor
mancha spot, stain
manchar to stain
mancillar to stain
mandado order; errand
mandar to order
mandíbula jaw
mando command; **al mando de**
under the command of
manejo handling, management
manera manner, way; **de manera
que** so that
manga sleeve
maní *m* peanut
manifestación *f* demonstration
manifestar to show, to express, to
manifest
manifiesto manifest
manigueta handle, handlebars
manija handle
maniobra maneuver
maniobrar to maneuver
mano *f* hand; **a mano** at hand,
nearby; **con las manos en la masa**
red-handed, in the act; **echar
mano a** to grab; **echar mano de**
to use
manotear to wave one's arms about
manso tame; mild, meek
mantel *m* tablecloth
mantenimiento sustenance

manto cape
manubrio handlebars
manzana apple; block
maña skill
maquillaje *m* makeup *(on a face)*
máquina machine; typewriter
mar *m* sea, ocean
maravedí *m* old coin
marcha march *(musical)*
marchante *m* merchant; customer,
patient
marchitarse to wither, to wilt
marea tide
marfil *m* ivory
margen *m* margin; **al margen de**
on the edge of; **al margen de todo
cálculo** against all odds
marica *m, f* homosexual; lesbian
marina navy
marinero seaman
marino marine
mariposa butterfly
mariscal *m* marshal
marmota marmot; sleepyhead
marqués *m* marquis
marraqueta bran bread; *(Chile)* long
loaf of bread
martillar to hammer
martillo hammer
mas but
más allá farther, beyond
masa dough; **con las manos en la
masa** red-handed, in the act
máscara mask
mascarón *m* large mask; **mascarón
de proa** figurehead
mástil *m* mast
matinal pertaining to the morning
matutino pertaining to the morning
mayores *m pl* elders; ancestors
mazorca ear *(of corn)*
meada urine
meandro meander, curve
mecer to rock, to swing
mecha lock of hair
mechón *m* lock of hair
media stocking, sock
medidor *m* meter; **medidor de luz**
light meter, electric meter
medir to measure
mejilla cheek
melenudo long-haired
melindre *m* finickiness, affectation
mellado nicked
mellar to nick, to chip
meneallo movement
meneo shaking, moving
menester *m* necessity, need; chore
menudo *m* minute, small; **a menudo**
often, frequently
meñique *m* little finger, pinky
mercadería merchandise, goods,
wares
mercar to buy

merced *f* mercy; favor; **su merced** your grace
merecer to deserve
merluza hake
mesar to tear or pull one's hair
meter la mano to involve oneself
meterse a to enter *(a profession)*; **meterse a monja** to become a nun
mezquino stingy; poor; small
mico monkey
mierda shit
miga crumb
migaja crumb
milagro miracle
militar military
milonga popular song and dance related to the tango
mimar to spoil, to pamper
ministro minister
mira aim
mirada look, glance, gaze
mirador *m* balcony; bay window
mirar de reojo to look out of the corner of one's eye
mirilla peephole
mísero very poor; unfortunate; miserly, stingy
misiva missive, letter
misógino misogynist, one who hates women
mixteco Mixtec Indian
mobiliario furniture
modismo idiom
mofletudo chubby-cheeked
moho mildew
mojar to wet, to moisten; to splash some water (on); **mojarse** to get wet
mole *f* large mass, lump
molestia trouble; **tomarse la molestia** to take the trouble
molinero miller
mollera crown *(of the head)*; **duro de mollera** obstinate; dull
mollete *m* roll
monada cute little thing; foolishness
monja nun
mono monkey; cute, pretty
monologar to make a long speech or monologue, to talk to oneself
montaña rusa roller coaster
monte *m* mountain; wood, woodland
montón *m* a lot, a great deal
montuno wild, untamed
mora delay
morada dwelling, abode, house
morado purple
morar to dwell, to reside
morder to bite
mordiscón *m* big bite
morlaco silver coin
moro Moor
morocho dark-haired man

morrillo small hill
mortecino pale; gray; deathly
mortuorio pertaining to a mortuary; **cámara mortuoria** funeral parlor
mosca fly
mosquita small fly; **mosquita muerta** hypocrite; insignificant
mostralles *(archaic for* **mostrarles***)* to show them
mostrar to show
mota knot
movible movable
mozo *(adjective)* young; *m* young man
mucama maid
muchachería group of young people
mudar to change; **mudarse** to move
mudo mute, speechless
mueca grimace
muela molar *(tooth)*
muesca cut; notch; groove
mugre *f* filth, grime
muladar *m* garbage dump
muñeca doll; wrist
murmullo murmur
muro wall
musaraña unimportant thing; insect, bug
musgo moss
musitar to mumble, to whisper

N

nacimiento birth
nanita *(diminutive* of **nana***)* grandmother, grannie
naranja orange
nasa net, fishing basket
náufrago shipwreck
nauseabundo nauseating
navaja razor blade; knife
necio ignorant, stupid; foolish
negación negation, denial
negar to refuse, to deny; **negarse** to decline
negrero slave trader
nevada snowfall
nevar to snow
ni siquiera not even
nido nest
nieve *f* snow
nivel *m* level; levelness
no cabe duda there is no doubt
no importar un ápice not to care a bit
no ser de extrañar to come as no surprise
no tenga cuidado don't worry
nogal *m* walnut tree
nomás only
noquear to knock out
noramala unfortunately

noria ferris wheel
noticia piece of news; notice; knowledge
novato novice, beginner
novedoso novel
novelero thrill seeker
nublarse to become cloudy
nuca nape of the neck
nudillo knuckle
nudo knot
nuevamente again
nuevas *f pl* news
nupcial nuptial
nutrido abundant

Ñ

ñapa something extra, bonus

O

obedecer to obey
obispo bishop
objetar to object to; to ask questions
oblicuo oblique
obrar to work
obscuridad *f* darkness
obsequiar to give, to present with
obsequioso obliging
obsidiana obsidian
ocasión *f* occasion; time; **galán de ocasión** *m* occasional lover
ochavo old Spanish coin of little value
ocio idleness
ocultar to hide, to conceal
ocurrírsele to come to mind to someone
Odiseo Odysseus
oficial *m* officer
oficio occupation, job, line of work
ofrecer to offer; **ofrecerse** to present itself
ofrenda offering
ofrendar to make an offering, to make a gift of
ofuscar to confuse, to bewilder
ojeada glance, quick look
ojeroso with dark circles under the eyes
ola wave
oler to smell
olfato sense of smell
olor: almohadilla de olor perfumed bag, sachet
olvido oblivion
ombligo navel
onda wave
onza old coin
oponer to be opposed, to oppose; **oponerse** to oppose
oprimir to squeeze; to oppress
optar to choose, to select
ordenador *m* computer
ordenar to arrange, to put in order
ordinario ordinary, usual

orinar to urinate
orla edging
oro gold
ortiga nettle
oruga caterpillar
oscurecer to grow dark; **al oscurecer** at nightfall
oso bear
otear to observe, to spy
ovillo ball *(of wool or silk)*; **desenredar el ovillo** to get to the bottom of
oxidar to rust

P
padecer to suffer
paga fee, payment
paja straw
pájaro bird
pala shovel
palabrería wordiness
palabrota obscenity
paladar *m* palate
pálido pale
palma palm
palmotear to clap hands
palo pole, post, stake, stick; **palo de rosa** rosewood
palpar to feel, to touch, to grope; to pat
palpitante palpitating, beating
pamplinas *f pl* nonsense
panqueque *m* pancake
pantalla screen
panteón *m* pantheon, mausoleum
pantorrilla calf *(of the leg)*
panzudo potbellied
paño cloth; table cover
pañuelo handkerchief
papa potato
papel *m* paper; **papel de cebolla** onionskin paper; **papel de seda** tissue paper
par *f* par; **a la par** at the same time
parada *(bus)* stop
parado standing
paraíso paradise
parangón *m* comparison; parallel
parar to stop; **pararse** to stand on end *(hair)*
parco sparing, terse
pardo brown
parecer *m* opinion; appearance; to seem, to appear; **parecer un coco** to be very ugly; **parecerse** to look like
parecido alike, similar
pared *f* wall
paredón *m* large thick wall
parentela group of relatives
paria *m, f* pariah, outcast
parir to give birth
parlamento parliament; public speech

parlante talking
parpadear to blink
párpado eyelid
parquet *m* parquet *(hardwood)* floor
parranda spree; **ir de parranda** to go out on a spree, to paint the town red
parsimonioso solemn
partida departure
partido cut in two
partir to divide, to cut in two, to split; **a partir de** starting from
parto childbirth
pasadizo passage
pasajero fleeting
pasar por las armas to execute
pasillo hall
pasmo amazement
paso pass, passage; step, movement; **de paso** in passing, for a short time; to be passing through
pastasciuta type of Italian dish
pastizal *m* pastureland
pata leg
patada kick
pataleta tantrum
patear to kick; to pedal
patilla sideburn
patita small paw; **patitas de mosca** chicken scratchings
patrón *m* boss
patrulla patrol
pavimentado thickly lined
pavor *m* terror, fear
payaso clown
PD *(abbreviation for* **posdata***)* PS, postscript
pecado sin, defect
pecar to sin
pecho chest
pedalear to pedal
pedazo piece; **hacer pedazos** to break into pieces
pedido request, petition
pegajoso sticky
pegar to hit; to paste, to glue; to stick; to be near or close to
peinado hairstyle
peine *m* comb
pelado broke
pelaje *m* hair; *(colloquial)* appearance
pelar to fleece
peldaño step, rung *(of a ladder)*
pelear to fight, to quarrel, to argue
pellejo skin, hide
pellizcar to nibble at
pelo hair
peluca wig
peludo hairy
peluquería barbershop, beauty salon
pena punishment; pain
penetrar to go into

pensante thinking
pensar en la luna to daydream
pepa seed, stone
pepenar to pick up, to gather, to grab
pepita pip
peplo peplum, short overskirt or ruffle
perderse to get lost
perdición *f* *(eternal)* damnation
pérdida loss; waste
perdulario dissolute, good-for-nothing
perecer to perish
pereza laziness
perfil *m* profile; **de perfil** sideways, in profile; **sin muchos perfiles** without much ado
periférico highway around the city
peripecia story line, plot
perjurar to commit perjury, to forswear
permanecer to stay, to remain
permitir to allow
perol *m* pot
perrazo big dog
persignarse to make the sign of the cross
pertenecer to belong
pesadilla nightmare
pesado heavy
pesar *m* sorrow, grief, regret; to weigh; to cause sorrow, to make sad; **a pesar de** in spite of
pesaroso sad, sorrowful
pescador *m* fisherman
pescuezo neck, throat
pestaña eyelash
petardo firecracker
petipieza short theatrical work
petrificar to petrify
petulancia arrogance
pez *m* fish
pezuña hoof
piar to tweet
picado tipsy
picapedrero stonecutter
picotear to nibble
picudo pointed
pie *m* foot; base; **al pie de la letra** exactly, literally; **de pie** standing
piedra stone; **piedra de afilar** sharpening stone
piel *f* skin
pienso idea, thought
pincita little tweezers
pintura paint; makeup
piojo louse
piropear to make flattering comments to
pirueta pirouette
pisar to trample
piscar to pick
pisco brandy

piso floor

pista road; **pista de baile** dance floor

pistoletazo gunshot

pitido whistle

pito whistle

pizarra blackboard

placer *m* pleasure

plagio plagiarism

planchar to iron

planeta *m* planet

plano smooth surface

plañidero mournful

plata silver; money

platear to plate, coat with silver

plática conversation, chat

platicar to talk, to converse, to chat

platillo disk

plazo period of time

plegar to fold, to join

pleito argument

pleno full

plisar to pleat

plomo lead

pluma feather

plumero featherduster

poblar to settle, to populate; to stock

pocilla cup; **pocilla de vino** wineglass

poder *m* power

poderoso powerful; *(noun)* **Poderoso** Almighty

polaina legging, gaiter, sock

polvillo powder

polvo dust

pólvora gunpowder; bad temper; liveliness; **con pólvora** very strong

ponche *m* punch

ponchera punchbowl

ponderar to ponder; to overpraise, to exaggerate

ponerse en recaudo to protect oneself

ponzoñoso poisonous

por ahí over there, around there

por casualidad by chance

por completo completely

por encima over

por entero completely

por escrito in writing

por junto all together

por lo bajo in an undertone

por mi (su) cuenta on my (one's) own

por principio de cuentas in the first place

por si in case

porcelana porcelain; basin

pormenor *m* detail

poro pore; leek

poroso see-through

portal *m* porch

portasierra *m* saw handle

porteño person from Buenos Aires

porvenir *m* future

posapié *m* footrest

posición *f* situation

posta station

postrar to prostrate, to humble; to overthrow

postrero final, last

postulado postulate

postulante *m, f* applicant

postular to apply for

potable drinkable

potestad *f* power

potro colt

pozo well; hole; dungeon

pradera prairie; meadowland

precalentamiento warmup

precio price

precisar to need

predestinar to predestine

predial land; **impuesto predial** land tax

prefijar to prearrange

pregonar to hawk

prelada mother superior

prenda article of clothing; **prenda íntima** lingerie

prender to grasp, to catch, to seize

prensar to press; to compress

presa prey, catch; piece, slice

presión *f* *(blood)* pressure

preso imprisoned; *m* prisoner

prestar to lend; to give

presto quick

presumido presumptuous; conceited

presumir to be vain or conceited

presunción *f* vanity

pretendiente *m* suitor

prevenido cautious

prevenir to warn, to prevent

primeros auxilios *m pl* first aid

primogénito first-born child

primor exquisite; *m* beauty

principio beginning; **por principio de cuentas** in the first place

prisa haste, hurry; **de prisa** quickly

prisco variety of peach

privar to deprive

proa bow *(of a ship)*; **mascarón de proa** *m* figurehead

procaz impudent, insolent

proceder *m* procedure; conduct, action

procurar to try

proferir to say

profundo profound, deep

prolijidad *f* lengthiness

propio proper; **propio a su natural** suitable for its kind

prosar to write prose

proseguir to continue

provenir to come from

proyector *m* searchlight

prueba trial; **prueba de ascensión** tryout

psiquis *f* psyche

puchero pout, pouting; **hacer pucheros** to pout

pudibundo prudish

pudor *m* modesty, shyness

pudrir to rot

puesto que since

pulgar *m* thumb

Pulgarcito Tom Thumb

pulmón *m* lung

pulmonía pneumonia

pulsera bracelet

pulso pulse; steady hand

punta tip, end; lead

puntapié *m* kick

punto *m* point, verge; **al punto** immediately; **estar a punto de** to be on the verge of or about to; **punto de nieve** stiff *(as egg whites)*

puñalada stab

puñetazo punch, blow

puño fist; hilt

pupila pupil *(of the eye)*

puro pure; absolute; *m* cigar

Q

¡qué diablos! what the devil!

quebradizo brittle

quebrar to break

queda curfew

quedada old maid

quedamente quietly

quedar to remain, to stay; to be left; **quedar en que** to agree that; **quedarse como lelo** to be stupefied; **quedarse con** to keep

quejar to complain

queltehue *m* a type of bird from Chile

quemar to burn

queque *m* cake

quicio doorjamb

quijada jawbone

quiniela type of lottery game

quino game similar to "bingo"

quitar to remove

R

rabia anger, fury

rabiar to be furious; to be in great pain

rabo tail; **de cabo a rabo** from beginning to end

racimo cluster, bunch

raciocinio reason

raer to scrape, to scrape off

raído worn out

raigón *m* root *(of a tooth)*

raíz *f* root

rajar to crack

ralear to become sparse or thin

ramita twig

ramo bouquet
rancio old-fashioned
ranura slot
rapar to shave
raro strange
rascar to scrape; **rascarse** to scratch
rasgo characteristic
rasguño scratch
rastro trace
rasura shaving
rasurarse to shave oneself
raterillo pickpocket, thief; flirt
ratero pickpocket, petty thief; flirt
rato while, short time
ratón *m* mouse
raya line
rayar to draw lines on, to stripe
razón *f* reason; justice
razonamiento reasoning
real *m* old silver Spanish coin worth a quarter of a peseta
rebajar to cut down, to shave off
rebalsar to dam
rebanada slice
rebaño herd
rebotar to rebound
recalentarse to reheat
recapitulación *f* summary
recatarse to take care; to be modest
recaudo precaution; **ponerse en recaudo** to protect oneself
rechazar to reject, to turn down, to refuse
rechina squeak
rechinar to gnash teeth; to squeak
recibirse to graduate; **recibirse de** to graduate as; to be admitted to practice as
recibo receipt
recién recently; **recién casado** newlywed
recio strong
recobrar to recover; **recobrar el aliento** to get one's breath back
recodo twist, bend
recoger to pick up, to retrieve
recogimiento meditative state
reconfortar to console, to comfort
recontrafranco brutally honest
recopilar to compile
recorrer to traverse, to go over or through
recorrido journey, trip
recostar to rest
recrudecer to get worse
recrudecimiento worsening
rectificar to rectify, to correct
redactar to write, to compose
redondela rotary
referir to refer; to relate; to direct
reflejo reflection
reflexionar to reflect on
refrán *m* saying, proverb

refregar to rub, to scrub
refrescar to refresh
regalador *m* giver
regañar to scold, to reprimand
regazo lap
regio gorgeous, marvelous
regir to rule
regocijo joy, gladness
rehuir to avoid
reinar to rule
reja grating, grille; bar; railing
relación *f* relation; report
relámpago lightning
relampaguear to flash, to sparkle
relato story, tale
relinchar to whinny (*like a horse*)
rellano landing (*of staircase*)
reloj de timbre *m* alarm clock
remedar to copy, to imitate
remedio recourse; remedy
remolcar to drag
rendir to surrender, to submit to
renguear to limp
reo criminal
reojo: mirar de reojo to look out of the corner of one's eye
reparar to notice
repartición *f* division, distribution
repartir to apportion, to distribute
repiqueteo ringing of bells; drumming
replegar to fold over
repleto full
reposar to rest
reprender to reprimand
represión *f* admonishment
reprimir to repress, to suppress
repuesto spare part
repujar to emboss
requerir to need, to require
requiebro flattery; flirting
resaca hangover
resaltar to stand out
resbalar to slip, to slide; to glide
rescate *m* ransom
rescoldo embers
reseda reseda (*a type of flower*)
respaldo (*chair*) back; support
restallar to crack
restante remaining
resumen *m* summary
resumirse to be summarized
retirarse to withdraw; to retire
retoñar to sprout
retozar to frolic
retratar to paint a portrait of
retroceder to step back, to back away
retumbar to echo
reventante annoying, irritating
reventar to explode; to work to death
reventón *m* burst, blowout
revés *m* reverse side, back; **al revés** in the opposite way

revisar to check, to examine
revolver to stir; to disturb; to jumble up
revuelto scrambled
rezar to pray
riachuelo rivulet
riego irrigation
riesgo risk
riflero rifleman
rima rhyme
riñón *m* kidney
risa laugh
risueño cheerful; smiling; laughing
rizar to curl
roble *m* oak
roce *m* light touch
rocola jukebox
rodilla knee
rodillera knee pad
roer to gnaw
rogar to implore, to beg
rollizo plump, chubby
rollo reel; roll; boring thing or person
romance Romance (*language*)
ronco hoarse
ronda patrol
rondar to make rounds
ronquido snore; growl
ropa interior underwear
ropero wardrobe, clothes closet
rosado pink
rosario rosary; litany
rostro face
rúa street
ruborizar to blush; **ruborizarse** to blush
rubro area; field (*of interest*)
rucio gray (*horse*); blond
rudeza roughness
rudo rough, coarse; unintelligent; gross; hard; severe
ruego request; plea; prayer
rugir to roar
rugoso rough
ruin despicable, mean
rumbo course, direction; **rumbo a** bound for
ruso Russian

S
sabañón *m* chilblain
sabatino pertaining to Saturday
saber a to taste like
sabiduría learning, knowledge
sacar to get; to bring out, to introduce; to solve; **sacar en limpio** to get straight; to deduce
saciar to satiate
saco jacket
sacro sacred
sacudida jolt
sacudir to shake, to jolt
sajón Saxon, Anglo-Saxon

salado salty

salar to salt

salitre *m* saltpeter

salitroso saltpeterish, salty

salpicar to sprinkle; to spatter

saltar to jump

salto sudden palpitation, heart-throb

saltón prominent

saludo greeting

sangrar to bleed

sangre *f* blood

sanguijuela leech

sanseacabó that's the end of it

sargento sergeant

sartal *m* string

satisfecho satisfied; **dar por satisfecho** to be satisfied

saturar to saturate, to fill

sazón *f* seasoning

seborrea dry scalp

secador *m* dishtowel; dryer

seco dry

secuestrar to kidnap

seda silk; **papel de seda** *m* tissue paper

sediento thirsty, parched

sedoso silken

segar to reap, to cut, to cut short; to sink in

seguido direct

según according to

segundo second; secondary; **de segunda (categoría)** second-rate

seguramente surely; probably

seguro safe, secure; sure; **a buen seguro** surely, of course

sello stamp

selva jungle

sembrar to sow; to scatter, to spread

semejante similar

semejanza similarity

semilla seed

sencillo simple

seno bosom

sentar to fit, to suit; to set, to establish

sentenciar to sentence

sentido direction; meaning, sense; offended

seña sign, mark; indication; **señas personales** personal features

señal *f* sign, signal; vestige

señalar to point at, to indicate, to point out; to fix *(a date, place, etc.)*

Señor *m* God, Lord

señorío dominion

sepultura grave, tomb; burial

sequía drought

ser *m* being, person; life

sereno night watchman

serio serious; **en serio** seriously, really

servicio favor; service

servidor *m* servant; **su seguro servidor** your humble servant, yours truly

servidumbre *f* servitude

sesguear to veer, to teeter

seso brain

si acaso just in case

si bien although

sibilino mysterious, sibylline

sien *f* temple

sierra saw; mountain range

sigiloso silent; secretive

siglo century

significado meaning

signo sign; mark; symbol; word, phrase

silbar to whistle

sillón *m* chair; saddle

sin igual unmatchable

sin muchos perfiles without much ado

sin titubear without hesitation

sinfonola record player

sinnúmero great number

sintonizar to syntonize, to tune in (to)

siquiera at least; **ni siquiera** not even

sobaco armpit

soberbio arrogant

sobra surplus; **de sobra** only too well

sobrar to be more than enough, to exceed; to be left over

sobresalir to project or jut out; to excel

soga rope, cord; strap

sojuzgallos *(archaic for* **sojuzgarlos***)* to subjugate them

solapa lapel

solar *m* mansion; tenement

solazo strong sun

soldar to weld

soledad *f* solitude

soler to be in the habit of, to be accustomed to

solicitud *f* solicitude; request, application; **en solicitud de** looking for

solideo skullcap

soltar to loosen, to let out; to let go, to set free

solterón *m* old bachelor

sombra shadow

someter to subdue; to subject, to cause to undergo

sonámbulo sleepwaker

sonarse to blow one's nose

sonoro loud; resonant

sonrisa smile

soplar to blow

sopor *m* stupor

soportar to support, to hold up; to bear, to put up with

sora member of a Peruvian Indian tribe

sorbo drop; sip

sordo deaf; muffled, muted; silent

sortija ringlet

sosegado peaceful

sótano basement

su merced your grace

su seguro servidor your humble servant, yours truly

súbdito subject

subido de precio expensive

subirse to go up, to climb

subrepticiamente surreptitiously

substancia y cifra sum total

suceder to happen

suceso event, happening

sudado sweaty

sudar to sweat

sudario shroud

sudor *m* sweat

suela sole; tanned leather

suelto loose, free

sueño sleep; **mal del sueño** *m* sleeping sickness

suerte *f* fate; luck; chance; **de esta suerte** in this manner

sufrido long-suffering; *m* victim

sujetar to subdue

sujeto attached; *m* subject

sumamente extremely

sumario indictment

suministrar to supply, to furnish

súplica plea

suponer to suppose; to imagine

surco furrow

surtir to provide, to supply

suscribir to subscribe to; to agree with

suspender to suspend, to stop

suspirar to sigh

susto fright, shock

susurrar to whisper

susurro whisper

T

tabla tablet

tablón *m* plank

taburete *m* stool; **taburete de suela** leather stool

tachar to cross out; to find fault with

tacho pail

taco heel

tacón *m* (high) heel

taita child's term of endearment for a loved one

tajada slice

tajamar *m* embankment, breakwater

tajo cut, slash, gash

tallado carving

tallar to cut, to carve

talón *m* heel

tamañito small

tamaño size; very large

tambalear to stagger
tambor *m* drum; **golpe de tambor** *m* drumbeat
tanda batch; **en tandas** in groups
tantísimo so very much
tanto so much; **en tanto que** while; **estar al tanto** to be informed, up-to-date; **un tanto** somewhat
tapa cover, lid
tapar to cover
taparrabo loincloth
tapia wall
tararear to hum
tarima wooden platform
tarjeta card
tarro jar
tartamudeo stuttering
tasajear to jerk *(beef)*
teatral theatrical
techo roof; **techo de cuatro aguas** hip roof; **techo de dos aguas** inverted V-shape roof
tejer to weave
tejido mesh
tela cloth, material; skin *(of an onion)*
telefonazo phone call
telón *m* curtain
temblar to tremble
temblor *m* tremor
temible fearsome
témpano ice floe; **témpano de hielo** iceberg
tempestad *f* tempest
templado temperate; tempered; firm
temporada season
tender to have a tendency; to hang out *(clothing)*; to spread out, to lay
tenderete *m* stall, booth
tenebroso dark
tener cosquillas to be ticklish
tener lugar to take place
tener mucho ser to be very important
tener que ver to have to do with
tentación *f* temptation
tentáculo tentacle
tentador enticing
tentativa attempt
tepemezquite *m* Mexican tree
tepetate *m* rocky terrain
terciar to take part; to intervene
terco obstinate
término term; limit; **en primer término** in the first place
ternero calf; **madre del ternero** *f* the real reason
ternura tenderness
terreno land
terrón *m* clod; lump; farmland; soil
tersura smoothness
tertulia get-together
tesoro treasure

testarudo stubborn
testigo witness
tetera teapot
tez *f* complexion
tibio warm
tierno tender
tierra earth, land
tiesa de mechas at a standstill
tieso stiff, rigid
tijeras *f pl* scissors
timbre *m* bell
tinieblas *f pl* darkness
tintero inkwell
tío uncle; guy
tipo guy
tirabuzón *m* corkscrew
tirano tyrannical
tirar to throw; to shoot; **tirar a** to border on
tiro gunshot
tirón *m* jerk, pull; **de un tirón** with one pull
tísico suffering from tuberculosis
títere *m* puppet
titubear to hesitate
tiznar to soil, to stain, to tarnish
toalla towel
tobillo ankle
tocadiscos *m* record player; **tocadiscos automático** jukebox
toldería Indian camp
toldo awning
tomador *m* drinker
tomallo *(archaic for* **tomarlo***)* to seize him
tomarse la molestia to take the trouble
toque *m* touch; ringing *(of bells)*; **toque de queda** curfew
torbellino whirlwind
torcer to twist, to bend, to turn
tormento torment, torture
tornar to repeat, to do again; to return; **tornarse** to become
torpe awkward, clumsy
torre *f* tower
tortuga turtle
tos *f* cough
toser to cough
tostar to tan
tozudo obstinate, pigheaded
trabita hair ribbon
tragaluz *m* skylight
tragar to swallow
trago drink; liquor
traicionar to betray
traidor *m* traitor
trampa trap; **argumentar trampas** to try to trick
trance *m* situation
tranquilo reassured; calm
transcurrir to pass
tranvía *m* streetcar
trapicheo shady deal, scheme

trapo rag
tras after, behind
trasero behind, rear
trasnochado haggard; up all night; stale
trasnochar to stay up late
trastazo bump; whack
traste *m* *(music)* fret; backside; *(Mexico)* dish, utensil
trastornar to disturb; to make crazy
tratamiento treatment
trato trade, deal
travesaño crosspiece
travesura mischief
trazar to draw
trazo outline
trecho stretch; **de trecho en trecho** every so often
tremendo tremendous
trepar to climb
trespeleque *m* three-armed cactus
tribuna grandstand
trigueño dark-complexioned, brunette
trinar to get furious, to fume; to yell
trineo sled
trino trill
trompa horn
tronar to thunder
tropezar to find; to stumble; **tropezar con** to stumble upon
trotacalles *m, f pl* street walker; bum
trozo fragment, piece
tumbar to knock down, to knock over; to lie down
tumbo tumble, roll; **dar tumbos** to sway; to toss and turn
tumefacto swollen
turbación *f* confusion, agitation
turbio cloudy, blurry
turno shift *(work)*
turpial *m* troupial, bird very similar to the golden oriole
tutear to address with the **tú** form

U

ubérrimo fertile, bountiful
ubicar to locate
ultrajar to humiliate
umbral *m* threshold
ungüento ointment
unir to join, to unite
untar to smear or cover (with)
uña fingernail
usufructuar to be profitable; to use
utensilio utensil; tool
utilidad *f* benefit

V

vaca cow
vaciar to empty
vacilación *f* hesitation
vacilar to vacillate, to hesitate
vacío void, empty space

vadear   to wade
vagar   to roam, to wander
vaina   nuisance, problem
vaivén *m*   swinging, swaying
valer   to be worth; to be valid
vals *m*   waltz
vanidoso   vain
vano   opening in a wall, bay; **en vano**
   useless
vapor *m*   steam
varear   to measure with a yardstick
varilla   stick
varón *m*   male
vasallo   vassal, subject
vecindad *f*   neighborhood
vecino   neighbor
vedar   to prohibit
vega   meadow, fertile valley
veintitantos   twenty-something
vejación *f*   humiliation
vejar   to ill-treat, to damage
vejez *f*   old age
vela   sail
velada   evening
veloz   swift
velozmente   quickly
venado   deer
vencedor   conquering, victorious
vencer   to conquer, to defeat
venda   bandage
venenoso   poisonous
vengador *m*   avenger
venganza   vengeance
vengarse   to avenge oneself

ventaja   advantage
ventura   happiness; fortune
verdugo   executioner
vereda   sidewalk
verificarse   to prove true
verónica de loto   pass in bullfighting
víbora   viper, snake; serpent
viboresco   snakelike
vicioso   depraved; defective
vidriera   show window
vidrio   glass; **fundidora de vidrio**
   glassworks
vientre *m*   belly, bowels
viga   beam, girder
vigésima   twentieth
vigilar   to watch
villa   country house; town
vínculo   bond
viraje *m*   turning point
visaje *m*   face
vislumbrar   to catch a glimpse of
víspera   eve; day before; **en víspera
   de**   on the eve of
vista   sight; eyes; **a vista de**   in front
   of
vituallas *f pl*   provisions, victuals,
   food
viuda   widow
vivo   alive
vocablo   word, term
volar   to fly
volcar   to turn over; to tilt
voltear   to turn over; to kick out
voluntad *f*   will; desire

voraz   voracious
voz *f*   voice
vuelo   flight
vuelta de carnero   somersault

Y

yacer   to lie buried; to lie; to be
yegua   mare
yema   egg yolk; fingertip
yerba   herb
yerbabuena   mint
yeso   plaster
yuca   cassava, manioc; yucca
yunta   yoke
yuyo   weed

Z

zacate *m*   grass; hay
zaguán *m*   lobby, foyer
zambullirse   to dive (in); to duck
   (*underwater*)
zampar   to gobble down; **de una
   zampada**   in one gulp
zangolotear   to shake (violently)
zanja   ditch, ravine
zapatear   to tap with the feet
zapato de taco   high-heeled shoe
zopilote *m*   buzzard
zorro   fox
zumo   juice
zurcir   to mend
zurra   thrashing

Acknowledgments

Text Credits

Excerpts from *El Popol Vuh*. Adrian Recinos, ed., *El Popol Vuh: Las antiguas historias del quiche*, Tenth Edition. Copyright © 1979 by Editorial Universitaria Centro Americana. Reprinted by permission of EDUCA.

Horacio Quiroga, "Tres cartas... y un pie" and *El soldado*. Reprinted by permission of Fondo de Cultura Económica S.A. and the heirs of Horacio Quiroga.

Gabriela Mistral, "Yo no tengo soledad" and "Doña Primavera." Reprinted by permission of Provincia Franciscana, Santiago, Chile.

Gabriela Mistral, "Miedo." Reprinted by permission from *Selected Poems of Gabriela Mistral, A Bilingual Edition*, edited by Doris Dana. Copyright © 1971 by the Johns Hopkins University Press.

Nicolás Guillén, "Balada de los abuelos," and "No sé por qué piensas tú," from Nicolás Guillén, *Cantos para soldados y sones para turistas*. Copyright 1937, Editorial Masas. Reprinted by permission of Agencia Literaria Latinoamericana, Havana, Cuba.

César Vallejo, "El momento más grave de la vida" and "Piedra negra sobre una piedra blanca," from *The Complete Posthumous Poetry*, translated and edited by Eshleman and Barcia. Copyright © 1979 by The Regents of the University of California. Reprinted by permission of the University of California Press.

César Vallejo, "Los dos soras," from *Relatos fantásticos latinoamericanos*, Volume I, 2nd edition, edited by E. Galeano, 1989. Reprinted by permission of Editorial Popular, Madrid.

Pablo Neruda, "No me lo pidan" and "Explico algunas cosas," from *Tercera residencia*. © Pablo Neruda, and Fundación Pablo Neruda, 1947. Reprinted by permission of Agencia Literaria Carmen Balcells.

Pablo Neruda, "Oda al niño de la liebre," from *Odas elementales*. © Pablo Neruda, and Fundación Pablo Neruda, 1954. Reprinted by permission of Agencia Literaria Carmen Balcells.

Jorge Luis Borges, "Los dos reyes y los dos laberintos" and "El etnógrafo," from *Jorge Luis Borges, Obras completas*, 1974. Copyright © 1989 by Marcia Kodama, reprinted with the permission of Wylie, Aitken & Stone, Inc.

Martín Luis Guzmán, "La fuga de Pancho Villa," from Martín Luis Guzmán, *El águila y la serpiente*, (Madrid: Espasa-Calpe, S. A., 1932). Reprinted by permission of the publisher.

Juan Rulfo, "Nos han dado la tierra," from *El llano en llamas*, 1953. Copyright by Juan Rulfo. Reprinted by permission of Mrs. Clara Aparicio de Rulfo and Fondo de Cultura Económica S.A.

Gabriela Roepke, "Una mariposa blanca." Copyright by Gabriela Roepke. Reprinted by permission of the author.

Rosario Castellanos, "Auto retrato" and "Memorial de Tlatelolco," from Rosario Castellanos, *Poesía no eres tú: Obra póetica*, 1948–1971. Reprinted by permission of Fondo de Cultura Económica S.A. and the heirs of Rosario Castellanos.

Ramón Ferreira, "Papá, hazme un cuento," from *Américas*, Vol. 26, No. 5, May 1974. Reprinted from *Américas*, bimonthly magazine published by the General Secretariat of the Organization of American States in English and Spanish.

Gabriel García Márquez, "La prodigiosa tarde de Baltazar," from *Los funerales de la mamá grande*. © Gabriel García Márquez, 1962. Reprinted by permission of Agencia Literaria Carmen Balcells.

Mario Benedetti, "Una carta de amor" from *Mejor es meneallo*. Copyright © 1986 by Mario Benedetti. Used by permission of Mercedes Casanovas Agencia Literaria.

Elena Poniatowska, "Cine Prado" from *Lilus kikus* (Mexico: Editorial Grijalbo, S.A., 1982). Copyright © 1982 by Elena Poniatowska. Reprinted by permission of the author.

Octavio Paz, "Dos cuerpos," from *Libertad bajo palabra; Obra poética*, 1935–1957. Reprinted by permission of Octavio Paz and Fondo de Cultura Económica S.A.

Octavio Paz, "Movimiento," from *Salamandra*. Reprinted by permission of Octavio Paz and Fondo de Cultura Económica S.A.

Octavio Paz, "Recapitulaciones," from *Corriente alterna*, 14th ed. Reprinted by permission of Octavio Paz and Fondo de Cultura Económica S.A.

Josefina Plá, "El nombre de María," from *La muralla robada*. Copyright © 1989 by Josefina Plá. Reprinted by permission of the author.

Carlos Fuentes, "Las dos Elenas," from *Cantar de ciegos*. © Carlos Fuentes, 1964. Reprinted by permission of Agencia Literaria Carmen Balcells.

Elena Garro Banda, "La señora en su balcón," *Consejo nacional para la cultura y las artes*, 1994. Reprinted by permission by Plaza y Valdés.

"Carta a un desterrado" from *Fugues* by Claribel Alegría (Curbstone Press, 1993). Copyright © 1993 by Claribel Alegría. Reprinted by permission of Curbstone Press.

Elvio Romero, "Epitafios del desterrado" and "Noroeste" from *Destierro y atardecer*, 1975.

Julio Cortázar, "Grafitti," from *Queremos tanto a Glenda*, © Julio Cortázar and Heirs of Julio Cortázar. Reprinted by permission of Agencia Literaria Carmen Balcells.

Luisa Valenzuela, "Los censores" from *Donde viven las águilas*. Copyright © 1983. Reprinted by permission of Editorial Celtia, Buenos Aires, Argentina.

Cristina Peri Rossi, "Diálogo con el escritor" and "Indicio No. 25" from *Indicios pánicos*. Reprinted by permission of International Editors Co. Agencia Literaria.

Margarita Tavera Rivera, "La condicíon" originally appeared in *Voces en escena: antología de dramaturgas latinoamericanas*, edited by Nora Eidelberg and María Mercedes Jaramillo, (Medellín, Colombia: Universidad de Antioquía, 1991). Copyright by Margarita Tavera Rivera. Reprinted by permission of the Universidad de Antioquía, the editors, and the playright.

Photo Credits

p. 1: © Peter Menzel; p. 4: © Braniff International Photograph; p. 17: © The Bridgeman Art Library; p. 19: © Burstein/Bettmann; p. 25: © The Bridgeman Art Library; p. 37: © The Granger Collection, New York; p. 42: © Christie's, London; p. 57: © The Granger Collection, New York; p. 81: © Columbus Memorial Library; p. 104: © John Lei/Omni-Photo Communications, Inc.; p. 114: Eric Neurath/Stock Boston; p. 125: © Betty LaDuke; p. 145: © Robert Frerck/Tony Stone Images; p. 156: © Art Resource; p. 168: © Bill Cardoni; p. 178: Museo Nacional Centro de Arte Reina Sofia; p. 192: © Edward Faitn; p. 193: © The Bettman Archive; p. 231: © The Museum of Modern Art; p. 241: © AP World Wide Photo; p. 246: © Enrique Collar; p. 280: Private Collection, Mexico/OAS (Organization of American States); p. 323: © Peter Hammer Verlag; p. 332: © Betty LaDuke; p. 345: © Joel Filártiga; p. 353: © Hood Museum of Art; p. 375: © Betty LaDuke; p. 389: © Joel Filártiga; p. 410: © Children's Book Press; p. 420: © Children's Book Press; p. 437: © AP World Wide Photo; p. 444: © Oscar Bonilla/Prisma/Impact Visuals; p. 489: Teresa Méndez-Faith, p. 492: Teresa Méndez-Faith.